Pfitscher Joch
Steinhaus
Knuttental
Rein
Reintal
Weißenbach
Lappach
Mühlwalder Tal
Sand in Taufers
Pfitschtal
Pfunders
Pfunderer Tal
Valser Tal
Vals
Tauferer Tal
Antholzer Tal
Pustertal
Mühlbach
BRUNECK
Gsieser Tal
Franzensfeste
Olang
Welsberg
Schalderer Tal
Lüsental
Toblach
Innichen
Vahrn
Zwischenwasser
Vierschach
BRIXEN
Pragser Tal
Sextner Tal
Villnößtal
Rautal
Hölensteintal
KLAUSEN
Gadertal
Urtijëi
St. Ulrich
Grödner Tal
Grödner Joch
Corvara
Valparolapaß
Campolongopaß
Sellajoch
Karerpaß
Lavazèjoch

Südtiroler
Landeskunde

UMSCHLAGBILD

Leonburg im Burggrafenamt

2000

Layout: Erwin Kohl
Umschlaggestaltung: Athesiagrafik, Marion Prossliner
Gesamtherstellung: Athesiadruck, Bozen

ISBN 88-8266-043-5

http://www.athesia.it/buchverlag
buchverlag@athesia.it

Anton von Lutterotti

Südtiroler Landeskunde

VERLAGSANSTALT ATHESIA · BOZEN

Vorwort

Es gibt kaum einen Landesteil im deutschen Sprachraum, der so oft in Einzeldarstellungen beschrieben, mit prachtvollen Bildbänden illustriert und von Historikern behandelt wurde wie Südtirol. Beinahe jede größere Ortschaft hat ihr eigenes Dorfbuch; die Gebietsführer von Langes und Rampold sind zu immer neu aufgelegten Standardwerken geworden, der Landesgeschichte und den Burgen wurden mehrbändige Werke gewidmet, und Weingartners »Kunstdenkmäler Südtirols« sind zum unentbehrlichen Ratgeber geworden. Es scheint daher vermessen, wieder ein Buch über Südtirol vorlegen zu wollen. Diese anscheinend überflüssige Idee entspringt aber der praktischen Überlegung, daß bisher noch kein zusammenfassendes, handliches Werk in einem Band über unser Land existiert. Bemerkenswerterweise kam die Anregung von einem Buchhändler aus Trient, den seine Kunden immer wieder auf die Notwendigkeit eines solchen Bandes hingewiesen haben.

Da ein solcher Wunsch sicher auch beim deutschen Publikum besteht, ist der Verlag an den Autor mit der Bitte herangetreten, nach dem Vorbild des im Herbst 1997 erschienenen Bandes über das Trentino ein ähnliches Werk über Südtirol zu verfassen. Bei der Überfülle des schon vorhandenen Quellenmaterials war es natürlich keine leichte Aufgabe, nur das Wesentliche herauszusieben, und es ist wohl unvermeidlich, daß dabei unverzeihliche Unterlassungen oder auch unnötige Längen zu beanstanden sind; aber damit muß ein Autor leben, und der vorgegebene Umfang des Bandes entschuldigt vielleicht das erste und verhindert das zweite.

Der besonderen Geschichte des Landes, vor allem in diesem Jahrhundert, ist ein breiterer Raum gewidmet, denn ohne ihre Kenntnis ist es schwer, unser Land richtig zu verstehen. Aus den Wirren der faschistischen und nationalsozialistischen Untaten ist das Land mit einem blauen Auge davongekommen, und der Kampf um eine erträgliche Autonomie kann auch für andere europäische Länder zum Vorbild werden. Vor der Beschreibung der einzelnen Landesteile werden auch Wirtschaft, Kultur und besonders Wein- und Obstbau gebührend gewürdigt, die zusammen mit dem Tourismus zur Blüte dieses schönen Landes beitragen. Auch Wandervorschläge haben Platz gefunden.

Der Teil des alten Tirol, den wir heute Südtirol nennen, gehört seit über achtzig Jahren zum italienischen Staatsgebiet; wir können vor dieser Realität nicht die Augen verschließen und müssen daher in dieser Landeskunde auch den anderssprachigen Bevölkerungsanteil, der inzwischen ein Drittel der Gesamtheit ausmacht, mit einbeziehen. Die Großeltern der heutigen jungen Generation waren durch die Politik eines sturen Nationalismus hierher verpflanzt worden, und ihre Nachkommen fühlen sich durchaus als Einheimische. Dieses wenn auch nicht gewollte Zusammenleben hat aber nicht nur negative Folgen gehabt, denn jede fremde Kultur kann auch befruchtend wirken.

Was die Ortsnamen betrifft, so werden in der deutschen Ausgabe des Buches natürlich nur die ursprünglichen, deutschen verwendet; auch in der italienischen Ausgabe werden die italienischen Neuschöpfungen immer an zweiter Stelle angeführt.

Ein besonderes Kapitel ist auch den Ladinern aus Gröden und dem Gadertal gewidmet, die ja eigentlich unsere Urbevölkerung darstellen; ohne diese rätoromanischen Brüder wäre Südtirol um vieles ärmer.

Die nicht leichte geographische Einordnung der einzelnen Kapitel wurde so gelöst, daß bei den Haupttälern von Eisack, Etsch und Rienz die Beschreibung dem Flußlauf vom Ursprung zur Mündung folgt, während die anderen Seitentäler flußaufwärts behandelt werden.

Der Verlagsanstalt Athesia und ihren Mitarbeitern, die mit viel Einsatz zum Gelingen dieses Buches beigetragen haben, und für die wie immer vorbildliche Ausstattung sei hier von Herzen gedankt. In besonderem Maße gilt dieser Dank dem Altmeister der Landeskunde und besten Kenner von Land und Leuten, Josef Rampold, der mir immer wieder mit wertvollen Hinweisen zur Seite gestanden ist.

Der Autor

Geographische Gliederung und Grenzen

Wie schon in der Einleitung erwähnt, ist das heutige Südtirol eigentlich ein geschichtlich sehr junger Begriff: Bis zum Jahr 1919, dem Jahr des Friedensschlusses, verstand man darunter den südlichen Teil Tirols, der im Süden bis Borghetto, also mehr als 60 km südlich von Trient, reichte und somit das ganze heutige Trentino umfaßte und damals in ein Deutsch- und ein Welsch-Südtirol unterteilt wurde. Heute müssen wir uns den nunmehr seit achtzig Jahren herrschenden Gegebenheiten anpassen und das Land, nämlich die heutige Provinz Bozen, als eigenständige Einheit beschreiben.

Geographisch gesehen fällt eine übersichtliche Gliederung weit weniger schwer als im benachbarten Trentino; die Flußbecken mit ihrem bis in die hohen Berge reichenden Einzugsgebiet bestimmen zugleich die Grenzen: die Etsch mit den Vinschger Nebenbächen, der Passer und der Ultner Falschauer; die Talfer, der Eisack mit der Rienz und der Ahr. Der grob nordsüdlichen Achse von Eisack und Etsch gesellen sich zwei große westöstliche Furchen zu, der Vinschgau gegen Westen und das Pustertal gegen Osten; dazu kommen, in kleinerem Maßstab, das Passeier, das sich nach einem annähernd nördlichen Verlauf hinter Sankt Leonhard scharf gegen Nordwesten wendet, das Sarntal, das ebenfalls nach Norden weist, und das lange Ahrntal mit seinem zuerst nördlichen und oberhalb von Luttach nordwestlichen Lauf. Zusammenfassend gesagt, umfaßt das Land Südtirol also fast genau das gesamte EINZUGSGEBIET DER ETSCH mit ihren Nebenflüssen, wobei einzig ein paar Kilometer östlich von Toblach zum Flußgebiet der Drau gehören.

Aber bei keinem dieser Haupttäler stimmt es so ganz mit der Richtung; denn das Eisacktal beschreibt, vom Brenner kommend, eine große S-Kurve, mit den Biegungen bei Sterzing und bei Brixen; die Etsch verläuft vom Reschen bis Mals genau nordsüdlich, zieht dann ostwärts gegen Meran, wo ein fast rechter

Winkel ihren Lauf bis Bozen bestimmt, während das Passeiertal wieder gegen Norden zieht; von Bozen nimmt die Etsch eine südliche, etwas gegen Westen geneigte Richtung ein. So kommt es, daß von Sterzing aus das Passeiertal in nur 40 Kilometern über den Jaufen zu erreichen ist und daß die kürzeste Straßenverbindung, einmal abgesehen von den Höhenunterschieden, von Sterzing nach Bozen über das Penser Joch führt!

Was aber überall das Landschaftsbild bestimmt, sind vor allem die Berge, und zwar durchaus recht beachtliche! Vom Brenner gegen Westen scheiden die STUBAIER und dann die ÖTZTALER ALPEN unser Land von Nordtirol. Einziger Straßenübergang bis zum Reschen ist hier das Timmelsjoch auf 2474 Metern. Westlich vom Reschenpaß, also gegen die Schweiz und bis zum Ortler, steht die SESVENNAGRUPPE. Die Gipfel der ORTLERGRUPPE mit ihren vielen Dreitausendern begleiten den Vinschgau, allmählich an Höhe verlierend, bis zu den ULTNER BERGEN, über deren Kette, die in mehreren Gipfeln die 2600 Meter übersteigt, man dann in den Nonsberg und Sulzberg gelangt. Dann beginnt der lange MENDELKAMM, der beim Gampenpaß beginnt; hier und noch ein Stück ins Ultental hinein liegen hinter der Wasserscheide noch die vier Gemeinden des Deutschnonsbergs, die geographisch schon dem Nonsberg zugerechnet werden müssen. Der Mendelkamm zieht dann über Gantkofel, Penegal und Roen bis zur Salurner Klause. Die Höhen der Ultner Berge und des Mendelkammes fallen auch, abgesehen von den vier deutschen Gemeinden, mit der Sprachgrenze zusammen.

Dasselbe gilt dann östlich der Etsch, wo weniger hohe Berge das Etschtal vom Fleimstal trennen. Dann aber beginnen bald nach dem Paß von San Lugano die DOLOMITEN: Über den Latemar zieht die Grenze zum Karerpaß, weiter über den Rosengarten zur Langkofelgruppe und zum Sella- und Grödner Joch. Das Gadertal mit seinem Einzugsgebiet gehört noch zu Südtirol; der Grenzverlauf folgt weiter beim Dürrensee der Wasserscheide zum Tal von Ampezzo, wo Cortina liegt, zieht über die Drei Zinnen und erreicht dann, nach dem Kreuzbergsattel, die Grenze gegen Osttirol bei Winnebach. Diese Grenzziehung überläßt der

Provinz Bozen die zwei ladinischen Täler Gröden und Gadertal mit Enneberg. Dabei soll nicht unerwähnt bleiben, daß bis zum Jahr 1923 auch das Tal von Cortina zu Tirol gehörte und erst dann zur Provinz Belluno geschlagen wurde.

Über die RIESERFERNERGRUPPE zwischen dem Puster- und dem Ahrntal zieht die Grenze dann um das Einzugsgebiet der Ahr, im Norden längs dem Kamm der ZILLERTALER BERGE und kommt so über den Kraxentrager und Wolfendorn bis zum Brenner zurück.

Bei all diesen vielen Bergen nimmt es nicht wunder, daß im heutigen Südtirol 87 Prozent der Landesfläche über der Tausendmetergrenze liegen und 36 Prozent gar über zweitausend.

Zum Unterschied von der südlichen Nachbarprovinz ist Südtirol nicht so reich mit SEEN bedacht. Von den ursprünglich drei Reschenseen sind die oberen zwei zu einem großen Stausee verbunden; weitere kleine Staubecken befinden sich im Martelltal, im Schnalstal bei Vernagt und im Ultental sowie bei Franzensfeste, bei Mühlbach und bei Olang. So bleibt dem an und für sich recht bescheidenen KALTERER SEE die Ehre, der größte natürliche See Südtirols zu sein; daneben nehmen sich die beiden MONTIGGLER SEEN noch bescheidener aus, obwohl sie, in Ermangelung größerer Gewässer, im Sommer das begehrte Ziel der vielen Badefreudigen sind. Aber höher oben in den Bergen finden wir schon mehr dieser stillen Gewässer, die jedem Bergwanderer das Herz aufgehen lassen: Als größter und schönster von ihnen ist wohl der PRAGSER WILDSEE zu nennen, der auch auf guter Straße leicht zu erreichen ist, während der noch berühmtere KARERSEE Jahr für Jahr um sein Überleben kämpft. Auch zum DURNHOLZER SEE im Sarntal führt eine schöne Straße, und kurz vor dem Stallersattel stoßen wir auf den stattlichen ANTHOLZER SEE. Beschwerlicher ist dann schon der Weg zu den SPRONSER SEEN in ihrer kargen Felslandschaft im Tal über Dorf Tirol. Vielen anderen kleinen, aber oft zauberhaften Bergseen begegnen wir meist schon über der Baumgrenze mehr oder weniger in allen Gegenden des Landes; davon wird der eine oder andere in den zugehörigen Kapiteln erwähnt werden.

Die Straßenübergänge, die die beschriebenen Grenzen überschreiten, sind vom BRENNERPASS (1375 m) westlich zuerst das TIMMELSJOCH auf 2474 Meter, das ins Ötztal führt; es folgt der RESCHENPASS, früher auch Reschenscheideck genannt, mit 1504 Metern; die Grenze bei Taufers, die auf 1260 Metern quer durch das schmale Münstertal zieht; das STILFSER JOCH, das mit seinen 2758 Metern Meereshöhe einer der höchsten Alpenpässe ist; bei Lana führt der GAMPENPASS (1518 m) in den oberen Nonsberg und bei Kaltern der MENDELPASS (1363 m). Die Salurner Klause ist dann die einzige in der Etschtalsohle verlaufende Verbindung mit dem Süden. Von Auer kommt man über den Paß von SAN LUGANO (1097 m) ins Fleimstal, vom Eggental führt eine kleinere Straße über das LAVAZÉJOCH (1807 m) nach Cavalese, während die Hauptstraße über den KARERPASS (1758 m) ins Fassatal zieht; dorthin kommt man auch über das bedeutend höhere SELLAJOCH (2244 m). Zwischen Corvara und Arabba im Buchenstein bildet der CAMPOLONGOPASS (1875 m) die Grenze. Der nächste befahrbare Weg in die Nachbarprovinz, diesmal schon jene von Belluno, überquert dann bei Schluderbach, zwischen Toblach und Cortina, die Landesgrenze. Von Innichen aus kann man über den KREUZBERGSATTEL (1636 m) nach Karnien gelangen, während der Hauptübergang nach Osttirol bei Winnebach hinter Innichen liegt. Und zuletzt wäre noch der STALLERSATTEL zu erwähnen, den man auf 2052 Metern durch das Antholzer Tal erreicht und der ins osttirolische Defereggental führt, aber (so wie auch das Timmelsjoch und Stilfser Joch) in den Wintermonaten geschlossen bleibt. Daneben gibt es natürlich noch eine Reihe von zum Teil sehr beschwerlichen und hochgelegenen Übergängen über die Hauptalpenkette, von denen aber so mancher schon in der Vorzeit als Verbindung ins Zillertal, ins Stubai oder ins Ötztal gedient hat.

Aber was wäre Südtirol ohne seine Berge? Gewiß läßt die Vorsilbe »Süd-« zuerst beim Gast aus dem Norden an sonnige Rebhänge, an Obst, Kastanien und süffigen Wein denken und an ein mildes, südliches Klima. Aber, am Südhang der Alpen gelegen, hat es noch wichtigen Anteil an den Gletscherriesen des

Hauptalpenkammes: die Südhänge der Zillertaler mit Rauchkofel, Möseler und Hochfeiler gehören schon zum Ahrntal, an dessen Südseite sich die Rieserfernergruppe erhebt. Auch die Stubaier werden in ihren Gipfeln wie Feuersteine, Wilder Freiger und Zuckerhütl von der Staatsgrenze durchschnitten, ja, und in den Ötztalern, auf der Similaunhütte, bräuchte man theoretisch einen Paß, um von der Gaststube in die Küche zu gelangen! Auch auf der Weißkugel mit ihren 3739 Metern Höhe verläuft die Grenze. Dasselbe gilt für den Ortler, der mit 3905 Metern die höchste Erhebung der Zentralalpen bildet und dessen weniger hohe Ausläufer den Vinschgau noch lange auf seiner Südseite begleiten.

Neben diesen im Sommer zu Gletscherwanderungen und im Winter zu Skitouren einladenden hohen und ganz und gar nicht »südlichen« Bergen sind die Dolomiten natürlich das Prunkstück unseres Landes. Ihnen wird im nächsten Abschnitt und bei der Beschreibung der zugehörigen Täler noch nähere Aufmerksamkeit geschenkt.

Was aber die Gliederung der Südtiroler Landschaft besonders reizvoll gestaltet, das sind die weiten MITTELGEBIRGSTERRASSEN, die den Lauf der Haupttäler begleiten: Sanft geneigte Hänge oder beinahe ebene Flächen schaffen so einen gemilderten und meist auch reich besiedelten Übergang zwischen den steilen Flanken der umrahmenden Berge und der flachen Talsohle. Zu beiden Seiten des Eisacktals südlich von Brixen grüßen schlanke Kirchtürme von den bis hoch hinauf besiedelten Hängen; zu Füßen des steilen Mendelkammes breitet sich zuerst das Plateau von Tisens und Prissian aus, das sich dann über Sirmian, Gaid und Perdonig im weiteren, fruchtbaren Überetsch fortsetzt; erst kurz vor der Salurner Klause fallen dann die senkrechten Felswände bis in die Talniederung. Und es ist staunenswert, wie hoch sich am Vinschger Sonnenberg die Felder und alten Höfe bis unter den Bergkamm schieben. Aber auch ausgedehnte Hochflächen wie der Ritten, der Tschögglberg zwischen Bozen und Meran oder der stärker gegliederte Regglberg um Deutschnofen haben viele Siedler angelockt und gehören heute zu den schönsten Landschaftserlebnissen. Man sollte dabei aber nicht vergessen, daß diese heute so blühenden Siedlungsgebiete vom frühen Mittelalter an erst durch die bajuwarischen Einwanderer in harter Arbeit und durch Brandrodungen mühselig dem ursprünglichen Wald abgerungen wurden.

Der geologische Aufbau

Die Alpen sind, erdgeschichtlich gesehen, ein verhältnismäßig junges Gebirge. Um ihr heutiges Gesicht zu erhalten, haben verschiedenartige Kräfte auf sie einwirken müssen, die sich in unvorstellbar langen Perioden auf der Erdoberfläche abgespielt haben. Die glühend heißen, zähflüssigen Gesteinsmassen unter der dünnen Erdkruste und die sich im Inneren bildenden Gase drängten dauernd nach oben und verfestigten sich in unsagbar langsamem Erhärten zu den als »Erstarrungsgesteine« oder auch »Urgestein« bezeichneten Gemischen aus Quarz, Feldspaten und Glimmern; hier und dort aber gelang es den flüssigen Magmen, durch Spalten in der Kruste plötzlich auszubrechen und sich so über die Oberfläche zu ergießen; ihre Abkühlung erfolgte entsprechend schneller, und so entstanden die Ergußgesteine, von denen unser Porphyr in verschiedensten Abwandlungen weiten Teilen unseres Südtiroler Landes sein unverwechselbares Gepräge gibt. In äußerst verkürztem Zeitraffer gesehen könnten wir uns diese Vorgänge auf der Erdkruste wie ein kochendes Mus in der Pfanne oder eine Polenta vorstellen, von deren Oberfläche sich immer wieder Hügel und Blasen heben; manche von ihnen platzen auf, und ihr Inhalt spritzt weit umher. Wo die Blase geplatzt ist, senkt sich die Fläche, benachbarte Schichten fließen drüber, die ganze Oberfläche lebt in dauernder Verwandlung.

Aber zu Beginn des ERDMITTELALTERS, vor ungefähr 225 Millionen Jahren, waren weite Teile unseres heutigen europäischen Kontinents von einem großen, flachen Meer, der sogenannten »Thetis«, bedeckt. Die übrigen Kontinente lagen noch nahe beieinander und verschoben sich durch Einwirkung der Tiefenkräfte nur sehr langsam. Das Meer aber war schon bevölkert mit mikroskopischen Rädertierchen, mit Schnecken und Muscheln, deren Kalk- oder Kieselschalen sich im Lauf von Jahrmillionen am Boden absetzten und so mächtige Schichten von Ablagerungen oder SEDIMENTEN bildeten. Die verschiedenen Arten dieser Meeresbewohner, der Kleinstlebewesen, Muscheln und Schnecken, erlauben heute dem Paläontologen eine ziemlich genaue Datierung der Schichten, in denen sie eingeschlossen sind. So spricht man von Oolithenkalk, von Nummuliten-, Ammoniten- oder Bellerophonschichten, die jeweils den dort gefundenen Tierresten entsprechen und zugleich ihr Alter bestimmen. Als das Wasser mit der Zeit verdunstete, wurden diese oft viele Hunderte, ja auch über tausend Meter dicken Schichten den Einflüssen von Wind und Regen, von Beben und von dem aus dem Untergrund immer weiter drängenden Magma verformt. Neue, diesmal durch Anschwemmung oder Windverfrachtung entstandene Ablagerungen bildeten sich; es konnte vorkommen, daß ein neuer Vulkanausbruch Eruptivgestein über die kalkigen Sedimentschichten ergoß, so daß sich die Schichtenfolge veränderte. Durch den Druck von unten und durch die langsame, aber stetige Verschiebung der Kontinentalplatten wurden die Gesteine oft in ihrer Struktur verändert und verdichtet. So entstanden die sogenannten Umwandlungsgesteine oder METAMORPHGESTEINE, zu denen die Gneise, die blättrigen Phyllite und die Glimmerschiefer, aber auch der Marmor gehören. Aus den angeschwemmten Sedimenten konnten sich Sandsteine oder Konglomerate bilden.

Dazu kommen noch, ähnlich wie bei den heutigen Vulkanausbrüchen, die Massen von ausgeschleuderter Vulkanasche, die sich in Form von dicken Schichten weicheren Gesteins, der sogenannten TUFFE, über oder zwischen die erstarrten Laven legen. Man erkennt sie an ihren rundlichen, »Wollsack«-ähnlichen Formen *(Klebelsberg)*, wie wir sie schön längs der Autobahn bei Atzwang sehen können. In den Tuffen entstehen auch Quellhorizonte, weil sie das Wasser leichter halten als der harte Porphyr.

So ist das heutige Gesicht unserer Landschaft das Ergebnis von Veränderungen der Erdoberfläche, die sich in Jahrmillionen abgespielt haben. Die Auffaltung der Alpen hat erst im Erdmittelalter begonnen, und erst im TERTIÄR, also mit Beginn vor 65 Millionen Jahren, haben sich die Täler ausgewaschen oder sind durch Vermurungen und Flußgeschiebe wieder aufgefüllt worden. Ein übriges haben dann die EISZEITEN besorgt, von denen die letzte »erst« zwischen ungefähr 15.000 und 8000 Jahren zu Ende ging: Gewaltige Gletscher bedeckten unsere Berge bis über 2000 Metern Höhe, und ihr Abschmelzen führte dann zu gewaltigen Strömen, die sich erst die tiefen Täler herausfressen mußten, riesige Schuttkegel am Ausgang der Seitentäler bildeten, die dann manchmal durch Vermurungen versperrt wurden und zur Bildung von Seen führten; so erklären sich die immer wieder auftauchenden Sandbänke mitten in Schichten aus Sediment- oder Erstarrungsgesteinen. Vor allem aber haben die riesigen Moränen das Landschaftsbild geprägt, die die Gletscher bei ihrem langsamen Rückzug an den Seiten der Täler hinterlassen haben oder vor sich herschoben. Auch die an vielen Orten anzutreffenden Findlinge, also Blöcke von ortsfremdem Gestein, erklären sich durch den Transport durch die Gletscherströme.

Diese etwas ausführliche geologische Beschreibung soll ein Versuch sein, die Landschaft Südtirols in ihrer Entstehung in groben Zügen aufzudecken und der großen Vielfalt an Gesteinen im oft engen Nebeneinander eine Erklärung zu bieten. Die Dolomiten werden so zu alten KORALLENRIFFEN, die einst im Urmeer langsam heranwuchsen; der Mendelzug ist in seinem oberen Teil alter Meeresboden, emporgehoben durch einen Rand der mächtigen BOZNER PORPHYRPLATTE, die sich von Brixen bis nach Trient ausdehnt; sie ist der Rest mehrerer aufeinanderfolgender, gewaltiger Lavaergüsse, die vor Hunderten von Millionen Jahren an die Erdoberfläche gelangten. Granite und Gneise, Phyllite und Glimmerschiefer hingegen, also Tiefengesteine und ihre Verwandlungen, bilden den Hauptbestandteil der Ötztaler und Ortlergruppe, der Zillertaler und der Rieserfernergruppe; sie begleiten auch das Eisacktal vom Brenner angefangen bis nach Klausen.

(Wer sich näher für dieses spannende Gebiet unserer frühesten Vorgeschichte interessieren sollte, dem sei das Büchlein »Kurze Geologie von Südtirol« von *Alois Staindl,* Verlag Weger, Brixen, empfohlen, dem ich auch einen Teil dieser Ausführungen entnommen habe.)

Flora und Fauna

Das südliche Etschtal ist gegen die weite Ebene offen und mehr noch das erweiterte Becken des Gardasees; dadurch hat die Natur diesen Gegenden das wunderbare Geschenk einer Pflanzenvielfalt gebracht, welche die im Winter in kalte Nebel gehüllte Poebene übersprungen hat und uns eine erste Bekanntschaft mit der MITTELMEERFLORA anbietet. Während das Land südlich von Trient noch rege daran teilhat, haben sich bis Südtirol verhältnismäßig wenige, aber charakteristische Vertreter dieser wärmeliebenden Flora vorgewagt.

So finden wir an den Sonnenhängen des Etschtals von Meran abwärts noch häufig den Zürgelbaum *(Celtis australis)*, die Mannaesche *(Fraxinus ornus)*, die mit ihren elfenbeinfarbigen Blütenwedeln den Frühlingswald belebt, die Hopfenbuche *(Ostrya carpinifolia)*, den Perückenstrauch oder Sumach *(Cotinus coccygria)*, dessen Symphonie aus unglaublich vielen Rottönen bis zum dunklen Purpur im Herbst daran erinnert, daß das Sammeln seines Laubes zu Färberzwecken einmal ein wichtiger Erwerbszweig war. Einige von diesen submediterranen Gewächsen haben auch den Vinschger Sonnenberg erobert, wo sich eine ganz charakteristische Steppen- oder Trockenflora entwickelt hat; aber nördlich von Brixen wird man vergebens danach suchen. Geradezu exotisch wirken die kleinen Gruppen von Kaktusfeigen oder Opuntien, die neben verschiedenen Hauswurzarten die heißen Porphyrfelsen oberhalb von Bozen gegen Rafenstein, bei Moritzing oder bei der Burg Maultasch besiedelt haben, späte Einwanderer aus dem fernen Mexiko.

Der Mäusedorn *(Ruscus aculeatus)* mit seinen stacheligen, immergrünen Blättern und den leuchtend roten Beeren bedeckt in großen Beständen das Unterholz des Mitterberges über dem Kalterer See oder die Hänge unterhalb der Burg Greifenstein. (Laut Luis Oberrauch-Gries zogen einst weit her von kühleren Südtiroler Tälern die Wallfahrer zum Kirchlein von Kosmas und Damian unter dem Sauschloß und steckten sich dann ein Büschel »Gossmann-Stauden« auf den Hut, als Beweis für die daheim gebliebenen Frauen, daß sie wirklich so weit gegangen waren.)

Zu diesen Bewohnern wärmerer Hänge, die wohl die Vorsilbe »Süd-« vor dem etwas rauheren -tirol rechtfertigen wollen, können wir auch die EDELKASTANIE zählen, die sich an den Hängen des Etsch- und Eisacktales auch in größere Höhen wagt. Diese knorrigen, schraubig verdrehten und rissigen Stämme finden wir zu richtigen Hainen versammelt besonders schön am Mitterberg, an den Hängen über Prissian und Tisens, im unteren Vinschgau bis Kortsch oder im Eisacktal bei Barbian, aber auch bis hinauf nach Aicha und Vahrn. Rebe und Kastanienbaum, gewachsen auf warmem Porphyrgrund, prägen so sehr unser Landschaftsbild, daß man versucht wäre, den besinnlichen, herbstlichen Genuß des noch schäumenden jungen Weines mit gebratenen Kastanien, das Törggelen eben (aber bitte vor seiner Industrialisierung!), analog zu den »Bozner Seligkeiten« als eine der »Südtiroler Seligkeiten« zu bezeichnen. Der Rindenkrebs, der jahrelang die alten Bestände dieser wertvollen Bäume bedroht hatte, scheint jetzt durch radikale Beschneidung und durch viele Neupflanzungen den Rückzug angetreten zu haben.

REBE und OBSTBAUM bestimmen einen der wichtigsten Sektoren unserer Wirtschaft, ja, beim Anblick der welligen Reblandschaften im Überetsch oder der ausgedehnten Obstgärten des Burggrafenamtes und des unteren Vinschgaus denkt man weniger an Botanik als an das Endprodukt. Dieser beiden Säulen der Landwirtschaft wird daher an anderer Stelle näher gedacht. Nur so viel sei bemerkt, daß sich die Rebe an einigen Orten, wie z. B. am Fennberg, bis knapp über tausend Meter hinaufwagt. Der MARILLENBAUM, einstmals Stolz und Ruhm des Vinschgaus, hat sich fast vollständig von den Obstkulturen verdrängen lassen; es scheint aber eine Wiederbelebung seines Anbaues im Gang zu sein.

In der subalpinen und alpinen Stufe bedecken ausgedehnte WÄLDER die Berghänge; eine besondere Note geben der Landschaft die großen Buchenbestände am Mendelhang gegen Eppan und Kaltern oder die zauberhaften Lärchenwiesen auf den Höhen der Lafenn, des Rittens oder im Sextental. Ein reizvolles Sondergebiet nicht nur für botanisch Bewanderte ist der Vinschger Sonnenberg, ein felsiger, mit Wiesenflecken durchsetzter Steilhang voller interessanter Gräser und Trockengewächse – so fallen zum Beispiel auf dem Weg von Rabland nach Schloß Juval die vielen Blasensträucher *(Colutea arborescens)* mit ihren seltsam aufgeblasenen Fruchtkapseln ins Auge.

Weitum berühmt war einst die Blumenpracht auf den Seiser-Alm-Wiesen. Das Zusammentreffen von dolomitischen Böden mit vulkanischen Tuffen und Erstarrungsgesteinen hat hier die Entwicklung einer Vielfalt von Arten gefördert, wie sie an anderen Orten nicht leicht zu finden ist. Leider ist aber dieser Bestand von Jahr zu Jahr immer mehr bedroht, da die »Erschließung« mit Straßen, Liftanlagen und Autoabgasen und die Überdüngung der Wiesen schon zum Absterben zahlreicher Arten geführt haben.

An FEUCHTGEBIETEN ist das Land arm. Der Schilfgürtel um den Kalterer See birgt noch die gelbe Seerose *(Nuphar luteum)* und den Rohrkolben *(Typha latifolia)*, der aber von Liebhabern origineller Trockensträuße gern geräubert wird. In den Gräben der Kalterer und Traminer MÖSER stehen im Mai die eleganten gelben Schwertlilien. Flußläufe und Bäche sind zu einem großen Teil in künstliche Dämme gezwängt oder »wildbachverbaut« und lassen den Überwassern keinen Raum mehr, sich im Ufergelände fruchtbar zu verlaufen. Darunter leidet sowohl die natürliche Flora wie auch die früher viel reichhaltigere Tierwelt.

Was die TIERWELT betrifft, so haben auf der einen Seite die immer weiter vordringende menschliche Besiedlung und die Ausbreitung der bebauten Flächen so manche Tierart zurückgedrängt oder gar aussterben lassen; andererseits ist die in Südtirol vorbildliche waidmännische Hege Ursache für einen dichten Bestand an Rot- und Schalenwild. Ja, Hirsche und Rehe sind an den Randgebieten des Stilfser-Joch-Naturparks zu einer wahren Plage für die Äcker der Vinschger Bauern geworden.

Johann Peter von Unterrichter schreibt in seinem Entwurf für J. J. Stafflers Werk »Tirol und Vorarlberg« über das Landgericht Kaltern im Jahr 1836: »Nebst

Hasen, Füchsen gibt es auch Auer-, Birk- und Steinhühner in dem Mendlgebürg, doch ist keine Wildgattung im Etschland außer niedriger Jagd mehr zahlreich. Auch mehrere Bären bewohnen die Höhlen und Klüfte dieses Felsengebürges, fast jedes Jahr werden ein oder mehrere derselben erlegt. Dieses Mittelgebürg war einst von edlem Rothwild bewohnet, ... jetzt ist auch dieses edle Wild ausgeschossen, einige Hasen, Wildenten in den dortigen Seen – zuweilen Haselhuhn ist alles, was ein unermüdlicher Jäger noch auftreiben kann. Doch sind auch in diesem Mittelgebürg Bären nicht selten ...« (*Lutterotti,* Der Schlern 92/12).

An kleinerem Getier können wir in den wärmeren Tälern und an den Sonnenhängen die schöne Smaragdeidechse – beim Volk »Groanz« genannt – finden, sowie die Sand- und Hornviper. An heißen Sommertagen versetzt einen das sägende Schnarren der Zikade in südliche Atmosphären, und abends kann man die kurzen Schreie der Siebenschläfer oder »Greilen« aus den Bäumen vernehmen. Der FISCHBESTAND in Flüssen und Bächen wird von den Fischereiverbänden stets erneuert, aber verseuchte Abwässer machen immer wieder einer Unzahl von Forellen den Garaus. Eine große Einbuße hat im Lauf der letzten Jahrzehnte der Bestand an Singvögeln erleiden müssen, weil durch das Verschwinden von natürlichen Hecken und durch das Abbrennen von Weg- und Ackerrainen viele Nistplätze verlorengehen und weil ihre Insektennahrung der Schädlingsbekämpfung in den Obstbaugebieten zum Opfer gefallen ist. Dieses für die Landwirtschaft unentbehrliche, aber nicht immer rationell eingesetzte »Spritzen« hat auch immer wieder die Bienenvölker schwer dezimiert. Aber in letzter Zeit zeichnet sich eine Besinnung auch auf diesem Gebiet ab, und ökologisch geführte Betriebe sind im Zunehmen. (Beste Auskunft über die Pflanzen- und Tierwelt Südtirols gibt der schöne Band »Südtiroler Natur- und Wanderführer« von *Peter Ortner* und *Christoph Mayr*, der im Jahr 1999 bei Athesia neu aufgelegt wurde.)

Zur Vorgeschichte

Bis vor wenigen Jahrzehnten reichten die vorgeschichtlichen Funde, die sich auf die Anwesenheit des Menschen im Zentralalpenraum beziehen, und damit auch die Nachrichten über sein Leben in früheren Jahrtausenden, nicht viel weiter als bis zum Ausgang der Jungsteinzeit – also bis etwas vor das zweite Jahrtausend vor unserer Zeitrechnung zurück. Dehnen wir aber unser Interesse auf das Tierreich aus, so darf die im Jahr 1987 hoch in den Dolomiten gemachte Entdeckung einer Unmenge von BÄRENKNOCHEN in einer Höhle nicht unerwähnt bleiben.

Im September 1987 war der Hotelier und Sammler Willy Costamoling aus Corvara in 2750 Metern Meereshöhe auf der Suche nach Fossilien in den Conturinesbergen in eine tiefe Höhle vorgedrungen und fand dort den Boden übersät mit Knochen, die später dem HÖHLENBÄREN (Ursus spelaeus) zugeordnet werden konnten. Wissenschaftliche Grabungen von der Universität Wien unter Leitung von Prof. G. Rabeder konnten dann eine riesige Menge von Knochen dieser inzwischen ausgestorbenen Bärenart sammeln und auswerten; darunter befand sich auch das Skelett eines Höhlenlöwen. Der Zeitraum der Benutzung dieser Höhle muß sich auf Jahrtausende erstreckt haben, die nach letzten Messungen zwischen 60.000 und 40.000 Jahren vor unserer Zeit gelegen haben. Ein weiteres, wichtiges Forschungsergebnis, das durch Pollenanalyse bestätigt wurde, ist die Tatsache, daß in dieser letzten Zwischeneiszeit das Klima um einiges wärmer gewesen sein muß als heute. (Siehe dazu das Buch von *Gernot Rabeder*: »Die Höhlenbären der Conturines« Athesia, Bozen 1991.)

Aber zurück zum Menschen! Eine Reihe von Entdeckungen, besonders im nahen Etschtal des benachbarten Trentino (Vatte di Zambana, Pradestel, Vela, Romagnano und Riparo Gaban), haben die Grenze unseres Wissens über jene fernen Zeiten um einige Jahrtausende zurückversetzen können. Besonders in Südtirol waren es dann einige Archäologen – solche von Beruf und andere aus Leidenschaft –, die immer häufiger auf Spuren von STEINZEITLICHEN JÄGERN oder Hirten auf unseren höchsten Jochübergängen stießen. (Darunter sollen vor allem die Namen von R. Lunz und G. Niederwanger genannt werden.) So wurden auf dem Jochgrimm, dem Sellajoch, ja praktisch auf allen Dolomitenpässen und auf den Höhen das Sarntals und des Martelltals immer wieder kleine Feuersteinwerkzeuge, oft winzigen Ausmaßes, manchmal ganz an der Oberfläche oder nur wenig unter dem deckenden Wasen gefunden; diese sogenannten MIKROLITHEN erlaubten eine Datierung bis weit in Epochen der Mittelsteinzeit (8000–4500 v. Chr.); das Klima scheint nach Pollenuntersuchungen der damaligen Flora etwas milder als heute gewesen zu sein, und Besuche der Weideplätze im Sommer oder Jagdzüge in diese Höhen waren anscheinend keine Seltenheit. Wir dürfen dabei nie die damals äußerst dünne Besiedlung unseres Alpenraumes vergessen; und bei den Benutzern dieser primitiven Pfeilspitzen oder anderer Werkzeuge aus dem harten Feuerstein (Silex) wird es sich wohl hauptsächlich um vorüberziehende Jäger und Hirten gehandelt haben.

Die JUNGSTEINZEIT (Neolithikum) liefert uns dann schon bedeutend zahlreichere Zeugnisse der menschlichen Gegenwart und Tätigkeit. Jetzt beginnen die Menschen seßhaft zu werden, was mit einer deutlichen Klimabesserung und der Möglichkeit zu geregeltem Ackerbau zusammenhängt. Die Verstorbenen werden häufig in sogenannten Steinkistengräbern bestattet, deren Wände aus roh behauenen Steinplatten bestanden; als Grabbeigaben findet man Pfeilspitzen, Messer und Dolche aus Feuerstein oder geschliffene Steinbeile *(Lunz)*. Ebenso gehören in jene Zeit die MENHIRE, große steinerne Stelen, die oft die Abbildungen von Waffen eingemeißelt tragen oder in ganz primitiver Weise als Frauen gekennzeichnet waren. Mehrere solcher Menhire wurden bei Algund und in Gratsch gefunden, andere in der Nähe von Brixen. Die meisten davon fanden im neuen Bozner Museum für Archäologie Aufstellung.

Der wohl sensationellste Fund aus der Jungsteinzeit betrifft aber den inzwischen zur europäischen Berühmtheit aufgestiegenen *Mann aus dem Eis, Mann vom Hauslabjoch, vom Tisenjoch oder vom Similaun,* im Volksmund schon lange liebevoll als *Ötzi* bezeichnet. Seine sterblichen Überreste wurden im Jänner 1998 in die eigens für ihn geschaffene unterkühlte »Wohnung« im schon erwähnten Archäologiemuseum in der Bozner Museumstraße (in der ehemaligen Banca d'Italia) untergebracht. Hier kurz zusammengefaßt die Geschichte seiner Auffindung und der höchst wertvollen wissenschaftlichen Erkenntnisse, die sich aus der Zusammenarbeit hochqualifizierter Forscher verschiedener Teilgebiete (wie Anatomie, Histologie, Paläobotanik, Klimatologie u. a. m.) ergeben haben:

Am 19. September 1991 finden Touristen aus Deutschland (Erika und Helmut Simon) in der Nähe der Similaunhütte auf etwas über 3000 Metern Meereshöhe die noch halb im Eis verborgene menschliche Mumie. Wenige Tage später wird die Gletscherleiche vorsichtig in das Anatomische Institut der Innsbrucker Universität gebracht, wo für eine sichere Konservierung gesorgt und die wissenschaftlichen Auswertungen in Angriff genommen werden. Die zum Teil noch gut erhaltenen Ausrüstungsgegenstände wie Köcher mit Pfeilen, ein Becher aus Birkenrinde, ein Lederriemen sowie ein Lederbeutel, ein Dolch aus Feuerstein und ein Kupferbeil samt zugehörigem Holzschaft, eine Rückentrage nach Art unserer »Kraxe«, eine Kopfbedeckung und Reste von Kleidung und Schuhwerk gestatten einen einmaligen Einblick in damalige Verhältnisse. Eine Altersbestimmung mit der Radiokarbonmethode läßt eine Datierung auf einen Zeitraum vor ungefähr 5600 Jahren zu. Pollenanalysen und die Bestimmung des Magen- und Darminhalts erlauben verblüffende Aussagen: Der Mann von ungefähr 40 Jahren hat zehn Stunden vor seinem Tod (wahrscheinlich durch Unfall oder Gewalt) eine Mahlzeit aus Getreidebrei, Beeren und Schlehen zu sich genommen. Die Anwesenheit von Pollen der Hopfenbuche weist einwandfrei auf die Jahreszeit – die Buche blüht im Mai/Juni – und auf einen Aufenthalt in einem südlich des Alpenkamms gelegenen Tal, wohl Vinschgau oder Schnalstal, hin. Diese Tatsache und die eindeutig auf Südtiroler Gebiet gelegene Fundstelle räumen auch jeden Zweifel über die »Staatsangehörigkeit« des alten Hirten oder Jägers aus dem Weg. (Nähere Auskünfte darüber findet man in den Bänden »Der Mann im Eis«, Intern. Symposion Innsbruck 1992, sowie im Band »Der Zeuge aus dem Gletscher« von *L. Barfield u. Mitarb.*, Universum, 1992.)

Aus der BRONZEZEIT, die bei uns etwa mit 1800 v. Chr. einsetzt und bis gegen 850 dauert, sind uns mehrere Siedlungsplätze bekannt wie die »Große Pipe« bei Bruneck oder der »Bühl« bei Guntschna, am eindrucksvollsten aber der mächtige Klotz des Johanniskofels am Eingang des Sarntals, wo besonders G. Niederwanger wertvolle Funde machen konnte. Eine Reihe von Bronze-Schmelzöfen hat L. Hauser oberhalb von Fennhals (ober Kurtatsch) ausgraben können; sie befinden sich heute im Archäologischen Museum zu Bozen. Der Schmelzvorgang benötigte das Vorhandensein von viel Brennholz und von Wasser, beides in diesem auf 1160 Meter hoch gelegenen Tälchen vorhanden. Das Erz allerdings mußte vom Nonsberg in vielen Stunden über das Joch getragen werden.

In die SPÄTBRONZEZEIT, mit Ausläufern bis in die frühe Eisenzeit, fällt eine Kulturperiode unseres Landes, die ihren Hauptsitz wohl im nördlichen Trentino und im Bereich des Etsch- und Eisacktales hatte, mit Ausstrahlungen in den Vinschgau und ins Unterengadin bis in das obere Rheintal im Westen und ins Pustertal bis vielleicht nach Osttirol im Osten. Nach dem Fundort Laugen oberhalb von Brixen und Melaun, ebenfalls am Brixner Mittelgebirge, wird diese Epoche als »Laugener« oder auch als »Laugen-Melaun-Kultur« bezeichnet. Ihr unverwechselbares Kennzeichen ist eine äußerst reich verzierte Keramik, deren Grundform ein Henkeltopf mit kleinerem Standboden, bauchiger Wandung mit Zierleisten, einem auskragenden Rand mit Ausgußschneppe und oft mit seitlich angebrachten »Hörnern« sowie einem meist gedrehten (»tordierten«) Henkel bildet. Diese Art von Gefäßen wurde in großer Anzahl, aber immer nur zerschlagen, auf dem Burgstall des Schlern (Monte Pez) auf 2550 Metern Höhe inmitten von Branderde und Tierknochen gefunden, ähnlich auch auf dem Monte Ozol (1540 m) im nahen Nonsberg; hier hat es sich ohne Zweifel um eine Brandopferstätte gehandelt. Aber auch in Tallagen mit Resten von Dauersiedlungen, wie z. B. bei der Gärtnerei Gamberoni in Eppan, in der Brixner Gegend und an manchen anderen Fundstellen, begegnet uns diese »barocke« Keramik, die wohl auch Gegenstand von Export in benachbarte Gebiete war.

Gegen Beginn des ersten Jahrtausends, also um 850 v. Chr., geht im Alpenraum die Bronzezeit in die EISENZEIT über. Die reichhaltigen Funde am Hallstätter See haben den folgenden sogenannten »Hallstatt-Perioden« den Namen gegeben. Die großen Salzvorkommen einerseits und die Nutzung der reichen Erzlager bei Schwaz und in anderen Tälern der Zentralalpen erlaubten es diesem Kulturkreis, sich weit gegen Mittel- und Osteuropa auszubreiten; dabei waren auch Einflüsse aus dem norditalienischen Raum in der Formgebung der Keramik mitbestimmend. Namengebend wird jetzt die Keramikform, die häufig bei Fritzens im Inntal und bei Sanzeno im Nonsberg zu finden ist: eine flache, leicht bauchige Schale mit genabeltem Boden, S-förmiger Wandung und eingestempeltem oder eingerieftem Verzierungsmuster *(Leitner)*.

In die jüngere Eisenzeit, nach einem Fundort in der Westschweiz auch LA-TÈNE-ZEIT benannt, die mit ungefähr 450 v. Chr. beginnt und bis nach der Zeitenwende andauert, fallen die für unser Land so typischen WALLBURGEN. Es handelt sich dabei um Siedlungen oder Wehranlagen auf meist beherrschenden und leicht zu verteidigenden Kuppen oder Höhen, umgeben von einem mächtigen Wall aus großen Steinen ohne Mörtelverputz. *Georg Innerebner* hat diesen Urzeitsiedlungen sein Lebenswerk gewidmet, das in den drei Bänden »Die Wallburgen Südtirols« (Athesia, Bozen 1975) seinen Niederschlag gefunden hat. Als besonders schöne Beispiele seien der »Wilde-Mann-Bühel«, der Jobenbühel und der Hohenbühel auf dem Kamm des Mitterberges im Überetsch oder das Burgstalleck über Andrian genannt. Über ganz Südtirol verteilt (aber in Nordtirol kaum vorhanden), können diese alten Siedlungsplätze Ziel mancher interessanten Wanderung werden.

Andere Zeugen der späten Eisenzeit sind bei uns die Gräberfelder von Pfatten und von Moritzing sowie Siedlungsspuren bei der Sonnenburg bei Sankt Lorenzen im Pustertal und viele andere von fleißigen Forschern immer wieder zutage geförderte Funde; sie werden immer wieder bei der Besprechung der einzelnen Örtlichkeiten erwähnt werden.

Aus jener Zeit haben wir keine schriftlichen Zeugnisse über die Bewohner dieser Alpenregion. Erst im zweiten Jahrhundert v. Chr. sprechen einige römische Quellen von den RÄTERN und bezeichnen später das Gebiet des heutigen Graubünden mit dem Trentino und wohl dem heutigen Südtirol als »Raetia I« und das Gebiet nördlich des Alpenhauptkammes, mit der Hauptstadt Augsburg *(Augusta Vindelicorum)*, als Raetia II. Jedenfalls berufen sich die Südtiroler Weinerzeuger gerne auf den von den Römern mehrmals gerühmten »rätischen Wein«, der laut manchen aber eher in die Gegend von Verona zu verlegen wäre.

Überhaupt liegt die Frage nach den damaligen Bewohnern noch weitgehend im dunkeln. Die Sprachforscher und Prähistoriker müssen sich mit wenigen Weiheinschriften auf Votivgaben, mit ein paar Familiennamen auf Grabsteinen und vor allem mit den Orts- und Flußnamen aus vorrömischer Zeit zufriedengeben oder, besser gesagt, abplagen. In Frage kommen, nach Titus Livius, ETRUSKISCHE Einwanderer aus dem Süden, dann hauptsächlich KELTEN, die ja schon im vierten Jahrhundert v. Chr. unter Brennus bis nach Rom vorgedrungen waren.

Was die Anwesenheit von Etruskern betrifft, so versucht ein kürzlich erschienener Artikel (*Schumacher:* »Sprachliche Gemeinsamkeiten zwischen Rätisch und Etruskisch«, Der Schlern 1998/90) neue sprachliche Erkenntnisse für diese These ins Feld zu führen. Danach scheint eine Verwandtschaft zwischen den beiden Sprachen heute zweifellos zu bestehen, wobei es sich nicht um Dialekte, sondern um zwei getrennte Sprachen gehandelt hat, die nebeneinander bestanden haben. Die daraus zu ziehenden historisch-ethnischen Schlüsse bleiben aber nach wie vor noch zu ergründen.

Die Kelten hatten sich dann über fast ganz Europa ausgebreitet und waren besonders von den Römern als grausam und kriegslüstern beschrieben und gefürchtet. Sie waren aber nie imstande gewesen, ein eigenes Staatswesen zu gründen.

Die von den römischen Geschichtsschreibern erwähnten und zum Teil auf dem berühmten »Tropaeum Alpium«, einem riesigen Siegesdenkmal bei La Turbie oberhalb von Nizza, aufgeführten Namen der von Augustus besiegten Volksstämme sagen uns nichts über ihre Sprache oder Volkszugehörigkeit aus. Aber die den Rätern zugezählten Venosten und die Isarci sind sicher in unser Land zu verlegen, die Genaunen und Breonier wahrscheinlich nördlich des Alpenhauptkammes. Man muß sich wohl mit der Hypothese zufriedengeben, daß keltische und vielleicht auch ligurische, venetische oder etruskische Einwanderer auf eine schon vorhandene »rätische« und auch vorindogermanische Schicht gestoßen sind und sich mit ihnen völkisch und sprachlich vermischt haben; die Theorie, daß im östlichen Südtirol illyrische Stämme gelebt hätten, ist inzwischen haltlos geworden. Über dieses Gemisch hat sich dann eine Schicht von römischen Verwaltungsbeamten, Militärs und Neusiedlern geschoben und hat den Einwohnern auch langsam ihre Sprache aufgedrängt. Trotzdem haben viele der alten Ortsnamen diese Zeit überdauert und geben den Sprachforschern weitere Rätsel auf. Dabei darf nicht außer acht gelassen werden, daß in den Ortsnamen und in den Bodenfunden des alten Rätien, also in der Ostschweiz, in Vorarlberg und in Tirol und Südbayern, eine vielleicht noch stärkere Anwesenheit des Römertums als in Südtirol beobachtet werden kann; so weist z. B. in Vorarlberg der Großteil aller Orts- und Flurnamen noch romanische Wurzeln auf (wie Montafon, Valduna, Gallina, Scesaplana usw.) – aber dermaßen begründete Ansprüche auf den Besitz dieser Gebiete sind meines Wissens von Italien noch nie gestellt worden!

Von der Römerzeit bis zur Vereinigung Tirols mit Österreich

Das Römerreich war schon lange vor seiner größten Ausdehnung immer wieder Einfällen von Völkern aus dem Norden ausgesetzt, hauptsächlich von Kelten, die sich dann auch in Norditalien, ja selbst in Mittelitalien festsetzen konnten (wo der Ort Senigallia heute noch an die gallischen Senonen erinnert); dazu kamen verschiedene Germanenstämme wie die Zimbern, die im Jahr 102 v. Chr. bis zur Poebene vordringen konnten. Aber im Gebiet südlich des Alpenhauptkammes hatten die Römer schon im zweiten Jahrhundert v. Chr. begonnen, einige Gebiete in Besitz zu nehmen, und die Siedlung Tridentum, das spätere Trient, war bereits um das Jahr 36 v. Chr. ein befestigter römischer Militärstützpunkt und unter Augustus (43 v. bis 14 n. Chr.) ein »magnificum municipium«.

In den Jahren 15 und 14 v. Chr. wurden dann die beiden Stiefsöhne des Augustus, Tiberius und Drusus, mit der Unterwerfung dieser zentralen Alpenregion beauftragt. Drusus zog über den Brenner, Tiberius hingegen über den Reschenpaß. Das Vordringen in die Alpenregionen und ihre Durchquerung setzten natürlich für die römischen Truppen die Befriedung der dort wohnenden Völker voraus, und dafür war die Grundvoraussetzung ein gut ausgebautes Straßennetz. Meilensteine *(miliaria)* und Poststationen *(mansiones)* begleiteten in regelmäßigen Abständen den Verlauf dieser wichtigen Verkehrswege.

Zu diesen Hauptstraßenzügen durch unser Land zählen die beiden Zweige der nach dem Kaiser Claudius (41–54 n. Chr.) benannten Via Claudia Augusta, jener nämlich, der vom Po ausging (via Claudia Augusta Padana), und der andere, der seinen Anfang in Altino an der Adria nahm (via Claudia Augusta Altinate). Der Name ist uns durch einen besonderen Glücksfall erhalten geblieben: Im Jahr 1522 wurde in Rabland, im unteren Vinschgau, ein Meilenstein mit Inschrift gefunden; er stand eine Zeitlang auf dem Dorfplatz, dann holte ihn sich im Jahr 1570 Hans Jakob Römer in sein Schloß Maretsch nach Bozen, und über die späteren Erben, die Grafen Toggenburg, kam er 1933 an das Museum von Bozen, wo er heute noch steht. Auf ihm kann man lesen, daß Kaiser Claudius die Straße vom Po bis zur Donau hatte erbauen lassen, nachdem sein Vater Drusus die Alpenregion kriegerisch unterworfen hatte.

Über den genauen Verlauf dieser wichtigen Heerstraße wurde in den letzten Jahrzehnten sehr viel Tinte vergossen, ein Zeichen dafür, daß darüber nur mehr oder weniger plausible Vermutungen bestehen, aber keine letzte Gewißheit. Nach der wohl von den meisten Forschern akzeptierten These kam die Claudia Augusta Altinate über die Valsugana nach Pergine und nach Trient, während die andere von Verona heraufzog; bis San Michele hielt sie sich auf den Hügeln der linken Talseite. Die auf alten Karten belegte Poststation Endidae (wahrscheinlich die Vill bei Neumarkt oder Castelfeder) bezeugt den Verlauf der Straße längs der linken Etschseite; ein Zweig folgte wohl der Etsch über Branzoll und Leifers bis zur Station von Pons Drusi (bei Rentsch-Bozen), um gegen den Brenner zu ziehen. Der Hauptast aber nahm den Weg über Vinschgau, Reschenpaß, Fernpaß und Augsburg (»Augusta Vindelicorum«). Von Auer aus hätte sie, nach Dondio, bei Gmund über die Etsch gesetzt und wäre dann unterhalb von Kaltern (im sog. Lavasontal) bis Eppan gegangen. Von hier aus weiter über Perdonig nach Sirmian, Tisens, Völlan und Marling bis Forst. Ein wichtiges Beweisstück für diesen Verlauf ist der noch erhaltene Rest eines römischen Brückenpfeilers bei Algund. Nach anderen Forschern (z. B. Tabarelli) wäre sie von der Salurner Klause aus über Kurtatsch und Altenburg und weiter über Sankt Anton, Oberplanitzing gegen Hocheppan gezogen; die Anzahl von frühen Befestigungen, Schlössern und frühchristlichen Kirchen (Altenburg, Perdonig) längs des Weges läßt auch diese Variante plausibel erscheinen.

Die längs dieser Straßen erhobenen Bodenfunde geben natürlich keinen genauen Aufschluß über die Besiedlung der anliegenden Gebietsstriche zur damaligen Zeit. Aber Zeugen für die noch etliche Jahrhunderte dauernde römische Besetzung bis zum Eindringen der Franken, Langobarden und Bajuwaren überleben in sehr vielen Flurnamen, in Gräbern und Grabinschriften. Die als »rätisch« bezeichnete Bevölkerung ist im Lauf der Jahre langsam romanisiert worden, was im Hauptdurchzugsgebiet, also im Etschtal und Eisacktal, viel früher und gründlicher stattgefunden hat als in den Seitentälern. Soweit diese letzteren von den Germaneneinfällen weniger betroffen waren, hat sich dann, wie in den heute ladinischen Tälern, die Sprache der Urbevölkerung mit der lateinischen so vermischt, daß daraus die heutigen ladinischen Dialekte entstanden sind.

In den sehr bewegten Jahrhunderten zwischen dem 5. und dem 8. waren unsere Gebiete Schauplatz wiederholter Kämpfe zwischen den immer wieder von Norden eindringenden GERMANENSTÄMMEN. Am Ende des 6. Jahrhunderts errichteten die LANGOBARDEN ein Herzogtum in Trient, das bis gegen Bozen und Meran reichte. Die FRANKEN, die ihnen im Jahr 590 das Gebiet streitig machen wollten, konnten zwar in der Gegend vom heutigen Mezzocorona (Deutschmetz) dem Langobardenführer Ragilo eine empfindliche Niederlage bereiten, wurden dann aber von Ewin, dem Herzog von Trient, bei Salurn vernichtend geschlagen. Die BAJUWAREN waren auch eheliche Verbindungen mit den Langobarden eingegangen (eine Tochter Garibalds I. aus Bayern war Ewins Frau geworden und ihre Schwester Theodolinde heiratete im Jahr 587 den Langobardenkönig Authari, der Sage nach bei dem Kirchlein San Pietro in Bosco südlich von Ala).

In die Jahre um 400 n. Chr. dürfen wir auch die erste Christianisierung unseres Landes ansetzen. In Trient scheinen schon vor dem HEILIGEN VIGILIUS, dem »Apostel des Trentino«, der um das Jahr 400 im Rendenatal von der Bevölkerung gesteinigt worden war, zwei Bischöfe gelebt zu haben. Manches Vigiliuskirchlein in unserem Land, so Altenburg bei Kaltern oder das Kirchlein über Perdonig (Eppan), geht der Sage nach noch auf eine Gründung durch diesen Bischof zurück. Genauere Auskünfte gibt uns Säben auf seinem schon in der Vorzeit besiedelten Felsrücken: Spätestens um die Mitte des sechsten Jahrhunderts war dort schon ein Bistum eingerichtet *(Haider)*. Auch in Sankt Peter in Gratsch oberhalb von Meran wurde eine solche frühchristliche Kirche aufgedeckt, und so mancher ähnliche frühe Bau dürfte noch unter den Böden späterer Kirchen zu finden sein.

Die Frage ist berechtigt, was nun eigentlich von der RÖMERHERRSCHAFT über unser Land übriggeblieben ist, die doch rund vier Jahrhunderte gedauert hat. Neben den schon erwähnten

Boden- und Gräberfunden und den wenigen Meilensteinen und verstreuten Inschriften sind es hauptsächlich Ortsnamen, die sogenannten »Prädiennamen«, das sind Landgüter, die den Namen ihres Besitzers bekamen: Da haben wir Appianum für das heutige Eppan, Missian als Gut des Messius, Cornelianum für Girlan, und weiter Prissian für ein Gut des Priscius oder Klerant für Cleriacum *(Kühebacher)*.

Was die romanisch klingenden Flurnamen besonders im Überetsch und Unterland betrifft, so darf man nicht vergessen, daß die lateinische Sprache in den ersten nachchristlichen Jahrhunderten schon stark verfärbt und mit vielen Ausdrücken sowohl der vorgefundenen Sprache als auch, in späteren Jahren, der germanischen Einwanderer vermischt war. Darüber hinaus war die Amtssprache, derer sich sowohl die Pfarrer als auch die öffentliche Verwaltung bediente, bis ins späte Mittelalter vielfach Latein; und in Notariatsakten und Taufregistern wurde oft ein latinisierter Name verwendet, den dessen Träger zu Hause nie benützte. Diese ROMANISCHEN SPRACHRESTE sind, wie schon erwähnt, nördlich des Brenners, besonders in Vorarlberg und Graubünden, womöglich noch zahlreicher als bei uns; im Pustertal mengen sich slawische Reste in den Sprachschatz, der Vinschgau war in seinem oberen Teil bis vor wenigen Jahrhunderten noch mehr romanisch als deutsch. Kurzum, was die Geschichte zusammengebraut hat, müssen wir als Gegebenheit hinnehmen, und es kann nur als töricht angesehen werden und zeugt von völligem Mangel an Geschichtssinn, wenn versucht wurde, auf zweitausend Jahre zurückzugreifen, um daraus etwaige Besitzansprüche anzumelden. Warum nicht auch auf Süddeutschland bis zum Limes oder auf England?

Nach den Langobarden und den Bayern kamen dann endgültig die FRANKEN zum Zug. Im Jahr 788 setzte Karl der Große den Bayernherzog Tassilo ab und gewann dadurch die Oberhoheit über ganz Bayern. Vorher hatte er schon 774 den letzten Langobardenkönig Desiderius ins Kloster geschickt. Ganz Tirol und natürlich auch das ehemalige Langobardenreich kamen damals unter die Herrschaft des neuen Frankenkönigs. Die Langobarden waren aber auch bisher siedlungsmäßig kaum über die

Salurner Klause hinausgekommen. Daher mag auch die Unterscheidung der beiden »Metz«-Orte, nämlich auf der einen Seite Deutschmetz und südlich des Noce Welschmetz oder eben Mezzolombardo, herrühren. Nur verwaltungsmäßig war um 750 das Unterland bis Bozen, das Überetsch und das Burggrafenamt westlich der Etsch langobardisch; im Hochpustertal machten sich von Osten her slawische Einflüsse geltend, während der Vinschgau unter den Churer Bischöfen weitgehend romanisch geblieben war.

Die nächsten Jahrhunderte waren von einem langsamen Erstarken der lokalen Grafen und der beiden BISCHÖFE VON TRIENT und SÄBEN-BRIXEN gekennzeichnet. Trient zählte damals das Etschtal bis Bozen und Meran, zeitweise auch den Vinschgau zu seinem Einflußbereich. Nach den Grafen von Norital und denen von Morit-Greifenstein, von denen die ersteren im Eisacktal, die anderen im Bozner Becken herrschten, waren es besonders die Grafen von Eppan, die sich mit den GRAFEN VON TIROL um die Macht im Lande stritten. Die Tiroler Grafen hatten neben den Grafschaftsrechten über den Vinschgau auch die Vogtei über das Bistum von Trient erhalten; dessen Bischof, wie auch jener von Brixen, war ja schon im Jahr 1027 von Kaiser Konrad II. zum Landesherrn ernannt worden. Aus Vögten, also Verwaltern und Schutzherren, entwickelten sich die Tiroler Grafen allmählich zu den eigentlichen Landesherren, die den Trienter Bischof bald völlig entmachteten; nach einem kurzen Zwischenspiel unter Kaiser Friedrich II., der die Verwaltung des Etschtales um der größeren Sicherheit willen dem Paduaner Ezzelino da Romano anvertraut hatte, kehrte die Macht wieder an die Tiroler Grafen zurück, auch wenn der Bischof immer wieder die Lage durch Bannfluch oder durch nicht immer eingehaltene Verträge zu ändern gesucht hatte.

Der kraftvollste Vertreter seines Geschlechts war sicher Meinhard II., der als MEINHARD III. von Görz durch die Ehe mit Alberts III. Tochter Adelheid Herr über die Tiroler Besitzungen wurde. Durch seine im Jahr 1259 erfolgte Heirat mit Elisabeth, der Witwe König Konrads IV. und Mutter des letzten Hohenstaufen Konradin, wurde er Mitglied der staufischen Kaiserfamilie. Bei der späteren Gebietsteilung zwischen den zwei Brüdern, die 1271 auf Schloß Tirol stattfand, erhielt Meinhard den Titel Graf von Tirol und Görz und den Adler als Wappen, während sein Bruder Albert von nun an Graf von Görz und Tirol hieß und den Görzer Löwen als Wappen trug. Durch seine Freundschaft mit Rudolf von Habsburg wurde auch dessen Wahl zum deutschen König wesentlich beeinflußt; die Tochter Meinhards, Elisabeth, wurde dann auch als Gattin von Rudolfs Sohn Albrecht zur Stammutter aller Habsburger! Der Tiroler Graf und Fürst hatte daher im gesamten Kaiserreich eine hervorragende Stellung bekommen!

Nicht immer zimperlich in der Wahl seiner Mittel, ordnete Meinhard mit starker Hand die Verwaltung, das Wehrwesen und die Wirtschaft in seinem Land. Aufsässige Burgherren wurden bekämpft und ihre Burgen geschleift oder konfisziert; eine große Anzahl von Burgen wurde neu erstellt, so besonders im sogenannten Burggrafenamt rund um Schloß Tirol. Aus der Zeit Meinhards stammen die ersten Steuerregister, die Amtsabrechnungen und die sogenannten »Raitbücher«, das sind Rechnungsbücher, und das große Urbar. Die Kanzleisprache war seit 1278 Deutsch *(Lechthaler)*. Die Einnahmen setzten sich aus dem immer mehr anwachsenden Landbesitz, aus den Zöllen und Steuern und besonders aus dem Münzrecht zusammen. In Meran hatte Meinhard mit seinem Bruder Albert schon 1259 mit der Münzprägung begonnen; die Belehnung mit dem Prägerecht war durch den Trienter Bischof erfolgt, während die kaiserliche Erlaubnis für die offizielle Errichtung einer Münzstätte in Meran erst 1274 gegeben wurde. Diese ersten sogenannten »Adlergroschen« zeigten auf der Vorderseite das Bild des Stauferadlers, wie er auf den Goldmünzen Friedrichs II. abgebildet war; diese »aquilini« genannten Silberzwanziger erfreuten sich bald großer Beliebtheit in ganz Norditalien und wurden vielfach nachgeahmt (sogenannte BEISCHLÄGE). Ab 1274 wurden diese ersten Mehrpfennigmünzen auf deutschem Boden durch den ETSCHKREUZER ersetzt, der jetzt als Bild den Tiroler Adler trug; dieses Stück war zwanzig Berner (Veroneser Pfennige) wert, wobei das Pfund Berner 2400 Pfennige galt. In Italien bald als »Tirolini« wegen ihres hohen und konstanten Silbergehalts sehr geschätzt, wurden diese Kreuzer (wegen des auf der Rückseite gezeigten Doppelkreuzes) bald zur einzigen Landeswährung eines großen Gebietes. (Näheres siehe bei *Rizzolli*: »Münzgeschichte des Alttiroler Raumes im Mittelalter«, Athesia 1991.)

Zu diesen Einnahmen kam noch das Bergregal, nämlich das Schürfrecht in der Haller Saline und in den vielen über die Gebirge verstreuten Erzlagern. Die jährlichen Gesamteinkünfte Meinhards beliefen sich auf 19.770 Mark Silber (*Lechthaler*).

Meinhards Söhne Otto und Heinrich setzten mit weniger Geschick die vom Vater vorgezeichneten Tätigkeiten fort. Heinrich war kurz (1309) nach dem Aussterben der Premisliden König von Böhmen geworden, da seine Frau eine Tochter des letzten Königs war. Unfähig für diese Aufgabe, wurde er nach drei Jahren von JOHANN VON LUXEMBURG, einem Sohn Heinrichs VII., vertrieben und war dann bis 1314 Landesfürst von Tirol. Seine Tochter MARGARETHE hatte, als sie zwölf Jahre alt war, 1330 aus familienpolitischen Gründen den neunjährigen JOHANN HEINRICH VON BÖHMEN heiraten müssen, der ausgerechnet der Sohn des neuen böhmischen Königs war. Dessen älterer Bruder Karl, der spätere Kaiser Karl IV., führte für den Minderjährigen die Regierung und umgab sich auch mit seinem böhmischen Hofstaat. Diese Landesfremden machten sich nach und nach immer mehr in Tirol verhaßt, und dieser für die Tiroler untragbare Zustand führte dann so weit, daß am Allerseelentag 1341 der damals neunzehnjährige Johann Heinrich bei seiner Rückkehr von der Jagd das Tor zum Schloß verriegelt fand; die böhmischen Gefolgsleute wurden verjagt, und die Tiroler Adeligen verweigerten dem Luxemburger den Gehorsam.

Geraume Zeit vorher war es aber schon zu Absprachen mit dem deutschen Kaiser Ludwig dem Bayern über eine eheliche Verbindung seines Sohnes LUDWIG (»dem Brandenburger«) mit Margarethe gekommen. Diese eheliche Verbindung wurde bereits am 10. Februar 1342 auf Schloß Tirol in Anwesenheit des Kaisers geschlossen, obwohl die erste Ehe kirchlich nicht aufgelöst war. Das junge Paar wurde auch sofort mit dem päpstlichen Bann belegt.

Zeitgenössische Berichte (bei *Huber*) sprechen von einer Impotenz des jungen Fürsten, weshalb die Ehe gar nicht vollzogen worden sei; dazu kam eine Neigung zur Grausamkeit und zu häufigen Tätlichkeiten: Zwei verschiedene Quellen wollen wissen, daß Johann seiner Gattin die Brustwarzen abgebissen habe! Der Papst (Benedikt XII.), der vielleicht nicht genügend informiert war (er lebte damals in Avignon), wollte aber von einer Auflösung der Ehe nichts wissen.

Nach Jahren und mit Hilfe des Habsburger Verwandten RUDOLF (Sohn von Albrecht II.) ließ sich der spätere Papst Innozenz VI. im Jahr 1357 endlich überzeugen, die erste Ehe als ungültig zu erklären und den Bann aufzuheben. Aber bereits im Jänner 1363 starb nach kurzer Krankheit der erst zwanzigjährige Meinhard III., der ein Jahr zuvor noch die Schwester Rudolfs geheiratet hatte. Nun trat ein Abkommen in Kraft, das Margarethe schon Jahre zuvor mit ihren Habsburger Verwandten getroffen hatte: »Am 26. Jänner 1363 übergab Margaretha, damit nach ihrem Hinscheiden um Tirol kein Streit entstehe, nach Rath ihrer Landherrn und Räthe den Herzogen Rudolf, Albrecht und Leopold zu Österreich, als ihren nächsten Verwandten und Erben, ihr Fürstenthum, die Grafschaften Tirol und Görz, das Land an der Etsch und das Innthal mit der Burg zu Tirol und allem, was zum Lande gehört, wie auch alle ihre Besitzungen in Baiern als ewige, unwiderrufliche Gabe unter den Lebenden.« (*Huber*) Auf diese Weise waren aber auch die Ansprüche der bayerischen Wittelsbacher auf Tirol umgangen worden, die ja auch verwandtschaftliche Gründe für eine Beerbung anmelden konnten. Und damit beginnt für Tirol ein neuer geschichtlicher Abschnitt, der aber während der ganzen folgenden fast sechshundert Jahre der Zugehörigkeit zu Österreich immer durch einen besonderen Drang nach Eigenständigkeit gekennzeichnet war.

MARGARETHE MAULTASCH, Gräfin von Tirol, hat neben ihrer geschichtlichen Bedeutung seit jeher die Phantasie nicht nur der Historiker, sondern auch des Volkes beschäftigt, und das besonders wegen ihres immer noch nicht eindeutig geklärten Beinamens, der schon in zeitgenössischen Quellen auftaucht.

Dieser seltsame, durchaus nicht schmeichelhafte Übername hat bisher hauptsächlich zwei Erklärungsversuche gefunden: Der verbreitetste davon ist eine

angeblich besonders ausgeprägte, ja häßliche Unterlippe; so wurde die Gräfin tatsächlich auf vielen späteren Bildern dargestellt, zum Teil in geradezu übertriebener Weise. Inzwischen steht einwandfrei fest, daß es sich dabei um Kopien oder Variationen zu einer Studie über häßliche, alte Leute von Leonardo da Vinci handelt; es gibt kein eigentliches zu ihren Lebzeiten gefertigtes Porträt, und spätere Maler haben ihre malerische Phantasie am Übernamen genährt. (Siehe dazu: *O. von Lutterotti*: »Angebliche Porträts der Margarethe Maultasch«, Innsbruck 1951.)
Die zweite Deutung des Namens ist die eines Schimpfwortes im Sinne einer sexuell ausschweifenden Person. Auch diesbezüglich waren schon zu ihren Lebzeiten allerhand Gerüchte im Umlauf; wir dürfen aber einerseits die in jener Zeit ziemlich freizügigen Sitten nicht außer acht lassen, besonders aber die absichtlich angefachte Gerüchteküche von seiten der böhmischen Partei, die sich durch den Hinausschmiß des jungen Johann Heinrich gedemütigt fühlte. Viele spätere, auch sehr namhafte Schriftsteller wie Lion Feuchtwanger (»Die häßliche Herzogin«), Rudolf Greinz oder Fanny Widmer-Pedit haben sich von diesen Vorurteilen nicht frei machen können. Aber die heutige Forschung nimmt weitgehend Abstand von solchen Verzerrungen und hat Margarethe wieder so ziemlich reingewaschen. (Dazu der ausführliche Artikel von *F. Brzoska*: »Margarethe, Gräfin von Tirol«, Der Schlern, 1982, 5)

Der neue Graf von Tirol, Herzog Rudolf, auch »der Stifter« genannt (Gründung der Universität Wien, Ausbau des Stephansdomes), starb schon im Jahr 1365; sein Nachfolger wurde Leopold III., der dann in der Schlacht bei Morgarten gegen die Eidgenossen im Jahr 1386 fallen sollte.

Stammtafel der Grafen von Tirol

Albert I.

- Albert II. (1142–1165)
- Berthold (1141–1184)
- Heinrich (1181–1190)
  - Adelheid ⚭ Meinhard II. von Görz
  - Albert III. (1190–1253) ⚭ Uta
    - Elisabeth †1256 ⚭ 1. Otto von Andechs-Meranien †1248, 2. Gebhard v. Hirschberg †1275
    - Adelheid †1275 ⚭ Meinhard III. v. Görz = Meinhard I. v. Tirol 1253–1258
      - Meinhard II. von Tirol-Görz 1258–1295 ⚭ Elisabeth von Bayern
        - Otto 1295–1310
        - Ludwig 1295–1305
        - Heinrich v. Kärnten u. Tirol (König von Böhmen) 1295–1335
          - (3)Beatrix v. Savoyen
            - Margarethe Maultasch (1335–1363) ⚭ 1. Johann Heinrich von Böhmen (1341 verjagt) ⚭ 2. Ludwig von Brandenburg (1342–1361)
              - Meinhard III. von Tirol – Oberbayern 1361–1363
        - Elisabeth ⚭ Albrecht I. von Österreich
          - Stammeltern der Habsburger
      - Albert II. von Görz-Tirol 1258–1271 (†1304) (Görzer Grafen)

Vom ausgehenden Mittelalter bis zum Ersten Weltkrieg

Von nun an geht die Geschichte Südtirols gemeinsame Wege mit jener von Gesamttirol, das sich allerdings auch als Teil des Habsburgerreiches immer noch eine gewisse Eigenständigkeit zu bewahren wußte, auch wenn ihm diese von der Zentralregierung immer wieder beschnitten wurde; dazu gehört vor allem ein eigener Landesherr, der bis zum Regierungsantritt von Kaiser Leopold I. im Jahr 1665 ein Habsburger Erzherzog und erst danach der deutsche Kaiser selbst war. Da sich unsere kurzen Geschichtsnotizen nur mit dem südlichen Tirol befassen, sollen im folgenden bloß einige herausragende Gestalten und Ereignisse aus dieser Epoche behandelt werden, die dieses Gebiet im besonderen betreffen.

Der Adel des Landes, der, wohl auch in Zusammenhang mit den vielen neuerbauten Burgen, an Zahl und Bedeutung in ständiger Zunahme begriffen war, fühlte sich durch den neuen Landesherrn **Herzog Friedrich** *(Friedl mit der leeren Tasche),* der 1406 zur Regierung gekommen war, oft in seinen angemaßten Rechten eingeengt, und so verbanden sich 1406 zwei Dutzend Tiroler Adelige in der »Gesellschaft vom silbernen Elefanten«, kurz ELEFANTENBUND genannt, zur »wechselseitigen Unterstützung gegen jedermann, auch, wenn nötig, gegen die Herrschaft« *(Riedmann)*. Schon ein Jahr später entstand dann der sogenannte »FALKENBUND«, dem 126 adelige Tiroler Herren, aber auch der Bischof von Brixen und Vertreter des Volkes oder »Pofels« (von »popolo«) angehörten. Unter ihnen war auch der weitgereiste und weltgewandte Dichter und Sänger Oswald von Wolkenstein. Aufgabe dieses erweiterten Bundes war die Abwehr der Bedrohung durch die Appenzeller, Baiern und Lombarden; sein Anführer war HEINRICH VON ROTTENBURG, der große Besitzungen nicht nur in Kaltern und im Fleimstal, sondern auch im Nordtiroler Inntal sein eigen nannte. In die Geschichte eingegangen ist die Beschreibung der Belagerung von Greifenstein, auch »Sauschloß« genannt, durch Oswald, bei der sich beide Bünde gegenüberstanden.

Herzog Friedrich mußte nach dem Konzil zu Konstanz, an dem er als Parteigänger des Gegenpapstes Johannes XXIII. teilgenommen hatte, nach dessen Absetzung fliehen, denn er war von Kaiser Sigismund (1410–1437) für vogelfrei erklärt worden. Da die Bevölkerung Tirols aber zu ihm hielt und auch die Reichsacht nicht allzu ernst nahm, gelang es dem Herzog, sich immer wieder zu verstecken, bis dann endlich der kaiserliche Bann aufgehoben wurde. Unter seine Regierungszeit fällt die Gründung eines »Landtages« im Jahr 1420, einer Interessengemeinschaft zwischen Adel, Bürgern und Bauern und dem Landesfürsten, eines der ersten Beispiele einer gut funktionierenden demokratischen Regierung und ein erster Schritt zur Teilnahme des freien Bauernstandes am öffentlichen Leben.

Während der Herrschaft Herzog Sigmunds (des »Münzreichen«) von 1439–1490 war in den Jahren von 1450 bis 1464 NIKOLAUS VON CUES, meist Cusanus genannt, Bischof von Brixen. Als Philosoph und Theologe von hohem Rang machte sich dieser aus dem Rheinland stammende spätere Kardinal beim Volk und auch beim Klerus recht wenig beliebt, denn er wollte mit Gewalt eine Reihe von Reformen in den wohl auch reformbedürftigen Klöstern durchsetzen. Bekannt ist sein Kampf gegen die widerspenstige Äbtissin von Sonnenburg im Pustertal, Verena von Stuben, die sich auch Herzog Sigmund zum Verbündeten zu machen wußte. Der Streit zwischen Herzog und Bischof zog sich jahrelang hin, denn letzterer wollte die ursprünglichen territorialen Herrschaftsansprüche der Bischöfe von Brixen und Trient wieder zur Geltung bringen. Aber Nikolaus mußte sich schließlich geschlagen nach Rom zu seinem Freund Papst Pius II. (Enea Silvio Piccolomini) zurückziehen.

Das wirtschaftlich wichtigste Ereignis aus Sigmunds Regierungszeit war seine MÜNZREFORM. Er brachte die Prägestätte im Jahr 1477 von Meran nach Hall und prägte dort zum ersten Mal größere Silbermünzen neben den Kreuzern und Sechsern; der wachsende Handel verlangte nach größeren Einheiten, und mit einheimischem Gold war dem üblichen Rheinischen Goldgulden nichts Gleichwertiges entgegenzusetzen. Silber aber war in den neuen Schwazer Gruben im Überfluß vorhanden. Nach dem »Pfundner« zu 12 Kreuzern (jeder Etschkreuzer zu 20 Bernern) kam im Jahr 1484 der »Halbguldiner« und 1486 der »Guldiner« im Wert von 60 Kreuzern und gleichwertig dem Rheinischen Gulden *(Egg)*. Aus diesen ersten im deutschen Handelsraum geprägten Silber-Großmünzen wurden bald danach die Taler (nach dem ersten Prägeort Joachimsthal in Böhmen), die von nun an für viele Jahrhunderte das Handelsleben bestimmten.

Nach dem Sieg über die Venezianer bei Calliano im Jahr 1487, einem nur vorübergehenden Erfolg, und nach einer langen Regierungszeit, die auch durch ein defizitäres Finanzgebaren und durch große persönliche Verschwendungssucht und Freizügigkeit gekennzeichnet war (es werden ihm über fünfzig uneheliche Nachkommen zugeschrieben, die er alle finanziell unterstützte), verzichtete Sigmund 1490 zugunsten seines Vetters Maximilian, des Sohnes Kaiser Friedrichs III., auf die Herrschaft über Tirol.

Maximilian I., der bis 1519 die Habsburgerlande regierte, hielt sich gern in Tirol auf, wo er fleißig auf die Jagd ging – die Legende von seiner wunderbaren Errettung aus der Martinswand bei Zirl ist heute noch lebendig. Lange Jahre war er mit dem Krieg gegen Venedig beschäftigt, dem damals große Teile des südlichen Tirol gehörten. Beim Friedensschluß 1516 bekommt er dann das Lagertal, Rovereto, die Vier Vikariate (Ala, Avio, Brentonico und Mori) und Riva zurück. Eine für Tirol besonders wichtige und nachhaltende Entscheidung Maximilians ist sein LANDLIBELL vom 23. Juni 1511: Es schafft die Grundlage für die bis ins 19. Jahrhundert reichende Sonderstellung Tirols auf militärischem Gebiet. Alle erwachsenen Tiroler sind zur Verteidigung der Grenzen ihres Landes verpflichtet, nicht jedoch zur Teilnahme an anderen Kriegsschauplätzen. Dazu kommt die Erlaubnis für jedermann, Waffen zu tragen. Die Bischöfe von Trient und Brixen müssen an den Pflichten und Lasten dieses Erlasses teilnehmen. Der Landesfürst darf einen Krieg, der von Tirol ausgeht, nur mit Zustimmung der Landstände beginnen *(Palme)*. Aber wie auch die meisten seiner Vorgänger und Nachfolger hat Maximilian das Land und das ganze Reich mit schwersten Schulden hinterlassen und hat für seine dauernden Kriege ganze Herrschaften und die Silberbergwerke von Schwaz verpfänden müssen.

Nach Maximilians Tod kommt sein Enkel Ferdinand I., Bruder von Kaiser Karl V., nach Tirol. Unter seine Herrschaft fallen die im Jahr 1525 beginnenden Bauernkriege sowie auch das langsame Eindringen des neuen lutherischen Glaubens. Einer der Anführer der gegen die Regierung aufgebrachten Bauern, PETER PASSLER aus dem Antholzer Tal, wird kurz vor seiner Hinrichtung von Freunden befreit und kann fliehen; bald scharen sich im ganzen Land die rebellischen Bauern zusammen und wählen zu ihrem obersten Feldhauptmann den bisherigen Sekretär des Brixner Fürstbischofs, MICHAEL GAISMAIR, aus Tschöfs bei Sterzing gebürtig.

Die Beschwerden der Bauern, aber auch der Bergknappen, betrafen zum einen wirtschaftliche Ausnützung durch fremde Obrigkeiten wie den aus Spanien stammenden Juden Graf Salamanca oder die Fugger als Nutznießer des Bergsegens, zum andern aber auch die Klage über zu hohe Steuerlasten. Nach anfänglichen Verhandlungserfolgen mit dem Landesfürsten breitete sich aber der Funken des Aufruhrs über das ganze Land aus; der anfänglich noch konziliante Gaismair geriet in ein immer radikaleres Fahrwasser. Beeinflußt durch die Lehren Zwinglis, die er bei einem Aufenthalt in der Schweiz aufgenommen hatte, forderte er die Auflösung der Klöster, die Beseitigung von Kirchenbildern, Bildstöcken und Kapellen, die Abschaffung des weltlichen Besitzes der Kirche und das Ende der weltlichen Macht der Bischöfe. Diese »Tiroler Landesordnung« wurde von Gaismair in Graubünden verfaßt, wohin er geflohen war. Zugleich nahm er Verbindung mit den Venezianern und den Franzosen auf, um einen Einfall in Tirol vorzubereiten. Nach Kämpfen im Salzburgischen zog Gaismair mit 2000 Mann ins Pustertal, von wo er aber angesichts der Übermacht der landesfürstlichen Truppen ins venezianische Gebiet auswich. In den Diensten Venedigs wurde er in einem Söldnerheer gegen die Kaiserlichen in Mailand eingesetzt. Aber als Venedig 1529 mit dem Kaiser Frieden schloß, wurde er den neuen Herren unbequem. Durch unbekannte Mörderhand endete 1532 sein aufregendes Leben.

Gaismair wurde wegen seiner gewiß zum Teil berechtigten Auflehnung gegen die herrschenden Mißstände und dadurch natürlich gegen die Obrigkeit, aber auch wegen seines kompromißlosen Kampfes um die Utopie eines idealen Sozialstaates auch bis in unsere Tage sowohl von den Linken als auch von den Nationalsozialisten vereinnahmt. Daß er seine letzten Jahre als wohlhabender Grundherr auf einem Landgut in Montegrotto bei Padua verbrachte, wird von seinen Verehrern gerne verschwiegen; sein Mord geschah aus politischen Motiven im Auftrag der Habsburger und trägt auch nicht dazu bei, ihn zum Helden zu stempeln. Was bleibt, ist ein begabter Mensch, eine Führernatur, ein Fanatiker vielleicht für unerreichbare Ideale, an denen er schließlich scheitern mußte – eine im letzten tragische Gestalt mit allen menschlichen Höhepunkten und Schwächen!

Als Sohn von Kaiser Ferdinand I. regierte **Erzherzog Ferdinand** von Tirol das Land von 1564 bis 1595. Er bleibt in Erinnerung einmal wegen seiner für längere Zeit verheimlichten »morganatischen« Ehe mit PHILIPPINE WELSER, einer Kaufmannstochter aus Augsburg, die sich aber beim Volk großer Beliebtheit erfreute, und wegen des Ausbaues von Schloß Ambras bei Innsbruck mit seinem berühmten Kuriositätenkabinett, einer Sammlung der wunderlichsten Gegenstände aus Natur und Kunst, die heute noch zahlreiche Besucher anlockt. Nach seinem Tod wurde Tirol von Statthaltern aus dem Kaiserhaus regiert, darunter von **Kaiser Rudolf II.**, seinem Bruder **Matthias** und zuletzt von **Maximilian II.**, genannt der Deutschmeister. Ihr Vetter **Ferdinand II.** hatte die Aufsicht über Tirol von 1621 bis 1625; erst dann kam wieder als eigentlicher Landesfürst dessen Bruder **Erzherzog Leopold V.** an die Regierung. Seine Gemahlin **Claudia von Medici**, die nach seinem Tod 1632 für die zwei minderjährigen Söhne die Herrschaft über Tirol ausübte, ist vor allem wegen der Einsetzung eines Merkantilmagistrates und wegen der Erbauung des schönen Merkantilgebäudes für die schon seit langem abgehaltenen Bozner Messen zu erwähnen.

Nach dem älteren Sohn **Ferdinand Karl**, der nach einer Saujagd in Kaltern im Jahr 1662 verstarb (Claudia bewohnte eine alte Rottenburger-Burg in Kaltern, aus der nach ihrer Stiftung das heutige Franziskanerkloster entstand), übernahm der jüngere **Sigismund Franz** für nur drei Jahre die Regierung, da er schon 1665 verstarb.

Der DREISSIGJÄHRIGE KRIEG war am südlichen Teil Tirols fast spurlos vorbeigezogen, und gegen die neue, protestantische

Stammtafel der Tiroler Habsburger

- Albrecht II.
  - Rudolf IV. †1365
  - Leopold III. 1365–1386
    - Leopold IV. 1386–1406
    - Ernst 1386–1395
      - Fiedrich V. (ab 1453–1493 Kaiser Friedrich III.)
        - Maximilian I. 1490–1519
          - Philipp der Schöne 1504–1506
            - Kaiser Karl V. 1519–1554
            - Ferdinand I. 1519–1564
              - Maximilian II. 1564–1576
                - Rudolf II. Ks. 1576–1612
                - Matthias Ks. 1612–1619
                - Maximilian d. Deutschm. 1602–1618
              - Erzh. Ferdinand v. Tirol 1564–1595
              - Karl 1564–1590
                - Ferdinand II. Ks. 1621–1625
                - Erzh. Leopold V. von Tirol 1618–1632 ⚭ Claudia v. Medici
                  - Erzh. Ferdinand Karl 1632–1662
                  - Erzh. Sigismund Franz 1662–1665
            - Maria ⚭ König Ludwig v. Böhmen und Ungarn
    - Friedrich mit der leeren Tasche 1406–1439
      - Herzog Sigmund der Münzreiche (1427–1490)
  - Albrecht

Glaubenslehre hatte sich die Gegenreformation in den meisten Tiroler Tälern und Städten behaupten können. Auch an den Türkenkriegen, die **Kaiser Leopold I.** (1665–1705), jetzt auch Landesherr von Tirol, erfolgreich im Osten führen konnte, brauchten die Tiroler dank des Landlibells nicht teilzunehmen. Als aber nach dem Tod des letzten spanischen Habsburgers im Jahr 1700 der Krieg um die spanische Erbfolge ausbrach, wurde Tirol, und besonders sein südlicher Teil, wiederholt Schauplatz von schweren Kämpfen gegen die von Süden her vorrückenden Franzosen und gegen deren Verbündete, die Bayern unter Max Emanuel, die von Norden her den Franzosen zu Hilfe kommen wollten. Die Bayern wurden mit Erfolg in Nordtirol aufgehalten, während die Franzosen unter General Vendôme, nach einer eher wirkungslosen Bombardierung der Stadt Trient vom Dos Trento aus, auch das Feld räumen mußten.

Auf das Jahr 1702 geht das tollkühne Umgehungsmanöver von PRINZ EUGEN zurück, der von Ala aus über die steilen Bergschluchten der Valscura ein ganzes Regiment schwerer Artillerie auf die Höhen der Lessinischen Berge schaffen ließ und dem durch diesen Überraschungsschlag der Sieg über den in der Ebene stehenden Feind gelang.

Wer in diesem Krieg am meisten unter Gebietsverlust und an Einbußen von Kampftruppen zu leiden hatte, war aber Nordtirol; die alten, verbrieften Privilegien hielten nicht immer dem Drängen der Wiener Regierung stand, die sich in dauernden Nöten befand, aber im großen und ganzen gelang es den Tirolern immer wieder, alte Rechte zurückzufordern.

Mit **Karl VI.**, einem Bruder des schon 1711 an den Pocken verstorbenen **Joseph I.**, verlor Tirol wieder ein Stück seiner Eigenständigkeit: Durch die PRAGMATISCHE SANKTION, die im Falle eines Fehlens männlicher Erben die Erbfolge auch einer Tochter festlegte, wurde auch das selbständige Landesfürstentum für Tirol geopfert. Im Zeitalter des Absolutismus war nur mehr ein von einem einzelnen Monarchen geführter Zentralstaat denkbar. Die beiden Fürstbischöfe von Brixen und Trient konnten sich allerdings ihr weltliches Territorium noch einmal retten.

Unter **Maria Theresia** (1740–1780) erfuhr Tirol eine Einteilung in neue Verwaltungskreise; dem heutigen Südtirol entsprachen ungefähr folgende Kreise: Pustertal (das allerdings bis Lienz reichte), der Kreis an Etsch und Eisack, der das heutige Unterland bis Deutschmetz und Königsberg umfaßte, und der Kreis Burggrafenamt und Vinschgau, der auch Nauders mit Ischgl und Galtür sowie Tarasp enthielt. Ein großer Teil des heutigen Trentino verblieb noch dem Hochstift Trient und hatte daher eine eigene Verwaltung und Jurisdiktion, so wie auch die Gebiete des Brixner Bischofs, die allerdings bedeutend kleiner waren.

Während die segensreichen Reformen des Schulwesens mit der Einführung der allgemeinen Schulpflicht noch unter Maria Theresia große Vorteile brachten, riefen die kirchenpolitischen Neuerungen ihres Sohnes **Joseph II.** bei der Bevölkerung heftigen Unwillen, ja auch Widerstand hervor. Gewiß haben die Glaubenspraktiken sowohl infolge der Gegenreformation als auch im allgemeinen Geist des barocken Überschwangs gerade im »Heiligen Land Tirol« oft seltsame Blüten getrieben, und Aberglaube war oft mit echter und tiefer Religiosität verbunden. Deshalb mußten die vom Geist der Aufklärung diktierten, aber als unpopulär angesehenen Aufhebungen von Klöstern, das Verbot von Wallfahrten und Prozessionen, die Beschränkung der Gottesdienste und somit die Profanierung vieler Kirchenbauten auf allgemeine Ablehnung stoßen. Im Volk nannte man den Kaiser schlicht »Kirchenraber-Seppele«! Da diese Reformen in den fürstbischöflichen Territorien, die besonders im Fall von Brixen weit zerstreut lagen, keine Geltung hatten, fand sich die Bevölkerung von oft nahe beieinanderliegenden Gebieten in widersprüchlichen Situationen, und der Klerus stellte sich mehr oder weniger offen gegen die Reformen.

Nach dem Tod Josephs II. im Jahr 1790 kam sein Bruder **Leopold II.**, bisher Großherzog von Toskana, auf den Kaiserthron. Weniger radikal in seinen immerhin fortschrittlichen Ideen, gab er den Tirolern einige der verlorenen Privilegien wieder zurück und machte auch die eine oder andere Kirchenschließung rückgängig. Diese verständnisvolle Hinwendung Wiens zu einem seiner wertvollsten Erbländer bestärkte wieder die nicht immer warmen Sympathien der Tiroler zur Zentralregierung; diese festere Bindung sollte sich in den bald nahenden Franzosenkriegen günstig auswirken.

Bereits im März 1792 verstarb Leopold, und dessen Sohn **Franz II.** übernahm die wahrlich nicht leichte Aufgabe, die Länder Österreichs vor der drohenden Gefahr aus Frankreich zu bewahren. Aber im April 1792 erklärte Frankreich den Krieg. Die aus den Wirren der Revolution hervorgegangenen Ideen hatten zwar auch in unserem Land besonders unter den gebildeten Bürgern einige Anhänger, im großen und ganzen aber waren im Volk die tiefe Religiosität und die konservative Gesinnung so stark verwurzelt, daß die neue, freiheitliche Richtung hier kaum Fuß fassen konnte.

Als im Jahr 1796 die von dem jungen General **Napoleon** geführten Truppen in raschem Siegeszug ganz Oberitalien bezwungen hatten und Tirol im Verein mit den verbündeten Bayern von Norden her bedrohten, erwachte im ganzen Land der Verteidigungswille, und am 1. Juni 1796 kam es in Bozen zum HERZ-JESU-GELÖBNIS als »landesumfassendes Bekenntnis zur religiösen Begründung des Verteidigungswillens« *(Palme)*. Durch seine seit alters verbriefte Sonderstellung rüstete das Land Tirol seinen eigenen Landsturm und seine Schützenkompanien aus eigenen Mitteln, während die Zusammenarbeit mit dem regulären Heer der Zentralregierung und auch deren Versorgungsbereitschaft mit Waffen und Munition oft zu wünschen übrigließen.

Die Franzosen waren schon bis über Trient hinaus in der Absicht vorgedrungen, sich mit den von Norden kommenden Truppen zu verbinden; aber fürs erste gelang es den Rottenburger und Wipptaler Schützen, die Franzosen im Cembratal bei Segonzano zum Rückzug zu zwingen (siehe dazu *Rizzolli*: »Ich schrieb nur, was ich weiß«, Athesia 1997).

Aber schon im nächsten Frühjahr machte der Sieg Napoleons bei Rivoli in der Veroneser Klause dem Traum eines befreiten Landes ein jähes Ende, und bald stand der Feind im Eisacktal nördlich von Brixen. Zur Legende wurde der heldenhafte Kampf der Bauern in Spinges über Brixen, wo die Landsturmmassen sich mit Morgensternen und Sensen im Nahkampf bewährten und die Bauernmagd Katharina Lanz mit einer Heugabel die anstürmenden Soldaten von der Friedhofsmauer stieß; als am nächsten Tag, dem 3. April, General Laudon auch von Meran gegen das noch besetzte Bozen heranrückte, mußten die Franzosen der Übermacht weichen und zogen über das Pustertal ab.

Im Jahr 1803 mußte Franz II. sich im Frieden von Luneville dem Diktat Napoleons beugen und seine linksrheinischen Besitzungen Frankreich überlassen. Im Tausch dagegen kam es zu einer Neuordnung im Inneren: Die Bistümer von Brixen und Trient wurden säkularisiert, d. h., sie verloren ihre weltlichen Territorien, die nun mit dem übrigen Tirol eine Einheit bildeten. Damit kamen ungefähr 5000 Quadratkilometer Landes und 171.000 Einwohner zum Staatsgebiet. 1804 hatte sich Napoleon – in Mißachtung der Errungenschaften der Revolution – zum Kaiser der Franzosen erhoben. Ein Jahr später kam es zu einer neuerlichen Koalition mit England, Rußland und Schweden, um dem unaufhaltsamen Vordringen des Korsen entgegenzuwirken. Aber nach der verlorenen Schlacht bei Austerlitz wurde Bayern als Belohnung für seine Waffenhilfe von Napoleon zum Königreich erhoben und bekam auch Tirol zugesprochen. Franz II. »durfte« ab 1806 den Titel eines »Kaisers von Österreich« annehmen und nannte sich fortan Franz I.

Unter der neuen, bayerischen Herrschaft fühlten sich die Tiroler nicht wohl. Zum einen war es die Verbindung Bayerns mit dem französischen Feind, deren Bekämpfung den Leuten noch in den Knochen steckte, und zum anderen steuerten die neuen Herren einen allzu liberalen und antikirchlichen Kurs, der nach und nach die Volksseele zum Kochen brachte. Dazu kamen ein erhöhter Steuerdruck und eine starke Geldentwertung sowie die Verpflichtung der Verköstigung der ständig durchziehenden Truppen. Die neue Verfassung hob überdies sämtliche alte Privilegien der Tiroler auf, und sie mußten sich der ungewohnten staatlichen Einberufung zum Militär beugen, mit Dienstzeiten bis zu acht Jahren. Es kam zu zahlreichen Desertionen, und langsam begann sich im Land der bewaffnete Aufruhr vorzubereiten.

Der Sandwirt aus dem Passeier, **Andreas Hofer,** war die Seele des Aufstandes, der durch seine unermüdliche Werbetätigkeit in allen Landesteilen bald konkrete Formen annehmen sollte. Wien wollte oder konnte offiziell sich nicht einmischen. Aber **Erzherzog Johann**, der Bruder des Kaisers, war der Meinung, daß die Verfassungsänderung durch die neuen bayerischen Herren einen Bruch des Preßburger Friedens bedeutete, und versprach, mit einem Truppenkontingent durch das Pustertal einzurücken; das sollte das Signal für den allgemeinen Aufstand werden.

Die schriftlichen Quellen über die Freiheitskämpfe sind so zahlreich und ausführlich, daß hier bloß in groben Zügen ihr Verlauf dargestellt werden soll. Da Napoleons Heere an anderen Kriegsschauplätzen gebunden waren, konnten die Tiroler der geringen bayerischen Besatzung leicht Herr werden und die österreichischen Truppen schon im April 1809 Innsbruck besetzen. Mit Hilfe der Welschtiroler Bevölkerung wurden die dort lagernden französischen Truppen ebenfalls nach Süden hinausgejagt.

Wechselndes Kriegsglück der österreichischen Verbände in Bayern und Nordtirol konzentrierte dann die Kämpfe auf die Umgebung von Innsbruck. Im Mai kam es schließlich am südlich von Innsbruck gelegenen BERGISEL zur ersten Schlacht, in der die Tiroler unter Andreas Hofer einen ersten, klaren Sieg über die Bayern und Franzosen erringen konnten. An diesem Tag haben Bauern und reguläre Soldaten in seltener Einmütigkeit zusammengearbeitet, und Tirol war zum zweiten Mal befreit. Aber Österreichs Niederlage bei Wagram hatte seine Hilfestellung für Tirol sehr geschwächt, und der darauf folgende Friedensschluß band dem Kaiser die Hände. Der von Napoleon ausgesandte General Lefèbvre sollte mit einer Übermacht endlich Ordnung in diesem aufrührerischen Land schaffen. Aber noch einmal gelang es Hofer mit seinen Schützen und Landsturmbauern, den Feind am Bergisel vernichtend zu schlagen. Lefèbvre schrieb am 12. August an Napoleon: *Es sei also gesagt, daß ich meinen ersten Rückzug im Leben vor rasenden Bauern antreten mußte … Diese Wilden stiegen mit rasendem Geschrei ins*

Tal hernieder, das Kruzifix an der Spitze, mit ihren Priestern, rasend wie Tiger. Am nächsten Tag war die dritte und schwerste Schlacht am Bergisel siegreich geschlagen. Tirols Name war in ganz Europa, besonders aber in England, zum Symbol für den Widerstand gegen Napoleon geworden!

Andreas Hofer wurde am 15. August 1809 zum Oberkommandanten in Tirol ernannt. Während der wenigen folgenden Monate war seine Aufgabe als Militärkommandant und Landesverwalter aber alles eher als leicht, vor allem wegen des akuten Geldmangels und der ungenügenden Verpflegung. Für kurze Zeit prägte die Haller Münze eigene Silberzwanziger mit dem Tiroler Adler im Wappenbild.

Als aber am 6. Oktober nach erneuten Niederlagen der Kaiser den Frieden von Schönbrunn unterzeichnen mußte, erreichte Hofer diese Nachricht wohl zu spät; jedenfalls kam es wieder zu Kämpfen mit den vordringenden Franzosen, und diesmal konnte sich der schon unsicher gewordene Hofer nicht mehr gegen die Übermacht retten. Nach immer wieder in allen Teilen Südtirols aufflackernden Gefechten mußte er sich, ins Passeier zurückgekehrt, im Dezember auf der Flucht verstecken. Der Verrat seines Verstecks, seine Gefangennahme und seine Hinrichtung in Mantua am 20. Februar 1810 haben zwar seinem bis ins letzte konsequent geführten Kampf gegen den Eindringling ein materielles Ende bereitet, aber sein Name bleibt weit über Tirol hinaus als der eines unerschrockenen Kämpfers für die Freiheit unvergessen!

Im Jahr 1810 wurde Tirol, gemäß den Abmachungen von Schönbrunn, in drei Teile zerrissen: Der nördliche Teil verblieb bei Bayern; die Grenze verlief südlich des Vinschgaus über Lana, überquerte die Etsch und folgte dem Aschler Bach über Mölten und quer durch das Sarntal bis hinunter nach Waidbruck und weiter ins Pustertal. Osttirol kam zur »Illyrischen Provinz«, und das restliche Südtirol mit Bozen wurde dem neugegründeten »Königreich Italien« zugeordnet. Mit dem Welschtirol zusammen hieß dieser Teil Alttirols jetzt DIPARTIMENTO ALTO ADIGE, ganz nach der Art der von Napoleon geschaffenen französischen Départements.

Auch diese Neuordnung sollte nicht lange währen. Bayern hatte sich im letzten Augenblick entschlossen, das Lager zu wechseln, und am 3. Juni 1814, noch vor der Niederlage Napoleons bei Leipzig, wurde in einem Vertrag zwischen dem bayerischen König und dem österreichischen Kaiser wieder Tirols ursprünglicher Zustand hergestellt; es wurde dabei allerdings ein gleichberechtigter Bestandteil des Habsburgerreiches, ohne seine alten Vorrechte bewahren zu können. Die Südgrenze lag jetzt bei Borghetto südlich von Ala, dort, wo früher die Grenze zu Venedig war und heute immer noch die Provinzgrenze zu Verona verläuft. Im Wiener Kongreß wurde die Landkarte Europas neu gezeichnet.

Von nun an teilte Südtirol die Geschicke des großen, gemeinsamen Kaiserreiches Österreich, das dann im Jahr 1918 endgültig zerfallen sollte. Darüber zu berichten kann nicht mehr Aufgabe dieses Bandes sein, da sich die Vorkommnisse in unserem Land nicht wesentlich von jenen in den anderen Teilen Tirols oder Österreichs abheben. Es sei nur erwähnt, daß sich die bürgerliche Revolution des Jahres 1848 im südlichen Tirol weit weniger bemerkbar machte als in anderen österreichischen Ländern. Auch die langwierigen und hartnäckigen Versuche der benachbarten Welschtiroler, eine größere Autonomie zu erhalten oder gar die Loslösung aus dem Deutschen Bund zu erreichen, berührten das deutsche Südtirol nur mittelbar. Aber der sich immer stärker gebärdende Nationalismus reichte auf beiden Seiten weit über die Landesgrenzen hinaus und wurde sowohl von Wien als auch von italienischer Seite heftig geschürt. Und der Erste Weltkrieg hat damit nicht aufräumen können, denn unter der Fahne des engstirnigen Nationalismus beginnt die erste, traurige Geschichte des neuen Südtirol.

Das neue Südtirol nach 1918

Der Erste Weltkrieg mit seinen verheerenden Verlusten hatte das heutige Südtirol an der Sextner Dolomitenfront und an der Ortlerfront direkt in Mitleidenschaft gezogen – die ganze weitere Südfront verlief im welschtirolischen Gebiet. Aber unsere Standschützen- und Kaiserschützenbataillone standen auch am Pasubio, am Tonale und auf den Höhen der Sieben Gemeinden.

In den letzten Oktobertagen 1918 war das österreichische Heer in völliger Auflösung begriffen, weil die nichtdeutschen Angehörigen des Heeres wie Ungarn, Tschechen oder Slowenen die Waffen hingeworfen hatten und nichts als nach Hause wollten. So konnten die italienischen Verbände ungehindert und ohne einen Schuß abzufeuern von Verona herauf gegen Trient und Bozen vorrücken. Der Waffenstillstand war erst am 4. November offiziell bekanntgegeben worden; noch am 3. wurde Trient »erobert«, und am 6. November waren die feindlichen Truppen in Bozen. Sie wurden dort sogar zum Ordnungsdienst eingesetzt, da von seiten der sich nach Norden absetzenden Reste des österreichischen Heeres so manche Übergriffe und Plünderungen zu befürchten waren. Es kann aber nicht eindringlich genug betont werden, daß bis in die letzten Kriegstage kein italienischer Soldat Deutsch-Südtiroler Boden betreten hat und auch im nachmaligen Trentino nur unwesentlich an Boden gewonnen wurde.

Trotzdem wollen bis heute die Stimmen nicht verstummen, daß 600.000 italienische Soldaten ihr Leben für die Eroberung der *heiligen Brennergrenze* hingeben mußten; und man kann sich nur wundern, daß die monumentalen Beinhäuser nahe den Grenzen von Reschen, von Brenner und von Innichen, die zum Beweis für diese Kämpfe noch in den dreißiger Jahren errichtet wurden, noch immer nicht als die plumpe Geschichtsfälschung erkannt werden, die nur den Zweck hatte, das italienische Volk zu täuschen.

Unter dem ersten militärischen Kommissär, General Pecori-Giraldi, und auch unter seinem Nachfolger, dem Zivilkommissär Luigi Credaro, wurde der Südtiroler Bevölkerung wiederholt beteuert, ihre Kultur und ihre Sprache würden nicht angetastet, sie würden unter völliger Wahrung ihrer angestammten Rechte verwaltet werden. Als aber im Jahr 1922 die faschistische Partei unter Mussolini in Rom die Macht übernahm, begannen auch für Südtirol schlimme Zeiten.

Die Faschisten hatten schon am 24. April 1921 anläßlich eines Trachtenumzuges in Bozen ihr wahres Gesicht gezeigt. Eine Gruppe von dreihundert aus Verona hergefahrenen »camerati« mischten sich unter Anführung von Achille Starace, dem nachmaligen Propagandaminister, unter den geordneten Umzug, um durch Provokationen Unruhe zu stiften. Plötzlich fielen Schüsse – die aufgeregte Menge flüchtete nach allen Seiten. Der Marlinger Lehrer FRANZ INNERHOFER versuchte, einen Buben in den Hauseingang des Ansitzes Stillendorf in der Wangergasse in Schutz zu bringen, wurde dort aber von einem Faschisten eingeholt und kaltblütig erschossen. Obwohl die Behörden nach außen hin diese Bluttat verurteilten, wurde keiner der Verantwortlichen gerichtlich verfolgt. Mussolini schrieb darüber im *Popolo d'Italia*: »Wenn die Deutschen verprügelt und zerstampft werden müssen, um Vernunft anzunehmen, wohlan, wir sind bereit. Viele Italiener sind auf dieses Geschäft trainiert!« *(Parteli)*

Der eigentliche Ungeist, der sich die radikale Ausrottung des Deutschtums zum Ziel gesetzt hatte, war aber ETTORE TOLOMEI. Er hatte schon lange vor dem Ersten Weltkrieg mit seinem Programm der Italianisierung der »unerlösten« Gebiete begonnen und in vielen Artikeln seine Landsleute darüber aufzuklären versucht, daß das Gebiet südlich des Brenners und auch seine Bewohner eigentlich schon seit Römerzeiten italienisch gewesen und erst in den letzten Jahrhunderten durch rohe barbarische Horden oberflächlich germanisiert worden seien. Die »Königlich Geographische Gesellschaft« hatte unter seiner Anleitung schon die ganze Liste der ins Italienische »zurückgeführten« Orts- und Flurnamen vorbereitet. Dabei erfanden sie entweder für jeden deutschen Ortsnamen ein lateinisches Substrat »früheren Ursprungs«, oder sie paßten den neuen Namen einfach phonetisch an den ursprünglichen an (z. B. »Rablà« für Rabland oder »Moso« für Moos); andere Namen wurden wörtlich übersetzt, wie etwa »Palla Bianca« für Weißkugel; oder es wurden schließlich Namen ganz neu erfunden, wie »Ponte Gardena« für Waidbruck oder »Rio di Pusteria« für Mühlbach. Es ist ein trauriges Zeichen für den tiefsitzenden nationalistischen Geist auch unserer heutigen Zeitgenossen, daß viele von ihren Politikern, unabhängig von ihrer Parteizugehörigkeit, immer noch nicht an diesen künstlichen, gewaltsam aufgedrängten Namen rütteln wollen.

Der Gerechtigkeit halber muß aber darauf hingewiesen werden, daß sich mit dem Beginn der achtziger Jahre des vorigen Jahrhunderts die nationalistischen Strömungen auf beiden Seiten gegenseitig hochschaukelten. Augenscheinlichster Ausdruck davon war auf deutscher Seite die Errichtung des Monuments für Walther von der Vogelweide, dem dann nach vielen Polemiken das große Denkmal für Dante in Trient folgte, auf dem der Nationaldichter seine Hand abwehrend gegen Norden streckt. Im Jahr 1905 wurde in Sterzing der Tiroler Volksbund gegründet mit dem Ziel, das gefährdete Deutschtum im Unterland und in den Trentiner Sprachinseln zu stärken. Diese Tätigkeit wurde von den irredentistischen Kreisen in Trient wiederum als antiitalienisch aufgefaßt.

Besonders provokant wurde in Trient die manchmal willkürliche, meist aber aus dem Dialekt der südlichen Sprachinseln stammende »Eindeutschung« lokaler Ortsnamen empfunden, z. B. Galnötsch für Caldonazzo oder Löwegg für Levico, Arch und Reif für Arco und Riva. Im engen, lokalen Bereich sicher berechtigt, waren sie aber nie offiziell anerkannt worden. Wenn heute noch in der Presse diese alten Bezeichnungen benutzt werden, so kann man sich eines provokatorischen Hintergedankens nicht erwehren, und auch nicht des Vorwurfs, in ein nationalistisches Fahrwasser mit veränderten Vorzeichen zu geraten.

Dazu ist aber zu bemerken, daß der militante Irredentismus im Trentino sich hauptsächlich auf die gebildeteren Kreise beschränkte, während das Volk im großen und ganzen habsburgtreu war. – Eine Umfrage in Welschtirol aus dem

Jahr 1914 ergab bei 85 Prozent eine Vorliebe für Österreich! (*Parteli*)

Die Provinz Bozen wurde gleich nach dem Krieg mit Trient zur »Venezia Tridentina« zusammengeschlossen; erst im Jahr 1925 wurde sie zur Provinz »Alto Adige«, aber vorläufig unter Ausschluß des Unterlandes, weil es Mussolini, auf Rat Tolomeis, auf diese Weise einfacher schien, die Italianisierung durchzusetzen.

In den ersten Nachkriegsjahren schlossen sich die deutschen Südtiroler, mit Ausnahme der zahlenmäßig unbedeutenden Sozialdemokraten, zum DEUTSCHEN VERBAND zusammen. So konnten sie bei den ersten Parlamentswahlen im Jahr 1924 vier Abgeordnete nach Rom entsenden, während die in Südtirol ansässigen Italiener kein Mandat erreichten.

Auch diese Wahlen wurden durch die Faschisten gestört; auf einer Postkarte jener Zeit liest man: *Heute ist Wahltag. Früh morgens war unser Tor über und über mit f. (aschistischen) Wahlaufrufen beklebt ... In der Stadt dürfte Blut geflossen sein. Gestern wurden Perathoner und Reut N. überfallen und verprügelt. Beide waren bewußtlos. Letzterer mußte vom Platz getragen werden. Der Terror war unbeschreiblich, wie am Blutsonntag.* (Familienarchiv)

Nach und nach und immer konsequenter wurde die Entnationalisierung fortgesetzt. Dem VERBOT DER DEUTSCHEN SCHULEN folgte das Verbot der deutschen Sprache nicht nur auf den Ämtern, sondern auch in der Öffentlichkeit; ja, wer auf öffentliche Unterstützung angewiesen war oder im öffentlichen Dienst arbeitete, mußte sogar auf den GRABSTEINEN jedes deutsche Wort streichen. Lehrer, Bürgermeister und Richter wurden durch Italiener ersetzt, von denen natürlich niemand ein Wort Deutsch konnte. Damals begannen wohlverdiente und mutige Frauen heimlichen Deutschunterricht zu erteilen – es entstanden die sogenannten »Katakombenschulen«.

Ich selbst und meine Geschwister, nebst einigen Kindern aus dem Dorf, konnten zu Hause bei meiner Tante Ludovika (überall als »Tante Vika« bekannt) die ganze Volksschule auf deutsch absolvieren. Dabei waren die nicht zur Familie gehörigen Kinder bestens auf den Fluchtweg durch den Garten und über die Mauer zum Nachbarsgarten trainiert, da immer wieder Hausdurchsuchungen durch die Carabinieri drohten. Als unsere ganze Familie während so einer

Hausdurchsuchung einmal in ein Zimmer eingesperrt war, drängte meine Mutter gegen Mittag, herausgelassen zu werden, da sie in die Küche müßte; zu unser aller Überraschung saßen die beiden Carabinieri im großen Saal vor der offenen Spielzeugkiste am Boden und vergnügten sich mit den für sie wohl unbekannten Spielsachen. Das war eine wohltuende Erkenntnis, daß hinter den bedrohlichen Uniformen doch kindliche Menschen steckten!

Um das Bevölkerungsverhältnis »aufzubessern«, wurden aus dem Süden Scharen von Siedlern nach Bozen gebracht und dort große Industrieanlagen geschaffen, Stahlwerk und Aluminiumwerk, Autofabriken und holzverarbeitende Betriebe, die wegen ihrer zu großen Entfernung von den Rohstoffquellen nie wirtschaftlich arbeiten konnten. (Diese Einwanderungspolitik wurde auch nach dem Zweiten Weltkrieg fortgesetzt, so daß Bozen heute beinahe zu achtzig Prozent aus Italienern besteht, während der deutsche Anteil, besonders nach dem Aderlaß der Auswanderung, sich mit Mühe auf dem alten Stand von 20.000 bis 25.000 hält.) Den neu geschaffenen Arbeitsplätzen entsprechend siedelten sich die neuen Einwanderer hauptsächlich in Bozen und in den größeren Städten an; am Land waren nur die öffentlichen Behörden und die Polizei italienisch.

Die neuen Zuzügler kamen aus sozial ärmeren Schichten, waren zum Teil nach den verheerenden Überschwemmungen im Po-Delta umgesiedelt worden, mit dem Lesen und Schreiben war es bei vielen noch recht schwach bestellt. Von den Einheimischen als lästige Eindringlinge betrachtet, waren sie selbst oft nur Opfer der Umstände und der Politik geworden, kapselten sich ab und dachten nicht an eine echte Eingliederung in die neue Umgebung oder gar an die Erlernung der deutschen Sprache. Die Besatzungsmacht, die ganze Beamtenschaft, die nur mehr italienisch sein durfte, ebenso das Lehrpersonal, die Eisenbahner und Industriearbeiter, kurzum alles, was an fremden »Eroberern« ins Land gekommen war, stellte sich auf den Standpunkt: »siamo in Italia«, wir sind hier die eigentlichen Herren.

Die männliche Jugend mußte zum italienischen Militärdienst einrücken. Viele Südtiroler waren auch 1935/36 in den Abessinienkrieg abkommandiert, und manche sind dort gefallen. Durch die Hilfe Hitlers bei diesem Krieg hatte sich die

Freundschaft zwischen den zwei Diktatoren gefestigt. Nach dem Einmarsch Hitlers in Österreich hatte Mussolini stillgehalten, und Hitler hatte ihm zum Dank dafür sein Desinteresse an Südtirol bekräftigt und die Brennergrenze garantiert. Nach der Einverleibung des Sudetenlands im Herbst 1938 und der Besetzung der Tschechoslowakei im März 1939 begannen in beiden Ländern die Pläne einer Umsiedlung der Südtiroler zu reifen; denn als Bedingung für den am 22. Mai 1939 geschlossenen »Stahlpakt«, der die ACHSE BERLIN–ROM besiegeln sollte, verlangte Hitler eine endgültige Lösung der Südtirolfrage, und zwar im Sinne einer geschlossenen Aussiedlung aller Deutschen, für die ein ebenso geschlossenes Siedlungsgebiet gesucht wurde; dafür wurde das eine Mal Lothringen, ein anderes Mal ein Gebiet in den Beskiden, im heutigen Polen, oder gar in der noch nicht eroberten Krim in Erwägung gezogen.

In Südtirol hatte sich neben dem »deutschen Verband«, deren leitende Figur KANONIKUS MICHAEL GAMPER war und dem hauptsächlich konservative und klerikale Kreise angehörten, aus der ursprünglichen Südtiroler Heimatfront schon im Jahr 1934 der VÖLKISCHE KAMPFRING SÜDTIROL, kurz VKS genannt, gebildet. Ihm gehörten hauptsächlich junge Akademiker und Studenten an, die sich immer mehr von den Erfolgen der Nationalsozialisten begeistern ließen und sich mehr und mehr ihr Gedankengut zu eigen machten. Der Drang, von Italien wegzukommen, wog mehr als die wiederholten Verzichtserklärungen Hitlers auf ihr Heimatland: Letzten Endes würden sich diese doch nur als ein geschicktes Manöver herausstellen, denn wie konnte denn Deutschland seine Brüder im Süden im Stich lassen?

Am 23. Juni 1939 kam es in Berlin zu einer ersten Umsiedlungskonferenz. Es wurde damals von einer Teillösung gesprochen, wobei die Faschisten sich aller unliebsamen Elemente entledigen wollten; Bauern und kleinere Besitzer sollten von Italien mit Geld entschädigt werden. Am 29. Juni wurde dann das zwischen Hitler und Mussolini geschlossene Optionsabkommen im Lande bekannt. Nach einer ersten Stellungnahme des VKS, sich der Umsiedlung geschlossen zu widersetzen, wurden ihre Vertreter nach einem Treffen in München von Himmler scharf zurückgepfiffen, und plötzlich wurde die Treue zur heimatlichen Scholle der Treue zum großen deutschen Reich und seinem Führer geopfert.

Die Italiener, die eine zahlenmäßig zu geringe Abwanderung befürchteten, ließen das Gerücht zirkulieren, wer nicht für Deutschland optierte, würde nach Italien, bis hinunter nach Sizilien verpflanzt, um Südtirol ganz den Italienern zu überlassen. Damit hatten auch die Propagandisten für die Option nach Deutschland leichteres Spiel. Mit allen Mitteln der Überzeugung, zu denen auch Drohungen, Beleidigungen, bis zu Tätlichkeiten und Brandlegungen zählten, versuchten die Vertreter des VKS die noch zaudernden Familienväter zur Aussiedlung zu überreden. Für jemanden, der diese schreckliche Zeit nicht miterlebt hat, ist es sehr schwer, sich eine Vorstellung von den Gewissensqualen zu machen, in die viele Südtiroler geworfen wurden, die doch so mit ihrer Heimat verwurzelt waren, und noch weniger von der schier ausweglosen Zwangslage, in die viele gedrängt wurden. Die mehrheitlich bäuerliche Bevölkerung vom Land wußte noch kaum etwas über das wahre Gesicht des Nationalsozialismus, das Versprechen einer geschlossenen Ansiedlung und eines »ebenso großen« oder noch schöneren neuen Hofes war immerhin eine zu erwägende Alternative zu einer etwaigen Vertreibung nach Sizilien! Der Gedanke daran, daß zu diesem Zweck 200.000 Menschen aus dem für die Umsiedlung vorgesehenen Gebiet vertrieben werden mußten, wurde angesichts der eigenen Not wohl verdrängt. Es ist bestimmt nicht zutreffend, daß alle Optanten auch begeisterte Nationalsozialisten waren, wie es die Italiener später gern behaupteten, und viele von denen, die anfangs diese Ideen mit Überzeugung aufgenommen hatten, mußten später eine Ernüchterung erleben. Was vorherrschte, war wohl das stärkere Zugehörigkeitsgefühl zum jetzt so großen, erfolgreichen deutschen Volk, das sich anschickte, die Welt zu beherrschen. Aber am Anfang von allem stand die menschenverachtende Entnationalisierungspolitik der faschistischen Machthaber, die viele Südtiroler zur Verzweiflung gebracht und so ihre Wahl weniger schwer gemacht hatte.

DIE OPTION, die bis 31. Dezember 1939 zum Abschluß kommen sollte, ergab dann das für Italien sehr ernüchternde Ergebnis von 85 Prozent Optanten für Deutschland und nur 15 Prozent *Dableibern*. Nun erklärten die italienischen Machthaber zwar, alle könnten im Land bleiben, würden besser behandelt als bisher; aber nun war es zu spät.

Denn inzwischen hatte Deutschland am 1. September 1939 den Krieg vom Zaun gebrochen. Wer optiert hatte, mußte einrücken, und bald kam auch Nachricht von den ersten Opfern. Der Traum von der geschlossenen Ansiedlung war verflogen, die Auswanderung kam ins Stocken. Rund 70.000, hauptsächlich Menschen ohne nennenswerten Besitz, hatten schließlich ihre Heimat verlassen müssen: Aber anstatt eines schönen Hofes sahen sie anfangs Kasernen und Barackenlager als ihre vorläufige Wohnstatt.

1941 trat Italien in den Krieg ein. Am 25. Juli 1943 wurde Mussolini abgesetzt, und am 8. September besetzte die Wehrmacht nach dem Waffenstillstand, den General Badoglio mit den Amerikanern geschlossen hatte, das ganze Land. Südtirol wurde zusammen mit dem Trentino und der Provinz Belluno zur OPERATIONSZONE ALPENVORLAND unter deutscher Besatzung und Verwaltung, obwohl noch offiziell zum italienischen Staatsgebiet zählend. Es begann die schlimme Zeit der alliierten Bombenangriffe auf die Städte; auch Bozen hatte darunter besonders schwer zu leiden. Die jungen Männer, ohne Unterschied ob Optanten oder *Dableiber*, wurden eingezogen, und gerade die letzteren wurden in die Waffen-SS gezwungen oder zur Bekämpfung der Partisanen eingesetzt (vom deutschen Militär als »Rebellen« bezeichnet).

Angesichts der überaus argwöhnischen Kontrolle von seiten der Gestapo und auch der einheimischen Diener des Nazi-Regimes war die Bildung eines wirksamen Widerstandes äußerst schwierig, da jeder derartige Versuch mit dem Tode bestraft wurde. Trotzdem hatten sich schon vor Kriegsende ungefähr dreihundert von den *Bleibern* zu geheimen Gruppierungen zusammengeschlossen, nicht mit dem Zwecke eines bewaffneten Widerstandes, der sinnlos und selbstmörderisch gewesen wäre, sondern um den politischen Neubeginn nach dem Kriegsende zu planen, das in nächste Nähe gerückt war. Noch im April 1945 bestand der Plan einer sogenannten ALPENFESTUNG, in der Hitler das letzte Stück Land bis zum letzten Mann verteidigen wollte, und das ausgerechnet auf Südtiroler Boden. Eine Kontaktaufnahme der Südtiroler Widerstandsgruppe mit Vertretern amerikanischer Sicherheitsbeamten in der Schweiz war schon weit gediehen, und die Bereitschaft, sich nicht gegen eine amerikanische Luftlandung auf der Seiser Alm zu wehren, wurde auch von deutschen Wehrmachtsverbänden bis hinauf zu General Wolff versprochen. Aber da kam es zum Glück zum Selbstmord Hitlers am 27. April, zur Ermordung Mussolinis während seiner Flucht in die Schweiz und endlich zur Kapitulation aller deutschen Truppen in Italien. Der als Staatsfeiertag begangene 25. April erinnert an die »liberazione«, die Befreiung vom deutschen Eindringling und ehemaligen Partner. Auch diesmal hatten die plötzlich aus ihren Verstecken aufgetauchten Partisanenscharen, die im Siegestaumel fahnenschwenkend und singend die Straßen Norditaliens bevölkerten, leichtes Spiel: So wie am Ende des Ersten Weltkrieges war auch diesmal das feindliche Heer schon im Rückzug begriffen, und es kam auch, von einigen traurigen Episoden abgesehen, zu keinen größeren Kampfhandlungen mehr.

Schon wenige Tage nach Kriegsende, am 8. Mai 1945, wurde in Bozen die Südtiroler Volkspartei (SVP) gegründet, deren erster Sekretär ERICH AMONN war. Das Programm der neuen Einheitspartei enthielt drei Punkte:

1. Nach 25jähriger Unterdrückung durch Faschismus und Nationalsozialismus den kulturellen, sprachlichen und wirtschaftlichen Rechten der Südtiroler auf Grund demokratischer Grundsätze Geltung zu verschaffen;
2. zur Ruhe und Ordnung im Land beizutragen;
3. seine Vertreter zu ermächtigen – unter Ausschluß aller illegalen Methoden –, den Anspruch auf Ausübung des Selbstbestimmungsrechtes bei den alliierten Mächten zu vertreten.

Auf italienischer Seite hatte sich die schon zur Zeit des Widerstandes aus verschiedenen politischen Strömungen konstituierte Gruppierung des CLN (Comitato di liberazione nazionale) zum

Sprachrohr der italienischen Interessen gemacht, und die SVP (Südtiroler Volkspartei) wurde von ihnen als völlig gleichwertige Partei anerkannt. Trotz angestrengter Bemühungen Österreichs bei den Siegermächten wollten diese von einer Wiedervereinigung Südtirols mit seinem Mutterland nichts hören, auch weil Italien das Land als Ersatz für die verlorenen Kolonien und jugoslawischen Gebiete zu erlangen hoffte.

So kam es endlich am 5. September 1946 zum PARISER VERTRAG, auch *Gruber-Degasperi-Abkommen* genannt. Darin wurden den deutschen Bewohnern der Provinz Bozen und der benachbarten deutschsprachigen Ortschaften der Provinz Trient besondere Maßnahmen zum Schutz des Volkscharakters und der kulturellen und wirtschaftlichen Entwicklung zugesagt; ferner der Volks- und Mittelschulunterricht in der Muttersprache, das Recht, die in letzter Zeit italianisierten Familiennamen wiederherzustellen, und neben anderen Punkten auch eine Revision der Staatsbürgerschaft für die Optanten. Nach längerem diplomatischen Geplänkel wurde dieser Vertrag im Dezember 1946 auch in den offiziellen italienischen Friedensvertrag aufgenommen und dadurch international verankert.

Für Südtirol bedeutete dieses Abkommen sicher nicht die erwünschte Lösung; unter den gegebenen Umständen war es aber sicher das Äußerste, was die Westmächte zu geben bereit waren. Gruber selbst sagte, daß die internationale Garantie die stärkste Handhabe für spätere Südtiroler Forderungen bilde (*Volgger*). Die sich in rascher Folge abwechselnden italienischen Regierungen haben sich dann aber auch in Zukunft nie von ihrem tiefverwurzelten Nationalismus und dem Unverständnis für den Wunsch nach Autonomie einer anderssprachigen Volksgruppe frei machen können. Die vielen Durchführungsbestimmungen, die dem Vertrag erst die bleibende, rechtliche Grundlage geben sollten, wurden von Rom entweder aufgeschoben oder überhaupt nicht behandelt.

Der für Südtirol ungünstigste Punkt des Pariser Vertrags war die Zusammenlegung der Provinz Bozen mit jener von Trient zur Region TRENTINO-SÜDTIROL/TRENTINO-ALTO ADIGE; durch diese von *Degasperi* gewollte Lösung befand sich der deutsche Bevölkerungsanteil in allen wichtigen Belangen in der Minderheit gegenüber der rein italienischen Provinz Trient und dem inzwischen auf fast ein Drittel angewachsenen Bevölkerungsanteil der Italiener in Südtirol. Degasperi war es auch, der sich vehement gegen eine Gewährung einer Sonderautonomie für Südtirol einsetzte, und die im Pariser Vertrag unterzeichneten Rechte für die Rückoptanten wurden immer mehr geleugnet; ja, diese wurden von der italienischen Tageszeitung »Alto Adige« als »unerwünschte Fremde« bezeichnet *(Parteli)*. In dem 1998 erschienenen, sehr aufschlußreichen Band des damaligen Senators *Josef Raffeiner* »Tagebücher 1945–1948« (edition sturzflüge) berichtet der Autor über die strikte Weigerung Degasperis, den Namen »Südtirol« oder »Tirolo del Sud« in die amtliche Benennung wieder aufzunehmen, »schon wegen des stillschweigenden Hinweises auf Nordtirol und der damit zum Ausdruck kommenden Einheit beider Landesteile«.

Als dann im Oktober 1957 von Rom der Bau von 5000 neuen Volkswohnungen für ebenso viele Einwandererfamilien aus Italien beschlossen wurde, was nur als ein Hohn auf die im Autonomiestatut eingeräumte Zuständigkeit des Landes im Sachbereich des sozialen Wohnungsbaues aufgefaßt werden konnte, kam es zur bekannten Massenversammlung der Südtiroler auf SCHLOSS SIGMUNDSKRON. An diesem 22. November 1957 hielt der neugewählte Parteiobmann SILVIUS MAGNAGO eine zündende Rede vor 35.000 bis 40.000 Südtirolern, deren Geduld am Ende war. Die ausgegebene Parole war das »Los von Trient«, also die Forderung nach einer von Trient unabhängigen Autonomie, die bisher nur auf dem Papier bestanden hatte.

Da Rom sich auch gegenüber diesen Forderungen taub stellte, kam es am 11. Juni 1961 zur sogenannten FEUERNACHT: Eine Reihe von Sprengstoffanschlägen gegen Hochspannungsmasten in vielen Landesteilen führte zum Stromausfall nicht nur in der Stadt, sondern auch in der Industriezone und in vielen oberitalienischen Gebieten. Die Behörden reagierten mit einer Menge von Verhaftungen, manche Häftlinge wurden gefoltert, zwei verstarben im Gefängnis infolge der Mißhandlungen. Unter dem Druck auch der europäischen Presse entschloß sich

Rom endlich, zur Bereinigung der Südtirolfrage eine Kommission einzusetzen; dieses *Neunzehnerkommission* genannte Gremium bildete nun die Basis für die Ausarbeitung eines neuen Autonomiestatuts.

In den folgenden Jahren wurde zusammen mit den Vertretern Italiens ein sogenanntes PAKET von Bestimmungen erarbeitet, das 137 Maßnahmen zu einem besseren Schutz der Südtiroler Volksgruppe enthielt. Dabei hatte auch Österreich als Schutzmacht ein Wort mitzureden, denn erst nach Erfüllung aller Forderungen würde Österreich die Durchführung des Pariser Abkommens als beendet betrachten. Am 22. November 1969 konnte sich dann Landeshauptmann Magnago mit knapper Mehrheit für die Annahme des Pakets durchsetzen. Auch diesmal war das Erreichte nicht zur Zufriedenheit aller Teilnehmer ausgefallen, in der Sammelpartei kam es zu Abspaltungen und zur Gründung einer neuen Partei, die weiter das Ziel der Selbstbestimmung vor Augen hatte. Auch in den folgenden Jahren zögerte Rom immer noch mit dem Erlaß der Durchführungsbestimmungen. Der zähe Kampf um jeden ausgehandelten Punkt wurde seit 1989, nachdem Landeshauptmann Magnago aus Altersgründen ausgeschieden war, von seinem Nachfolger Luis Durnwalder energisch weitergeführt; diese Bemühungen haben mit viel Geduld doch noch zu einer im großen und ganzen zufriedenstellenden Autonomie geführt. Dank der Finanzautonomie des Landes, das eine Reihe von Staatssteuern für sich behalten kann, aber auch dank einer sauberen Verwaltung, des Fleißes und der Ordnung der Bevölkerung gehört Südtirol heute nicht nur zu den blühendsten Provinzen Italiens, sondern wird auch von ganz Europa beneidet.

Manch einer träumt noch den Traum von der Selbstbestimmung und von einer Rückkehr zu Österreich. Unter den heutigen Umständen wäre aber der Ausgang einer Volksabstimmung durchaus nicht mehr so sicher wie gleich nach dem Krieg – und es entstünde ein neues Problem für die italienischen Bewohner, die nunmehr ein Drittel der Bevölkerung ausmachen.

Auch das Zusammenleben mit der italienischen Volksgruppe hat inzwischen menschlichere Züge angenommen; Spannungen auf privater Ebene sind kaum mehr zu verzeichnen, während die Differenzen beider Gruppen auf politischem Gebiet hauptsächlich von der Presse und den anderen Medien manchmal noch mit gewisser Animosität hochgespielt werden. Die Italiener der dritten Generation fühlen sich nicht mehr als Fremde in einem eroberten Land, und die Deutschen können dem Staatsvolk auch manch positive Seite abgewinnen.

Landwirtschaft, Handel und Gewerbe

Süd-Tirol! Wer stellt sich beim Durchfahren der fruchtbaren Talsohlen und der weit hinauf bebauten Hänge nicht vor, daß hier Obst und Wein beherrschend die Flächen des Landes bedecken? Die Wirklichkeit sieht aber überraschenderweise anders aus: 42 Prozent der gesamten Landesfläche von 7400 km^2 sind mit Wald bedeckt, 34 Prozent bestehen aus Almgebieten, davon 14 Prozent bewirtschaftet, und für Obst und Wein zusammen bleiben nicht ganz 23 Prozent übrig (Stand von 1996). Der Rest fällt auf unfruchtbare Gebirgs- und Gletscherregionen, deren Mangel an konkretem Handelswert vielleicht von eingefleischten Materialisten beklagt wird, die aber auf die vielen Liebhaber der Berge und der unberührten Natur so anziehend wirken, daß diese die Ausübung ihrer Leidenschaft doch noch letzten Endes mit barer Münze bezahlen. Ein gesegnetes Land!

Auf krummen Hölzern
und gewellten Hügeln
schreibt Dionysos gerade Zeilen
und süß verlockend
fließt sein Geist
aus hartem Grund
und schweren Händen.

Der **Weinbau**. Der rätische Wein wurde schon von den Römern geschätzt, aber bei der Mehrdeutigkeit des Begriffes *Räter* ist das Anbaugebiet nicht sicher festgelegt; es könnte sich auch um die Gegend von Trient oder gar von Verona gehandelt haben. Sprachgeschichtlich interessant ist die Erkenntnis, daß zwar unser Wort *Wein* vom lateinischen »vinum« stammt, aber *Rebe* und *Traube* aus dem Germanischen kommen und selbst der Südtiroler Ausdruck *Raseln* vom deutschen *Reis* abgeleitet ist *(Stolz)*. Aber die Rebe scheint schon viel früher bei uns heimisch gewesen zu sein, wie der Fund von Traubenkernen in bronzezeitlichen Ausgrabungen nahelegt *(Oberrauch)*. Im Mittelalter haben sich dann viele Klöster und Stifte in Bayern und Nordtirol um den Besitz eines Weingutes in Südtirol umgesehen, um damit ihre Keller im kalten Norden mit guten, wärmenden Tropfen zu füllen. Die bekanntesten davon sind Freising (in Tramin heißt heute noch eine Häusergruppe im Süden des Dorfes so), Tegernsee, Wessobrunn oder Stams (in Andrian heißt ein Gasthof »Stamserhof«).

Die in Südtirol verbreitetste Anbauart ist die »Pergel«, in Form von laubenförmig überdachten Zeilen; nur an den nördlichsten Rebhängen des Eisacktals von Klausen bis Neustift finden wir die sogenannten *Steckelereben,* das sind an Stäben hochgezogene Reben, so wie es an Rhein und Donau üblich ist. Die früher an die Außenseiten (den »Ort«) der langen Pergeln gesetzten schweren Säulen aus dem gekrümmten Holz der Edelkastanie weichen leider immer mehr den nackten Betonsäulen, die den Weinbergen viel von ihrer urtümlichen Poesie rauben. Die tiefen Löcher für die dicken Säulen werden nicht mehr mit dem *Eisenstecken* in die Erde getrieben, einem schweren Stoßeisen mit pyramidenförmiger Spitze, an dem wir Schulbuben unsere noch unzulänglichen Kräfte gemessen haben; dafür gibt es heute Maschinen. Aber im übrigen ist der persönliche Arbeitsaufwand noch nicht zu ersetzen, angefangen vom Zurückschneiden der alten Triebe bis zum Binden (der Triebe an die Drähte), zum Schabigen (dem Auslauben, um mehr Sonne hereinzulassen) und schließlich zum Wimmen (der Weinlese). Die sonnengebräunten Gesichter der Bauersfrauen in den Frühlingsmonaten zeugen von dieser fleißigen Arbeit im Freien. Im Herbst sieht man die langen Reihen der traubenbeladenen Erntewägen, heute nicht mehr von den geduldigen Ochsen, sondern von auspufffreudigen Traktoren gezogen, vor den Kellereien Schlange stehen, um endlich gewogen und registriert zu werden (ausführlicher dazu: *Ladurner-Parthanes*: »Vom Perglwerk zur Torggl«, Athesia, Bozen 1972).

Der Weinbau ist so, neben dem Obstbau, zu einem der wichtigsten Erwerbszweige der dafür geeigneten Landstriche Südtirols geworden. Die in den letzten Jahren durchschnittlich gewonnene Menge an Wein liegt zwischen 500.000 und 600.000 Hektoliter, die heute zum großen Teil in den Genossenschaftskellereien gelagert werden. Reben finden wir bis in die Gegend von Neustift im Eisacktal, und im Vinschgau reichen sie bis gegen Schlanders. Mancher kleine Weinberg schafft es sogar bis in eine Höhe um tausend Meter, so in Fennberg (1005 m) oder Siffian am Ritten (980 m).

Der **Obstbau** hat in den letzten Jahrzehnten den Weinbau überflügelt. Besonders die Talniederungen des Unterlandes, des Burggrafenamtes und die leicht geneigten Hanglagen des Vinschgaus sind mit einer Unzahl von Obstbäumen übersät, deren Blüte im Frühling ein Jahr für Jahr bange erwartetes und bestauntes Bild der Fülle bietet. Bange, weil gerade in den Monaten von März bis Mai immer wieder böse Nachtfröste das Ausmaß der Ernte stark beeinträchtigen können. Das verblüffende, aber geniale Gegenmittel besteht in der Frostberegnung: Die dünne Eisschicht, die Knospe und Blüte überzieht, hält die Temperatur darunter auf genau 0,5 Grad unter Null, während die Außentemperaturen in diesen gefürchteten Nächten bis auf minus zehn Grad sinken können. Das phantastische Bild der eisumhüllten Bäume, die in der ersten Morgensonne tausendfach glitzern, ist zu einem beliebten Fotomotiv geworden! In Südtirol werden auf rund 18.000 ha ein Drittel aller Äpfel Italiens geerntet, das sind 800.000 bis 900.000 Tonnen *(Lechner)*.

Im übrigen verlangt der Obstbau eine Reihe von chemischen Behandlungen, um dem in immer neuen Variationen auftretenden Befall an Schädlingen Herr zu werden. Hier besteht die Tendenz, diese Spritzungen auf das unbedingt nötige Maß zu reduzieren; der eine oder andere Landwirt verzichtet völlig auf chemische Mittel, was allerdings die Schönheit der Frucht oft beeinträchtigt und ein Wiederaufleben mancher Parasiten fördert; aber der so beliebte *Bio-Anbau,* der natürlich auch viele Gemüsesorten betrifft, kommt dem heute so verbreiteten Wunsch nach *naturreiner* Ware entgegen, auch wenn sich hier mancher Aberglaube eingeschlichen hat. Eine vielversprechende giftfreie Schädlingsbekämpfung wird neuerdings durch Insekten-Duftstoffe, die sogenannten Pheromone, betrieben, die eine Fortpflanzung der Parasiten verhindern. Aber vorläufig werden wir noch unsere Autofenster schließen, wenn die Straße durch Obstwiesen führt, über die periodisch die Giftwolken ausgestoßen werden.

An den Obstbau ist, besonders zur Erntezeit, eine große Zahl von Arbeitskräften gebunden; sie kommen seit einigen Jahren bevorzugt aus den Ostländern wie Tschechien und Polen, aber man kann unter den »Klaubern« auch dunkle Gesichter aus Afrika oder Pakistan finden, und für die Leute bedeutet das eine willkommene und oft bitter nötige Aufbesserung ihrer schmalen Einkünfte. Die Besitzer hingegen bangen Jahr für Jahr um die stetig wechselnden Preise, die von der gesamteuropäischen Marktlage bestimmt werden. Diese hängt nicht nur mit der Zunahme der Obstproduktion in Deutschland zusammen, sondern es wird auch reichlich Obst aus Südafrika, Neuseeland und Südamerika eingeführt. Dazu kommt der häufige Wechsel an marktfähigen Obstsorten: Zur Zeit herrscht der Golden Delicious vor, aber immer häufiger tauchen neue Züchtungen auf, und alte, liebgewonnene Sorten verschwinden. Die Verantwortlichen für die europäische Landwirtschaft haben ihre liebe Not, Ordnung in diese verworrenen Verhältnisse zu bringen.

In Zunahme begriffen ist in Südtirol der Anbau von **Beerenobst**, vor allem von Erdbeeren, Himbeeren und Johannisbeeren; damit befassen sich vor allem manche Bergregionen wie der Ritten oder der Vinschgau und seine Seitentäler; so wird im Martelltal neben Beeren auch der rote Wintersalat Radicchio mit Erfolg angepflanzt.

Der herbstliche Duft von gebratenen **Kastanien** am Bozner Obstmarkt erinnert an diesen für viele Gebiete wichtigen Nebenerwerb. Die ausgedehntesten Bestände an Edelkastanien befinden sich an den Hängen des Eisacktals südlich von Klausen, wo besonders die Barbianer *Köschtn* sich besonderer Berühmtheit erfreuen. An den Hängen des Bozner Talkessels gegen Glaning und am Eingang des Sarntals, auf dem Mitterberg und am Mendelhang von Kaltern bis Prissian und Tisens und weit hinein in den Vinschgau finden wir schöne Bestände dieser oft uralten Riesen mit ihren zerfurchten und verdrehten Stämmen. Der gefürchtete Rindenkrebs, der die Bäume im Land schon ernstlich bedroht hat, ist durch radikales Ausschneiden und durch Jungpflanzungen schon in deutlichem Abnehmen begriffen. So wird wohl auch das **Törggelen** überleben, das vor den Zeiten der Touristenschwemme noch ein beliebtes Wochenendvergnügen der einheimischen stillen Genießer war, wo sachkundig die Zukunftsaussichten des *Nuien,* also des noch nicht fertig vergorenen neuen Weines, bei Speck und Kastanien besprochen wurden; die nahe an Bozen und im Eisacktal liegenden, dafür bekannten Einkehren waren an beiden Händen abzuzählen, und die Wirtsleute waren Freunde. Heute werden die Gäste aus dem Norden besonders um Allerheiligen omnibusweise herangekarrt, die Plätze sind hoffnungslos überfüllt und nur durch Vormerkung erhältlich, und wer von den Einheimischen nicht in D-Mark bezahlt, bleibe lieber fern! (Die wenigen löblichen Ausnahmen mögen mir verzeihen, und Geheimtips werden hier nicht veröffentlicht.)

Ein wichtiger landwirtschaftlicher Erwerbszweig darf nicht unerwähnt bleiben, nämlich die **Vieh- und Almwirtschaft** und damit die Erzeugung von Milch und Milchprodukten. Mit durchschnittlich über 360 Millionen Litern Milch pro Jahr kann Südtirol viel davon und von den Nebenprodukten wie Käsesorten und Joghurt exportieren. Große Sennereigenossenschaften sind in ständiger Ausdehnung begriffen und bieten Gewähr für eine regelmäßige Auszahlung der Bauern. Der Viehbestand setzt sich hauptsächlich aus Rindern zusammen, während Schafe und Ziegen nicht so sehr ins Gewicht fallen. Ein besonderer Stolz der Südtiroler Pferdezüchter sind die Haflinger, die als kräftige Gebirgsrasse inzwischen im ganzen Alpenraum begehrt sind.

Das **Handwerk** wird in Südtirol meist in kleineren Betrieben ausgeführt, ja sehr oft nur im Ein-Mann-Betrieb, und drei Viertel seiner Produkte werden am lokalen Markt abgesetzt. Außer den üblichen Betrieben sind besonders die Holzschnitzereien zu erwähnen, die den Haupterwerb im Grödner Tal darstellen. Größere Keramikbetriebe haben internationales Ansehen gewonnen; Klöppelspitzen aus dem Ahrntal oder Federkielstickereien aus dem Sarntal sind typische und gesuchte Produkte.

Im Gegensatz zu den alteingesessenen Handwerksbetrieben hat die **Industrie** in Südtirol noch keine lange Tradition. Aus Gründen der Entnationalisierung durch die Faschisten wurde von 1935 an eine riesige Industriezone im Süden von Bozen aus dem Boden gestampft und dazu Zehntausende von Arbeitern aus dem Süden hier angesiedelt. Manche der damals neu geschaffenen Industrien, wie ein Stahlwerk oder der Bau von Nutzfahrzeugen (IVECO), sind noch voll im Einsatz, andere mußten inzwischen ihre Tore schließen. An anderen Standorten des Landes haben sich aber neue, gesunde Betriebe entwickelt, zum Teil als Außenstellen von großen deutschen Firmen. So haben heute Meran, Brixen und Bruneck ihre eigenen Industriegebiete, aber auch an vielen kleineren Orten finden wir »Handwerkerzonen« und kleinere Betriebe. Auf diese Weise wird ein Ausgleich geschaffen zur bisher vorwiegend landwirtschaftlichen Beschäftigung der Bewohner. So findet sich heute Südtirol in der glücklichen Lage, nur 2,7 Prozent Arbeitslose zu zählen, was für ganz Europa wohl einzig dasteht!

Der **Handel** hat in Südtirol durch dessen günstige Lage zwischen zwei großen Wirtschaftsräumen seit jeher eine große Bedeutung gehabt. Schon bald nach dem Jahr 1200 wurde in Bozen die erste Messe abgehalten, der dann in regelmäßigen Abständen bis auf den heutigen Tag viele folgen sollten. Der Warenaustausch zwischen den italienischen und deutschen Großhandelsfirmen fand in Bozen einen wichtigen Zwischenmarkt, und Erzherzogin Claudia von Medici, die Frau Erzherzog Leopolds V., selbst Tochter des großen Florentiner Handelsunternehmens, setzte im Jahr 1635 eine eigene Handelsbehörde, den *Merkantilmagistrat,* ein, der die für Bozen so wichtigen Märkte zu organisieren hatte; zugleich erließ sie ein neues Privileg und Statut für die Bozner Märkte. Heute gibt es in unserem Land noch verhältnismäßig viele Kleinhandelsbetriebe oder kleinere Dorfkaufläden, deren Zahl aber mit der Zeit unerbittlich abnimmt, da sie sich gegen die immer weiter zunehmenden »Supermärkte« nicht mehr wehren können.

Einen besonders wichtigen Platz im Wirtschaftsleben nimmt der **Fremdenverkehr** ein, dem es mehr als den anderen Wirtschaftszweigen gelingt, ausländisches Kapital ins Land zu locken. Über zehn Prozent aller Beschäftigten (das sind ungefähr 25.000) sind in diesem Erwerbszweig angestellt, wobei es sich vorläufig meist um einheimische Kräfte handelt, ganz im Gegensatz zu unseren nördlichen Nachbarländern. Gewisse Probleme entstehen natürlich durch die saisonbedingten Unterbrechungen, die ja auch die Erntearbeiter betreffen. Bestens ausgebaute und bediente Ski- und Langlaufpisten in den Dolomitentälern, im Pustertal und in den Vinschger Seitentälern sorgen für eine gute Auslastung der Bettenkapazität. Besonders die Meraner Gegend und das Überetsch erfreuen sich einer reichen Besucherzahl zu Ostern und im Herbst bis in den November hinein; die durch den Südtiroler Alpenverein (AVS) und zum Teil auch durch den CAI (Club Alpino Italiano) betreuten Schutzhütten und Wanderwege ziehen in den Sommermonaten Scharen von Bergsteigern aus aller Welt an, und jedes kleine Dorf versucht, den Gästen sowohl durch gut bezeichnete Wanderwege als auch durch die Freuden der lokalen Küche den Aufenthalt so angenehm wie möglich zu gestalten.

Die von den Faschisten schon bald nach ihrer Machtübernahme requirierten Schutzhütten des Deutsch-Österreichischen Alpenvereins wurden damals dem CAI überschrieben; ihre Namen, meist nach den Sektionen deutscher Städte getauft (z. B. Regensburger, Magdeburger und Kölner Hütte), wurden in italienische umgewandelt. Erst seitdem die Durchführungsbestimmungen zum »Paket« langsam zu greifen begannen, ging ein Teil der nunmehr in italienischem Staatsbesitz befindlichen Hütten auf das Land über; die schwierige Prozedur ihrer Rückgabe an den Alpenverein war im Sommer 1999 noch im Gange.

Aber auch das Auge wird verwöhnt durch den reichen Blumenschmuck, der in Stadt und Land die öffentlichen Anlagen ziert; geliefert wird er durch die hundert über das ganze Land verteilten Gärtnereien, die über 700 Mitarbeiter beschäftigen.

Die Feriengäste kommen im Lauf des ganzen Jahres vorwiegend aus den deutschsprachigen Gebieten; die Italiener bevorzugen die Skigebiete während der Weihnachtsferien und beleben im August besonders das Pustertal, das nördliche Eisacktal und die Dolomitentäler (denn zu Beginn der Schulferien im Juni geht »man« ans Meer und im August »in montagna«). Gerade unter den Italienern finden wir oft eine echte Begeisterung für lokales Brauchtum: Sarnerjacken und Dirndlkostüme finden reißenden Absatz, und man schwärmt für Speck und Südtiroler Weine. Auch auf den Schutzhütten und den Kletterrouten findet man viele zünftige Bergfreunde aus dem Süden.

Kunst und Kultur

Das südliche Land im Gebirge war seit jeher nicht nur ein Treffpunkt von Kunstströmungen und kulturellen Befruchtungen aus Nord und Süd, sondern die im Land so reichlich vorhandenen künstlerischen Begabungen haben diese ihm von außen zugeflossenen Anregungen oft zu einer glücklichen Verschmelzung gebracht. Daneben waren in unserem Land natürlich auch Meister sowohl aus Nordtirol und dem anliegenden deutschen Raum als auch aus dem nahen Trentino, der Lombardei oder Venetien in fruchtbarer Weise tätig.

Können wir schon für die Vorzeit wechselnde Stileinflüsse in der Bearbeitung der Keramik feststellen, das eine Mal aus der Poebene, das andere Mal aus Hallstatt oder den keltischen Gebieten, so herrscht zur Römerzeit eindeutig der südliche Einfluß vor. Erst mit der Germanisierung und nach dem Zerfall des Römerreiches wird Südtirols Kunst vorherrschend vom Norden her geprägt. Dabei weisen Einzelfälle wie z. B. Sankt Prokulus bei Naturns sogar auf irische Mönche hin, die vielleicht über Sankt Gallen in den Vinschgau kamen. Diese ältesten, von Stampfer auf die Mitte des siebten Jahrhunderts angesetzten Fresken könnten zeitgleich mit den kürzlich entdeckten Wandmalereien des Stephanskirchleins bei Burgeis entstanden sein; in die spätkarolingische Zeit fallen auch die Fresken aus dem kleinen Jakobskirchlein in Söles bei Lichtenberg (siehe dazu »Der Schlern« 1997, 411) und besonders die bedeutenden Zyklen in Müstair und in Sankt Peter in Gratsch ober Meran. Von der karolingischen Steinplastik wie Chorschranken, Kapitelle oder Zierborten sind uns nur Bruchstücke überliefert, die zum großen Teil im Bozner Stadtmuseum aufbewahrt werden (dazu: *Rasmo*: »Karolingische Kunst in Südtirol«, Bozen 1981).

Die frühe **Romanik** hat uns dann eine Reihe von außerordentlichen Zeugnissen hinterlassen, die unser Land zu einem Anziehungspunkt für viele Kunstliebhaber aus ganz Europa machen. Hier seien als Beispiele unter den Wandmalereien Bilder aus Müstair im Tauferer Tal (das zwar politisch heute zur Schweiz zählt, geographisch aber mit dem oberen Vinschgau eine Einheit bildet) erwähnt, ferner in Sankt Jakob in Grissian am Tisener Mittelgebirge, Sankt Jakob in Castellaz bei Tramin und besonders die an byzantinische Einflüsse gemahnenden Fresken im Kloster Marienberg und in der Schloßkapelle von Hocheppan. Während viele dieser alten Kirchen noch romanische Baureste erkennen lassen, ist der Dom von Innichen wohl das einzige größere, in diesem Stil erhaltene Kirchengebäude. Die fleißige Arbeit von Archäologen (besonders Nothdurfter) hat nicht nur auf dem Felsen von Säben eine frühchristliche Kirchenanlage aufdecken können, sondern z. B. auch in Sankt Peter in Gratsch; wären Zeit und Mittel zur Genüge vorhanden, wer weiß, wie viele interessante Entdeckungen unter den heutigen Kirchenböden noch unser harren!

Bedeutende Zeugnisse romanischer Skulptur finden wir am Portal der Kapelle von Schloß Tirol und von der Zenoburg oberhalb Meran, während uns an Holzskulpturen manches erhabene Kruzifix wie jenes von Innichen oder die eine oder andere Madonnenstatue erhalten geblieben sind, die aber meist in Museen vor den unermüdlichen Diebeshänden Schutz gefunden haben.

Die **Gotik** hat dann sowohl an Kirchenbauten wie auch an Fresken und Skulpturen ein reiches Erbe hinterlassen. Zu europäischer Berühmtheit sind die Zyklen von Schloß Runkelstein gelangt, das erste Beispiel an höfischer, profaner Malerei im deutschen Raum. Dazu gehören auch der Iwein-Zyklus von Schloß Rodenegg oder die Wandmalereien im ehemaligen Niederthor-Haus (heute Thun) in Haslach bei Bozen. Weit über das Land hinaus berühmt ist auch die immer noch in kräftigen Farben glänzende reiche Bemalung der Gewölbe im Kreuzgang des Brixner Doms. Einer ihrer Schöpfer ist Meister Leonhard von Brixen, der auch in anderen Landesteilen und auch im Trentino (z. B. Schloß Brughier am Nonsberg) gewirkt hat.

Die meisten der Kirchen aus dem 13. bis 16. Jahrhundert – denn so lange hat sich der gotische Stil bei uns gehalten – weisen nur die charakteristischen Stilemente wie polygonale Apsis, Netzrippengewölbe, kunstvoll verzierte Kanzeln oder Geländer der Orgelempore auf, und der Turm trägt meist einen einfachen Spitzhelm. Aufwendigerer Zierrat ist aber bei den hohen Türmen von Tramin, von Kaltern und besonders von Sankt Pauls zu beobachten, der erst später eine barocke Helmzwiebel auf den mächtigen gotischen Unterbau gesetzt bekam. Nur das filigran ausgearbeitete Maßwerk am Turm des Bozner Domes aus dem Anfang des 16. Jahrhunderts erinnert an die großen Vorbilder aus der Heimat der Gotik.

Besonders reich ist Südtirol mit GOTISCHEN FLÜGELALTÄREN versehen; viele von ihnen, soweit sie nicht den zahlreichen gewerbsmäßigen Diebstählen zum Opfer gefallen sind, stehen heute aus Sicherheitsgründen in den Museen, besonders im sehenswerten Bozner Stadtmuseum. Herausragendster Vertreter dieser Bildschnitzer ist MICHAEL PACHER (1435–1498) aus Bruneck, der mit tiefem Gefühl und hervorragendem Können deutsches Stilempfinden der Spätgotik mit italienischen Einflüssen vereinte; in Padua und Venedig, wo er mehrere Jahre verbrachte, lernte er die Werke Bellinis, Mantegnas und Donatellos kennen *(Gruber)*. Neben den Schnitzwerkzeugen wußte er auch den Pinsel bestens zu handhaben. Seine bekanntesten Altäre in Südtirol stehen in Sankt Lorenzen, wo allerdings nur mehr die Statue der TRAUBENMADONNA übrig ist, und in der Grieser Pfarrkirche; als der bedeutendste geschnitzte Altar in ganz Europa gilt der Altar in Sankt Wolfgang im Salzkammergut. Andere bedeutende Künstler aus dieser Zeit sind HANS KLOCKER (Altar in der Franziskanerkirche zu Bozen) und die aus Süddeutschland eingewanderten HANS MULTSCHER (Sterzing), JÖRG LEDERER (Latsch) und HANS SCHNATTERPECK, dessen Altar in der Kirche von Niederlana ungewöhnliche Ausmaße erreicht.

Neben dem schon erwähnten Brixner Kreuzgang seien hier nur die bedeutendsten mit gotischen Fresken geschmückten Kirchen genannt: vor allem die Dominikanerkirche und ihr Kreuzgang in Bozen, deren Bildschmuck auf die Mitte des 14. Jahrhunderts zurückreicht; ferner Maria Trost in Untermais und die Pfarrkirche von Terlan; eine Reihe von anderen über das Land verteilten Kirchen bergen mehr oder weniger reichlichen Freskenschmuck aus der Gotik; auf sie und manch andere Hinterlassenschaft aus jener Zeit wird noch näher eingegangen werden.

Für die Erhaltung vieler dieser schönen Zeugnisse der Malerei und der Baukunst aus der Gotik in allen Tälern des Landes muß man wohl der Armut dankbar sein, die zu jenen Zeiten bei uns herrschte; denn so konnte die barocke Lust, allen diesen Kirchen ein neues Gesicht zu geben, nicht oft in die Tat umgesetzt werden (wie das ja in Nordtirol und besonders in Bayern in reichlichem Maße geschehen ist).

Die **Renaissance**, die ja in Italien schon lange ihren Siegeszug angetreten hatte, als bei uns noch die Gotik blühte, hat sich mehr im profanen Bereich auswirken können, und ihre Baumeister kamen meist aus dem Süden. Bedeutende Beispiele sind die Brixner Hofburg oder das Schloß von Feldthurns und die Fahlburg in Prissian. Daneben hat dieser aus dem Süden kommende Baustil hauptsächlich im Überetsch zu einer glücklichen Vermischung mit der behäbigen lokalen Bauweise geführt und ist so zum sogenannten Überetscher Stil geworden, der den vielen herrschaftlichen Ansitzen in Eppan und Kaltern ihr unverwechselbares Gepräge verleiht. Seine Kennzeichen sind die regelmäßige, meist symmetrische Anlage, die Torbögen und Fensterrahmen meist aus kunstvoll behauenem Sandstein, oft eine äußere Treppe, die in einer überdachten Loggia endet. Charakteristisch ist der rechteckige zentrale Saal, von dem die Zimmer ausgehen und der an beiden Schmalseiten ein Doppelbogenfenster trägt. Häufig erinnern schwere Gewölbe im Inneren noch an ältere Bauzeiten. Auch alte Burgen, wie die Churburg oder Kampan in Kaltern, haben mit Loggienumgängen in den Innenhöfen in geglückter Weise den neuen Stil an das alte Gemäuer angepaßt.

Der **Barock** hat demnach in Südtirol lange nicht jene Verbreitung gefunden wie nördlich der Alpen. Die wichtigsten Ausnahmen bilden die Klosterkirche in Neustift mit schon rokokohaften Zügen, der Brixner Dom, der ein »eher nüchternes, südliches Barockempfinden *(Frei)* verrät oder die Kirche zu Mariae Himmelfahrt in Gossensaß. Für die reichen Stuckarbeiten und für Entwurf und Ausführung der Marmoraltäre wurden Meister aus dem Trentino, wie die Werkstatt der Benedetti oder der Sartori, beauftragt. An größeren profanen Barockbauten besitzt Südtirol eigentlich nur wenige, wenn auch hervorragende Beispiele: Schloß Ehrenburg im Pustertal, das große Schloß Wolfsthurn in Mareit bei Sterzing, das heute das Jagdmuseum beherbergt, und in Bozen das in den Jahren zwischen 1708 und 1729 errichtete Merkantilgebäude in der Silbergasse.

Aber auch ganz bedeutende Maler hat das Land hervorgebracht: so PAUL TROGER, dem wir die grandiosen Deckengemälde im Brixner Dom verdanken; Troger hat dann aber seine Hauptwerke in Wien und Niederösterreich hinterlassen; sein Schüler MARTIN KNOLLER hat die Grieser Stiftskirche mit leuchtenden Fresken versehen; später war er auch in Süddeutschland (z. B. im Kloster Ettal) tätig und hat gegen Ende seines Lebens als Leiter der Akademie von Mailand auch dort manchen Palast durch seine Deckenfresken geschmückt (z. B. Palazzo Belgioioso). Sein Schüler JOSEF SCHÖPF hat unter anderem die Decke der Kalterer Pfarrkirche mit einem großen Fresko versehen und Altarbilder in der Kirche zu Mariä Himmelfahrt am Ritten hinterlassen. Von Schlesien zugewandert ist CARL HENRICI, dessen Fresken im Bozner Palais Menz (heute Credito Italiano) sowie in zahlreichen Kirchen unseres Landes und auch des Trentino zu bewundern sind, der aber auch wertvolle Tafelbilder geschaffen hat.

Das **neunzehnte Jahrhundert** hat dann zwar in viele Bürgerhäuser gemütliche Biedermeier-Einrichtungen gebracht, an originellen Stilerneuerungen hat es aber gefehlt. Man griff, besonders in der zweiten Hälfte des Jahrhunderts, zu eklektischen Nachahmungen vergangener Epochen: Beispiele dafür sind die neuromanische Herz-Jesu-Kirche in Bozen oder das neugotische Mausoleum für Erzherzog Johann in Schenna.

Unser ausgehendes Jahrhundert zählt eine Anzahl von wirklich guten Malern. Während ALBIN EGGER-LIENZ nur zeitweise in Bozen gelebt hat, waren es vor allem die drei Brüder IGNAZ, ALBERT UND RUDOLF STOLZ, die in den ersten Jahrzehnten des

Jahrhunderts das künstlerische Leben bestimmt haben und mit deren Beteiligung auch der Südtiroler Künstlerbund gegründet wurde. LEO PUTZ aus Meran, der später in München lebte, oder ROBERT DU PARC genießen heute auch im Ausland große Wertschätzung. Nach dem Zweiten Weltkrieg sticht vor allem KARL PLATTNER durch seine sehr eigenwilligen, ausdrucksstarken Kompositionen hervor. Die rege Tätigkeit der vielen Galerien in den größeren Städten zeugt vom sehr lebhaften Interesse an der Malkunst und vor allem von der großen Anzahl an Talenten. Namen aus der älteren Generation wie Peter Fellin, Hans Prünster, Hans Ebensperger, Rolf Regele, Robert Scherer, Luis Stephan Stecher, Eddy von Ferrari und die etwas jüngeren Gotthard Bonell, Karin Welponer und besonders Markus Vallazza, der auch Bühnenbilder für die Salzburger Festspiele gestaltet hat, sind nur eine kleine Auswahl auch an Nachwuchskünstlern, die jedem Kunstliebhaber ein Begriff sind. Sie alle einzeln aufzuzählen oder gar zu beurteilen übersteigt die Aufgabe dieses Buches.

Unter den Bildhauern besticht besonders MARTIN RAINER aus dem Schnalstal durch seinen tief empfundenen, archaischen Stil, der seine Kraft aus den romanischen Traditionen seiner Vinschger Heimat schöpft; bekannt sind die Brunnen im Kloster Neustift und im Museumshof von Dietenheim oder das Grabmal für die Franziskaner im Bozner Friedhof; daneben ist er Schöpfer einer Reihe von Medaillen zu wichtigen Ereignissen im Land. Daneben seien noch KARL GRASSER und FRIEDRICH GURSCHLER genannt, die ebenfalls aus dem Schnalstal stammen. Als beachtliche Talente sind Guido Mosna (»Muss«) und Siglinde Tatz-Borgogno erwähnenswert. In der ersten Jahrhunderthälfte hat Hans Piffrader das riesige Relief am Bozner Finanzgebäude geschaffen, das mit dem Siegesdenkmal wohl als das einzige Überbleibsel der Verherrlichung des Faschismus in Italien gelten kann: Auf ihm sieht man den Duce hoch zu Roß, und sämtliche Organisationen der Partei werden bildlich dargestellt. Dem damals herrschenden »imperialen« Stil verpflichtet, hat es heute mehr dokumentarischen als künstlerischen Wert (und einen politischen nur für die Ewiggestrigen!).

In der **Literatur** rühmt sich Südtirol, WALTHER VON DER VOGELWEIDE zu seinen Söhnen zu zählen. Aber der Streit um seine wirkliche Herkunft hat noch kein Ende gefunden; vielleicht gelingt es dem imposanten Denkmal am Waltherplatz mit der Zeit, Herrn Walther durch seine Standfestigkeit im Bewußtsein der Bevölkerung endgültig heimisch zu machen! Dafür war der Minnesänger, Diplomat und streitbare Ritter OSWALD VON WOLKENSTEIN ein echter Südtiroler und hat uns neben seinen köstlichen Gedichten auch oft die Melodie zu den Liedern mitgeliefert. Später waren dann schöpferische literarische Geister in unserem Land eher spärlich gesät; das hängt sicher auch mit der Tatsache zusammen, daß bis in unser Jahrhundert die Bevölkerung sich hauptsächlich aus dem Bauernstand und den Gewerbetreibenden zusammensetzte, während die Klasse der Akademiker sehr schwach vertreten war, da die nächste Universität in Innsbruck lag. In unserem Jahrhundert haben sich als Romanschriftsteller Maria Veronika Rubatscher mit Themen aus dem bäuerlichen Leben und Hans von Hoffensthal (Pseudonym für H. von Hepperger) mit seinerzeit vielgelesenen Romanen aus der bürgerlichen Welt einen Namen gemacht. Besonders erwähnt werden muß der vielseitige HUBERT MUMELTER: Als Romanschriftsteller, Verfasser der damals berühmten Schifibel, aber auch als Lyriker und nicht zuletzt als Maler seiner geliebten Schlern-Heimat war er ein Verfechter unserer »rätischen« Wurzeln; Franz Tumler hat ihn einmal mit Oswald von Wolkenstein verglichen (Schlern 1971, 330). Franz Tumler ist zwar im Vinschgau geboren, hat aber hauptsächlich in Berlin gelebt; seine früheren Werke »Das Tal von Lausa und Duron« und »Aufschreibung aus Trient« befassen sich mit Themen aus unserem Land. Herbert Rosendorfer, der als Richter in Bayern jahrzehntelang tätig war, ist ebenfalls in Bozen geboren, und seine Liebe zu Südtirol läßt ihn seinen Ruhestand nun wieder in der alten Heimat genießen. Seine oft skurrilen, mit feinem Humor gewürzten Werke sind heute Bestandteil der neueren deutschen Literatur. Von jüngeren Talenten wären Josef Zoderer (u. a: »Vom Glück beim Händewaschen«, »Die Walsche«) und die kürzlich in den Vordergrund gerückte, sehr junge Bettina Galvagni mit ihrem Erstlingswerk »Melancholia« zu nennen. In der Lyrik hat uns Erich Kofler ein feinfühliges, gediegenes Werk hinterlassen, und unter den Jüngeren wären Konrad Rabensteiner und Sepp Mall, wieder ein Vinschger, zu nennen, der auch im Jahr 1996 den Meraner Lyrikpreis gewonnen hat. Dieser seit wenigen Jahren ins Leben gerufene, gesamtdeutsche Lyrikwettbewerb erfreut sich großer Teilnahme. In der *Werkreihe Südtiroler Autoren,* die von Alfred Gruber († 1999) im Südtiroler Künstlerbund geleitet wurde, sollen hoffnungsvolle Anwärter auf literarische Zukunft gefördert werden.

Auf dem Gebiet der **Musik** ist einmal Leonhard Lechner (1553–1606) zu nennen. In einem nicht näher bestimmten Ort »im Etschtal« geboren, wurde er einer der bedeutendsten Polyphoniker seines Jahrhunderts, der als Hofkapellmeister an verschiedenen deutschen Höfen wirkte und dessen Werk hauptsächlich Kirchenmusik umfaßt. Nach ihm ist der heute noch sehr aktive Kammerchor benannt, den der 1963 verstorbene Benediktiner P. Oswald Jaeggi, selbst ein namhafter Musiker, gegründet hat. Weiters wäre JOHANN BAPTIST GÄNSBACHER zu erwähnen, der 1778 in Sterzing geboren, später in Böhmen und in Wien tätig war, wo er es zum Kapellmeister des Stephansdoms brachte und besonders durch geistliche Kompositionen bekannt wurde. LUDWIG THUILLE, 1861 in Bozen geboren, wirkte später in München, wo er Begründer der sogenannten »Münchner Schule« wurde; seine Harmonielehre war lange Zeit ein Standardwerk (zitiert aus: »Das große Lexikon der Musik«, Herder 1987). Von den Zeitgenossen soll HERBERT PAULMICHL erwähnt werden, der als langjähriger Domkapellmeister zahlreiche geistliche Werke verfaßt hat, sowie Hubert Stuppner, dessen Kompositionen mehrmals bei den Salzburger Festspielen zu hören waren.

Was aber Bozen in der internationalen Musikwelt zu einem Begriff werden ließ, das ist der jährlich im Spätsommer stattfindende internationale, nach FERRUCCIO BUSONI benannte PIANISTENWETTBEWERB, aus dem schon mancher Preisträger in die spätere Weltklasse aufgerückt ist. Der Busoni-Wettbewerb feierte im Jahr 1998 seine fünfzigjährige Wiederkehr. (Busoni wurde in Empoli, Toscana, im Jahr 1866 geboren; seine künstlerische Laufbahn brachte ihn nach Wien, Leipzig, Helsinki und Moskau, wo er einen Lehrstuhl innehatte; ab 1894 wirkte er in Berlin, wo er 1924 starb.)

Ein besonders schönes Zeugnis für die Musikliebe der deutschen Südtiroler ist aber die schier unglaubliche Anzahl an CHÖREN und BLASMUSIKKAPELLEN: Über das ganze Land verteilt und hinauf bis in die höchsten Bergdörfer finden wir insgesamt 210 Blasmusikkapellen, davon zwölf in den ladinischen Tälern – alle sind im »Verband Südtiroler Musikkapellen« zusammengeschlossen (der ungefähr 9000 aktive Mitglieder zählt).

Nicht unerwähnt soll hier die beeindruckende Feier zum 50jährigen Bestehen dieses Landesverbandes bleiben: Am 19. Mai 1998 fanden sich in Bozen 150 Musikkapellen aus allen Landesteilen zusammen; eine nach der anderen zogen die farbigen Trachtengruppen der Musikanten auf den Waltherplatz, der dann von oben gesehen in der Buntheit der verschiedenen Trachten dem Bild eines überdimensionalen Blumenbeetes glich; als dann alle zusammen unter der Leitung des Verbandskapellmeisters Gottfried Veit die Europahymne »An die Freude« aus Beethovens Neunter Symphonie anstimmten, konnte jeder Teilnehmer und jeder Zuschauer am Platz oder am Fernseher berechtigten Stolz über dieses für Europa sicher einzigartige Großereignis empfinden.

Weiterer stolzer Besitz des Landes sind 382 Chöre, davon 23 in den ladinischen Tälern; die Chöre sind im *Südtiroler Sängerbund* vereint, dem 10.200 Mitglieder angehören. Außerdem gibt es in Südtirol das *Haydn-Orchester* (dessen Mitglieder auch aus dem Trentino stammen), das *Orchester der Musikfreunde* in Meran, das *Collegium Musicum* in Bruneck und das *Orchester Sonoton* in Sankt Ulrich (Gröden). Man kann sich immer wieder nur wundern, wie den schwieligen, vom Tagwerk müden Bauernhänden dann abends bei der Probe die Läufe so leicht aus der Klarinette fließen! Und ein schönes Zeichen für die Ideale vieler Jugendlicher ist die Tatsache, daß von den Mitgliedern der Musikkapellen 30 % weniger als zwanzig Jahre zählen! In Bozen besteht ein Musikkonservatorium, an dem unter anderen auch jahrelang Arturo Benedetti-Michelangeli unterrichtet hat. Im ganzen Land gibt es außerdem eine Reihe von Musikschulen, die bald nach dem Zweiten Weltkrieg von den Musikpädagogen Prof. Johanna Blum und J. Tappeiner gegründet wurden und an denen Schüler vom Volksschulalter an in Nachmittagskursen eine allgemeine Musikerziehung genießen oder ein Instrument erlernen können.

Neben diesen der Musik gewidmeten Verbänden gibt es noch, um die weite Fächerung der Kulturbeflissenheit zu unterstreichen, 207 THEATERGRUPPEN, davon 18 in den ladinischen Tälern; sie sind im *Südtiroler Theaterverband* vereint und schließen ungefähr 4000 Spieler ein. Das alte Bozner Stadttheater wurde im Jahr 1944 ein Opfer der Bomben; seitdem mußte sich die Bevölkerung mit dem *Haus der Kultur Walther von der Vogelweide* als Theater- und Konzertsaal zufriedengeben; für die italienische Bevölkerung steht in Gries (Telser-Galerie) dem »teatro stabile« ein kleineres Theater zur Verfügung. Auch in Meran herrscht ein reges Theaterleben in dem hübschen Theatergebäude aus der Mitte des vorigen Jahrhunderts. Zahlreiche Gastspiele aus dem deutschsprachigen Raum sorgen für ein abwechslungsreiches Programm. Im September 1999 wurde in der Landeshauptstadt das große, neue Stadttheater eingeweiht, das allen drei Volksgruppen dienen soll; über seine äußere Form läßt sich streiten, raummäßig wird es sicher den Anforderungen einer Stadt wie Bozen genügen, auch wenn es sich nie aus eigenen Mitteln finanziell über Wasser halten kann.

Um das Kulturangebot zu vervollständigen, sollen noch die 65 MUSEEN erwähnt werden, die auf alle Täler des Landes verteilt sind, vom kleinen Dorfmuseum zum Bergbaumuseum am Schneeberg bei Sterzing. Allein in Bozen haben wir das Städtische Museum, das Museum für Moderne Kunst, das neue Archäologische Museum mit dem »Ötzi« als Hauptattraktion und ein ebenfalls erst seit kurzem eröffnetes Naturhistorisches Museum. Von Interesse für Einheimische und Touristen sind auch das OBSTBAUMUSEUM in Lana und das WEINMUSEUM in Kaltern sowie das MUSEUM FÜR VOLKSKUNDE in Dietenheim bei

Bruneck. Im Schloß Trautmannsdorf bei Meran wird demnächst ein Fremdenverkehrsmuseum neben dem im Ausbau begriffenen Botanischen Garten eröffnet. Und vielleicht wird auch der Wunsch von Reinhold Messner nach einem Bergsteigermuseum bald Wirklichkeit.

Eine zentrale Aufgabe in der Förderung und Organisation kultureller Ereignisse wie Theater und die deutsche Kultur betreffende Vorträge kommt dem SÜDTIROLER KULTURINSTITUT zu. Daneben besteht das schon im Jahr 1971 gegründete Südtiroler Bildungszentrum, das seit 1999 in den neuen Räumen der »Claudiana« eine Fachhochschule für sanitäre Berufe wie Krankenpflege, medizinische Labortechnik, Diätschule, Logopädie, Physikotherapie u. a. m. betreibt, in Zusammenarbeit mit den Universitäten von Innsbruck, Padua, Verona und Ferrara. Im Jahr 1997 wurde die UNIVERSITÄT BOZEN gegründet, die vorläufig noch im Aufbau ist und ab Herbst 1998 Lehrgänge für Wirtschaftswissenschaften und Bildungswissenschaften anbietet. Wenige Jahre älter ist die EUROPÄISCHE AKADEMIE, die sich ebenfalls mit der Ausbildung auf dem Gebiet der Werbegraphik, des Marketing und des Tourismus befaßt.

Im Hinblick auf dieses wirklich reichhaltige kulturelle Angebot gebührt der Südtiroler Landesregierung ein hohes Lob für ihre jahrelangen zähen Kämpfe, mit denen sie der Zentralregierung die schon im Pariser Abkommen festgelegten Bestimmungen mühsam abgerungen hat. Unser Land mit seinen knapp 250.000 deutschen Einwohnern hat eine solche Vielzahl an kulturellen Einrichtungen aufzuweisen, wie sie kaum ein anderes Land deutscher Zunge besitzt und um die es mit Recht von vielen beneidet wird.

Das Eisacktal

Hoch oben über dem flachen Brennersattel entspringt der Eisack an den Hängen des Sattelberges, zuerst ein schmales Bächlein, das sich in kleinen, silbernen Wasserfällen den schnelleren Weg ins Tal sucht, bald ein rauschender Bach, der durch die enge Felsenklamm zur Talweite von Gossensaß stürzt und erst kurz vor Sterzing ein gemächliches Tempo einschlagen kann. Hier hat er schon die Zuflüsse aus dem Pflerschtal und dem Pfitschtal aufgenommen, wird durch den wasserreichen Mareiter Bach schon zum kleinen Fluß, der sich durch das enge Tal bis Franzensfeste schlängelt, und kann dann, nachdem er durch die Rienz bei Brixen auf doppeltes Ausmaß angewachsen ist, den unteren Talabschnitt durch die steile Porphyrschlucht als richtiger Gebirgsfluß durchmessen. Auf ein volles Bett muß er allerdings ab Klausen verzichten, da das dort aufgestaute Wasser durch den Rittner Berg geführt wird und erst bei Kardaun in gewaltigen Rohren wieder zu Tal stürzt, um ein Kraftwerk zu betreiben. Die Talfer aus dem Sarntal tut ein übriges, um den Eisack noch im letzten Augenblick zum ansehnlichen Gebirgsfluß werden zu lassen. Sein breites, kiesiges Flußbett im Osten von Bozen läßt aber Raum für die oft gefährlichen Hochwasser, die der Eisack dann bei Sigmundskron der Etsch zuwälzt; diese scheint hier beim Zusammenfluß durchaus bescheidener und zahmer als ihr von Norden kommender, wilder Bruder.

Der heutige Name des EISACKS hat zu vielen sprachgeschichtlichen Spekulationen geführt. Ob die in dieser Gegend angesiedelten Isarken den Namen von Fluß, oder aber ob dieser dem Volk den Namen geliehen hat, läßt sich nicht mehr feststellen. Beim Geographen *Strabo,* der um die Zeitwende gelebt hat, heißt der Fluß »Atax«, und die Ladiner nennen ihn heute noch »Adesch«, was wiederum an den lateinischen Namen »Athesis« für die Etsch gemahnt.

Die Originalstelle bei Strabo lautet einigermaßen verwirrend, aber es ist wohl unsere einzige Quelle aus dieser Zeit: »Super Carnos vero Apenninus mons incumbit, lacum habens, in amnem Isaram confluentem, qui rapto secum Atage altero flumine effertur in Adriaticum sinum. Eodem autem ex lacu fluvius alter in Istrum labitur, quem Atesinum vocant.«

Der »Apenninus mons« kann wohl nur die Gegend um den Reschen sein, aus dessen See die »Isara« (Etsch) entspringt, die dann den anderen Fluß »Atax (Eisack) mit sich reißt und in die Adria mündet. Aus dem See fließt auch ein anderer Fluß (was natürlich nicht stimmt), den sie »Atesinus« nennen und der in den Ister (Donau) mündet. Strabo hat wohl, wie die meisten Geographen und Historiker jener Zeit, nur Quellen aus zweiter Hand zur Verfügung gehabt und uns dann diesen geographischen Salat hinterlassen!

Zu verschieden sind jedoch die geographischen und besonders die klimatischen Gegebenheiten, um der umliegenden Landschaft ein einheitliches Gepräge zu verleihen. So sprechen wir zwar gewöhnlich vom »Eisacktal«, denken dabei aber an drei voneinander völlig verschiedene Landstriche. Wenden wir uns zu Beginn, von Norden kommend, dem Abschnitt zwischen dem Brenner und dem Becken von Sterzing zu.

Auf alten Tiroler Karten aus dem 16. und 17. Jahrhundert liest man mit einigem Befremden »Pyrenaei montes«; aber die Pyrenäen sind weit weg, und der Name ist wohl nur eine humanistische Latinisierung von Brenner, und dieser wiederum scheint nach neuester Ansicht von einem 1280 urkundlich erwähnten Hof eines *Prennarius* zu stammen, eines Mannes also, der sich durch Brandrodung in dieser unwirtlichen Gegend eine Bleibe geschaffen hat (*Rampold:* »Eisacktal«, Athesia 1996). Landschaftlich gelingt es auch dem meist düsteren BRENNERSEE nicht, eine freundliche Note in die so oft von kalten Winden heimgesuchte Paßlandschaft zu bringen.

Der Sattel selbst ist seit Urzeiten als niedrigster und bequemer Alpenübergang benützt worden. Der Scheitelpunkt dieser etwa 7 km langen, flachen Mulde liegt auf 1370 Metern; allerdings drohten in den Wintermonaten ständig große Lawinenabgänge, die auch in den letzten Jahrzehnten immer wieder Straße und Bahnkörper verlegten und erst seit kurzem durch aufwendige Schutzbauten entschärft worden sind. Heute kreuzen den Paß ungezählte Züge, noch ungezähltere LKW-Transporte und

Personenwagen auf Schiene, Autobahn und Staatsstraße. Die von den italienischen Nationalisten seit dem 19. Jahrhundert so heiß herbeigesehnte und von den Allierten schließlich zugestandene BRENNERGRENZE, »gottgewollt und ewig«, besteht heute nur mehr als dunkler Strich auf der Landkarte; das am 1. April 1998 in Kraft getretene Schengener Abkommen läßt alle Reisenden flott an den verwaisten Zollhäuschen vorbeirauschen. Es entbehrt nicht einer gewissen Tragik, wenn noch in den Jahren nach dem Zweiten Weltkrieg auf italienischer Seite über 600 Hüter des Gesetzes und des Vaterlandes, also Finanzbeamte, Zöllner, Carabinieri und Soldaten, zum Teil samt ihren Familien die häßlichen Gebäude bevölkerten (während auf österreichischer Seite zwanzig Beamte für dieselbe Funktion genügten). Dazu kamen Gasthäuser, viele Geschäfte, die wegen der günstigen Preise scharenweise von den Österreichern besucht wurden, alles in allem ein großes Dorf. Und heute hat die Verwirklichung einer überstaatlichen Idee, das Verständnis einer neuen, freieren Völkergemeinschaft von dem einst blühenden Ort nur leere Hüllen hinterlassen.

Eine heute längst vergessene Attraktion der Gegend war das **Brennerbad**; eine Thermalquelle von 22 Grad wurde hier schon um 1400 erwähnt, und im Laufe der folgenden Jahrhunderte entwickelte sich dort ein regelrechtes Thermalzentrum mit Hotel und Haltestelle der Schnellzüge. Aber die neue Grenzziehung nach dem Ersten Weltkrieg und ein verheerender Brand im Jahr 1922 haben dem einst blühenden Betrieb ein Ende gesetzt, und heute stehen nur mehr Ruinen da (*Rampold:* »Eisacktal«).

Trotzdem sollte hier die »Badmoidl«, die resolute Bademeisterin, nicht unerwähnt bleiben, über die ein englischer Badegast aus den siebziger Jahren des vorigen Jahrhunderts berichtete: Sie führte ein eisernes Regiment über ihre Badegäste, ob Fürst oder Bauer, und wer nicht parierte, wurde unverzüglich hinausgeschmissen. Bedingung für den Eintritt in die Badestube war der Nachweis, vor kurzem gebeichtet zu haben: »Keine Absolution, kein Bad!« (im Original: »No absolution, no ablution«). Sie betätigte sich auch als Baderin im Sinn von Barbier; die Rasierbedürftigen setzten sich der Reihe nach in ihre offenen Kojen und wurden zunächst alle tüchtig eingeseift; dann bekam der erste von ihnen einen Apfel oder ein hölzernes Stopfei in die Backe geschoben und über der gespannten Haut schwang die Moidl dann ihr Rasiermesser; war der erste Gast fertig, wanderte der Apfel in den Mund des nächsten, und so weiter; während die Moidl dann die Badenden beaufsichtigte, betete sie ihren Rosenkranz, hatte dazwischen auch immer wieder Zeit für einen Schluck Wein aus dem Glas, das jeder Gast vor sich stehen hatte (*Constance Leigh Clare:* The Brenner Pass, London 1912).

Die vom schwäbischen Ingenieur Etzel projektierte Brennerbahn wurde 1867 dem Verkehr übergeben. Im selben Jahr fuhr *Ludwig Steub,* humorvoller bayerischer Notar und Ethnologe, mit diesem neuen Gefährt nach Südtirol. Die Strecke von Innsbruck zum Brenner beschreibt er folgendermaßen:

Die unterirdische Nacht (im Tunnel), das fürchterliche Poltern der rollenden Wagen, der schrille Angstruf der Maschine beklemmen die Brust, die erst frischer aufatmet, wenn es nach zwei oder drei Minuten wieder ins Freie geht ... und der Laie könnte leichtlich fürchten, daß er jählings samt Wagen und Locomotive, Zugführern und reisendem Publikum hinunterrutschen möchte in die schäumende Sill ... (Steub: »Drei Sommer in Tirol«, Reprint), Süddeutscher Verlag, München 1971.

Heute ist die Bahn heillos überfordert, immer wieder werden Strecken neu ausgebaut, so im Juli 1998 ein drei Kilometer langer Tunnel bei Blumau, und seit Jahren spricht man von einer Radikallösung, nämlich vom Brennerbasis-Tunnel, um den sich Befürworter aus Wirtschaftskreisen und Naturschützer in den Haaren liegen. Aber jedem ist klar geworden, daß ein weiteres Anwachsen des Verkehrs auf der Autobahn langsam, aber sicher zu einer völligen Lähmung führen wird.

Die AUTOBAHN überwindet in kühnem Viadukt in schwindelnder Höhe das Tal bei Gossensaß; die Eisenbahn schafft das Gefälle bis dorthin nur durch eine weite Schleife, die sie tief ins Pflerschtal führt, und die Reisenden staunen, wenn sie das Tal einmal rechts und dann wieder links von sich sehen, denn die Wendung geschieht im großen Kehrtunnel. Früher, als die Züge noch in Schelleberg hielten, kam es zuweilen vor, daß ein tüchtiger Fahrgast zu Fuß über die Wiesen nach Gossensaß lief und noch vor Eintreffen des Zuges da war. Den besten Eindruck von der Landschaft bekommt noch der Fahrer, der auf der alten Brennerstraße zu Tal fährt, mit dem Auto oder gar mit dem bei diesem Gefälle ebenso schnellen Fahrrad, das ja zu einem immer beliebteren Fortbewegungsmittel geworden ist. Wer bis in die sechziger Jahre die Reise von Bozen nach Innsbruck unternahm, konnte sich auf sechs Bahnschranken gefaßt machen, mit den entsprechenden davor wartenden Schlangen, die aber für heutige Verhältnisse harmlos kurz waren; und an der steilsten Stelle, bei Pontigl, wartete schon Herr Egartner mit seinem Schleppdienst, um die Autos mit kochenden Motoren oder schlechter Winterbereifung über die Steigung zu ziehen. Heute ist das alles Vergangenheit, und die Fahrt auf der alten Straße bietet schöne Nahblicke auf die Wiesen vom Gigglberg und auf den erlengesäumten, hart an der Straße dahinschäumenden Eisack. Nur der Fernblick auf den beherrschenden Pflerscher Tribulaun und das vergletscherte Talende läßt sich von der Höhe der Autobahnbrücke besser genießen.

An der engsten Stelle vor Gossensaß sind rechts im Felsen die Nischen für Soldaten aus dem Ersten Weltkrieg angebracht, die in naiver Geschichtsfälschung zum Beweis ihres Kampfes und Todes für die heilige Brennergrenze von südlicheren, echten Kriegsschauplätzen bis hieher verfrachtet wurden. Ein christliches Gedenken kann ihnen trotzdem nicht schaden, denn heute ist es belanglos für sie, wo sie wirklich gestorben sind.

Nach dieser Klamm öffnet sich unvermittelt das Tal, und die alte Straße tritt in die dichtgedrängte Häusergruppe von **Gossensaß** ein. Dieser reizvolle Marktflecken ist zwar, wie man heute so schön sagt, »verkehrsberuhigter« durch die hoch darüber verlaufende Autobahn, wird dafür aber auch weniger von Touristen besucht. Als RASTSTATION am Beginn der eigentlichen Brennersteigung, mit Pferdewechsel und Wartung der Wagen war der Ort sicher schon seit Römerzeiten eine wichtige Station und blieb es auch während des Mittelalters, als ergiebige BERGWERKE in der Umgebung die Einwohnerzahl und den Wohlstand anwachsen ließen. Im vorigen Jahrhundert entwickelte er sich, besonders dank der Hotelierfamilie von Gröbner, zu einem feudalen Luftkurort, in dem unter anderen bekannten Persönlichkeiten auch *Henrik Ibsen* in sieben Sommern Erholung suchte. Die trotz der 1100 Höhenmeter günstige klimatische Lage, die Nähe von weiten Wiesen und Wäldern und der herrliche Blick in den Talschluß von Pflersch mit seinen Gletschern und der kühnen Pyramide des Tribulaun locken auch heute noch im Sommer viele Gäste an, die nun mehrheitlich aus Italien kommen.

An der Hauptstraße, die durch den Marktflecken abwärts zieht, steht noch ein oder das andere behäbige Haus, das aus der Blütezeit des Bergsegens stammt. Über dem dichtgedrängten Ortskern thront die große Pfarrkirche zur Unbefleckten Empfängnis, man erreicht sie über eine lange ansteigende Freitreppe. Sie wurde im Jahr 1750 an Stelle einer gotischen Georgskirche errichtet. Beachtenswert sind die barocken Deckenfresken von *Matthäus Günther* aus Augsburg sowie der prächtige Hochaltar mit der zentralen Figur der Unbefleckten Empfängnis und den vielen kleinen Engeln, die sich im oberen Rankenwerk tummeln. Gleich oberhalb und nördlich der Pfarrkirche steht die architektonisch eigenartige BARBARAKAPELLE, die Bergherren und Bergleute zu Anfang des 16. Jahrhunderts als Wahrzeichen ihrer Zunft (*Ennemoser*: Südtiroler Gebietsführer) auf dem jetzt vom Friedhof umgebenen Felsen erbaut haben. Das Untergeschoß der Kapelle dient heute als Abstellraum, während man eine Treppe höher in die kleine Vorhalle der eigentlichen Kirche gelangt. Im Türsturz des gotischen Portals sieht man die Wappen der Knappenschaft und des Gewerken Leonhard Pfarrkircher. Ein Kleinod im Inneren ist der spätgotische Flügelaltar, dessen Mitte die Statuen der Heiligen Barbara, Laurentius und Sebastian schmücken. In den beiden Flügeln sind Szenen aus dem Marienleben und aus der Jugend Jesu dargestellt. Stil und Malerei des Altars weisen auf einen Meister aus der Donauschule hin.

Von der Höhe des Kirchhügels genießt man einen freien Blick bis tief ins Pflerschtal, hinter dem wie eine Mauer die Kette der Stubaier Berge aufragt. In den schneefreien Monaten wird der Blick durch die 3018 Meter hohe Weißwandspitze angezogen, die sich in blendendem Weiß, wie mit einem Lineal aufgesetzt, über den dunklen Schiefern erhebt. Den alles beherrschenden Pflerscher Tribulaun, ebenfalls aus hellem Dolomitkalk aufgebaut, entdeckt man erst, wenn man über die flache Talmündung weiter taleinwärts fährt.

Ins PFLERSCHTAL fährt der Nicht-Einheimische eigentlich nur, wenn er im Winter zum SKIGEBIET VON LADURNS will oder im Sommer auf die umliegenden Höhen strebt, denn das Tal, das breit und flach von Gossensaß bis hinten einzusehen ist, endet sozusagen blind. Aber der kurze Abstecher von Gossensaß aus lohnt sich auch im Sommer, wenn der Blick magisch angezogen wird durch die aufragenden Felsen, die schäumenden Wasserfälle und die grünen, steilen Matten, und nur hie und da durch die Notwendigkeit unterbrochen wird, auch auf die Straße zu achten. Zu Fuß gibt es allerdings für Wanderfreudige den Weg zur MAGDEBURGER HÜTTE oder manchen hohen Übergang in die Nordtiroler Nachbartäler. Vorbei an den Außerpflerscher Weilern mit dem hübschen Kirchlein von Vallming gelangt man über Ast schließlich zu den Höfen von **Innerpflersch** (1245 m), wo auf einer Anhöhe die Pfarrkirche zum heiligen Antonius liegt; die Größe der Kirche aus dem Anfang des 15. Jahrhunderts, verglichen mit der heute geringen Einwohnerzahl, erklärt sich aus dem damals blühenden Bergbau im Tal. Daran erinnert der Wappenstein über dem gotischen Portal der kleinen Kapelle für die Priestergräber. Der ursprünglich gotische Bau wurde im vorigen Jahrhundert in neuromanischen Formen und Wandgemälden völlig umgestaltet. Die im Mittelalter bis vor ungefähr zweihundert Jahren eifrig betriebene Suche nach wertvollen Erzen wird uns an den Hängen des Eisacktals auf Schritt und Tritt begegnen (siehe dazu *Heilfurth*: »Bergbaukultur in Südtirol«).

Es entbehrt nicht einer gewissen Komik, daß der Taufpate der Dolomiten, *Déodat de Dolomieu*, auf seiner Reise über den Brenner 1789 nur bis Sterzing kam, die eigentlichen Dolomiten also nie bewundern konnte, und im Pflerscher Bach das wohl vom Tribulaun stammende Gestein fand, das er als erster untersuchte und beschrieb und das später nach ihm benannt worden war. Ihm ist vor wenigen Jahren hier in Innerpflersch ein Gedenkstein in Form eines Brunnens gewidmet worden, der vor dem neuen Vereinshaus an der Straße steht. Eine kleine Tafel am Boden weist auf den französischen Taufpaten unserer Dolomiten hin.

Wandermöglichkeiten: Von Brennerbad und auch von Gossensaß aus führen alte Militärstraßen auf den Grenzkamm, der sich vom Sattelberg bis zu den Tribulaungipfeln hinzieht; schon die den Kamm entlang auf etwas über 2000 Metern Höhe verlaufende Straße bietet herrliche Ausblicke, und vom Sandjoch sowie auch vom Portjoch gibt es die Möglichkeit, zum Obernberger See abzusteigen. Am Portjoch beginnt dann der herrliche Pflerscher Höhenweg. Manchmal recht ausgesetzt, dann wieder schmal und abschüssig (Vorsicht bei Nässe!), zieht er unter senkrechten Felswänden, durch Kare, aber auch durch blumenübersäte Bergwiesen hart unter dem Pflerscher Tribulaun bis zur Tribulaunhütte. (Der Abstieg auf Steig Nr. 32, also vor Erreichen der Hütte, ist wegen seiner Steilheit sehr mühsam!) Von hier schöner Übergang zur Nordtiroler Tribulaunhütte im märchenhaften Sandestal oder weiter auf dem Höhenweg bis zur Magdeburger Hütte. Diese erreicht man auch vom Weiler Stein in Innerpflersch.

Vom Brennerbad führt in östliche Richtung eine alte Militärstraße auf die seit Jahren im Winter nicht mehr für Skifahrer erreichbare Zirog-Alm und die Enzianhütte; von dort zu Fuß weiter aufs Schlüsseljoch (2212 m), von wo aus der 2776 Meter hohe Wolfendorn in knappen zwei Stunden zu erreichen ist.

Während die Autobahn auf kühnem Viadukt das Tal überquert, zwängt sich die alte Straße durch ein paar Tunnels und eine schmale Schlucht hinunter zum weiten Becken von Sterzing. Linker Hand steht auf einem länglichen, flachen Felsen der hohe Turm und die Ruine von STRASSBERG. Bald nach der alten Zollstätte von Lurx öffnet sich das enge Tal zu einem weiten, sonnigen Becken, eine erste Ahnung des noch fernen Südens. Hier betreten wir die erste und auch eine der ältesten der Südtiroler Städte, die noch so ganz das Gesicht des ausgehenden deutschen Mittelalters trägt; sie erinnert mit ihren prächtigen Gebäuden und den behäbigen Gasthöfen mit ihren kunstvollen Wirtshausschildern immer noch an ihre wichtige Stellung als einstmaliges Zentrum einer durch reiche Erzvorkommen zu großer Blüte gelangten Gegend.

Sterzing

Der Bergsegen hat nämlich Sterzing erst im Mittelalter zu größerem Wohlstand geführt. Die günstige Lage in einem weiten, flachen Talgrund am Beginn der Brennersteigung, am Zusammentreffen zahlreicher Seitentäler mit wichtigen Übergängen in andere Landesteile hat seit Urzeiten eine menschliche Siedlung begünstigt. Die aus dem weiten Moor wie Inseln aufragenden Burghügel und die sonnigen Südhänge des Beckens haben zahlreiche Bodenfunde und auch manches Grab aus der Bronze- und Eisenzeit geliefert. Ansehnlichere Zeugnisse für eine Dauersiedlung besitzen wir aus der Römerzeit, aus der wir für die Siedlung den Namen *Vipitenum* kennen. Davon leitet sich auch der spätere Ausdruck für das ganze Tal bis jenseits des Brenners, das *Wipptal,* ab. Und die italienische Namengebung *Vipiteno* hat sich diesmal nicht schwer getan, gar einmal eine echte Vorlage zu haben. Ein Meilenstein aus der Zeit von Septimius Severus (193–211 n. Chr.), ein spätrömischer Grabstein und der berühmte MITHRASSTEIN sind die ansehnlichsten Zeugen aus jenen fernen Zeiten.

Bei dem großflächigen Halbrelief aus Ratschingser Marmor, entdeckt im Jahr 1589 in einer Höhle bei Mauls, handelt es sich um die Darstellung der Tötung des Stieres durch den persischen Lichtgott Mithras. Andere Göttergestalten, die Medaillons von Sonne und Mond sowie Szenen aus dem Leben des Gottes umrahmen die zentrale Darstellung. Der Mithraskult wäre im dritten Jahrhundert nach Christus beinahe zur Staatsreligion erhoben worden; erst das Überhandnehmen des Christentums unter Konstantin vereitelte dieses Vorhaben *(Eichler).*

Heute befindet sich das Relief im Museum für Archäologie in Bozen und eine Nachbildung davon – für die Sterzinger Stadtväter ein schwer zu verdauender Kompromiß – im Innenhof des Sterzinger Rathauses. Aufsehenerregend war auch vor wenigen Jahren (1996) der Fund von einer Reihe von BAUMSÄRGEN aus dem frühen Mittelalter im Zuge des Aushubs eines Grabens im

Sterzinger Moos. Die zum Teil noch gut erhaltenen, über zwei Meter langen Särge aus ausgehöhlten Lärchenstämmen dürften laut *Fleckinger* zwischen dem 4. und 8. Jahrhundert n. Chr. datiert werden. In sieben Särgen liegen Männer, in einem ein Kind. Einer dieser Särge samt dem Skelett steht seit Februar 1999 im Archäologiemuseum zu Bozen.

Um 1180 begegnet uns zum ersten Mal die latinisierte Form »Sterzengum«; nach *Finsterwalder* rührt der Name von »Starz«, »Störz« oder »Störzling« her, was im Volksmund einen kleinen, mißwüchsigen Menschen bezeichnet; nach dieser wohl etwas abschätzigen Bezeichnung für einen uns nicht näher bekannten, auf Krücken gestützten Pilger ist dann auch das Stadtwappen gebildet, und eine Plastik des Männchens sehen wir im arkadengesäumten Hof des Rathauses. Schon unter Meinhard II. erlangt Sterzing das Stadtrecht. Zu dem aufblühenden Handel kommt dann ab 1400 der immer ergiebigere Silberabbau in den benachbarten Tälern. Immer mehr Unternehmer, die »Gewerken«, bemühen sich um die Schürfrechte, darunter die Fugger (weshalb man Sterzing auch manchmal als FUGGERSTADT bezeichnet) und auch der Deutsche Orden. Die Stadt soll damals neben den ungefähr 1700 bodenständigen Einwohnern 10.000 Knappen, hauptsächlich aus Schwaben und Württemberg, in ihrer Umgebung beherbergt haben.

In den Bauernkriegen um 1525 kommt die Stadt ins Gespräch, weil sie *Michael Gaismair* aus Tschöfs zu ihren Bürgern zählt. Auch während der Franzosenkriege ist es in der näheren Umgebung immer wieder zu Gefechten gekommen. Aber im großen und ganzen von den Kriegen der folgenden Jahrhunderte beinahe unversehrt, hat Sterzing sein Stadtbild aus dem 15. Jahrhundert bis in unsere Tage erhalten können und kann so mit Recht als ein »altstädtisches Juwel im Herzen der Alpen« gelten *(Huter)*.

An schönen Sommertagen kann man in den langen Häuserzeilen der Neustadt und der Altstadt ein buntes Sprachengemisch hören, von Besuchern aus aller Herren Länder, die sich hier fern von dem außen um die Stadt geleiteten Motorenlärm gemütlich ergehen können. Der hohe ZWÖLFERTURM mit seinem Zinnengiebel, dem Tiroler Adler und der großen Uhr trennt die beiden Stadtteile; die viel einheitlichere und vornehmere Neustadt verdankt ihren Namen dem Wiederaufbau nach einem Großbrand zur Mitte des 15. Jahrhunderts. Hier finden wir auch die Lauben, das prächtige, zwischen 1468 und 1473 nach den Plänen von Jörg Kölderer erbaute RATHAUS mit dem vierkantigen, spätgotischen Erker an seiner nördlichen Ecke; man sollte nicht versäumen, einen Blick in sein Inneres zu werfen, wegen des schönen Lichthofes und der gotischen Brüstungen des Umganges im ersten Stock und wegen des Ratsaals mit seinen umlaufenden Wandbänken und den beiden Erkern, die zur Straße schauen.

In der bunten Straßenzeile steht eine überraschende Anzahl von Gasthäusern, die mit ihren kunstvollen schmiedeeisernen und vergoldeten, weit in die Straße ragenden Schildern für ihr Haus um die Wette werben. Man soll hier langsam und offenen Auges immer wieder auf und ab wandern, einen Blick durch tiefe Torbögen in Innenhöfe werfen, die verschieden geformten Erker bewundern, einst einzige Abwechslung und heimlicher Auslug für die tüchtigen Hausfrauen aus dem Dunkel ihrer Gemächer. Kurz vor dem die beiden Stadtteile trennenden Turm weist linker Hand eine Gedenktafel auf den einstigen Bewohner *Vigil Raber* hin, der gegen 1480 geboren wurde und der »mit der Entwicklung des deutschen Dramas und Theaters unlösbar verbunden ist. Er war Kulissenmaler, Stückeschreiber, Regisseur, Verleiher von Texten und Verfasser eines Wappenbuches in einem« *(Rampold)*.

Nach dem spitzbogigen Durchlaß durch den Zwölferturm weitet sich der Stadtplatz mit dem behäbigen alten Gasthaus zum Schwarzen Adler und der HEILIG-GEIST-KIRCHE gegenüber; dahinter beginnt die Altstadt, bescheidener in ihren architektonischen Ansprüchen, volksnäher und einst Sitz der verschiedenen Handwerkszünfte und kleinen Händler. Enge Seitengäßchen führen in die äußeren Bezirke. Die gläserne Fassade des Athesia-Hauses versucht sich auf moderne Weise an alte Formen anzulehnen, fühlt sich aber inmitten der alten Nachbarn noch nicht so recht zu Hause.

Am südlichen Rand der alten Stadt, schon von grünen Wiesen umgeben, steht die mächtige gotische Kirche zu UNSERER LIEBEN FRAU IM MOOS. Sie war jahrhundertelang Pfarrkirche für die ganze nähere Umgebung und steht wohl deshalb außerhalb der alten Stadtmauern und ist den Nachbarsiedlungen dadurch näher. Die hohen gotischen Fenster werfen ein helles Licht auf den Innenraum, auch wenn die Nordseite ohne Fenster bleibt. Die farbenfrohen Deckengemälde von Adam Mölkh aus der zweiten Hälfte des 18. Jahrhunderts tauchen den hohen Raum in eine feierliche, aber auch fröhliche Atmosphäre. Das Glanzstück der Kirche ist die Madonna mit Kind am Hochaltar, der einzige Rest in dieser Kirche des vormaligen, großen Altarwerks von *Hans Multscher*; von ihm soll auch die Kreuztragung an der Nordseite der Kirche stammen. Bemerkenswert sind die schön geschnitzten Kirchenstühle aus hellem Holz, wo neben einem sitzenden Löwen jeweils ein Familienwappen dargestellt ist. Außen besticht das kunstvolle Südportal, vom Sterzinger Mattheis Stöberl entworfen, sowie eine Reihe von reich behauenen Grabsteinen.

Die restlichen Figuren und die gemalten Schreine des Flügelaltars von Hans Multscher stehen heute im nahen MULTSCHER-MUSEUM, das östlich der Pfarrkirche in der ehemaligen Deutschordens-Kommende Platz gefunden hat, die 1241 gegründet worden war. Auf vier großen, beidseitig bemalten Tafeln sind Szenen aus dem Leben Jesu und Mariens dargestellt. Diese künstlerisch einmaligen Gemälde aus der Zeit um 1460 haben die »Achsenpolitik« hautnah miterleben müssen, da sie Mussolini seinem »Freund« Hermann Göring zum Geburtstag geschenkt hatte; erst lange nach Kriegsende (1959) konnte dann der Altar wieder an seinen angestammten Platz zurückkehren, vor allem weil sich der damalige Landeskonservator Prof. Rasmo mit allen Mitteln dafür eingesetzt hatte. Andere Räume im Museum zeigen Möbel und Gegenstände aus der Geschichte der Stadt. An das Museumsgebäude schließt sich die achteckige barocke ELISABETHKIRCHE an, die man von dort betreten kann; ihre farbenfrohen Deckengemälde stammen von Matthias Günther, dem wir schon in Gossensaß begegnet sind.

Der Turm wurde angeblich wegen des zu sumpfigen Bodens nicht auf die geplante Höhe errichtet, bekam dafür zur Barockzeit die weithin sichtbare Zwiebelhaube.

Daß die Stadt ein für die damalige Zeit so großes Spital unterhielt, erklärt sich wohl aus der großen Anzahl von Bergknappen, deren ungesunde Lebensumstände sicher zu einer dauernden vollen Belegung führten.

Erst in den siebziger Jahren unseres Jahrhunderts wurde dann das moderne und sehr effiziente Krankenhaus am Nordrand der Stadt gebaut. Den Anlaß zum schon lange geplanten, aber immer wieder hinausgezögerten Baubeginn gab, laut Stimmen aus der alten Belegschaft, ein dringlicher, kurzer Aufenthalt des damaligen Landeshauptmanns Magnago, der aus angeblichem Platzmangel in einem kleinen Raum untergebracht wurde, wo schon in einem anderen Bett ein altes Weiblein lag. Diesem untragbaren Zustand wurde daraufhin alsbald durch den Neubau abgeholfen.

Die älteste Kirche Sterzings ist die SPITALSKIRCHE ZUM HEILIGEN GEIST am Stadtplatz, zu Beginn der Altstadt, erkenntlich an ihrem spitzen Turm, der auf dem Kirchendach aufsitzt. In ihrem Inneren birgt sie einen wertvollen Freskenschmuck aus dem Anfang des 15. Jahrhunderts, vermutlich von Johann von Bruneck, der auch am Brixner Kreuzgang mitgearbeitet hat (laut *Weingartner* in *Rampolds* »Eisacktal«).

Unter den Edelsitzen der Stadt ist der JÖCHELSTURM an erster Stelle zu nennen. Man findet ihn leicht im südlichen Stadtbezirk, erkenntlich an seinem zinnengekrönten Giebel. Von der Gewerkenfamilie der Jöchl wurde er im 15. Jahrhundert in seine heutige Gestalt gebracht und ging dann durch Erbschaft an die Familie der Grafen Enzenberg über, die ihn heute noch besitzt und seine fachgerechte Restaurierung besorgt hat. Nachdem er eine Zeitlang das Bezirksgericht beherbergt hatte, ist er heute Verwaltungssitz des Südtiroler Bergbaumuseums von Ridnaun. Sehenswert sind die kunstvoll geschnitzten Decken im turmartigen Gebäude, wo auch eine Ausstellung der Geschichte des Bergbaues sowie eine Mineraliensammlung und alte Münzen zu besichtigen sind. Zum Jöchelsturm gehört auch eine kleine und sehr kunstvoll gestaltete gotische Hauskapelle zu den Heiligen Petrus und Paulus. Von anderen herrschaftlichen Gebäuden wäre die

Wildenburg gleich hinter der alten Stadtmauer im Nordwesten zu nennen, die eigentlich aus drei Gebäudeteilen besteht und dessen Mittelteil mit einem spätgotischen Kern eine hübsche Renaissance-Fassade erhielt *(Rampold)*. Aber auch viele der alten Bürgerhäuser und Gasthäuser in der Neustadt haben ein durchaus selbstbewußtes, ja herrschaftliches Gepräge.

Die nähere Umgebung von Sterzing und die Seitentäler

Wer auf der Brennerstraße von Norden, aber ebenso von Süden her nach den beengenden Talschluchten unvermittelt in das weite, völlig flache Becken gelangt, an dessen nördlichen Rand sich die alte Stadt drängt, dem weitet sich das Herz angesichts dieses so unerwarteten freien Raumes, dessen Erkundung sich geradezu aufdrängt.

Nachdem wir auf unserer Reise durch das Eisacktal Sterzing von Norden her erreicht haben, kehren wir nach dem Stadtbesuch dorthin zurück, wo die Staatsstraße auf den alten Stadtkern trifft. Ein Schild weist auf die Orte **Thuins** und **Telfes** hin, und wir folgen dieser bald in die Höhe führenden Straße. Die kleinen Weiler von **Tschöfs**, das durch die Autobahn entzweigeschnitten wurde, und **Raminges** oberhalb derselben haben wir hinter uns gelassen. Über diese Höfegruppen spannen sich jetzt die Kabel der Roßkopfbahn. Bald taucht der spitze Helm der Thuinser Kirche vor uns auf. Der Ort wird zum ersten Mal in der Quartinus-Urkunde aus dem Jahr 827 erwähnt, die eine Schenkung an das Kloster Innichen betrifft *(Rampold)*. Aber den ganzen Hang entlang ist man immer wieder auf vorrömische und römische Spuren gestoßen, da sich die Leute immer schon gern an die Sonnenseite gesetzt haben. Auf einer kleinen Terrasse geht es nun taleinwärts, bis kurz vor Obertelfes die Straße auf den Rosskopf abzweigt. Diese große, freiliegende Kuppe auf 2189 m Höhe ist im Winter zu einem beliebten Ziel der Skifahrer geworden, und mehrere Hütten und Gastbetriebe sorgen für einen gemütlichen Aufenthalt. Bei den immer schneeärmeren Wintern sind leider die Tage gezählt, an denen man mit den Skiern bis zur Talstation abfahren kann. Im Sommer bieten sich von der Roßkopfhütte aus herrliche Wanderungen auf die Telfer Weiße (2588 m) oder an ihren Wiesenhängen entlang weit ins Ridnaun hinein an.

Obertelfes auf 1247 m und das etwas tiefer an der Straße gelegene **Untertelfes** haben je eine Pfarrkirche mit Zwiebelturm und sind seltsamerweise eigenständige Pfarreien. Hier weisen Bodenfunde auf eine sehr frühe Besiedlung hin. Hoch darüber, unter der Telfer Weißen, wurde früher einmal Silber abgebaut, und man kann dort noch auf die Reste eines Stollens stoßen *(Südtiroler Gebietsführer Ratschings)*. Die beiden Dörfer liegen frei am Wiesenhang, und der Blick reicht weit hinein in das grüne **Ridnauntal**, an dessen hinterem Ende hoch oben die Stubaier Gletscher hervorleuchten. Wir folgen der Straße, die uns in steilen Kehren nach **Mareit** hinunterführt, dem Hauptort des Tales. Hier thront auf einem Felshügel der ausgedehnte Barockbau von WOLFSTHURN, dessen Fassade das Tal beherrscht, während nach hinten eine große Mauerumfriedung mit Ecktürmen einen schönen Garten mit einem Springbrunnen aus Ratschingser Marmor umschließt. Seit Jahrhunderten in Besitz der Barone von Sternbach, die aus der wichtigen Gewerkenfamilie der Wenzl hervorgegangen sind, beherbergt das Schloß heute das sehr sehenswerte LANDES-JAGDMUSEUM, zu dem man vom Tal aus auf schmalem Pfad aufsteigt. Die gewundenen Stufen im Turm des Vorwerks und auch der weitere Bodenbelag aus silbrig glänzendem Glimmerschiefer lassen an die nahen Bergwerke denken, auch wenn es nur »Katzensilber« ist.

Der ganze zum Tal schauende Trakt wurde 1990 vom Land angemietet; die in zarten Farben getönten Räume mit ihren herrlichen Stuckdecken wurden hervorragend restauriert; die reiche Sammlung von Jagd- und Fischereigeräten, von Trophäen, von prächtigen Exemplaren von allerhand Wild und von Fischen, Bildern und Dokumenten aus den vergangenen Jahrhunderten machen dieses Museum zu einem besonderen Anziehungspunkt für alle Liebhaber des Waidwerks und der Fischerei und können auch Kinder in Begeisterung versetzen. Im zweiten Stock können die ehemaligen Privaträume besichtigt werden, deren Hauptattraktion die in leuchtenden Temperafarben bemalten Wandbehänge aus Sackleinwand bilden, mit denen zwei große Räume völlig austapeziert sind. Sie stellen Jagdszenen dar und sind vielleicht Kopien flämischer Vorlagen (aber keine echten »Gobelins«). In die barocke Schloßkapelle kann man von einem Gang aus einen Blick von oben werfen.

Das Dorf selbst ist immer mehr durchsetzt von Neubauten, so daß vom alten Kern nur mehr wenig zu sehen ist. Seine frühere Bedeutung ergab sich aus dem Zusammentreffen sowohl der Erztransporte vom SCHNEEBERG als auch der Marmorlieferungen aus dem Mareiter Stein. Der Mareiter Bach, der oberhalb des Ortes in einer tiefen Schlucht den Geländeriegel durchschneidet, ist hier bereits wasserreicher als der Eisack, in den er bei Reifenstein mündet. Dieser gewaltige Riegel von über dreihundert Metern Höhe ist Ergebnis eines Bergsturzes aus der Vorzeit, der als natürliche Talsperre eine Zeitlang das Wasser hinter sich zu einem See aufgestaut hatte.

Auch wenn man das Ridnauntal von der Sterzinger Talebene aus betritt, vorbei an den Orten **Gasteig** und **Stange**, zeigt es sich im Gegensatz zu seinen Nachbartälern als ein ungewöhnlich weites und grünes Tal, das hinter Mareit einen fast dreihundert Meter hohen welligen Wiesenrücken zu überwinden hat, um dann wieder leicht abwärts die Orte **Ridnaun** und **Kalchern** und dann kaum ansteigend **Maiern** zu erreichen. Daß die Hänge bis hinten nur spärlichen Waldbewuchs zeigen, ist vielleicht noch eine späte Folge des für den Bergbau so riesigen Holzbedarfes, der nicht selten zum Raubbau führte.

Hat man nach Überwindung der Steilstufe die Ortschaft **Gasse** erreicht, so sieht man rechts über Wald und Wiesen in einsamer Höhe einen spitzen Kirchturm mit der dazugehörigen MAGDALENAKIRCHE stehen. Diese alte Knappenkirche aus der Mitte des 15. Jahrhunderts ist heute noch Ziel bäuerlicher Wallfahrten. Nicht nur die beherrschende Lage über dem vom Mareiter Bach geradlinig durchflossenen Talgrund, sondern auch ihre wertvollen Schnitzaltäre sind einen Besuch wert (Führungen jeden Dienstag um 14 Uhr durch den sympathischen Pfarrer von Mareit). Zu Fuß erreicht man die Kirche in einer knappen Viertelstunde von Gasse aus.

Der ursprüngliche Altar aus dem Jahr 1470 steht jetzt an der linken Seitenwand; er stellt als Hauptfigur die heilige Maria Magdalena und in den Seitenbildern Szenen aus ihrem Leben dar. Im Jahr 1509 ließen dann die Knappen von Matthias Stöberl einen neuen Hauptaltar schnitzen, der die hohe Kunst dieses Sterzinger Meisters bezeugt. Hier erscheint Magdalena mit ihren eigenen

Sterzing, Neustadt

Bauerngarten in Innerpflersch

Schloß Wolfsthurn in Mareit bei Sterzing (Jagdmuseum)

Seitenaltar in der Knappenkirche Sankt Magdalena in Ridnaun

Marmorblöcke im Wildbach von Ratschings (bei Flading)

Schloß Garnstein im Thinnetal bei Klausen

Blick auf Brixen von Klerant aus

Brixen, Goreth-Haus

Brixen, Kreuzgang

Brixen, Kreuzgang

Sankt Johann in Karnol (Brixen), Holdererhof

Sankt Nikolaus in Klerant bei Brixen:
Der Walfisch speit Jonas aus.

Sankt Nikolaus in Klerant bei Brixen:
Eleazar auf dem Elefanten

Die Engelsburg in Neustift

Ansitz Lusenegg bei Klausen

Schloß Velthurns

Vierschach, Sankt Magdalena

Dom von Innichen, romanische Kreuzigungsgruppe

Fischleintal in Sexten

Schloß Welsperg mit Dürrenstein

Romanische Apsis in Sankt Georg, Taisten

Antholzer See vom Stallersattel aus

Rasen-Antholz, Ansitz Heufler

Die 92jährige Rosa Steger aus Prettau beim Klöppeln

Haaren wie mit einem Fell bekleidet, das bis zum Boden reicht! Zu ihren Füßen sind zwei Knappen an der Arbeit, in der Predella die Beweinung Christi. *Frei* zählt den Altar »zu den schönsten und besterhaltenen Flügelaltären der spätesten Gotik in Tirol«.

Nach Maiern wurde auf mühsamen Wegen das Erz vom Schneeberg hinunterbefördert, von hier aus wurden Mensch und Tier in den unwirtlichen Höhen mit dem Notwendigen versorgt, hier wurde das Erz auch vor dem weiteren Transport aufbereitet. Heute zeigt uns das an den steilen Hängen des Talschlusses liegende BERGBAUMUSEUM die Geschichte und die Arbeitsweisen dieses höchstgelegenen Bergwerks Europas, wo zwischen 2000 und 2480 Metern Meereshöhe fast 800 Jahre lang Silber, Blei, und später auch Zink abgebaut wurden. Die Führungen, die jeweils ungefähr anderthalb Stunden dauern, finden täglich außer Montag von April bis Ende Oktober statt. Es ist hier nicht der Platz, auf die sehr aufschlußreiche Geschichte des Schneeberger Bergbaues und seine große Bedeutung für die Wirtschaft des Tales näher einzugehen; sehr empfehlenswert ist für genauere Auskunft der kleine Gebietsführer »Ratschings – Ridnaun – Jaufental« (Athesia 1985) und natürlich ein Besuch im Museum selbst. Erwähnt soll nur noch werden, daß neben den eigentlichen Knappen, die in den Stollen ihre mühsame Arbeit verrichteten, viele Leute für den Transport des Erzes benötigt wurden, weiters Zimmerleute für die Abstützung der Stollen, Schmiede, Wagner und Rädermacher, Fuhrleute mit Pferden und Ochsen, Arbeiter in den Pochwerken und den Aufbereitungsanlagen und natürlich die Frauen, die die Männer mit Essen und Kleidung versorgen mußten. Die Straße, die durch das Lazzachtal bis auf den Schneeberg führt, ist für Normalbürger gesperrt; zu Fuß läßt sich der Berg bequemer in einer schönen Wanderung von der Timmelsjochstraße im Passeier aus erreichen.

Das nächste Tal, das bei der Ortschaft Stange (der Name rührt von der alten *Zollstange* her) in den Mareiter Bach mündet, ist das Tal von **Ratschings**. Seit 1929 ist das auch der Name der Großgemeinde, die neben den Orten des Tales alle Gemeinden von Ridnaun und vom Jaufental umfaßt. Das Tal hat einen völlig anderen Charakter: Mit einer Steilstufe beginnend, durch die sich die Gilfenklamm zwängt, eng und mit waldigen Hängen, bietet es wenig Platz für größere Siedlungen; diese treten mehr in Form von verstreuten Gehöften auf, so die Höfe von **Pardaun** und **Jaufensteg** in Außerratschings, **Bichl** in Innerratschings, von wo aus das vielbesuchte Skigebiet unter dem Jaufenpaß zu erreichen ist, und **Flading** im Talschluß. Aber das Tal hat seinen eigenen Reiz, gerade durch die Weltabgeschiedenheit und Stille, die man besonders im kesselförmigen Talschluß bei Flading erleben kann. Hier stürzt der wilde und wasserreiche Bach aus einer engen Klamm, umgeben von sanften Wiesenhängen; sein Bett aber ist übersät von riesigen, schneeweißen und vom Wasser in seltsame Formen geschliffenen Marmorblöcken, inmitten von glänzenden Glimmerschiefern, körnigen Graniten und dunklen Gneisen. Mit einigem Glück findet hier der Mineraliensucher auch schöne Granate. Bei Jaufensteg mündet die im Tal beginnende Gilfenklamm, und wenig tiefer führt ein riesiger, dunkler Tunnel mit viereckigem Schlund zu den MARMORBRÜCHEN hoch darüber, die heute noch ausgebeutet werden. In den vergangenen Jahrhunderten war der Ratschinger oder Mareiter Berg der wichtigste Lieferant für Marmor, der hier aber nicht so feinkörnig wie in Laas im Vinschgau ist und auch in der Vergangenheit mehr als Baustein denn als Rohling für Skulpturen diente. So ist am Waltherdenkmal in Bozen der Sockel aus Ratschinger Marmor und die Statue aus Laaser Marmor.

Die GILFENKLAMM gehört zu den großen Sehenswürdigkeiten des oberen Eisacktals. Der Eintritt befindet sich, durch viele Hinweisschilder nicht zu verfehlen, hinter den Gasthäusern an der Hauptstraße in Stange. Vorerst führt der Weg durch eine waldige, kühle und nicht sehr enge Schlucht und begleitet den Bach stetig aufwärts; erst im oberen Drittel wird die Schlucht zur engen Klamm, durch die die Wasser in schäumenden Fällen tief unten ihren Weg suchen; die Wände treten immer näher zusammen, die Sonne hat Mühe, bis in die Tiefen zu gelangen. Auf sicheren, hölzernen Stegen und Brücken und über Treppenanlagen folgt man dem gewundenen Lauf um Felskanten und Ecken, bis dann das befreiende, helle Grün des ebenen Ausstiegweges erreicht ist, der unter dem Gasthaus Jaufensteg auf die Landesstraße mündet. Der wilde Bach hat in seinem Abwärtsstürzen eine hohe Schicht von Marmorgestein durchschnitten, das unscheinbar in grünlichen und grauen, zerklüfteten Wänden den kühnen Weg begleitet. Aber dort, wo die Stufen von der Gischt ständig befeuchtet werden, tritt man auf blankgeschliffenen Marmor wie auf Kirchenstufen, gleichsam die Feierlichkeit des Ortes zu unterstreichen.

Das dritte und kleinste der Täler, die am Ausgang des Ridnauntals zusammenkommen, ist das JAUFENTAL. Es mündet bei Gasteig, dort, wo auch die Straße auf den Jaufen beginnt, und war in früheren Zeiten auch eine der Aufstiegsmöglichkeiten zu diesem Paß. Ein wenig breiter, von steilen Wäldern eingerahmter Wiesenboden säumt den Jaufenbach auf seinem Weg zum Tal; verstreut liegen alte Höfe, die sich in Außerthal und Mitterthal zu kleinen Weilern gruppieren. Der Fremdenverkehr hat hier nur zögernd Einlaß gefunden, noch atmet man die Unberührtheit eines stillen Bergtals. Die rechtsseitige Bergflanke gegen Süden ist von mehreren Tälern durchschnitten, die alle auf dem Kamm zwischen Zinseler und Sarner Weißhorn enden, wo gleich hinter diesem Kamm die Straße aufs Penser Joch zieht. Vom letzten Weiler Schluppes auf 1475 Metern, wo auch die Fahrstraße ein Ende nimmt, steigt der Weg dann steil bis auf den 2094 Meter hohen JAUFENPASS. Dieser Übergang vom oberen Eisacktal ins Passeier und nach Meran war seit Urzeiten ein wichtiger Verkehrsweg, die Höfe von Kalch werden schon im 13. Jahrhundert erwähnt. Heute bieten in den Sommermonaten mit ihren überfüllten Autobahnen und Talstraßen die luftigen Ausweichmöglichkeiten über das Penser Joch oder den Jaufen eine erholsame und landschaftlich immer neu überraschende Variante. Das PENSER JOCH ist mit 2214 Metern etwas höher als der Jaufen, seine Überquerung bietet unvergleichliche Ausblicke auf den Pflerscher Tribulaun und auf das Sterzinger Becken, und von dort aus lassen sich bequem die beherrschende Tatschspitze oder der Zinseler erreichen; für Geübtere ist das steil aufragende Sarner Weißhorn im Südwesten ein lohnendes Ziel.

Der Eisack beschreibt bei Sterzing einen nahezu rechten Winkel, um weiter talabwärts zu ziehen; durchschnitten wird er an seinem Scheitelpunkt von einer Achse, die vom Ridnauntal her gegen den flachen Ausgang des PFITSCHTALS führt. Von Sterzing und besonders von der Höhe, etwa vom Burghügel von Reifenstein, sieht man, wie sich die Ebene, das alte MOOS, gegen Osten fortsetzt.

Dieses Sterzinger Moos, bis gegen Ende des vorigen Jahrhunderts tief-sumpfiges Gelände und erst 1875 trockengelegt, ist, laut einer uralten Volkssage, Endstation für alle alten Jungfern, denen es nicht gelungen war, einen Mann zu finden. Tagsüber sollen die Unglücklichen als fette Schnecken umherkriechen, nachts sich dann in hexenartige Weiber verwandeln, die jeden vorübergehenden Mann um Erlösung anflehen. Heute wird noch in ganz Südtirol den Mädchen, die sich nicht zur Ehe entschließen können, mit dem Sterzinger Moos gedroht.

Der Talschluß von Pfitsch versteckt sich hinter einem niederen Riegel, auf dem oben das Dörfchen **Schmuders** und etwas tiefer **Fleins** liegen; erst dahinter beginnt dann bei Wiesen das nordostwärts verlaufende Tal.

Bald nach der engen Unterführung unter die Brennerbahn tritt die Straße in den ersten ebenen Talabschnitt, wo links am Hang die Häuser von Fleins mit seinem dicken Kirchturm und am Rand der Ebene das alte SCHLOSS MOOS liegen. Über den flachen Talboden verstreut liegen die Häuser von **Wiesen**, die besonders die Straße entlang aus jüngster Zeit stammen. Eine Reihe von »übertirolischen« Hotels und Gasthäusern zeugt von der Bedeutung des Ortes für den Fremdenverkehr. In der Pfarrkirche verdient der große romanische Gekreuzigte einen Besuch, der an jenen berühmteren von Innichen erinnert.

Der gedrungene Bau von SCHLOSS MOOS, dessen dicker Turm von hohen Gebäudeteilen fest umschlossen wird, ist heute im Besitz des Vinzenzvereins und dient als Altersheim. Seit Anfang des 14. Jahrhunderts zuerst von den Trautson und später den Rottenburgern, dann von dem reichen Sterzinger Geschlecht der Geizkofler, kam es schließlich in den Besitz der Gewerkenfamilie der Wenzl, der Ahnherren der heutigen Freiherren von Sternbach, die es bis 1950 innehatten. Baulich hat es in seinem Inneren nicht viel von seiner ursprünglichen Form bewahrt.

Das eigentliche Pfitschtal beginnt erst nach der engen Steilstufe, durch die der Pfitscher Bach sich schäumend zwängt. Vorher zweigt noch ein Weg nach den Höfen des Weilers **Tulfer** ab wo das weitum bekannte Gasthaus im Pretzhof Ziel vieler Feinschmecker geworden ist (hölzerner Hinweispfeil rechts an der Straße : *Zur Bauernkost*). Die Straße überwindet die über 350 Meter Höhendifferenz im Wald und in stetiger Steigung den Bach entlang, den sie kurz vor dem kleinen Stausee bei Ried überquert. Jetzt öffnet sich überraschenderweise ein völlig ebenes, grünes Tal, über dem sich links der Kamm vom Wolfendorn über den Kraxentrager bis zur Hohen Wand hinzieht. Von rechts schickt das enge Burgumtal seinen manchmal Weg und Steg mitreißenden Bach. Folgt man ihm, so gelangt man zur kleinen Sterzinger Hütte und auf die Wilde Kreuzspitze (3125 m). Die Gegend wird wegen ihres interessanten geologischen Aufbaus gerne von Mineraliensammlern aufgesucht.

Über einer flachen, moorigen Au liegt am Berghang an der geographisch rechten Talseite das erste größere Dorf **Kematen**, bereits auf 1441 Metern Meereshöhe, dessen romanischer Name »Caminata«, also beheizbarer Raum, auf seinen alten Ursprung hinweist *(Rampold)*. Jetzt nimmt das Tal eine beinahe östliche Richtung ein und gibt den Blick frei auf die Dreitausender der Zillertaler, allen voran der HOCHFEILER mit seiner weiß glänzenden Schneekappe (3510 m). Nach kleineren Hofansammlungen kommt man zum Hauptort des Tales, nach **Sankt Jakob**. Die alte Kirche wurde 1817 durch eine Lawine schwer beschädigt und wenig später wiederhergestellt und etwas erweitert. Portal und Turm stammen noch aus der Zeit ihrer Erbauung, ebenso die beiden Apostelstatuen zu beiden Seiten des Hauptaltars. Aber von 1821 bis 1824 baute der damalige Pfarrer eine neue Kirche etwas flußaufwärts, die keine besonderen Sehenswürdigkeiten aufweist (Südtiroler Gebietsführer »Wiesen-Pfitsch«).

Beim Weiler Stein führt ein Weg nach rechts zu einem beeindruckenden Wasserfall inmitten von großen Granitblöcken und kleinen Wiesenböden (kleiner Parkplatz rechts an der Straße). Bald darauf beginnt die nicht mehr asphaltierte und enge Straße sich in vielen Kehren auf das PFITSCHER JOCH zu winden, wo auf 2248 Metern auch die Grenze zum österreichischen Zamser Tal, einem Seitental des Zillertals, liegt. Im Osten liegen zum Greifen nahe die Gletscher und Felsen von Hochferner und Hochfeiler, gegen Westen die Hohe Wand und der Kraxentrager. Der »Landshuter Höhenweg« führt von hier gegen Westen in besonders aussichtsreicher Lage in ungefähr drei Stunden zur Landshuter Hütte unter dem Kraxentrager.

Da die Pfitscher-Joch-Straße gegen die österreichische Seite nicht weitergebaut ist, bleibt das ganze Pfitschtal zwar »ausweglos«, sollte deshalb aber trotzdem wegen seiner Abgeschiedenheit und seiner herrlichen Umrahmung durch mächtige Berge von jedem Liebhaber der Südtiroler Bergwelt besucht werden. Es bieten sich dort eine Menge von Wanderungen und Hochtouren an, es fehlt nicht an guten Gasthäusern, der ebene Talboden eignet sich im Winter prächtig zum Langlauf, und daß es noch keinen Skizirkus gibt, empfinden immer mehr Leute nicht als Nachteil.

Bevor wir das Sterzinger Becken verlassen, um den Weg weiter gegen Süden einzuschlagen, sehen links und rechts als Wächter die beiden Burgen von Sprechenstein und Reifenstein von ihren Felskuppen auf uns herab.

Das an der linken Talseite auf steil abfallendem Felsen liegende SPRECHENSTEIN schiebt sich wie ein Riegel gegen das Sterzinger Moos vor; die Staatsstraße umfährt den letzten Sporn des Felshanges. Die Hügelkuppe wird von einer Ringmauer umfaßt, an dessen westlichem, äußerem Rand die Burgkapelle zum heiligen Erasmus steht, die sich an den alten Palas anlehnt. Gegen den Berg hin steht in erhöhter Lage der runde Bergfried, ein typischer Wehrturm aus dem 13. Jahrhundert *(Zallinger)*. Eine verirrte Bombe hat im Zweiten Weltkrieg leider einen Teil der Kapelle und des Palas schwer in Mitleidenschaft gezogen; die Schäden wurden zwar behoben, aber ein Teil der schönen Fresken aus dem 15. Jahrhundert ging verloren. Die Burg, im 12. bis 13. Jahrhundert als Straßensperre vielleicht am Ort einer schon früheren Wehr- oder Fluchtburg errichtet, war im Mittelalter im Besitz der heute ausgestorbenen Familie der Trautson, deren Erben, den Fürsten Auersperg, sie heute noch gehört. Eine Besichtigung ist nicht möglich, aber man kann den Burghügel sowohl von Wiesen aus auf bequemem Steig oder vom Tal aus auf bedeutend steilerem Pfad erreichen.

Auf der westlichen Talseite steht auf einem langgezogenen, niedrigeren Felshügel die dichtgedrängte Anlage von REIFENSTEIN. Ein zentraler Wohnturm, an den sich der wenig höhere Bergfried anlehnt, setzt sich gegen Norden in einen neueren

Wohntrakt fort, und eine zinnengekrönte Mauer umgibt im Viereck die ganze Anlage.

Reifenstein und auch das weiter südlich gelegene Welfenstein waren 1470 von Sigmund dem Münzreichen nach dem Aussterben der Herren von Säben (1465) dem Deutschen Orden übereignet worden. Nach der Aufhebung des Deutschen Ordens durch Napoleon im Jahr 1809 kam die Burg in den Besitz der Grafen Thurn und Taxis *(von Hye)*.

Der Bergfried wird schon 1170 erwähnt *(Rampold)*. Im Inneren, das besichtigt werden kann, sind besonders die gotische Stube und der »grüne Saal« sehenswert wegen ihrer fein geschnitzten Deckenbalken und den grünen Ziermalereien aus der späten Gotik. Ein hervorragendes Stück gotischer Schnitzarbeit ist das hölzerne Gitter zu dem winzigen ehemaligen Kapellenraum. Originell ist auch die große Zisterne im Innenhof, die das von den Dachtraufen rinnende Regenwasser sammelt und es durch eine den eigentlichen Brunnen umgebende Sandschicht filtern läßt, bevor es trinkbar wird *(Öttl)*. Am nordwestlichen Ende des felsigen Hügels steht die heute barocke Kapelle zum hl. Zeno.

Südlich der Burg liegt an einer kleinen Bodenerhebung der Weiler **Elzenbaum**, während im Norden, schon im Bereich des Sterzinger Mooses, vor einem anderen kleinen Hügel die zinnenbewehrte THUMBURG liegt. Auf allen diesen Hügelkuppen, die in Vorzeiten als große Felsbrocken von der Höhe in das Sterzinger Moos gefallen waren, nachdem sich der talausfüllende Gletscher zurückgezogen hatte, fanden sich Reste urzeitlicher Besiedlung.

Die Gemeinde **Freienfeld** besteht aus mehreren, weit auseinander liegenden Dörfern. Der kleine Hauptsitz der Gemeinde wird von der Staatsstraße durchschnitten und besitzt auch einen kleinen Bahnhof. **Stilfes**, in dem nur mehr wenig alte Bausubstanz zu entdecken ist, liegt westlich der Autobahn und der Wallfahrtsort **Maria Trens** am östlichen Hang. Am Weg zum Dorf findet sich die kleine sogenannte »Reiterkapelle« mit der Abbildung von vier Reitern und der Inschrift: *Bis hierher und nicht weiter / kamen die feindlichen Reiter,* was sich auf einen versprengten Reitertrupp nach der Schlacht bei Spinges im Jahr 1809 bezieht *(Rampold)*.

Der schon im Mittelalter als »Torrentes«, also etwa »am Wildbach« bezeichnete Ort ist seit der Mitte des 14. Jahrhunderts Ziel von Pilgern, da der Legende nach dort von einem Bauern im Wildbach ein Muttergottesbild gefunden worden war, dem zu Ehren dann eine Kapelle und später eine Kirche errichtet wurde. Das Gnadenbild wurde später von der gotischen Kirche in die angebaute barocke Gnadenkapelle übertragen, dessen schöner Marmoraltar von dem bekannten Barockkünstler Cristoforo Benedetti aus Mori geschaffen wurde; seinen Arbeiten begegnen wir immer wieder in Kirchen Südtirols und des Trentino.

Heute will angesichts der vielen Gastbetriebe und der fast durchwegs neuen Häuser in Trens nicht mehr so recht die an solchen Orten erwünschte feierliche Stimmung aufkommen, es sei denn, man setze sich in die schöne gotische Kirche. Aber nicht weit von hier liegt auf einem Hügel, beherrschend über dem Tal, die SANKT-VALENTINS-KIRCHE zu **Valgenäun**. Das Sträßlein dorthin zweigt bald nach Freienfeld links von der Staatsstraße ab. An diesem schon zu Urzeiten besiedelten Ort weht noch ein guter Geist; hier soll man sich auf die lange Bank ober der talseitigen Wiese setzen, ins Land schauen und die Stille genießen! Das weite, grüne Sterzinger Becken öffnet sich rechter Hand, gegenüber steht der Kamm der Sarner Berge mit den Häusern von **Egg** an der Penser-Joch-Straße, und unten rasen die vielen Eiligen über die Autobahn, die nicht rechts und links schauen und nicht wissen, was ihnen alles entgeht.

Während es sich die Autobahn bei der Überwindung von Steigungen mit hohen Brücken und Viadukten leichtmacht, muß die Staatsstraße eine steile Stufe nehmen, um ein Stück tiefer nach **Mauls** zu gelangen. Kurz bevor die Straße die felsige Flanke verläßt, steht hart am Weg die Burg WELFENSTEIN, eine Ausgeburt einer zum Glück verflossenen romantischen Auffassung alter Burgen. Auch ein verheerender Brand im Jahr 1918 hat dem Gebäude keine schönere Auferstehung beschert. Eine Zeitlang wurde es als Hotelbetrieb geführt, heute ist es in Privatbesitz. Von den ursprünglichen, alten Mauern aus dem 13. Jahrhundert ist kaum mehr etwas zu sehen *(Rampold)*.

Aber der Kunstgeschmack ändert sich mit den Zeiten: Im Reisebericht eines Engländers aus dem Jahr 1912 lesen wir: »Kunstsinn, gemeinsam mit Intelligenz und Bildung haben einen Haufen von Ruinen in ein Objekt verwandelt, das ein Lehrstück geworden ist für mittelalterliche Baukunst und Einrichtung.« (*Constance Leigh Clare*, »The Brenner Pass«).

Mauls hat uns neben dem schon erwähnten Mithrasstein auch einen römischen Grabstein hinterlassen, den ein Quartinus seiner Mutter Ruffina gestiftet hat (eine Nachbildung steht heute im kleinen Hof gegenüber dem Gasthof Stafler). Dieses traditionsreiche Haus »Zum Einhorn« soll so alt sein wie das nahe Schloß Welfenstein, also vom Ende des 13. Jahrhunderts; es ist heute noch ein beliebtes Ziel für hungrige Vorbeireisende. Der Ort selbst liegt etwas versteckt gegen Osten; die Kirche mit ihren gotischen Formen ist in ihrem Inneren in Rokokoformen gebracht worden, die bereits an den Klassizismus anklingen.

Gegen Osten zieht eine schmale, aber gut gehaltene Straße durch ein waldiges, enges Tal und kommt nach vielen Kehren auf die weitblickenden Wiesenhänge, wo auf beinahe 1500 Metern Höhe die verstreuten Höfe von **Ritzail** liegen. In der kleinen Antoniuskapelle hängen ein paar interessante Barockbilder, unter anderen das des heiligen englischen Königs Oswald in vollem Ornat, mit langem Szepter und einem goldenen Gefäß in der Linken, auf dem ein Rabe steht mit einem Ring im Schnabel. Von hier aus kommt man nur mehr zu Fuß weiter, zum Beispiel in etwas mehr als einer Stunde zu dem alten Übergang am Valser Jöchl (1935 m). Jenseits der Schlucht gegen Norden liegen die Höfe von **Leimgruben** und weiter hinten jene von **Niederflans**, zu denen die asphaltierte Straße über Valgenäun führt. Und über dem Eisack, jenseits der Autobahn, erkennt man die Häuser des kleinen Weilers **Pfulters**, am Ausgang des Eggertals, das vom Penser Joch herunterzieht.

Zurück ins Tal und weiter südwärts! Nach der kleinen Erweiterung des Talgrundes bei Mauls geht es weiter abwärts und es wird eng, so eng, daß gerade noch Staatsstraße, Fluß, Autobahn und Eisenbahn nebeneinander Platz finden. Die engste Stelle bei **Graßstein** haben sich die Tiroler Freiheitskämpfer Anno Neun ausgesucht, um den Franzosen am 4. und 5. August eine vernichtende Niederlage zuzufügen. Die aus Sachsen bestehende Vorhut des Generals Rouyer von ungefähr 2500 Mann wurden von oben mit einem Steinhagel empfangen, und die in den Waldhängen versteckten Scharfschützen taten ein übriges, um den Feind in die Flucht zu schlagen. Seitdem heißt die Gegend die »Sachsenklemme«. Neben dem aus klobigen Granitquadern erbauten Gasthaus steht bei einer Kapelle ein Gedenkstein an diese Schlacht. Das Gebiet strahlt eine düstere Atmosphäre aus, man zieht gerne weiter.

Beim Örtchen **Mittewald** wird das Tal ein wenig breiter, es finden ein großer Betrieb für Fertighäuser und ausgedehnte, überdachte Pflanzungen (Erdbeeren) Platz. An der Straße steht das ehemalige Posthaus und jetzt Herrenhaus der Familie von Pretz; Mittewald war in den vergangenen Jahrhunderten wichtige Poststation für Pferdewechsel, Nahrung und Unterkunft der Reisenden über den Brenner. Von hier aus zieht das weite Flaggertal zur Flaggerscharte in den Sarner Bergen. Nach wenigen Kilometern biegt die Staatsstraße in scharfem Winkel in **Franzensfeste** ein, während die Autobahn den Ort in einem Tunnel umfährt.

Der Ort verdankte seinen Aufschwung dem enormen Festungsbau, den Kaiser Franz I. in den Jahren zwischen 1833 und 1839 mit ungeheurem Aufwand an Menschen und Material errichten ließ, zur gleichen Zeit wie auch die Festungen in der Veroneser Klause. Da sich die Bauten in der Folgezeit als völlig unnütz herausstellten, wird man an den Spruch erinnert, der sagt, daß der Bauer das Hoftor erst zumacht, nachdem die Ochsen davongelaufen sind. Man sieht immerhin, wie tief den damaligen militärischen Beratern die Angst vor den Franzosen noch in den Knochen saß! Der kleine Stausee zu Füßen der Festung betreibt ein E-Werk für Brixen und verleiht der sonst kargen und abweisenden Landschaft ein lieblicheres Gesicht. Die Bahnstation mit Abzweigung ins Pustertal sowie die Ansiedlung mehrerer Speditionsfirmen hat die mehrheitlich italienische Bevölkerung anwachsen lassen.

Wandervorschläge: Es fällt schwer, für dieses weite Gebiet inmitten herrlicher Berge Wanderungen oder Bergtouren vorzuschlagen, zumal darüber eine schier unübersehbare Reihe von besten Führern und Bildbänden besteht. Ich verweise nur auf die Gebietsführer von Ratschings und Ridnaun, von Wiesen-Pfitsch oder auf den Band »Eisacktal« von *Rampold* oder auf das »Handbuch der Südtiroler Wanderwege« von *Menara*. Aber da sie nicht jeder gleich zur Hand hat, möchte ich hier nur einige kleinere Wanderungen vorschlagen (die zum Teil im vorhergehenden Text schon angedeutet sind). Nach dem schon beschriebenen Spaziergang durch die GILFENKLAMM bei Stange in Ratschings kann man den Ausgangspunkt in einem schönen Abstieg über die Wiesen von Pardaun erreichen oder aber durch den Wald längs der rechten Talseite, vorbei an der Ruine von Schloß Reifenegg etwas steiler nach Stange absteigen. Ein lohnendes Ziel ist der MAREITER STEIN, der marmorreiche Sporn zwischen dem Ridnaun- und Ratschingser Tal; man steigt von Mareit über einen steileren Steig zu den Höfen von Platz und folgt dann der Markierung 25A. Die Aussicht vom Gipfel schweift von den schneebedeckten Stubaiern bis zu den Dolomitentürmen im Osten und Süden (Höhenunterschied ungefähr 1000 Meter). Vom ROSSKOPF als Ausgangspunkt für weite Wanderungen war schon die Rede, ebenso von dem sehr zu empfehlenden Pfitscher Höhenweg vom Pfitscher Joch zur Landshuter Hütte. So soll nur noch der weithin unbekannte PUNTLEIDER SEE erwähnt werden, den man von Graßstein aus auf dem Weg Nr. 14 in etwas über drei Stunden erreicht. *Josef Rampold* hat diesem »Juwel« in der Bergeinsamkeit in mehreren seiner Werke ein so liebevoll-begeistertes Lied gesungen, daß sich jeder Leser seiner Zeilen sozusagen moralisch verpflichtet fühlt, das Erlebnis selbst auszukosten! Der See ist übrigens auch vom Penser Joch aus über die Tatschspitze zu erreichen.

Nun ist das Wipptal zu Ende, das klimatisch und landschaftlich noch viel an seine Nordtiroler Fortsetzung erinnert; jetzt aber öffnet sich unvermittelt eine neue Welt: Hier im Brixner Becken bescheint die Sonne eine fröhliche Landschaft, hier läßt sie zum ersten Mal Wein und Edelkastanie gedeihen, ja, die ehrwürdigen Kastanienriesen im Hain bei Vahrn oder oberhalb von Aicha können es mit jedem ihrer südlicheren Brüder aufnehmen. Hier ergreift jeden, der das Land »mit der Seele sucht«, eine erste Ahnung südlicher Landschaft; und mitten drinnen liegt die alte Bischofsstadt, umgeben von einem Kranz von Dörfern, deren spitze, rote Kirchtürme von allen Höhen der Umgebung heruntergrüßen.

Das Brixner Becken mit der alten Bischofsstadt

Nun ist es nicht so, daß dem Besucher, der die Talsperre von Franzensfeste durchmessen hat, die alte Stadt gleich offen zu Füßen liegt: Da breitet sich linker Hand, also im Osten, ein langgestreckter, waldiger Rücken gegen Süden aus, und erst am Beginn des Ortes Vahrn wird der Blick frei, hinunter auf die Dächer, aus denen die Türme des Doms wachsen. Dieser schildförmige Rücken, als HOCHFLÄCHE VON NATZ–SCHABS bekannt, ist der Überrest alter Gletscherablagerungen, im Osten durch die tiefe Schlucht der Rienz und im Westen durch den ebenfalls in der Tiefe laufenden Eisack von seiner Umgebung abgeschnitten. Wir werden bei der Besprechung der Brixner Umgebung noch auf diesen wie ein Fremdkörper wirkenden Landschaftskeil zurückkehren. Der Reisende aus dem Süden muß sich erst durch ein Industrieviertel kämpfen, bevor er von der westlichen Umfahrungsstraße aus den Zutritt zur Altstadt findet. Wer die wunderbare Lage der Stadt inmitten der Hügel und Berge wirklich in sich aufnehmen möchte, sollte in Klausen nach Feldthurns abzweigen und sich auf der aussichtsreichen Höhenstraße Brixen nähern; oder etwas weiter nördlich den Weg nach Albeins (beim Gasthof Ziggler) wählen, um dann links vom Eisack auf kaum befahrener Straße durch Wiesen, Wälder und Auen über Sarns und Milland die Stadt zu erreichen.

Geographische Puristen mögen sich darüber streiten, ob mit der Mündung der Rienz nicht schon das Pustertal beginnt, ob also auch die Orte links des Eisack bis zur Einmündung der Rienz eigentlich dorthin gehörten; wir möchten das aber nicht so genau nehmen und den ganzen Kranz von grünen Hängen mit ihren roten Kirchturmspitzen, von Spinges und Aicha über die Natzer Hochfläche bis hinunter zu den vielen Weilern zu Füßen der Plose zusammen mit ihrer Mutterstadt behandeln; das Pustertal lassen wir dann hinter der Mühlbacher Klause beginnen.

Wir wollen mit der Stadt **Brixen** und ihrer Geschichte beginnen, die ja die ganze Umgebung mit einbezieht. Der heutige Stadtteil STUFELS, der über dem früher wassergefährdeten Talgrund wie ein Keil zwischen den beiden Flüssen aufragt, hat immer wieder bis hinauf nach Elvas Zeugnisse einer frühen Besiedlung zutage gebracht, und das bestimmt bis hinauf in die Bronzezeit. Erst im August 1998 sind bei Elvas frühmittelalterliche Gräber der bajuwarischen Bevölkerung (um 600 n. Chr.) aufgedeckt worden. Die ganzen Höhen um die Stadt sind übrigens besonders reich an vorgeschichtlichen Siedlungsstätten oder »Wallburgen«, und die Bezeichnungen »Melaun« und »Laugen« als hallstattzeitliche Kulturepochen sind in der Archäologie feste Begriffe. (siehe auch bei *Innerebner*: »Die Wallburgen Südtirols«).

Aber die eigentliche Geburtsstunde der heutigen Stadt beginnt mit der Schenkung des Meierhofbezirkes »PRICHSNA« an den Bischof Zacharias von Säben durch den deutschen König Ludwig das Kind im Jahr 901 *(Huter)*. Schon im Jahr 827 taucht urkundlich der Name »Préssena« zum ersten Mal auf, dessen genaue Lage aber nicht bekannt ist. Die Bischöfe hatten ja schon seit mehreren Jahrhunderten den sicheren Felsen von Säben zu ihrem Sitz auserkoren und zogen erst nach dieser königlichen Schenkung ganz ins Tal. Ab diesem Zeitpunkt gehört das Bistum Brixen zur Hauptdiözese Salzburg, während es bis dahin dem Patriarchat von Aquileja zugeteilt war. Die planmäßige Stadtanlage mit ihren Lauben und den ersten Kirchen erfolgte dann durch *Bischof Hartwig* (1022–1039), der diese neue Siedlung auch mit einer Mauer umgab. Zeitlich fällt das mit der im Jahr 1027 erfolgten Gründung der Stadt Trient durch Kaiser Konrad II. zusammen; beide Städte bekamen das ganze umliegende Gebiet als Reichslehen und wurden zu Fürstentümern erhoben. Diese zwei dadurch dem Kaiser verpflichteten Gebiete südlich des Brenners sollten Schutz und Bollwerk für die vielen Italienzüge der deutschen Kaiser werden. Seitdem ist die Geschichte Brixens bis zur Säkularisation im Jahr 1803 durch ihre Bischöfe geprägt; es fehlen zwar so herausragende Gestalten wie die Tridentiner Renaissancefürsten Bernhard von Cles oder die vier Madruzzo-Bischöfe, da der Herrschaftsbereich bedeutend kleiner und auch zerstückelter war als beim südlichen Nachbarn. Denn so wie in Trient standen auch hier viele Besitze des örtlichen Adels, und ganz besonders jene des Landesherrn, nicht unter der bischöflichen Oberhoheit (auch wenn sie ursprünglich vom Bischof als Lehen vergeben worden waren). Ein Meilenstein in der Geschichte des Bistums ist die Gründung des KLOSTERS NEUSTIFT durch *Bischof Hartmann* im Jahr 1142; davon wird später die Rede sein. Der vielleicht bekannteste Kirchenfürst auf dem Brixner Thron war *Nikolaus von Kues,* meist Cusanus genannt, der von 1440 bis 1464 regierte. Aus dem Rheinland stammend, war er ein Mann von höchster geistiger Bildung, Philosoph und Theologe, dessen Werke heute noch Geltung haben. Aber als Verwalter des Bistums wollte er auf sehr deutsche und gründliche Art gegen die sicher oft reichlich lockeren Sitten des Klerus vorgehen; vor allem legte er sich mit der rebellischen Äbtissin *Verena von Stuben* an, die im Kloster Sonnenburg im Pustertal mit ihren Nonnen ihre wenig strenge Lebensweise nicht aufgeben wollte. Die Äbtissin konnte den Landesfürsten, Sigmund den Münzreichen, zu ihrem Verbündeten machen, da der Kardinal beim Tiroler Landesherrn auch nicht viel Sympathie genoß – der Bischof wollte nämlich auf seinen ursprünglichen Rechten als Landesfürst bestehen. Man griff auf beiden Seiten zu den Waffen, so lange, bis der Kardinal klein beigeben mußte und sich dann wütend und gekränkt nach Rom zurückzog, nicht ohne vom Papst Bann und Interdikt auf die ganze Diözese erwirkt zu haben.

In den folgenden Jahrhunderten ging es dann bedeutend zahmer zu; nur die Bauernkriege im Jahr 1525, mit den Hauptakteuren *Peter Passler* und *Michael Gaismair,* sowie fast dreihundert Jahre später die verschiedenen Franzoseneinfälle brachten Bewegung in das beschauliche Dasein der kleinen Stadt. Noch im Jahr 1912 schreibt der Engländer *Leight-Clare: … ihre Marktplätze und Laubengassen wimmeln von geschäftigem Treiben, aber der Lärm ist verhalten, wie es sich gehört für eine Stadt im Schatten des Krummstabs und der Mitra, und wo die dunklen Gewänder der Kleriker häufiger zu sehen sind als die bäuerli-*

chen Lederhosen und Joppen. Nun, heute ist das bestimmt nicht mehr so, zumal die Kleriker immer seltener werden und überdies nicht mehr an ihrer Gewandung erkennbar sind.

Vor über hundert Jahren wurde Brixen zur KURSTADT erhoben und genießt als solche, besonders durch die seit bald vier Generationen vorbildlich geführte KURANSTALT VON GUGGENBERG, große Wertschätzung beim deutschen und italienischen Publikum. Durch die Ansiedlung größerer Industriebetriebe, allen voran die inzwischen weltweit tätige Optik-Firma DURST, hat sich auch das gesellschaftliche Gefüge etwas verschoben. Das als Priesterseminar gedachte »Vinzentinum« ist heute Bildungsstätte für viele spätere Akademiker aus Südtirol geworden; die CUSANUS-AKADEMIE bietet ein reichhaltiges Programm für Tagungen auf dem Gebiet der Geisteswissenschaften und auch praktische Lehrgänge für alle Bevölkerungsschichten an. Das in Sichtbeton und Ziegelsteinen sehr nüchtern wirkende Gebäude versteckt sich diskret hinter der prächtigen Rokokofassade der Theologischen Fakultät im Osten des Dombezirks. Die Universität von Padua hält in Brixen vielbesuchte Sommerkurse ab, und in Brixen wird auch eine Zweigstelle der im Jahr 1998 neu gegründeten Bozner Universität eingerichtet.

Die behäbigen mittelalterlichen LAUBEN und eine Reihe von schönen Bürgerhäusern zeugen vom Wohlstand vergangener Jahrhunderte. Dazu kommt eine Reihe von traditionsreichen Gaststätten, vom FINSTERWIRT gleich hinter dem Domplatz, Treffpunkt für Künstler, zum FINK in den kleinen Lauben, dessen Besitzer *Hans Fink* nicht nur ehrbarer Metzgermeister ist, sondern sich zu einem der beschlagensten Volkskundler Südtirols emporgearbeitet hat, dem wir eine Reihe von Artikeln und auch Büchern über Sagen, über Vorgeschichte, Volksbräuche und Dialekte unseres Landes verdanken. Daher wundert es nicht, wenn am Stiegenaufgang zum oberen Stock des Restaurants einige Menhire Aufstellung gefunden haben, als viertausendjährige Zeugen erster aufdämmernder Volkskultur aus der nahen Umgebung. Und schließlich das berühmte Hotel ZUM ELEFANTEN, das im Jahr 1951 das 400jährige Jubiläum des Hauses unter diesem Namen feiern konnte *(Prast)*. Der damalige Titularkönig von Böhmen und spätere Kaiser Maximilian II. hatte im Jahr 1552 von seinem Onkel, dem König von Portugal, einen Elefanten geschenkt bekommen und das Tier in mühsamen Tagesmärschen von Genua nach Wien befördern lassen, was bestimmt für Treiber und Getriebenen eine arge Quälerei gewesen sein muß. Hier in Brixen hatten sie (nach einem Aufenthalt in Auer, wo ein anderes Hotel Zum Elefanten steht) halt gemacht, und das bisher noch von niemandem geschaute Riesentier wurde auch in einem Fresko an der Hauswand verewigt. Diesmal allerdings naturgetreuer als in dem köstlichen Bild aus dem Nikolaus-Kirchlein in Klerant, das uns *Meister Leonhard von Brixen* um 1470 gemäß seinen recht unvollkommenen und phantasievollen Vorstellungen überliefert hat, oder in dem Elefanten-Porträt aus dem Brixner Kreuzgang, zu dem ebenfalls das Original nicht gesessen hat.

Das Herzstück von Brixen aber bleibt der DOMBEZIRK und die nahe Bischöfliche Burg. (In der folgenden Beschreibung halte ich mich vorwiegend an das Buch des ehemaligen Landeskonservators *Karl Wolfsgruber* »Dom und Kreuzgang von Brixen«, Athesia 1988.) Das Bistum Säben reicht ins 5. Jahrhundert zurück, und erst nach dem Jahr 975 wurde der Bischofssitz unter Albuin endgültig nach Brixen verlegt. Von der karolingisch-ottonischen Münsteranlage hat sich nichts mehr erhalten, und nach einem Brand im Jahr 1174 erstanden der romanische Dom und der Kreuzgang neu. Nach verschiedenen Anbauten zur Zeit der Gotik begann dann 1745 der barocke Neubau unter der Leitung des bekannten, aus Italien stammenden Baumeisters Josef Delai. Der große Kunsthistoriker Josef Weingartner sagte dazu: *Der Dom zu Brixen gehört in seiner heutigen Gestalt zu den bedeutendsten barocken Kirchenbauten des alten Österreich ... und dieser Eindruck wird trotz verschiedener architektonischer Mängel infolge der wertvollen Ausstattung und zumal der einheitlichen, großzügigen Raumwirkung stets bedeutend und ungewöhnlich sein.* Fürstbischof Kaspar Ignaz Graf Künigl gelang es, den damals schon berühmten Maler *Paul Troger*, gebürtig aus Welsberg, für die Anfertigung der Deckenfresken zu gewinnen. Am 15. November des Jahres 1754 konnte die Kirche geweiht werden. Die klassizistische Fassade und die Vorhalle entstanden unter Fürstbischof Josef Graf Spaur von 1783 bis 1785.

Der DOM zeigt dem Beschauer nur die Westseite mit den in der Mitte vorgezogenen Arkaden des Vorbaues, dem geschwungenen, barocken Giebel und den in die Fassade einverleibten beiden Domtürmen; ihr gelber Anstrich und die kunstvollen barocken Hauben lassen nicht ahnen, daß der Baukörper selbst noch ins 12. Jahrhundert zurückreicht. Die eigentlichen Ausmaße des Kirchenschiffes werden erst beim Betreten des Raumes deutlich: Unversehens findet sich der Besucher in einer prächtigen, hellen und riesigen Halle, die in ihrer reichen Ausschmückung sofort eine feierlich-festliche Stimmung hervorruft. Das Tonnengewölbe wird auf jeder Seite von vier mächtigen Halbpfeilern getragen, die so Platz schaffen für je drei Seitenaltäre und die kurzen Querschiffe.

Das zentrale, 150 Quadratmeter messende Deckenfresko, das die Anbetung des Lammes versinnbildlicht, ist eines der reifsten Werke des großen Barockmalers Paul Troger. *Josef Weingartner* schreibt darüber: *Unter den figuralen Darstellungen gehört die Anbetung des Lammes in Komposition, Bewegung und Affekt zum Gewaltigsten, was die barocke Deckenmalerei auf deutschem Boden geschaffen hat.* Die erst gegen Ende des 19. Jahrhunderts an den Seiten des Tonnengewölbes angebrachten Stuckverzierungen beeinträchtigen allerdings durch ihre zu laute Ornamentik den Genuß des großartigen Gemäldes. Von Troger sind auch die Aufnahme Mariens in den Himmel über dem Hauptaltar und die mit den Engeln musizierende heilige Zäzilie über der Orgelempore sowie die beiden Rundbilder im nördlichen Teil mit Szenen aus dem Leben des heiligen Kassian. Das Gemälde in der Vierung stammt von dem Maler Albrecht Steiner von Felsburg, der es 1895 in nachempfundenem Barockstil angefertigt hat.

Aus dem Trentino, aus Ratschings und Pfunders, aber auch aus Carrara und selbst aus Afrika stammen die bunten Marmorsorten, aus denen die vielen barocken Altäre an den Seiten verfertigt sind. *Cristoforo Benedetti* aus Mori schuf den Hauptaltar, von Oradini aus dem Ledrotal und Franz Faber aus Arco stammen die Seitenaltäre, die nach und nach in den auf den Neubau folgenden Jahrzehnten von den Fürstbischöfen bestellt worden waren. Sieht man auf die damit verbundenen Kosten, deren Rechnungen alle noch erhalten sind, so wundert man sich über die Zahlungskräftigkeit der damaligen Kirchenfürsten, die sich allerdings auch oft durch Sammlungen beim Volk weiterzuhelfen wußten. Besonders beachtenswert ist an der rechten Seitenwand das Grabmal für den 1991 verstorbenen *Bischof Joseph Gargitter,* in Bronze gegossen von *Martin Rainer,* der auch ein seltsames Kreuz für den Volksaltar geschaffen hat: Hier ist Christus auf der einen Seite als Sterbender und auf der Rückseite als Auferstandener abgebildet, und beide Figuren werden von demselben Lendentuch umwunden – ein ungeheuer aussagestarkes und ungewohntes Kunstwerk!

Der oft gehörte Einwand, die Kirche sollte mehr an Werke der Barmherzigkeit als an äußeren Prunk denken, kann, wenigstens teilweise, durch die Überlegung entkräftet werden, daß diese oft gewaltigen Bauvorhaben und künstlerischen Aufträge eine willkommene Arbeit für zahllose Bauarbeiter und Künstler darstellten, für die es ohne Bedeutung war, ob der Auftraggeber ein kirchlicher oder ein weltlicher Fürst war. Für die damalige Zeit war es selbstverständlich, daß ein Fürst, und sei es auch ein regierender Bischof, seine Stellung durch äußeren Prunk kundtat. Und wie traurig wäre es um die heute überreichen Kunstsammlungen in Rom, in Trient und Brixen, in Salzburg, Wien oder Würzburg bestellt, hätte es dort nicht immer kunstsinnige Kirchenfürsten als Mäzene gegeben!

Tritt man an der Südseite der Vorhalle, also rechts vom Dom, durch den hohen Gang, so steht man bald staunend inmitten der Wunderwelt des KREUZGANGS mit seinem berauschenden Freskenschmuck, der hier nach und nach von der späten Romanik bis zur ausklingenden Gotik an Wänden und Gewölben angebracht worden ist. Geschäftige Brixner Bürger mögen den Kreuzgang als raschen Durchgang in die dahinter liegenden Gassen oder zur Cusanus-Akademie benützen; aber dem, der sich hier nicht länger aufhält, dem entgeht eines der größten Zeugnisse europäischer Wandmalerei aus der Gotik. Bei der verwirrenden Vielfalt an Farben und Figuren ist es ratsam, sich an den oben erwähnten Führer von Wolfsgruber zu halten, es sei denn, man mache eine der zahlreich angebotenen

Führungen mit. Um sich leichter zurechtzufinden, sind am Boden die den Arkaden entsprechenden römischen Ziffern in weißer Farbe eingezeichnet. Es würde über die Möglichkeiten dieses Buches hinausgehen, wollten wir auf die einzelnen Bildzyklen näher eingehen; aber auch dem weniger geschulten Betrachter fallen die stilistischen und künstlerischen Unterschiede der verschiedenen Maler sofort in die Augen. Die ältesten Gewölbefresken findet man in den Nordarkaden, also von der achten bis zur zwölften. Sie werden Hans von Bruneck zugeschrieben. Jakob von Seckau und sein talentvollerer Schüler Leonhard von Brixen sind die Meister, die sich besonders in der zweiten bis sechsten Arkade verewigt haben. Leonhard begegnen wir ja auch immer wieder in den Kirchlein der Umgebung. Schon an das Ende des 15. Jahrhunderts sind die Bilder von Ruprecht Potsch aus Bayern anzusetzen. Aber ganz abgesehen von den Namen, die ja nicht jeden interessieren, sollte man einfach die einzelnen Bilder auf sich wirken lassen, manchmal in ihrer Dramatik, dann wieder in ihrer sanften Lieblichkeit oder naiven Volkstümlichkeit. Manchmal fehlt einem Künstler die technische Vollendung, aber es gelingt ihm trotzdem, das zu vermitteln, was er fühlt. So wird jeder Besucher des Kreuzgangs sich bald eingestehen müssen, daß ein einmaliges Betrachten der Bilder nicht genügt, daß eine Wiederkehr beinahe unumgänglich wird, denn bei jedem Besuch entdeckt man neue Überraschungen, wird man durch neue Einzelheiten beglückt.

In der Südwestecke des Kreuzgangs führt eine vergitterte Tür in die SANKT-JOHANNES-KAPELLE. (Da diese Tür meist verschlossen ist, muß man eine Führung abwarten oder, wenn man Glück hat, den Mesner im Dom um den Schlüssel bitten.) Sie diente ursprünglich als bischöfliche Hofkapelle und ist doppelgeschossig gebaut. Im Jahr 1080 soll hier das Konzil Kaiser Heinrichs stattgefunden haben, bei dem Papst Gregor VII. für abgesetzt erklärt und der Gegenpapst Clemens III. gewählt wurde – ein geschichtliches Ereignis, das andere in den Dom verlegt haben wollen. Hier atmet alles geheimnisvolle Vergangenheit. Der hohe, beinahe viereckige Raum wird auf halber Höhe durch einen Balkon unterteilt, wo heute eine Orgel steht und wohin der Bischof von seinen Gemächern her direkten Zutritt hatte. Die spätromanischen Fresken aus der zweiten Hälfte des 13. Jahrhunderts wurden leider gegen Ende des vorigen Jahrhunderts unsachgemäß »restauriert«, so daß viel vom ursprünglichen Gehalt verlorenging; eine in den Jahren 1984 und 1985 vorgenommene Reinigung hat manchen Fehler wieder gutmachen können. Auffallend ist der mit kräftigen Linien geführte Pinselstrich, besonders an den Bildern im nördlichen Bogenteil, wo Episoden aus dem Leben des heiligen Johannes dargestellt sind, und an der Nordwand, wo besonders die Kreuzigung und die Anbetung der drei Könige von guter Qualität sind. Ein mächtiger Christophorus blickt von der Ostwand auf den Besucher nieder.

In die Domfassade eingebaut ist die MARIENKAPELLE, die einige gute Tafelbilder aus der Barockzeit aufzuweisen hat und deren heutiger Bauzustand aus dem Ende des 18. Jahrhunderts stammt. Die Kirche war aber ursprünglich ein romanischer Bau, und durch das spätere Einziehen einer Decke ist eine Reihe von mittelalterlichen Fresken im neuen Totraum über dem jetzigen Dach verblieben, nach Weingartner *ein bedeutender und monumentaler Gemäldezyklus*, der um 1216 von Bischof Konrad von Rodank wahrscheinlich dem Meister des Iwein-Zyklus in Schloß Rodenegg in Auftrag gegeben wurde. Der Raum kann nur mit besonderer Erlaubnis besichtigt werden *(Rampold)*.

Links vom Dom betritt man den geräumigen und von hohen Mauern umgebenen Friedhof, an dessen Nordseite die große Pfarrkirche steht und hinter ihr der schöne, gotische Turm, der als WEISSER TURM zum Wahrzeichen von Brixen geworden ist. Die Pfarrkirche ist um 1500 erbaut worden und trägt heute ein schönes, barockes Gesicht; der Turm hingegen ist in seinem unteren Teil von 1300, der gotische Aufsatz wurde 1459 errichtet. Bedeutende Maler wie Franz Unterberger und Josef Hauzinger – ein Schüler Trogers – haben die Altarbilder und das Deckengemälde geschaffen, und an einem der Altäre steht eine wertvolle gotische Holzskulptur, mit der Darstellung von Simon von Cyrene, der Jesus das Kreuz trägt.

Unter den vielen, reich verzierten Grabsteinen, die jetzt an den Friedhofswänden angebracht sind, sollte man besonders jenen des Ritters und Dichters *Oswald von Wolkenstein* an der Westseite unter der Arkade näher betrachten. Er trägt in der Rechten die Fahne der Kreuzfahrer, und vom Gürtel hängt ein mächtiges Schwert. Oswald war es wohl mehr darum zu tun, als frommer Kreuzfahrer und streitbarer Ritter, und weniger als Sänger und Dichter der Nachwelt überliefert zu werden, was ja auch in seinen Liedern oft genug betont wird.

Neben der Domsakristei steht der sogenannte KORNKASTEN, in dem sich heute der kostbare Domschatz befindet. Sein wertvollstes Stück ist die ADLERKASEL, ein Meßkleid des Bischofs Albuin (975–1006), aus Purpurseide des kaiserlichen Hofs in Byzanz hergestellt. In den hellen Purpurgrund sind stilisierte schwarze Adler mit Goldring im Schnabel eingewoben. Der Stoff stammt aus dem Schatz der oströmischen Prinzessin Theophanou, der Gemahlin Kaiser Ottos II. *(Wolfsgruber)*. Zum Domschatz gehört ferner eine Reihe von silbernen und vergoldeten Reliquienbehältern in Form von Bischofsköpfen, kunstvoll eingelegte kleine Schreine aus Zedernholz oder Elfenbein, Monstranzen und Kelche.

Niemand sollte Brixen, ja ich möchte sagen, Südtirol verlassen, ohne dem DIÖZESANMUSEUM einen Besuch abgestattet zu haben. Damit verbindet sich zugleich ein Besuch der eleganten HOFBURG, nur wenige hundert Meter vom Dom gegen Südwesten. Das weitläufige Gebäude umschließt einen Renaissancehof mit einer doppelten Reihe von Arkaden, an denen 24 Terracottafiguren angebracht sind (ähnlich wie etwa in der Schallaburg in Niederösterreich). Siebzig Säle der Hofburg sind als Schauräume eingerichtet; immer wieder finden dort auch Sonderausstellungen statt. Die Stücke und Gemälde aus dem Mittelalter bis in die Neuzeit stammen nicht nur aus Brixen, sondern wurden aus vielen Kirchen des Landes hier vor Dieben sichergestellt und zugleich dem Publikum vorgestellt; denn hier kann eine unvergleichlich größere Anzahl von Kunstfreunden Werke bewundern, die sich sonst in einer entlegenen Dorfkirche befinden würden, die nur wenige kennen. Gemälde und Holzskulpturen der bekanntesten Südtiroler Meister aus Gotik und Barock sind hier vorbildlich aufgestellt. Einen besonderen Anziehungspunkt bildet die große KRIPPENSAMMLUNG, in ihrer Art und im künstlerisch-handwerklichen Bestand wohl einzigartig im Alpenraum. Zu den bedeutendsten Krippenschnitzern gehören die Brüder *Probst* aus Sterzing, die gegen Ende des 18. Jahrhunderts eine riesige Anzahl von unglaublich zarten Figürchen schufen, die immer wieder Bewunderung finden.

Die Umgebung von Brixen

Damit verlassen wir die alte Bischofsstadt und wenden uns der näheren Umgebung zu; und da zieht uns vor allem das geschichtsträchtige CHORHERRENSTIFT NEUSTIFT in seinen Bann, das wir, von Norden kommend, zwar umgangen, aber nicht vergessen haben. Seine Lage am Nordrand des weiten Talkessels und an der Kreuzung der Straßen vom Brenner und vom Pustertal war für seinen Gründer Bischof Hartmann sicher einer der Hauptgründe, hier im Jahr 1142 den Grundstein für das Kloster und das Hospiz zu legen, das sich in der sogenannten Engelsburg befand. Den Anstoß für diesen Bau gab die großzügige Schenkung des Ministerialen Reginbert von Säben und seiner Frau Christina, die dem Bischof hier mehrere Höfe und Landgüter zur Verfügung gestellt hatten.

Der Weg dorthin führt von der Staatsstraße bald nach Vahrn (von Franzensfeste kommend) gegen Norden; bald wird auf einer gedeckten Brücke der Eisack überschritten, aber der Besuch beim Brückenwirt und die Verkostung des klostereigenen Silvaners oder Müller-Thurgaus sollte doch auf später verschoben werden, da sich sonst der Blick auf die kommenden Schätze trüben könnte. Das erste Gebäude, auf das man trifft, ist der seltsame Rundbau der Michaelskapelle, auch ENGELSBURG genannt. Um einen schon 1198 erbauten runden Zentralbau legt sich ein zinnenbewehrter Mauerring mit schönen romanischen Doppelbogenfenstern. Heute dient der Raum für Ausstellungen oder Konzerte. Das Gebäude war ursprünglich als Nachahmung des Heiligen Grabes in Jerusalem gedacht und steht mit seinen byzantinischen Anklängen für unser Land wohl einzigartig da.

Das wuchtige, gotische Gebäude zur Linken, mit seinem Fachwerk und dem steilen Dach, beherbergt heute eine Gaststätte und die Verkaufsstelle für die guten Weine aus den klösterlichen Besitzungen, früher einmal war es die Klostermühle. (Die in einer vorbildlichen Kellerei hergestellten Weine beziehen ihre Trauben nicht nur aus dem nahen Eisacktal, sondern auch aus Gütern im Überetsch, die dem Kloster gehören.)

Jetzt erst tritt man in den eigentlichen Stiftskomplex. Durch ein Tor gelangt man in einen harmonischen, weiten Hof, der auf allen Seiten von den Klostergebäuden umgeben ist. In seiner Mitte steht der sogenannte WUNDERBRUNNEN, der nicht etwa wundertätiges Wasser spendet, sondern in acht Feldern die sieben Weltwunder der Antike zeigt, dem als achtes das Stift selbst hinzugefügt ist. Hinter dem Nordtrakt ragt der mächtige Turm der Stiftskirche über die Dächer. Durch einen weiteren Durchlaß im Gebäude kommt man in einen kleineren Hof; im Hintergrund scheinen die blumengeschmückten Gräber des Friedhofs durch, und zur Rechten steht etwas erhöht der romanische Turm. Geht man durch den Friedhof die Nordseite der Kirche entlang, so stößt man durch ein Tor auf den Weg hinter die Apsis: Gegen Osten schließt eine überhohe Mauer den Bezirk ab, die sogenannte TÜRKENMAUER, die im Jahr 1476 errichtet wurde; ihre Höhe von über sieben Metern gibt uns einen Begriff von der damaligen Angst vor den immer wieder zur Bedrohung gewordenen Türken! An der Kirche fällt eine fast schmucklose Fassade auf. Beim Eintritt in das Halbdunkel des Vorraums sehen wir durch das schmiedeeiserne Gitter zunächst nur den strahlenden Hochaltar; erst wenn wir unter der Orgelempore in den eigentlichen Kirchenraum treten, sind wir von der Lichtfülle und den Farben einer freudigen Barockkirche umfangen, in Südtirol wohl die bedeutendste ihrer Art. Wie so viele andere Kirchen unseres Landes wurden auch hier im Lauf der Jahrhunderte immer wieder Umbauten vorgenommen; aus dem romanischen Kirchenschiff und dem leicht erhöhten gotischen Chor schuf der damals wohl bekannteste Baumeister *Josef Delai,* ein schon in Bozen seßhafter Italiener, ein Werk von seltener Einheit im Stil des späten Barock.

Die Fresken an der Decke stammen von Matthias Günter, dem wir schon mehrmals begegnet sind, die prachtvollen Stuckornamente von Künstlern aus der Wessobrunner Schule; die Marmoraltäre verdanken wir Entwürfen von Benedetti und Sartori, beide aus Castione bei Brentonico im Trentino; andere wurden von Hans Mussak aus Sistrans bei Innsbruck geschaffen. Auch die Altarbilder haben bedeutende Künstler der damaligen Zeit zu Urhebern wie Ignaz Milldorfer, Christoph und Franz Unterberger *(Peintner)*. In der angebauten Marienkapelle, ebenfalls von G. Delai in hochbarockem Stil erbaut und seit Zeiten Ziel vieler Wallfahrten, werden häufig Hochzeiten gefeiert.

Neben dem Josefsaltar an der rechten Seitenwand führt eine (meist verschlossene) Tür in den KREUZGANG; er ist auch links vom Haupteingang im Stiftshof zugänglich. Früher diente er hauptsächlich als Begräbnisstätte für die Ordensleute. Oswald von Wolkenstein hatte sich in seinen letzten Lebensjahren hier »eingepfründet«, ist auch hier begraben, aber sein Grab ist heute verschollen. (Der Grabstein im Brixner Friedhof ist nur ein EPITAPH ohne das zugehörige Grab.) Der Freskenschmuck aus dem 14. und 15. Jahrhundert hat viele Übertünchungen und Beschädigungen erleiden müssen; was noch durch mühsame Restaurationen zu retten war, ist heute erhalten, darunter das Bild vom reichen Prasser in der dritten Arkade, das Friedrich Pacher gemalt hat.

Neustift ist seiner ursprünglichen Aufgabe, Zentrum nicht nur der Frömmigkeit, sondern der Bildung und Kultur zu sein, durch alle Jahrhunderte hindurch gerecht geworden. Davon zeugt der herrliche BIBLIOTHEKSSAAL mit über 80.000 Bänden. Leider hat diese einst wohl wertvollste Sammlung durch Brände, Plünderungen durch napoleonische Truppen und durch die Maßnahmen Josefs II. starke Einbußen erleiden müssen. Viele Pfarreien der näheren und weiteren Umgebung werden von den Patres betreut. Daneben besteht eine Musikschule, die vielbesuchte Sommerkurse abhält, ein Zentrum für Tourismusseelsorge, ein Bibelzentrum sowie ein Ökozentrum mit einem breiten Bildungsangebot im Umweltbereich (*Peintner*).

Nach diesen künstlerischen und kulturellen Höhepunkten im Talbereich des Brixner Kessels steigen wir jetzt etwas höher, um die Siedlungen auf den Berghängen zu besuchen, die im Kranz von allen Seiten auf die Bischofsstadt hinunterblicken.

Unmittelbar unter der Festung von Franzensfeste zweigt links eine Straße ins Pustertal ab (heute wird meist die etwas südlicher gelegene Abzweigung gewählt). Im kleinen Ort **Aicha** ist zwar von den wohl namengebenden Eichen nicht viel geblieben; dafür steht bei der gotischen Kirche eine uralte Linde, und auf dem Weg, der uns gleich in die Höhe führt, kommt man durch einen Hain von Kastanienriesen, die man mit Ehrfurcht bestaunt. Diese Edelkastanienbäume sind zugleich Vorboten für die ersten Reben, die sich in diesem noch warmen Winkel am weitesten nach Norden vorgewagt haben. Wer nun nicht gleich weiter ins Pustertal oder auf das Plateau von Schabs will, sollte sich die Fahrt nach **Spinges** nicht versagen. In vielen Kehren windet sich die seit wenigen Jahren gute Straße durch dichten Wald auf die leicht nach Süden geneigte Wiesenfläche in über 1100 Metern Seehöhe, auf der die Kirche und die Höfe dieses kleinen Ortes liegen, den eine einfache Bauernmagd zur Zeit der Franzoseneinfälle im Jahr 1797 so berühmt gemacht hat. *Katharina Lanz* hieß das junge Mädchen, das, der Überlieferung nach, mit einer Mistgabel von der Friedhofsmauer aus die anstürmenden Soldaten herunterstach und so wesentlich zum Sieg der mutigen Tiroler Bauern beigetragen hat. Ihr ist, wie konnte es anders sein, ein Denkmal gewidmet, und in der Kirche sieht man auf einem Fenster ihre Heldentat in bunten Farben verewigt. Diese Pfarrkirche zum heiligen Rupert ist eine der vielen gotischen Kirchen unseres Landes, die zur Barockzeit ein »moderneres« Kleid angepaßt bekommen haben. Das Hochaltarbild hat kein Geringerer als Karl Henrici gemalt. Besonders reizvoll ist die daneben im Friedhof liegende HEILIG-GRAB-KAPELLE: Ein Rundbau, dessen Ringmauer eine Reihe von schon sehr mitgenommenen Engeln krönt, umschließt das eigentliche »Heilige Grab«, eine schüchterne Nachbildung des Vorbildes aus Jerusalem; lebensgroße Holzplastiken von gläubiger, aber sehr volkstümlicher Hand beleben das enge Innere; aber es gelingt der ganzen Anlage samt ihrem Inhalt, etwas von der beabsichtigten, ehrfürchtigen Stimmung zu übermitteln.

Wandervorschläge: Natürlich muß man nach Spinges nicht unbedingt mit dem Auto fahren; von Schabs führt ein schöner Spazierweg in die Höhe, die er am Vogelbichl, am Rand der fast ebenen Wiesen erreicht. Noch schöner ist der Weg Nr. 7 von Mühlbach aus, weil hier die Sicht meistens frei über das ganze Tal schweift. Gleich unterhalb von Spinges zweigt ein Forstweg in Richtung Norden ab, der beim Restaurant Jochtal (1890 m) endet. Von dort ist es ganz nahe zum Valser Joch (1935 m), das einen zu den Höfen von Ritzail und weiter hinunter nach Mauls bringt.

Von Spinges oder von Aicha aus kommt man nach Überquerung der Pustertaler Straße zum Ort **Schabs** und zur weiten, schildförmigen Hochfläche zwischen Eisack und Rienz. Hier ist der Sitz der Gemeinde **Natz-Schabs**, zu der auch die Orte **Natz, Viums, Raas** und **Elvas** gehören. Dieser zwischen den beiden Haupttälern vorgeschobene Keil hat einen völlig anderen Charakter als das übrige Becken von Brixen. Wälder, Äcker und Wiesen, aber auch moorige Böden bedecken dieses abgesonderte Gebiet; wer es durchwandert oder durchfährt, glaubt kaum, daß Brixen und Neustift so nahe sind. Nur an seinen westlichen und südlichen Abhängen, die meist steil abfallen, gedeiht die Rebe, und als ihr besonderes Produkt sei hier der »Steinraffler« erwähnt, den man sonst nirgends zu kosten bekommt. In einem der Hochmoore, früher einmal einem richtigen See, wurden Kulturspuren aus der Hallstattzeit entdeckt, und die Epoche, die viele Jahrhunderte – von ungefähr 1000 bis 500 v. Chr. – über einen Teil Südtirols, des Trentino, aber auch des unteren Engadin verbreitet war, hat nach dem dortigen Gebiet den Namen LAUGENER KULTUR erhalten. Ihre Träger waren wohl die Räter, aber ob diese damals noch zu einer vorkeltischen (ligurischen oder illyrischen) Volksgruppe gehörten, bleibt ungewiß. Unter den meist spätgotischen und barockisierten Kirchen der Dörfer Natz und Elvas ist besonders jene von Viums am äußeren, nordwestlichen Rand des Plateaus einen Besuch wert. Auf einem deutlich von der Ebene abgesetzten Hügel, dessen Felsuntergrund nur einen kargen Bewuchs von Trockenrasen zuläßt, steht das Kirchlein Sankt Magdalena; seine Außenwand schmückt ein spätgotisches Fresko, heute durch ein Vordach von den Unbilden der Witterung geschützt. An alte Zeiten erinnert auch das kleine gotische Portal am gegenüberliegenden Haus. Fresken um 1500 sind auch vor nicht langer Zeit in der Kirche von Natz zum Vorschein gekommen. Die Kirche von Elvas ist laut Weingartner schon 1077 erwähnt, was also eine relativ frühe Besiedlung dieses Südhanges belegt, die wahrscheinlich eine Fortsetzung der vorrömischen und römerzeitlichen Ansiedlung in Brixens Stadtteil Stufels darstellt.

Über der tiefen Rienzschlucht, gerade gegenüber von Viums, steht stolz die alte BURG RODENEGG, die wir aber erst im Zusammenhang mit dem Pustertal behandeln wollen. Aber ganz im Osten, an den Nordhängen der Plose, mündet der Lasankenbach aus dem waldigen LÜSENTAL. Um in dieses recht einsame Tal zu gelangen, muß man in Brixen die Rienz überqueren. In mehreren Kehren überwindet die breite Straße die Hänge der Schlucht; dann geht es durch hohe Wälder beinahe eben ostwärts; auf der anderen Talseite, durch den tief unten verlaufenden Bach getrennt, liegen einige Weiler und Höfe auf sonnigen Wiesenhängen.

Das kleine Dorf **Lüsen** selbst besteht heute aus mehrheitlich neuen Häusern, da im Jahr 1922 ein verheerender Brand fast das ganze Dorf in Asche gelegt hatte. Aber ein Hotel und mehrere Gaststätten zeigen doch an, daß hier auch mit häufigem Besuch von außen gerechnet wird. Eingebettet in dem grünen Talgrund, zwischen waldigen Hängen, läßt das Dorf nicht die Nähe der mächtigen Dolomiten ahnen; erst wenn man das schmale Asphaltband weiterverfolgt, das nach dem Ortsteil Petschied durch das lange, schotterige und eher öde Tal der Lasanke steil nach oben und in südliche Richtung führt, landet man unversehens auf einem der märchenhaftesten Flecke der westlichen Dolomiten, den Rungatscher Wiesen: Eine weite Mulde legt sich wie ein grünes Tuch an die umliegenden Hänge, ihr linker Rand wird vom 2000 Meter hohen WÜRZJOCH begrenzt, der rechte vom Kofeljoch oder Halsl. Und über der sanften Pracht der Almwiesen thront übermächtig, beinahe drohend, der Doppelklotz des PEITLERKOFELS, der gegen Westen in die niedrigeren Aferer Geiseln ausläuft.

Einmal hier oben angelangt, können wir die isolierte Gruppe der PLOSE, den Brixner Hausberg, ganz umrunden und über Afers zu den kunstträchtigen Orten um Sankt Andrä gelangen, auch wenn das nicht die übliche Art ist, sich ihnen zu nähern. Vom Tal aus nur als wenig gegliederter, sanfter Rücken erscheinend, gliedert sich die Plose in drei Hauptgipfel, den Telegraph (auch Fröllspitze) mit 2507 Metern, die Pfannspitze mit 2547 Metern und den Großen Gabler mit 2574 Metern. Mit einer Seilbahn von Sankt Andrä aus und vielen kleineren Aufstiegsanlagen auf der Höhe ist die Plose zum beliebten Tummelplatz für Schifahrer geworden, die sich an den Süd- und Westhängen vergnügen; gegen Norden erinnert die Kette aber durch steile Felsabstürze daran, daß sie schon zu den Dolomiten gehört. Von Palmschoß, wo die Aferer Straße einen Ast nach Kreuztal abgibt, kommt man bald zum Sporthotel und zur Brixner Skihütte, von wo aus ebenfalls ein Lift auf die Pfannspitze führt.

Der Name PALMSCHOSS klingt beinahe tropisch, kommt aber vom ladinischen »plan de ciaures«, also etwa Ziegenweide, was bedeutend besser in die Gegend paßt. *Plose* wird mit der *Blöße* in Verbindung gebracht, die die oberen Regionen auszeichnet, obwohl auch die Herkunft von *Blasen,* also ein windverblasenes Gebiet, nicht auszuschließen ist, ähnlich wie beim *Blaser* nördlich des Brenners; Skifahrer wissen jedenfalls einiges über das Blasen der Winde auf diesen kahlen Höhen zu berichten!

Natürlich bietet sich auch im Sommer reichlich Gelegenheit für prächtige Wanderungen auf diesen aussichtsreichen Höhen, die so bequem durch Straßen erschlossen sind. Dabei ist allerdings, wenn möglich, von den Augustwochen um »ferragosto« abzuraten, da hier, wie auch in den anderen Dolomitengebieten, sich dann ganz Italien ein Stelldichein gibt und mit Autos, Motorrädern, lauten Kindern und nach ihnen schreienden Müttern, Kofferradios mit dem Fußballmatch oder dröhnend hämmernder Musik die Almwiesen restlos in Besitz nimmt und die

Parkplatznot ärger wird als in der Stadt. Aber so lieben sie es halt!

Von der Lüsner Alm steigt die Straße leicht gegen das Halsl auf 1866 Metern, senkt sich zur Überquerung eines Baches und steigt dann wieder bis Palmschoß an. Hier beginnt das Gebiet von **Afers**, das seine Höfe hoch am Hang über dem tiefen Tal des Aferer Baches verstreut hat, hier wird der Horizont beherrscht von den unglaublich kühnen Zacken der Geislergruppe. Im Hauptort steht unterhalb der Straße die Pfarrkirche zum heiligen Georg, die zur Barockzeit wie so viele andere Kirchen der Gegend weitgehend umgestaltet wurde. Tiefer gegen Brixen hin steht auf einer Kuppe das besonders reizvoll gelegene Kirchlein von Sankt Jakob mit seinem riesigen Christophorus, der mit staunenden Augen weit ins Land blickt; wenn dann zu Mittag der alte Mesner bedächtig in die Kirche geht und die weithin tönende Mittagsglocke läutet, dann kommt der alte Bau zu Leben, und man fühlt, wie die Kirche noch heute Mittelpunkt für die weit herum verstreuten Höfe geblieben ist.

Nach langer Fahrt durch dunkle Wälder gelangen wir zu den weiten, geneigten Wiesenflächen auf der Mittelgebirgsterrasse, wo schon die Kirchtürme von **Sankt Andrä** winken. Vierhundert Meter über der Talsohle und der Stadt liegt der Ort; seine Geschichte reicht bestimmt in das 12. Jahrhundert zurück *(Rainer)*. Die ursprünglich romanische Kirche wurde 1485 gotisch umgebaut und dazu der Turm errichtet. Heute zeigt sie die übliche barocke Innenausstattung. Zur Barockzeit, also 1696, wurde die Maria-Hilf-Kapelle im Friedhof dazugebaut, deren Kuppel und zwei schmale Türmchen neben dem großen gotischen Kirchturm dem Dorf Sankt Andrä sein charakteristisches Gesicht geben. Dieser achteckige Bau wurde von der bekannten Baumeisterfamilie Delai aus Bozen aufgeführt und hat eine helle, fröhlich barocke Innenausstattung, die wie aus einem Guß geschaffen scheint.

Von Sankt Andrä können wir zuerst in Richtung Norden weiterfahren; genußreicher aber ist eine Wanderung, denn diese Gegend lädt dazu ein, das Auto abzustellen und von Ort zu Ort auf diesem schönen Mittelgebirge, von Kirchlein zu Kirchlein zu wandern und, warum nicht, am Ende in einer der vielen sympathischen Gaststätten zu landen, wo es im Herbst dann zur Pflicht wird, den neuen Wein zu verkosten, zusammen mit heißen Kastanien und kräftigem Speck. In **Karnol** steht auf einem baumbestandenen Hügel die alte Kirche zu Sankt Johann; der Schlüssel ist im darunterstehenden Holdererhof zu erbitten, wo neben der Außentreppe, die in einer kleinen Loggia endet, an der Hauswand ein verblassendes Fresko aus dem 16. Jahrhundert zu sehen ist. Die Rundapsis, auf die man am Ende des Aufstiegs stößt, verrät schon das hohe Alter des Kirchleins, das für 1113 bezeugt ist. Das Innere ist ein Rausch von Farben. Die ältesten davon (um 1425) sehen wir an der Nordwand, wo das Leben des heiligen Johannes des Täufers dargestellt ist. Die Rundung der Apsis ist ausgefüllt mit Bildern aus der Ursula-Legende, darunter steht eine Reihe von Heiligen, darunter besonders rührend die heilige Helena (mit dem Kreuzesbalken) mit ihrem frischen Bäuerinnengesicht. In den Schlußsteinen erinnern zahlreiche Wappen an die Adelsfamilien der Umgebung.

Von Karnol aus erreicht man steil über das ehemalige Bad Burgstall die Häuser von **Sankt Leonhard** (wohin auch eine befahrbare Sackstraße führt). Auch hier stammt die Kirche aus dem Jahr 1194, wurde später gotisch umgeformt und im Inneren barock ausgestattet. Die Ausmalung wurde zum Teil erst 1920 vollendet (von Toni Kirchmayr). Die Lage der Kirche auf fast 1200 Metern Höhe beherrscht das Tal; von hier aus steigen Wiesen und Wälder steil gegen die Plose.

Zurück nach Sankt Andrä: Wenig tiefer, im Südwesten, stoßen wir auf die verstreuten, schönen Höfe des Weilers **Mellaun**. Hier steht am vorderen Rand einer flachen Wiese die Kirche zum heiligen Johannes Evangelist. Der spätgotische Freskenschmuck stammt von keinem Geringeren als von Leonhard von Brixen, der viele Arkaden des Brixner Kreuzgangs ausgemalt hat. Besonders eindringlich in den Farben ist sein Jüngstes Gericht an der Westwand aus dem Jahr 1464. Das durchbohrte Herz am Kreuzesstamm ist die älteste Darstellung des Herzen Jesu in Tirol *(Rainer)*. Aus demselben Jahr stammt das schöne Abendmahl, wo sich die Köpfe Jesu und einiger Apostel scharf vor dem dunklen Hintergrund abzeichnen. An der Nordwand Szenen aus dem Leiden Christi, an der Südwand ein neues Bild von Heinrich Kluibenschädl, der 1873 die anderen Bilder restauriert hat.

Mellaun hat übrigens durch die Typologie der hier aufgefundenen Keramikware einer archäologischen Kulturepoche den Namen gegeben, die etwas früher als die schon erwähnte Laugener Kultur anzusetzen ist. Von Mellaun aus besteht eine Verbindung mit der höher dahinziehenden Plosestraße; sie zieht an schönen, alten Höfen vorbei und bietet herrliche Aussicht auf das Tal.

Wenig tiefer im Südwesten gelangen wir zum letzten dieser so reich geschmückten Kirchlein, zum heiligen Nikolaus in **Klerant**. Auch hier stammen die Fresken aus der Schule von Leonhard von Brixen. Sehr stimmungsvoll ist die Kreuzigung wiedergegeben. Ein Schmunzeln entlockt wohl jedem Besucher die naive, volkstümliche Darstellung vom Jonas, der dem Maul des drachenähnlichen Walfisches entsteigt, und von Eleazar, den ein Phantasie-Elefant zertrampelt – ein Zoologe würde sich schwertun, dieses *Posaunenroß* richtig einzuordnen! Von volkskundlichem Interesse sind die in einem Gewölbezwickel abgebildeten *Drei Jungfrauen,* gewöhnlich als die *Jungfrauen von Meransen* bekannt, deren Darstellung viele Rätsel aufgibt. Hier tragen sie die Namen Ampet, Gewer und Bruet, in Meransen heißen sie Aubet, Kubet und Guere; man findet die Darstellung auch auf einem Tafelbild im Multschermuseum in Sterzing. Beim Besuch von Meransen im Kapitel »Pustertal« werden wir noch Näheres darüber hören.

Von Klerant erreichen wir in kurzer Zeit über Spazierwege oder über die Plosestraße das Dorf **Milland**, das schon in die südlichen Ausläufer von Brixen übergeht. Am Waldrand steht in schöner Höhenlage die alte Wallfahrtskirche »Maria am Sand«; ursprünglich aus dem Jahr 1305, wurde sie 1464 eingewölbt und im Jahr 1766 innen barockisiert und mit Gemälden von *F. A. Zeiller* versehen. An der südlichen Außenwand ist noch eine Reihe von Fresken vom 14. bis zum 16. Jahrhundert erhalten; neben dem Hauptportal blickt der allgegenwärtige

Christophorus herunter, und links davon sieht man eine Kreuzabnahme.

Auf der Straße in Richtung Albeins schimmern kurz durch den Wald die Türme von SCHLOSS RAZÖTZ, das erst Anfang des 20. Jahrhunderts von einem Amerikaner »romantisch« ausgebaut wurde. Kurz darauf steht hart an der Straße, in einem großen Park, das alte SCHLOSS PALLAUS, einst Sitz der gleichnamigen Herrenfamilie, heute in Privatbesitz. Etwas darunter steht, von dunkeln Bäumen umgeben und von der Straße aus nicht sichtbar, der Edelsitz KAMPAN, aus einem aus dem 13. Jahrhundert stammenden Baukörper, erst um 1900 in die heutige Form gebracht. Die Grabsteine der heutigen Besitzer, der Freiherren von Unterrichter, befinden sich seltsamerweise nicht im nahen Sarns, sondern an der Kirche von Albeins; der Grund dazu ist einfach der, daß Sarns keinen eigenen Friedhof hat. In der nahe der Straße gelegenen Kirche stehen einige schöne holzgeschnitzte Figuren von Meister Leonhard von Brixen (um 1470).

Die leicht über den Talgrund erhöhte Straße führt nun durch Wiesen und Maisäcker hart am Abhang gegen **Albeins**, wo aus einem engen Tal der Aferer Bach, auch Sade-Bach genannt, herunterstürzt, der seine Wasser von der Plose und vom Peitler bezieht. Hierher kämen wir auch auf einem schönen Spazierweg von Klerant aus. Daß die gotische Pfarrkirche den heiligen Hermagoras und Fortunat geweiht ist, läßt auf ihre Zugehörigkeit zu Aquileja und somit auf ihr hohes Alter schließen *(Rampold)*. Tiefer unten, jenseits des Baches, steht eine andere, ursprünglich gotisch ausgestattete Kirche zur heiligen Margareth, heute barockisiert. Zwei Kirchen für den eigentlich heute recht kleinen Ort weisen auf eine Bedeutung des Dorfes in früheren Zeiten hin. Von hier aus führt nämlich eine alte Verbindung über Afers und das Kofeljoch nach Lüsen oder weiter über das Würzjoch ins Gadertal nach Untermoi und Sankt Martin.

Nun überqueren wir wieder die Autobahn und kommen zu den höher gelegenen Orten, die den Brixner Talkessel gegen Westen einrahmen. Bald nach der Einmündung in die Staatsstraße kommen wir in die »Mahr«, bekannt durch den *Wirt an der Mahr Peter Mayr*, der im Jahr 1810 lieber den Tod erlitt, als sich durch eine Lüge (»er hätte vom Waffenstillstand nichts gewußt«) das Leben zu erkaufen. Nahe am Wirtshaus, das leider durch die neue Umfahrungsstraße manchen Besucher einbüßen mußte, liegt das Kirchlein von St. Jakob mit bedeutenden Fresken von Leonhard von Brixen. Von hier zweigt der Weg nach **Tschötsch** ab, der uns besonders als Geburtsort des berühmten Historikers und Orientalisten *Jakob Philipp Fallmerayer* (1790–1862) interessiert. Nach Überquerung der Straße Brixen-Feldthurns erreicht man zuerst **Pinzagen** und das noch höher gelegene **Tils** auf 833 Metern Meereshöhe. Im Friedhof steht die hübsche, spätgotische Kirche zu Sankt Veit mit ansprechender Bemalung der Decke und schönen Holzskulpturen.

Wir befinden uns hier auf den breiten Terrassen des PFEFFERSBERGES, der sich an die steilen Hänge des Rückens schmiegt, der ganz oben den Radlsee verbirgt und im Königsanger mit 2439 Metern seine höchste Erhebung hat. Etwas weiter südlich liegt auf einer weiteren Terrasse der Weiler **Tötschling**, bekannt als Fundort eines großen Menhirs, heute im Gasthaus Fink in Brixen zu sehen. Seltsam mutet für diese wenigen Häuser die Gegenwart von zwei, wenn auch kleinen, Kirchen an, von denen besonders die untere, zum heiligen Nikolaus, in einer landschaftlich besonders reizvollen Lage steht. Nach einem an der Kirche angebrachten Hinweisschild haben sich hier angeblich im 14. Jahrhundert zwei adelige Familien gegenseitig mit dem Bau einer eigenen Kirche übertrumpfen wollen; aber in Sankt Nikolaus wurde vor kurzem ein romanischer Baubestand festgestellt. Man erreicht den Ort, der zu ausgedehnten Spaziergängen einlädt, sowohl von Tils als auch von der Feldthurner Straße aus.

Gleich hinter den letzten Höfen von Tils fällt der Wald steil in das Tal von SCHALDERS ab, an dessen Fuß der größere Ort **Vahrn** liegt, den wir besser direkt von Brixen aus erreichen. Mehrere Hotels und Gasthäuser, nicht nur an der vielbefahrenen Brennerstraße, zeugen von der Beliebtheit des Ortes, der auch in vergangenen Jahrhunderten ein beliebtes Ausflugsziel der Brixner und eine kühle Sommerfrische war. Auf einem bewaldeten Hügel steht wie ein Zahn der Rest der alten BURG SALERN, einst von den Bischöfen als Gerichtssitz erbaut. Zu ihren Füßen, unterhalb der Straße, die nach Schalders führt, breitet sich der berühmte Hain aus Edelkastanien aus, zusammen mit den Reben eine erste Verheißung des Südens. Die schon im 14. Jahrhundert erwähnte Kirche steht erhöht auf einem Absatz im Süden des Dorfes, über dem großen Ansitz Lidlhof, dessen Treppenaufgang mit der kleinen Loggia den Überetscher Stil vorwegnimmt. Das Innere der zweischiffigen Kirche wirkt durch die prächtigen Barockaltäre und die Deckenfresken von *J. Mitterwurzer* (geboren 1745 in Mühlbach) freudig-feierlich. Im Zentrum des Gnadenaltars im Seitenschiff steht eine romanische Madonna mit Kind (eine Kopie des Originals aus dem 13. Jahrhundert); Mutter und Kind heben mit durchdringendem, fast starrem Blick in gleicher Weise die rechte Hand zum Segen. Aus der Erbauungszeit stammt noch das äußerst bunte Fresko an der südlichen Außenwand: Diese Krönung Mariens ist wieder ein Werk des so fleißigen Leonhard von Brixen. Vom Kirchhof aus genießt man einen schönen Ausblick gegen das Pustertal und auf das Plateau von Natz-Schabs. Nördlich vom Dorf liegt in einer von der Straße aus nicht einsehbaren Mulde der kleine Vahrner See, im Sommer beliebter Badeort.

Von Vahrn steigt die Straße zu den Häusern von **Schalders** im gleichnamigen Tal. Die Kirche liegt auf über 1100 Metern, aber die weitverstreuten, umliegenden Höfe auf der Sonnenseite wagen sich noch bedeutend höher. Eine nur für Anlieger offene Straße zieht noch weiter taleinwärts bis zum Steinwendhof auf 1548 Metern. Früher, das heißt bis in den Anfang des zwanzigsten Jahrhunderts, gab es in Schalders eines der so beliebten *Badln*, das wegen seiner kühlen Lage viel besucht wurde.

Kurz vor Schalders zweigt eine asphaltierte Straße zum Weiler **Spiluck** ab, den man aber schöner zu Fuß von Vahrn aus erreicht. Die nach Süden geneigte Wiesenfläche mit den wenigen Häusern sieht man von Brixen oder von den nordwärts führenden Straßen aus von hoch oben heruntergrüßen, wie eine Einladung zu näherem Kennenlernen; und es gibt kaum einen

Fleck im ganzen Brixner Becken, der eine umfassendere Aussicht auf Tal und Berge bieten könnte.

Wandermöglichkeiten: Am Talende von Schalders befinden sich die beiden Schrüttenseen, die man sowohl von der Talstraße hinter Schalders vom Unterwegerhof oder vom Steinwender aus erreichen kann. Viel schöner ist aber der folgende Rundgang: Mit dem Auto kommt man oberhalb von Tils am Pfeffersberg bis zum Gasthof Feichter (1349 m). Von hier aus steigt man auf dem Weg Nr. 8 und dann 8A zum Radlsee und weiter auf den Königsanger (2439 m). Unter dem Kuhberg vorbei gegen Westen leicht absteigend überschreitet man die Lorenzischarte und gelangt von dort nördlich zum 1960 hoch gelegenen großen Schrüttensee. Der Weg Nr. 13 bringt einen dann durch kühlen Wald an der Schattenseite des Schalderer Tals zurück zum Feichter (Kompaßkarte 56 - Brixen). Nach Spiluck führt auch von der Schalderer Kirche aus (oder, für Bequemere, von der ersten, scharfen Spitzkehre der Straße aus, die von der Kirche aus gleich rechts in die Höhe führt) ein meist ebener Steig durch den Wald bis auf die Wiesenflächen.

Herrliche und geruhsame Wanderungen bietet der ganze Pfeffersberg gegen Süden, von Tils über Tötschling nach dem höher gelegenen Stilums und hinunter nach Schnauders bis Feldthurns. Das sind Spaziergänge für die klaren Herbsttage, wenn das Laub der Kirschbäume sich schon rot färbt, die Lärchen golden werden und der Fuß sich raschelnd in die gezähnten Blätter und aufgeplatzten Igel der Kastanien schiebt, die immer wieder wie ein Teppich den Boden bedecken.

Das Pustertal

Es waren nicht so sehr geographische Überlegungen wie etwa die Rienzmündung, sondern politisch-strategische Kriterien, die die westliche Grenze zum Pustertal seit ältesten Zeiten immer an der MÜHLBACHER KLAUSE gezogen haben, während das Tal im Osten bis zur Lienzer Klause reichte, da die für das Auge kaum erkennbare Wasserscheide auf dem Toblacher Feld keine Unterbrechung des weiten Tales bedeutet. Erst nach dem Ersten Weltkrieg wurde der Osttiroler Teil abgetrennt, und die Grenze verläuft jetzt einige Kilometer östlich der Toblacher Wasserscheide bei Winnebach. So haben wir bei der Besprechung des Eisacktales und des Brixner Beckens die Orte Aicha, Spinges und das Plateau von Natz-Schabs schon behandelt; wie beim Eisacktal und später beim Vinschgau wollen wir den Flußläufen von ihrem Ursprung an folgen und werden den Streifzug durch das Pustertal bei der Mühlbacher Klause und bei Rodeneck beenden.

In seinem Verlauf folgt dieses ost-westlich gerichtete, lange Tal den Hauptzügen der Zentralalpen; es wird gegen Norden von den Urgesteinsriesen der Pfunderer, der Zillertaler und der Rieserfernergruppe begleitet, während sich im Süden das Reich der *bleichen Berge,* der sagenumwobenen Dolomiten ausbreitet. Diese so verschiedenen Gesteinsarten treten aber im Tal kaum in Erscheinung, denn hier ist alles grün, hell die Wiesen und dunkel der Wald; den steinigen Untergrund muß man schon in den Höhen suchen oder von einer erhöhten Aussichtswarte, wie zum Beispiel vom Kronplatz aus den Blick nach Norden und Süden schweifen lassen, um zu bestaunen, wie das Tal im Norden von sanften Rücken und dahinter von den glänzenden Gletscherriesen, im Süden aber in krassem Gegensatz dazu von den wilden Türmen und Zacken der Dolomiten eingerahmt wird. Der mit Ausnahme des westlichsten Teiles überall weite Talboden ist mit lockerem Aufschutt der Urzeitgletscher aus Haupt-

und Seitentälern angefüllt und durch das Gemisch der unterschiedlichen Gesteinsarten auch sehr fruchtbar. Die Schwemmkegel aus den Seitentälern sind hier nicht so ausgeprägt wie zum Beispiel im Vinschgau; immerhin ist laut *Klebelsberg* der mächtige Kegel, den der Silvesterbach vor Urzeiten gegen das Toblacher Feld vorgeschoben hat, dafür verantwortlich, daß die Wasserscheide verlagert wurde und die Rienz aus dem Höhlensteintal jetzt nicht mehr in die Drau gegen das Schwarze Meer läuft, sondern in umgekehrter Richtung zum Eisack und in die Adria.

Das Klima des Pustertals profitiert zwar vom Vorteil, im Norden von hohen Bergen geschützt zu sein und von Süden her wegen der weiter nach hinten versetzten Dolomiten genügend Sonnenbestrahlung zu genießen. Aber den eisigen Ostwinden aus Pannonien kann das Tal keine Sperre entgegensetzen, und so ist Toblach zur traurigen Berühmtheit gelangt, der kälteste Ort Südtirols zu sein. Dabei darf man allerdings nicht vergessen, daß wir hier schon auf über 1200 Meter Seehöhe liegen.

Mairhofer (Südtiroler Gebietsführer »Toblach und Umgebung«, Athesia 1978) zählt im Pustertal jährlich im Durchschnitt 30 bis 40 Eistage (an denen die Temperatur nie über den Gefrierpunkt steigt); die Zahl der Frosttage (Tage, an denen das Temperaturminimum unter Null sinkt) wird im Raum Toblach mit 220 angegeben, während die Sommertage (mit Werten über 25 Grad) auf knapp 30 Tage beschränkt bleiben. Dafür ist die Sonnenscheindauer im Hochpustertal deutlich länger als in den unteren Talabschnitten.

Das Pustertal war schon zur JUNGSTEINZEIT besiedelt, wie Bodenfunde eindeutig beweisen. Häufig sind Siedlungsnachweise aus der Bronze- und Eisenzeit, und die Römer haben hier wichtige Stationen wie SEBATUM (bei Sankt Lorenzen) oder LITTAMUM (bei Innichen) besessen, ganz zu schweigen von der mit Mauern umgebenen Stadt Aguntum östlich vom heutigen Lienz. (Auf vorzeitliche, römische und mittelalterliche Funde wird bei der Besprechung der einzelnen Gemeinden näher eingegangen.)

Die Straße war ja besonders für die Römer wichtig als Durchzug von Aquileja, der damals größten Stadt in Oberitalien, über den Plöckenpaß nach Aguntum und von da ins Pustertal; über den Kreuzbergsattel führte die strategisch wichtige VIA CLAUDIA AUGUSTA ALTINATE nach Sexten und weiter nach der Station Littamum bei Innichen. Von hier ging es dann die Drau und Rienz entlang bis zum bequemen Brennerpaß und nach Augsburg. Der Name von Sexten könnte durch seine Lage an der sechsten Meile von Innichen aus gedeutet werden. Im ausgehenden Mittelalter wurde dieser Weg von Venedig, das inzwischen zu einer Handelsmacht erster Größe angewachsen war, zu den süddeutschen Handelspartnern als die »Strada d' Alemagna« bekannt; heutige Autobahnprojekte wollen diese alte Verbindung durch landschaftsmißachtende Trassierungen wiederaufleben lassen, finden aber zum Glück bisher keine Gegenliebe bei den Verantwortlichen für die Erhaltung der schönen Pustertaler Landschaft.

Immer wieder kommen auch in den letzten Jahren Zeugen ferner und näherer Vergangenheit durch Zufallsfunde oder gezielte Grabungen ans Tageslicht; so können wir mit *Reimo Lunz,* dem führenden Vorgeschichtler unseres Landes, hoffen, daß das Kapitel der Ur- und Vorgeschichte noch lange nicht abgeschlossen ist.

Nach dem Untergang des Weströmischen Reiches kam das Pustertal eine Zeitlang zum Ostgotenreich Italiens unter Theoderich; gegen Ende des sechsten Jahrhunderts wurde ganz Südtirol von den Bajuwaren in Besitz genommen, die sich auch im Pustertal ausbreiteten und die dort ansässige rätoromanische Bevölkerung langsam assimilierten oder verdrängten. Die Slawen kamen nur bis in die Gegend von Innichen und wurden von den Bajuwaren immer wieder zurückgedrängt. Tatsächlich gibt es auch im östlichen Pustertal kaum noch Flurnamen, die an eine längere slawische Besetzung denken ließen (*Kühebacher*).

Die eigentliche Geschichte des Pustertaler Raumes, die bis in unsere Tage nachwirkt, beginnt mit dem Brief des Bayernherzogs *Tassilo III.* aus dem Jahr 769, den er in Bozen verfaßt hat. Damit gründet er das Kloster Innichen als »Stützpunkt für Missionierung und Kolonisation«, *um das ungläubige Volk der Sla-*

wen zur Wahrheit zu führen (Huter). Die Gegend des Toblacher Feldes, auch »Campogelau« oder Frostfeld genannt, wird in diesem Brief als »öde und unbewohnbar« bezeichnet, was wohl nicht so wörtlich zu nehmen ist. Jedenfalls war dem Herzog neben der Bekehrung der Slawen auch die Rodung der umliegenden Gebiete ein großes Anliegen, da durch die neuen, aus Bayern beigezogenen Siedler später auch Zinsleistungen an den Herzog zu erwarten waren. Als Abt wurde Tassilos Freund Atto von Scharnitz eingesetzt. Als dieser dann 783 Bischof von Freising wurde, ging das Innichner Stiftsgebiet, das vom Gsieser Bach bis zum Anraser Bach im heutigen Osttirol reichte, auf die Kirche von Freising über. So wie es schon im Eisacktal zu einem Rückzug der rätoromanischen Bevölkerung in das Grödner Tal gekommen war, so verdrängten die neuen, bajuwarischen Siedler auch im Pustertal viele Rätoromanen in das Gadertal, wo sie ihre alte Sprache bis heute bewahrt haben.

Das Pustertal bildet jetzt einen eigenen Gau und die GRAFSCHAFT PUSTRISSA, die von der Mühlbacher Klause bis Anras bei Abfaltersbach in Osttirol reicht. Diese Grafschaft wird dann im Jahr 1091 durch Kaiser Heinrich IV. an den Bischof Altwin von Brixen verliehen. Als Vögte, das heißt Verwalter des Bischofs, herrschten später die Grafen von Görz-Tirol, und bei der Teilung der Erbländer zwischen den Brüdern Meinhard II. und Albert im Jahr 1271 kam das Pustertal zum Görzer Besitz, war also vom übrigen Tirol abgesondert. Aber wie dort wurden die geistlichen Herren von Brixen und Freising durch die Vögte immer mehr entmachtet, so daß ihnen schließlich nur mehr die rein kirchlichen Belange unterstanden. In die Mitte des 15. Jahrhunderts fällt der Streit zwischen dem Kardinal und Brixner Bischof Nikolaus von Kues, dem »Cusanus«, und dem Herzog Sigismund dem Münzreichen; davon wurde schon im allgemeinen geschichtlichen Teil berichtet. Der Krieg Maximilians gegen Venedig (1508–1518) berührt das Pustertal mehr am Rande, da die Hauptkämpfe sich im Friaul und im Gebiet von Ampezzo und im Buchenstein abspielten.

Aus den Napoleonischen Kriegen ist die schon erwähnte heldenhafte Abwehr der vorrückenden Feinde im Dorf Spinges besonders durch die Bauernmagd Katharina Lanz in die Geschichte eingegangen. Nach der Niederschlagung des allgemeinen Aufstandes unter Andreas Hofer kommt das Pustertal bis Niederdorf zum Königreich Bayern, das Eisacktal mit Bozen, Ampezzo und Buchenstein zum neugegründeten Königreich Italien, während das östliche Pustertal mit Innichen bis Lienz zur PROVINZ ILLYRIEN geschlagen wurde. Toblach mit dem Höhlensteintal kam aber seltsamerweise zu Italien. Aber diese künstliche Dreiteilung Tirols dauert nur bis zum Jahr 1814, und im Wiener Kongreß 1815 wird ganz Tirol unter den Habsburgern wieder vereint.

Besonders schwer mitgenommen wurde dann die Bevölkerung im Ersten Weltkrieg, wo die Frontlinie von Sexten über die Drei Zinnen zu den Tofanen und zum berühmt-berüchtigten Col di Lana zog. Dieser unerbittlich unter unsagbaren Anstrengungen geführte Kampf in den Felsen und in den Gletschern der Marmolada forderte schon genügend Opfer, aber dem seit Menschengedenken schneereichsten Winter 1916/17 fielen durch Lawinen und Kälte noch mehr Menschenleben auf beiden Seiten zum Opfer als durch die feindlichen Kugeln. Das Dorf Sexten wurde durch Artilleriebeschuß fast völlig zerstört. Die Front in diesem Abschnitt konnte aber bis zum Waffenstillstand gehalten werden.

Was die neuere Geschichte betrifft, unterscheidet sich das Schicksal des Pustertals nicht wesentlich von dem des übrigen Südtirol. Aber heute hat sich das Tal seit dem Zweiten Weltkrieg »in atemberaubender Geschwindigkeit vom Agrarland zu einem der führenden Ferienregionen Südtirols gewandelt. Es besitzt heute mehr als ein Viertel aller Hotelbetten des Landes; ein Viertel aller Sommergäste und ein Drittel aller Wintergäste logieren im Pustertal« (*Isolde von Mersi,* »Pustertal«, Athesia 1994). In dieser für den Wohlstand des Tales sicher begrüßenswerten Entwicklung liegt natürlich die Gefahr, daß gerade jene Werte, um derentwillen viele Feriengäste hieher kommen, nämlich die unberührte Natur, die unverfälschte bäuerliche Welt und das Erlebnis der Stille in den Wäldern und auf den Bergen, von eben diesem Fortschritt nach und nach zunichte gemacht werden.

Das obere Pustertal

Wir lassen unsere Reise am östlichsten Zipfel Südtirols beginnen, an der seit 1919 geltenden Staatsgrenze bei **Winnebach**. Heute merkt der Autofahrer nur mehr an den verlassenen Grenzhäuschen, daß hier bis vor kurzem genaueste Paß- und Zollkontrollen durchgeführt wurden, meist gründlicher als am Brenner. Die Drau ist noch ein kleines Bächlein, das durch das schmale Wiesental nach Osten eilt. Die Häuser des Dorfes und die Kirche in aussichtsreicher Lage grüßen rechts von einer Anhöhe herunter. Nach wenigen Kilometern sind wir in **Vierschach**, wo sich links auf einem waldigen Hügel die Kirche zur heiligen Magdalena versteckt, die aber unbedingt einen Besuch verdient. Von der Hügelkuppe aus, die Kirche und Friedhof einnehmen, tauchen zum ersten Mal die Sextener Dolomiten im Südwesten auf, mit dem Haunold im Vordergrund. Die Kirche selbst, ein rein gotischer Bau, enthält wertvolle Fresken aus der Hand des Simon von Taisten, einem späten Zeitgenossen Michael Pachers, dem wir in Pustertaler Kirchen häufig begegnen werden.

Das große Beinhaus zur Linken der Straße gegen Innichen ist, zusammen mit jenen von Gossensaß und Mals, der Versuch, den in Geographie und Geschichte wenig bewanderten Landsleuten weiszumachen, daß die heutigen Grenzen Italiens im Ersten Weltkrieg tatsächlich hier in Grenznähe verteidigt worden seien.

Wir kommen nach **Innichen**, der ehrwürdigen Kernsiedlung des oberen Pustertals. Wie schon in den einleitenden geschichtlichen Notizen dargelegt, geht die Klostergründung auf den Bayernherzog Tassilo im Jahr 769 zurück; wenn man aber den an der Südwand der Michaelskirche angebrachten römischen Meilenstein aus der Zeit des Kaisers Gordianus II. (238 bis 244) in die Ortsgeschichte einordnet, so reicht die Bedeutung Innichens noch um ein Gutes weiter zurück (auch wenn der Stein näher an Toblach gefunden wurde).

Was hier den Besucher gefangennimmt und ihm ehrfürchtige Bewunderung abverlangt, ist die Gebäudegruppe des ROMANISCHEN DOMS mit dem Friedhof und mit der weiter vorne stehenden Michaelskirche. Der schwere, ernste Kirchturm aus dem Beginn des 14. Jahrhunderts steht in seltsamem Kontrast zu dem hellen, runden Turm der Michaelskirche – eine für Südtirols Glockentürme recht ungewohnte Form. Die Stiftskirche wurde 1967–1969 in vorbildlicher Weise in ihre romanischen Grundformen zurückgeführt. Von der ersten, wahrscheinlich kleinen Klosterkirche des Bischofs Atto ist keine Spur mehr vorhanden; im Jahr 1140 war das Benediktinerkloster in ein Chorherrenstift umgewandelt worden, was zugleich eine gewisse Eigenständigkeit von der Freisinger Oberhoheit bedeutete; damals wurde die dreischiffige Pfeilerbasilika errichtet, die aber nach einem Brand um 1250 nochmals erneuert wurde. Spätere gotische und barocke Zutaten wurden radikal entfernt, so daß man mit *Frei* einstimmt, wenn er sagt: *Seit der Renovierung strahlt das Gotteshaus wieder unverfälscht die rationale Klarheit und majestätische Ruhe der vom »schweren Schweigen« geprägten romanischen Monumentalkunst aus.*

Man betritt die Kirche durch das Westportal und kommt in die Vorhalle, an der das Netzgewölbe und die Spitzbogenportale eine spätere gotische Bauzeit verraten (um 1460). Die abwechselnd achteckigen oder durch Rundsäulen gegliederten Pfeiler, die das Hauptschiff von den Seitenschiffen trennen, stehen auf viereckigen Sockeln, aus denen sie verjüngend emporwachsen *(Weingartner)*. Über der Vierung wölbt sich eine hohe Kuppel, in der erst anläßlich der Restaurierung wertvolle Fresken aus dem Anfang des 13. Jahrhunderts freigelegt wurden. Was aber den Blick schon beim Betreten des Kirchenraums mächtig anzieht, ist die romanisch strenge, feierliche KREUZIGUNGSGRUPPE über dem Altarraum: Christus als König und Sieger mit erhobenem Haupt in der Mitte, seine Füße auf dem Haupt Adams ruhend; unter seinen waagrecht ausgestreckten Armen die archaisch starren Gestalten von Maria und Johannes, deren verzweifelte Gesichter den Sieg über den

Tod des Gekreuzigten noch nicht zu ahnen scheinen. Die rote Fassung der Kleidungsstücke bringt einen Hauch von Leben in die Gruppe.

Das Sakramentshäuschen im Presbyterium stellt die Weltkugel dar, über der Maria mit dem Kind thront: eines der tief empfundenen, eigenwilligen Kunstwerke von Martin Rainer (1980), der auch in vielen seiner anderen Arbeiten von einem *romanischen Urgefühl* beseelt ist und religiöse Inhalte auf immer originelle Weise umzusetzen versteht. Von ihm stammt auch das Kriegerdenkmal im Friedhof.

Besondere Erwähnung verdient das Westportal, wo in der Lunette eine Steinplastik Christus als Weltenrichter darstellt, umgeben von den Symbolen der Evangelisten. Nach *Rasmo* ist hier der Einfluß der lombardischen Schule von Antelami unverkennbar (dessen Werke u. a. die Dome von Pavia, von Modena, von Nonantola schmücken). Über dem Halbrund des tief gestaffelten romanischen Portals hat Michael Pacher (und, laut *Rasmo,* auch Friedrich Pacher) Kaiser Otto den Großen dargestellt, der zu den großen Wohltätern der Kirche gehört, und ihm zur Seite die heiligen Candidus und Korbinian.

Eine lebensgroße Statue des heiligen Korbinian (nach *Rasmo* ist es Candidus) aus der Zeit der Kreuzigungsgruppe steht in einer Nische der erst im vorigen Jahrhundert wieder von Bauschutt befreiten Krypta, zu der man rechts unter dem erhöhten Presbyterium Zutritt findet. Dem anderen Kirchenpatron, Candidus, verdankt der Ort Innichen seinen italienischen Namen »San Candido«. Innichen aber heißt im Dokument Tassilos »India«, später Inticha, Intichingen, Inniching, Innichen (*Wolfsgruber* in »Stifte und Klöster«, Südtiroler Kulturinstitut 1962); der ursprüngliche Name wird auf den keltischen Personennamen *Indius* zurückgeführt *(Rampold)*.

Südwestlich der Stiftskirche steht frei die heute in schönstem Barock glänzende Pfarrkirche zum heiligen Michael, die nach einem Brand im Jahr 1735 völlig neu errichtet werden mußte. Die Wandgemälde im Inneren stammen vom Schwazer Maler Christoph Anton Mayr; sie verleihen dem Raum, zusammen mit den reichlichen Stuckarbeiten, ein einheitlich festliches

Gepräge. Die Form der barocken Fenster an der Fassade wiederholt sich im Aufbau der Seitenaltäre.

Die Marktgemeinde Innichen zählt in ihrem Kern nur wenig mehr als 2000 Einwohner, aber das belebte Zentrum macht durchaus den Eindruck einer kleinen Landstadt; nahe am Dom befindet sich das große und gut eingerichtete Bezirkskrankenhaus und daneben die alte Spitalskirche, deren romanische Rundapsis und Fenster noch auf ihre frühe Entstehung hinweisen. Einen auffallenden Bau im Westen des Ortes bilden die zwei nebeneinander liegenden Kirchlein, Nachbildungen der Altöttinger Gnadenkapelle und des Heiligen Grabs zu Jerusalem – spitztürmig und schindelgedeckt die erste, mit Kuppel und Zwiebelhaube versehen die andere. Beide wurden im 17. Jahrhundert errichtet.

Innichen besitzt einige größere Betriebe wie die Anlage für das bekannte Mineralwasser »Kaiserwasser« oder die weit am internationalen Markt (bis nach China) tätige Speck- und Wurstwarenherstellung der Firma Senfter. Eine Reihe von Hotels und Pensionen verspricht Erholung und einen angenehmen Aufenthalt.

Der niedere, waldige Rücken des Innicher Berges, wo Reste einer vorgeschichtlichen Wallburg stehen, trennt den Ausgang des SEXTENTALES vom flachen Talgrund um Innichen. Dieses Tal mündet beinahe eben in das Haupttal, so wie das auch beim Antholzer oder beim Pragser Tal zu beobachten ist. Die zerklüftete Bergkulisse der Sextener Dolomiten zu seiner Linken macht es zu einem der schönsten Täler Südtirols. Der Höhenzug des Karnischen Kammes mit dem flachen Helm und dem zackigeren Hornischek begleitet das Tal gegen Nordosten, ist jedoch aus Urgestein, nämlich einem leicht verwitternden Quarzphyllit, der sanft abgerundete Formen schafft und eine Begrünung mit Wiesen und Wald bis auf die Kammhöhe erlaubt. Dieser Kamm schließt nicht etwa das Reich der Dolomiten ab, denn östlich davon setzen sie sich in der mächtigen Gruppe der Lienzer Dolomiten fort, die sich vor ihren westlichen Schwestern durchaus nicht zu verstecken brauchen. An der Sextner Sonnenseite reicht die Baumgrenze bis über 2000 Meter, hier haben sich schon seit frühesten Zeiten die Bauernhöfe angesiedelt, während das Klima an der Schattenseite dafür zu ungünstig ist. Das Tal endet im Südosten, 6 km von Moos entfernt, mit dem Kreuzbergsattel auf 1636 Metern, der ins Comelico führt. Hier verlief früher die Grenze zu Venedig und später jene zwischen Österreich und Italien. Trotz des sehr flachen Übergangs ist es kaum zu sprachlichen oder familiären Vermischungen mit dem Nachbartal gekommen, die Grenze zu der so andersartigen Kultur ist selten so ausgeprägt zu beobachten wie hier (*Holzer*, »Gebietsführer Sexten«, Athesia 1987). Nur der in Südtirol noch vorkommende Familienname »Kamelger« weist auf eine Herkunft aus dem Comelico-Tal hin. Die Rotwandwiesen über Moos und die landschaftlich herrlich gelegenen Hänge am Kreuzbergsattel sind im Winter durch Lifte bestens erschlossen. Und eine weitere Steigerung erfährt das Tal noch durch seine beiden Nebentäler: Nach der letzten Talfraktion **Moos** mündet das Fischleintal beinahe eben in den moorigen Grund des Talschlusses. Wie in einem Märchen verzaubert liegen die mit Lärchen locker durchsetzten hellen Bergwiesen zwischen den aufragenden Felsen. Das zum Glück für Autos gesperrte Tal, das bald steiler wird, teilt sich später in das Altensteiner Tal, das gegen den Paternkofel und die DREI ZINNEN zieht, und in das Bacherntal in Richtung auf den ZWÖLFERKOFEL. Das westlich davon verlaufende Innerfeldtal, das bald nach Sexten fast unbemerkt in den dichten Wald mündet, ist weniger lieblich, aber vielleicht in seiner Wildheit ebenso faszinierend. Hier führt die zuerst fast ebene Straße ein Stück taleinwärts und auch hier, nach der ersten Steigung, bietet eine Schranke den Gehfaulen Einhalt. Zu Fuß geht man von hier bis zur Dreischusterhütte (1626 m) kaum eine halbe Stunde; hier ist dann der zentrale Ausgangspunkt für weitere Wanderungen oder auch für zünftige Bergfahrten im Herzen der Sextener Dolomiten. Das »Handbuch der Südtiroler Wanderwege« von *Hanspaul Menara* gibt über alle Möglichkeiten bestens Auskunft, weshalb hier, um den Umfang des Buches nicht unmäßig anwachsen zu lassen, leider – wie ich gestehe – auf nähere Einzelheiten verzichtet werden muß. Es sei nur kurz vermerkt, daß die über der Hütte aufragende DREISCHUSTERSPITZE mit 3152 Metern die höchste Erhebung der ganzen Gruppe darstellt, Zinnen inbegriffen. Und vielleicht auch noch, daß sich die vielen Sänger des Südtiroler Bergsteigerliedes (»Wohl ist die Welt ...«), die von hier aus den steilen und mühsamen Aufstieg zum HAUNOLD (2966 m) unternehmen, nicht das besungene Blumenmeer (»des Haunolds Alpenreich, das tausend Blumen deckt«) erwarten dürfen: Denn es gibt kaum eine steinigere, zerklüftetere und vegetationslosere Gegend als dieses Zackengewirr des Haunold!

Nun aber zurück zu den Menschen im Tal! Der Ort **Sexten** selbst liegt auf 1316 Metern Seehöhe und zählt zu seinen Fraktionen im Talgrund **Moos** mit dem BAD MOOS und **Schmieden**; am weit ausgedehnten Sonnenhang liegen verstreut die Höfegruppen von Außerberg und von Mitterberg; der Tschurtschenthalerhof, von dem die über das ganze Land weitverbreitete Sippe dieses Namens herstammt, liegt auf 1660 Metern Höhe und ist ganzjährig bewirtschaftet. Wandert man über diese sonnenbegünstigten, weiten Wiesenflächen, sieht die sauber gehaltenen, uralten und behäbigen Bauernhöfe, auf den Weiden das prächtige Vieh und im Stadel das würzige Bergheu, dann versteht man, daß einer dieser Höfe, der Villgrater, im September 1998 preisgekrönt wurde für die beste Milch des ganzen Pustertals.

Sexten zeigt sich heute als Touristenort mit einer Reihe guter Hotels, Pensionen und Privatzimmern. Man sieht es dem Ort nicht an, daß er im ersten Kriegsjahr gegen Italien, am 12. August 1915, von den feindlichen Granaten in Brand geschossen wurde und dabei die Kirche und neununddreißig Wohnhäuser ein Raub der Flammen geworden waren; und was die Bomben und das Feuer nicht vermocht hatten, besorgten die erdrückenden Schneemassen des Winters 1916/17. Die damals wegen Frontnähe evakuierte Bevölkerung kehrte nach Kriegsende zurück an einen Ort der Verwüstung! Aber der Aufbau ging unter ungeheuren Opfern zügig voran, und schon im Oktober 1923 konnte der gelungene Wiederaufbau festlich begangen werden; wie *Holzer* in seinem Gebietsführer »Sexten« (Athesia

1987) anführt, steuerten zur künstlerischen Bereicherung des Wiederaufbaus unter anderen der berühmte Architekt Clemens Holzmeister, die drei Maler-Brüder Ignaz, Rudolf und Albert Stolz, Hugo Atzwanger, Albin Egger-Lienz, die Bildhauer Leo Santifaller (nicht zu verwechseln mit dem gleichnamigen Historiker aus Seis), Ignaz Gabloner und Valentin Gallmetzer wesentliche Werke bei. Besonders erwähnt werden soll hier die malerische Ausschmückung des Kirchenraumes des neu errichteten Gotteshauses durch Albert Stolz und vor allem die berühmt gewordenen Szenen des »Totentanzes« am Aufgang zum Friedhof durch den Bruder Rudolf Stolz. An der Ausmalung der Friedhofsarkaden beteiligten sich alle drei Brüder. Ihnen ist auch ein sehenswertes Museum im Ort gewidmet. Ein interessantes Krippenmuseum wurde dank der Initiative des Sextener Sammlers und Hoteliers in seinem Gasthof »Mondschein« vor kurzem eingerichtet, und es wird bestimmt zu einem Anziehungspunkt für viele Besucher werden.

Eine Kirche zum heiligen Vitus ist schon 1364 erwähnt; sie wurde 1667 und 1761 erweitert, wie das ja in vielen Tiroler Orten durch das Anwachsen der Bevölkerung notwendig geworden war, und im Jahr 1821 völlig neu gebaut. Sexten hieß auch bis ins vorige Jahrhundert SANKT VEIT. Die heutige Kirche zu den Heiligen Petrus und Paulus hat nach dem Wiederaufbau die äußeren Formen ihrer Vorgängerin bewahrt. In Moos wurde die Sankt-Josephs-Kirche in den zwanziger Jahren neu errichtet und ein Turm nach den Plänen von Clemens Holzmeister angebaut. Das Innere wurde von Rudolf Stolz mit Fresken versehen.

Man wünscht dem Ort und dem Tal von Sexten ein weiteres Gedeihen durch den in den letzten Jahren immer mehr angewachsenen Fremdenverkehr; zur Zeit tobt zwischen den Befürwortern eines weiteren Wachstums und den Feinden einer noch intensiveren Beanspruchung der Naturlandschaft ein Kampf um eine Erweiterung der Skilift-Anlagen auf dem Helm: Jede der beiden Parteien hat gute Argumente auf ihrer Seite, die Frage ist nur, was wiegt am Ende mehr, was ist beständiger? Vielleicht aber liegt auch die fernere Zukunft nicht so sehr am Talboden, sondern auf den sonnigen Hängen des Mitterberges und Außerberges, wo seit vielen Jahrhunderten urkundlich belegte »Urhöfe« ihr Land aus Wald, Wiesen und Weiden in einem gesunden Gleichgewicht zu halten verstehen und damit auch gut zu wirtschaften imstande sind. Es gibt laut *Holzer* über 35 solcher noch ins Mittelalter zurückreichende Höfe, und meist ist aus dem Hofnamen auch der Familienname hervorgegangen; so heißen die vom Anrathof eben Anrater und die von Lanzing die Lanzinger. Der Bauernstand – und das gilt für ganz Südtirol – war nicht nur jahrhundertelang frei und im Landtag vertreten und hatte dadurch ein gesundes Selbstbewußtsein bewahrt; heute sorgt ein gut organisierter Bauernbund für die solide Ausbildung der Bauernjugend, die immer mehr lernen, ihren Betrieb den modernen Gegebenheiten anzupassen, um mit allen technischen Hilfmitteln und Verkaufsstrategien arbeiten zu können. Und das Land unterstützt auch besonders die Bergbauern durch bessere Zufahrten und durch finanzielle Beihilfen, damit diese für unser Land so wichtige Bevölkerungsschicht nicht zur Landflucht gezwungen wird und im städtischen Proletariat untergeht.

Nach Innichen weitet sich allmählich das leicht ansteigende Tal, bis es auf dem Toblacher Feld zu einer weiten Ebene wird, in die vom Süden das HÖHLENSTEINTAL und vom Norden das engere SILVESTERTAL einmünden. Hier ist die Wasserscheide, die die Zuflüsse zum Schwarzen Meer von jenen zur Adria trennt. Und hier liegt auf einem gegen Norden leicht ansteigenden Schuttkegel in 1240 Metern Seehöhe der ansehnliche Ort **Toblach**. Mit der Siedlung von Neu-Toblach im Süden der Staatsstraße erreicht er etwas über 1500 Einwohner, mit den eingemeindeten Orten **Aufkirchen** und **Wahlen** kommt er auf knapp 2800.

Toblach wird als »Duplago« schon in einer Urkunde des Quartinus (827/28) als Gegengabe des Freisinger Bischofs Hitto an den Quartinus für dessen reiche Schenkungen erwähnt *(Rampold)*. Die Siedlung war dem Kloster Innichen zinspflichtig und wurde gegen 1200 eine eigene Pfarre. Seine Lage an der Einmündung der »strada d'Alemagna« aus dem Sextental und an dem bequemen Höhlensteintal nach Cortina ließ hier bald eine wichtige Zollstation entstehen *(Huter)*. Während der napoleonischen Herrschaft war das Gebiet um Toblach dem italienischen Königreich angegliedert, als Keil zwischen dem bayrischen Pustertal im Westen und der neugeschaffenen Provinz Illyrien im Osten.

Von weitem grüßt den Besucher die Zwiebelhaube des hohen Pfarrturms. Die Kirche steht frei in der Mitte des Dorfes und ist in ihrer reichen und prächtigen Ausstattung eine der schönsten Barockbauten in unserem Land. Dazu haben vor allem zwei hervorragende Tiroler Künstler beigetragen: der Maler F. A. Zeiller (1716–1793, aus Reutte) und der Bildhauer Johann Perger, geboren 1729 in Stilfes bei Sterzing und 1774 in Toblach gestorben. Bemerkenswert ist schon die Westfassade, die in der Mitte in leichter Höhlung zurückgenommen ist, eingerahmt von hohen Pilastern und gekrönt von einem eleganten Volutengiebel. Die ovalen Flachkuppeln im Langhaus sind mit den herrlichen Fresken in gedeckten Farben von Zeiller bemalt. Der von Perger geschnitzte Tabernakelaufbau mit der beeindruckenden Grablegung in der Predella und den leichtbeschwingten Engelsfiguren zu den Seiten gehört zu seinen besten Werken.

Nahe an der Kirche steht, von hohen Bäumen beschattet, die HERBSTENBURG, deren südlicher Teil noch die Mauern des wohl mittelalterlichen Turmes enthält, während der eigentliche Palas um 1500 »von den Brüdern Kaspar und Christoph Herbst, Hauptleuten Kaiser Maximilians, erworben, umgebaut und Herbstenburg genannt wurde« *(Weingartner)*. Im Inneren sind besonders eine kunstvolle Balkendecke in einem der Zimmer im ersten Stock sowie einige Wandgemälde aus dem späten 16. Jahrhundert im zweiten Stock zu erwähnen. Die Burg wechselte häufig die Besitzer, gehörte eine Zeitlang den Walther, die heute noch das Prädikat »zu Herbstenburg« führen, noch in diesem Jahrhundert den Grafen Bossi-Fedrigotti und seit den sechziger Jahren der römischen Familie der Marchesi Cavalcabò-Misuracchi Fratta. Nicht weit davon entfernt, gegen Westen, steht das zweite noch gut erhaltene Gebäude aus dem 15. Jahrhundert, der ROTE TURM. Die drei Eckrondelle, im 16. Jahrhundert dazugebaut, sind jetzt in andere Gebäude einbezogen, aber noch kenntlich. Ursprünglich gehörte der Turm zur Herbstenburg und war, der Sage nach, mit ihm durch einen unterirdischen Gang verbunden (*Mairhofer*, Gebietsführer Toblach). Andere, kleinere Edelsitze, wie z. B. Wiesenegg, Freising, Biedenegg, Englös oder Neudenstein haben heute nur noch Reste ihrer ursprünglichen Form bewahrt.

Toblach hat sich in den letzten Jahrzehnten auch den Namen eines Kulturzentrums erworben. Vor allem sind die seit mehreren Jahren hier stattfindenden, *Gustav Mahler* gewidmeten Musikwochen zu nennen. Der große Musiker hat hier in den Sommermonaten der Jahre 1908–1910 im Schluderbacherhof gewohnt und hier auch einige Symphonien geschrieben. Ferner finden hier jeden Sommer die TOBLACHER GESPRÄCHE statt, ein internationales Treffen über Fragen der Ethik in Wirtschaft, Handel und Verkehr. (Deren Leiter, Dr. Hans Glauber, hat übrigens über seinen Großvater Wilhelm von Walther zu Herbstenburg Toblacher Wurzeln.)

Seine zentrale Lage hat Toblach auch zu einem vielbesuchten Ferienort im Sommer und im Winter werden lassen; seine Umgebung bietet unbeschränkte Möglichkeiten für Spaziergänge, Wanderungen und Bergtouren. Die Wege und Markierungen sind von der »Sektion Pustertal« des Südtiroler Alpenvereins (AVS) bestens instand gehalten. Auch die Wintergäste kommen durch die Nähe der weiten Anlagen auf dem Helm in Innichen, im Talgrund von Sexten und im wenig entfernten Cortina d'Ampezzo auf ihre Rechnung, und für die Anlage von Langlaufpisten ist der flache Talgrund ein ideales Gelände.

Einige Kilometer taleinwärts nach der Mündung des Höhlensteintals, aus dem die bereits ansehnliche Rienz kommt, treffen wir zur rechten Hand auf den TOBLACHER SEE, der sich in einer waldigen Mulde unter den steilen Wänden des Sarlkofels ausbreitet. Vom Ortskern von Toblach ist es bis daher eine knappe Stunde Gehzeit. Ein paar Hotels an der Straße und an seinem Ufer locken besonders im Sommer Gäste an; zum Baden aber verleitet die Wassertemperatur kaum, da sie schwerlich über 12 Grad steigt. Beim Weiterfahren durch das zwischen hohe, waldige und felsige Flanken gezwängte Tal zeigen sich linker

Hand für kurze Zeit die Drei Zinnen, und die Stelle wird auch als *Zinnenblick* vermerkt, obwohl von hier aus wenig von ihrer freistehenden und beherrschenden Größe zu erkennen ist. Bald darauf, etwas über 13 km von Toblach entfernt, liegt der Dürrensee oder Lago di Landro, an Größe dem Toblacher See ungefähr gleich und mit einem Ausblick auf den mächtigen Monte Cristallo und den Piz Popena. Reste von alten Sperrforts zur Linken erinnern an die im Ersten Weltkrieg hart umkämpfte Grenze zu Italien; heute verläuft die Provinzgrenze zu Belluno kurz hinter der Teilung der Straßen nach Cortina und nach Misurina.

Als Ziel für kürzere oder längere Wanderungen bietet sich in der näheren Umgebung von Toblach das SILVESTERTAL an. Noch in Blickverbindung zum Hauptort liegt auf einem Wiesenhang am Eingang des Tales in freier Lage der alte Ort **Wahlen**. Der Turm der weithin sichtbaren Kirche stammt noch aus dem 13. Jahrhundert, das Innere verrät noch eine gotische Bauzeit, während die Ausstattung außer ein paar Freskenresten neugotisch ist. Die schmale, aber geteerte Straße verläuft im Talgrund neben dem Bach und kommt bald an der *Enzianhütte* vorbei; hier war die bis ins hohe Alter tüchtige und schlagfertige »Enzian-Thres« zu Hause, die ihr originelles Wesen und die von ihrem Vater ererbten Künste im Brennen von Schnaps aus den großen Wurzeln des gelben Enzians und aus anderen würzigen Kräutern landauf, landab bekannt gemacht hatten, so daß sie über Besuchermangel nie zu klagen hatte.

Folgt man bald darauf der Straße, die nach links in die Höhe abzweigt, so gelangt man zu den alten Höfen von **Frondeigen**, wo ein Gasthaus und eine Kapelle auf weitem terrassenförmigen Wiesengelände stehen. Von hier führt ein Güterweg, für Autos gesperrt, ins benachbarte Gsieser Tal; früher war das ein vielbenützter Übergang ins Nachbartal, ja man erzählt sich, daß die Gsieser ihre Kinder zum Taufen nach Toblach über diesen Bergweg brachten.

Weiter taleinwärts führt eine andere Straße vom Hauptweg ab nach den Höfen von **Kandellen**. Hier ist die Terrassenlage noch ausgeprägter, die Aussicht auf die Dolomiten und das Toblacher Feld noch beherrschender, so daß ein Ausflug auf diese weiten Wiesenflächen über dem Waldtal immer zu einer Belohnung für den kurzen und mühelosen Anmarsch wird. Das freistehende, anmutige Kirchlein mit dem aus dem Dach wachsenden Turm stammt aus dem 18. Jahrhundert. Auch hier bietet ein Gasthaus dem Wanderer Rast und Labung.

Im Tal wird der Autofahrer bald durch eine Schranke am Weiterfahren gehindert; aber eine Fortsetzung zu Fuß durch das dunkle Tal lohnt sich auf alle Fälle, denn nach etwas mehr als einer Stunde kommt man zuerst zur Silvesteralm und auf den Sattel zum Winnebachtal. Auf dem Hang gegen Norden liegt dann die kleine, alte KIRCHE ZUM HEILIGEN SILVESTER auf 1912 Metern Seehöhe und ist damit eines der höchstgelegenen Wallfahrtskirchlein der gesamten Alpen.

Die heutige Kapelle wurde, vielleicht über einer noch älteren, im 12. oder 13. Jahrhundert errichtet und 1441 nach einer Erweiterung neu geweiht. »Von Innichen zog jeden Sommer ein großer Bittgang unter großer Beteiligung der Oberpustertaler Bauern hier herauf, um durch die Fürbitte des ›Viehheiligen‹ St. Silvester Gottes Segen für den Viehstand zu erlangen« (*Mairhofer,* Gebietsführer Toblach). Der ganze Altarraum des sonst schmucklosen Kirchleins ist bemalt von einem Meister der Brixner Schule und dem Meister von Klerant, um die Mitte des 15. Jahrhunderts. Dargestellt sind Petrus und Paulus mit zwei Bischöfen, an der Rückseite des Bogens Schweißtuch von zwei Engeln gehalten, im Altarraum Maria mit Kind und weitere Szenen aus dem Leben Christi *(Weingartner)*.

Ein landschaftlich schönerer Anstieg zu diesem Bergheiligtum wählt zuerst die gute Straße, die von Toblach ostwärts auf den Berg führt, und die, wenn mit dem Auto befahren, fast eine Gehstunde einspart. Von der Schranke an folgt man der Markierung Nr. 1A, die die Militärstraße etwas abkürzt, und erreicht dann in weiteren zwei bis zweieinhalb Stunden das Ziel.

Nach nur vier Kilometern auf der Staatsstraße kommen wir nach **Niederdorf**. Ein Meilenstein des Kaisers Decius (249 bis 251), der in der Nähe des Ortes im Jahr 1955 gefunden wurde und heute im kleinen Park aufgestellt ist, erzählt vom damaligen

Verkehr durchs Pustertal, und die Erwähnung unter dem Namen *Nidrindorf* aus dem Jahr 994 spricht deutlich für eine damals schon bestehende Siedlung. Später erlangte es Bedeutung als Poststation an der »Strada d' Alemagna«, aber es machte sich auch einen Namen durch das in seiner Nähe liegende Heilbad BAD MAISTATT, in dem selbst Kaiser Maximilian I. Erholung gesucht haben soll *(Rampold)*. Heute noch erinnern mehrere Gasthöfe und Hotels an die Glanzzeit von Niederdorf, das als eine der ersten Stationen nahe der Dolomiten schon um die Mitte des 19. Jahrhunderts den aufstrebenden Tourismus zu nutzen verstand. Damals war es vor allem die weitum berühmte *Frau Emma Hellensteiner* vom »Schwarzen Adler«, die durch ihre außergewöhnlichen Kochkünste Gäste aus ganz Europa anlockte.

Die Anekdote beruht auf Wahrheit, nach der ein Brief aus Amerika mit der Anschrift »Frau Emma in Europe, Autriche« ohne weiteres sein Ziel erreichte. Die Nachkommen dieser berühmten Frau Emma entwickelten sich zu einer erfolgreichen Gastwirtedynastie, die unter anderen Hotels am Pragser Wildsee, in Meran (wo bis vor kurzem noch ein *Hotel Emma* existierte), im Vinschgau und in Innsbruck betrieb. Das alte Hotel führt bis heute den Namen *Emma,* und *Rio Emma* heißt, sozusagen als Hommage von seiten der Italiener, der Riepenbach, der bei Sankt Veit in den Pragser Bach mündet. Das ebenfalls traditionsreiche *Hotel Bachmann* ist durch die vorübergehende Einquartierung von 250 Häftlingen aus dem KZ von Dachau in den letzten Kriegstagen 1945 in die Geschichte eingegangen (dazu siehe Näheres bei Prags).

Am Hauptplatz steht die alte Spitalskirche mit dem ehemaligen Spitalsgebäude. Die Kirche wurde im Jahr 1710 vom damals sehr gefragten Barockmaler Josef Renzler mit Fresken geschmückt. Die Pfarrkirche zum heiligen Stephan, die erhöht über dem Dorf jenseits der Rienz steht, wurde um das Jahr 1790 völlig neu an der Stelle einer sehr viel älteren errichtet. An der Decke sind Fresken von J. P. Altmutter (bekannt durch sein Andreas-Hofer-Porträt) und an den Seitenaltären Tafelbilder von Martin Knoller zu sehen.

Das schon erwähnte Bad Maistatt, das jenseits der Rienz gegen Osten erhöht am Waldrand liegt, ist heute nicht mehr in Betrieb, war aber bis zum Zweiten Weltkrieg eines der besuchtesten Heilbäder Südtirols.

Ungefähr auf dem halben Weg nach Welsberg zweigt gegen Süden eine Straße ab, die nach der Bahnunterführung in das Gebiet von **Prags** führt. Das Wiesental bleibt bis zu den Höfen von Außerprags flach. Dort fließen zwei kräftige Gebirgsbäche aus dem Altpragser Tal und aus Innerprags zusammen. Wir folgen zuerst dem letzteren und kommen nach den Häusern von Hofstatt nach Schmieden, wo der Sitz der Gemeinde Prags ist. Die Pfarrkirche liegt im nahen Sankt Veit, dessen Kirchturm inmitten eines malerisch gelegenen Friedhofs leicht erhöht über der Straße den Wanderer von weitem grüßt. Von hier ab beginnt das Tal wieder enger zu werden, und bald hat man das von mächtigen Felsbergen umschlossene Talende erreicht, in dem auf beinahe 1500 Metern Seehöhe der große PRAGSER WILDSEE gebettet liegt. Die unwahrscheinlich hohe Nordwand des Seekofels spiegelt sich im klaren, blauen Wasser. Um die – in den Sommermonaten allerdings illusorische – Ruhe der Seeufer zu wahren, dürfen Autos nur bis wenige hundert Meter an das Ende der Straße heranfahren. Der Blick auf das Wasser wird einem aber durch den Riesenbau des Hotels verwehrt, und man muß dieses Hotelungetüm aus dem Ende des 19. Jahrhunderts auf der einen oder anderen Seite umgehen, um dann den ganzen schönen See vor sich ausgebreitet zu sehen. Vom 30. April bis zum 8. Mai 1945 hatte das Hotel eine Anzahl von höchst ungewöhnlichen und unfreiwilligen Gästen beherbergen müssen.

Als sich die Amerikaner am 24. April dem KZ von Dachau näherten, wurde eine Reihe der politischen Häftlinge vorerst nach Innsbruck verlegt. Der Tiroler Gauleiter Franz Hofer hatte noch die ernste Absicht, im Dolomitengebiet ein letztes Widerstandsnest, die sogenannte »Alpenfestung« aufzubauen, um den Vormarsch der Alliierten aufzuhalten. Dabei hatte er im Sinn, die hochkarätigen Gefangenen als Geiseln zu benützen, um über eine bessere Verhandlungsbasis zu verfügen. Unter den 220 Personen befanden sich z. B. der ehemalige österreichische Bundeskanzler Kurt Schuschnigg mit seiner Frau, der französische Ministerpräsident Léon Blum, der ungarische Ministerpräsident von Kallay, der ehemalige Reichsbankpräsident Hjalmar Schacht, eine Reihe von hohen Offizieren aus vielen Ländern und die ganzen Familien der am 20. Juli 1944 hingerichteten Gruppe um Stauffenberg, die in sogenannter »Sippenhaft« lagen. Am 29. April wurden die in Niederdorf eingelangten Gefangenen, die bisher unter dem Befehl der SS standen, von Soldaten der Wehrmacht übernommen, und die SS, die noch den Auftrag hatte, im Ernstfall alle Gefangenen zu liquidieren, wurde entmachtet und die Gefangenen im Seehotel von Prags untergebracht.

Nach dem endgültigen Zusammenbruch des letzten deutschen Widerstands übernahmen die Amerikaner die nunmehr Befreiten und brachten sie am 8. Mai nach Cortina und von dort nach Neapel. Das Verdienst an der Befreiung haben später verschiedene Gruppen für sich in Anspruch genommen, so die Wehrmacht und vor allem die italienischen Partisanen, die aber den geringsten Anteil daran hatten. Letzten Endes waren es eben die Amerikaner. (Siehe dazu detaillierte Angaben mit der Liste sämtlicher Gefangenen bei: *Anton Sitzmann*, Schlern 1995, 259).

Rings um den See, der fast 1200 Meter lang, ca. 450 Meter breit und 50 Meter tief ist, führt ein landschaftlich prächtiger Spazierweg mit Blick auf die senkrechten Wände des SEEKOFELS im Süden und auf die Zacke des Herrsteins im Nordosten. In knapp eineinhalb Stunden kann man so den See immer knapp am Ufer umrunden. Das Baden ist nur sehr abgehärteten Naturen zu empfehlen, aber man kann sich ein Boot mieten und so vom Wasserspiegel aus die Wälder und Felswände gleichsam aus dem See wachsen sehen.

Wandervorschlag: Aus den vielen Möglichkeiten von Touren in der näheren Umgebung möchte ich die Rundwanderung über den Großen Roßkopf (oder Roßkofel) wählen. Vom südöstlichen Ende des Sees steigt man bis zur Engstelle des »Nabigen Lochs« gegen Süden. Dort zweigt rechts der Weg zum Seekofel ab, wir aber gehen weiter in die steinig-grasige Mulde des »Ofens« und wenden uns gegenläufig wieder nach Norden, der neuen Markierung 28 folgend. Über die weiten, erholsamen Hochwiesen der Roßalpe kommen wir auf den Gamssattel (2443 m), von wo aus der 2559 Meter hohe Große Roßkofel bald erreicht ist. Die Aussicht von dort oben ist beherrschend! Vom Sattel abwärts kommt man in ein großes, steiniges Kar und über den flachen Weißlahnsattel unter dem Herrstein zurück zum Pragser Wildsee.

Die Fortsetzung des Pragser Tales gegen Süden führt ins ALTPRAGSER TAL. Bald sieht man links in der Höhe den Gebäudekomplex des früher sehr berühmten Bades **Altprags** mit seinem

Kirchlein und dem langgestreckten Hotelbau. Die Geschichte des Heilbades reicht ins 15. Jahrhundert zurück; die schwefelhaltigen Wasser waren früher besonders für Gelenkskrankheiten empfohlen. Leider steht das traditionsreiche Bad seit einigen Jahren verlassen da und droht langsam dem Schicksal aller unbewohnten Gebäude, nämlich dem sicheren Verfall, entgegenzumodern, es sei denn es fände sich ein beherzter Mäzen, der an Gliedersucht leidet und dort wieder Heilung sucht.

Das Tal liegt eingebettet zwischen der Roßkofelgruppe mit dem Riesen des SEEKOFELS weiter hinten im Westen und dem von hier aus steil abfallenden DÜRRENSTEIN im Osten. Beim Gasthof »Brückele« wird das Tal wieder etwas weiter, und von hier aus beginnt die Straße richtig anzusteigen, um auf beinahe zweitausend Metern Höhe die Hochalpe der »PLÄTZWIESE« zu erreichen. So viele Orte der Pustertaler Seitentäler verdienen Superlative, es fällt schwer, dem einen oder andern von ihnen den Vorzug zu geben, denn jeder hat sein besonderes Gesicht. Plätzwiese gehört jedenfalls zur engsten Auswahl. Nur sollte man zum Besuch nicht die Sommermonate und schon gar nicht einen Sonntag wählen, denn da »wendet sich der Gast mit Grauen«. Aber ein sonniger Tag im blumenreichen Juni oder im goldenen Herbst auf diesen herrlichen Wiesen prägt einem diese erhabene Dolomitenlandschaft für immer ein! Der Dürrenstein wirkt von hier aus beinahe zahm und ist auch unschwer zu erreichen, dafür stellt sich im Südwesten die zerklüftete und bergsteigerisch viel schwierigere Gruppe der Hohen Gaisl (3146 m) mächtig in den Vordergrund, und im Süden steht wie ein Riegel der Monte Cristallo mit dem Turm des Piz Popena. Die für nicht Ermächtigte gesperrte Straße führt von hier weiter steil ins Höhlensteintal. Ein Schutzhaus und ein großes Hotel bieten Betten und Labung.

Wir kehren zurück ins Haupttal und sind nach wenigen Kilometern in **Welsberg**. Zahlreiche Bodenfunde, besonders auf dem Burgstallhügel gegenüber dem Schloß, sprechen für eine vorgeschichtliche Besiedlung. Der Ort hieß bis ins vorige Jahrhundert »Zell«, weil hier das Stift Innichen eine »cella« (wohl ein Aufbewahrungsmagazin für grundherrliche Naturalabgaben) hatte. Der Name Welsberg entwickelte sich aus dem früheren »Welfesberg«, also einem Besitz des Welf. Der Dorfname ist heute Welsberg, der der Burg hingegen Welsperg *(Kühebacher)*.

Welsberg bleibt für immer verbunden mit seinem berühmtesten Sohn, dem Maler *Paul Troger,* dessen im dreihundertsten Jahr nach seiner Geburt im Jahr 1998 auch durch eine sehenswerte Ausstellung im Brixner Diözesanmuseum gedacht wurde. In einem Park nahe der Kirche ziert seine Büste einen Brunnen. Vom Sohn eines einfachen Handwerkers stieg Paul Troger zu einem der gefeiertsten und gesuchtesten Barockmaler des süddeutschen Raumes auf, und er starb in Wien als Leiter der Akademie der bildenden Künste (die im Jahr 1705 von Peter Strudel aus Cles gegründet worden war). In Südtirol ist sein größtes und auch bekanntestes Werk das riesige Fresko von der Anbetung des Lammes im Brixner Dom.

Der Pfarrkirche von Welsberg hat Troger das Tafelbild am Hochaltar (St. Margareth und Georg, der Drachentöter) und an den rechten Seitenaltären (Anbetung der Könige und Johannes von Nepomuk als Almosenspender) hinterlassen. Weniger bekannt sind seine Fresken in der Kapelle des Kalvarienberges in Kaltern (daher auch der »Paul-Troger-Weg«, der dort hinaufführt); und erst vor wenigen Jahren wurden in einem ehemaligen Palazzo Firmian in Kronmetz hübsche Fresken als Bemalung der Decke eines Saales entdeckt, der heute als Sitz der Gemeinde allen zugänglich ist. Troger war von einem Graf Firmian in seinen Jugendjahren finanziell unterstützt worden, und er hat sich wohl auf diese Weise revanchiert.

Die Kirche mit den schon erwähnten Bildern von Troger ist ein Neubau aus der Barockzeit und wurde 1908 noch um ein Joch verlängert. Nahe der Kirche steht einer der so eindrucksvollen gotischen Bildstöcke, wie wir sie schon im Lajener Ried und in Steinegg beschrieben haben und im nahen Taisten wiederbegegnen werden. Ursprünglich stammte die ganze Bemalung von Michael Pacher, davon sind aber durch die Unbilden der Witterung nur mehr Teile vorhanden. Der Friedhof mit einigen künstlerisch wertvollen Grabmälern (von Maria Delago, Martin Rainer) liegt bei der erhöht stehenden Rainkirche, deren

Netzgewölbe noch in die Spätgotik weisen, während sich Barock und Neugotik die Innenausstattung streitig machen.

Die alte Burg Welsperg (nach Kühebacher mit hartem »p« zu schreiben) steht, von Wald umgeben, über der tiefen Schlucht des Pidigbaches und ist nicht von der Talstraße aus, wohl aber sehr gut vom Weg nach Taisten und ins Gsies zu sehen. Der hohe Bergfried und der Palas sind nach fortschreitendem Zerfall und nach einem verheerenden Brand im Jahr 1765 wieder in guten Stand versetzt; im Inneren konnte ein gotischer Raum restauriert werden, an dessen Ostseite noch die romanische Rundapsis einer früheren Kapelle zu erkennen ist. Die später erbaute gotische Kapelle steht außerhalb des Palas. So ist das jahrhundertelang dem Verfall entgegengehende Schloß wieder zu neuem Leben erwacht und kann in den Sommermonaten auch besichtigt werden. Die Welsperger standen einst einem eigenen Gerichtsbezirk vor und hatten auch im Tal von Primiero oder Primör, wie es damals hieß, große Besitzungen und einen von den Trienter Bischöfen unabhängigen Gerichtsbezirk. Im Jahr 1907 ist Heinrich Graf von Welsperg, der »Letzte seines Stammes«, wie auf dem Welspergischen Grabmal verzeichnet steht, gestorben; der Name lebt aber in der Familie der Grafen Thun-Welsperg fort, die nach 1914 durch Heirat zur Erbschaft kamen.

Zur Gemeinde Welsberg gehörend, aber gute hundert Meter höher liegt **Taisten** auf einer sonnigen Terrasse am Eingang des weiten Gsieser Tales. Hier ist man trotz der Nähe dem immer mehr anwachsenden Verkehr im nahen Tal entrückt, man sieht gegenüber die Pragser Dolomiten und gegen Osten die flachen Wiesengründe des Tales von Gsies; der Ort selbst aber birgt einige der auserlesensten Kunstgenüsse des ganzen Pustertals. In der bei Innichen erwähnten Tassilo-Urkunde wird der »rivus Tesido«, also der Taistner Bach, als westliche Grenze des Innicher Besitzes angegeben. Die Pfarre umfaßte ursprünglich fast alle Gemeinden des Gsieser Tales, nur Sankt Martin gehörte zu Toblach.

Die Abzweigung zum Dorf geht von der Gsieser Straße ungefähr auf der Höhe des Schlosses Welsperg ab. An der Kreuzung, wo links der Weg steil zur Pfarrkirche abgeht, steht der schon gerühmte BILDSTOCK, in dessen gehöhlten Nischen Szenen aus dem Leiden Christi sowie Figuren von Kirchenvätern und die Evangelistensymbole in gut erhaltenen Fresken dargestellt sind, von Malern der Brixner Schule aus dem 15. Jahrhundert. Die ursprünglich romanische und später gotische Kirche wurde 1771 als neugestalteter Barockbau eingeweiht, wobei infolge der Umbauten die Ostseite als Eingang dienen mußte und die Kirche nicht mehr »geostet« (daher »orientiert«) ist. Die Fresken stammen von Franz Anton Zeiller, einem der damals gesuchtesten Malern, der unter anderem auch die Kuppeln von Ottobeuren und die Hauptkuppel von Ettal ausgemalt hat. An der Jakobskapelle im Friedhof können wir Passionsszenen von Simon von Taisten bewundern, dem wir bald in Sankt Georg wiederbegegnen werden. In der rein gotisch erhaltenen, angebauten Welsperg-Kapelle kann man am Schlußstein im Gewölbe eine Madonna von Michael Pacher entdecken, nach Weingartner ein »entzückend zartes Werk«.

Der Bach schneidet ein wenig tiefes Tal durch das Dorf und trennt so die GEORGSKIRCHE auf dem gegenüberliegenden Abhang von den Gebäuden um die Pfarrkirche. Von weitem grüßt ein mächtiger Christophorus von der Wand, der dem *Simon von Taisten* zugeschrieben wird. Die Rundapsis der im übrigen gotischen Kirche weist auf ein höheres Alter hin. Rechts vom Eingang, der über eine kleine Treppe erreicht wird, ist ein ausdrucksstarkes Haupt Christi durch ein Glas vor weiterer Verwitterung geschützt; es ist ein Werk des Meisters Leonhard von Brixen. Und dann kommt das große Staunen über die Farbenpracht und das Leben der vielen Figuren, die die Apsis und ihre Umrahmung ausfüllen. Hier haben Leonhard und der Taistner Simon ihre Kunst verewigt. Simon war ein später Zeitgenosse von Michael Pacher (ungefähr 1460–1530) und hat uns im Pustertal eine Reihe von qualitätsvollen, wenn auch etwas weniger verfeinerten Bildern hinterlassen. Ihm, sowie auch Leonhard von Brixen, fehlte die künstlerische Erfahrung, die Michael Pacher vielfach in Italien und wohl auch in den Niederlanden sammeln konnte. Trotzdem gehört das Georgskirchlein in Taisten zu den Kleinodien des Pustertals.

Von hier zieht beinahe eben das weite GSIESER TAL gegen Osten und später in weitem Bogen gegen Norden, vom Haupttal getrennt durch einen wenig hohen Hügelzug bis in die Gegend von Toblach; seine östliche Begrenzung wird ab der Talmitte bedeutend höher und geht in die Gruppe des Hochhorns und Pfannhorns über, die sich dann in die Zillertaler fortsetzt. Von Taisten mit seinen 1200 Metern steigt die Straße bis Sankt Magdalena nur um ungefähr 200 Meter an, das Tal hat auch manche recht flache Böden und Moore. Von Sankt Martin aus zieht eine alte Verbindung den Karbach entlang über die Grüblscharte nach Antholz; und hinter Sankt Magdalena bringt das Gsieser Törl auf 2205 Metern nunmehr ohne Paßzwang ins Osttiroler Defereggental. Ein bedeutend niedrigerer Übergang führt von Unterplanken östlich zu den bei Toblach beschriebenen Höfen von Frondeigen.

Gehöfte, meist noch in alter Bauart, kleinere Weiler und Dörfer säumen die mit Wiesen bestandenen Seiten des Gsieser oder Pidigbaches und geben dem klimatisch begünstigten Tal ein belebtes Gesicht. Daß sich dieses Leben bis zum Exzeß steigern kann, bemerkt man am weitum beliebten »Almhüttenfest« gegen Ende September, wenn das Vieh von den Almen abgetrieben wird: Die Anzahl der Autos, die da dichtgedrängt jeden kleinsten Platz um die Kirche von Sankt Martin besetzen, würde jedem Fußball-Länderspiel Ehre machen!

Nach den kleineren Dörfern **Unterplanken** und **Oberplanken** kommen wir nach **Sankt Martin**, wo der feurige Mitstreiter von Andreas Hofer, der Kapuzinerpater Joachim Haspinger, im Jahr 1776 geboren wurde. Er hat wesentlich zu den Siegen der Tiroler Freiheitskämpfer im Jahr 1809 beigetragen, und es wird seiner hier auch mit einem Denkmal aus der Hand des Bildhauers Othmar Winkler gedacht. Die ursprünglich gotische Kirche hat im 18. Jahrhundert ein barockes, aber harmonisch wirkendes Kleid angepaßt bekommen.

Die befahrbare Autostraße endet bald nach **Sankt Magdalena** auf fast 1400 Metern Seehöhe. Hier haben viele der noch weiter ins Tal verstreuten Bauernhöfe ihre ursprüngliche Bauweise aus getrenntem Futter- und Wohnhaus bewahrt, das rotbraune, verwitterte Holz der Balken hat Jahrhunderten standgehalten, und das Rot der Geranien am Fenster könnte nicht besser zu diesen wettergebeizten Farbtönen passen. Oft steht bei den Höfen auch eine kleine Kapelle, vielleicht für die Tage, wo der Schnee jeden weiteren Kirchgang unmöglich machte. In Sankt Magdalena wurde im Jahr 1696 *Matthias Lamp* geboren, der dann später nach Romeno am Nonsberg auswanderte und sich dort im Jahr 1730 verehelichte. Von ihm ist im ganzen Nonsberg eine ganze Reihe von Kreuzwegstationen zu finden. Sein in Romeno geborener Sohn Johann Baptist, der sich fortan *Lampi* nannte, wurde zu einem der gesuchtesten Porträtmaler Europas, der nicht nur in Deutsch- und Welschtirol, sondern in Wien, Warschau und Sankt Petersburg das *Konterfei* von adeligen Herren und Damen, bis zu Königen und Kaisern, persönlich mit dem Pinsel festhielt. (*Olga Lamp*, Schlern 1959, 286).

Von Welsberg talabwärts zieht die Straße vorbei am tiefer gelegenen, länglichen Stausee von Olang zum Ausgang des ANTHOLZER TALES. Hier breitet sich das Pustertal zu einer ungewohnten Weite, breit und eben setzt es sich gegen die ersten Dörfer von Antholz fort und gegenüber, zwischen dem runden Kopf des Kronplatzes und dem schon dolomitisch angehauchten Piz da Peres und der Dreifingerspitze, führt der Furkelpaß ins Enneberg. Der Abstecher ins Antholzer Tal bis zur Grenze am Stallersattel bietet nicht nur landschaftliche Höhepunkte, sondern eine Reihe von geschichtlichen und baulichen *Merkwürdigkeiten* (bei Goethe noch in seiner wahren Bedeutung gebraucht, von Dingen, die es würdig sind, gemerkt zu werden).

Die hohen Holzstapel, die beide Straßenseiten nahe der Kreuzung umstellen, zeugen von einem der wichtigsten Erwerbszweige des Tales, auch wenn sich zur Zeit der Absatz von Holz gegen die übermächtige Konkurrenz aus den ehemaligen Ostblockländern äußerst schwer behaupten kann. Bevor wir nach Olang und bald darauf nach Bruneck kommen, wenden wir uns also noch einmal nordwärts. Im äußeren, ebenen Abschnitt, in dem sich die Gemeinde **Rasen-Antholz** befindet, hat man noch nicht den Eindruck, in einem anderen Tal zu sein, so sehr wird der Blick noch von den weiten Wiesenflächen um Olang und den im Süden aufragenden Dolomiten beherrscht. Manche vorgeschichtliche Funde und besonders ein eisenzeitliches Gräberfeld in Niederrasen zeugen von einer frühen Besiedlung dieser sonnenbegünstigten und durch hohe Gebirge gegen Norden geschützten Gegend *(Lunz)*. In den waldigen Hängen stehen zu beiden Seiten des Talausganges die Ruinen von ALTRASEN, nur mehr kümmerliche Reste einer alten Wehrburg aus dem 12. Jahrhundert, die im Wald bei Niederrasen versteckt ist, und von NEURASEN westlich nahe am Dorf Oberrasen; hier stehen noch der Burgfried und größere Mauerzüge. Das Schloß wurde noch im 16. Jahrhundert »moderner« ausgebaut und war wohl Gerichtssitz der Brixner Bischöfe, während Altrasen den Tiroler Grafen, also ihren Widersachern (obwohl Lehensträger) gehörte. Der nahe gelegene große Zementbunker, von denen man eine Reihe längs des ganzen Pustertals finden kann, gehört zu den politischen Ungereimtheiten der faschistischen Ära. Diese Verteidigungslinie gegen Norden, die sich auch im Vinschgau fortsetzt, wurde von Mussolini in den Jahren der »Achsenfreundschaft« mit Deutschland errichtet. Im Jahr 1943, wo die Anlage vielleicht der Verteidigung hätte dienen können, enthielt diese noch keine Geschütze und war so nicht einsatzbereit. In Anlehnung an die deutsch-französische Maginot- oder »Siegfriedlinie«, auf italienisch »linea Sigfrido«, nannte sie der Volksmund bald »linea non mi fido« (»ich trau ihnen nicht«). So verunstalten noch zahlreiche dieser aus meterdicken Betonmauern errichteten Bunker vielerorts die Gegend, und an ihre Sprengung ist wegen des unbezahlbaren Aufwandes nicht zu denken. Man wird unwillkürlich an die noch gewaltigeren Festungsbauten unter Franz I. erinnert, die auch nie zum Einsatz kamen.

In **Oberrasen** fällt gleich rechts an der Straße der stattliche Bau des RENAISSANCE-ANSITZES HEUFLER ins Auge. Diese Bauform mit viereckigem Grundriß und zwei oder mehr bis zum Dach durchgehenden Erkern und einem großen Walmdach begegnet uns immer wieder, so in Neumelans in Taufers oder im Trebo-Haus in der Pfarre Enneberg, aber auch im alten Bergwerksgericht in Primör. Hier wird die Südfront noch durch einen zierlichen Erker aufgelockert. Der Ansitz wurde von den Herren von Hohenbichl aus Terenten im Jahr 1580 erbaut. Die heute in Sankt Michael-Eppan beheimatete Familie der Freiherren von Hohenbühl führen seit 1360 und bis auf heute das Prädikat »Heufler zu Rasen«. Nach mehrfachem Besitzerwechsel ist der schöne Ansitz heute zu einem Schloßhotel umfunktioniert und seine sehenswerten Innenräume, besonders eine Renaissance-Stube, sind für Gäste zugänglich (*Rampold*).

Etwa vier Kilometer nach Oberrasen, dort wo das flache, moorige Tal zu Ende geht, steht links im Wald das alte Bauernbad SALOMONSBRUNN; es ist schon seit dem 15. Jahrhundert Ziel von Heilsuchenden bei Frauenleiden und Rheumatismus; daß die vielfach bestätigte Heilkraft auch mit einer hohen Radioaktivität des Wassers zusammenhängt, darf man heute nur mehr unter vorgehaltener Hand laut sagen, damit es keinen »grünen« Sturm auslöst!

In **Antholz-Niedertal** treten die Berge zu beiden Seiten des Baches näher aneinander, und jetzt beginnt das eigentliche Gebirgstal. An der Kirche, die am südlichen Dorfende nahe am Gasthof Zingerle steht, fällt ein schöner Christophorus auf, dessen kunstvolle Ausfertigung auf einen Maler aus der Nähe Michael Pachers denken läßt *(Weingartner)*. Nach Antholz-Mittertal mit seinem dichtgedrängten Dorfkern und allerhand Einrichtungen für den Fremdenverkehr, wie Tennisplatz, Skilift und Kulturhaus, beginnt die Straße deutlicher anzusteigen und kommt bald nach **Antholz-Obertal**, wo auf immer steileren Wiesen weit verstreut die Höfe liegen, hart an den jetzt fast senkrecht aufragenden Bergflanken zu beiden Seiten. Bald ist der idyllisch gelegene ANTHOLZER SEE erreicht, an Größe der dritte natürliche See Südtirols. Aber vorher ist noch eine Einrichtung zu erwähnen, die den Namen Antholz in der ganzen (Sport-)Welt bekannt gemacht hat: Kurz vor dem See liegt links der Straße das Zentrum für die Biathlon-Wettbewerbe (für Nichteingeweihte: die Kombination von Ski-Langlauf und Scheibenschießen im Liegen und im Stehen und im ziemlich atemlosen Zustand nach dem Langlauf!). Die Antholzer Hans Passler,

Gottlieb und Andreas Zingerle haben bei olympischen und europäischen Wettbewerben ihrem Tal zu hohen Ehren verholfen. Zählt man dazu noch Hubert Pallhuber, der 1997 Weltmeister im Mountainbike-Wettbewerb wurde, so liegt hier die Zahl hervorragender Sportler besonders hoch.

Der See liegt wie ein dunkelblaues Auge inmitten der steilen Wälder, und im stillen Wasser spiegeln sich die Spitzen der beiden Dreitausender HOCHGALL und WILDGALL, die mit ihrer Kehrseite ins Raintal über Sand in Taufers schauen. Auf einem Spazierweg kann man den See in weniger als einer Stunde umrunden. Hinter dem See, nach dem Gasthaus Enzian, beginnt das schmale, aber gut geteerte Band der Straße in vielen Kehren zum Stallersattel aufzusteigen. Allerdings muß man sich an den Einbahnverkehr anpassen, der pro Stunde nur eine Viertelstunde lang die Auffahrt (und von oben aus die Abfahrt) erlaubt; also jeweils von der dreißigsten zur fünfundvierzigsten Minute ist die Straße bergwärts frei und von der fünfzehnten zur dreißigsten von oben zurück ins Tal. So bleibt für den, der wieder nach Antholz zurück will, eine gute halbe Stunde Zeit, um sich die Umgebung dieses 2252 Meter hohen Übergangs ins Defereggental näher anzusehen. Ein Steig führt an einem alten Sperrfort vorbei und umrundet den Hügel; als Belohnung entdeckt man dann einen anderen schönen See, der schon jenseits der Grenze liegt, nämlich den Obersee (denn der heute als Antholzer See bezeichnete hieß früher ganz einfach der Untersee). Von hier oben ist die Aussicht auf die auch im Sommer noch beschneite Bergkette im Westen und auf das dunkle Wasser des tief ins Tal eingebetteten Sees besonders beeindruckend.

Während der Talausgang von Rasen völlig flach ist, liegen die Dörfer der Gemeinde **Olang** auf einem wellig bewegten Gelände in dieser größten Talweite des Pustertals. Neben dem Weiler **Neunhäusern,** dessen Name nicht von »Neun Häuser« (wie es die italienische Übersetzung »Nove Case« andeutet), sondern von »neuen Häusern« stammt, gehören dazu **Nieder-, Mitter-** und **Oberolang** und die am Weg zum Furkelpaß gelegene Siedlung **Geiselsberg.** Der Name Olang stammt nach Kühebacher von »Aulaca«, etwa der Besitz eines »Aulos«, was ein typisch keltischer Name wäre. Laut *Sparber* umfaßte die Urpfarre Olang zu Beginn des dreizehnten Jahrhunderts ein weites Gebiet, das von Sankt Veit in Prags bis ins Antholzer Tal und westlich fast bis Bruneck reichte. Die gotische Kirche von Niederolang wurde, wie so viele andere, zur Barockzeit umgestaltet – man wundert sich heute noch, daß damals im ganzen Land der Drang, nach der »Mode« zu gehen, schwerer wog als die sicher nicht geringen Kosten, die dafür aufzuwenden waren. Aber dafür verdanken wir dieser Neuerungssucht eine Reihe der hervorragendsten Werke unserer heimischen Barockmaler!

In **Mitterolang** ist der Sitz der Gemeinde. Der Ort wurde bei einem Großbrand im Jahr 1904 fast völlig eingeäschert (45 von 50 Häusern), weshalb es kaum noch ursprüngliche Bausubstanz gibt, die aber in Oberolang noch gut erhalten ist. Mitten in einem kleinen Park im Dorfzentrum steht das Denkmal für Peter Sigmayr, dem jungen Tharerwirt, der sich nach den letzten, fruchtlosen Versuchen, noch im November 1809 zusammen mit Gleichgesinnten Bruneck den Franzosen zu entreißen, in einer Berghütte nahe Olang verstecken mußte.

Josef Hirn schildert in seinem Werk »Tirols Erhebung im Jahre 1809« das Schicksal Sigmayrs: *Gleich andern hatte er sich in unerreichbarer Bergwildnis geborgen. Da dringt die Schreckenskunde zu ihm, der General habe, da der Sohn nicht aufzufinden, nach dem alten, blinden Vater gegriffen. ›Auf den Flügeln der Kindesliebe‹ eilt er herbei, der Alte ist befreit, er selbst fällt als Opfer heiliger Sohnespflicht.*

Das Denkmal, von Josef Piffrader im Jahr 1909 geschaffen, wurde im Jahr 1910 vom österreichischen Thronfolger Franz Ferdinand enthüllt *(Rampold)*. Nebenan steht die Kirche zum heiligen Ägidius. Auf dem üppig mit Barockfiguren und mit rebenumschlungenen Säulchen versehenen Hauptaltar steht in der Mitte eine wertvolle Anbetung der Könige vom Ende des 15. Jahrhunderts, heute Marx Reichlich, einem Pacher-Schüler (von *Weingartner* noch Friedrich Pacher), zugeschrieben. Auch auf der Orgelempore hat sich noch ein Bild aus der Gotik herübergerettet, eine Geburt Christi, eine Beschneidung und eine

Anbetung der Könige. An der Straße zum Furkelpaß steht links vor einer Kreuzung das SPITZIGE STÖCKL, ein äußerst bunt und reichlich bemalter Bildstock, der mit Fresken aus dem Jahr 1460 über und über bedeckt ist und wohl zur Pestzeit errichtet wurde.

Weiter aufwärts derselben Straße folgend, zweigt nach ungefähr zwei Kilometern ein Weg ab, der in das tief eingeschnittene Tal eindringt und beim BAD BERGFALL endet. Dieses inzwischen aufgelassene und in ein Gasthaus verwandelte alte Bauernbad war seit Jahrhunderten ein vielbesuchtes Heilbad gegen *Hüfftwehe, Ischiadica, versaltznes geblüeth, weibliche Zuständ ...* (bei *Rampold*). Im Bereich der Schwefelquelle, die etwas oberhalb des Gasthauses liegt, wurde eine Reihe von Votivgaben und Münzen aus der Zeit der Kaiser Vespasian, Domitian und Titus gefunden, was auf eine uralte Tradition dieser Heilquelle schließen läßt.

Die Straße auf den Furkelpaß berührt den kleinen Ort **Geiselsberg**, der auf über 1300 Metern in sonniger und besonders aussichtsreicher Lage am Osthang des Kronplatzes liegt. Besonders schön ist von hier aus der Blick auf das Oberpustertal und ins Antholz hinein. An der Pfarrkirche zum heiligen Wolfgang grüßt ein prächtiger Christophorus weit ins Land; im übrigen ist die Kirche neugotisch eingerichtet. Aber der Name der Siedlung erinnert an einen bajuwarischen Giselhart und ist schon seit dem Jahr 1050 als »Giselhartisberc« dokumentiert *(Kühebacher)*. Schilder weisen auch auf die verschiedenen Gondellifte hin, die in der näheren Umgebung beginnen und auf die heute leider völlig verdrahteten und verlifteten, aber wegen ihrer einmaligen Lage immer noch vielbesuchten Hänge des KRONPLATZES führen. Denn dieser so beliebte Skiberg kann jetzt auch vom Furkelsattel und von Reischach über Bruneck bequem erreicht werden; das Bestreben, durch immer schnellere und größere Lifte möglichst viel Volk auf den Berg zu bringen, hat zur unweigerlichen Folge, daß all diese Leute auch wieder abfahren müssen, so daß das Gedränge auf den Pisten ungefähr dem Opernball in Wien gleichkommt! Manche der Aufstiegsanlagen sind auch im Sommer in Betrieb, und da besteht für den Wanderer wenigstens nicht die Gefahr, von einem der unentwegten Rasern auf Skiern umgefahren zu werden. Und an Wanderwegen durch Wälder und Wiesen, über Almen und in luftige Höhen fehlt es beileibe nicht – jedes Fremdenverkehrsbüro der Umgebung liefert darüber die nötigen Hinweise.

Vom 1759 Meter hohen FURKELSATTEL führen Wanderwege nicht nur auf den Kronplatz, sondern auch in die hier weit gegen Norden vorgeschobenen Ausläufer der Dolomiten, auf den Piz da Peres, dessen Schulter bis zum Paß reicht, und die dahinterliegende Dreifingerspitze, deren allerdings zu kurzen Stummeln abgewitterte drei Türme schon während der Auffahrt auf den Sattel zu einem Besuch einladen. Hier an der Furkel liegt die Sprachgrenze zum ladinischen Enneberg, und die Straße führt auch steil hinunter in das tief unten verlaufende Tal der Gader.

In **Oberolang** gibt es auch einige gute Gasthöfe und an einem oder anderem Bauernhaus sind noch Wandgemälde aus dem 16. und 17. Jahrhundert erhalten. Im Garten der Pension *Seefeld* am Nordausgang von Oberolang steht ein hier gefundener römischer Meilenstein mit gut leserlicher Inschrift des Kaisers Septimius Severus aus dem Jahr 201 n. Chr. Weiter hinauf führt eine Straße gegen Osten in die waldreichen Hänge, kommt an alten Höfen und am großen Sallahof vorbei und landet dann in Welsberg – ein kleiner Umweg für den, der von Olang nach Welsberg will, aber unvergleichlich ruhiger und beschaulicher, mit wiederholten weiten Ausblicken auf Olang und den Kronplatz.

Die Hauptstraße zieht beinahe eben gegen Westen durch eine waldige Gegend hoch über dem Bett der Rienz. Nach den Häusern von **Nasen**, wo auf einer Wiesenfläche ein gotisches Kirchlein mit einem schönen Christophorus von Simon von Taisten heruntergrüßt, sind wir wieder in freiem Wiesengelände und kommen zur größeren Ortschaft **Percha**. Zur Gemeinde gehören auch die beiden Ortsteile **Unterwielenbach** unterhalb der Straße und das größere **Oberwielenbach,** das lange Zeit der Hauptort des Gemeindebezirks war. In Percha sind an der schönen Kassianskirche vor kurzem Fresken aus der Pacher-schule aufgedeckt worden. Von dieser Straße nach Oberwielenbach zweigt auch die gut ausgebaute Bergstraße ab, die weit hinauf nach Tesselberg und Mühlbach führt; diese Orte werden später, nach der Beschreibung von Bruneck, behandelt.

Hier endet das obere Pustertal, und über eine steile Stufe senkt sich der Weg in das weite Becken von Bruneck.

Bruneck und Umgebung

Nach dem Aussterben der Grafen von Andechs im Jahr 1248 hatte Graf Albert von Tirol die Täler des Inn, des Eisack und der Rienz zusammen mit dem Etschland zu einem eigenen Land verbunden. Als dann zwei Jahre später Kaiser Friedrich II. starb, versuchte Albert, zusammen mit seinem Schwiegersohn Meinhard von Görz, den Einfluß des Salzburger Erzbischofs in Kärnten zu beschneiden, wurde aber von diesem bei Greifenburg empfindlich geschlagen. Als dann Albert im Jahr 1253 starb, nützte der Brixner Bischof Bruno diese Machtlockerung aus und gründete im mittleren Pustertal eine feste Stadt und Burg zur Sicherung seiner dortigen Besitzungen *(Huter)*. Bis heute sind uns die Namen der fünfzehn Bürger überliefert, denen der Bischof für ihre Mithilfe an der Erbauung der Stadtmauer eine zehnjährige Steuerfreiheit versprochen hatte. Die Grundmauern der Altstadthäuser gehen zum Teil noch ins 13. Jahrhundert zurück; aber ein verheerender Brand im Jahr 1723 hat vom alten Baubestand nur noch manches Spitzbogentor und das eine oder andere Gratgewölbe der Erdgeschosse auf uns kommen lassen, während die Häuser ein barockes Gesicht erhielten. Im ersten Jahrhundert nach der Gründung war die Stadt gegen Westen bis zur Neukirche gewachsen; die Stadtgasse, die sich auch in ihrem heutigen Verlauf in leichter Biegung um den Schloßberg legt, reichte vom Obertor im Osten bis zum Neutor im Westen und umfaßte auf jeder Seite ungefähr dreißig Hofstätten *(Huter)*. Gegen Osten entwickelte sich dann in Fortsetzung der Stadtgasse das Viertel Oberragen; hier errichteten sich nach und nach Vertreter des Adels und der Geistlichkeit ihre Herrensitze. Ab 1333 wird Bruneck als Stadt bezeichnet, die Burg wird Sommersitz der Brixner Bischöfe. In den späteren Jahrhunderten lebt die Stadt auf durch die Verhüttung des Ahrntaler Erzes und durch den Handel zwischen Süddeutschland und Venedig; im großen und ganzen aber ist die große Geschichte an dieser Stadt vorbeigegangen und auch von den verheerenden Kriegen zur Napoleonszeit und in unserem Jahrhundert nur am Rande berührt worden.

Erst nach dem Zweiten Weltkrieg hat eine lebhafte Industrialisierung eingesetzt, und die Ansiedlung mittlerer und auch größerer Betriebe besonders im Raum von Stegen im Westen der Stadt hat zu einer Bindung von lokalen Arbeitskräften und auch zu einer deutlichen Bevölkerungszunahme geführt. Bruneck zählt heute zusammen mit den vier umliegenden Gemeinden über 12.000 Einwohner.

Wenn auch in den Außenbezirken der Zuwachs an neuen Gebäuden privaten oder öffentlichen Charakters dem Lauf der Zeiten gemäß munter fortschreitet, so hat sich das Bild der Altstadt in seltener Reinheit bewahrt. In einem weiten Bogen spannt sich die geschlossene Häuserzeile dort, wo sich einst die Stadtmauer hinzog, um den Hügel, auf dem die Burg steht, und umschließt den eigentlichen Kern, die Stadtgasse. Sie beginnt im Westen bei der Ursulinenkirche, die noch außerhalb des Tores auf einer felsigen Erhöhung steht. Ein steiles Stufenrund führt zu einem spätgotischen, leider stark verwitterten Portal aus Sandstein; das Innere der Kirche ist in schlichten neugotischen Formen gehalten. Drei Reliefs im Flügelaltar, nämlich Mariä Heimsuchung, Anbetung der Könige und Aufopferung im Tempel, stammen noch aus dem Jahr 1430.

Man sollte die Stadt, sagt *Rampold*, durch das URSULINENTOR oder Neutor betreten und sie *wie einen kostbaren Saal besuchen und zunächst nur in ihrer Geschlossenheit wirken lassen.* Hier erleben wir wieder das Bild einer alten Tiroler Stadt, wie sie uns schon in Sterzing begegnet ist, und wie wir sie in Nordtirol vielleicht nur in der Innsbrucker Altstadt, in Schwaz oder in Rattenberg in solcher Geschlossenheit finden. Das Verbot für Motorfahrzeuge tut ein übriges dazu, diesen Bezirk wie einen »kostbaren Saal« genießen zu können. Wohltuend ist die Weite, die die beiden Häuserzeilen trennt. Dann wird der Blick angezogen von den in mannigfaltiger Verschiedenheit gestalteten Hausfassaden: Jeder Bürger wollte und konnte seinen eigenständigen Stil durchsetzen, Breite des Hauses, Form der Fenster und des Giebelfeldes, von Haustor oder Erker – kurz, jede Spielart hat Platz gefunden, selbst die Fassade des »Athesia«-Hauses versucht ihr modernes Gesicht (weniger noch als die Niederlassung in Sterzing) in der Reihe der alten Nachbarn nicht allzusehr auffallen zu lassen. Neben dieser stilistischen Buntheit ist es die ziemlich einheitliche Höhe der Gebäude, die der »Gasse«, die eigentlich eine große Promenade ist, ein Gepräge der Geschlossenheit gibt. Ein Unterschied zu Sterzing ist vielleicht die geringe Anzahl an kunstvollen Geschäfts- oder Wirtshausschildern, dafür sieht man hier viel mehr Fresken an den Hauswänden. Sehr ursprünglich wirken noch die beiden hohen Tortürme, jener des Neutors, durch das wir hereingekommen sind, und der vom Oberragener oder Obertor, das den inneren Kern beschließt und in das Viertel Außerragen führt. An der Innenseite dieses östlichen Tores ist ein großes Bild des Stadtgründers, des Bischofs Bruno, vom bekannten Maler Weber-Tyrol angebracht, daneben eine Madonna mit Kind, die vielleicht von Friedrich Pacher stammt (1470). Von der Stadtgasse gehen noch ein paar kurze Verbindungen zur alten Stadtmauer und zum Graben (der heutigen Durchzugsstraße), nämlich das FLORIANITOR und das RIENZTOR; beide sind von außen durch schön gemauerte Rundtürme kenntlich. Vor dem Florianitor schiebt sich die enge Hintergasse zwischen alte Stadtmauergebäude und die Stadtgasse; sonst ist kein Platz für Nebengäßchen! Zu Zeiten des gesteigerten Fremdenverkehrs, sei es im Winter oder im Sommer, bevölkert sich die Stadtgasse wie ein Festsaal mit Gästen aus aller Herren Länder, und die vielen Geschäfte, die sich in ihren Innenräumen geschmackvoll den modernen Erfordernissen angepaßt haben, können sich lebhaften Zuspruchs erfreuen.

Gleich nach dem OSTTOR zweigt rechts ein Weg in die Höhe, der an den Erbauer der ersten RAINKIRCHE, an Nikolaus Stuck (1340) erinnert. Die zwei Türme mit ihren Zwiebelhauben sind durch ihre erhöhte Lage schon von weitem sichtbar und haben so vielleicht auch dazu beigetragen, zum Wahrzeichen der Stadt zu werden. Die heutige Form dieser »Katharinenkirche auf dem Rain« und des achteckigen Teiles des Turmes stammt aus dem

Jahr 1675; auch die Malereien sind im 17. und 18. Jahrhundert entstanden. Von hier führt der Weg weiter auf die Burg Bruneck, die wir später besuchen werden.

In der weiten Oberragener Gasse, einem Viertel, das ursprünglich schon außerhalb der eigentlichen Stadt lag, steht die schlanke Mariensäule, die im Jahr 1716 von Anton Wenzl, Freiherr zu Sternbach, gestiftet worden war. Seine Nachkommen leben heute noch in dem schönen PALAIS STERNBACH, das den kleinen Platz auf einer Seite abschließt. Die Brunecker Bürger und Gewerken der Ahrntaler Bergwerke aus der Familie von Wenzl waren 1664 in den Freiherrenstand mit dem Zunamen »von Sternbach« erhoben worden. Nebenzweige der großen Familie haben sich später in Mareit bei Sterzing, in Mühlau bei Innsbruck und auch in Mähren niedergelassen. Um die nähere Brunecker und die ganze Südtiroler Geschichte verdient gemacht hat sich Paul Freiherr von Sternbach (1869–1948): Er war unter Österreich Abgeordneter im Tiroler Landtag, und nach der Machtergreifung durch die Faschisten vertrat er Südtirol einige Jahre lang in Rom, bis er wegen seiner deutschen Gesinnung 1929 in die Verbannung geschickt wurde.

Die Bauform des Ansitzes wiederholt mit ihren vier übereck gestellten Erkern den Typus des Herrenhauses aus dem 17. Jahrhundert, wie wir ihn im Ansitz Heufler in Rasen oder in Neumelans bei Taufers wiederfinden. Spätere barocke Zutaten haben das Haus zu einem der beachtenswertesten Bauten der Stadt gemacht.

Hinter dem großen, mit einer Mauer umschlossenen Sternbachschen Gartengrundstück erhebt sich an einem kleinen Platz die PFARRKIRCHE zu Unserer Lieben Frau. Ursprünglich stand hier schon im 13. Jahrhundert eine Liebfrauenkirche; sie hat durch notwendig gewordene Vergrößerungen und vor allem durch einen Brand im Jahr 1850 immer wieder stilistische Veränderungen erfahren müssen und wurde dann nach der Mitte des 19. Jahrhunderts in neuromanischem Stil aufgebaut. *Weingartner* nennt sie ein *klassizistisch-nazarenisches Gesamtkunstwerk.* Der Gemäldezyklus im Inneren stammt vom Tiroler Georg Mader und zeigt Szenen aus dem Leben Marias. An Skulpturen aus älterer Zeit sind eine Pietà am linken Seitenaltar und ein schönes Bronzerelief mit einer bewegten Kreuzabnahme am Grabmal Kempter zu erwähnen.

Aus derselben Zeit wie das Palais Sternbach stammt das RAGENHAUS in seiner heutigen Grundform mit seinen schönen Arkadenreihen im Innenhof; einige Wappen stammen von den früheren Besitzern Wenzl. Heute gehört es der Gemeinde und wird für öffentliche Veranstaltungen und Ausstellungen benutzt; auch eine Musikschule hat hier Platz gefunden. Längs desselben Paul-von-Sternbach-Weges finden sich noch einige andere Adelssitze aus der Blütezeit der Stadt, wie »Ansiedel« und gleich dahinter »Teissegg«, einmal von der Familie Klebelsberg, die Richter und Prälaten hervorgebracht haben, später dann von den Bossi-Fedrigotti aus der Familie der Flößer-Herren von Sacco; als Schriftsteller (»Standschütze Bruggler«) hat sich Graf Anton Bossi-Fedrigotti einen Namen gemacht.

Längs der Rienz führt an der Hinterseite der Oberragener Häuser die Mühlgasse gegen Westen; über der Brücke stoßen wir dann auf die SPITALKIRCHE zum Heiligen Geist, ein in festlichem Barock gehaltenes, fröhliches Gotteshaus. Man muß den Barock so wie auch den Nazarener Stil aus ihrer Zeit zu begreifen suchen: Beide zeigen sich uns heutigen Betrachtern als Verfälschung der Wirklichkeit; der Barock zaubert uns eine überschießende Fröhlichkeit, eine goldene Traumwelt aus verzückten, mit flatternden Gewändern umwehten Heiligen und pausbäckigen Engeln vor – als Reaktion der Gegenreformation auf den nüchternen Protestantismus; die Nazarener haben allen Schwung, ich möchte sagen allen Humor abgelegt, und ihre Heiligen sind hölzern steif in einer langweiligen Frömmigkeit befangen, die genau so unwirklich ist wie jene überschießende der Posaunenengel. Trotzdem sind uns vorläufig die Letzteren noch sympathischer.

Die KAPUZINERKIRCHE, um noch bei den Kirchen zu bleiben, hat keine künstlerischen Ambitionen, sie stammt auch aus dem 17. Jahrhundert und ist der Volksfrömmigkeit, die dieser verdienstvolle Orden vertritt, angepaßt.

Die Burg Bruneck liegt im Süden nur vierzig Meter über der Stadt auf einem wenig steilen Hügel. Man erreicht sie leicht zu

Fuß vom Ursulinentor oder auf einer Straße hinter der Rainkirche. Ihre Anlage ist auch gut von der Straße nach Reischach zu sehen.

Als Bischof Bruno von Bullerstedt und Kirchberg sie 1251 bis 1256 erbaute, hatte er auch zwei Mauern den Berg hinuntergeführt, die die Altstadt umfassen sollten; diese Mauern stehen heute noch größtenteils. Vom alten Baubestand ist nach vielen Vergrößerungen und Anpassungen der folgenden Fürstbischöfe nicht mehr viel zu sehen. Heute führt die Zufahrt in einen engen Innenhof, der mit den Wappen vieler Bischöfe versehen ist. Der Bergfried im südöstlichen Eck weist noch seine sehr dicken Mauern auf; die restlichen Gebäude sind um 1900 nicht sehr glücklich restauriert worden und beherbergen heute zum Teil eine Schule.

Die nähere Umgebung von Bruneck

Durch eine enge Felsenpforte tritt die Ahr neben dem Schloß Taufers in das weite, flache Becken, das sich zwischen zwei hohen Gebirgsstöcken zu beiden Seiten gegen das Haupttal hin ausbreitet; obwohl geographisch noch dem Ahrntal zugehörig, bildet dieser grüne Landstrich viel eher einen Teil des Brunecker Beckens, und die Dörfer, die in Stadtnähe seit der Besitznahme durch die Bajuwaren im 6. und 7. Jahrhundert entstanden sind, waren eigenständige Gemeinden, bevor sie im Jahr 1928 in die Stadt Bruneck eingemeindet wurden.

Von modernen Industriebauten beinahe erstickt liegt im Nordwesten am Ufer der Ahr der alte Ort **Stegen**, schon im 13. Jahrhundert immer wieder erwähnt; er war Gerichtssitz und wahrscheinlich die alte Thingstätte des mittleren Pustertals *(Stemberger)*. Heute noch ist der Ort bekannt wegen seines großen Marktes, der alljährlich in den letzten Oktobertagen stattfindet und ganze drei Tage dauert – da treffen sich nicht nur Schau- und Kauflustige aus allen Teilen des Pustertales und seiner Nebentäler, sondern auch vom übrigen Südtirol, und von jenseits der Alpen strömen Neugierige zu diesem großen Volksereignis, wo nicht nur Waren aller Art feilgeboten werden, sondern auch viel Jahrmarktrummel zur Erheiterung von jung und alt für fröhliche Stimmung sorgt.

Zu den schönsten gotischen Kirchen des Pustertals gehört die Kirche zum heiligen Nikolaus. Das spitzbogige Westportal unter dem weit vorgezogenen Schutzdach mit seinen aus dem Sandstein gehauenen Weinranken und Trauben nimmt sich in dieser reblosen Gegend wie ein Wunschtraum aus; es stammt, so wie das asymmetrische Netzgewölbe im Langhaus, noch aus dem 14. und 15. Jahrhundert. Besonders schön ist links im Chor die Legende des heiligen Nikolaus von der Hand des Meisters Hans von Bruneck, aus dem Anfang des 15. Jahrhunderts. Hochaltar und Seitenaltäre sind dann schon Erzeugnisse der Barockzeit. Malerisch steht neben der Kirche die zweigeschossige Friedhofskapelle mit einer Freitreppe, die in das Obergeschoß führt und mit ihrer Wölbung das spitzbogige Portal umrahmt.

Vom Kapuzinerplatz in Bruneck geht die Straße nach Norden in Richtung Ahrntal, vorbei am großen Krankenhaus und hinaus in die grünen Wiesen. Bald begegnen uns die ersten, meist neuen Häuser von **Sankt Georgen**, aber von der Straße aus bekommt man keinen Eindruck von der alten Siedlung, wo alten Dokumenten nach schon 861 eine Kirche stand *(Stemberger)*. Geht man aber über die Ahr in den Dorfteil Gießbach, so steht man mit einem Mal inmitten von alten Bauernhöfen und hat bald die gotische Kirche vor sich, die schon romanische und vorromanische Grundmauern hat. Außen begrüßt uns schon ein allerdings etwas durch die Unbilden der Witterung mitgenommener Christophorus und eine schöne Kreuzigungsgruppe aus dem Anfang des 15. Jahrhunderts (Hans von Bruneck?). Im Inneren sind erst 1981 Freskenreste aufgedeckt worden, wovon in einem schmalen Streifen an der Nordwand schöne Frauenköpfe dem Friedrich Pacher zugeschrieben werden. Im Süden der Kirche steht mit steilem Dach eine gotische Friedhofskapelle. Ein paar schöne alte Edelsitze wie Gießbach, Mörl oder Gremsen mit Erkertürmchen und einem Viereckturm lassen an Zeiten vergangenen Wohlstandes denken.

Wieder auf der linken Seite der ruhig und breit dahinfließenden Ahr liegen unter dem steilen, waldigen Abhang die Häuser von **Aufhofen**; einige marmorne Grabsteine an der Kirchenwand und vor allem drei beachtenswerte Ansitze geben

Zeugnis von den hier einst ansässigen Adelsfamilien. Die Herren von Aufhofen im Ansitz Ansiedl mit seinem Viereckturm und zwei Eckerkern waren schon nach 1147 bischöfliche Pröpste. Von 1706 bis 1870 saß dort die Familie Hebenstreit, der auch das mächtige Gebäude auf dem Sonnenburger Hügel gehörte. Ebenfalls bischöflich – bedingt durch die Nähe von Bruneck – war die Steinburg, die im Inneren prunkvolle Räume besitzt; das heutige Widum, früher Mohrenfeld, war auch eine Zeitlang im Besitz der Familie Hebenstreit-Troyer.

Am Berghang entlang wenden wir uns wieder zurück in Richtung **Dietenheim**, dessen Name noch an den Agilolfinger Theodo erinnert; Rampold nennt es das *Dorf der malerischen Edelsitze:* Etwas ober den nahe aneinander liegenden Ansitzen Morberg mit einem runden und einem viereckigen Turm und Sonnegg, erbaut 1569, steht der stattliche Gebäudekomplex von »Mair am Hof«, ehemals Besitz der Wenzl von Sternbach: Durch einen Torbau mit geschwungenem Giebel tritt man in einen großen Hof, rechts stehen die Wirtschaftsgebäude, links das elegante Herrenhaus. Hier ist seit 1982 das VOLKSKUNDEMUSEUM untergebracht, das eine große Anzahl von Besuchern aus nah und fern anzieht. Im großen Freigelände, das sich unterhalb des Ansitzes ausbreitet, stehen originale, alte Bauernhäuser, Mühlen, Kornspeicher und Backöfen, alle von nahen oder ferneren Standorten hierher versetzt und vor dem sicheren Untergang bewahrt. Ein bronzener Brunnen im Vorhof, der die heilige Notburga mit einer geschwungenen Sichel darstellt, ist eines der vielen Kunstwerke des großen Martin Rainer, der aus seiner archaisch-bäuerlichen Seele so viel tiefe Empfindung zu holen weiß, ohne die darinnen versteckte Fröhlichkeit zu vernachlässigen. Im Ansitz selbst werden Handwerksgeräte und Erzeugnisse bäuerlicher Lebensweise aufbewahrt.

Auf dem Weg zurück nach Bruneck steht wieder einer der gotischen, reich bemalten überdachten Bildstöcke aus dem Jahr 1440, die im Pustertal so oft wie kleine Juwelen am Wegrand stehen. Vom Stadtviertel Ragen kommt man dann auf einem sehr empfehlenswerten Spazierweg, der unter der neuen Umfahrungsstraße durchführt, entlang der hier durch ein enges Tal rauschenden Rienz zu dem ungefähr hundert Meter höher gelegenen **Reischach**. Bevor man die Höhe erreicht, sieht man links auf steilem Fels die LAMPRECHTSBURG, überragt von einem viereckigen Bergfried und mit einem hohen Palas, umgeben von einer alten Ringmauer. Früher bischöfliches Lehen, wird sie heute als Gaststätte geführt. Die Autostraße nach Reischach geht im Westen von Bruneck aus. Der Ort liegt auf einer vom Tal aus unvermutet breiten und flachen Terrasse, die von Neubauten geradezu übersät ist: Hotels, Pensionen, Ferienvillen und auch Wohnungen für Bürger, die in Bruneck keinen Platz gefunden haben. Eines der auffallendsten Gebäude ist der isoliert stehende, behäbige Ansitz Angerburg, an dem besonders die dreiteilige Loggia im ersten Stock und die zweiteilige darüber auffällt, sowie sehr kunstvolle Fenstergitter. Der klassizistische Bau der Pfarrkirche hat einen frühromanischen Vorgänger (zwischen 1075 und 1090 erwähnt); vor kurzem wurden Reste einer frühchristlichen Kirche aufgedeckt. In Reischach ist auch die Talstation der Kabinenbahn auf den Kronplatz, und die Parkplätze an schönen Wintertagen nehmen schon amerikanische Ausmaße an. Von hier führt die Straße weiter in Richtung Stephansdorf und Sankt Lorenzen.

Das Tauferer Becken und das Ahrntal

Die breite, flache Ebene im Norden von Bruneck verjüngt sich zusehends, und nach ungefähr fünf Kilometern treten bei Gais die Berge schon nahe zusammen; dann weitet sich das Tal der Ahr noch einmal bei den Tauferer Dörfern, bis es von dem Felssporn, auf dem mächtig die Burg thront, völlig abgesperrt erscheint – nur ein enger Durchlaß erlaubt dort den Eintritt in das eigentliche Ahrntal.

Gais liegt auf der linken Seite des Baches, zu Füßen der beiden sich im Tal begegnenden Schuttkegel des Bärentals und des Mühlbachtals. Bei der Einfahrt ins Dorf sieht man links über den Kronen der Kastanienbäume Turm und Giebel der BURG NEUHAUS aus dem Wald lugen. Der mächtige Turm mit seinen schönen Buckelquadern stammt noch aus dem 13. Jahrhundert, während der Palas erst in diesem Jahrhundert völlig erneuert wurde und heute noch bewohnt ist. Während des Zweiten Weltkrieges lebte hier der bekannte amerikanische Dichter Ezra Pound mit seiner Familie. Auf der anderen Talseite und weiter im Süden stehen die Reste der KEHLBURG, die erst 1944 einem Brand zum Opfer gefallen ist. Die Anwesenheit von zwei einst bedeutenden Burgen am Ausgang des Ahrntales zeugt von der früheren Bedeutung der Verbindungswege durch dieses Hochtal über den Kamm der Zillertaler, diente wohl aber auch zum Schutz der Erztransporte aus dem hintersten Ahrntal. In Gais selbst verdient die Kirche zum heiligen Johannes besondere Beachtung; *Weingartner* sagt darüber: *Der einheitliche romanische Bau hat trotz aller späteren Umgestaltungen im Wesentlichen noch die ursprüngliche Gestalt bewahrt und ist eine der ältesten und interessantesten Landkirchen von ganz Tirol.* Die Bemalung im Inneren der dreischiffigen Kirche stammt aus den letzten zwei Jahrhunderten, während die erst 1980 freigelegten Fresken in der Südapsis auf 1280 zurückgehen. Neben der Kirche steht, wie so oft in dieser Gegend, eine gotische Friedhofskapelle mit schönen Wandgemälden.

Etwas weiter taleinwärts und auf gleicher Höhe mit Gais liegt **Uttenheim**, dessen Name wieder an eine Uota aus dem Haus der Agilolfinger erinnert, wie jener des Theodo in Dietenheim oder des Tassilo in Tesselberg, was für die sehr frühe bajuwarische Besitznahme dieser Gegend spricht. Hoch am Berghang im Westen steht die alte Burg oder deren spärliche Reste. Noch stehen Teile der Ringmauer und der hohe Bergfried, und in der Burgkapelle sind einige schlecht erhaltene Freskenreste verschiedener Schichten aufgedeckt worden, die von romanischen aus dem frühen 13. Jahrhundert bis zu den Wappenbildern von 1679 reichen.

Im Ort fällt der alte Ansitz STOCK mit seinem Turm auf; er wurde von den Gewerken Wenzl, den späteren Freiherren von Sternbach, die ihn heute noch besitzen, im 17. Jahrhundert in seine heutige Form gebracht. Die Kirche ist ein schöner Barockbau, und seine Deckenfresken sowie auch der Kreuzweg sind eine hervorragende Arbeit von F. A. Zeiller aus dem Jahr 1774.

Von Uttenheim aus führt eine neue Straße weit hinauf auf den Berg an der Ostseite des Tales bis zu den verstreuten Höfen von **Mühlbach**. An der Straße steht ein Gasthaus und nicht weit davon eine kleine, spätgotische Kirche. Das lange Tal, das von hier aus gegen Nordosten zieht, bringt den Wanderer weit hinein zu den Dreitausendern der Rieserferner-Gruppe. Von diesem schon auf 1462 Meter hoch gelegenen Dörflein kommt man in südlicher Richtung weiter zu den Höfen von **Tesselberg** und kann von dort wieder über Ameten auf breiterer Straße Percha und tiefer unten das Brunecker Becken erreichen.

Die Ahr oder der Ahrnbach kann sich oberhalb von Uttenheim in schöne, erlenbestandene Auen ausbreiten, und die Straße begleitet diese hoffentlich noch lange unberührte Flußlandschaft. Dann öffnet sich bei **Mühlen** das Tal zum breiteren Tauferer Becken. Hier mündet auch das lange TAL VON MÜHLWALD, durch das eine gute Straße bis zum 1860 Meter hoch gelegenen Stausee von Neves führt. Im Hauptort steht auf einem Hügel in malerischer Lage die Kirche zur heiligen Gertrud; nur mehr der Turm ist aus gotischer Zeit übriggeblieben, die Kirche selbst wurde Anfang des 19. Jahrhunderts in die heutige Form gebracht. Der letzte Ort im Tal ist **Lappach**, wo noch manche dunkelbraun gebeizte Bauernhöfe auf dem steilen Hang sitzen. Rampold beschreibt in seinem Pustertaler Führer eine Reihe von besonders empfehlenswerten Bergtouren, die man von hier aus oder von der Edelrauthütte hinter dem Neves-Stausee gegen die Pfunderer Berge oder die Zillertaler unternehmen kann.

Die vielen Namen mit *Mühl...*, denen wir hier begegnen, sind Zeichen dafür, wie sehr früher die Wasserkraft als Energiequelle unentbehrlich war; nicht nur Korn, Gerste und Roggen bedurften des Müllers, sondern auch die Sägewerke und Schmiedehämmer wurden mit dem hier so reichlichen Wasser betrieben. Dabei erwiesen sich die Bauern selbst als die besten Handwerker im Bau von diesen Anlagen, wie überhaupt den Tiroler Bergbauern eine besondere Fertigkeit in den Arbeiten mit Holz und Metall zur notwendigen Selbstversorgung auf ihren Höfen nachgesagt wird. Erfinder wie Mitterhofer mit der ersten Schreibmaschine oder Kravogel mit dem ersten Elektromotor sind beredte Zeugen dieser verborgenen Talente, denen dann aber meist der geschäftliche Sinn für deren materielle Nutzung gefehlt hat.

An der gegenüberliegenden Talseite des weiten und völlig flachen »Tauferer Bodens« liegen die Häuser von **Kematen** um eine gotische Kirche und darüber auf einer bewaldeten Kuppe die alte Wallfahrtskirche Sankt Walburg, wo der Sage nach einst eine alte Burg stand – die Lage stützt diese Volksüberlieferung.

Ein besonders schönes, ja überraschendes Beispiel Tiroler Gotik begegnet uns in der PFARRE TAUFERS, die noch kurz vor dem Erreichen des Hauptortes Sand rechts nahe am Weg steht. 1527 vollendet, hat sie ihre Form bis heute bewahren können und zählt zu den schönsten spätgotischen Kirchen Tirols. Als Urpfarre reicht die Kirche sicher noch in karolingische Zeit zurück und ist heute Sitz des Dekanats der ganzen Umgebung. Das Innere besticht vor allem durch die feierliche Wirkung der hohen Halle mit dem Netzwerk der Rippen an der Decke. Am Hauptaltar und an einigen Seitenaltären sind die Schnitzwerke gut nachgefühlte Arbeiten aus neuerer Zeit; die Kanzel hingegen ist noch rein gotisch; der vor dem Eingang zum Chor hängende Rosenkranz um das Bild der Mutter Gottes ist eine schöne Barockarbeit aus dem 17. Jahrhundert. Die Friedhofskapelle ist auch hier zweigeschossig; in der Krypta begegnen wir wieder den drei Jungfauen aus Meransen; an den Außenwänden unterhaltsame und für die damalige Zeit sicher lehrreiche Sprüche eines früheren Pfarrers.

Auch im Hauptort **Sand in Taufers** sind wir bei 865 Metern noch kaum höher als am Eingang des Tales. Noch vor dem Dorfkern schiebt sich der mächtige und doch elegante Bau des Ansitzes NEUMELANS in das Blickfeld; von der Straße, die südlich davon durch die Wiesen zieht, bietet die Ansicht des Herrensitzes im Vordergrund mit der riesigen Anlage der Burg Taufers dahinter und den Gletscherriesen im fernen Hintergrund ein unvergeßliches Bild, das Geschichte, Kultur und Natur Südtirols in einmaliger Weise vereint. Die gegliederten Ecktürme, unten viereckig und im oberen Teil rund mit kegelförmigem Dach, ein eleganter, zentraler Runderker und vor allem das hohe Walmdach zeigen den Geschmack des Bauherrn Hans Fieger, der schon in Absam bei Hall einen Ansitz »Melans« besaß und diesen hier im Jahr 1582 errichten ließ. Eine besondere Hochachtung bekommt man von der Handwerkskunst der Zimmerleute, die die Statik dieses ungewöhnlichen Dachstuhls berechneten: Im Dachgeschoß staunt man über die vierundzwanzig aus 20 Meter langen Lärchenstämmen gelegten Längsbalken, die die komplizierte Konstruktion mit ihren Stützbalken und Querverstrebungen tragen.

In Sand mischen sich Hotels, Restaurants und Pensionen unter alten Baubestand. Jenseits des Ahrnbaches liegt die Fraktion **Sankt Moritzen** mit einer stimmungsvollen gotischen Kirche. Von hier aus kann man dann flußabwärts zum alten Bad Winkel und zum Ort gelangen, wo die Wasser der REINTALFÄLLE ihr tosendes Ende am Tauferer Boden nehmen. Dieser wasserreiche Bach muß die hohe Stufe, die das Reintal vom Talboden trennt, in mehreren Stufen hinabspringen und bildet so die vielleicht schönsten Wasserfälle Südtirols. Das laute, sinnenbetörende und stimmenraubende Schauspiel läßt sich am besten von dem Weg aus genießen, der beim Toblhof an der Zufahrtsstraße nach Rein zur Schlucht hinführt. Bald nach dem Toblhof liegt rechts an der Straße ein kleiner Parkplatz im Wald. Von hier aus führt ein schön angelegter Steig zur Höhe des »Kofels«, auf dem die Reste einer alten Burg und die Rundapsis der romanischen Kapelle stehen. Heute sind Weg und Ziel zu einem frommen Pilgerspaziergang zum heiligen Franziskus geworden, dem dort oben im alten Gemäuer ein Meditationsraum inmitten der Waldeinsamkeit gewidmet wurde. Bald nach dem Toblhof zweigt links die Straße nach **Ahornach** ab, wo viele über den sonnigen Hang verteilte Höfe eine kleine spätgotische Kirche in die Mitte nehmen. Wenn man als Nicht-Pusterer in Sand nach diesem Ort frägt und dann das Wort »Fóchena« zu hören bekommt, muß man sein Sprachverständnis schon gehörig strapazieren, um darin Ahornach zu erkennen. Von dort oben geht die Straße noch weiter bis zu den Höfen von Pojen und endet am Ausgang des schönen Pojentales, durch das man zu Fuß weit zu den stillen Bergseen unter dem Rauchkofel und dem Durreck wandern kann. Der Bach, der von dort herauskommt, setzt dann zu einem weiten Sprung an und ist vom Tal aus – bald nach der Talstation der Michelreis-Lifte – als über 70 Meter hoher Wasserfall zu bestaunen.

Bald betritt die Straße das nun eben gewordene Tal von **Rein**: Rechts wird der Blick gefangen von den glänzend weißen Steilwänden des Ruthnerhorns, auch SCHNEABIGER NOCK benannt, und den scharfen Kämmen des Hochgall und Wildgall, alle weit über dreitausend Meter hoch. Der Reinbach kommt darunter hervor und durcheilt den flachen Talgrund, in dem immer wieder kleine Heuhütten die Nutzung dieser Bergwiesen verraten. Links zieht das von Almen gesäumte Tal weiter gegen das Klamml-Joch auf dem Grenzkamm, der ins osttirolische Defereggen führt; von der Anhöhe herunter grüßt der spitze Turm der neugotischen Kirche. Rein besitzt auch einige Gasthöfe, und ein Aufenthalt in diesem so abgeschiedenen Hochalpental ist nicht nur eine Erholung für Ruhesuchende, sondern ein Ausgangspunkt für zahllose Wanderungen und Hochtouren in die nahe Gletscherwelt (dazu Näheres bei *Rampold,* »Pustertal«).

Die BURG TAUFERS, eine der größten im Lande, schließt mit ihren mächtigen Mauern als unübersehbare Sperre den grünen Tauferer Boden gegen das dahinterliegende Tal der Ahr. Der Baubeginn dürfte nach Weingartner in die Mitte des 13. Jahrhunderts fallen, und es ist anzunehmen, daß die Herren von Taufers früher auf dem KOFEL am Eingang des Reintals saßen. Über eine ehemalige Zugbrücke gelangt man durch einen Torbau in einen kleinen Vorhof und von dort durch drei Tore in den Burghof, um den sich mehrere Gebäudeteile schließen. Rechts steht der gewaltige Bergfried und an ihn angebaut ein hoher Wohnturm. Die Führungen durch die weitläufigen Anlagen beginnen links vom Eingang in dem Gebäude, zu dem eine Treppe hinaufführt. Besonders sehenswert ist die Kapelle im ersten Stock mit Wandbildern aus der Schule von Michael Pacher, ferner der Bibliothekssaal und der große Saal mit Mittelsäule, in dem früher Gericht gehalten wurde. Die Burg ist seit dem Jahr 1977 im Besitz des Südtiroler Burgenvereins, der gewissenhaft für die Instandhaltung sorgt. Eine Zufahrtsstraße geht nach der ersten Talenge von der Ahrntaler Straße ab; die Straße durch die Engstelle unter der Burg wurde übrigens erst 1837 gebaut, denn früher führte der Weg aus dem Ahrntal nur über die Burg, wo Mensch und Ware unter dem wachsamen Auge der Burgherren passieren mußten.

Aber hinter dieser natürlichen Sperre des Burghügels beginnt eine neue Welt: Mit einem Schlag sind wir aus einer offenen, lieblichen Wiesenlandschaft in ein enges Gebirgstal getreten, wo die Luft schärfer und klarer wird und die Berge zu beiden Seiten näher herantreten; bis hoch hinauf sind die Hänge mit verwitterten alten Bauernhäusern übersät, darüber breitet sich ein Gürtel dunklen Waldes aus und geht über in die Almen unter dem Kamm der ewig weißen Riesen. Hier breitet sich die Gemeinde **Ahrn** mit einer Reihe von kleinen Siedlungen aus und reicht bis zur nächsten Klamm bei Sankt Peter, hinter der dann Prettau mit Kasern und Heilig Geist die letzte Gemeinde des Tales bilden.

Die jahrhundertelange relative Abgeschlossenheit des Tales hat sich auch in Lebensart und Sprache der Bewohner niedergeschlagen. Die *Tölderer,* also die Tal-Bewohner, wie sie sich selbst bezeichnen, bewahren einen der urtümlichsten der Tiroler Dialekte, mit starken Einflüssen aus den Tälern jenseits der hohen Bergketten, die sie umrahmen, also Zillertal, Krimml und Defereggen. Dies bestärkt auch die Annahme, daß ein guter Teil der Bevölkerung im Mittelalter über diese Berge her eingewandert ist und weniger aus den südlichen Tälern. Ein wichtiger Grund für diese Einwanderung war sicher der Erzreichtum des Tales und seiner Hänge. Schon für den Beginn des 15. Jahrhunderts ist eine Bergbautätigkeit und besonders die Gewinnung von hochwertigem Kupfer bezeugt. Wir werden bald auf diesen für das Tal so wichtigen Erwerbszweig zurückkommen. Für die Annahme einer vorgeschichtlichen Besiedlung gibt es nur ganz vereinzelte Funde – so ein Bronzebeil und mehrere bronzene Hacken, vielleicht zur Aufbereitung des Erzes – und ein paar Ortsnamen wie Pippe oder Piprig-Kofel, die auf alte Höhensiedlungen hinweisen, aber auch auf die Möglichkeit, daß schon in vorgeschichtlicher Zeit hier nach Metallen geschürft wurde. Als

Übergänge in die benachbarten Hochtäler bietet sich eine Reihe von Jöchern oder »Törln« an, die sich auf Höhen von oft weit über 2500 Metern zwischen den Gletscherriesen der Zillertaler auftun; die wichtigsten davon sind die sicher schon im Altertum benutzten Wege über das Mitterjoch (2634 m), die Hundskehle (2559 m) unter dem Zacken des Rauchkofels, die alle ins Zillertal führen; dann das Heiliggeistjöchl (2662 m), das Krimmler-Tauernjoch (2633 m) und am Talende die Birnlücke (2667 m), die schon ins Salzburgische führt. Heute noch werden über das eine oder andere dieser Jöcher Schafe und Rinder auf Almen jenseits der Staatsgrenze zur Sommerbeweidung gebracht, da die alten Weiderechte stärker sind als Staatsgrenzen! Auch die Inbesitznahme des Klockerkarkopfes durch Tolomei, der irrtümlicherweise damit die Nordgrenze des neuen Italien als »Vetta d'Italia« bezeichnet hatte, kann an diesen alten Rechten nichts ändern!

Das Gesicht des ganzen Tales ist geprägt durch die Schwemmkegel, die rechts und links aus den steilen Seitentälern immer wieder den Flußlauf verlegten und nicht selten Haus und Hof, Mensch und Vieh unter sich begruben. Der Dichter *Joseph Georg Oberkofler* (1889–1962) schildert in seinem Gedicht »Das Land im Gebirge« sehr treffend diese dauernde Bedrohung seines Heimattales durch die Naturgewalten:

Hart bedrängt uns die Macht der Berge
Ungestüm der Lawinen, Rollen des Steinbruchs
Oder des Hochwetters Schlag.
Aber jauchzend klingt von unseren Bergen
Das Lied der Freiheit,
Weht die Sonne hinaus über alle Ebenen,
Mond und Sterne.

Bald nach dem Eintritt ins Ahrner Gebiet treffen wir links von der Straße auf die schon erwähnte Talstation der Gondelbahn auf das vielbesuchte Skigebiet vom SPEIKBODEN, benannt nach dem blauen Speik (*Primula glutinosa* oder Klebrige Primel), der dort die Matten im Frühjahr mit seinen blau-violetten Blüten überzieht. Bald sind wir in **Luttach**, wo sich das Haupttal beinahe rechtwinklig gegen Nordosten wendet und wo von links nach einer Steilstufe das Tal von Weißenbach mündet. Luttach, auf 962 Metern Höhe gelegen, besteht heute aus mehrheitlich neuen Häusern, Hotels und Fremdenbetrieben, und die alten Bauernhäuser muß man dazwischen schon suchen gehen, um sie zu entdecken. Von einer Anhöhe grüßen Turm und Kirche zum heiligen Sebastian, ein gotischer Bau mit einer neugotischen Innenausstattung. An den steilen Hängen bei **Weißenbach** (1334 m), zu dem eine neue, breite Straße führt, stehen noch manche dunkel verwitterte Bauernhöfe. Die Kirche stammt aus der Zeit von 1479, zeigt an der Außenwand einen schönen Christophorus, nach Weingartner eine Arbeit aus der Pacher-Schule. In den Vierpässen der Chorgewölbe sieht man die Evangelistensymbole, wahrscheinlich von Friedrich Pacher. Der schöne Flügelaltar und ein Sakramentshäuschen aus weißem Marmor sind weitere Schmuckstücke dieser Bergkirche, von der aus man weit bis ins hinterste Tal der Ahr sieht.

Wieder im Tal, stehen in lockerer Folge alte Höfe und neue Häuser, letztere leider wie wahllos und stillos unter Mißachtung der Urtümlichkeit des Tales zu beiden Seiten des Flusses hingeworfen. Im nächsten Ort **Sankt Johann** verdient die barocke Pfarrkirche einen Besuch; sie wurde 1783–1785 neu erbaut und ist reich mit Fresken des Tiroler Malers Joseph Schöpf geschmückt, der unter anderen auch die Pfarrkirche von Kaltern meisterhaft ausgemalt hat. Bei der nahen spätgotischen Martinskirche stand füher die Urpfarre von Ahrn, die aber um 1330 durch eine Mure verschüttet worden war. In Sankt Johann finden wir auch eine Mittelschule und ein Altersheim. Das ehemalige Ahrner Berggericht hatte seinen Sitz in dem wenige hundert Meter taleinwärts gelegenen Ansitz Mühleck, der zwei schöne Eckerker hat und über der Tür die Jahreszahl 1586 eingraviert trägt.

Gleich darauf sind wir in **Steinhaus**, dessen neu instand gesetzten, rot gestrichenen Gebäude bis 1894 Sitz des »Ahrner Handels« waren. Hier war der Sammelpunkt für die Kupfererze aus den Prettauer Gruben, hier wurden sie gestapelt und für die

Weiterbeförderung verladen. An der Straße liegt das sogenannte »Faktorhaus«, heute Rathaus der Gemeinde Ahrn; es ist ein Bau in den typischen Formen des Edelsitzes am Übergang zwischen Gotik und Renaissance mit hohem gewalmtem Steildach und viereckigen Eckerkern. Die aufgedeckten Secco-Malereien im Inneren stellen biblische und mythologische Szenen dar und stammen aus dem Jahr 1700. Neben diesem Hauptgebäude stehen noch der Erzstadel und ein Kornhaus. Die heutigen Besitzer sind die Grafen Enzenberg, die hier noch den Sommer verbringen; von den früheren Gewerken Wenzl, den späteren Freiherren von Sternbach und den Mitbesitzern Tannauer, die seit 1737 in den Grafenstand mit dem Namen Tannenberg erhoben wurden, kamen die Enzenberg durch Heirat mit der letzten Erbin der Tannenberg im Jahr 1846 zu diesem Besitz. Von Steinhaus geht ein Gondellift in das Kleinklaustal ab zum Skigebiet KLAUSTAL.

Wenig weiter taleinwärts steht links auf einer Anhöhe die Kirche von **Sankt Jakob**, zu der eine kleine Seitenstraße hinaufführt; wie so oft liegt der Friedhof auch hier an einer besonders aussichtsreichen Stelle. Wir sind hier bereits auf 1192 Metern Höhe, und die wenigen Höfe breiten sich noch weit hinauf über den Sonnenhang aus. Noch steiler führt der Weg zur nächsten, von weitem sichtbaren Kirche von **Sankt Peter**, die hoch über der »Klamm« steht, durch die sich die Ahr zwängen muß und die auch immer wieder nach Hochwassern so verlegt wird, daß der Verkehr tagelang unterbrochen ist. Früher zog deshalb der alte Weg nach Prettau hier oben vorbei.

Hinter dieser letzten Engstelle beginnt die Gemeinde **Prettau** und mit ihr der weite Talschluß, wo in den vergangenen Jahrhunderten die Gewinnung und Verhüttung von Kupfer neben den kargen Erträgen der Viehwirtschaft einen gewissen Wohlstand brachte. Es gibt heute noch alte Bauernhöfe, deren Land beim Bach anfängt und sich in einem Streifen über den Wald bis zu den Almen und dem Bergkamm hinaufzieht; die Mühe, dies alles bei den wenigen Sommermonaten zu bewirtschaften, ist allerdings nicht gering, und wenn der Waldbesitz mehr kostet als er abwirft, so ist es mit dem Wohlstand nicht mehr weit her.

Deshalb muß man bewundern, daß den Bauern immer noch Zeit für künstlerische und kulturelle Tätigkeiten bleibt, wie das Schnitzen von hölzernen *Masken*, die Teilnahme an Theateraufführungen oder an der Blaskapelle. Das Volkstheater hat hier eine alte Tradition. Im Stegerhof gibt es ungefähr zweihundert Jahre alte Kopien einer Reihe von alten Handschriften von Volksschauspielen, darunter den bekannten *Tiroler Faust.* Ich selbst habe im Jahr 1946 dort ein »Zauberbuch« gesehen, in dem allerhand Anweisungen verzeichnet sind, wie man dem Vieh des Nachbarn durch Hexerei Schaden zufügen kann, oder wie man den Giftbissen für den Fuchs zubereitet, der einem die Hühner stiehlt.

Das PRETTAUER KUPFER war in ganz Europa wegen seiner Geschmeidigkeit hochgeschätzt, da es besonders zur Erzeugung feiner Drähte geeignet war, wie sie in den »Leonischen« Betrieben (nach der spanischen Stadt Leon) als Einlagen in wertvolle Textilien verarbeitet wurden. Eine solche Fabrik existiert noch in Stans bei Schwaz. Die Frauen des hinteren Ahrntales haben hingegen die alte Tradition des Spitzenklöppelns wieder aufleben lassen und können die Erzeugnisse dieser höchst komplizierten Geduldarbeit auch verkaufen. Daß sich die 92jährige Rosa Steger noch dieser Feinarbeit mit Fleiß hingibt, und das ohne Brille, konnte ich im Herbst 1998 voller Bewunderung feststellen.

Auf dem Weg nach **Kasern** steht noch die Ruine des letzten Schmelzwerkes in der Form eines häßlichen Kamins. Früher eine Knappensiedlung, die dann aufgelassen wurde, hat Kasern heute ein großes Hotel und einen Gasthof, beide sind beliebte Erholungsorte im Sommer. Und im Winter 1998/99 ist dieser Ort gar Schauplatz für die Dreharbeiten eines bekannten österreichischen Films geworden! Hier ist zum Glück der Autoverkehr zu Ende. Von hier aus sollte man dann den alten Plattenweg langsam taleinwärts schreiten, zwischen alten Zäunen und niederen, aus Geröllsteinen gefügten Mauern, bis jenseits des Wildbaches zwischen riesigen Felsblöcken der Turm und das alte Knappenkirchlein zu HEILIGGEIST auftaucht. Ganz verloren scheint es in der Bergeinsamkeit des öden Talschlusses, wie herausgewachsen aus den Felstrümmern, die es umgeben. 1445 wurde die Kirche von keinem Geringeren als dem Kardinal Nikolaus Cusanus eingeweiht. Die erst vor zwanzig Jahren aufgedeckten Fresken in den spitz zulaufenden Wandfeldern hinter dem Altar stammen nach *Gruber* aus der Zeit der Erbauung und stellen in der Mitte das Pfingstwunder und zu den Seiten die Krönung Mariens, den heiligen Nikolaus (wohl dem Cusanus zuliebe) und Ursula mit ihren Gefährtinnen dar. Die Fresken an der Südwand sind um gute hundert Jahre jünger. Alljährlich finden nach Heiliggeist zum Gnadenbild des Gekreuzigten Wallfahrten statt, während die Prettauer seit dem 14. Jahrhundert mit diesem Gnadenbild eine Wallfahrt zur *Kornmutter* von Ehrenburg – ganze sechzig Kilometer entfernt! – auf sich nehmen, damit ihr Tal von den Unbilden der Witterung verschont bleibe.

Am Freitag nach Christi Himmelfahrt brechen die Männer um Mitternacht auf, mit Rucksack und Regenschirm, und kommen am Nachmittag des nächsten Tages in Ehrenburg an, wo sie zuerst der Kornmutter einen Besuch abstatten. Quartier wird bei den Bauern bezogen. Am nächsten Tag wird eine heilige Messe gefeiert, und dann geht es wieder heimwärts (nach: *K. Gruber* und *H. Grießmair*: Südtiroler Wallfahrten, Athesia 1988).

An uralte Traditionen gebundene Volksfrömmigkeit, vielleicht bei den Jüngeren eine Portion sportlicher Ehrgeiz, aber doch ein beruhigendes Zeichen für die Langlebigkeit solcher Einrichtungen in dieser abgeschiedenen Bergwelt.

Wir kehren zurück in den westlichsten Abschnitt des Brunecker Beckens, wo sich bei **Sankt Lorenzen** das Tal noch einmal etwas weitet, weil vom Süden her das Gadertal mündet; hier ragen wie Inseln flachere und höhere Kuppen aus der Ebene, deren höchste der Kienberg über Montal ist, der geschichtsträchtigste aber der Hügel von Sonnenburg im Norden der Rienz und gegenüber der Mündung des Gaderbaches.

Sankt Lorenzen hat seine Besiedlung bestimmt der geschützten klimatischen Lage und der Talmündung aus den südlichen Bergen zu verdanken. Noch lange vor der römischen Station SEBATUM, deren Grundmauern am linken Rienzufer zutage liegen, sind in der näheren Umgebung Siedlungsreste aus der späten Jungsteinzeit, aus der frühen Bronzezeit und weit herunter durch Bronzezeit und Eisenzeit bis zu den wichtigen römischen

Funden bekannt geworden (Näheres bei *Lunz:* »Ur- und Frühgeschichte Südtirols«, Athesia 1973). Besonders hervorzuheben sind hier die bedeutenden Grabungsfunde von Lothen, einem Felshügel westlich der Sonnenburg; darunter das berühmte Gürtelblech, ein in einen bronzenen Gürtel getriebenes, höchst kunstvolles Relief mit Darstellungen von zwei Hirschen und einer Umschrift in rätisch-etruskischen Lettern. Dieses einmalige Stück ist heute im Bozner Archäologiemuseum zu bewundern. Auf den Sonnenburger Hügel werden wir noch zurückkommen.

Zur Zeit der Eroberung der Alpengebiete durch Drusus und Tiberius, also nach dem Jahr 15 n. Chr., lag diese Gegend an einer Hauptdurchzugsstraße vom Eisacktal in das Königreich und die spätere römische Provinz Norikum, wo die Ruinen der Stadt Aguntum, nahe an Lienz, heute noch von einer blühenden Siedlung zeugen. Sebatum war zwar weniger groß, aber doch mehr als eine einfache Poststation. Man erkennt heute noch die Grundrisse eines kleinen Tempels, einer Markthalle und von Heizungsanlagen (Thermen oder Bodenheizung). Später, zur Zeit der bajuwarischen Besitznahme des Landes, also im 5. und 6. Jahrhundert, ist schon von einer Laurentiuskirche die Rede, ein Beweis, daß damals schon der Name des Heiligen das alte Sebatum verdrängt hatte.

Heute gehören zur Gemeinde Sankt Lorenzen mehrere Weiler und kleinere Ortschaften am Ausgang des Gadertales, wie Móntal, Pflaurenz, Sankt Martin und Maria Saalen im Talgrund oder, nur leicht erhöht, Stephansdorf auf einer Terrasse, die sich gegen Reischach hinzieht, Ellen und Onach hoch oben über der schluchtigen Enge des Gaderbaches an dessen südlicher Seite; soweit sind deutsche Siedler vorgedrungen, denn was dann weiter taleinwärts im Gadertal liegt, gehört schon dem ladinischen Bereich an. Jenseits der Rienz gegen Norden gehören auch der Hügel von Sonnenburg, Lothen und der Kniepaß zum Gemeindebereich.

Der große Kirchplatz und die Fassade der Kirche selbst haben durch die vor kurzem erfolgten gründlichen Erneuerungen manches von der alten Patina eingebüßt, die dieser alten Stätte soviel Atmosphäre verliehen hatte; aber wir werden gar nicht bis zur nächsten Generation warten müssen, bis die Gebäude sich wieder dunkler färben, das geht in unserer rauch- und abgasgeschwängerten Zeit recht schnell. Zwei ungleich hohe, spitze Türme ragen, von weitem sichtbar, über die alte Kirche, die auch in ihrem dreischiffigen Inneren manche Unregelmäßigkeit aufweist, weil sie immer wieder neue Zubauten erlebt hat. Die ältesten Bauteile stammen noch aus dem 13. Jahrhundert. Besonderes Schmuckstück ist die liebliche Statue der Muttergottes mit dem Kind, das eine Traube in der Hand hält, eines der besten Werke des Michael Pacher. Die große Figur des Gekreuzigten, die über dem Gewölbe des nördlichen Seitenschiffes hängt, ist eine italienische Arbeit aus dem 14. Jahrhundert. Einige Freskenreste in der Seitenkapelle (»Egererkapelle«) sind ebenfalls im 14. Jahrhundert entstanden.

Eine hübsche gotische Kirche mit romanischen Bauteilen steht im nahen **Sankt Martin**, über dem auf hohem, ringsum steil aufragendem Felsen die MICHELSBURG thront. Hier lag vermutlich der zentrale Burgplatz der Grafschaft Pustertal. Sie stand von Anfang an im Besitz der Görzer beziehungsweise der Tiroler Landesherren; später kam sie an die Wolkenstein, dann an die Künigl von Ehrenburg. Heute ist sie in privatem Besitz und kann nicht besichtigt werden. Auffallend ist der hohe Palas und der nur um weniges höhere Bergfried mit rechteckigen Zinnen.

Etwas weiter gegen das Gadertal kommen wir zu den Häusern von **Maria Saalen**, wo das ehemalige Einsiedlerkirchlein zu Unserer Lieben Frau von Loreto am Rande der Schlucht steht. Ein gerne besuchtes Gasthaus ist Ziel vieler Wanderer in diesem stillen Waldtal. Tiefer unten verläuft die Straße nach Enneberg, und jenseits des Baches liegen die Häuser von **Montal**, mit einer Kirche aus dem Ende des 15. Jahrhunderts. Von hier führt eine Straße in vielen Windungen durch dichten Wald zum Weiler **Ellen**, der schon auf 1364 Meter Höhe liegt. Von hier aus hat man einen wahrlich beherrschenden Blick über das ganze mittlere Pustertal und weit hinein in die Berge der Rieserferner-Gruppe. Immer in luftiger Höhe kommt man weiter nach **Onach** und kann von dort wieder zurück nach Montal fahren. Uralte Bauernhäuser stehen immer wieder am Weg, und die übersteilen Wiesen lassen die Heuernte zu einem Wagnis werden. Onach im Westen und der Hof Altpalfrad im Osten des Tales sind die letzten deutschsprachigen Siedlungen. Dann beginnt das verzweigte Tal von Enneberg und Abtei, zu dem wir nach dem Besuch des unteren Pustertales zurückkehren werden.

Das untere Pustertal

Im Westen von Bruneck nimmt die Rienz den großen AHRNBACH auf und zieht im jetzt eng gewordenen Tal weiter gegen das Eisacktal. In der Schleife, die diese beiden bilden, liegt um fast zweihundert Meter höher eine weite, grüne Hochfläche am sonnigen Hang, auf der sich einige bedeutende Dörfer befinden. Die Hauptzufahrt zu dieser schönen Gegend geht bei Stegen von der Ahrntaler Straße ab; aber sie ist auch von Kiens aus auf guter Straße zu erreichen sowie über kleinere Sträßchen von Stegen oder von Sonnenburg-Lothen aus. Wie so oft in unseren Tiroler Tälern liegt hier eine Mittelgebirgslandschaft ausgebreitet, die von der Talstraße nicht einmal erahnt werden kann und deren Ausdehnung jeden Neuankömmling überrascht.

Greinwalden ist wieder einer jener Orte, dessen Namen auf einen bajuwarischen Gründer, einen Grimoald, zurückzuführen ist, also ins frühe Mittelalter reicht. Von Sankt Georgen führt ein schöner Spazierweg zu den paar alten Bauernhäusern und einem guten Gasthaus, während die Autostraße von der Straße nach Pfalzen abzweigt. Auf der großen Ebene über dem Dorf und schon näher bei Pfalzen liegt einsam in den Feldern die Kirche zum heiligen Valentin. Ein Besuch ist jedem kunstsinnigen Gast wärmstens zu empfehlen. Das dreiteilige Fresko an der südlichen Außenwand ist laut Inschrift von »hans mair in veld und sein hawsfraw margret« im Jahr 1434 gestiftet worden.

Im oben spitz zulaufenden Mittelfeld ist eine bewegte Kreuzigungsgruppe dargestellt, im linken Feld die Heimsuchung Mariens und rechts der heilige Valentin und zwei andere männliche Heilige. Was an den getreu ausgeführten Architekturen des Hintergrundes auffällt, ist der eindeutig romanische Stil der Bögen im linken Bildteil, während im rechten Abschnitt die Fenster rein gotisch aussehen. Hat hier der Maler schon den Zwiespalt des Stilüberganges ausdrücken wollen, der ja in unseren Gegenden reichlich spät stattgefunden hat? Am alten Rathaus von Brescia, dem »Broletto«, kann man Ähnliches beobachten: Von vier marmornen Bögen sind die zwei linken rein romanisch, während die zwei rechten eine Andeutung des Spitzbogens zeigen; dieser romanisch-gotische Bau entstand allerdings schon hundert Jahre früher.

Im Inneren sind die erst 1980 aufgedeckten Fresken wertvolle Zeugnisse der Kunst des Friedrich Pacher: Es sind hier Szenen aus der Passion und Bilder von guten und schlechten Taten dargestellt. Der Altar ist eine gute Arbeit aus dem Barock.

Hier sind wir schon am östlichen Rand des großen Dorfes von **Pfalzen**. Seine sonnige Lage läßt die Höhe von über 1000 Metern nicht vermuten. In der Ebene und an dem nur leicht geneigten Hang breiten sich die vielen neuen, aber auch einige behäbige alte Häuser aus. Die große Pfarrkirche ist ein »Neubau« aus dem Jahr 1851, aber der Turm der schon 1177 erwähnten Kirche wurde im 15. Jahrhundert errichtet. Den Hochaltar schmückt ein Bild des bekannten Bozner Malers Carl Henrici (1737–1823), der aus Schlesien stammte und in Bozen besonders durch die malerische Ausschmückung des Palais Menz, der heutigen Banca Commerciale in der Mustergasse, ein wertvolles Denkmal hinterlassen hat. Auf der Straße, die aufwärts gegen Westen führt, steht links der alte Ansitz Sichelburg, heute in bäuerlichem Besitz, der ins 14. Jahrhundert zurückreicht und lange von dem Geschlecht der von Mörl bewohnt wurde, deren Nachkommen heute noch in Eppan leben.

Mehrere schmalere Straßen führen zu den schön gelegenen Bauernhöfen am steilen Berg im Norden. Besonders empfehlenswert ist der genußvoll auf einem Spaziergang zu erreichende Hof Kofler am Kofel auf 1487 Metern Höhe, wo auch eine beliebte Einkehrstätte zur Rast einlädt. Der Blick von hier aus auf das Tal, die geschlossene Anlage der Stadt Bruneck und die weite Kette der Dolomiten im Hintergrund gehören zu den schönsten Aussichten des mittleren Pustertals. Weiter im Süden stehen auf gleicher Höhe die alten Höfe von **Platten**.

Wenig westlich von Pfalzen liegt der Weiler **Issing**, wo eine enge Häusergruppe um die spätgotische Kirche unter alten Linden steht. Von hier aus kann man der großen Straße folgen, die durch den Wald nach Kiens absteigt, vorbei am Badesee des ISSINGER WEIHERS. Als kleiner Abstecher lohnt sich der Spaziergang zu den alten Bauernhöfen von Hasenried, wo unter dem spätgotischen Kirchlein von Sankt Johann eine barocke Kapelle steht, die als altes Quellheiligtum früher viel besucht wurde.

Die weiter ansteigende Straße überquert nach Mühlen den tiefen Bach, hinter dem aus dem Wald der Turm von SCHLOSS SCHÖNECK herausschaut. Diese alte Burg war einst Sitz des Gerichtes über die umliegende Gegend, und der Bergfried ist um 1150 erbaut worden. Unter anderen Lehensherren der Tiroler Grafen war hier Friedrich von Wolkenstein im Jahr 1377 als Pfleger wohnhaft, und man nimmt an, daß hier sein berühmter Sohn Oswald zur Welt gekommen ist. Gegen den dichten Wald im Norden und gegen Osten, wo sich eine große Wiesenfläche ausbreitet, ist die Burg wenig geschützt; nur nach Süden und Westen fallen die Felsen steiler gegen die Schlucht ab. Um einen spitz zulaufenden Innenhof – den Zwinger – steht ein an Stelle des verfallenen Palas errichtetes Wohnhaus und ein Wirtschaftsgebäude, angelehnt an den hohen Turm. Das Schloß ist in Privatbesitz und kann nicht besichtigt werden.

Nach einer Kehre im Wald öffnet sich wieder eine höher gelegene, weite Wiesenlandschaft. Bei den Häusern von **Hofern** zweigt links ein Weg zur spätgotischen Kirche von Sankt Martin ab, die einsam am Waldrand steht. Sie besitzt einen schönen Flügelaltar aus der Pacherschule vom Beginn des 16. Jahrhunderts, mit einer ländlich-lieblichen Madonna in der Mitte und einer etwas steifen Szene der »Anna Selbdritt« in der Predella.

Bevor der Hauptort Terenten erreicht ist, überquert die Straße in einer Senke den Bach. Hier sollte man das Gefährt abstellen und das WINNEBACHTAL ein Stück hinaufwandern: Schon unterhalb der Brücke und dann gleich darüber und ein Stück weiter hinauf stehen immer wieder kleine Holzhütten mit alten Mühlrädern am Bach, die allerdings immer mehr zu verfallen drohen. Den Bach entlang durch dieses kleine Wiesentälchen zu wandern, in dem sonst nur ein paar kleine Höfe stehen, ist ein geruhsamer Spaziergang; will man höher hinauf, dann führt der Weg weiter in die Pfunderer Berge bis zum Tiefrastensee auf 2311 Metern Höhe, in einem engen Felskar zwischen Grubbachspitze (2800 m) und Kempspitze (2704 m) gelegen. Diese große Zahl von Mühlen zeigt, daß hier einmal reichlich Getreide angebaut wurde.

Terenten hat sich wegen seiner sonnigen Lage auf 1200 Metern Höhe zu einem vielbesuchten Erholungsort entwickelt, wie man bald an den vielen Hotels und Pensionen ersehen kann. Der Name kommt vom lateinischen »torrentum«, Wildbach, und das Vorziehen des Akzentes auf die erste Silbe, nämlich Tèrenten, beweist nach Kühebacher, daß die Eindeutschung schon vor dem Jahr 1000 geschehen ist. Aus der alten Pfarrkirche, die noch einen gotischen Chor und den Turm aus jener Zeit herübergerettet hat, ist ein neuromanischer Bau geworden. Man sollte es nicht versäumen, die Straße noch weiter westwärts zu fahren bis zum Dörflein **Margen**, das schon am Abhang zum tief darunter liegenden Pfunderer Tal liegt. Knapp unter der Kammhöhe steht die Kirche zur heiligen Margareth (daher der Name des Dorfes) in besonders schöner Lage. Hier steht wieder einer jener gotischen Flügelaltäre, die den Besuch vieler Tiroler Kirchen immer wieder zu einer freudigen Überraschung werden lassen. Hier scheint ein früher Feminismus zu triumphieren, denn die Figuren stellen durchwegs weibliche Heilige dar, angefangen von Katharina, Margareta und Magdalena bis zu Barbara und Agnes. Die Apostel Simon, Petrus und Jakobus sind auf den Seitenaltar verbannt. Der Hauptaltar zeichnet sich nach Weingartner durch gute Qualität aus und stammt aus der Zeit um 1500.

Von Terenten führt eine steilere Straße in nur sechs Kilometern nach Vintl im Haupttal. Bei einem hölzernen Stadel am linken Wegrand weist ein Pfeil zum Wallfahrtskirchlein von Sankt Zeno. Man steigt über einen Wiesenpfad am Rande einer Schlucht hinunter und kommt in ungefähr einer Viertelstunde bis zum Kirchhügel, der im Wald versteckt liegt. Die romanische Rundapsis reicht noch ins 13. Jahrhundert zurück; später bekam die Kirche ein barockes Gesicht. Auf dem Hügel haben Grabungen eine prähistorische Besiedlung festgestellt.

Nach diesem Streifzug über die Mittelgebirgsterrasse des unteren Pustertales kehren wir noch einmal bis auf die Höhe von Sankt Lorenzen zurück und besuchen den auffälligen Felskopf gegenüber der Mündung des Gaderbachs. Hinter dem Fels wird das Tal ganz eng, die Straße beschreibt einen Bogen, und nur mehr ein schmaler Wiesenstreifen trennt sie vom rasch dahineilenden Fluß. So hat sich der Hügel von SONNENBURG seit frühesten Zeiten als strategisch wichtiger Siedlungsplatz geradezu angeboten. Ein römischer Meilenstein des Kaisers Macrinus (218 n. Chr.), dessen Original sich im Museum Ferdinandeum zu Innsbruck befindet, steht hart an der Straße im Westen unter dem Burgfelsen und läßt auch die Gründung der Siedlung von SEBATUM hier an der wichtigen Durchzugsstraße sinnvoll erscheinen. Der ovale Burgfelsen fällt steil gegen Süden und Westen, weniger steil gegen Norden ab; nur im Osten beginnt nach einem kleinen, felsigen Absatz eine seichte Mulde, über die einst die römische Heerstraße zog und wo seit dem Mittelalter ein Spital mit angebauter Kirche und ein paar Herrenhäuser standen. Es ist anzunehmen, daß auch die Römer auf diesem Felskopf eine Befestigung angelegt hatten, doch ist davon nichts übrig. Als sensationell kann aber der im Jahr 1975 durch *Lunz* gemachte Fund gewertet werden, der im Bereich der Burg ein jungsteinzeitliches Depot von bestens erhaltenen Steinbeilen und -geräten bergen konnte, die augenscheinlich frisch aus der »Werkstatt« kamen und die er auf ungefähr 1900 Jahre v. Chr. datierte.

So macht die beherrschende Lage des Burghügels, seine in Urzeiten zurückreichende Geschichte und der jahrhundertelange Sitz eines Nonnenklosters mit all seinen frommen und unfrommen Erinnerungen den Ort zu einer Stätte ganz besonderer Ausstrahlung, der sich keiner entziehen kann, der dort auch nur kurz verweilt. Nun noch einige Notizen zu seiner Geschichte:

Die erste geschichtliche Nachricht betrifft eine Urkunde des Gaugrafen Volkhold aus dem Jahr 1018, worin er dem Orden der Benediktinerinnen sein Schloß »Suanapurc« samt einem großen dazugehörigen Gebiet zur Schenkung gab. Dieses spätere Gericht Sonnenburg umfaßte eine große Anzahl von Höfen

Reintal mit Hochgall im Tauferer-Ahrntal

Ansitz Neumelans mit Schloß Taufers

Sonnenburg, alte Spitalskirche

Ehrenburg, Schloß und Pfarrkirche

Alte Mühle im Winnebachtal bei Terenten

Im Valler Tal (bei Mühlbach)

Schloß Rodenegg, aus dem Iwein-Zyklus

Lajener Ried, gotischer Bildstock und Katharinenkirche

Weinhof in der Eisackschlucht ober Blumau

Schloß Karneid

Sankt Katharina in Breien im Tierser Tal

Völs am Schlern von Schloß Prösels aus

Marèo-Enneberg, Trebo-Haus

Peitlerkofel vom Würzjoch aus

Schloß Thurn im Gadertal

Barockkanzel in der Pfarrkirche von San Linert-Sankt Leonhard, Abtei

Corvara mit Sass Songher

Val de Mezdì bei Colfosch-Kolfuschg

Bildschnitzer in Gröden (Norbert Insam in Sacùn)

Blick auf Urtijëi-Sankt Ulrich

Bozen, das alte Waaghaus mit der Waaggasse

Der Obstmarkt in Bozen

Bozen, Schloß Maretsch

Ritten, im Schießstand von Mariä Himmelfahrt

in der näheren Umgebung und im Enneberg. Schon bald handelten die Nonnen bei der Wahl der Äbtissin und bei Verleihungen von Lehen an Dienstmannen sehr eigenwillig und bekamen immer wieder den Protest des Bischofs von Trient zu hören. Schon im 14. Jahrhundert kam es immer wieder auch zu bewaffneten Auseinandersetzungen um die Vogteirechte und um die Wahl der Äbtissin; seinen Höhepunkt erreichte dann diese Spannung unter dem Bischof und späteren Kardinal Nicolaus Cusanus: Die Äbtissin Verena von Stuben (1440 bis 1459), die den Tiroler Landesherrn Sigismund (den »Münzreichen«) zum Verbündeten hatte, wollte sich den strengen Reformvorschriften das Kardinals nicht beugen, und es kam zu wiederholten Kämpfen; Verena ließ sich auch durch Absetzung und Exkommunikation nicht von ihrem Sitz vertreiben. Nach mehreren Gefechten mußte schließlich der Kardinal klein beigeben und zog sich endgültig aus der Diözese nach Rom zurück. Unter Joseph II. wurde das Kloster im Jahr 1785 aufgehoben, und seitdem gingen die weitläufigen Gebäude ihrem langsamen Verfall entgegen.

Heute ist das Haupthaus des Klosters in ein Hotel umgebaut worden, und der Besitzer Karl Knötig hat mit großem kunsthistorischen und geschichtlichen Verständnis die notwendigen Erhaltungsarbeiten unternommen. (Siehe dazu seinen Artikel: »Die Sonnenburg nach der Klosteraufhebung im Jahr 1785«, Schlern 1992, 187.) Vom alten Baubestand sind große Teile der Ringmauer, die Fundamente des Kreuzganges und der Klosterkirche sowie die Krypta zu sehen, deren vorromanische Freskenreste auf einen direkten Einfluß von Aquileja hinweisen.

Steigt man vom Westen her über den sanft geneigten Weg zur Mulde unter dem Burgfelsen, so fällt einem gleich der große Ansitz Hebenstreit, früher auch Glurnhör genannt, ins Auge. Eine Ringmauer, ein runder und ein viereckiger Turm und eine Reihe von verschiedenformigen Schießscharten geben dem Gebäude, das im 16. Jahrhundert errichtet wurde, einen wehrhaften Charakter. Nach ein paar anderen alten Gebäuden steht links an der Straße das ehemalige Johannesspital. Eine eingemauerte Freitreppe führt zum schön gearbeiteten Spitzbogenportal der Kirche, und ihre Rundapsis ist dem gewachsenen Felsen aufgesetzt.

Dort, wo die Mulde gegen Norden anzusteigen beginnt, liegen die Häuser des kleinen Weilers **Fassing**, und nach einem weiteren, höher gelegenen Tälchen kommt man zum Weiler **Lothen**, berühmt geworden durch die zahlreichen Funde aus der Bronze- und Eisenzeit, darunter das Fragment eines Gürtelbleches mit zwei aus dem Kupfer getriebenen eleganten Hirschfiguren (heute im Bozner Archäologie-Museum). Von hier ist es nicht mehr weit bis Pfalzen.

Flußabwärts wird das Tal beim Kniepaß noch einmal recht eng; von der Höhe grüßt der spitze Turm des Margareth-Kirchleins beim großen Stadlerhof. Bald weitet sich der Talgrund ein wenig, und links hinter der Brücke erscheinen Dorf und Schloß von **Ehrenburg**. Wir sind noch auf über 800 Metern Seehöhe, und der Ort bekommt durch die Bergflanke in seinem Rücken im Winter nicht viel Sonne ab. Auch hier zeigen Bodenfunde eine frühe Besiedlung an, und die Römer haben neben vielen anderen Spuren auch hier einen Meilenstein, den zehnten von Aguntum (bei Lienz) an gerechnet, hinterlassen. Er steht noch in einem stillen Waldtälchen, fünf Minuten vom Ortskern entfernt (Richtung Getzenberg bis zum Gasthof Knapp, dann zu Fuß eben in nordwestlicher Richtung bis zur Wegkreuzung und links dem Weg *Zum römischen Meilenstein* folgen). Der Name, den der Ort sicher von der Burg übernommen hat, begegnet uns im Mittelalter (1241) in der Form »Arbenburc«, Burg eines Aribo; daraus wurde über »Aermburk« das heutige Ehrenburg. Die Burg, die zur Renaissancezeit zu einem prächtigen Palast umgebaut wurde, ist seit 1360 im Besitz der Familie der Grafen Künigl.

SCHLOSS EHRENBURG setzt sich aus zwei unterschiedlichen Bauteilen zusammen: Gegen das Dorf und das Tal im Osten präsentiert es sich mit einer klassischen Fassade mit regelmäßigen, bemalten Fenstern und zwei runden Ecktürmen; den Innenhof umgeben zwei- und dreigeschossige Arkaden in toskanischem Stil, von *Weingartner* als *bedeutendes und frühes Beispiel der Renaissancearchitektur in Südtirol* bezeichnet. Die erst in den letzten Jahren vorbildlich restaurierten Innenräume zeigen prächtige Stuckdecken und eine zarte Farbgebung von Decken und Wänden; viele antike Möbel, zum Teil durch die Heirat mit einer aus Sachsen stammenden Vorfahrin ungewohnt wirkende Einrichtungsgegenstände, und vor allem die vielen historisch interessanten Ahnenbilder lassen den Besuch des Schlosses (im

Sommer jeden Mittwoch um 15 Uhr) zu einem Erlebnis werden. Gegen die Bergseite hin stehen noch die Teile des alten Schlosses mit Turm und hohen Mauern. Den neuen Teil des Schlosses verdanken wir der Baulust des Fürstbischofs Kaspar Ignaz Künigl (1702–1747 Bischof von Brixen), der seiner Diözese zu großem Ansehen verholfen hat.

Über dem Schloß erhebt sich der Kirchhügel, auf dem die Pfarrkirche des Ortes inmitten von hohen Bäumen steht. Sie wurde vom oben genannten Fürstbischof und seinem Bruder in den Jahren 1698 bis 1702 in barocken Formen neu errichtet und durch die fünfzig Jahre später von *Josef Adam Mölkh* angebrachten Deckenfresken zu einer der schönsten Barockkirchen des Tales.

Hinter dem Schloß zieht eine Straße durch ein grünes Tälchen nach Montal; von ihr zweigt bald die Straße nach Ellen, hoch am Berg ab. Der zwischen diesem Tal und der Rienz liegende KIENBERG liegt wie ein hoher Sporn in der Landschaft und trägt auf seiner Höhe (bis 1222 Meter) mehrere große Bauernhöfe, die durch schöne Spaziergänge zu erreichen sind; die Asphaltstraße endet blind. Eine gute Übersicht über diesen so geschichtsträchtigen Winkel des mittleren Pustertals bekommt man von der Höhe von Ellen aus; da schart sich um Sankt Lorenzen und die Michelsburg eine Reihe von zum Teil ganz runden und waldigen Hügelkuppen, die wie Inseln aus dem ebenen Boden herauszuwachsen scheinen.

Gegenüber von Ehrenburg liegt an der rechten Talseite der große Ort **Kiens**, dessen Gemeindegebiet auch Sankt Sigmund und Ehrenburg umfaßt und bei Hofern schon die Hochfläche unter Terenten erreicht. Früher unterstand Kiens dem Gericht Schöneck, das die Grafen Künigl zusammen mit der Michelsburg bis 1810 innehatten *(Rampold)*. Das Dorf dehnt sich rechts und links des Baches und der Straße aus, die anfangs recht steil gegen Terenten zieht; die große Pfarrkirche steht am obersten Ende der Siedlung. Sie wurde im ersten Drittel des 19. Jahrhunderts völlig neu gestaltet; wenn man auch für die dem Nazarenerstil verhafteten Malereien und Bilder keine große Begeisterung aufbringt, so ist der Gesamteindruck der hellen und im ganzen prächtig ausgestatteten Kirche doch der eines feierlich-fröhlichen Gotteshauses.

Bald nach Kiens wird das Tal wieder etwas weiter, und nach einer Bodenwelle beim Gasthaus Gisser steht von der Straße zurückgesetzt am Berghang die große Kirche von **Sankt Sigmund**. Nur ihre ursprüngliche Bestimmung als Wallfahrtskirche erklärt die für einen kleinen Weiler ungewöhnlichen Ausmaße. Schon von ferne blickt den Besucher ein riesiger Christophorus von der Kirchenwand entgegen; *Andergassen* nennt dieses Gemälde das *prächtigste Fassadenbild, das die Renaissance in Tirol hinterlassen hat* (aus »Kirchen in Kiens«, Bozen 1996). Außer seinen übergroßen, etwas verzagt blickenden Augen fällt an dieser Darstellung auf, daß das Kind auf seiner Schulter steht und nicht, wie üblich, sitzt. Um seine Füße tummelt sich allerhand seltsames Getier. Neben dem Seitenportal begegnen wir wieder einmal, neben einer Schutzmantelmadonna, den heiligen drei Jungfrauen aus Meransen, von denen eine gar die Tiara trägt.

Das Prunkstück der Kirche aber ist der Flügelaltar, der älteste vollständig erhaltene Schnitzaltar in Tirol; andere ähnliche Altäre verloren ihre Figuren an andere Kirchen (wie einige Figuren des Bozner Altars nach Deutschnofen) oder an Museen. Die Madonna mit dem Kind nimmt die Mitte des Altars ein, flankiert von den Heiligen Jakobus und Sigismund. Der Aufbau des Schreins – so Andergassen – ahmt die Struktur einer dreischiffigen gotischen Kathedrale nach, in der Predella kann man die Krypta sehen, im Gesprenge mit der Kreuzigungsgruppe den Zierat französischer Gotik. Die bemalten Flügel zeigen Bilder aus dem Leben Mariens an den Innenseiten, während außen Heiligengestalten und, an der Predella, Marterszenen zu sehen sind. Der Altar ist um 1430 entstanden, als Maler kommt Hans von Bruneck in Frage, während die Figuren an die Parler-Schule erinnern. Eine Fahrt durch das Pustertal sollte nie so eilig sein, als daß man nicht hier eine kurze Rast einschalten könnte, immer wieder, denn immer entdeckt man Neues!

So sollte man sich auch Zeit nehmen, kurz die hübsche Barockkapelle, das sogenannte Stöckl zu besuchen, denn schon das Bild dieses rot bemalten Kirchleins mit Kuppel und schmalem Turm neben der Straße macht neugierig. Eine Wallfahrtskapelle ist hier schon seit dem 15. Jahrhundert bezeugt; im 17. Jahrhundert wurde dann ein größerer Bau errichtet, der im 18. Jahrhundert seine endgültige Form mit Kuppel und Türmchen erhielt. Das Innere ist ein lichter Barockraum mit guten Deckenbildern des *Josef Anton Zoller.*

Mehrere große Gasthäuser an der Straße wissen wohl um die Besonderheit dieser Gegend, die auf so engem Raum soviel an Kunst und Natur zu bieten hat, und hoffen, daß die Besucher nach dem Kunstgenuß auch ihre Gastfreundschaft zu schätzen wissen. Denn da wäre noch ein drittes, wenn auch verstecktes Kleinod zu nennen, die Häusergruppe von Bad Ilstern in einer Waldlichtung nicht weit vom linken Flußufer. Hier führte früher die Römerstraße vorbei; das einmal vielbesuchte Schwefelbad ist längst nicht mehr in Betrieb, aber die Kapelle zum heiligen Ulrich steht noch einladend auf ihrem Hügel. Der einfache gotische Innenraum wurde vor nicht langer Zeit musterhaft restauriert. Die Kanzel zeigt bemalte Felder von der Hand des bekannten Barockmalers *Christian Renzler,* der Hochaltar trägt noch Züge der Renaissance.

Bald kommen wir in die Gemeinde **Vintl**, die zwei weit auseinanderliegende Ortsteile und das Tal von Pfunders umfaßt. Am Beginn von Obervintl steht der alte Ansitz Baumgarten, seit einem Brand im Jahr 1938 fachgerecht wiederhergestellt und bestens erhalten. Mitten im Dorf bei der gotisch-barocken Kirche beschreibt die Straße eine Schleife, an deren innerer Seite der alte Ansitz TÖPSL steht. Jahrelang fuhr man dort vorbei und bedauerte den fortschreitenden Verfall – aber seit dem Jahr 1997 ist der schöne Edelsitz wieder auf Glanz gebracht worden; an seiner Westseite sticht das große Marienbild ins Auge, mit einem Allianzwappen der früheren Besitzer Künigl und Trautson (1764), gefertigt vom bekannten Barockmaler Christian Renzler.

Untervintl wird von der Straße aus von dem Klotz der großen Kunstmühle von Rieper beherrscht. Ein paar Schritte bergwärts stößt man dann gleich auf zwei Kirchen, die nahe beieinander stehen; am Ende des Friedhofs steht die auffallend hohe Fassade der neueren Pfarrkirche zu Mariä Verkündigung. Sie wurde, laut Weingartner, unter dem Einfluß des eben vollendeten Domes von Brixen 1760 errichtet und Anfang der achtziger Jahre unseres Jahrhunderts restauriert. Die Bemalung im Inneren stammt von Josef Anton Zoller. Die alte Pfarrkirche hat ihr gotisches Gesicht bewahrt und birgt im Inneren Fresken von Leonhard von Brixen.

Am östlichen Dorfende geht von Untervintl aus die Straße nach Überwindung einer felsigen Steilstufe nach Terenten ab. Im Dorf selbst aber führt den Bach entlang eine Straße direkt gegen Norden in das TAL VON PFUNDERS, dessen gleichnamiger Hauptort zehn Kilometer taleinwärts liegt. Durch ein sehr enges Tal mit steilen, waldigen Hängen kommt man zuerst nach **Weitental**, und der Name verrät schon, daß hier das Tal, wenn auch nur geringfügig, weiter wird. Hier steht ober der Straße die gotische Pfarrkirche mit einem sehr schönen Christophorus. Der Ort ist jetzt durch eine landschaftlich schön angelegte Straße mit den weiten Höhen von Meransen verbunden, das auch von Niedervintl aus eine Zufahrt hat. An der Ostseite liegen einige alte Höfe am Wiesenhang entlang einem (nicht befahrbaren) Weg, der den Kamm bei Margen ober Terenten erreicht. Der Wanderer ist froh, diesen steilen, aber wunderschönen Spaziergang ohne Staub und Autolärm genießen zu dürfen. Das Tal wird nun wieder enger, und den Bach entlang geht die Straße weiter zu den Höfen von Schalders, bis dann in einer neuerlichen Weitung auf einem Hügel die Kirche von **Pfunders** auftaucht. Wir sind hier schon auf 1159 Metern Seehöhe, zwischen Gitschberg und Eidechs, mit den noch höheren Pfunderer Bergen im Hintergrund. Um zur Kirche zu gelangen, muß die Straße einen weiten Bogen machen. Oben auf dem schrägen Kirchplatz genießt man dann eine besonders schöne Aussicht auf das Tal und die weißen Bergriesen. Die behäbige Kirche mit ihrem Zwiebelturm hat außen einen schönen Christophorus, die Decke ist vom Tiroler Maler *Plazidus Altmutter* ausgemalt, von dem ja das bekannte Porträt Andreas Hofers stammt.

Zwei Gasthäuser sorgen auch für das leibliche Wohl. Man kann die Talstraße noch ein gutes Stück weiter hineinfahren bis zum kesselförmigen Talschluß; der Ort heißt **Dan** oder **Dun**, und es liegen dort mehrere Höfe an den steilen Hängen. In vergangenen Jahrhunderten war auch in diesem Tal nach Erz geschürft worden, vor allem aber waren seine Lager an grünem Serpentin bekannt, der als »Pfunderer Marmor« in vielen Kirchenbauten Verwendung fand. Die Bergkette, die das Tal im Norden wie einen Riegel vom Pfitschtal trennt, erreicht im Hochferner (oder Grabspitze) 3058 Meter und in der Wilden Kreuzspitze 3135 Meter. An der ganzen Südseite des Kammes entlang führt der viel begangene und gut ausgebaute PFUNDERER HÖHENWEG, der im Mühlwaldtal bei Lappach seinen Anfang nimmt, das Passenjoch auf 2410 Metern Seehöhe überschreitet und dann, immer hart an den Felsen und manchmal ausgesetzt, nach Dan hinunterkommt. Von hier aus führt er weiter unter der Wilden Kreuzspitze, vorbei am Wilden See, und nach einem luftigen Spaziergang über den Grat der Sengesspitze stößt er hinter Sterzing bei Wiesen wieder in die »Ebene«. Für eine Tagestour sicher zu lang, aber die Brixner Hütte bietet auf Halbweg gute Unterkunft.

Der letzte Abschnitt des Pustertals hat nichts mehr, was das Auge gefangen hielte, nur die rasch dahineilende Rienz und Wälder auf beiden Seiten begleiten den Fahrer. Dort, wo das Tal am engsten wird, steht das alte Mauerwerk der Mühlbacher Klause, das in jüngster Zeit vor sicherem Verfall bewahrt wurde und heute wieder das ungefähre Bild der alten Zollstation und Straßensperre bietet, durch deren enge Pforte jeder Reisende hindurchmußte. Hier weitet sich auch die Oberfläche des Flusses zu einem kleinen Stausee, und hier beginnt auch die neue Umfahrungsstraße von Mühlbach, die durch das Bohren von zwei Tunnels den lästigen Bahnübergang und die enge Durchfahrt durch das Dorf umgeht. Den Nachteil dieser Umfahrung bekommen, wie so oft in diesen Fällen, die vielen Gasthäuser und Herbergen zu spüren.

Mühlbach wurde 1269 zum Markt erhoben, was seine Lage an der Einmündung des Pustertals in das Eisacktal durchaus verständlich macht. Betrachten wir die beiden Täler nicht als statische, lokale Gegebenheiten, sondern in ihren dynamischen Möglichkeiten, dann heißt Eisacktal: München, Innsbruck, Verona, ja Rom; und das Pustertal läßt an eine Weiterfahrt nach Kärnten, Graz und Wien denken, so wie das ja heute noch die Eisenbahn tut, die in Österreich zur »Südbahn« wird. Daher hatte auch die Zollstation an der Haslacher oder Mühlbacher Klause ihre große Bedeutung. Heute kann man noch vor der Friedhofskapelle den sogenannten »Zahlstein« bewundern, der von der Klause hieher gebracht wurde: Er trägt die Jahreszahl 1477 und diente zur Zeit Sigismunds für die Erlegung (das »Hinlegen«) des Zolls. Die Kirche wurde schon 1277, also noch in romanischen Formen gebaut, hat aber Anfang des 19. Jahrhunderts, wie so viele andere Kirchen, einen radikalen Umbau erfahren müssen. Es sind aber noch im Inneren Fresken von Friedrich Pacher erhalten. An der Brücke über den Valler Bach liegt der große Bau der ehemaligen Burg Freienthurn, die aber in diesem Jahrhundert zu einem großen Mädchenheim umgebaut wurde, früher eine bewährte Quelle für frischgebackene Kindermädchen. Das Restaurant PIRCHER am rechten Rand des Baches weiter oben hat sich durch seine gute Küche wiederholt die Eintragung in hohe Ranglisten verdient.

Auf diesem Keil zwischen Valler Tal und Rienz liegt in sonniger Höhe die breite Hangschulter von **Meransen**, die heute zwischen 1300 und 1500 Metern Seehöhe eine leider sehr ungeordnete Besiedlung zeigt; die einzigartige Lage dieser Sonnenterrasse hat immer mehr Touristen angezogen, die Gastbetriebe haben sich dieser Situation angepaßt, und das vermehrte Angebot an Betten zieht wiederum vermehrt Gäste an. Ein zusätzlicher Grund für diese Entwicklung ist der Ausbau immer neuerer und modernerer Aufstiegsmöglichkeiten auf den Gitschberg, der neben Kronplatz und Plose heute eines der beliebtesten Ziele für Skifahrer geworden ist. So sind die alten Bauernhöfe zwischen all diesen Neubauten nur mehr spärlich gesät; aber am Platz vor der Kirche und in den höheren Lagen der Terrasse findet man noch alte Bausubstanz. Vielleicht mögen diese Überlegungen, die Tradition und Ästhetik vor volkswirtschaftliche Vorteile stellen, unzeitgemäß erscheinen – aber letztlich geht es immer noch um den Unterschied zwischen Kultur und Zivilisation!

In der seit dem 18. Jahrhundert in gefällige Formen des Barock und Rokoko gebrachten Kirche begegnen wir im Deckengemälde von Johann Mitterwurzer (1776) und als Statuen an einem Seitenaltar wieder den heiligen drei Jungfrauen von Meransen. Immer wieder stoßen wir im Land auf Abbildungen dieser geheimnisvollen Gestalten, wir haben sie in Spinges gesehen, in Sterzing und in Klerant. Der Sage nach handelt es sich um burgundische Königstöchter, die vor den Hunnen fliehen mußten, in Latzfons abgewiesen wurden und in Meransen endlich Aufnahme und Bewirtung fanden. Heute noch wird am alten Plattenweg von Mühlbach nach Meransen der »Jungfernbrunnen« gezeigt, an dem sich die drei geheimnisvollen Mädchen labten.

Schon ihre Namen geben genügend Rätsel auf: Hier heißen sie Aubet, Cubet und Guere, anderenorts werden sie Ainbeth, Wilbeth und Werbeth genannt, in Worms aber Embede, Warbede, Willebede; auf einer Abbildung in Plawenn, Obervinschgau, stehen die Namen Amete, Korona und Bavere. In einer ausführlichen Untersuchung hat *Ernst Büch* Zusammenhänge mit einem ähnlichen Kult über Bayern bis Worms und an den Niederrhein feststellen können; trotz aller Nachforschungen gehen aber die Volkslegenden nie über den Mythos hinaus, es gibt keine Belege für ihr Leben, Wirken und Sterben, nur die vielen Beweise ihrer Verehrung – die Legende der heiligen Ursula mit den elftausend Gefährtinnen spielt mit herein, Attila der Hunnenkönig läßt aus dem Nibelungenlied grüßen – der wahre Kern aber, den es bestimmt gibt, bleibt uns verborgen. Und so ist es vielleicht schöner!

Der Valler Bach kommt aus dem TAL VON VALS oder Valler Tal. Es hat so wie das benachbarte und parallel verlaufende Pfunderer Tal einen oft recht ungestümen Wildbach, der die Häuser am Talausgang bedroht, steile, bewaldete Bergflanken, einen engen Talgrund und vor allem eine noch recht unberührte Natur, wenn auch eine gute Zufahrtsstraße und aufkommende Wintersportanlagen in der letzten Zeit mehr Leben in das stille Tal gebracht haben. Auch der Sommertourismus ist im Aufschwung; am Ende der breiten Straße, die ins Tal führt, geht beim Gasthaus Schönwald ein Lift zur JOCHTALHÜTTE auf 2009 Metern Seehöhe, die man auch von Spinges aus erreichen kann. Über das etwas tiefer gelegene Valler Joch kommt man dann bequem zu den Höfen von Rizail im Tal, das nach Mauls und Sterzing hinunterzieht. Die Besiedlung des Tales geschah durch Maierhöfe, die die Brixner Bischöfe zum Lehen vergaben.

Das südlich von Meransen auf einer ähnlichen Terrasse gelegene Spinges haben wir schon im Kapitel Eisacktal behandelt; so bleibt uns als letzter Ort des ausgehenden Pustertals noch das Gebiet um **Rodeneck**, das von der Rienz in einer großen Schleife eingefaßt wird. Die drei kleinen Weiler Sankt Pauls, Nauders und Gifen bilden den Rahmen um den Hauptort Vill, den Sitz der Gemeinde Rodeneck, auf einem Vorsprung des flachen Geländes über der tiefen Schlucht das Flusses, an dessen vorderster Kante das mächtige Schloß steht. Über dem Weg, der zum Schloß führt, steht die große dreischiffige Kirche in spätgotischen Formen. An der Friedhofskapelle sind in schwarzem Marmor die Gedenktafeln und Grabsteine der Grafen von Wolkenstein angebracht.

Ausgedehnte Vorwerke schützen den Eingang in die mächtige BURG RODENEGG, und erst nach Überschreiten einer ersten Zugbrücke und dem Durchgang durch die Tormauer kommt man zu einer zweiten Zugbrücke und in den eigentlichen Innenhof der Burganlage von Schloß Rodenegg. Wie die meisten unserer Burgen hat auch diese eine sehr bewegte Geschichte, aber trotz eines verheerenden Brandes im Jahr 1694 haben es die Grafen Wolkenstein, die seit 1491 Besitzer sind, verstanden, die Gebäude zu bewahren und auch immer wieder neueren Bedürfnissen anzupassen.

Die anfänglich noch kleine Burg – sie bestand aus Wohnturm und kleinem Palas – wurde um 1140 von Friedrich von Rodank erbaut, der damals schon die Gerichtsbarkeit über die Gegend hatte. Erst die Wolkensteiner nahmen dann immer wieder Vergrößerungen vor. Die Bauernkriege gingen ohne Beschädigung vorüber, die Franzosen hingegen in den Jahren 1797 und 1805 leisteten ganze Arbeit. Die heute zu sehenden Verbesserungen und Stabilisierungsarbeiten gehen auf Arthur Graf Wolkenstein zurück, einen direkten Nachfahren des Minnesängers.

Da das Schloß in den Sommermonaten in fachkundigen Führungen gezeigt wird, kann ich auf nähere Einzelheiten der Gebäude hier verzichten. Eine besondere Erwähnung aber verdienen die erst vor zwei Jahrzehnten aufgedeckten Fresken in einem kleinen Raum rechts hinten am Hof, der ursprünglich für eine Kapelle gehalten worden war, aber wegen der rein profanen Darstellungen viel eher als Aufenthaltsraum diente. Hier wird in bewegten Bildern Szenen aus dem IWEIN-ZYKLUS des Hartmann von Aue erzählt, vom bösen König Askalon und seiner schönen Gemahlin Laudine (warum trägt denn heute niemand mehr diesen wohlklingenden Namen?), die Iwein nach einem Zweikampf mit Askalon natürlich erringt. Die Fresken sind zu Beginn des 13. Jahrhunderts entstanden, nur zwanzig Jahre nach dem Erscheinen von Hartmanns Epos.

Im Rahmen der Führung, oder, wenn man Glück hat, eines privaten Besuches sollte man es nicht versäumen, durch den ummauerten Garten zu den Werken im Süden, am äußersten Felssporn des Burgfelsens, vorzugehen. Der Blick in die abgrundtiefe Schlucht der Rienz, die hier um den Felsen einen weiten Bogen beschreibt, ist schwindelerregend. Jenseits, auf gleicher Höhe, steht die schöne Hügelkirche von Viums auf der Hochfläche von Natz-Schabs. Einmal in der Woche, so erzählt der Schloßherr Graf Leonhard Wolkenstein, gingen früher die alten Besitzer durch diese tiefe Schlucht den *kürzesten Weg* nach Brixen zum Einkaufen, ein Marsch von gut drei Stunden!

Wir sind mit der Beschreibung des Pustertals am Ende angekommen, haben aber ein Talgebiet noch nicht erwähnt, das so wie Gröden zum ladinischen Zentralbereich der Dolomiten gehört, nämlich das Abteital; weil beide durch Sprache, Herkunft und Sitten zu einem eigenen Kulturkreis gehören, wollen wir sie zusammen behandeln, auch wenn der geographische Ablauf etwas durcheinandergerät.

Das untere Eisacktal von Klausen bis Bozen

Von Brixen an schlägt der Eisack eine südwestliche Richtung ein, und bald nach Albeins treten die Bergwände wieder nahe aneinander und lassen eben noch Platz für den Fluß, die Eisenbahn und die Straßen. Dem kleinen FLORIANIKIRCHLEIN auf dem niederen Fels muß der Fluß in einer Schleife ausweichen, bevor er dann von links den Villnösser Bach aufnimmt und zu einem breiten, ruhigen Wasserspiegel aufgestaut wird.

Aber anstatt den Weg durch das Tal nach Klausen zu nehmen, wählen wir schon in Brixen die Abzweigung, die nach Feldthurns führt. Erst von hier oben aus zeigt das untere Eisacktal, daß es nicht nur ein enger, gewundener Durchlaß zwischen steilem Buschwald und Porphyrfelsen ist, den der Reisende möglichst rasch hinter sich bringen möchte. Da heben sich für den Fahrer in der Tiefe aus dem hinteren Villnößtal nur für wenige Augenblicke die kühnen GEISLERSPITZEN, während sie von hier oben zu ihrer wahren, beherrschenden Größe anwachsen; von hier aus erkennt man auf einen Blick, wie die germanischen Einwanderer im ersten Jahrtausend nach Christus den waldigen Hängen Stück um Stück fruchtbaren Ackerbodens abgerungen haben, so daß jetzt der gegenüberliegende Berg ein buntes Bild aus grünen Wiesenflächen, behäbigen Bauernhöfen und spitztürmigen Kirchlein inmitten der Zungen und Flecken dunklen Waldes bietet. Und wenn wir später auf der anderen Talseite den herrlichen Weg von Lajen gegen Freins und hinunter nach Gufidaun wählen, so sehen wir die gegenüberliegenden Hänge schon dicht mit steilen Weinbergen bestanden, die hier an der Schattenseite noch kein Fortkommen hätten. Die eigentliche Seele des unteren Eisacktales, so scheint es, liegt auf diesen breiten, fruchtbaren Hängen zwischen Feldthurns und Barbian, wo Natur und Kultur eine seltene Einheit bilden.

Etwas oberhalb von Tschötsch zieht die Straße beinahe eben gegen Süden; bald schiebt sich auf der »Dolomitenfront« nördlich der Geislergruppe der mächtige Klotz des PEITLERKOFELS ins Blickfeld, und es tauchen die ersten Häuser von **Feldthurns** auf. (Manchmal liest man auch Velthurns oder Velturns, denn in früheren Dokumenten nahm man es mit der Rechtschreibung nicht so ernst wie heute.) Der Name mit seinem etruskischen Klang gibt den Sprachforschern noch immer Rätsel auf. Der Hauptort liegt auf 851 Metern, das Gemeindegebiet erstreckt sich aber von Schrambach auf 580 Metern bis Schnauders auf über 1000 Metern. Dieses **Schrambach** mit seinem schönen gotischen Peterskirchlein steht anmutig zwischen dem Tal und der Feldthurner Terrasse, und seine Häuser drängen sich geschlossen um die Kirche.

Josef Rampold gerät in Begeisterung bei der Beschreibung des Weges, der von Schrambach nach Feldthurns führt: *Ich weiß da einen Weg, der die Verschwisterung von Nord- und Südlandschaft so schön zeigt wie kaum ein anderer im Eisacktal ... Kaum woanders auf vielen Wegen habe ich Birke und Kastanie, Lärche und Buche, Tanne und Föhre so geschwisterlich vereint gesehen wie auf diesem Weg, der am allerschönsten im Herbst ist ...*

Wichtige Funde aus der Jungsteinzeit bis in die Bronze- und Römerzeit sprechen von einer Besiedlung der Gegend schon seit Urzeiten. Ein mittelalterliches Schloß wurde niedergerissen, und aus seinen Trümmern haben der Fürstbischof und Kardinal Christoph Madruz und sein Nachfolger Graf Spaur im Dorf selbst ihre SOMMERRESIDENZ errichtet, die den Brixner Bischöfen bis zur Säkularisation im Jahr 1803 als Erholungsort während der Sommermonate diente. Eine hohe Mauer schließt einen großen Innenhof zwischen dem VERWALTUNGSHAUS und dem palastähnlichen Hauptgebäude gegen die Talseite und gegen Norden ab. Hauptanziehungspunkt für die zahlreichen Besucher des heute dem Land gehörenden Schlosses sind die sogenannten FÜRSTENZIMMER. Jenes im zweiten Stock ist wohl eines der prächtigsten Beispiele für kunstvolle Holzintarsien: Nicht weniger als sechsunddreißig verschiedene naturfarbene Hölzer wurden hier zur Komposition einer Unzahl von Ornamenten, Blumenranken und farbigen Vögeln verwendet; Prunkstücke sind auch die in tiefer Reliefarbeit geschnitzten und mit Säulchen gerahmten Renaissancetüren sowie die beiden berühmten Kachelöfen: mit dem Wappen des Spaur-Bischofs der eine und mit Szenen aus dem Alten und Neuen Testament der achteckige im zweiten Stock.

Im Dorf selbst steht an der Straßenkreuzung nach Klausen die alte LORENZIKIRCHE, deren Langhausmauern an den Anfang des 14. Jahrhunderts zurückreichen und die zur Zeit der Gotik und des Barock mehrfach umgestaltet wurde. Die große Pfarrkirche steht auf einer Terrasse unterhalb des Dorfes; in spätgotischer Zeit erbaut, wurde sie in den Jahren 1894–1898 erweitert und umgestaltet. Ansehnliche, zum großen Teil in jüngster Zeit renovierte Häuser säumen die Straße, und einige gute Gaststätten laden zum Verweilen.

Wir bleiben immer noch auf der Höhe und besuchen **Verdings**, das in einer flachen Mulde an der Kante zum tiefen Thinnetal und über dem Eisacktal liegt. Sein Kirchturm ist auch vom Tal aus an seinem charakteristischen Satteldach leicht zu erkennen. Neben dem aus mächtigen Granitquadern erbauten Turm überraschen die geringen Ausmaße des Kirchenraums. Leider sind die zum Teil erst vor wenigen Jahren aufgedeckten Fresken aus der Mitte des 15. Jahrhunderts in sehr schlechtem Zustand. Wie so oft bei den Kirchen unseres Landes hat man vom Friedhof mit seinen schmiedeeisernen Grabkreuzen eine besonders schöne Aussicht über das weite Tal. Die kleine Friedhofskapelle umschließt einen romanischen Kern und enthält eine volkstümliche Darstellung des »Lebensrades«.

Von Verdings führt eine schmale Straße an den Häusern von **Pardell** vorbei hinunter ins tiefe Thinnetal und nach Klausen. Hier erhascht man, kurz vor dem Austritt ins Eisacktal, einen Blick auf die gegen Westen senkrechten Felsen, auf denen die Gebäude von Säben stehen. Von Pardell kommt man nach Säben auf bequemem Fußweg, der den Felssporn auf der einzigen Landbrücke erreicht.

Hoch über Verdings schaut, teilweise von Bäumen verdeckt, der Kirchturm von **Garn** heraus. Um die alte Andreaskirche scharen sich noch recht ursprüngliche Bauernhöfe, und die Wege sind noch nicht alle asphaltiert; aber von hier auf 1174 Metern ist der Blick auf die Dolomiten und das tief drunten verlaufende Tal noch umfassender. Man erreicht Garn von der Straße aus, die in wenigen Kilometern nach dem nur wenige Höhenmeter tiefer gelegenen **Latzfons** führt. Leider wird der Eindruck des alten Dorfes durch die neuen Reihenhäuser erheblich beeinträchtigt, die am Anfang der Siedlung talwärts schauen. Da muß man sich schon weiter gegen den Berg wenden, um die weit verstreuten Höfe zu Gesicht zu bekommen, die den Hang bis weit hinauf bevölkern und die von den Wiesen jenseits des tiefen Thinnebachtals herüberleuchten. Die verhältnismäßig große Pfarrkirche zum heiligen Jakob ist innen neugotisch ausgestattet, steht hier aber schon seit dem 12. Jahrhundert. Die älteste Kirche der ganzen Gegend ist wohl das kleine PETERSKIRCHLEIN weiter hinten an der Straße, die dann abwärts durchs Thinnetal führt. An der romanischen Rundapsis sind in rötlicher Farbe Reste von alten Bildern zu erkennen; im Inneren steht ein hübscher Flügelaltar. (Den Schlüssel zu dem meist geschlossenen Kirchlein erbittet man sich am gegenüberliegenden Bauernhof.)

Von Latzfons aus führen Fahrstraßen bis in die Richtung der KLAUSNER HÜTTE (1928 m), von wo aus das Schutzhaus und die Kapelle beim LATZFONSER KREUZ in einer Stunde zu erreichen sind. Darüber steht die Pyramide der Kassianspitze (2581 m), und über kleine Jöcher kann man nach Reinswald, Durnholz oder auch nach Schalders kommen. Das Latzfonser Kreuz (2298 m) ist ein uralter Wallfahrtsort, wohl einer der höchstgelegenen der Alpen, wo sich am Magdalenentag, am 22. Juli, Pilger aus nah und fern treffen. Dieser »Schwarze Herrgott von Ritzlar«, zu dem das Volk pilgert, wird jedes Frühjahr in einer Prozession vom Dorf, wo er überwintert, auf seine Almhöhe gebracht *(Rampold)*.

Das sehr enge und tief eingeschnittene, eher düstere THINNETAL wird seit dem Bau der neuen Straße nach Latzfons wenig befahren. Wählt man aber einen klaren Tag und fährt von Klausen aus mit der Morgensonne im Rücken taleinwärts, so ist man allein und weltentrückt inmitten all dem Grün neben dem schäumenden, immer wieder durch gemauerte Stufen gezähmten Bach mit seinen hell glitzernden Wasserfällen, und man erlebt die Fahrt wie ein köstliches Geschenk. Weit drinnen steht dann plötzlich der hohe Bau des Schlosses GARNSTEIN zwischen den Felsen, das im *romantischen* Stil am Ende des vorigen Jahrhunderts aus alten Ruinen wiederaufgebaut wurde. Sein so versteckter Standort erklärt sich aus der Bedeutung, die das Tal zur Blütezeit der Bergwerke am Pfundererberg über Villanders hatte. Garnstein ist wohl das verborgenste und unbekannteste aller Südtiroler Schlösser! Heute sind die Stollen verlassen, man sieht nur noch von Latzfons aus rötliche Schuttstreifen durch die gegenüberliegenden steilen Wälder laufen, Reste der Halden vor den Stolleneingängen. Die Straße windet sich steil in die Höhe und jetzt, wenn man das Dorf sozusagen von hinten angeht, zeigt sich das wahre, alte Gesicht von Latzfons mit seinen weitverstreuten Höfen auf den grünen Hängen unter der Kette der Sarner Berge zu beiden Seiten des tiefen Einschnitts des Thinnebachs.

So sind wir auf Umwegen in **Klausen** angelangt. Die kleine, ja sehr kleine Stadt mit ihren 4000 Einwohnern (umliegende Gemeinden mit eingerechnet) ist seit ungezählten Jahren altbewährte Poststation an der wichtigen Nord-Süd-Achse des Eisacktals, eine Zeitlang aufgeblüht durch den nahen Bergbau über den Hängen von Villanders, darin ihrer größeren Schwesterstadt Sterzing ähnlich. Aber trotzdem, welcher Unterschied! Während Sterzing sich auf weiter Fläche ungehindert ausbreiten konnte, haben in Klausen die Felsen auf der einen und der Fluß auf der anderen Seite die Häuser beinahe in eine einzige Zeile gezwängt, so daß das Städtchen eigentlich nur aus einer langen Durchgangsgasse besteht, der es eben noch vor der Pfarrkirche und am südlichen Ende gelingt, sich zu einem Platz zu erweitern.

Die Stadt wurde um 1210 von Bischof Konrad von Rodank gebaut; von den damaligen gemauerten Häusern steht vielleicht da und dort noch der Unterbau, denn die meisten alten Gebäude stammen aus dem 15. und 16. Jahrhundert (Huter), aber das mit einer seltenen Einheitlichkeit, ohne neuzeitliche Experimente. Die Wahl des Ortes für eine Stadtgründung mag vor allem in der KLAUSE gelegen haben, wo sich die Errichtung eines Zolls als besonders günstig erwies. Dazu kam die Abzweigung der Hauptstraße auf den Rittner Berg, über den der Verkehr viele Jahrhunderte lang geleitet wurde, um der unwegsamen Eisackschlucht talabwärts auszuweichen; auch die nahe Mündung des Villnößtals diente als Verbindung in das Gadertal. Und natürlich thronte damals wie auch heute noch auf dem hohen Felsen die alte Bischofsburg von Säben als Wächterin und Beschützerin des Tales. Seit dreihundert Jahren sind es fromme Nonnen, die eher beschützt werden müssen, als daß sie schützten. Der Fels war jedenfalls schon in vorgeschichtlicher Zeit besiedelt, und die ersten Christen sind hier seit dem 4. Jahrhundert nachweisbar. Allerdings erkaufte sich Klausen diese strategisch und wirtschaftlich wichtige Lage um den manchmal sehr hohen Preis der ÜBERSCHWEMMUNGEN, mit denen der von Westen in engem Tal herunterstürzende Thinnebach die Bewohner immer wieder in Angst und Schrecken versetzte. Bei der letzten dieser großen Katastrophen im August 1921 wurden durch das andrängende Geschiebe Tal und Flußbett des Eisack so verlegt, daß die Häuser der Unterstadt bis zu fünf Meter unter Wasser standen.

Heute verläuft die Staatsstraße im Westen über der Stadt durch einen Tunnel, die Autobahn auf hohem Viadukt im Osten, so daß die alte Durchgangsstraße durch die Stadt zu einem ungefährlichen Spaziergang einlädt. *Weingartner* charakterisiert die Klausner Bürgerhäuser treffend in folgenden Sätzen:

Da nur schmale Bauplätze zur Verfügung standen, war die Anlage von größeren Lichthöfen und ausgesprochenen Hinterhäusern im allgemeinen nicht möglich und mußte alles möglichst zusammengedrängt werden, wobei man aber doch den Bauplatz sehr gründlich ausnützte und alle in Südtirol üblichen Baumotive nach Möglichkeit verwendete. Auch hat jedes Haus seinen kleinen Garten, der gegen den Eisack hin tiefer liegt als die Straße, gegen den Berg hin aber den jäh ansteigenden Hang benützt, so daß man hier in den Garten über Treppen hinauf-, dort aber hinabsteigen muß …

Das Brixner Tor im Norden bringt uns in die OBERSTADT; gleich rechts an der Straße steht die Ostwand der gotischen

APOSTELKIRCHE mit ihrem achteckigen Dachreiter-Türmchen, auf die man gut von der oberen Umfahrungsstraße herabblicken kann. Bald darauf fällt rechts das ehemalige bischöfliche Zollamt ins Auge, das mit zahlreichen, in jüngster Zeit renovierten Wappen verschiedener Bischöfe und mit dem Tiroler Adler reich bemalt ist. Im Weiterstreifen durch die enge Häuserzeile scheint man noch in vergangene Jahrhunderte zurückversetzt: Vorragende Erker und kunstvoll geschmiedete Wirtshaus- und Zunftschilder schieben sich in den schmalen Spalt, der dem Himmel gelassen wird, jedes Haus ist verschieden, aber gehört derselben Zeit an, wenn auch die Schaufenster der Geschäfte nicht umhin können, sich moderner zu gebärden. Dann weitet sich der PFARRPLATZ vor der ANDREASKIRCHE und senkt sich zur Eisackbrücke. Man sollte sie kurz überschreiten gegen den Ortsteil GRIESBRUCK hin, denn von dort aus genießt man eine Schau, die im Vordergrund den spitzen Kirchturm und knapp dahinter die Burg Branzoll umfaßt; vom rasch dahineilenden Fluß wird dann der Blick von einer Reihe hoher Pappeln nach oben gelenkt, wo in schwindelnder Höhe die Kirchen und Mauern von Säben hart an der senkrechten Felswand stehen.

Die Stadtpfarrkirche aus dem 15. Jahrhundert hat einen weiten, polygonalen Chor, ein reiches Rippengewölbe und eine seltsam zweistöckige Empore über drei Spitzbogen und einer eleganten steinernen Maßwerkschranke. Neben dem neugotischen Hauptaltar befinden sich in der Kirche einige beachtliche Holzskulpturen wie die Grablegung Christi von Hans Reichle, der segnende Heiland mit seiner Mutter über der südlichen Seitentür und die Verkündigung im Chor, beide von Leonhard von Brixen (um 1470, Weingartner). In einer Nische an der Südwand ist außen eine schöne Grablegung aus dem Jahr 1600 zu sehen.

Vom Pfarrplatz an beginnt die UNTERSTADT, die einen fröhlicheren und vielleicht wohlhabenderen Eindruck macht (ähnlich wie in Sterzing der Unterschied zwischen Altstadt und Neustadt). Vielleicht tragen dazu die vielen ehemaligen und die heute noch betriebenen Gasthäuser bei; der *Nußbaumer* und die *Krone* laden noch zur Einkehr, aber die *Rose,* der

Mondschein, der *Graue Bär,* die *Sonne* und besonders das berühmte *Lamm* oder *Lampl* (in dem sich noch bis vor dem Ersten Weltkrieg berühmte Namen aus Deutschlands und Österreichs Literatur und bildender Kunst trafen) haben die Zeiten nicht als Gasthaus überdauert; ihr Inneres zeugt aber noch von der behäbigen Kultur der damaligen Gaststätten, die wegen des starken Durchzugsverkehrs hier so zahlreich blühten. Aber am heiteren Thinneplatz, der die Unterstadt abschließt, stehen drei weitere gemütliche Gaststätten um den zentralen Brunnen: Die Kastanien vor der *Post,* die große Weinlaube vor dem *Hirschen* und die Laube aus wildem Wein vor dem *Goldenen Engel* geben dem Platz sein malerisches Gepräge, das sich fortsetzt in den noch ganz altertümlichen, verwinkelten Gassen gegen den Berg hin; am Ende der Gerbergasse beim Schmuckhof treibt der Thinnebach ein paar große Mühlräder, die aber kein Mehl mehr mahlen, sondern mehr museale Funktion ausüben. Immer wieder kleine, blumengeschmückte Balkone, vollaubige Hausreben, steile Außentreppen und jedem Lot trotzendes Mauerwerk. Man sollte sich durch den ganz schmalen Säbener Aufgang winden oder durch die Färbergasse mit ihren noch zum Teil unverputzten krummen Hausmauern gehen, bis man um drei Ecken dann unvermutet vor der Südwand der Pfarrkirche steht: So muß es auch vor drei- oder vierhundert Jahren ausgesehen haben!

Diese wohl von keiner anderen Südtiroler Stadt erreichte Spitzweg-Atmosphäre hat im vorigen Jahrhundert eine Reihe von kunstsinnigen Literaten und Künstlern angezogen. Unter den Malern war es der Nürnberger Ernst Loesch, der Klausen zu seiner zweiten Heimat gemacht hat, und unter den Germanisten *Ignaz Vinzenz von Zingerle* aus Innsbruck, der die Burg Summersberg in Gufidaun erworben hatte. Paten standen dabei Albrecht Dürer mit seinem berühmten Aquarell DAS GROSSE GLÜCK, auf dem zum ersten Mal Klausen abgebildet ist, sowie Walther von der Vogelweide, den Zingerle als erster im Lajener Ried beheimaten wollte und dadurch Walther zum Südtiroler gemacht hat. So kamen im *Lampl* regelmäßig diese kunst- und trinkfreudigen Herren zusammen und bildeten eine gelehrte, aber auch lustige Tafelrunde, so daß bis heute noch die Stadt Klausen sich den Titel eines »Künstlerstädtchens« verdient. Dabei muß gesagt werden, daß die Liebe zur Kunst auch heute noch blüht: *Heiner Gschwendt* war und ist noch als Grafiker und Maler im ganzen Land tätig; die Malerin *Sonja Hofer,* ebenfalls Klausnerin, hat ihrer Heimatstadt den wunderschönen, mit eigenen, aus dem Leben gegriffenen Fotografien geschmückten Band »In Klausen leben« (Athesia 1980) gewidmet, in dem aus jeder Seite und aus jedem Bild die Begeisterung und Liebe zur alten Stadt hervorleuchten. *Lesley de Vries,* ein international geschätzter Maler und Porträtist, hat ebenfalls Klausen zu seiner bleibenden Wohnstätte erwählt.

Nach dem Thinneplatz steigt die Straße kurz an in den Ortsteil **Frag**, wo die heute verwaiste Kapuzinerkirche steht. Daneben, in der LORETO-KAPELLE, war der berühmte »Loreto-Schatz« aufbewahrt, der jetzt vom Museum aus zugänglich ist. Es handelt sich um eine Reihe von kostbaren Kirchengeräten, silbernen Reliefarbeiten, chinesischem Porzellan und wertvollen Gemälden, die die Königin Maria Anna nach dem Tod ihres Gemahls, des spanischen Königs Karl II., ihrem Beichtvater und Seelenführer Pater Gabriel Pontifeser um das Jahr 1700 zum Geschenk gemacht hatte. Dieser Pater Gabriel war Klausner (seine Familie stammte aus Pontives in Gröden) und war durch seine hohen geistigen Fähigkeiten zu hohen Ehren emporgerückt. Vor wenigen Jahren war ein Teil der kostbaren Gegenstände einem frechen Raub zum Opfer gefallen, konnte aber nach einiger Zeit fast vollständig wiedergefunden werden. Das Museum kann besichtigt werden, so wie auch die im alten Kloster untergebrachte Bibliothek und eine Galerie für zeitgenössische Kunst.

Auf dem Felsen, der heute vom Straßentunnel durchbohrt ist, und an dem steilen Fußweg nach Säben steht die alte BURG BRANZOLL aus dem 13. Jahrhundert, die allerdings nur mehr wenig von der alten Bausubstanz bewahrt hat. Ihre gedrungene Form ist Teil des malerischen Stadtbildes von Klausen; einst bischöflich, hat sie viele Zerstörungen mitmachen müssen, ging durch viele Hände und ist heute in Privatbesitz. Jenseits des

Flusses, eingezwängt zwischen Straße und Autobahn, steht in schattiger Lage der burgähnliche Ansitz ANGER mit Zinnenmauer und einem romantischen Innenhof mit Freitreppe. Sie ist seit über hundert Jahren im Besitz der Familie von Wallpach, deren Ahne Arthur im vorigen Jahrhundert ein bekannter Dichter und Schriftsteller war.

Ein weiterer erwähnenswerter Herrensitz ist der alte Ansitz FONTEKLAUS auf einer Waldwiese gegenüber von Gufidaun; vor wenigen Jahren einem zerstörerischen Brand zum Opfer gefallen, ist er nun als vielbesuchte Gaststätte wieder aufgebaut, hat aber leider seinen ehemals weit ins Land schauenden Zinnengiebel verloren. Ein kleines Wegschild weist auf das Sträßchen hin, das bald nach der Autobahnausfahrt von der Straße nach Gröden abgeht. Etwas tiefer steht auf einer weiten Wiesenfläche in königlicher Lage der schöne Herrensitz LUSENEGG; die Zufahrt geht nach dem dritten Tunnel links von der Grödner Straße ab. Das alte Herrenhaus ist von einer Mauer mit runden Ecktürmen eingefaßt, die zinnengekrönte Fassade mit ihren eisernen Fensterkörben ist schon von der Autobahn aus zu sehen. Am Ostufer des Eisacks liegt hinter einer Mauer mit einem Tortürmchen der Ansitz Griesbruck, zur Barockzeit von den Grafen Wolkenstein im Inneren mit Stuckornamenten und mythologischen Fresken versehen. Aus derselben Zeit stammt der Ansitz Seebegg, die ein Herr von Jenner aus der bekannten Gewerkenfamilie sich etwas höher oben ausgebaut hat. Heute dient das Haus als Mittelschule.

Wer auf der Staatsstraße oder von der Autobahn im Norden nach Klausen einfährt, dem fällt das runde Gebäude mit seinen leichten Ausbuchtungen und dem roten, kegelförmigen Dach und dem spitzen Helm auf, das links allein in den Feldern steht. Das war einmal die Spitalskirche zum Heiligen Geist, später SEBASTIANSKIRCHE genannt; gegründet wurde sie 1208 vom Bischof Konrad von Rodank als Spitals- und Pfarrkirche. Den Ausbuchtungen an der Außenmauer entsprechen im Inneren dreizehn Nischen, wohl einmal Platz bietend für Christus und die zwölf Apostel. Vor dreißig Jahren wurde hier auch eine Krypta ausgegraben (*Weingartner*).

Aber was wäre Klausen ohne SÄBEN, die *Akropolis Tirols*? Wie ein gewaltiges Schiff steht der zweihundert Meter hohe Dioritfelsen über den Schluchten des Eisacks und des Thinnebachs, und über seine nach Süden geneigte Fläche breiten sich die Gebäude der alten Burg und des heutigen Klosters, und es bleibt noch Raum für ausgedehnte Weingärten, unter denen ein großes Gräberfeld entdeckt wurde. Immer wieder begegnen wir im Alpenraum ähnlichen »heiligen« Felsburgen, von Sion (Sitten) im Wallis über Salzburg nach Laibach und Graz; immer weisen Funde auf ihre vorgeschichtliche Besiedlung, später dienten sie als Fluchtburgen, als wehrhafte Festungen, und oft verwandelten die ersten Christen die »heidnischen« Kultstätten in christliche Heiligtümer. Was Säben so ehrwürdig macht, ist die Kontinuität, die von der Bronze- und Hallstattzeit über die Römer- bis in spätrömische und frühchristliche Zeit reicht und dann kaum unterbrochen bis herauf in unsere Tage! Vom frühen 5. Jahrhundert bis zum Jahr 1000 haben sich auf dem Säbener Berg drei verschiedene Kirchenbauten nachweisen lassen. Die vor mehr als zwanzig Jahren durchgeführten Grabungen haben die Mauerumrisse einer großen Basilika zutage gefördert (heute wieder zugeschüttet). Über 230 Gräber aus dem 6. und 7. Jahrhundert, zum Teil von hohen bajuwarischen Adeligen, wurden unter den Äckern gegen Osten entdeckt.

Die erste BISCHOFSKIRCHE stammt wahrscheinlich aus dem 7. Jahrhundert, und Dokumente aus jener Zeit nennen mit Ingenuin auch den Namen des ersten Bischofs, der noch Aquileja zugehörig war. Der heilige Kassian aus Imola, der angeblich von seinen Schülern mit den Griffeln ermordet worden war, ist zwar der Patron Brixens, war aber nie Bischof von Säben. Unter *Albuin*, gegen Ende des 10. Jahrhunderts, zogen dann die Bischöfe zu ihrem neuen Sitz PRICHSNA; Säben blieb aber weiterhin Bischofsburg und wurde später von Burgherren verwaltet. Nach Jahrhunderten des Verfalls und einem Blitzschlag im Jahr 1533 ließ der Pfarrer *Dr. Matthias Jenner* aus der reichen Gewerkenfamilie die Gebäude wieder instand setzen, und im Jahr 1686 kamen auf seine Vermittlung fünf Benediktinerschwestern vom Nonnberg in Salzburg, die unter großen Mühen die alten

Gemäuer wieder belebten und seither dort oben ihre segensreiche, dem Gebet und der Arbeit gewidmete Tätigkeit entfalten (siehe dazu: *Pustet,* in: Schlern 1986, S. 509).

Der Aufstieg auf den Burgfelsen geschieht am besten von der Unterstadt aus, wo Hinweisschilder den Weg anzeigen. Nach der gewundenen, engen Gasse durch die noch ursprüngliche Altstadt steigt der mit ausgetretenen Pflastersteinen belegte Weg an und läßt die Burg Branzoll links von sich liegen. Kreuzwegstationen säumen den alten Wallfahrtsweg. Dann sperrt eine von Ost nach West verlaufende Mauer das Ackergelände vom Klosterbezirk. An ihrem östlichen Ende steht die barocke LIEBFRAUENKIRCHE, die eine Einheit mit der kleinen Marienkapelle bildet. An ihr, die jetzt neugotisch umgewandelt ist, erkennt man noch die romanische Rundapsis. Die hier ausgegrabene Priesterbank weist auf ein sehr hohes Alter hin (*Nothdurfter*). Die Reste des ältesten Kirchenbaus aus dem 4. Jahrhundert wurden im darunterliegenden Acker aufgefunden und sind jetzt wieder zugeschüttet. Auf der Höhe des Burghügels stehen dann die KLOSTERKIRCHE und die HEILIGKREUZKIRCHE; beide zum Teil aus vorhergehenden Bauten hervorgegangen, so daß es nur mehr sehr schwierig wird, auf Umfang und Gestalt der alten Bischofsburg und der dazugehörigen Kirchen zu schließen. Davon bleibt nur mehr der Kassiansturm am Nordrand des Hügels übrig. Von den umgebenden Höhen, vom Tal aus und vom Städtchen Klausen selbst zeigen die weitläufigen Bauten auf dem schroffen Felsen ein immer neues Gesicht, das zwischen Morgen und Abend Licht und Schatten wechselnd verteilt, immer Staunen erweckend und von Geheimnis umgeben.

Zur Gemeinde Klausen gehört das malerisch in einer seichten Mulde ungefähr zweihundert Meter über der Talsohle gelegene **Gufidaun**, das man von Klausen auf schönem Fußweg in einer halben Stunde oder mit dem Wagen von zwei Seiten her erreichen kann. Obwohl geographisch schon dem Villnößtal zuzurechnen, ist es doch ganz den belebten Hängen des Eisacktals zugewandt. Am nordöstlichen Rand des Dorfes, über den steil ins Villnößtal abfallenden Felsen, steht die alte Burg SUMMERS-

BERG, die vom 13. Jahrhundert an lange Gerichtssitz über die Gegend bis nach Gröden hinein war. Heute wird die Burg von den Nachkommen des Germanisten und Sagenforschers Ignaz Vinzenz Zingerle bewohnt, der sie im vorigen Jahrhundert erstanden hatte. Neben dem sehr alten Viereckturm steht im Innenhof noch ein Rundturm, wie er sonst in Südtirol nur auf Sprechenstein und in Mals zu finden ist. Mitten im Dorf steht neben der Kirche das HOHENHAUS, ein mächtiger, kastenartiger Bau, der vor wenigen Jahren hart um sein bauliches Weiterleben kämpfen mußte, heute aber das Dorfmuseum der Gemeinde beherbergt. Als dritter, auffallender Bau ist die KOBURG zu erwähnen, ein palastähnliches Gebäude, dem die umgebende Ringmauer ein burgähnliches Aussehen verleiht. Das hohe Walmdach und die Erker verstärken den herrschaftlichen Charakter. In der Pfarrkirche Sankt Martin, die noch Bauteile aus dem 13. Jahrhundert aufweist, und auch in der Sakristei sind interessante Wandgemälde vom Beginn des 15. Jahrhunderts zu sehen.

Wandervorschläge: Die Gegend um Klausen ist so überreich an Möglichkeiten, die Landschaft und die umgebenden Berge zu Fuß zu genießen, und es gibt darüber so viele einschlägige gute Führer, daß hier nur stichwortartig ein paar Anregungen gegeben werden können. Erholsam und von landschaftlich hohem Reiz sind alle Wanderungen über die Hochfläche vom Pfeffersberg ober Brixen über Feldthurns nach Verdings und nach Klausen. Da verbinden sich die nahen Genüsse der Kastanienhaine und der gemütlichen Einkehrstätten mit dem Fernblick auf die wild gezackten Dolomitenberge. Höherstrebende kommen dann voll auf ihre Rechnung oberhalb von Latzfons, von der Klausner Hütte an bis hinüber zum »Toten« auf der Villanderer Alm, auf eine Reihe von Spitzen der Sarntaler Berge oder zu den verschiedenen Übergängen nach Reinswald, Durnholz oder ins Flaggertal. Auf der östlichen Talseite locken die beschriebenen Ansitze von Fonteklaus oder von Gufidaun zu kürzeren Spaziergängen; wer höher hinaufstrebt, kann den Weg über Gufidaun zu den alten Gaststätten vom Gnollhof und vom Gstammer weiter bis zum alten Bad Froy einschlagen, wo eisen- und schwefelhaltige Quellen in früheren Jahren viele »blutarme« Besucher meist weiblichen Geschlechts anzogen. Dabei sind natürlich die alten Fußwege der neuen, asphaltierten Straße vorzuziehen!

Das VILLNÖSSTAL mündet in einer engen Felsenschlucht kurz oberhalb von Klausen ins Eisacktal. Es ergeht dem Besucher hier wie im Eggental: Zuerst muß er sich durch eine von steilen Felsen gerahmte Klamm den reißenden Bach entlang durchkämpfen, bis er in die befreiende Weite der offenen Talmulde gelangt, hinter der die mächtigen Dolomitentürme Wacht halten. Der Fels besteht hier noch aus dem Brixner Quarzphyllit, die im Eggental schon tiefliegenden Porphyre liegen hier, besonders im Süden, höher und dienen dann als Unterlage für den Dolomitkalk. Die gegen Süden leicht geneigten Terrassen und Hänge haben seit alten Zeiten eine Besiedlung begünstigt, Innerebner zählt eine Reihe von urgeschichtlichen Siedlungsstätten auf. Die nach Norden gewandte Seite fällt hingegen steil und dicht bewaldet von den Höhen des Tschanberges und der Raschötz bis zum tiefen Bachbett ab.

Auf der untersten, ganz ebenen Stufe liegt versteckt und fast vergessen das Dörflein **Nafen**, das man auf einem Steig in einer knappen halben Stunde erreicht, der gegenüber der Auffahrt nach Feldthurns abgeht. Hier glaubt man sich wenige Schritte von Gufidaun und seiner Burg Summersberg entfernt, zu denen auch der große Christophorus von seiner Kirchenwand hinüberblickt, denn die enge und tiefe Schlucht ist nicht zu sehen, die uns davon trennt. Von hier führt ein schöner Weg in einer halben Stunde nach **Teis** (beide Orte sind mit der Talstraße gut verbunden). Schmucke Gasthäuser, neu herausgeputzte Höfe, hohe Kastanienbäume um den kleinen Platz und eine erst 1880 ausgebaute Kirche geben dem Ort ein fröhliches Aussehen. Die Heilig-Grab-Kapelle und mit ihr der ganze spitze Hügel, auf dem sie steht, sind mit einem Drahtzaun umgeben und können nicht besichtigt werden. (Der alte Bauer, den ich darum bat, erklärte mir, nicht einmal mit Erlaubnis des Papstes würde er mich hinauflassen!) Teis ist in mineralogischen Kreisen recht bekannt durch die früher in einem Bachbett noch häufig vorkommenden sogenannten »Teiser Kugeln«, das sind rundliche Drusen, die in ihrem Inneren oft schöne Amethyste oder Achate bergen. Heute ist das Suchen danach nicht mehr erlaubt.

Nach Mittermühl, von wo aus die Straße nach Teis abzweigt, wird das Tal weiter, und bald sieht man hoch oben auf der linken Seite den Turm von Sankt Jakob durch die Bäume scheinen. Bald kommen dann die ersten Häuser des Hauptortes **Sankt Peter,** zu dem die Straße nach links hinaufführt. Im Sommer ist der längliche Platz vor dem weitum bekannten und alten Gasthof »Kabis« mit Gästen bevölkert, die an den vielen Tischchen im Freien die Sonne genießen. Von hier aus führt eine schmale Straße weiter zu dem Kirchlein SANKT VALENTIN und den umliegenden alten Bauernhöfen. Die kleine Kirche hat besonders schönen Freskenschmuck, darunter einen beachtenswerten Christophorus; sie wurde mit Unterstützung der Lions-Clubs Bozen und Innsbruck vor ungefähr dreißig Jahren renoviert. Vor dem »Kabis« geht rechts, beinahe versteckt, eine Straße an der neuen Kirche vorbei und führt in vielen Windungen schließlich auf den Übergang ins Aferer Tal und auf das Würzjoch. Ober Sankt Peter aber zweigt davon der Weg ab, der weit gegen Westen bis zum Weiler Coll und zu der ehrwürdigen Bergkirche SANKT JAKOB führt. Das ist eines von jenen einsam auf einer Bergwiese stehenden uralten Heiligtümern, die weit ins Land und noch weiter in die Vergangenheit schauen, seit jeher Ziel frommer Menschen, die sich hier heraufbemühen, um ihre Sorgen Gott und dem heiligen Jakob anzuvertrauen. Es ist nicht anzunehmen, daß alle Jakobskirchen in unserem Land auf dem ehemaligen Pilgerweg nach Santiago liegen, dafür gibt es zu viele davon, und der Pilgerweg müßte seltsame Umwege beschreiben.

Im Mittelalter konnten wohlhabende Herren oder Damen sich die Wallfahrt nach dem fernen Spanien dadurch ersparen, daß sie dem Heiligen durch den Bau einer Kirche ihre gute Meinung kundtaten. Und vielleicht war der Patron der Pilger und Reisenden überhaupt so beliebt, daß ihm immer wieder auf alten Übergängen in den Bergen eine Kirche gewidmet wurde. Besonders schön ist hier der große Flügelaltar aus dem Jahr 1517, an dem das Gerüst noch gotisch ist, die Malerei aber schon Anklänge an die Renaissance aufweist *(Weingartner)*.

Im Talgrund führt die Straße weiter nach **Sankt Magdalena,** wo um eine dichte Siedlung isoliert auf einem Hügel die gleichnamige Kirche steht, wieder ein spätgotisches, mit manchen hübschen Fresken versehenes Gebäude. Weiter gegen

Osten kommen wir zu den Höfen von **Ranui**; einsam auf einer Wiese steht auf einem niederen Felssockel das barocke Kirchlein zu Sankt Johann, das sich der Klausener Gewerke Michael von Jenner im Jahr 1744 hier erbauen ließ. Diese Kapelle, umgeben vom Grün der Wiesen und dem Dunkel der Wälder, vor dem Hintergrund der himmelstrebenden Felsberge hat noch einen Hauch von Unberührtheit bewahrt am Rande der immer weiter um sich greifenden Hotelarchitekturen, denen es nicht mehr gelingt, sich der Landschaft klaglos anzupassen.

Von Sankt Magdalena zweigt auch die Straße ab, die auf die Zanser Alm führt, wo die Wanderer und Bergsteiger auf einem überdimensionalen Parkplatz ihre Wagen abstellen, um dann weiter in Richtung Peitlerkofel oder Aferer Geiseln zu ziehen. Bester Ausgangspunkt für den Peitler ist die Schlüterhütte auf 2300 Metern Höhe. Von der Hütte aus gelangt man unschwer über das Kreuzjoch und die Wasserscharte auf die Ostseite der Geislerspitzen, wo die Regensburger Hütte liegt.

Am südlichen Stadtende von Klausen führt rechts die Straße auf die bewegten grünen Hänge zwischen Villanders und Barbian, die auch jedesmal das Auge erfreuen, wenn man vom Süden her kommt; spitze Kirchtürme, verstreute Gehöfte, Weinberge und Äcker, tief eingeschnittene Talrinnen und dazwischen immer wieder dunkle Flecken von Nadel- und Laubgehölz und die lockigen Kronen der alten Kastanienbäume, bis hoch hinauf zum Kamm der Sarner Berge und zu den Bergwiesen des Königsangers. Vorbei an der gotischen Kirche von SANKT VALENTIN mit schönen Außenfresken des Hans von Bruneck kommen wir zum stattlichen Ort von **Villanders**, das schon auf beinahe 900 Metern Seehöhe liegt.

Das alte Geschlecht der Herren von Villanders hatte besonders unter dem tatkräftigen *Engelmar von Villanders* großen Einfluß im ganzen Land erworben; ja, Engelmar war eine Zeitlang zu Anfang des 14. Jahrhunderts Statthalter in Padua und ließ eigene Münzen prägen; aber als Widersacher von Ludwig dem Brandenburger, dem zweiten Gemahl der Margarethe Maultasch, wurde er 1349 als Rebell enthauptet. Ein anderer Zweig der Villanderer bekam vom Grafen von Tirol die Burg Wolkenstein in Gröden und nannte sich seither Herren und später Grafen von Wolkenstein.

Aber schon lange vor diesen streitbaren Rittern war der sonnige Hang besiedelt: Neben der großen urzeitlichen Siedlung am sogenannten Plunacker am östlichen Dorfrand wurden in Gravetsch und an anderen »Wallburgen« vorgeschichtliche Funde gemacht – man kann heute eine Kontinuität von der Jungsteinzeit über die Bronze- und Römerzeit bis ins frühe Mittelalter feststellen. In späteren Jahrhunderten haben die reichen ERZLAGER am Pfundererberg Knappen von weither angezogen und der ganzen Gegend zu Wohlstand verholfen. Den Besitz dieser Gruben teilten sich die Bischöfe von Brixen und die Tiroler Grafen. Die wichtigsten der geschürften Erze erbrachten Silber, Kupfer und Blei.

Kommt man von Norden ins Dorf, so lädt gleich der graugelblich gepflasterte, steile Aufgang zur Pfarrkirche und zu der östlich und etwas tiefer gelegenen Friedhofskirche zum heiligen Michael zu näherer Besichtigung ein. Rechts, wo die Häuser eng aneinanderrücken, steht das Gasthaus »Zum Steinbock«, früher einmal Gerichtssitz, das mit seinen Erkern und unregelmäßig gesetzten Mauern den Eindruck einer Dorfburg erweckt. Die schönen, schmiedeeisernen Grabkreuze im Friedhof, auf den man dann stößt, haben eine zuerst verwirrende Eigenheit: Entweder steht das Kreuz bei jedem Grab verkehrt, oder der Tote liegt falsch herum; jedenfalls wendet sich die Inschrift vom Grabhügel ab! Wer weiß, woher diese einmalige »Grabverdrehung« stammt? Die jetzt neugotisch eingerichtete Pfarrkirche hat noch ihre Raumwirkung als spätgotischer Bau bewahrt. Die Michaelskirche ist jetzt profaniert. An diesem Ort kann man nicht umhin, durch den Friedhof bis zur Mauer im Osten vorzugehen, um den Blick auf das Tal und die gegenüberliegenden Hänge zu werfen, wo sich die Häuser von Albions und von Freins zwischen Wiesen und Wald lagern, himmelhoch überragt von den spitzen Türmen der Geisler. Und im Süden hebt sich vom Himmel das Verenakirchlein auf einsamem Hügel ab, das auch den Fahrer durch das enge Tal lange begleitet.

Folgt man der Straße bergwärts, so stößt man bald auf den Weg, der in einer Linkskurve rechts zum Weiler **Gravetsch** führt. Vom alten Schloß, einst Besitz eines Zweiges der Herren von Villanders, sind nur mehr die mächtigen Mauern erhalten, die einen kleinen Innenhof umschließen, sowie die kleine Kapelle. Ein Teil des halb verfallenen Schlosses wird heute von Bauern bewohnt. Aber auch vom Tal aus gesehen bewahrt Gravetsch noch etwas von seinem beinahe bedrohlichen Aussehen.

Auf die Hauptstraße zurückgekehrt, folgen wir ihr weiter in Richtung nach Barbian. Immer wieder liegen Gehöfte zwischen den grünen Hängen, häufig von einzeln oder in Gruppen stehenden Kastanienriesen umgeben. Diese Kastanien von Barbian gelten im ganzen Land als eine besonders gute Sorte! Links unter der Straße fällt der Ansitz PARDELL mit seinem Wohnturm und der kleinen Kapelle auf, wieder einer der Besitze des damals weitverzweigten Geschlechts der Villanderer Herren, das im 16. Jahrhundert im Mannesstamm ausgestorben ist (und in den Grafen von Wolkenstein weiterlebt). Nach dem großen Winterlehof, heute Gastbetrieb, senkt sich die Straße bis zur Brücke über den Zargenbach. Am jenseitigen Berghang steht verheißungsvoll die Häusergruppe von Dreikirchen. Daß der für gewöhnlich wenig Wasser führende Bach, so wie der Ganderbach südlich von Barbian, auch andere Töne anschlagen kann, ersieht man an den riesigen Felsklötzen, die heute friedlich das Bachbett füllen, aber von wild gewordenen Wassern einmal bis hieher verfrachtet worden sind. Im Jahr 1891 hat der Ganderbach dreizehn Häuser von Kollmann weggerissen, 33 Todesopfer gefordert und die Bahnstrecke auf 700 Meter verlegt, wobei der Eisack zu einem See aufgestaut wurde (*Rampold*).

Nach **Bad Dreikirchen** zweigt noch vor der Brücke ein Wanderweg ab (Nr. 4), der in zwanzig Minuten mäßiger Steigung diesen ganz besonderen Ort erreicht. Der normale Zugang, immer zu Fuß, da Autos nicht zugelassen sind, erfolgt von Barbian aus über den Hof Palwitt (wo das Auto bleiben muß); beinahe eben kommt man von dem höher gelegenen Hof Matlid hinüber. Der erstgenannte Weg Nr. 4 hat den Vorteil einer schöneren Weitsicht ins obere Eisacktal und ist auch weniger begangen.

Der Dichter Erich Kofler (1917–1994), der selbst dort ein Sommerhäuschen bewohnte, schreibt in seinem Gebietsführer von Barbian und Villanders (Athesia 1980): *Jedem Besucher dieser noch ›unversehrten‹ Landschaft, die die Schönheit des unteren Eisacktales in sich sammelt und in der vielfältigen Formung von Berg, Wald und Wiesenflächen widerspiegelt, wird die unerklärliche Ausstrahlung dieses Berghanges zum Erlebnis, das nach Ursprung und Deutung fragt, aber immer im Geheimnis gefangen bleibt.* Die Geschichte des Heilbades liegt im dunkeln; die Vermutungen gehen dahin, es könne sich um ein vorgeschichtliches Quellheiligtum oder um eine römische Kultstätte für die Götter Jupiter, Juno und Minerva gehandelt haben; heute sind die drei Kirchen mit ihren hölzernen Dachreitertürmchen den heiligen Nikolaus, Gertraud und Magdalena geweiht. Sie stammen aus dem 13. und 14. Jahrhundert, aber man weiß nicht, ob hier früher schon Kapellen (vielleicht aus Holz) gestanden haben. Hier ging nämlich ein alter, vielbegangener Übergang vom Eisacktal zum Ritten vorbei. Und der große Christophorus, der von der untersten Kirche ins Tal blickt (was ihm nach dem Bau des Badhotels allerdings nicht mehr gelingt), ist ein sicheres Zeichen dafür, daß hier einmal viele Wanderer vorbeikamen. (Der Schlüssel zu den meist geschlossenen Kirchen ist im nahen Mesnerhof erhältlich.) Das BADGASTHAUS und manche der umliegenden kleinen Ferienhäuschen sind seit über hundert Jahren im Besitz derselben Familie, und die Pensionsgäste des schönen Badgasthauses mit seiner gemütlichen Veranda sind vielfach Stammgäste, denen Dreikirchen die jährliche Wiederkehr wert ist. Als berühmtester Gast weilte hier im Jahr 1908 Christian Morgenstern, der neben seinen bekannten *Galgenliedern* auch schöne Lyrik schrieb.

Bald darauf kommt die aussichtsreiche Höhenstraße nach **Barbian**, das als Gemeinde auch die Fraktionen Kollmann, Sankt Ingenuin (oder Saubach) und Dreikirchen umfaßt, also vom Talgrund bis zu der Almregion reicht. Der schiefe Kirchturm ist nicht etwa eine Halluzination später Wirtshausbesucher, sondern so etwas wie ein Wahrzeichen des Ortes. Aber der Besuch im Herbst einer der zahlreichen Gaststätten zur Verkostung des neuen Weines mit den berühmten Barbianer Kastanien kann zu einem unvergeßlichen Erlebnis werden (und vielleicht auch den Turm wieder aufrichten). Die ursprünglich alte Kirche wurde in den siebziger Jahren des vorigen Jahrhunderts auf neuromanisch umgestaltet.

Interessanter ist die gotische Kirche des nahe gelegenen Ortes **Saubach**, die den heiligen Ingenuin und Albuin geweiht ist (wobei der Name Ingenuin in Tirol zu *Jenewein* abgewandelt wurde, woraus auch ein häufiger Familienname entstanden ist). Hier sind besonders die Schnitzfiguren des Hauptaltars, wahrscheinlich aus der Schule von Michael Pacher, und der Seitenaltäre beachtenswert.

Was Rampold in seinem Band »Eisacktal« 1996 auf Seite 380 noch befürchtet hat, nämlich den Ausbau der Straße zwischen Saubach und dem Ritten, ist mittlerweile Wirklichkeit geworden, denn man kann jetzt ungestraft auf schmaler Straße nach Lengstein und auf den Ritten fahren; ich hätte das eigentlich nicht erwähnen sollen, damit dieser so idyllische Flecken um Rotwand und Sankt Verena nicht in den Abgasen der Autos erstickt. Aber wir wundern uns schon lange nicht mehr, wenn am Ende jeder kleinsten Almstraße ein Mercedes steht!

Mag nun das Verenakirchlein schon auf Rittner Gebiet stehen, so gehört es doch seiner Lage nach genausogut oder noch mehr zum Eisacktal, denn von dort aus sieht der südwärts gerichtete Fahrer, wie sich der gedrungene Turm und die kleine Kirche scharf gegen den Himmel abheben und von hoch oben lange den Fahrenden begleiten. Ebenso ergeht es dem, der nach Norden fährt, mit dem Kirchlein von Antlas, das dann links in der Höhe über dem felsigen Abgrund thront. Beide uralten Kirchlein sind einmal längs vielbenutzter Verbindungswege gestanden und erst seit dem Ausbau des KUNTERSWEGES durch die Eisackschlucht im Jahr 1314 zu ihrer nunmehr Jahrhunderte währenden Einsamkeit gelangt, die ihrem Bestand und ihrer geheimnisvollen Ausstrahlung nur förderlich sein konnte. Wir werden das große Gebiet des Rittens nach der Besprechung von Bozen behandeln, aber diesen beiden Kirchen hier noch eine kurze Betrachtung widmen.

SANKT VERENA erreicht man zu Fuß vom großen Bauernhof Penzl in ungefähr zehn Minuten. Auf der runden Kuppe aus von Gletschern abgeschliffenen Porphyrfelsen, der nur mit der typischen Trockenvegetation bewachsen ist und Spuren vorgeschichtlicher Besiedlung gezeigt hat, steht einsam das 1256 erstmals erwähnte Kirchlein, das im 17. Jahrhundert fast völlig neu aufgebaut wurde. Auch die Ausstattung stammt aus dieser Zeit. Es ist also nicht so sehr der Kirchenraum als die einmalige Lage, die einen Spaziergang zu dieser Kirche zu einem Erlebnis werden läßt. Von hier aus, nämlich auf einem östlich unter dem Hügel verlaufenden Weg, erreicht man in einer halben Stunde die kaum tiefer gelegene kleine Kirche zum heiligen Andreas in ANTLAS, die hart am Abgrund zum Eisacktal steht. Sie hat ihr gotisches Kleid außen und innen noch bewahrt, wenn auch Teile der Ausstattung späteren Datums sind. In den Fels gehauene Stufen führen vom Zunerhof in wenigen Minuten auf die Höhe des Hügels. Der Hof selbst hat noch ein gotisches Spitzbogentor und ist mit Fresken aus der Barockzeit geschmückt; hier kann man auch einkehren und bei einem Glas Eisacktaler Wein den Zauber dieser Gegend in Ruhe nachwirken lassen. Nach Antlas (was vom Wort »Ablaß« kommt, den sich die Pilger hier nach langem Anmarsch erbeteten) führt auch eine schmale Straße von Lengstein aus.

Von Barbian aus fahren oder wandern wir zurück ins Tal; die Fahrstraße mündet in **Kollmann**, einer alten Post- und Zollstation an der Brennerstraße. Das aus der Zeit Herzog Sigismunds stammende alte Zollhaus wurde wieder mit seinem ursprünglichen rot-weißen Schachbrettmuster bemalt, das mit seinem so sonderbaren Harlekinsgewand aus den engen Häusern hervorleuchtet (aber ähnliche rot-weiße, die ganze Mauer deckende Muster finden wir in Resten z. B. an einem alten Haus in der Silbergasse in Bozen oder in der Goldgasse in Kaltern). Ihm ist eine Kapelle mit Türmchen angebaut; heute wird kein Zoll mehr eingehoben, sondern das Geld kann in der *Pizzeria* gelassen werden, die sich hier eingenistet hat (wobei die Verbindung Pizza – Herzog Sigismund nicht so recht stimmig ist). Goethe erwähnt in seiner »Italienischen Reise« kurz Kollmann (er bezeichnet übrigens den Eisack immer als Etsch); der französische Gelehrte und Reiseschriftsteller Michèl de Montaigne hat dort übernachtet (1580); aber das alte Kreuzwirtshaus, das östlich der Straße stand, wurde bei der schon erwähnten Flutkatastrophe vom Jahr 1891 weggerissen. An dieser östlichen Straßenseite steht das Stephanskirchlein mit einer Friedhofskapelle. In alten Dokumenten wird Kollmann oft RITTENFUSS genannt, weil ja von hier der Weg nach Süden über den Ritten führte. Auch nimmt man an, daß sich hier oder etwas näher an Waidbruck, wo jetzt der Stausee liegt, die römische Poststation *Sublavio* befand, die auf den Peutingerschen Tafeln als erste Station nach Pons Drusi eingezeichnet ist.

Jenseits des Flusses beherrscht die TROSTBURG auf hohem Fels die Talenge und den Weg ins Grödner Tal. Die erste Anlage der Burg scheint nicht vor das Ende des 12. Jahrhunderts zurückzureichen; eine vermutete Befestigung aus Römerzeiten ist nicht belegbar, aber der Lage nach nicht auszuschließen. Die in Besitz der Herren von Kastelruth und später der Villanderer stehende Burg wurde 1382 von Eckhard von Villanders seiner Tochter Katharina vererbt; sie heiratete Friedrich aus dem Hause Villanders-Pardell, der sich »von Wolkenstein« nannte. Einer ihrer beiden Söhne war der Dichter und Diplomat Oswald, der aber nicht auf der Burg wohnte. Ein Nachkomme seines Bruders Michael war Engelhard Dietrich von Wolkenstein, der gegen 1595 die Burg nach neuesten Gesichtspunkten erweitern und mit Befestigungsanlagen versehen ließ.

A. von Zallinger schreibt darüber im »Tiroler Burgenbuch«, Bd. 4: *Beim Ausbau der Trostburg zum Residenzschloß nach den fürstlichen Mustern von Ambras und Brixen spielte neben dem Bedürfnis nach Selbstdarstellung wohl der geheime Ehrgeiz des Letztgeborenen mit, aus dem von den Brüdern unbegehrten, altertümlichen Gemäuer ein Schaustück höfischer Wohn- und Lebenskultur zu zaubern. Dabei zählte der Schein mehr als die Substanz, und eine auf Fernwirkung berechnete Fassadenkosmetik verbarg im Inneren den vielfach unberührten … älteren Baubestand.*

Erst nach dem Zweiten Weltkrieg mußten die Nachkommen der Wolkensteiner den Besitz aufgeben, der jetzt vom Südtiroler Burgeninstitut (»Trostburg GmbH«) in vorbildlicher Weise gepflegt und genützt wird. Besonders sehenswert sind in den alten Gemäuern (die in den wärmeren Monaten besichtigt werden können) der große Saal im obersten Stock des Palas, der als der prunkvollste Saalraum der Spätrenaissance in Südtirol gilt, sowie die 1604 geweihte Schloßkapelle mit einem schönen venezianischen Altarbild und einer reich bemalten Decke. Aus dem Jahr 1400 stammt die »gewölbte Stube« mit einer doppelten Tonnendecke. Im Sommer finden auf der Trostburg gelegentlich Konzerte und auch Tagungen statt.

Die Burgen Straßberg, Sprechenstein und Reifenstein im Sterzinger Becken liegen frei und fallen jedem Reisenden ins Auge; auch die frühere Burg Säben und das kleine Schloß Branzoll in Klausen sind weithin sichtbar; mit der Trostburg beginnt dann eine weitere Reihe von Eisacktaler Burgen, die zum Teil aber versteckt liegen, wie die Grödner Fischburg und die Ruine Wolkenstein, die Ruine von Schloß Stein am Ritten und ihr gegenüber das herrliche Prösels; Aichach und Hauenstein haben nur hinfälliges Gemäuer bis in unsere Zeit herübergerettet; erst Karneid erinnert stolz durch Lage und Baubestand an seine alte Bedeutung. Eine Rechtfertigung für Bau und Bestand dieser vielen Burgen liegt natürlich an dem so ungemein wichtigen Verkehrsweg durch die Alpen zwischen Deutschland und Italien und an den politischen Gegebenheiten im ausgehenden Mittelalter, wo die Bischöfe und dann später die Tiroler Grafen als Landesherren örtliche Adelige als ihre »Ministerialen« mit einer Burg belehnten; daß diese sich dann oft wenig um ihren Lehensherrn kümmerten und eigenmächtig ihr Gebiet zu vergrößern trachteten, ja selbst zu Raubrittern wurden, steht auf einem anderen Blatt.

Eben sind wir einen Augenblick ins Grödner Tal eingedrungen; wir wollen vorläufig aber nur die sogenannten deutschen Orte am Ausgang des Tales besuchen und behalten uns vor, Gröden zusammen mit Abteital und Enneberg als LADINISCHE TÄLER mit ihren spezifischen Problemen gesondert zu behandeln.

Im kleinen Ort **Waidbruck** mündet aus einer kaum sichtbaren Schlucht der Grödner Bach (auch Dirschingbach) in den Eisack, und durch diese Talenge führt auch die Straße ins schöne Dolomitental. Von Waidbruck geht auf der westlichen Talseite eine Verbindung nach Villanders, links des Eisacks hingegen kann man auf guten Straßen Lajen, Gröden und Kastelruth erreichen. So liegt der Ort eingezwängt zwischen Straßenkreuzungen, Eisenbahn, Staatsstraße und Autobahn, mit allen Nachteilen, die eine solche Verkehrsballung mit sich bringt. Einige hübsche Gasthäuser zu beiden Seiten des Flusses profitieren aber von dieser Lage.

Nach Brücke und Bahnübergang zweigt gleich links, vorbei an einem schönen Rokokohaus, die Straße nach Lajen ab. Nach wenigen Kehren erscheint unvermutet eines der anmutigsten Landschaftsbilder des unteren Eisacktals, das LAJENER RIED. Uralte Höfe, wie der Unterfinser und, etwas höher, die beiden Vogelweiderhöfe liegen zwischen Weinbergen, Kastanienhainen, verstreuten alten Apfel- und besonders Zwetschgenbäumen, die im Spätsommer ihre süßen Früchte dem Wanderer gerne vor die Füße werfen. Die Vogelweiderhöfe, schon seit dem Mittelalter bezeugt, waren wohl der eigentliche Anlaß für den Forscher Ignaz Vinzenz Zingerle, den Minnesänger hier zu beheimaten, und heute muß man gestehen, er würde gut hieher passen! Gleich nach dem Unterfinserhof sollte man den schmaleren Weg wählen, der in der Kurve abgeht, und am besten zu Fuß zur KATHARINENKIRCHE aufsteigen. An dieser auf einem Porphyrfelsen stehenden Kirche ist wieder die beherrschende Lage und der altehrwürdige Turm das besonders Anziehende – im Inneren wurde von Räuberhänden so tüchtig aufgeräumt, daß man sich nicht eigens um den Schlüssel zu bemühen braucht. Vor dem Aufstieg zur Kirche erinnert eine Messingtafel an das hier im Jahr 1809 stattgefundene Gefecht gegen die Franzosen. Und wenige Schritte davon entfernt überrascht ein anderes Kunstkleinod: An der heute nicht mehr als solche erkenntlichen alten Straße nach Lajen steht ein alter Bildstock mit einem niedrigen Spitzdach und vier Rundbogennischen mit schönen Fresken aus der Brixner Schule um 1459 (oder 1479?) (*Weingartner*). Folgt man dem Fußweg mit der Markierung Nr. 35 weiter, dann kommt man nach Überquerung der neuen Grödner Straße zum kleinen VOGELWEIDERHOF mit seinem knapp unter dem Dach sitzenden Söller. Die erst gegen Ende des vorigen Jahrhunderts aufgekommene Meinung, daß das wirklich der Geburtsort des Minnesängers war, hat den Hof zu einem Wallfahrtsort von literaturbeflissenen und von romantischen Seelen aus deutschen Gauen werden lassen; davon zeugen riesige Gästebücher, die von den Bauern *als kostbarer Schatz gehütet werden (Rampold)*. Der schöne, alte Fußweg steigt weiter nach **Lajen** auf, dessen große Kirche mit dem Zwiebelturm vom äußersten Rand der Hochfläche heruntergrüßt.

Wir sind hier schon, ohne es zu ahnen, auf 1100 Metern Seehöhe; die Lieblichkeit und der südliche Hauch der eben durchwanderten (oder auch durchfahrenen) Landschaft und die sonnige Lage des Ortes lassen nicht an ein *Bergdorf* denken. Und der mächtig aufragende Klotz des Langkofels im Hintergrund des Grödner Tales sagt nur, daß die eigentlichen Berge noch ein gutes Stück entfernt sind. Von der Friedhofsmauer blickt man wie von einem Balkon, ja wie von einem Aussichtsturm in alle Himmelsrichtungen: von den Grödner Dolomiten bis hinüber zum nahen Ritten und zu den fernen Bergen der Brenta; tief unten fließt der Eisack, und wie ein Spielzeug steht über ihm die Trostburg.

Der Dorfkern von Lajen drängt sich dicht um die alte Kirche zu Unserer Lieben Frau und um den nach Süden geneigten Dorfplatz. Der spätgotische Bau wurde 1984 gründlich restauriert, und das Innere verrät außer dem zarten Netzgewölbe kaum noch etwas vom ursprünglichen Alter. Die 1854 erbaute, neue Kirche zum heiligen Laurentius hat für das kleine Dorf ungewöhnliche Ausmaße; der klassizistische Innenraum wirkt etwas kühl, aber durchaus feierlich. Die Deckengemälde im Nazarener-Stil stammen von dem zu seiner Zeit sehr geschätzten und vielseitig tätigen *Joseph Arnold*. Lajen, oder wie man hier sagt »Lojen«, macht einen durchaus behäbigen Eindruck und ist sowohl als Ausflugsziel als auch als Ausgang für herrliche Wanderungen hoch über dem Eisacktal oder gegen die Raschötz, die sanft ansteigende Bergkuppe, zu deren Füßen es liegt, sehr beliebt. Ein paar gediegene Gasthäuser sorgen für das leibliche Wohl.

Eine schöne Straße führt hoch über dem Talboden auf die Grödner Siedlungen zu, den mächtigen Langkofel immer im Hintergrund. Hier verlief jahrhundertelang der POSTSTEIG oder TROJ PAJAN *(Heidensteig)*, der vom Eisacktal über Lajen und Sankt Peter ins Gröden führte, da die tiefe Klamm am Talausgang noch nicht passierbar war. Er ist heute durch seinen Asphaltbelag seiner Romantik beraubt und erreicht die Talstraße um einiges tiefer erst bei Pontives. Bald nach Lajen zweigt nach links eine kurze Verbindung zum kleinen Ort **Tschöfas** ab. Wer auch immer in großen Lettern die Inschrift auf dem Kirchturm angebracht hat, war noch nicht von den Regeln der deutschen Rechtschreibung angekränkelt: »GLOBT SEI JESUS CHRISTUS / IИ EBIKEIT AMEИ.« Tschöfas, Tötschling, Tschötsch und Tanürz, Sauders, Schnauders, Schalders und Stilums – seltsamer Wohlklang von Namen, dunkel in Herkunft und Deutung, herübergerettet aus Zeiten, von denen höchstens ein paar Tonscherben bis auf uns gekommen sind; Namen schaffen die Kontinuität mit der Vergangenheit, Diktatoren aller Zeiten wollten mit der Tilgung der Namen die Geschichte tilgen. Daß bei uns diese alten Namen noch in Gebrauch sind, bedeutet eine ununterbrochene Besiedlung bis auf unsere Zeit, bedeutet zähe Beständigkeit von fleißigen Siedlergenerationen.

In **Tanürz** steht die hübsche Kirche gleich unterhalb der Straße; hier begegnen wir im Schnitzaltar und in anderen Heiligenfiguren schon der Kunst der Grödner Bildschnitzer. Mit dem noch fast in gleicher Höhe wie Lajen gelegenen **Sankt Peter** endet der deutsche Anteil des Grödner Tales. Wie Rampold bemerkt, weist der Name des heiligen Petrus als Kirchenpatron immer auf ein hohes Alter der Kirche hin. Der heutige Bau wurde aber erst 1764 errichtet, und die Innenausstattung stammt zum Teil aus noch späterer Zeit. Während die Asphaltstraße von hier aus bald den Talboden erreicht, führt der alte Poststeig (mit P markiert) durch den Wald noch ein gutes Stück taleinwärts bis knapp an Sankt Ulrich heran.

Lajen ist von Norden her nicht nur von Klausen, sondern auf sehr aussichtsreicher, wenn auch schmaler Straße von Gufidaun aus zu erreichen. Dabei kommt man an den alten, zerstreuten Höfen des Weilers **Freins** vorbei, wo etwas oberhalb der Straße eines der vielen kleinen, freskengeschmückten

Kirchlein steht, die immer wieder Anziehungspunkte für Wanderungen in diesen so schönen Mittelgebirgshängen mit ihren Wiesen und Wäldern darstellen.

Von der Straße Klausen–Gröden zweigt der Weg nach **Albions** ab und ist von dort nicht mehr fahrbar. Die gotische Nikolauskirche steht auf einer kleinen Felserhebung, und in den gewachsenen Fels gehauen sind auch die paar Stufen, die zu ihrem Eingang führen. Hier blickt uns unter einem schützenden Dach wieder ein gewaltiger Christophorus entgegen, der als Besonderheit auch einmal etwas Proviant mit sich führt: einige Stücke Brot, ein paar Birnen oder Feigen in einem Schüsselchen unter seinem Gürtel. Der untere Teil des frommen Mannes ist stark abgeschabt. Diese Beschädigung des Gemäldes, die auch an anderen Christophorusfiguren zu beobachten ist, geht auf den Volksglauben zurück, der farbige Mörtel von der Heiligengestalt schütze vor einem plötzlichen Tod, aber auch gegen die Pest und gegen allerhand Fährnisse, denen die Wanderer ausgesetzt sind. So ist in unseren Tagen dieser sympathische Nothelfer damit beauftragt, Autofahrer vor einem jähen Tod zu schützen, und da sind wohl die vielen Christophorusse an unseren Kirchen noch immer nicht zahlreich genug!

Bruno Mahlknecht berichtet im »Schlern», 1973, S. 132, vom Prozeß gegen einen Mann aus Völs, der wegen des Abschabens der Christophorusfigur an der Völser Kirche aus abergläubischen Beweggründen zum Tode verurteilt (aber dann begnadigt) worden war. Wegen dieser seiner Fähigkeit, Wanderer vor einem jähen Tod zu bewahren, wurden seine Bildnisse so übergroß an die Außenwand der Kirchen oder Kirchtürme gemalt, damit sie schon von weitem sichtbar wären. Renate Sotriffer hat 1991 bei Athesia ein kleines Taschenbuch verlegt, das sich mit den Christophorus-Bildern vieler Südtiroler Kirchen befaßt – eine Anregung, viele dieser Bilder zu besuchen und auch näher zu betrachten.

Wandervorschläge: Von dem schönen Spaziergang von Klausen nach Gufidaun und hinüber nach Fonteklaus war schon die Rede, ebenso vom alten Weg ins Lajener Ried und hinauf nach Lajen. Neben den zahlreichen Varianten, die sich in dieser herrlichen Gegend anbieten, möchte ich einen Rundgang erwähnen, der am besten von Albions seinen Ausgang nimmt: Auf dem Weg Nr. 5, der rechts hinter den letzten Häusern abgeht, steigt man durch Wald und Wiesen in ungefähr drei viertel Stunden nach Lajen auf. Hier folgt man dem fast ebenen, noch asphaltierten Weg Nr. 6 gegen

Nordosten (die Straße nach Gufidaun links lassend!), der sich bei den Höfen von Pregalenz als Steig links abwendet. Wieder geht es durch schattige Wälder, immer mehr oder weniger eben, bis zum Sohlerhof (Gaststätte) oberhalb von Freins. Man überquert die Straße nach Gufidaun und wählt beim Gasthaus »Maier zum Tassis« die Richtung nach Albions. Die einzige richtige Steigung liegt am Anfang bis Lajen, dann wird alles recht bequem.

Die Straße aber, die von Waidbruck unter der Trostburg gegen den Berg zieht, bringt uns in ein Gebiet, dem im ganzen Eisacktal, wenn nicht in ganz Südtirol, ein ganz besonderer Stellenwert zukommt, in DAS LAND UNTER DEM SCHLERN. Dies gilt besonders deshalb, weil es eine ganz eigene Atmosphäre ausstrahlt, die einmalige Mischung zwischen einer ganz nach Süden und Westen offenen, lieblichen Kulturlandschaft und DEM Berg an sich, an den sie sich lehnt. Der Schlern ist nämlich nicht irgendein Berg, ist selbst eine Mischung aus verwitterten Dolomitentürmen und einem ungeheuren, soliden Riesenrücken.

Eine geologische Besonderheit hat dem Berg diese Form gegeben: Während alle Türme und Zacken der umgebenden Dolomiten das Ergebnis jahrmillionenlanger Erosion, Verwitterung und Auflösung sind, liegen dem Schlern auf seiner Höhe die fast wasserundurchlässigen RAIBLER SCHICHTEN auf, die ein Eindringen des Wassers verhindern und den Berg so zum Symbol der unangreifbaren Beständigkeit werden lassen: Zwei kühne, himmelstrebende Felstürme und mit ihnen verwachsen der breite, Schutz gewährende Rücken, kühner Mut auf der einen Seite und zähe Ausdauer auf der anderen – sind das nicht Eigenschaften, die das Bild des Schlerns als Symbol für Südtirol rechtfertigen? Sein Name und sein Bild erscheinen auf der international bekannten Südtiroler Kulturzeitschrift, und in reduzierter Form ist er als »Logo« jedem Freund des Südtiroler Fernsehens geläufig.

Während dieser mächtige Aufbau in seinen grauen und hellen Tönen den verschiedenen Schichten des Dolomits, also einem Sedimentgestein angehören, sitzt der ganze Klotz auf einem vulkanischen Porphyrrücken auf, dem nördlichen Beginn der riesigen sogenannten BOZNER PORPHYRPLATTE, die im Süden bis Trient und im Osten bis zur Lagoraikette und im Westen bis Meran reicht. Dieses rote Erstarrungsgestein tritt im Anschnitt der Schluchten des Grödner und Tierser Tales zutage, die das Schlerngebiet einrahmen, und seine purpurroten Abbrüche und Trümmer begleiten auch manche Wege um Seis und Kastelruth. Zu den Füßen des großen Berges aber breitet sich ein Gürtel von grünen Wiesen, dunklen Wäldern und alten Siedlungen, die wie auf einer Terrasse noch einmal sechshundert Meter über der engen Talsohle ausgebreitet liegen.

Von Waidbruck zieht die Straße nach Kastelruth südwärts den Berghang entlang, unter der Trostburg vorbei. Nach den ersten Kehren geht rechts ein Sträßlein mit dem Hinweisschild »Sankt Oswald« steil hinunter ins Wiesental und jenseits ebenso steil wieder hinauf. Wir werden diesen idyllischen Ort aber von Seis aus besuchen. In einer Art von grünem Kessel angelangt, an dessen oberen Rand schon der Kirchturm von Kastelruth hervorlugt, zeigt ein Schild nach links zu den Orten **Tisèns** und **Tagusens**. Ersterer besteht aus wenigen, zum Teil noch recht altertümlichen Häusern und Höfen, mit einer gefälligen Kirche aus dem 16. Jahrhundert. In Tisèns (Betonung auf dem è zum Unterschied von Tìsens ober Lana) soll *Sabine Jäger,* die Jugendgeliebte und spätere Peinigerin von *Oswald von Wolkenstein,* geboren worden sein. Inzwischen haben die gelehrten Forscher herausgefunden, daß die Dame in Wirklichkeit Anna Hausmann geheißen hat und daß Oswald einen guten Teil Schuld an der schlechten Behandlung durch die frühere Geliebte getragen hat. Nach Tagusens führt eine vier Kilometer lange, beinahe ebene Straße, und wer genügend Zeit hat, sollte diese Fahrt, oder besser Wanderung, nicht auslassen. Da öffnet sich das nördliche Eisacktal vom Verenakirchlein über Barbian bis Villanders, und gegenüber, zum Greifen nahe, liegen Lajen und die anderen kleinen, noch deutschen Dörflein am Ausgang des Grödner Tales; man sieht hinunter bis zu den Höfen und Kirchen vom Lajener Ried, und hoch oben gegen Osten erhebt sich der Rücken der Raschötz. Vom Wiesenfleck unter dem Nikolauskirchlein, das auf einem Vorsprung über dem tiefen Tal steht, soll man sich in aller Ruhe auf eine der Bänke setzen und einfach nur ins weite Land hinausschauen. Kurz vor der Kirche sieht die Volksschule aus wie aus Hänsel und Gretel; man möchte dort wieder Kind sein! Und wenig darüber steht der größte Obstbaum, den ich je gesehen habe, im Herbst übervoll von kleinen, noch grünen Früchten, die sich erst bei naher Betrachtung nicht als Äpfel, sondern als Birnen entpuppen.

Die Straße, von der wir eben abgezweigt sind, mündet etwas oberhalb von **Kastelruth** kurz vor der Abzweigung zur Seiser Alm. Das über 2400 Einwohner zählende, malerisch zwischen Hügeln gelagerte Dorf ist heute ganz durch den Fremdenverkehr geprägt, wie die vielen modernen Hotels und neuen Wohnblöcke beweisen. Die Großgemeinde mit 5500 Einwohnern umfaßt auch die Fraktionen Seis, Sankt Oswald, Sankt Vigil, Tisens, Tagusens und Sankt Michael und reicht über den Panider Sattel bis hinunter zum Grödner Bach nach Runggaditsch. Der alte Dorfkern schart sich um die große Kirche, deren Zwiebelturm von weit her sichtbar ist. Er wurde 1756 anstelle des alten errichtet, der mit vielen anderen Häusern einem Brand zum Opfer gefallen war. Hier stehen noch schön mit Blumen geschmückte und mit Wandmalereien verzierte, traditionsreiche Bürgerhäuser und Gaststätten, der Kirchplatz mit dem alten Rathaus wirkt besonders malerisch.

Die Siedlung geht immerhin urkundlich bis vor das Jahr 1000 zurück, und die erste Kirche wird 1191 erwähnt. Die heutige Kirche wurde in klassizistischem Stil 1849 völlig neu errichtet. Auf dem sogenannten KOFEL im Norden der Kirche sind noch Steine einer mittelalterlichen Befestigung zu erkennen, wahrscheinlich vom *castellum,* das dann zerstört *(ruptus)* wurde, und daraus hat sich der Name *castellum ruptum,* eben *Kastelruth* entwickelt.

In **Sankt Michael**, das in buckligem Wiesengrün auf dem Weg zum Panider Sattel und ins Grödental liegt, steht noch ein gotisches Kirchlein mit einem ehrwürdigen, romanischen Turm; die Fresken an der Außenwand sind leider schlecht erhalten. Der aus vielen verstreuten Höfen zusammengesetzte Ort ist von waldigen Höhen umgeben, aber der Puflatsch im Süden behindert den Blick auf den Schlern.

Dieser macht dann erst eindrucksvoll auf sich aufmerksam, wenn wir den flachen Sattel gegen Seis hin überschritten haben. Da steht übermächtig der Santner über der Mulde, in der sich die Häuser und Hotels von Seis lagern. Man sollte es nicht versäumen, hier bald links vom Weg abzuweichen und dann rechts hinunter über die Wiesen die einsam thronende Kirche von SANKT VALENTIN zu besuchen. (Man kommt dorthin auch von der Autostraße aus, die zur Seiser Alm führt.) Immer wieder begegnen wir in den Alpen und besonders in Südtirol diesem zauberhaften Zusammenklang von der einsamen Kirche und dem Berg, so als hätten die Erbauer die Kirche nicht aus der lokalen Notwendigkeit an diesen einsamen Ort gestellt, sondern aus einer Ahnung der göttlichen Verbundenheit mit dem damals noch unnahbaren, ehrfurchtgebietenden Berg. Sankt Valentin ist vielleicht eines der schönsten Beispiele dafür. Die Santnerspitze, die senkrechten Wände des Mull und die steile Klamm dazwischen scheinen so erdenfern und unzugänglich, daß die Kirche zum sicheren Halt wird. Und wenn gar die Spitzen in Wolken gehüllt sind und Nebel durch die Klamm ziehen, gesellt sich zum Erhabenen noch das Geheimnisvolle. Guterhaltene Fresken aus dem 14. Jahrhundert an der Südwand verschönern noch das Verweilen an diesem heiligen Ort.

Seis übertrifft im Sommer an Einwohnerzahl seine Muttergemeinde Kastelruth; das Ortsbild wird in den Wintermonaten und von Juli bis Ende Oktober vom Getriebe der Feriengäste und der Liebhaber der Berge und des Skisports beherrscht. Man sieht es dem Ort an, daß er sich erst in diesem Jahrhundert zu einem der meistbesuchten Erholungsorte des Landes entwickelt hat. Es ist für jeden etwas da: Dorfplatz und Geschäftsstraßen zum Bummeln, erholsame Spaziergänge in die nahen Wälder und Wiesen, weite Wanderungen im schönen Mittelgebirge und zünftige Berg- oder Klettertouren auf den Schlern oder Rosengarten. Der wohl älteste *Kurbetrieb* von Seis ist das BAD RATZES im hintersten Ende des Talbodens; heute nicht mehr als Heilbad, sondern als modernes Hotel geführt, bestand es schon zu Zeiten Oswalds. Von hier aus gelangt man auch auf einem meist ebenen Pfad durch dichten Wald (ohne Aussicht, aber nicht aussichtslos) in einer halben Stunde zur RUINE HAUENSTEIN, einst Besitz der Wolkensteiner, von dem heute nur mehr klägliche Mauerreste übriggeblieben sind. (Gleich nach der Überschreitung des Baches oberhalb des Hotels rechts hinunter der Straße mit dem Hinweisschild »Seis« und nach wenigen Minuten links dem Schild »Ruine Hauenstein« folgen.) *Auf einem Kofel rund und smal / mit dickem wald umfangen* ... So steht heute noch der Rest jener eher bescheidenen Burg, um die der Dichter so kämpfen mußte, aber er tröstete sich mit der Natur: *Ich hor die voglin groß und klain / in meinem wald umb hauenstein.*

Die Burg war bis zum Jahr 1600 noch bewohnt (*Gritsch*), verfiel dann aber zusehends. Ein Drittel der Burg und der dazugehörigen Güter war durch Erbschaft in den Besitz des Oswald von Wolkenstein gelangt, der dort mit seiner Familie hauste. Im Lauf der Jahre kam es zum Streit mit dem Mitbesitzer Martin Jäger, dem gegenüber Oswald sich immer mehr verschuldete. Martins Frau war Anna Hausmann, die Jugendgeliebte Oswalds, die sich jetzt aber erbittert gegen ihn wandte und ihn sogar in der ihr (widerrechtlich) gehörenden Fahlburg in Prissian in Ketten legen ließ. Wie weit die dichterischen Ausschmückungen in Oswalds Liedern von dieser erlittenen Schmach den Sachverhalt getreu wiedergeben, sei dahingestellt. Eine »Sabine Jäger«, wie sie noch durch die romantischen Sagen des vorigen Jahrhunderts geistert, hat es nie gegeben (*Schwob*: Oswald von Wolkenstein, Athesia 1977).

Von Bad Ratzes aus zieht der mit Nr. 1 markierte Weg auf das SCHLERNBÖDELE, wo auf kleinem Wiesenfleck, an die hohen Felsen angelehnt und weit ins Tal blickend, die alte, kleine Hütte steht, über die man ins Schwärmen geraten kann. Von hier aus führt der TOURISTENSTEIG weiter gegen den auf den Schlern und verbindet sich bald mit dem Steig, der von der Seiser Alm heraufzieht; wer eine *Abkürzung* liebt, kann den sogenannten Gamssteig wählen, der etwas exponiert und mühsam durch die Wände auch auf dem Schlernplateau landet. Hält man sich hingegen in Bad Ratzes links vom Hotel, findet man einen Weg nach Gstatsch und auf die SEISER ALM. Noch einmal fast tausend Meter höher gelegen als das Mittelgebirge um Seis, gilt diese von herrlichen Bergen umrahmte, über der Baumgrenze liegende Wiesenlandschaft als die größte Alm Europas. Vom großen Parkplatz Bellavista aus sind die Straßen für den Autoverkehr gesperrt, aber zu Fuß erreicht man bald eine der umliegenden Höhen. Das Fenster zum Tal gegen Westen wird vom Schlern eingeengt, der jetzt in seiner charakteristischen Gestalt mit seinen beiden Türmen und dem langen Rücken den Kranz der Berge beginnt, die sich gegen Osten über die Roterdspitzen und die Roßzähne fortsetzen und bei der imposanten LANGKOFEL-GRUPPE enden. Das unwahrscheinlich steil abfallende Dach des Plattkofels, der Zahnkofel und die Fünffingerspitze und nach der tiefen Scharte der Klotz des wild zerklüfteten Langkofels – ein unzählige Male wiederholtes Motiv für Dolomitenprospekte, vielleicht nur von dem der Drei Zinnen übertroffen. Die Begeisterung über diese Wunder der Bergwelt läßt sich eben leichter in Bildern als in Worten mitteilen, und es ist beruhigend, daß man sich daran nie satt sehen kann!

Eine Seilbahn führt von Urtijëi/Sankt Ulrich vom Norden her auf die Alm; zahllose Liftanlagen überziehen die weiten Wiesenflächen, die vorwiegend leichte Skiabfahrten anbieten; wer den Massenbetrieb an den Liften im Winter scheut, findet herrliche Loipen für den Langlauf, die sich weit nach hinten erstrecken. Der Name CONFINBODEN unter dem Langkofel und über dem Mont de Seura südlich vom großen Hotel Monte Pana erinnert an die ehemalige Grenze des Gerichtsbezirks Kastelruth, die hier dem Bachlauf bis ins Tal nach Santa Cristina verlief, dem Grödner Bach bis Waidbruck folgte und über Völs wieder Kastelruth erreichte.

Es konnte nicht ausbleiben, daß die einst als Blumenparadies und beschaulicher Ort für weite Wanderungen gepriesene Almwelt zu Füßen der bleichen Berge den Anforderungen des Massentourismus zum Opfer fallen würde. Immer mehr Menschen müssen die Sessellifte befördern, die Parkplätze für die Autobusse und Privatautos sind heillos überfüllt, von oben gesehen wird die Alm zu einem Gewirr aus Drähten und Straßen. Der Schnee, der dem Winter immer weniger treu bleibt, wird von den Kanonen geliefert, die Wiesen werden mit Schneekatzen und Abfahrtspisten gebügelt, und die Naturschützer schreien sich erfolglos heiser. Nun, ganz so schlimm ist es vielleicht nicht, wenn man nicht gerade zur Hochsaison oder an Sonn- und Feiertagen die Seiser Alm zum Ziel hat. Im Juni und Juli findet man immer noch ruhige Flecken abseits des großen Betriebes, die Schutzhütten wie das Schlernhaus oder die Langkofelhütte sind in den ruhigeren Monaten noch so wie sie früher waren, und an manchen Stellen gibt es sogar noch Reste der alten, weit gerühmten Blumenpracht. Dazu hat auch ein Landesgesetz aus dem Jahr 1975 beigetragen, das das ganze östliche Gebiet der Alm und den Schlern als Ganzes zum NATURPARK erklärt hat.

Von Seis aus führt ein schmaler, asphaltierter Weg zum Weiler von **Sankt Vigil** am südlichen Ende des Laranzer Waldes und dann weit hinunter nach **Sankt Oswald**, dem versteckten Vorposten des Seiser Mittelgebirges. Auf einer kleinen Wiesenterrasse liegen große, noch urtümliche Bauernhöfe; der stattliche Untertschötscherhof, eine beliebte und empfehlenswerte Einkehr, hat noch eine alte Renaissancestube. Ein kleiner Weiher unter der Kirche lädt sogar zum Fischen ein, und ringsum stehen vom Vieh abgegraste Hügel, wo der zutage tretende Porphyr noch den schabenden Druck der Gletscher ahnen läßt. Die Kirche mit dem Zwiebelturm hebt sich vom Schlern ab; einige schöne Fresken in der Apsis stammen vom Meister der dritten Arkade des Brixner Kreuzgangs, Hans von Seckau *(Rampold)*. Über steile Wiesen führt eine Straße in nördlicher Richtung ins Tal und steigt ebenso steil gegen die breite Straße nach Waidbruck; auf einem schmalen, asphaltierten Sträßlein kann man noch vor Erreichen des Talgrundes gegen Süden abzweigen und kommt bald über die alte Holzbrücke auf die Staatsstraße (dort, wo früher die Haltestelle *Kastelruth* der Eisenbahn war). Zurück nach Seis kann man die untere der beiden Zufahrtsstraßen wählen, die an der BURGRUINE von SCHLOSS AICHACH und dem alten Kirchlein von Sankt Vigil vorbeiführt.

Wir verlassen Seis in westlicher Richtung, fahren am Waldrand entlang, blicken in das tiefe Tal des Frötschbachs, das wir langsam umrunden, und sehen bald frei auf einem kleinen Felskopf inmitten der Wiesen Zwiebelturm und Kirche von SANKT KONSTANTIN, die *Weingartner das zierlichste spätgotische Gotteshaus der ganzen Gegend* nennt. Hier stehen wir wieder bewundernd vor einer dieser Stätten wie Sankt Valentin, wo Kirche und Berg eine Einheit bilden, wo der Berg die Kirche in höhere Sphären hebt. **Sankt Konstantin** selbst besteht aus weit verstreuten Höfen und Sommerfrischhäusern, die sich auch im Wald gegen den nahen Völser Weiher hin erstrecken.

Nach dem Weiler von **Sankt Anton** mit einem kleinen Kirchlein tauchen zuerst die alte PETERSKIRCHE auf ihrem vorgerückten Hügel und dann die schöne Pfarrkirche von **Völs** ins Blickfeld, die, eng von Häusern umgeben, ebenfalls auf einer Anhöhe steht. Der Ort hat mit seinem Gemeindegebiet, das bis ins Tal und bis Prösels reicht, über 2500 Einwohner und ist, so wie Seis und Kastelruth, Ziel vieler Sommergäste und Erholungssuchender. Viele Bozner haben sich, besonders im Ortsteil Obervöls, oberhalb der Straße, schöne Zweitwohnsitze gebaut, und es fehlt nicht an Hotels und an Pensionen. Eines der ältesten davon ist das Hotel zum HEUBAD, in dem heute noch die schon 150 Jahre alte Tradition hochgehalten wird, im Sommer und Herbst den Bedürftigen durch tiefes Einbetten in würziges Almheu nach kräftigem Schwitzen ihren Rost aus Knochen und Gelenken zu treiben. Beim Turmwirt unter der Pfarrkirche steckt noch der Rest eines mittelalterlichen Turmes in den Mauern. Die Pfarrkirche steht auf der Höhe eines Hügels; man steigt auf Stufen zur gedeckten Vorhalle und betritt die Kirche durch ein steinernes Portal mit dem Wappen des Leonhard von Völs und von Neustift. Das Innere möchte ich als prächtig-feierlich bezeichnen. Ein großes, romanisches Kruzifix beherrscht den Blick in den Chorraum; der Flügelaltar ist eine hervorragende spätgotische Arbeit des Meisters Narziss von Bozen vom Jahr 1491; der ganze große Raum strahlt Fröhlichkeit aus.

Am Friedhof mit seiner schönen Aussicht und den kunstvollen, schmiedeeisernen Grabkreuzen steht die alte SANKT-MICHAELS-KAPELLE, deren Rundapsis noch auf romanische Bauzeit hinweist. (Bei Grabungen am Boden der Hauptkirche wurden Reste einer karolingischen Kirche freigelegt!) Auch die Kirche Sankt Peter am Bühel steht auf prähistorischem Siedlungsboden – das gute Klima der Gegend hat seit Urzeiten eine Ansiedlung von Menschen begünstigt.

Am oberen Ende von Obervöls steht der Ansitz ZIMMERLEHEN: Eine Ringmauer umgibt die Gebäudegruppe, die sich durch zwei schindelgedeckte Türmchen als alter Herrensitz zu erkennen gibt. Der elegante Ansitz wurde schon 1336 als brixnerisches Lehen erwähnt *(Weingartner)*.

Von hier aus geht einer der vielen Wege zum VÖLSER WEIHER, der von der Hauptstraße auch mit dem Auto zu erreichen ist. Eigentlich ist dieser etwa zweihundert Meter höher als Völs gelegene Moorsee ein Staubecken, das sich schon Leonhard von Völs-Colonna, Landeshauptmann an der Etsch und ansässig auf Schloß Prösels, gegen Ende des 16. Jahrhunderts als Karpfenteich hatte anlegen lassen. Heute ist er ein beliebtes Ausflugsziel, und im Sommer wird er auch zum Baden benützt. Schöner ist er in den ruhigen Monaten, wenn die Morgennebel vom Wasser aufsteigen und sich später der Schlern in der dunklen Fläche spiegelt.

Zu Völs gehört auch der Weiler **Ums** mit noch recht urtümlichen kleinen Bauernhöfen. Der letzte Müller von der alten Mühle am Bach wurde erst 1997 zu Grabe getragen. Von der Schlernschlucht über Ums aus führt der steile »Schäufelesteig« oder ein Prügelweg in der Schlucht auf den Schlern und ein anderer Weg zum Tschafon. Die kleine Straße führt von Ums weiter gegen **Prösels**, dessen spätgotische Kirche durch ihre Rundapsis ein höheres Alter verrät. Auf einem Hügel am Eingang des Dorfes steht der hohe PULVERTURM, der so wie das ursprüngliche Schloß aus dem Anfang des 13. Jahrhunderts stammt. In einiger Entfernung liegt beherrschend auf einer Anhöhe inmitten grüner Wiesen das SCHLOSS PRÖSELS, eine der am besten erhaltenen Burgen unseres Landes.

Ihr heutiges Gesicht verdankt sie Leonhard (auch Lienhart) von Völs, der 1458 geboren wurde, sich im Venezianerkrieg unter Sigismund 1487 auszeichnete und von 1498 bis 1530 Landeshauptmann an der Etsch war. Er unterhielt freundschaftliche Beziehungen zu Kaiser Maximilian und gehörte zu seiner Zeit zu den einflußreichsten Persönlichkeiten Tirols. Der humanistischen Zeitmode folgend, fügte er seinem Namen den der römischen Fürsten Colonna an und ließ seinem Wappen eine Säule (»colonna«) einfügen. (Auf ähnliche Weise hat sich das Kärntner Geschlecht der Rosenberg den Namen einer anderen berühmten römischen Familie, nämlich Orsini, zugelegt.) Unter seiner Leitung verwandelte sich das alte Schloß, dessen Grundstruktur nur mehr mangelhaft zu erkennen ist, in einen Prachtbau der Renaissance.

Nach dem Aussterben der Völser geriet das Schloß nach und nach in Verfall, ja im Jahr 1830 bezeichnet sie der Topograph *Johann Jakob Staffler* als »ein großartiges Grabmonument untergegangener Herrlichkeit« *(Trapp)*. Nach häufigem Besitzerwechsel und notdürftigen Restaurierungen wird die Burg endlich im Jahr 1981 von einem KURATORIUM aus den drei Nachbargemeinden Kastelruth, Völs und Tiers mit Unterstützung des »Südtiroler Bildungszentrums« in die Hand genommen und mit Hilfe der ganzen Bevölkerung der drei Gemeinden in selbstloser Arbeit wieder auf Glanz gebracht. Heute ist Schloß Prösels zu einem wichtigen Kulturzentrum aufgerückt; es finden Zyklen von Konzerten, von Lesungen und Ausstellungen statt, und gerne wird in den alten Gemäuern feierlich Hochzeit gehalten.

Eine hohe Ringmauer, mit Ecktürmen bewehrt, umschließt einen ersten, die Burg im Halbrund umgebenden Vorhof, der sich zum jährlich stattfindenden Burgfest des Kuratoriums mit heiterem Leben füllt. Zur Rechten sieht man die hohen Schloßmauern unmittelbar auf dem Fels aufsitzen. Ein zweites Tor im Norden führt in den eigentlichen Schloßhof, der durch die Loggien und die beiden Treppenaufgänge besonders malerisch wirkt. Der getäfelte sogenannte Rittersaal dient für festliche Treffen, ein Saal im zweiten Stock mit großem Kamin für kleinere Veranstaltungen. Nachdem von der ursprünglichen Ausstattung nichts mehr übrig war, wurden von Privaten und vom Bozner Museumsverein zahlreiche Möbel und Einrichtungsgegenstände zur Verfügung gestellt. Von oben aus tritt man auf eine kleine Wiese mit einem großartigen Ausblick auf die Siedlungen von Völs und auf den mächtigen Schlern. Die Burgkapelle steht isoliert um ein Stockwerk tiefer. Das Altarbild ist die Kopie eines Bildes, die den Stifter Leonhard mit seiner Familie vor der gekrönten Muttergottes darstellt.

Heute erreicht man Prösels von der breiten Tierser Straße aus, etwas steiler von der Straße nach Völs. An den steilen Hängen gegen das Eisacktal liegen die Höfe des Prösler Riedes, die dann zur Streusiedlung von **Völser Aicha** am Eingang des Tierser Tales übergehen.

Wandervorschläge: Das ganze Schlerngebiet ist durch den Fremdenverkehr derart erschlossen, daß es an Prospekten und Wandervorschlägen, die in jedem Hotel aufliegen, gewiß nicht mangelt. Das gilt besonders für die vielen Wanderungen auf der Seiser Alm. Neben einigen schon in den vorhergehenden Seiten erwähnten Spaziergängen möchte ich daher nur ein paar besonders lohnende erwähnen: Vom vornehmen Schgagulerhof zwischen Kastelruth und Sankt Michael führt ein Weg (Nr. 2) in nördlicher Richtung ein Tälchen entlang und umgeht den Rendelbühel; bei den ersten Höfen (Tomines) wendet er sich westlich und zieht hoch über dem Grödner Tal nach Tagusens (siehe dort), immer mit herrlichem Weitblick auf die gegenüberliegende Talseite. Von Tagusens aus führt die Markierung Nr. 2 wieder südlich und kehrt über den Moosbühel nach Kastelruth zurück. Die Höhenunterschiede sind dabei unerheblich, die Dauer (ohne Aufenthalte) etwas über zwei Stunden. Ein zweiter Vorschlag nimmt Ums zum Ausgang. Der mit O bezeichnete Weg führt zuerst auf einer Fahrstraße und dann enger zu den schön gelegenen Höfen von Mungadoi; links in der Höhe das Gasthaus Schönblick. Von dort kann man über Völsegg, einen heute verschwundenen Herrensitz, nach Tiers hinuntersteigen. Oder man überquert die Wiesen bis zum großen Kompatscherhof und stößt auf den Weg Nr. 5 (immer oberhalb der neuen Straße nach Tiers) und kehrt über das Schnaggenkreuz nach Prösels zurück. Am Hügel über dem Schnaggenkreuz sind Spuren einer größeren Urzeitsiedlung zutage gebracht worden.

Jetzt aber zurück ins Eisacktal! Nach Waidbruck verengt sich das Tal mehr und mehr, über den steilen, mit Buschwald besetzten Hängen scheint immer wieder der Porphyr durch. In **Atzwang** führt eine alte, gedeckte Brücke über den Fluß, und der nur für Anrainer offene und sehr ausgesetzte Weg schlängelt sich steil und ausgesetzt bis nach Sankt Anton bei Völs. Unten aber, wo das schöne und stattliche Post-Gasthaus »zum Mitterstieler« zu einer Unterbrechung einlädt, verlockt die neue Umfahrungsstraße, die ober dem Kirchlein vorbeiführt, zum raschen Weiterfahren, und das traditionsreiche Haus bekommt höchstens noch einen flüchtigen Blick – für das Gasthaus ein Opfer, das viele seiner Leidensgenossen dem »Fortschritt« im Straßenbau zu bringen haben. Ober den Häusern steht ein Ansitz mit besonders schöner Front, der jahrelang vernachlässigt und schon halb verfallen war, jetzt aber liebevoll wieder in seine ursprünglichen Formen gebracht wird.

Die Felswände aus vulkanischen Tuffen zeigen hier zur linken Seite seltsame rundliche Formationen, die die Geologen *Wollsackformationen* nennen. Auf der anderen Talseite fällt eine schwefelgelbe Verfärbung der lockeren Hänge auf, die auf eisenhaltigen Verwitterungsprodukten des Porphyrs beruht. Daß Atzwang zur Gemeinde Ritten gehört, interessiert wohl nur die armen Einheimischen, die zur Beschaffung eines Dokuments von der Gemeinde den weiten Umweg auf den Berg unternehmen müssen.

Von Steg mit seiner alten, gedeckten Holzbrücke über den Eisack führt ein Steig steil nach Völs und ein Fahrweg nach Sankt Konstantin und ein anderer an der westlichen Talseite über schön gelegene Weinhöfe bis hinauf nach Siffian am Ritten. Dieser Weg führt an der Ruine von SCHLOSS STEIN vorbei, das einmal Mittelpunkt eines ausgedehnten Gerichtsbezirks war. Von der Autobahn aus kann man es für einen kurzen Augenblick erspähen, so wie auch das gegenüberliegende Prösels.

Die Autobahn muß sich in kühnen Viadukten durch das enge Tal helfen, denn am Talgrund hätte sie nicht mehr Platz. Dann treten die Felsen etwas auseinander, und hier hat sich der kleine Ort **Blumau** angesiedelt, weil von hier aus früher die Straße nach Völs am Schlern und ins Tierser Tal, aber auch nach Steinegg abging. Jetzt ist die früher gefährliche Kreuzung der Brennerstraße mit jener nach Völs durch zwei Tunnels entschärft, und Tiers erreicht man von der Völser Straße aus. Man hält vergebens nach einer *blumigen Au* Ausschau; der Name rührt, laut *Rampold*, von dem Eisacktaler Ausdruck *Plumme* (für Holzstoß) her. Hier gibt es Gasthäuser, und es haben sich auch ein paar kleinere Industriebetriebe angesiedelt. Die Kirche wurde erst im vergangenen Jahrhundert gebaut.

Das TIERSER TAL ist vor dem Eggental das letzte, das seinen Bach von links in den Eisack wirft. Heute erreicht man die Siedlungen in diesem prachtvollen Dolomitental über die breite Straße, die von der Völser Straße abzweigt; der alte Weg geht in Blumau direkt vor der Brücke ab und führt recht abenteuerlich durch die enge Schlucht, manchmal mit stolzen Steigungen von 25 Prozent! Sie führt durch die wenigen Höfe von **Breien** und mündet dann auf die Hauptstraße. Vor dieser Einmündung (gleich nach einem Tunnel) geht ein schöner Spazierweg durch den Wald in westliche Richtung, der einmal die Hauptstraße überquert und dann nach Überwindung der tiefen Schlucht zum Kirchlein SANKT KATHREIN hinaufzieht. Hier stehen wir wieder vor einem Kleinod der spätgotischen Malkunst: Die ganze Südseite ist von sehr qualitätsvollen Fresken überzogen, die Szenen aus dem Leben der heiligen Katharina sowie eine sehr andächtige Kreuzigung und einen Erzengel Michael mit einer Waage abbilden, an dessen leichterem Teller ein kleines Teuflein vergeblich versucht, sich schwerer zu machen. Wem dieser sehr empfehlenswerte und im ganzen etwa anderthalb Stunden dauernde Spaziergang zu mühsam erscheint, gelangt zum Kirchlein auch von der Hauptstraße aus, die etwas höher vorbeizieht.

Der Talschluß des Tierser Tales mit dem Hauptort **Tiers** und den weiter hinten gelegenen Weilern **Sankt Zyprian** und **Weißlahnbad** gehört zu den klassischen *Dolomitenblicken*. Hier ist der Rosengarten unumstrittener König! Die Orte leben heute hauptsächlich vom Fremdenverkehr, was man an den nicht enden wollenden Anzeigetafeln zu den verschiedenen Beherbergungsstätten ersehen kann. Auch Bauernhäuser und Wohnhäuser sind sauber herausgeputzt, reich mit Blumen geschmückt, so als herrsche überall Wohlstand und Zufriedenheit. Eine Fahrt bis zum letzten Ort lohnt sich auf jeden Fall wegen der einmaligen Kulisse des Talschlusses. Die Straße führt von hier aus weiter auf den Nigerpaß und nach Welschnofen.

Von Blumau führt auch eine Straße nach **Steinegg**, dem schmucken Dorf, das von 820 Metern Höhe auf Bozen herabschaut und von der Stadt aus immer so schön in der Abendsonne liegt, den Rosengarten im Hintergrund. Einst stand auch hier eine Burg, von der nur mehr wenige Ruinen östlich und etwas tiefer unter dem Dorf zu sehen sind. Die Kirche wurde 1986 in sehr ansprechenden modernen Formen neu gebaut; die Initiative dazu stammte vom Steinegger Pater DDr. Andreas Resch, der in Rom den Lehrstuhl für Parapsychologie innehat. Nach dem ersten Schock des Ungewohnten wirkt das farbenstarke, moderne Altarbild, ein Werk des bekannten Meraner Malers Peter Fellin, durch seine künstlerische Qualität. Es zeigt die drei göttlichen Personen und Maria als Schutzmantelmuttergottes. Unter der Kirche, die auf einem aussichtsreichen Hügel steht, ist ein großer Raum für ein sehenswertes HEIMATMUSEUM gewonnen worden. Neben einer großen Sammlung von landwirtschaftlichen und handwerklichen Geräten, die zum großen Teil von den Bauern des Ortes selbst geliefert worden sind, gibt es auch eine reiche naturwissenschaftliche und mineralogische Sammlung. Von Steinegg aus führt die Straße weiter nach Gummer und ins Eggental, und von ihr geht nach etwa vier Kilometern auch eine schmale Straße nach Karneid ab.

Ein nicht asphaltierter, für den normalen Verkehr gesperrter Fahrweg, der sich gut für einen Spaziergang eignet, führt von der Dorfmitte aus in etwa eineinhalb Stunden nach **Karneid**. Am Weg dorthin, am Waldrand kurz vor dem Ebenhof, treffen wir auf einen kunstvoll bemalten BILDSTOCK mit einem Spitzdach, der aus dem 15. Jahrhundert stammt, ähnlich wie jener im Lajener Ried; die Darstellungen der Kreuzigung, einer Verkündigung und von Maria mit zwei Heiligen sind leider nicht mehr so gut erhalten, wie es *Rampold* noch im Jahr 1996 beschrieben hat.

Der kleine Ort liegt auf einer schmalen Terrasse inmitten von Weinbergen und alten Edelkastanien. Am Hang über dem Eggental ist eine ausgedehnte Siedlung von Reihenhäusern im Aufbau, die das Landschaftsbild nicht verschönern, aber eine Ausweichmöglichkeit ist für Siedler, die in Bozen nicht mehr Platz finden. An der Straße, die von hier steil nach Gummer führt, liegt der beliebte Gasthof zum *Oberölgart*.

Genau westlich vom Dorf, gegen das offene Bozner Becken hin, liegt eindrucksvoll die Burg KARNEID, die um die Mitte des 13. Jahrhunderts erbaut, viele hundert Jahre lang im Besitz der Liechtensteiner und später ihrer Erben, der Ritter von Goldegg war, bis sie am Ende des 19. Jahrhunderts auf den Münchner Erzgießer Ferdinand von Miller überging (dessen Sohn Oskar der Begründer des Deutschen Museums war); seine Nachkommen sind heute noch die Schloßherren. Die Burg steht am Eingang des Eisacktals gut sichtbar auf ihrem Felsen, besonders malerisch aber fällt sie ins Auge, wenn sie sich, von der Abendsonne beleuchtet, hoch oben am Ausgang des Eggentals vom Himmel abzeichnet. *Eduard Pichler* und *Helmut Stampfer* sprechen sehr treffend in ihrem ausführlichen Kapitel im »Tiroler Burgenbuch« vom *kristallin-kubischen Baugefüge* der Burg. In der Burgkapelle sind noch Reste von Fresken erkennbar, die dem Meister der Johanneskirche in Brixen zugeschrieben werden. Die Burg wird noch zeitweise bewohnt und ist nicht öffentlich zugänglich.

Und dann, nachdem es noch einmal recht eng geworden ist, sind wir der tiefen und abweisenden Schlucht entronnen, und vor uns weitet sich das Bozner Becken, öffnet sich der Blick zu den Hängen des Ritten und hinüber zur Kette von Gantkofel und Penegal; auch der Eisack, in seinem letzten Abschnitt ein meist schwaches Rinnsal, bekommt sein Wasser wieder durch die Rohre, die bei Kardaun ein Kraftwerk betreiben. Hier befindet sich die Autobahnausfahrt *Bozen Nord,* und die Weingärten der Leitacher Flur jenseits des Flusses reichen bis ins Tal. Und in Rentsch betreten wir schon Bozner Stadtgebiet.

Bevor wir aber im Talboden bleiben, wollen wir noch durch das Eggental bis zu den Höhen des Karerpasses steigen und weiter im Süden auch den Regglberg mitnehmen; es ist in der Tat nicht leicht, die Mosaiksteine des schönen Südtiroler Landes zu einer harmonischen Einheit zusammenzuführen! Auf der Landkarte mag alles recht übersichtlich erscheinen, aber die Reihenfolge der Beschreibung muß notgedrungen manches durcheinanderbringen. Im großen und ganzen habe ich mich an den Lauf der Flüsse gehalten, denen ich von der Quelle an zu folgen versuche; aber die Nebentäler, die Hochflächen und die Bergmassive zwingen immer wieder zu Abschweifungen. Und manchmal, wie bei der Beschreibung der ladinischen Täler, haben gemeinsame Sprache und Eigenheiten dazu geführt, geographische Kriterien nicht in den Vordergrund zu stellen.

Die ladinischen Täler (Abtei und Gröden)

Als die Römer im Jahr 15 v. Chr. sich daran machten, die nicht immer friedfertigen Völkerstämme des zentralen Alpenbogens unter ihre Herrschaft zu bringen, war diese Region durchgehend von verschiedenen Volksgruppen bewohnt, deren genaue Zusammensetzung und Herkunft wohl für immer im dunkeln bleiben wird. Unsere Kenntnisse darüber stammen nur aus wenigen römischen Quellen mit Aufzeichnungen von Stammesnamen, den Rest müssen sich Sprachforscher in mühsamer Kleinarbeit zusammensuchen. Nach dem heutigen Stand der Wissenschaft waren es, von Osten nach Westen fortschreitend, die vorrömischen und höchstwahrscheinlich indoeuropäischen Völker der Illyrer, Veneter und Ligurer, aus denen sich dann durch späteres Eindringen von Kelten (aus dem Westen und aus dem Süden) und Etruskern ein heute nicht mehr zu entwirrendes Konglomerat bildete, das die Römer im Zentralalpenbereich kurzweg als »Räter« bezeichneten. Im Osten grenzte dieses Gebiet an das Königreich Noricum, das sich den Römern unterwarf und so zur römischen Provinz wurde. Ein Teil des Pustertals gehörte noch zu dieser Provinz. Die lateinische Sprache der neuen Herrscher bildete den Kitt, der allen diesen Volksstämmen verschiedener Sprachen oder Dialekte ein neues, gemeinsames Verständigungsmittel bot. Dazu trugen das Militär, die Verwaltung, die Händler und die Priesterschaft einen nicht geringen Teil bei. So können wir uns vorstellen, daß mit dem Ende des römischen Reiches und dem Eindringen germanischer Stämme gegen Ende des 5. Jahrhunderts eine heute als RÄTOROMANISCH bezeichnete Bevölkerung durchgehend die Gebiete von Graubünden über Vorarlberg, Tirol bis in das Ostalpenbecken von Udine bewohnte und daß ihre Sprache trotz des weitgehenden lateinischen Überbaues starke lokale Eigenheiten aufwies (so wie das ja zur gleichen Zeit in Spanien, Portugal und Frankreich geschah). Dieses geschlossene rätoromanische

Gebiet wurde dann durch Keile anderer Völker an mehreren Stellen durchbrochen, und diese Völker waren nun zur Hauptsache Germanen: Bajuwaren und Alemannen vom Norden, Langobarden und Goten vom Süden. Die Alteingesessenen zogen sich in unwegsamere Gebirgstäler zurück; aber dieser Rückzug war um das Jahr 1000 noch nicht abgeschlossen. An den Flurnamen der Grenzgebiete im Vinschgau wie im Eisacktal können wir heute feststellen, ob sie im Mund der neuen Einwanderer umgewandelt oder aber noch in ihrer alten Form erhalten worden sind *(Kühebacher)*. Und da Flurnamen und Bezeichnungen für Gewässer ungeheuer langlebig haften bleiben, können wir heute noch viel über die frühere Verbreitung der rätoromanischen Bevölkerung und über die Zeit des Vordringens der germanischen Stämme sagen. Daß die angestammte Bevölkerung in einem Jahrhunderte dauernden Prozeß die lateinische Sprache angenommen hat und ein Teil davon nach der Besetzung der Haupttäler durch Germanen langsam deutschsprachig geworden ist, erklärt die heute als Inseln verbliebenen ladinischen Gebiete und ist zugleich eine noch lange nicht ausgeschöpfte Quelle für die Forscher.

Heute sind die rätoromanischen Sprachen im Alpengebiet in drei große Gruppen geteilt: die ROMANTSCHEN von Graubünden, die LADINER der Dolomitentäler und die FURLANS oder Friulaner von Belluno bis Udine. Wir werden uns im Rahmen dieses Buches nur mit den Dolomitenladinern befassen und von ihnen hauptsächlich mit den Bewohnern von Gröden und vom Gadertal, die zur Provinz Bozen gehören; die Fassaner und Buchensteiner können dabei jedoch nicht ganz vernachlässigt werden, weil heute die Besinnung auf eine zu schützende völkischkulturelle Einheit immer mehr Leben gewinnt. Das berechtigte Bewußtsein dieser Einheit mußte sich in den Jahren nach dem Ersten und besonders nach dem Zweiten Weltkrieg gegenüber Versuchen italienisch-nationalistischer Kreise behaupten, die das Ladinische bloß als italienischen Dialekt werten und somit der Bevölkerung jedes Bestreben nach Eigenständigkeit absprechen wollten. Anführer dieser Bestrebungen waren natürlich der sattsam bekannte *Ettore Tolomei* und der Sprachforscher

Carlo Battisti (selbst aus dem Nonstal, also einem ursprünglich ladinischen Gebiet stammend). Heute sind sich alle ernst zu nehmenden Wissenschaftler darüber einig, daß Ladinisch eine eigene romanische Sprache ist und daß die Bewohner dieser Täler Reste der vorrömischen Bevölkerung darstellen, also sozusagen die »Ureinwohner« Südtirols sind! Die Schweizer Romanen haben es geschafft, ihre Sprache als dritte Landessprache durchzusetzen, ebenso die zur Provinz Bozen gehörigen Grödner und Gadertaler; den Fassanern haben die Politiker aus Trient nur sehr widerwillig einige Vorrechte zugestanden (denn der Gedanke der absolut zu bewahrenden »Einheit Italiens« spukt immer noch in ihren Köpfen), während die Provinz Belluno die Fodomes, die Einwohner von Buchenstein, gar nicht als eigenes Volk zur Kenntnis nimmt. Im FRIAUL ist seit Mai 1999 das Friaulanische als offizielle Sprache anerkannt.

Wenn im Folgenden die scheinbar so weit auseinander liegenden Täler von Gröden und Abteital gemeinsam behandelt werden, so geschieht das nicht nur aus Gründen der ladinischen Zusammengehörigkeit; so weit auch ihre Talmündungen auseinander liegen mögen, so haben sie doch, zusammen mit den anderen beiden Tälern Fassa und Buchenstein, ihren gemeinsamen Ursprung vom gewaltigen Sellastock, und ihre Gebiete bilden, trotz trennender Bergmassive, auch eine geographische Einheit. Und den vielen Skifahrern, die im Winter die erlebnisreiche »Sella-Ronda«, die durch zahlreiche Lifte erleichterte Fahrt um die Felsburg dieses zentralen Dolomitenmassivs unternehmen, wird es kaum bewußt, daß sie damit alle vier ladinischen Täler berühren, die davon ausgehen.

Der strahlende Julimorgen im Jahr 1946 bleibt mir ein unvergeßliches Erlebnis, als auf den grünen Matten des Sellajochs aus allen Dolomitentälern Musikkapellen, farbenfrohe Trachtengruppen und fahnenschwingende junge Männer heraufzogen, um ihre Zusammengehörigkeit zu feiern und eine gemeinsame Zukunft zu planen. Die einen Monat vorher am Grödner Joch gegründete Ladinergemeinschaft »Zent Ladina Dolomites« war die Keimzelle der »Union de Ladins«, und heute haben vor allem in den Südtiroler Tälern die Bestrebungen nach Eigenständigkeit viele von den Zielen erreicht, die sie sich damals gesteckt hatten. Auch als Nicht-Ladiner – ich war damals Arzt in Canazei – konnte ich mich der Bedeutung dieses feierlichen Augenblickes nicht entziehen.

Das Grödental/Val Gerdéina

Es scheint eine gewagte Behauptung: Wäre da nicht die enge Schlucht, durch die das Tal seinen Weg in den Eisack findet, es gäbe heute keine Grödner, wie wir sie kennen, mit eigener Sprache und scharf umrissenem Volkscharakter. So wie ihre Brüder, die Gadertaler, lebten sie jahrhundertelang in einer bewahrenden Abgeschlossenheit, denn durch die Schluchten des Grödner und des Gadertaler Baches gab es keine Straße; Menschen und Waren mußten auf beschwerlichen Wegen über die Berge ihr Ziel erreichen, die durch die Haupttäler eingewanderten deutschen Stämme nahmen sich nicht die Mühe, in diese abgelegenen Täler vorzudringen, wohl auch, weil diese schon bevölkert waren; die Bewohner blieben unter sich, auch beim Heiraten. Im Fassatal, das gegen das italienische Fleimstal viel weniger abgeschlossen ist, hat sich auch die ladinische Sprache weniger rein erhalten und läuft Gefahr, immer mehr verwässert zu werden. Inzwischen gibt es in jedem Tal Kulturinstitute, der deutsche Bozner Sender der Rai bringt jeden Abend Nachrichten in der Sprache der verschiedenen Täler – wobei es noch nicht wie in Graubünden zu einer vereinheitlichten Sprache gekommen ist, die immer eine Kunstsprache bleiben muß –, und einmal in der Woche bringt die Tageszeitung »Dolomiten« eine Seite auf ladinisch. In den Schulen wird von der Volksschule an dreisprachig unterrichtet, wobei schon den Kindern die besondere Sprachbegabung der Ladiner zugute kommt.

Funde aus der mittleren Steinzeit auf dem Grödner und Sellajoch, aus der Bronze- und Eisenzeit auf tiefer gelegenen »Wallburgen« lassen keinen Zweifel daran, daß das Tal – wenigstens in den schneefreien Monaten – von Menschen besucht und vielleicht sogar besiedelt war. Als Zugangswege kamen nur der Panider Sattel von Kastelruth her oder der TROJ PAJAN, der *Heidenweg* von Lajen nach Sankt Ulrich, in Frage. Das jegliche Fehlen von Dokumenten macht es uns schwer, etwas über die Besiedlung des Tales fast bis zum Jahr 1000 zu erfahren. Aber aus dem Jahr 999 stammt ein Dokument des bajuwarischen Gaugrafen Otto von Andechs, der dem Bischof von Freising das Waldgebiet *Forestum ad Gerdine* schenkt: Das ist die erste Erwähnung des Namens von Gröden! Später teilten die umliegenden Herrschaften das Grödental in drei Gerichtsbezirke: Gufidaun bekam den Teil rechts des Baches von Wolkenstein bis zur Mündung, die Wolkensteiner, Herren auf der Trostburg, nahmen sich den inneren Talgrund von Wolkenstein (wo sie eine Felsenburg errichteten) bis zum Grödner und zum Sellajoch, während sich das Gericht Kastelruth das linke Flußufer von Wolkenstein abwärts behielt – und heute noch gehören die Orte Pufels, Runggaditsch und Überwasser zur Gemeinde Kastelruth, obwohl sie ganz und gar im Grödental liegen!

Im Ersten Weltkrieg verlief zum Glück die Front nie durch Gröden, aber als Aufmarschgebiet wurde das Tal wichtig; so wurde zu Beginn des Krieges die Schmalspurbahn von Klausen bis Plan gebaut (sie wurde erst 1960 aufgelassen, aber heute wäre man wieder froh darüber!); ebenso wurden die Straßen auf das Grödner und das Sellajoch für größere Fahrzeuge ausgebaut.

Was dann das Tal der Welt öffnete, waren hauptsächlich zwei neue Betätigungen, nämlich das Handwerk der Holzschnitzer und, erst mit Beginn im 19. Jahrhundert, der Fremdenverkehr mit dem Sommer- und Wintertourismus. Über die Kunst der Holzschnitzer berichtet der 1761 geborene Wiener Polizeibeamte *Josef Rohrer* in seinem köstlichen, im Jahr 1797 erschienenen Buch »Über die Tiroler« (Nachdruck Athesia 1985):

… *Hieher gehören die Bewohner des rauhen mit gräßlichen Kalkgebirgen umschlossenen Thales Gröden. Da die in den höheren Gebirgen einheimische Zirbelnußkiefer sich wegen ihrer Härte von selbst zu feinen Drechsler- und Schreinerarbeiten empfiehlt, so war es sehr natürlich, daß vor beyläufig 80 Jahren ein Grödner auf den Einfall kam, aus demselben Uhrgestelle, Christuskreutze und Heiligenbilder zu schnitzeln; bald aber wurde der Nachahmungsgeist unter dem, eines Nebengewerbes zwischen seinen gräßlichen Kalkgebirgen bedürftigen, Grödnervolke rege, und der Handel einiger glücklicher Abentheurer ward bis nach Portugall ausgedehnt. Jetzt meißeln nicht etwa nur Männer, aus Holz und dem unfern an der Klause brechenden Alabaster Thiergruppen, Hoghartische Carricaturen, allegorische Figuren, als die Gerechtigkeit, Fortuna u. s. w. sondern selbst Weiber und Kinder des Thales Gröden sind die flink-*

sten Bildhauer. Ein Theil der Grödner wandert gewöhnlich mit diesen künstlichen Holzwaaren in die österreichischen und vereinigten Niederlande, und von da nach Ostindien; der andere Theil aber geht in die Deutsch-österreichischen, und Russischen Staaten, in welchen letzteren ihre kleinen Bildhauerwaaren vorzüglich guten Abgang finden.

Die Forschung nennt mit Christian Trebinger, geboren 1580 in Santa Cristina, den Mann, der im Tal das Schnitzen von Kunstfiguren eingeführt haben soll. Sein Nachbar Melchior Vinatzer (1622–1689) wurde als Vorgänger seiner sechs Söhne schon bald zum Stammvater einer Bildhauerdynastie; um 1700 soll es schon rund 50 Bildhauer, Meister und Gesellen gegeben haben. Gegen 1750 errichteten die Grödner Niederlassungen im Ausland, wie in Spanien, Portugal, Italien und Frankreich.

Heute ist das Schnitzen von Figuren und vor allem von Weihnachtskrippen der wichtigste Handwerkszweig im Tal; die große Nachfrage, besonders aus Amerika, hat zur Industrialisierung und zur maschinellen Herstellung der Figuren geführt; die Frauen sind auch heute noch mit dem Bemalen, dem sogenannten »Fassen« (daher der Ausdruck »Faßmaler«) und Dekorieren der Erzeugnisse beschäftigt. Dabei spielt der Export, besonders in die USA und nach Venezuela, eine sehr wichtige Rolle. Aber es gibt noch zahlreiche Künstler, die nur mit ihren Schnitzwerkzeugen arbeiten; diese benützen als Rohmaterial immer noch das Zirbenholz, während die maschinell hergestellten Figuren aus Hartholz, wie Esche, Linde oder Ahorn, sein müssen. Nach einer ersten Bleistiftskizze des auszuführenden Werkes wird manchmal noch ein Modell aus Ton verfertigt, bevor das Holz seine endgültige Gestalt erhält.

Der zweite und heute bestimmt wichtigste Erwerbszweig ist der Tourismus. Zuerst waren es, noch im 19. Jahrhundert, die Bergsteiger und Felskletterer, besonders aus England, Deutschland und der Österreichisch-Ungarischen Monarchie. *Langes* nennt mit Recht (in: »Ladinien«, Athesia 1985) die Engländer *G. C. Churchill* und *J. Gilbert,* die in den sechziger Jahren des vorigen Jahrhunderts die Dolomiten auf neuen und noch unbekannten Wegen durchstreiften, die »Entdecker der Dolomiten«. Sie waren es auch, die zum ersten Mal den Namen »Dolomiten« einführten für die Berge, die noch keinen Namen hatten. Ihr in England und bald auch in deutscher Sprache erschienener Reisebericht aus dem Jahr 1863 weckte das Interesse vieler Begeisterter, und bald strömten die Touristen in das Tal und eroberten Gipfel um Gipfel. Neben dem anderen Engländer *John Ball* sind später *Paul Grohmann* aus Wien, der junge Winkler und der einheimische Führer Much Stabeler zu nennen, die die ersten Seiten in das Buch der Erstbesteigungen schrieben, das dann zu vielen mächtigen Bänden anwachsen sollte, da sich das Können steigerte, die Techniken des Kletterns sich verfeinerten und auch, nicht von allen akzeptierte, mechanische Hilfsmittel eingesetzt wurden, damit keine noch so überhängende Wand in den bleichen Bergen unbezwungen bliebe.

Aber das Klettern, das doch immer der Sport einer verhältnismäßig engen Gemeinschaft von Begeisterten geblieben ist, wurde bei weitem übertroffen vom Wintersport, dem Gröden und alle anderen Dolomitentäler ihren ungeahnten Aufschwung verdanken. Die wiederholte Austragung von Weltcup-Rennen (Abfahrt von der Sasslonch-Piste und in Alta Badia) hat Bild und Namen von Gröden über die ganze Welt ausgebreitet.

Wählt man zum Besuch von Gröden die Talstraße von Waidbruck aus, dann muß man sich beim Durchfahren der langen und engen Schlucht wundern, wie lange sich der Weg am stürmisch dahineilenden Bach entlang zwischen steilen Felswänden dahinwinden muß, bis endlich bei Pontives die großen Holzstapel eines Sägewerkes auftauchen und zwischen den zahlreichen Gebäuden einer modernen Handwerkerzone die bequemere und aussichtsreichere Straße von Klausen her einmündet. Im Hintergrund beginnt der mächtige Pfeiler des Langkofels das Tal zu beherrschen, und im Talschluß steht klotzig die steilwandige Sella. Zur Rechten tauchen die verstreuten Höfe und Hotels von **Runggaditsch** auf; und gleich öffnet sich die Landschaft zu lieblichen Wiesenhängen, und die Besiedlung wird immer dichter, bis wir im Ortskern von **Urtijëi/Sankt Ulrich** angekommen sind. Der Ort breitet sich hauptsächlich über den Südhang der mäßig ansteigenden Flanke der Raschötz aus, deren langer, wenig gegliederter Rücken die Grenze zum Villnößtal bildet. In den Hauptsaisonen des Fremdenverkehrs herrscht in den Straßen das Getriebe einer Stadt: Hotel reiht sich an Hotel, Geschäft an Geschäft, nur die fröhliche Unbeschwertheit der bummelnden Gäste zeigt an, daß wir uns in einem der beliebtesten Ferienorte der Alpen befinden. Sankt Ulrich ist heute mit mehr als 4000 Einwohnern der größte Ort des Tales; an Aufnahmefähigkeit für Gäste von auswärts wird er allerdings von Wolkenstein übertroffen. Von hier aus erreicht man den Monte Piz (2005 m) am Rand der Seiser Alm mit einer Gondelbahn, die SECEDA (2480 m) am Fuß der Fermedatürme und der Geislergruppe und die RASCHÖTZ (2151 m) mit Sesselliften.

Die Pfarrkirche wurde nach einem Neubau im Jahr 1746 bald so baufällig, daß schon fünfzig Jahre später ein völlig neuer Bau errichtet werden mußte, diesmal in spätbarockem Stil mit klassizistischen Anklängen. Im Inneren enthält sie zahlreiche Figuren aus der Hand einheimischer Bildschnitzer.

Im Ortsteil Sácun, 350 Meter über Sankt Ulrich, liegt taleinwärts die Bergkirche zum HEILIGEN JAKOB auf einer Anhöhe von 1565 Metern. Zu Fuß ist sie auf schönen Wegen über Wiesen und durch das Waldstück am Schluß in weniger als einer Stunde zu erreichen; mit dem Wagen kommt man etwas näher, kann aber nicht bis zur Kirche fahren. Sie ist die älteste Kirche Grödens, wahrscheinlich aus der Mitte des 13. Jahrhunderts.

Neben einem großen Christophorus ist an der Außenwand auch ein riesiger Schmerzensmann dargestellt, der umgeben ist von einer Menge von Männern und Frauen, die alle irgendeiner Beschäftigung nachgehen; ihnen sitzen aber böse, kleine Teufelchen auf der Schulter. Nun gibt es im nahen Campitello im Fassatal und an der Rochuskapelle in Tesero die Darstellung der »Sonntagssünden«, der an Sonntagen verbotenen Tätigkeiten in ganz ähnlicher Bildkomposition. Vielleicht ist auch dieses Bild so zu deuten?

Ein reicher Freskenschmuck eines Malers aus der Brixner Schule des 15. Jahrhunderts (der allerdings von seinen großen Meistern nicht viel abbekommen hat) ziert die Innenwände. Die einsame Lage und vor allem der Blick weit ins Tal und auf die alles beherrschenden Berge stellen dieses Kirchlein ganz vorne in die Reihe der Südtiroler Bergkirchen, die bezaubern und manchmal auch verzaubern können. Von hier aus führt ein landschaftlich überaus reizvoller Wanderweg bis zu den Höfen von Plesdinaz ober Santa Cristina.

Die Straße muß taleinwärts wieder eine kleine, felsige Klamm durchfahren, und dann ist man im nächsten der drei Hauptorte, in **Santa Cristina/Sankt Christina.** Um den alten Dorfkern bei der Kirche, wo Gemeindehaus, Schule und ein paar Gasthöfe stehen, haben sich im Lauf der letzten Jahrzehnte die vielen durch den steigenden Fremdenverkehr bedingten Neubauten ausgebreitet. Auch bei der Brücke über den Cislesbach, beim alten Gasthof Dosses, stehen noch ältere Gebäude; will man aber die noch älteren, wettergebeizten und formschönen Holzhäuser bewundern, dann muß man zur Höfegruppe von Plesdinaz hinaufsteigen, da fühlt man noch den ursprünglichen Geist des einst armen Tales.

Ein Schmuckstück des Ortes steht im Süden unter dem steilen, waldigen Berghang, die elegante FISCHBURG. Ihr Name kommt von der Fischzucht, die sich Engelhard Freiherr von Wolkenstein, der Bruder des durch seine Landesbeschreibung bekannten Marx Sittich (auch »Marcus Sitticus« benannt) von Wolkenstein, in der Umgebung angelegt hatte und wo über ein Dutzend der einheimischen Fischarten gezüchtet wurden. Die Burg war in den Jahren von 1622 bis 1641 ohne wehrhafte Zwecke mehr als Lustschloß im Renaissancestil erbaut worden. Die weitläufigen Gebäude schließen zwei Arkadenhöfe in sich; von außen geben zwei Haupttürme und ein paar Nebentürme dem Ansitz ein besonders herrschaftliches Gepräge. Das Schloß wurde im Jahr 1926 von einem Baron Franchetti erworben (dessen Familie in Venedig früher auch die Ca' d'Oro besaß), fachkundig restauriert und seitdem bestens instand gehalten. Von hier aus schweift der Blick über die Seceda, das Langental und im Hintergrund die Puez-Gruppe.

Santa Cristina ist Ausgangspunkt für die Seiser Alm durch den Lift auf die Hochflächen von MONTE PANA, wo ein paar große Hotels auch höheren Ansprüchen gerecht werden. Besonders das Sporthotel war eines der ersten in dieser herrlichen Gegend, das den Namen Monte Pana und den vom ganzen Grödental in aller Welt bekanntgemacht hat. Der Lift, der von dort auf den MONT DE SEURA fährt, bringt im Winter die Skifahrer auf schöne Pisten, und über den Confinboden ziehen erholsame

Langlaufloipen. Im Sommer aber bildet dieser Hügel einen idealen Ausgangspunkt für die vielen Wanderungen auf das Sellajoch oder in dic Tiefen des Langkofelkars. Inmitten der von schier unentwirrbaren Felstürmen umgebenen Kar-Schlucht steht die Langkofelhütte (italienisch Rifugio Vicenza), von wo aus die 2685 Meter hohe Langkofelscharte in steilem Anstieg erreicht werden kann. Die Skiabfahrt von der Scharte zum Sellajoch gehört zu den schönsten, wenn auch nicht leichten Abfahrten in dieser Gegend.

Gegen Norden hingegen zieht das im Sommer besonders reizvolle CISLESTAL entlang dem gleichnamigen Bach zur REGENSBURGER HÜTTE (Rifugio Firenze), dem besten Ausgangspunkt für die Fermedatürme und die Geislerspitzen. Eine Umlaufbahn führt auf den Col Raiser, der mit 2107 Metern nur wenig höher als die Regensburger Hütte liegt, die man von hier oben in zwanzig Minuten erreicht.

Im Talschluß liegt die an Einwohnern zweitgrößte Gemeinde, die von den ursprünglichen Herren ihren Namen hat, nämlich **Sëlva/Wolkenstein**. Schon vor beinahe dreißig Jahren sagt *Gunther Langes*, der Verfasser des Bandes »Ladinien« (Athesia, zweite Auflage 1985), davon, daß ... *es sich nunmehr in unübersehbarer Anhäufung oberhalb der Straße und auf den leicht ansteigenden Wiesenböden gegen die Mündung des Langentales zu einer Hotelkolonie modernsten Gepräges* ausdehnt. Dem ist heute nichts hinzuzufügen, außer natürlich einer Reihe von weiteren Hotels. Die großen Kabinen-Umlaufbahnen von Ciampinoi im Süden und Danterceppies im Osten sowie zahlreiche kleinere Lifte haben Wolkenstein zu einem Zentrum des Wintersports gemacht, der alle Nachbarorte überflügelt hat.

Aber auch hier kann man noch die Einsamkeit dieser wilden Bergwelt und ihren unvergleichlichen Zauber genießen, wenn man sich zu einer Wanderung durch das Langental aufmacht. Der Eingang wurde einst von dem Felsennest der Burg Wolkenstein beherrscht, von der heute nur mehr eine fast unzugängliche Ruine steht. Anfangs gehen wir noch über flache Wiesenböden, dann wird das Tal beinahe zur Schlucht, der Bach versiegt immer wieder im karstigen Boden, und die Wände zu beiden

Seiten werden immer steiler. An Frühsommertagen, wenn die Gäste das Grödental noch nicht überschwemmt haben, oder im Herbst ist es wahrscheinlicher, hier einer Gemse zu begegnen als einem Menschen – den man dann aber als Gleichgesinnten gerne begrüßt. Am Ende des »langen Tales« steht die zerklüftete Gruppe der Puez-Berge, die sich mit einem Arm an die Geislergruppe anhängt.

Die letzten Häuser oder Hotels von Wolkenstein gehören schon zum Ortsteil **Plan**; dann muß die Straße eine Talenge und zugleich mit einigen Kehren eine Steilstufe überwinden, und wir kommen zum weiten Kessel von **Plan de Gralba** auf 1764 Metern Seehöhe. Hier steht der Langkofel übermächtig nicht mehr als Turm, sondern als viereckiger Klotz über den steilen Hängen des Piz Sella und des Piz Seteur, die im Winter ameisenhaft mit Skifahrern übersät sind. Hier teilt sich auch die Dolomitenstraße mit einem Zweig auf das Sellajoch (2244 m) und dem anderen auf das Grödner Joch (2125 m) und schafft so die Verbindung zum Fassa- und Abteital.

Das Gadertal/Val Badia

Während das Grödental recht unkompliziert ohne bewohnte Seitentäler nach Osten gegen die Sella zieht, hat das Gadertal zwar dasselbe Ziel in südlicher Richtung, verzweigt sich aber mehrfach zu altbesiedelten Nebentälern. Die verschiedenen Bezeichnungen der einzelnen Talabschnitte auf deutsch und ladinisch, die frühere Zugehörigkeit zu verschiedenen Gerichten und kirchlichen Sprengeln hat eine gewisse Verwirrung in der Namengebung mit sich gebracht. Vom Pustertal aus heißt das Land hinter dem Furkelpaß gerne ENNEBERG (das Land »enter« – hinter dem Berg), auf ladinisch Mareo; diese Bezeichnung trifft auch zu für die größte Gemeinde des Tales (ungefähr 2600 Einwohner), zu der Al Plan de Mareo/Sankt Vigil, die Pfarre La Pli de Mareo/Enneberg und kleinere Weiler wie Montal, Plaiken, Rina/Welschellen und Longega/Zwischenwasser gehören. Die Gemeinde **Badia/Abtei,** die manchmal für den Namen des ganzen Tales steht, umfaßt nur den zentralen Teil mit den Dörfern La Ila/Stern, San Ciascian/Sankt Kassian, Pedraces/Pedratsches und San Linert/Sankt Leonhard. Hier haben wir eine Erinnerung an die alten Besitzverhältnisse, als das Gebiet Lehensbesitz des Klosters (der »Abtei«) Sonnenburg war. Eine eigene, kleine Gemeinde bildet das noch recht urtümliche Tal von La Val/Wengen, das bei Pederoa abzweigt. Der Talschluß, der gerne auch als **Alta Badia/Hochabtei** bezeichnet wird, heißt als Gemeinde heute Ladinia und umfaßt Corvara und Colfosch/Kolfuschg. Uns interessieren aber nicht so sehr die verwaltungsmäßigen Verhältnisse, sondern Land und Leute, und so beginnen wir unseren Besuch mit einigen geschichtlichen Anmerkungen.

Die These, daß die Dolomitentäler erst nach dem Jahr 1000 richtig besiedelt worden wären, muß heute angesichts vieler Bodenfunde fallengelassen werden. Aus der mittleren Steinzeit (um 7000 v. Chr.) sind Spuren auf dem Würzjoch, am Falzarego, Costalunga und am Grödner Joch/Frea gefunden worden. Ebenso sind uns aus der Bronzezeit Fundstücke bekannt. Das Auftreten von römischen Münzen an vielen Fundorten des Gadertals und der anliegenden Täler spricht eindeutig für die Präsenz der damaligen Besatzungsmacht auch in den zu jener Zeit sicher noch recht unzugänglichen Gebieten. Die durch das Pustertal eindringenden Bajuwaren sogen nach dem 6. Jahrhundert die romanische Bevölkerung langsam auf, was den Verlust ihrer Sprache zur Folge hatte, oder sie verdrängten sie in die Seitentäler *(Kühebacher)*.

Von einer vorgeschichtlichen Besiedlung ist bisher kaum etwas bekannt, wenn man von den mittelsteinzeitlichen Funden am Grödner Joch/Frea absieht. Aus sprachgeschichtlichen Erwägungen ergibt sich heute eindeutig, daß die Besiedlung des Gadertals schon lange vor dem Jahr 1000 n. Chr. stattgefunden hat, denn in den anliegenden Pustertaler Gebieten war um jene Zeit die Germanisierung schon so weit fortgeschritten, daß im Sprachgut der bajuwarischen Einwanderer keine romanischen Wurzeln mehr enthalten sind. *Kühebacher* schreibt darüber (»Dolomiten«, 26./27. September 1998): *Die weitab von der Pustertaler Durchzugs- und Heeresstraße liegenden … Orte boten in unruhigen Zeiten weit mehr Schutz als die Talsohle der Rienz. In dieser Schutzlage kann sich ein romanischer Bevölkerungsteil zusammengedrängt haben, der sich noch vor dem Jahr 1000 bis Enneberg ausdehnte, als die alten Wohnsitze im Pustertal längst verloren waren.*

Im Mittelalter unterstand dann das Gericht Enneberg seit 1039 dem Kloster Sonnenburg, und die meisten Gebiete des Gadertales kamen in den Besitz des Brixner Bischofs. Das Gericht Thurn ist nach Richebuono vielleicht schon im 9. Jahrhundert an die Bischöfe gekommen. Die Besiedlung der mühsam gerodeten Stellen an den Talhängen erfolgte meist in Form von kleinen Höfegruppen oder »viles« (Weiler); in größeren Höhen entstanden die Schweighöfe, die allein der Viehzucht dienten *(Richebuono)*, wobei die »armentares« für Rinder und die »fodares« für Schafe bestimmt waren. Dabei waren die Bauern auch in der Herstellung der Geräte, der geschmiedeten Werkzeuge und des Hausbaues ganz auf sich gestellt und wurden so zu äußerst geschickten Handwerkern für jeden Hausbedarf, während die Frauen wollene Kleidung, Loden und andere Gewebe selber herstellten. Diese allseitige Geschicklichkeit, die zum Überleben notwendig war, ist zum Teil heute noch auf den isolierten Bauernhöfen zu finden. Es nimmt auch nicht wunder, wenn sich bei dieser handwerklichen Beschäftigung auch manches künstlerische Talent entwickelte, wie das dann im Grödental zu großer Blüte kam. Aus dem Gadertal hat sich vor allem *Dominikus Moling* (gestorben 1761) aus Wengen einen Ruf als Bildhauer auch außerhalb Tirols einen Namen gemacht. *Giuseppe Craffonara* (gestorben 1837 in Riva), einer der bedeutendsten Maler des Klassizismus im Trentino, stammte ebenfalls aus Wengen.

Der Krieg zwischen der Äbtissin von Sonnenburg, Verena von Stuben, und dem Kardinal Cusanus bzw. seinem Verbündeten und Vogt Gabriel von Prack, der auf der Burg Andraz in Buchenstein saß, ist schon im geschichtlichen Teil erwähnt worden. In diese Zeit fällt auch der Bau der meisten gotischen Kirchen im Gadertal, so in Colfuschg im Jahr 1419, Untermoi 1444; die Wallfahrtskirche zum Heiligen Kreuz wurde 1484 geweiht, und im Jahr 1491 entstand die alte Pfarrkirche von Wengen, von der heute nur mehr der Turm steht, und daneben das Barbara-Kirchlein. Manche von diesen ursprünglich gotischen Kirchen bekamen im 17. und 18. Jahrhundert barocke Formen, und in Sankt Vigil und Sankt Leonhard haben wir prachtvolle Zeugnisse dieses Stils, die zu den schönsten Barockkirchen des Landes zählen.

Im Ersten Weltkrieg spielten sich die Frontkämpfe zwar hart an den Grenzen des Gadertals, auf den Tofanen, dem Lagazuoi und dem Falzarego ab, aber das Tal selbst wurde nur durch die Frontnähe in Mitleidenschaft gezogen. Während der unseligen Periode der Optionen im Jahr 1939 entschieden sich im Gadertal nur 32 Prozent für eine Auswanderung, der dann aber wegen der sich überstürzenden Kriegsereignisse nur zweitausend Leute Folge leisteten, die in der Mehrzahl wieder zurückgekehrt sind. Die von den Deutschen trotz der offiziellen italienischen Oberhoheit geschaffene »Operationszone Alpenvorland« umfaßte in den wenigen Jahren ihres Bestandes auch das ganze Gebiet von Ampezzo mit Cortina. Obwohl heute die ladinischen Volksgruppen politisch auf drei Provinzen verteilt sind, ist ihr Bestreben nach einer, wenn auch nur kulturellen Einigung und Bewahrung ihrer Eigenständigkeiten immer wach geblieben.

Vom Talausgang des Gadertals bei Sankt Lorenzen zieht die Straße lange durch die enge Schlucht in gefährlichen Kurven zwischen steilen Felsen und dem wilden Bach, und es dauert länger als im Grödental, bis das Tal bei Picolein ein klein wenig weiter wird. Von der Schlucht aus bemerkt man nicht, daß östlich davon, im Enneberg, die Hänge grün und gut besiedelt sind. Bei **Longega/Zwischenwasser** mündet das Tal, das uns nach **La Plan de Mareo/Sankt Vigil** bringt. Da tut sich nach dem kleinen Weiler Montal plötzlich ein weites, sonniges Becken auf, umgeben von einem Kranz von Bergen. Der Hauptort des Seitentales ist heute, dank seiner herrlichen Lage, ein bedeutendes Fremdenverkehrszentrum geworden, ein Hotel reiht sich an das andere, und Lifte führen auf die waldreichen Höhen. In der Mitte des Ortes steht die Pfarrkirche zum heiligen Vigilius, die schon erwähnte prächtige Barockkirche. Die phantasievolle Fassade, das helle Innere mit den von Matthias Günther ausgemalten Flachkuppeln, die in Gold und zarten Farben getönten, reichlich verzierten Wände machen aus diesem Gotteshaus ein wahres Kleinod, wie es in Südtirol nur selten wiederkehrt. Es ist vor allem die stimmige Zusammenwirkung zwischen Architektur und Ausstattung, die die Kirche zu einem besonderen Kunstwerk macht.

Das Tal, jetzt Val Tamores oder RAUTAL genannt, zieht weiter in die Berge bis zum Schutzhaus von Pederù auf 1546 Metern. Im Sommer führt die Straße weiter bis zur kleinen Fanesalm in das Sagenreich der FANES. Gegen Osten kommt man auf schmaleren Wegen zur Sennesalm oder zur Fodara Vedla, die schon auf 1966 Metern Seehöhe liegt, in ein wildes, felsiges Gebiet, das im Norden vom Seekofel beherrscht wird, der mächtig über dem Pragser Wildsee steht.

Von Sankt Vigil geht auch die Straße auf den Furkelpaß ab, der eine seichte Verbindung nach Olang im Pustertal schafft. Von dieser Paßstraße zweigt bald nach Sankt Vigil die Straße nach **La Pli de Mareo/Enneberg** ab, dem alten Hauptsitz der Gemeinde. Auch hier steht eine beachtenswerte Barockkirche mit geschwungenem Giebel und schön bemalter Fassade. Die Reliefs an der Kanzel stammen von Dominikus Moling, die Deckenbemalung wurde später, 1848/49, von Josef Arnold angebracht. Gegenüber der Kirche steht eines jener behäbigen Herrenhäuser mit durchgehenden Eckerkern, Moreck, ehemals Ansitz der Herren von Mor, die auch in Dietenheim ein schönes Herrenhaus ihr eigen nannten. Heute ist das eher heruntergekommene Gebäude als Gasthaus Trebo geführt.

Talauswärts führt eine aussichtsreiche Höhenstraße hoch über der Schlucht, vorbei an ein paar ansehnlichen, jetzt bäuerlichen Anwesen, zum Weiler **Plaiken**, dessen Zwiebelturm weithin sichtbar ist. Bei den Höfen von Oberpalfrad, wo auch ein kleines Gasthaus steht, ist die Sprachgrenze zwischen Ladinien und dem Pustertal. Von hier gelangt man auf schmaler, aber landschaftlich prächtiger Straße nach Maria Saalen und Sankt Martin bei Sankt Lorenzen. Gegen Süden, schon auf der linken Talseite der Gader, steht hoch oben der Weiler Welschellen.

Zurück in Zwischenwasser müssen wir uns noch eine Weile durch die enge Schlucht quälen, bis sich bei **Picolein** das Tal ein wenig auftut. Der Ort steht noch in der Talfurche; die kleine Antoniuskirche ist 1688 erbaut worden; in der Nähe steht der schöne Ansitz Freyegg, schon im 14. Jahrhundert erbaut und später umgestaltet, mit den für diese Gegend so charakteristischen Eckerkern, einem gemalten Wappen an der Fassade und schönen Korbgittern. Er ist heute in bäuerlichem Besitz. Nach einigen steilen Kehren kommen wir auf die Höhe des Dorfes **San Martin de Tor/Sankt Martin**, einst eigener Gerichtsbezirk. Über dem Dorf steht beherrschend die alte Burg, eben der *Turm*, nach dem der Ort auch Sankt Martin in Thurn benannt ist. Der 1498 erstellte gotische Neubau nach einer schon 1298 erwähnten Kirche wurde später barockisiert und hat heute eine Innenausstattung aus der Nazarenerzeit. Das SCHLOSS THURN steht neben ein paar Wirtschaftsgebäuden einsam auf dem steilen Wiesenhang. Durch ein Rundtor kommt man in einen winzigen Innenhof, der gegen Westen von einer Umfassungsmauer mit Eckrondellen umfaßt ist, zu denen früher ein Wehrgang führte. Neben dem höheren Turm mit Pyramidendach steht das dreistöckige Haupthaus mit schönem Walmdach. Seit 1997 ist das Schloß in Landesbesitz und soll ein Museum beherbergen. In den letzten zweihundert Jahren wohnte hier die Bauersfamilie Trebo, und im Gespräch mit dem alten Johann Trebo fühlt man, wie schwer es ihm fällt, diesen liebgewonnenen und immer sehr aufwendig gepflegten Besitz aufgeben zu müssen.

Am Schloß vorbei zieht die Straße den Berg hinauf zum Weiler **Antermoia/Untermoi**, der aus vielen kleinen, noch sehr urtümlichen Höfegruppen oder »viles« besteht, und von da weiter auf das Würzjoch; damit ist die Verbindung nach Afers und Brixen hergestellt. Über der ganzen Gegend thront mächtig die steile Nordflanke des Peitlerkofels.

In einem neuen Gebäude im Dorf ist das Institut für ladinische Kultur MICURA DE RÜ (= Nikolaus Bacher) untergebracht, benannt nach einem aus Sankt Kassian gebürtigen Geistlichen (1789–1847), der als erster eine ladinische Grammatik verfaßt hatte und die Grundidee verfolgte, eine allen Dolomitenladinern gemeinsame Sprache zu entwickeln. Das Institut wurde im Jahr 1977 gegründet, und seine Aufgabe ist *»die Erhaltung, der Schutz und die Förderung der ladinischen Sprache, Kultur, völkischen Eigenart und Geschichte«*. Es ist staunenswert, wie reichhaltig die hier gesammelte Literatur von ladinischen Autoren und über Ladinien ist; ein Nebenraum ist für Kinder eingerichtet, wo sie ladinische Bilderbücher, Filme und Videos ansehen können und Platz haben zum Lesen und zum Zeichnen. Eine kleine Mineraliensammlung vervollständigt diese vorbildliche Einrichtung.

Von Sankt Martin geht, etwas über der Talniederung, eine Straße nach Südwesten in das Tal von Campill. Hinter der kleinen Häusergruppe von **Campill** oder **Longiarü** stehen im Talgrund auf den sonnigen Südhängen noch die wettergebeizten, sehr alten Höfe von Mischì in Abgeschiedenheit, aber auch in beneidenswerter Freiheit, und man hat den Eindruck, daß hier das Leben vor 500 Jahren genau so verlaufen ist wie heute.

Wieder zurück im Tal, fahren wir noch eine Weile eng zwischen Felsen und Bach, bis wir bei Pederoa ins helle Tal von **Wengen** ausweichen können, das sich gegen Osten unter den Nordabhängen des mächtigen Felsklotzes vom Heiligkreuzkofel verliert. Dieses Tal ist wahrscheinlich eines der am frühesten besiedelten Seitentäler des Gadertales. Am steilen Wiesenhang reiht sich Hof an Hof, nicht in Form von VILES, also Weilern, sondern meist als Einzelgehöfte. Im Jahr 1296 werden nach *Langes* schon 51 Höfe aufgeführt, die dem Kloster Sonnenburg zinspflichtig waren. Hoch über dem kleinen Dorfkern, wo auch die neue Pfarrkirche zum heiligen Jenesius steht, sieht man auf einem ins Tal vorspringenden Hügel einen schlanken Turm; und beim Weitersteigen erscheint dann, an den waldigen Hügel gelehnt, ein zweiter Kirchturm, dem aber die Kirche fehlt – nur ein ebener Fleck und der Teil einer Außenwand deuten darauf hin, daß hier einmal die ursprüngliche Pfarrkirche stand, die seit 1930 verfallen ist, und hier oben war auch die erste, heute auch als ALT-WENGEN bezeichnete Siedlung. Die unweit davon in aussichtsreicher Lage stehende Barbara-Kirche wurde 1490 erbaut; außen ist das leider sehr verblaßte Bild einer Kreuzigung erhalten, das aus der Pacher-Schule stammt. Die Dekoration im Inneren ist wenig mehr als hundert Jahre alt, und es tut einem leid, daß zu gewissen Epochen unserer bewegten Stilgeschichte das Gefühl für Echtheit verlorengegangen ist. Ein Schmuckstück im Inneren ist die kunstvoll durchbrochene Empore. Das kurze Wengental endet mit der Fahrstraße beim Weiler **Spessa**; ein Steig führt weiter auf das Fanesjoch, wo auf 2466 Metern Seehöhe eine Antoniuskapelle steht, und weiter hinein in die große Fanesalm, die von einem Kranz von Bergen ringsum eingeschlossen wird, angefangen im Osten vom Neuner und Zehner (dieser überschreitet als einziger die 3000-Meter-Grenze) zum Heiligkreuzkofel und zur Lavarella. Dieser so gebildete Kranz fällt überall beinahe senkrecht gegen Norden und Westen ab und läßt so vom Tal aus die hinter dieser Mauer versteckte Fanesalm wie ein in den Himmel gehobenes Märchenreich erahnen.

Zurück ins Tal! Noch dauert die schluchtartige Tiefe an, und erst nach einigen Kehren öffnet sich bei Puntac das weite Becken von HOCHABTEI oder ALTA BADIA. Hier steht zunächst im Süden die Felsbastion der Gardenazza mit der Puezspitze (2913 m); dann beginnt ein anderer Felsklotz, der Sass Songher, das Landschaftsbild zu prägen; er scheint so turmartig unnahbar, ist aber von der Hinterseite gar nicht schwer zu besteigen. Gegen Osten aber begleitet uns von nun an die rötlich-gelbe Wand des Heiligkreuzkofels. Das erste Dorf in der nun weiten Mulde ist **Pedraces**, und hier zeigt sich wieder, so wie in Sankt Vigil, die Verwandlung, die das Tal durch den Fremdenverkehr mitgemacht hat: Ein Hotel reiht sich an das andere, die Häuser an der Straße sind schmuck und neu, und vom alten Dorfkern ist von der Straße aus kaum etwas zu bemerken. Hier ist auch der Sitz der Gemeinde Abtei. Von hier aus führt ein Gondellift auf die Hochfläche von HEILIGKREUZ (2043 m), wo das alte Wallfahrtskirchlein steht, das dem ganzen Berg seinen Namen gegeben hat. Der Sage nach lebte hier um das Jahr 1000 Volkhold, der Stifter des Klosters Sonnenburg, in seinen alten Tagen als Einsiedler. Die Zeit des ersten Kirchenbaues ist uns nicht überliefert, jedenfalls stand hier 1484 schon eine Kirche und bald darauf auch das große Hospiz für die Wallfahrer, die oft von weit her kamen und denen der Heimweg am selben Tag zu lang wurde. Das Gnadenbild ist der kreuztragende Heiland; im Herbst wird die Statue in feierlicher Prozession nach Sankt Leonhard gebracht, und im Frühsommer kehrt sie wieder zurück *(Karl Gruber, Hans Grießmair:* »Südtiroler Wallfahrten«*)*. Auch heute noch kann man hier vor der Besteigung des Heiligkreuzkofels über einen gesicherten Felssteig die Nacht verbringen. Hier oben einen Sonnenuntergang mitzumachen, wenn die senkrechte Wand im Rücken und das weite Rund der Dolomiten rot aufglühen und dann langsam in violetten Tönen verblassen, gehört zu den beglückendsten Erlebnissen in diesem Märchenland.

Man sollte sich in Pedraces nicht durch die Eile weitertreiben lassen, bald nach Corvara zu kommen: Über dem Bach stehen leicht erhöht am Hang Dorf und Kirche von **San Linert/Sankt Leonhard**, manchmal auch einfach als **Abtei** bezeichnet. Die Kirche wurde 1776–1778 vom Baumeister Franz Singer aus Götzens neu erbaut an der Stelle einer schon um 1347 erwähnten. Die in hellen Brauntönen auf gelben Grund gemalten Pilaster an den Außenwänden, der geschwungene Giebel und der schlanke Turm aus älterer Bauzeit geben der Kirche schon von außen ein einladendes Gesicht. Im Inneren steht man dann überwältigt vor der Fülle und dem Reichtum der goldenen Verzierungen und Stuckarbeiten, die die Fenster und die flachen Kuppelmulden umrahmen. Vom Dach der Kanzel springt ein Ornament weit in den Kirchenraum vor, als wollte der Prediger seine zündenden Worte versteinert überleben lassen. Die Kuppelovale sind vom bekannten Barockmaler Matthias Günther ausgemalt, die Kreuzwegstationen stammen von Carl Henrici – man sieht, die Gemeinde leistete sich damals die besten lokalen Künstler ihrer Zeit! Erlebt man die Kirche, wenn sie von der Nachmittagssonne blendend erhellt wird, so gibt man ihr noch den Vorzug vor der ebenfalls prächtigen Barockkirche von Sankt Vigil.

Immer die rötlichen Wände des Heiligkreuzkofels zur Linken und die Gardenazza (oder Puezgruppe) zur Rechten, kommen wir von neuem an eine Gabelung des Tals, und wir nehmen den rechten Ast nach **San Ciasciàn/Sankt Kassian**. Der noch vor wenigen Jahrzehnten vom Verkehr wenig berührte Ort ist durch den Ausbau der Straße über den Valparolapaß und Falzarego nach Cortina zu einem aufstrebenden Ferienort geworden, wie man das an den vielen neuen Hotels erkennen kann. Der Sessellift auf den Piz de Surega erfreut sich im Winter lebhaften Zuspruchs, auch weil man von dort in ein Ski-Karussell gelangt, das bis zu den Abfahrten von Corvara reicht. Will man in diesem Tal von Sankt Kassian noch alte Bauweise sehen, braucht man nur die Straße den Hang entlang höher zu steigen (oder zu fahren, da heute jede kleine Zufahrtsstraße eine Asphaltdecke trägt); da stehen noch alte »viles« wie Rudiferia oder Costamoling oder gegen das Talinnere die Höfe von Glira (oder Dlira). Der Weg mit Markierung Nr. 15 führt über die Häuser von Rudiferia in schöner, aussichtsreicher Lage und über satte Lärchenwiesen und durch lockeren Wald auf die Hochfläche, wo das Hospiz zum Heiligen Kreuz steht.

Ins Haupttal zurückgekehrt, sind wir gleich in **La Ila/Stern**, wo auch schon deutlich der Fremdenverkehr das Dorfbild geprägt hat. Die auf allen Seiten aufragenden Berge sind hier, wo das Tal weit geworden ist, immer mächtiger gegenwärtig: zur Rechten der Sass Songher, vorne der Sellastock und links Conturines, Lavarella und Kreuzkofel. Am südlichen Ausgang des Dorfes steht hoch am Hang die »gran ciasa«, der große Ansitz Rubatsch. Im Jahr 1536 gab Kaiser Ferdinand I. dem Hans von Rubatsch aus einem schon lange hier ansässigen Geschlecht die Erlaubnis, »auf dem burgstall zu stehrn« ein Gebäude zu errichten. Dieser als *Burgstall* bezeichnete Hügel läßt vermuten, daß hier eine alte, vielleicht schon frühgeschichtliche Kuppensiedlung bestanden hat. Wie ein fester Klotz steht das viereckige, dreistöckige Gebäude am Hang, umgeben von einem Mauerkranz mit zwei runden Ecktürmchen. Durch mehrmalige Umbauten hat es viel von seiner ursprünglichen Form verloren und ist heute in bäuerlichem Besitz.

Wir nähern uns der (neu benannten) Gemeinde **Ladinia**, die die beiden Orte Corvara und Colfuschg mit ihren Weilern umfaßt. Jetzt sind wir im Herzen der Dolomiten, und niemand kann sich diesem überwältigenden Panorama entziehen, dessen Rahmen die *bleichen Berge* bilden und von denen dem Sass Songher mit seinem oben abgerundeten Turm unbestreitbar der Vorrang gebührt. Hier teilt sich das Tal zum letzten Mal: Links breiten sich die ungezählten Hotels und Pensionen von **Corvara** aus (die deutsche Bezeichnung Kurfar, obwohl schon in alten Dokumenten vorhanden, wird von den Ladinern nicht akzeptiert), und die Straße führt in vielen Kehren auf den Campolongopaß nach Andraz im Buchenstein. Alle Hänge sind bis zum Übermaß mit Gondel- und Sesselliften erschlossen, und im Winter kann man verstehen, warum dieser Talschluß von Corvara zu den meistbesuchten Ferienorten der Dolomiten zählt – im Sommer wären die sanften, grünen Matten schöner ohne dieses eiserne Spinnennetz!

Colfosch/Kolfuschg hat ein hübsches Barockkirchlein, dessen Zwiebelturm mit den dahinter aufragenden Bergen, allen voran dem Sass Songher, ein beliebtes Motiv für die Prospekte der Fremdenwerbung darstellt. Eine seichte Mulde zieht unter dem Sellastock gegen das GRÖDNER JOCH. Von dem etwas höher an der Paßstraße liegenden Weiler Pecei mit einigen großen Hotels hat man einen Einblick in das jedem guten Skifahrer bekannte VAL DE MEZDÌ, das Mittagstal, das zwischen engen Felsrippen steil von der Höhe des Pisciadù-Plateaus herunterzieht – bei ungünstigen Schneeverhältnissen sind die Felsen schon manchem Unvorsichtigen zum tödlichen Verhängnis geworden.

Hier am Grödner Joch, dem Frea, schließt sich die Verbindung mit dem Grödental, und auch unser Ausflug in die ladinische Welt findet hier ein Ende.

Die Stadt Bozen

Die Stadt hat ein doppeltes Gesicht, einmal in ihrem äußeren Bild, bei dem sich eine schärfere Abgrenzung zwischen der ehrwürdigen Altstadt und der erst in den letzten Jahrzehnten hinzugewachsenen, teils imperial auftrumpfenden, teils gesichtslosen Stadt der Italiener kaum vorstellen läßt; dann aber auch in der Art, wie Gäste und Touristen aus Nord und Süd diese Stadt sehen. Der einheimische Südtiroler und besonders der deutschsprachige Gast von jenseits des Brenners versteht unter Bozen die Lauben, den Obstmarkt und die umliegenden Straßen, vielleicht auch das »Dorf« und die ehemaligen »Zwölfmalgreien« – jenseits der Talfer aber wird man nur am Samstagsmarkt deutsche Laute vernehmen; und kaum je wird sich ein Deutscher in das Europaviertel oder in das etwas despektierlich mit »Shanghai« bezeichnete, ausgedehnte Gebiet im Süden der Stadt verirren, das dann hinter dem Eisack in die Industriezone übergeht. Und wer glaubt, sich ein Bild von Bozen machen zu können, wenn er auf der Autobahn daran vorbeifährt, den wird schon gar nichts an dieser trostlosen Anhäufung von häßlichen Wohnbauten und Industrien dazu verlocken, der Stadt einen Besuch abzustatten. Aber auch der italienische Besucher aus dem Süden versteht inzwischen unter Bozen den Waltherplatz, die Lauben und den Obstmarkt, dazu vielleicht auch die Grieser Seite der Talfer mit dem Siegesdenkmal, wird sich aber in die neuen Viertel nur dann begeben, wenn er dort Verwandte hat. Denn in manchen italienischen Kreisen hat sich in den letzten Jahren eine Liebe und Bewunderung für österreichische Kultur und Lebensart entwickelt, die sich auch auf das Tirolerisch-Österreichische in Südtirol erstreckt. Man betrachte nur die immer steigenden Besucherzahlen von Italienern in Innsbruck oder Wien!

Diese Trennung im Gesicht der Stadt hat natürlich ihren Grund in der Geschichte des Landes und der Stadt seit der nicht gewollten Abtrennung vom übrigen Tirol nach dem Ersten Weltkrieg. Das beherrschende Siegesdenkmal, als Machtanspruch und Mahnmal gegen alles Deutsche erbaut, der »imperiale« Stil der Freiheitsstraße bis hinaus nach Gries auf der einen und die mittelalterliche Laubengasse und ihre nähere Umgebung auf der anderen Seite könnten nicht gegensätzlicher sein. Um diesen Gegensatz zu tilgen, hatte Mussolinis Stararchitekt Piacentini schon die Pläne bereit, die Museumstraße und die Lauben in einen breiten Boulevard zu verwandeln, der vom Siegesdenkmal aus einen ungehinderten Blick auf den Rosengarten erlauben sollte. Zum Glück machte ihm der Krieg einen Strich durch die Rechnung! Von Italien aus gesehen war Bozen ein politisches Programm: Aus einer Stadt von 25.000 Einwohnern mußte in wenigen Jahren eine Großstadt mit 100.000 Einwohnern werden, ja gewisse Bebauungspläne träumten schon von einer nahen Zukunft mit einem Ziel von 125.000 aus Italien zugezogenen Neusiedlern *(Hofer)*.

Mit diesen Gegebenheiten müssen wir wohl oder übel leben, der Lauf der Geschichte und der Wechsel der Generationen schleift so manche Gegensätze ab, und es konnte nicht ausbleiben, daß die nachgeborenen Italiener sich auch in der so traditionsreichen Altstadt zu Hause fühlen und daß heute – was nicht immer so war – Deutsche bei Italienern und Italiener bei Deutschen einkaufen; auch die Laubengasse, bis vor kurzem unangefochtene Domäne alter Bozner Kaufmannsgeschlechter, wird nach und nach von italienischen Geschäften durchsetzt.

Geschichte der Stadt

Bozen ist keine eigentlich alte Stadt, verglichen mit Nachbarstädten wie Trient oder Veldidena-Wilten (Innsbruck), die eine gesicherte römische Vergangenheit aufweisen, oder wie Brixen, das immerhin einige Jahrhunderte älter ist. Von der Siedlung am Zusammenfluß von Eisack und Talfer ist uns als einzige schriftliche Quelle der Name »Pons Drusi« auf der sogenannten »Peutingerschen Tafel« überliefert.

Bei dieser von *Konrad Peutinger,* einem Augsburger Gelehrten aus dem Ende des 15. Jahrhunderts, erstmals publizierten

Tafel handelt es sich um eine um 1264 angefertigte Kopie der Weltkarte des Castorius aus dem 2. oder 3. Jahrhundert n. Chr., die auf zwölf Pergamentblättern von 34 Zentimeter Höhe und insgesamt 6,8 Metern Länge alle Reisewege der damals bekannten alten Welt bis zum Indischen Ozean unter Angabe von Entfernungen verzeichnet.

Für unser Gebiet führt diese Karte die Namen »Tridentum – Pons Drusi – Sublavio« an (während die einzige andere Karte aus jener Zeit, das sogenannte »itinerarium Antonini«, die Orte »Tridentum – Endidae – Sublavio« angibt). Nach genauesten Berechnungen der voneinander abweichenden Entfernungen zwischen den Endpunkten Tridentum und Sublavio (Kollmann) kommt *Georg Innerebner* (Schlern, 1956, 15) fast genau auf die Gegend um die Kirche von Sankt Martin in Kampill und das über dem Eisack liegende Rentsch als wahrscheinlichsten Sitz für Pons Drusi. Die Straße bis dorthin konnte von Süden her, den geologischen Umständen Rechnung tragend, nur von Sankt Jakob über den Stallerhof, die Haselburg und den Kalvarienberg am Virgl gegen Kampenn verlaufen und dort erst den Eisack überqueren, um am Rittner Berg weiterzuziehen.

Andererseits haben die Bomben des Zweiten Weltkriegs unter dem Boden der Pfarrkirche von Bozen die Anlage einer frühchristlichen Kirche, vielleicht aus dem 4. bis 5. Jahrhundert, aufgedeckt, was für einen schon ansehnlichen Besiedlungskern dieser Gegend spricht.

Eingefügt in das Baumaterial der Urkirche, wurde auch ein römischer Grabstein aus dem 3. Jahrhundert gefunden, den ein Severinus seinem teuersten Vater *Regontius* gesetzt hat; der Stein, der sich heute im Museum befindet, ist sozusagen dem ersten bekannten Bozner Bürger gewidmet!

Aber der Name »Bauzanum« taucht zum ersten Mal bei Paulus Diaconus auf, wo um 680 »ein bayrischer Graf dieses und die übrigen Kastelle beherrschte« *(Hoeniger)*. Derselbe Autor leitet den Namen »Bauzanum«, der als »Bolzano« verschiedentlich in Oberitalien auftaucht, nach sprachgeschichtlichen und geographischen Überlegungen aus dem Stamm »palta« oder »pauta« ab, was soviel wie Sumpf bedeutet. *Kühebacher* hingegen (in: »Die Ortsnamen Südtirols«, Athesia 1995) denkt eher an einen sogenannten Prädialnamen, von »praedium«, also Landgut eines keltischen »Baudios«. Im Jahr 1062 tauchen dann die Namen »Bozan«, 1133 schon »Bozen«, 1223 »in Bolzano«, später dann »Pozen«, »Botzen« und ähnliche Formen auf. Die immer wieder auftauchende italienische Form spricht für eine rege Handelstätigkeit aus dem Süden.

Daß sich nahe bei der römischen Militärstation Pons Drusi bald auch Handeltreibende und Handwerker ansiedeln konnten, ist einmal durch die günstige geographische Lage nahe am Zusammenfluß von Eisack und Talfer und an den sonnigen, geschützten Hängen des Rittner Berges vorgegeben, andererseits auch durch die Kreuzung der zwei wichtigen Handelswege aus dem Vinschgau und vom Brenner her. Über die Verhältnisse im 7. und 8. Jahrhundert schreibt *Huter* (»Historische Städtebilder in Tirol«): *Als noch Langobarden und Bajuwaren um das Etschland stritten ... standen sich hier das bayrische Kastell Bauzana am Virglberg, das ein Graf befehligte, auf der einen Seite und die langobardische Feste Firmian (Formicaria, heute Sigmundskron) auf der anderen gegenüber.* Erst als nach der Schlacht am Lechfeld im Jahr 955 die Handelswege wieder sicherer wurden, konnte Bozen seine Aufgabe als Brückenglied zwischen Nord und Süd richtig ausnützen.

Im Jahr 1027 verlieh Kaiser Konrad dem Trienter Bischof Ulrich das Gebiet bis zum Thinnebach bei Klausen und zum Gargazoner Bach als Grafschaft zum Lehen, während der Brixner Bischof die Gebiete nördlich davon zugewiesen bekam. Um 1170 ließ dann der Bischof von Trient die eigentliche Stadtanlage in Form der heutigen Laubengasse und der umliegenden Plätze anlegen. Neben dieser dem Bischof direkt unterstellten Siedlung bauten die Tiroler Grafen dann die sogenannte »Neustadt«, die sich von der Rauschertorgasse bis zur Pfarrkirche und bis an die Eisackbrücke erstreckte. Als Gegengewicht zu dieser Stadterweiterung ließen die Herren von Wangen zwei Gassen im Norden der Stadt anlegen. Meinhard II. bestrafte die Bozner Bürger im Jahr 1277 für ihre Treue zum Bischof mit der Zerstörung der Burg Weineck am Virgl und der bischöflichen Residenz am heutigen Kornplatz. Vor wenigen Jahren wurden dort die Reste dieser Bischofsburg freigelegt; die alten Umrisse des viereckigen Turmes sind heute noch durch die verschiedene Pflasterung deutlich gemacht (und es wäre wünschenswert, daß dieses Zeugnis aus der Vergangenheit auch durch einen schriftlichen Hinweis festgehalten würde).

Die Tiroler Grafen und besonders Meinhard II. erwiesen sich letztlich als die Stärkeren: Der Bischof von Trient, offizieller Lehensträger des Kaisers, wurde völlig entmachtet, Meinhard errichtete dort, wo heute das Benediktinerkloster von Gries steht, seine Trutzburg, und die Stadt Bozen mit allen ihren aus dem regen Handel erwachsenen Einnahmen war nun seine Domäne. Die weitere Geschichte von Bozen, vom Burggrafenamt und von den nach Norden gelegenen Gebieten wird zukünftig mehr oder weniger von den Tiroler Grafen geprägt; in Trient gelingt es den Bischöfen immer wieder, den Machthunger dieser bedrohlichen Nachbarn etwas einzudämmen, aber die Soldaten, die es letztlich dazu braucht, hat nicht der Bischof, sondern der Graf.

Im ausgehenden 13. Jahrhundert – Meinhard stirbt 1295 – ist Bozen für die damaligen Verhältnisse schon eine recht ansehnliche Stadt. Es steht schon eine Reihe von Kirchen: Die Pfarrkirche ZU UNSERER LIEBEN FRAU IM MOOS war laut Sage (nach *Troyers* Chronik von Bozen) an einer damals noch sumpfigen Gegend vor den Toren der Stadt errichtet worden; die durch die Bomben des letzten Krieges freigelegte Urkirche reicht aber, wie schon erwähnt, in bedeutend ältere Zeit zurück. Auch der kleine Rundbau der QUIRINUSKAPELLE, der heute in einem Privathaus in der Venediger Straße verborgen liegt, scheint auf das achte Jahrhundert zurückzugehen. Die FRANZISKANERKIRCHE wird bereits 1242 erwähnt und ist die erste Niederlassung dieses neuen Ordens in deutschen Landen. 1276 folgen die DOMINIKANER mit ihrer schönen, freskengeschmückten gotischen Kirche, die trotz der schweren Wunden, die ihr der Krieg geschlagen hat, noch viel Sehenswertes aus jener Zeit zu bieten hat. Die JOHANNESKIRCHE im Dorf war die alte Pfarre einer Vorstadt »in Villa«

und hat vielleicht auch einen viel älteren Ursprung, als ihre Mauern es heute vermuten lassen. Rentsch hatte seine LAURENTIUSKIRCHE, und auf den umliegenden Hügeln standen schon die Kirchen von SANKT MAGDALENA, von SANKT JUSTINA, von SANKT PETER IN KARNOL und von SANKT GEORG, neben einigen heute ganz verschwundenen kleinen Gotteshäusern. Die Bewohner von Bozen und ihrer Umgebung waren bestimmt viel frommer als unsere heutigen Zeitgenossen, aber trotzdem läßt diese große Anzahl von Kirchen auf eine ansehnliche Bevölkerungszahl und vor allem auf ihren erheblichen Wohlstand schließen.

Die Aufzählung nüchterner geschichtlicher Daten mag vielleicht für einen Historiker unerläßlich sein; wer aber eine Stadt wie einen lebenden, sich ständig verändernden Organismus betrachtet und nachempfinden möchte, was sich alles im Lauf ihres langen Lebens an Vorteilhaftem oder Widerwärtigem zugetragen hat, der findet viel Unterhaltsames und Wissenswertes beim Lesen der verschiedenen Chroniken aus vergangenen Jahrhunderten. Davon gibt es über Bozen vor allem die Chronik des Paters *Ferdinand Troyer* aus dem Jahr 1648 und jene des ebenfalls dem Franziskanerorden angehörigen *P. Justinian Ladurner* von 1844 (von *P. Bruno Klammer* redigiert und 1982 bei Athesia erschienen). Auch *Franz Adam Graf zu Brandis* erzählt in seinem »Ehrenkränzel« vom Jahr 1678 allerhand Interessantes über die Stadt. Allen diesen Werken haftet natürlich der Geist ihrer Zeit an, mit der historischen Genauigkeit ist es nicht immer weit her (so läßt zum Beispiel Brandis die Genealogie der Tiroler Habsburger schon bei Noah beginnen!), aber es spricht aus ihnen das Leben, es werden die Nöte der Zeit erzählt und die den Autoren bedeutend scheinenden Ereignisse scheinen ihnen auch die wichtigsten – so etwa, als läsen wir heute unsere Tageszeitung, in der ja auch nicht alles für bare Münze gehalten werden muß. *Karl Theodor Hoeniger* hat dann in seinem »Altbozner Bilderbuch« aus dem Jahr 1968 vieles davon wieder aufleben lassen. Daß bei der Aufzählung geschichtlicher Ereignisse immer wieder größere Lücken klaffen, ist vor allem den wiederholten, verheerenden Bränden zuzuschreiben, die viel Archivmaterial vernichtet haben.

Überhaupt bilden Naturkatastrophen wie Überschwemmungen, Heuschreckenschwärme oder verheerende Seuchen einen guten Teil des Inhalts der erwähnten Chroniken, Ereignisse, die das Interesse der Leser zu allen Zeiten am meisten angezogen haben. Den wiederholten Überschwemmungen durch die Talfer wurde schon am Beginn des 13. Jahrhunderts durch einen Schutzbau zu begegnen versucht; die eigentliche »Wassermauer« wurde dann erst in der zweiten Hälfte des 18. Jahrhunderts in ihrer heutigen Form errichtet und 1905 als schöne und aussichtsreiche Promenade angelegt und mit seltenen Bäumen und Blumenanlagen ausgestattet. Ansonsten lebte Bozen hauptsächlich aus seiner blühenden Handelstätigkeit. Diese hatte einen bedeutenden Aufschwung durch den im Jahr 1314 angelegten, fahrbaren Weg durch die enge Eisackschlucht genommen. *Heinrich Kunter,* nach dem der Weg dann benannt wurde, hatte zuerst nur einen für Saumtiere gangbaren Steig gebaut, der um 1480 zu einem richtigen Fahrweg verbreitert wurde. Trotz der sicher immer wieder durch Hochwasser gefährdeten und auch unterbrochenen Straße wurde aber die vorher recht mühsame Trassenführung über den Ritten vermieden, und die frühere, leichtere Verbindung mit Nordtirol über Jaufen oder Reschen und damit auch Meran als Handelsumschlagplatz verloren weitgehend an Bedeutung. Dabei ist anzunehmen, daß die Rittner Route auch später immer wieder benutzt wurde, besonders nach den häufigen Überschwemmungen im Eisacktal.

Bozen wurde eine »Stadt der Märkte«. So wird bereits 1202 der Genesiusmarkt, später Ägidiusmarkt genannt, erwähnt; dazu kamen später der Mittfastenmarkt und der von Meran herverlegte Pfingstmarkt. *Rampold* schreibt darüber: *Schon diese bis zu vierzehn Tage dauernden Märkte wurden vom süddeutschen Raum ebenso beschickt wie vom oberitalienischen; man tauschte Öl, Südfrüchte, Tuche und Gewürze gegen Holz vor allem, aber auch der Wein- und Pferdehandel blühte.* Laut Hoeniger führte zu Zeiten der Kreuzzüge eine von Venedig ausgehende Hauptader des Welthandels durch unsere Stadt.

Claudia de Medici, Witwe des Landesfürsten *Erzherzog Leopold V.,* der 1632 gestorben war, gründete dann den »Merkantilmagistrat«, ein autonomes Handels- und Wechselgericht in Marktsachen. Da die italienischen Händler in der Überzahl waren, wurden die Protokolle häufig in ihrer Sprache verfaßt; zu Beginn des darauffolgenden Jahrhunderts wurde das prunkvolle Merkantilgebäude von italienischen Baumeistern errichtet; *Weingartner* schreibt darüber: *Der Versuch, die großzügige Anlage eines italienischen Palazzos mit den beschränkten Raumbedingungen eines Laubenhauses in Einklang zu bringen, ist glänzend gelungen.* Seit dem letzten Umbau im Jahr 1998 ist das Gebäude auch von den Lauben aus zugänglich und beherbergt heute neben den Ämtern der Handelskammer auch ein interessantes Museum über die Geschichte des Bozner Handels. Um die Tradition der Bozner Messen wieder aufleben zu lassen, wurde 1948 mit der ersten »Bozner Mustermesse« ein vielversprechender Anfang gesetzt; im Jahr 1998 ist diese Veranstaltung aus dem alten Gebäude in der Romstraße in das modernst ausgestattete neue Messezentrum in der Industriezone übersiedelt.

Die Kriege, die im Lauf der Jahrhunderte in unvermeidlicher Folge Europa heimsuchten, haben Bozen meist nur am Rande berührt, oft mehr durch die unbeliebten Truppeneinquartierungen und Sondersteuern als durch eigentliche Kampfhandlungen. Angesichts des drohenden Vormarsches der französischen Heere unter Napoleon schließen die Bozner am 1. Juni 1796 in der Stadtpfarrkirche den »Bund mit dem göttlichen Herzen Jesu« vor dem noch heute verehrten Herz-Jesu-Bild. Als dann die Franzosen tatsächlich am 23. März 1797 in Bozen einziehen, werden sie zuerst gastlich aufgenommen, aber bereits am 4. April müssen sie den Österreichern weichen. Nach wiederholten Besetzungen durch französische Truppen kommt dann 1806 die Stadt samt dem heutigen Trentino und dem Gebiet bis Brixen und Burgstall zu Bayern, das mit Napoleon verbündet ist. Gegen das neue, repressive und kirchenfeindliche Regime empört sich schließlich *Andreas Hofer* im Jahr 1809. Sein heldenhafter Kampf und sein tragisches Ende sind genügend bekannt. Aus dem ehemals bayrisch verwalteten Gebiet wird 1810 das »Dipartimento dell'Alto Adige« unter dem napoleonischen Königreich Italien. Der Name »Alto Adige« ist eine typische französische Prägung nach den auch in ganz Frankreich eingeführten Départements, die vornehmlich Flußnamen verwenden. Nach dem Wiener Kongreß gehört Bozen mit ganz Südtirol zur Habsburgermonarchie; die weltlichen Fürstentümer der Bischöfe von Trient und Brixen haben schon 1806 aufgehört zu existieren.

Die neuere Geschichte der Stadt Bozen hat in großen Zügen teil an der schon besprochenen Geschichte des ganzen Landes, und auch gewisse unliebsame Vorfälle zur Faschistenzeit wurden schon im Einleitungskapitel behandelt. Was ich im Folgenden an erwähnenswerten Geschehnissen anführe, entnehme ich in sehr geraffter Form dem unentbehrlichen »Altbozner Bilderbuch« von *Karl Theodor Hoeniger*.

Entscheidend in die Geschicke der Stadt eingegriffen hat der im Jahr 1895 zum Bürgermeister gewählte *Julius Perathoner*, unter dessen von den Faschisten im Jahr 1923 gewaltsam beendeter Führung Bozen ein neues Gesicht bekam: Das elektrische Licht wurde eingeführt, es wurden Straßen Brücken, Schulen und Parkanlagen gebaut, die Stadt wurde beträchtlich erweitert. Als ein heute noch viel bewundertes Beispiel möge die Gesamtanlage der Sparkassenstraße genannt werden, die aus der bunten, phantasievollen Vielfalt der Jugendstilfassaden dennoch das Bild eines geschlossenen Straßenzuges geschaffen hat. Im Jahr 1900 wird die neue TALFERBRÜCKE dem Verkehr übergeben, fünf Jahre bevor der erste Bozner ein Auto besitzt! Diese Brücke wurde dann erst in jüngster Zeit renoviert und erweitert, unter Belassung des alten Eisengeländers.

Zur besseren Verbindung mit den umliegenden Gemeinden im Tal und auf den Bergen entsteht eine Reihe von neuen Verkehrswegen. Schon 1898 nimmt eine Dampfeisenbahn nach Kaltern ihren Betrieb auf, die dann 1911 auf elektrischen Betrieb umgestellt wird; 1907 folgt die elektrische Zahnradbahn auf den Ritten und wenig später die Standseilbahn auf den Virgl. In das Jahr 1908 fällt als erste Bergschwebebahn der Welt die Seilbahn nach Kohlern. 1909 entsteht die Straßenbahnlinie Bozen–Gries, 1912 die Standseilbahn nach Guntschna; so kann

Bozen sich rühmen, alle anderen Städte Europas mit der Anzahl ihrer Bergbahnen zu überflügeln.

Nachdem die Gemeinde Zwölfmalgreien schon 1910 mit Bozen vereint wurde, geschah dasselbe auch für Gries im Jahr 1925. Am 12. Juli 1926 kommt der italienische König nach Bozen, um das von *Piacentini* errichtete SIEGESDENKMAL feierlich der Öffentlichkeit zu übergeben. Die überhebliche Inschrift »HINC CETEROS EXCOLUIMUS LINGUA, LEGIBUS, ARTIBUS« (Von hier aus haben wir den anderen durch Sprache, Gesetze und Künste unsere Kultur gebracht) stempelt uns Südtiroler heute noch als ungebildete Barbaren, die es zu kolonisieren galt. Die Liktorenbündel weisen immer noch auf den faschistischen Geist des Denkmals hin, von dem auch die heute sich so europäisch gebärdenden Politiker nicht den Mut haben, sich zu trennen.

Im Jahr 1931 wird die neue Drususbrücke fertiggestellt; die großen, steinernen Adler imperialer Prägung, die sie säumten, werden nach dem Zweiten Weltkrieg entfernt und fristen jetzt ein flügellahmes Dasein unter anderen Trümmern im Hof des STADTMUSEUMS. An demselben Museum wurde 1934 der Turm wegen seines zu »deutschen« Aussehens abgerissen und bekam einen neutralen Abschluß. Erst vor wenigen Jahren hat er dann seinen ursprünglichen Zinnengiebel wiedererhalten, der allerdings von der Talferbrücke aus gesehen den Blick auf den Rosengarten einengt (was er damals wohl auch getan hat). Das Stadtmuseum war 1905 nach Plänen des Malers *Alois Delueg* gebaut worden, um den Sammlungen des 1882 gegründeten »Museumsvereins« einen würdigen Ort der Ausstellung und Bewahrung zu verschaffen (siehe dazu die Festschrift: »100 Jahre Museumsverein«, Bozen 1983). Der Museumsverein blieb Besitzer aller Exponate, die Stadtgemeinde lieferte den Bau und das Personal. In den dreißiger Jahren versuchten die damaligen Behörden, den Verein zu entmachten oder gar aufzuheben, aber er überlebte den Faschismus und auch den Zweiten Weltkrieg. Heute sind ungefähr siebzig Prozent der Objekte im Besitz des Vereins, der Rest gehört der Stadt, die auch den Direktor und das Personal stellt.

1939 kommt es zum unseligen Optionsabkommen zwischen den zwei Diktatoren, viele Bozner verlassen ihre Heimat. Und dann schlägt der Krieg zu, in dem so viele junge, hoffnungsvolle Männer ihr Leben lassen müssen. Die Stadt selber erleidet schwere Zerstörungen durch die Fliegerbomben: In 13 Angriffen werden 325 Gebäude zerstört und beinahe 2000 andere mehr oder weniger schwer beschädigt, darunter auch besonders schwer die Pfarrkirche und die Dominikanerkirche.

Nach dem Krieg geht der Wiederaufbau zügig voran, und es entstehen neue Wohnviertel im Süden der Stadt für die immer zahlreicheren Einwanderer aus dem Süden. Im Jahr 1967 überschreitet die Einwohnerzahl zum ersten Mal die Hunderttausendergrenze. Für das kirchliche Leben ist das Jahr 1964 von Bedeutung, weil der Bischofssitz von Brixen nach Bozen verlegt wird; die Pfarrkirche wird zum Dom, die Diözese heißt von nun an »Bozen-Brixen«. Hier spielten wohl verwaltungstechnische Gründe eine größere Rolle als die jahrhundertealte Tradition eines der ältesten Bischofssitze in deutschen Landen, weshalb diese Entscheidung auch nicht überall Zustimmung erfahren hat. Um dieser neuen Aufgabe gerecht zu werden, wurde im Osten der Pfarrkirche ein neues, ausgedehntes Pastoralzentrum errichtet, in dem Verwaltungsräume, Versammlungslokale und Wohnungen Platz gefunden haben.

In den letzten Jahrzehnten versucht eine Reihe von weiteren, großen Neubauten sich den fortwährend steigenden Bedürfnissen der Stadt anzupassen. Im Jahr 1980 wurde das neue, über tausend Betten fassende REGIONALKRANKENHAUS in Moritzing seiner Bestimmung übergeben; in das alte Gebäude im Zentrum der Stadt zog das neugegründete MUSEUM FÜR MODERNE KUNST ein, dem aber auch hier keine lange Bleibe beschieden war, da die im Jahr 1998 gegründete UNIVERSITÄT VON BOZEN hier untergebracht wird. Ein moderner, heller Durchgang führt vom Waltherplatz zur Weintraubengasse; das altehrwürdige HOTEL GREIF behält zwar seine Fassade zum Platz und einen kleineren Hotelbetrieb, wird aber in seinen tieferen Eingeweiden zu Büroräumen und Geschäften umgewandelt. Und zu guter Letzt wurde das lang umstrittene, neue STADTTHEATER am Verdiplatz seiner Bestimmung übergeben, das wegen seiner fensterlosen Fassade von der Bevölkerung schon zum »Kulturbunker« erhoben wurde; es ist nur zu wünschen, daß die finanziellen Quellen, die notgedrungenerweise den Betrieb unterstützen müssen, nie versiegen!

Gegenüber dem Bahnhof entsteht ein großer Neubau für die Landesregierung, der nun den Blick auf das elegante PALAIS WIDMANN verstellt. Und das Projekt einer Überbauung des ganzen Bahnhofareals wird schon seit längerer Zeit diskutiert. Es fehlt der Stadt also nicht an Dynamik. Zum Lobe der Stadtväter muß auch gesagt werden, daß sich die Tätigkeit nicht nur auf Bauten beschränkt: Bozen darf sich einer außerordentlich tüchtigen und einfallsreichen Stadtgärtnerei rühmen, und jeder Bürger und Besucher freut sich über den reichen, geschmackvollen Blumenschmuck, der allenthalben in der Stadt und selbst längs der Brückengeländer viel Farbe in das Stadtbild bringt. Das weite Talferbett wurde schon vor Jahren in ein ausgedehntes, grünes Erholungsgebiet verwandelt, wo Kinderspielplätze, Radfahrwege und Sporteinrichtungen nahe am kühlen Fluß auch im Sommer viel Volk anzieht. Die drei wegen ihrer reichen und teils exotischen Bepflanzung sehr empfehlenswerten Spazierwege längs der Talfer–Wassermauer, an der Oswaldpromenade und der Grieser Guntschnapromenade gehören für den Besucher von Bozen, aber auch für viele Einheimische zu den schönsten Naturerlebnissen, besonders im Vorfrühling, der sich hier schon im Februar zu regen pflegt.

Wir wollen unseren Streifzug durch Bozen am OBSTMARKT beginnen, weil von hier aus sowohl der Kern der Altstadt als auch die später dazugekommenen Stadtteile rechts der Talfer leicht zu erreichen sind. Wie ein weiter Bogen spannt sich dieser längliche Platz um die Altstadt, und die Sehne dazu bildet gleichsam die Laubengasse, die sich in die Museumstraße gegen die Talfer hin fortsetzt. An den zum Teil mit grünem Tuch überdachten, hölzernen Ständen sind fein säuberlich aufsteigend alle erdenklichen Gattungen von Obst und Gemüse aufgereiht; im Winter herrschen die goldenen Orangen und Mandarinen vor, neben bunten Äpfeln und den von nördlichen Touristen mißtrauisch betrachteten Kakis. Die »Krampenfrauen« alten Gedenkens sind zum Großteil ausgestorben, heute wechseln sich italienische und deutsche Verkäufer ab, und keinem von beiden bleiben die blaugefroreren Hände an den kalten Wintertagen erspart. Jeder hat seine Stammkunden, das Geschäft stockt selten. Das Gedränge des Touristenstroms beginnt dann gegen Ostern, und von jetzt an bis in den späten Herbst hat es ein Eiliger nicht leicht, sich durch das fotografierende, bummelnde und manchmal auch kaufende Gemisch aus Japanern, Germanen und anderen Völkern zu drängen. Daß die Gäste aus dem Norden mit den Sehenswürdigkeiten der Stadt nicht immer ganz vertraut sind, konnte ich einmal aus dem Mund einer Dame in reinstem Salzburgerisch erfahren: »Jetz suach I oiwai es goidene Dachl!«

Schöne Häuserfronten aus vergangenen Jahrhunderten säumen besonders den westlichen Teil; darunter sticht das MENZ-HAUS mit seiner geschwungenen Barockfassade besonders hervor. Diese Familie gehörte gegen Ende des 18. Jahrhunderts zu den reichsten der Stadt. Als ihre letzte Erbin, die damals 15jährige *Annette von Menz* zur Zeit der bayrisch-französischen Besetzung im Jahr 1811 drauf und dran war, einen viel älteren französischen Offizier zu heiraten, der es wohl nur auf das große Vermögen abgesehen hatte, lehnten sich die Vertreter der Bürgerschaft heftigst dagegen auf. Es gelang ihnen auch, trotz der Bemühungen des mit dem Bräutigam befreundeten Vizekönigs von Italien Eugéne Beauharnais, das schon als »Franzosenbraut« betitelte junge Kind vor diesem Schritt zu bewahren. Die reiche Erbin heiratete später einen Grafen Sarnthein, und vieles aus dem ehemaligen Menz-Besitz ist auf die Erben, die Grafen Toggenburg, übergegangen.

Am Eingang zu den Lauben steht der »Gabelwirt«, wie der Neptunsbrunnen liebevoll genannt wird; er konnte sich an den Düften erfreuen, die aus dem ehemals darunterstehenden Würstelstand, im Herbst aber besonders aus den Bratpfannen der Kastanienröster verlockend aufsteigen. Hier standen einst der »Pranger« und das »Narrenhäusl« .

Die Museumstraße bringt uns an ihrer Einmündung in die Sparkassenstraße zum neu errichteten ARCHÄOLOGISCHEN MUSEUM der Provinz Bozen. Das Gebäude, 1914 als österreichisch-ungarische Bank erbaut, ging später an die Banca d'Italia über und ist jetzt in Landesbesitz; über seinen wichtigsten Einwohner, den *Ötzi*, wurde schon eingangs berichtet. Abgesehen von diesem sicher außergewöhnlichen Anziehungspunkt ist aber ein Besuch dieses modernst aufgebauten und konzipierten Museums jedesmal ein Gewinn für jung und alt, da uns in zahlreichen Bildern, Modellen und Originalfunden das Leben unserer fernen Vorfahren von den Urzeiten bis ins frühe Mittelalter anschaulich gemacht wird. Die Sparkassenstraße, in die die Museumstraße mündet, besticht durch ihre einheitlich in den neunziger Jahren des 19. Jahrhunderts erbaute Häuserzeile: Die vielen spitzen Türmchen mit ihren farbig glasierten Dachplatten, die Erker, die bewegten Fassaden sind ein seltenes Zeugnis aus Tagen behäbigen Wohlstandes. Hier steht auch das schon früher erwähnte STADTMUSEUM mit reichen Sammlungen an romanischer und gotischer Kunst, an Erzeugnissen des heimischen Handwerks aus vergangenen Jahrhunderten wie Kachelöfen, wertvolle Gläser und besonders schöne, lebensgroße Trachtenfiguren aus allen Teilen des Landes. Sehenswert sind auch die originalen, alten Tirolerstuben im dritten Stock. Dazu kommt eine reichhaltige Bibliothek. Kein Besucher des Museums sollte sich den Blick vom höchsten Turmzimmer entgehen lassen: Von hier beherrscht das Auge nach allen Himmelsrichtungen hin das ganze Bozner Becken; während der Blick stadtwärts über die Dächer der Altstadt bis zum fernen Rosengarten schweift, breitet sich gegen Westen das neue Bozen aus, mit dem weiß auftrumpfenden Siegesdenkmal im Vordergrund, der Industriezone im Süden und dem Mendelkamm am westlichen Horizont.

Kehrt man durch die Museumstraße in Richtung Obstmarkt zurück, so findet man rechts die schmale, noch ganz mittelalterliche Erbsengasse, früher einmal Judengasse genannt (aber nicht sicher mit einem Ghetto in Verbindung zu bringen); gegen Norden hingegen zieht die Rauschertorgasse gegen das einst an ihrem oberen Ende befindliche Tor; der Name kommt von dem alten Wort »Ruse«, womit Flußgeröll oder Ödland gemeint war *(Huter)* und nicht die Tatsache, daß durch die Gasse früher ein von der Talfer abgeleiteter Bach »rauschte«. Ich selbst erinnere mich noch an die nur mit Steinplatten bedeckte »Ritsch«, die alle Abwässer der Straße auffing. Diese Gasse ist eine Welt für sich: Da gibt es einen Kindergarten und ein Altersheim, einen Schuster, einen Laden mit Lederwaren, einen Töpfer, einen Juwelier, einen Antiquar, einen iranischen Teppichladen und ein modernes Einrichtungsgeschäft aber auch einen Metzger, ein Zeitungsgeschäft mit Tabakwaren, ein Uhrengeschäft und einen kleinen Supermarkt, zwei Damenfriseure und auch zwei Bars. Das alte Gasthaus zur Gans ist einem chinesischen Restaurant gewichen. Einen Brotladen und einen Spengler gab es noch bis vor zwanzig Jahren. Ich kenne keine andere Straße in einer Stadt, in der es sich auf so engem Raum so vollständig versorgt leben ließe! Dabei haben die Häuser durchaus kein altes Gesicht, denn sie sind in den letzten Jahren nach und nach neu verputzt und gemalt worden. Am oberen Ende steht, nicht zu vergessen, die neuromanische HERZ-JESU-KIRCHE, in den achtziger Jahren des 19. Jahrhunderts von den Besitzern des nebenstehenden alten ANSITZES STILLENDORF erbaut. Dies ist eines der ältesten Häuser Bozens, das schon im Jahr 1237 erwähnt ist und seinen Namen wahrscheinlich von einem Stilicho bewahrt hat. Sein wie ein spitzer Schiffskiel auslaufendes Hauseck war wohl gegen die immer wieder bedrohlichen Wasser der Talfer gerichtet. Im Hausgang ist eine Gedenktafel für den Lehrer *Franz Innerhofer* angebracht, der im Jahr 1921 hier von den Faschisten erschossen wurde, als er ein Kind vor den randalierenden Schwarzhemden in Sicherheit bringen wollte.

Von hier aus begeben wir uns kurz noch in neuere Siedlungsgebiete, wo die jüngst vergrößerte MARIENKLINIK, eine früher als Marieninternat bekannte, von Terziarschwestern geführte Privatklinik, beste und breitgefächerte ärztliche Betreuung bietet. Am Ende derselben Straße steht die GERSTBURG, ein alter Herrensitz mit einer kleinen, barocken Kapelle, auch einmal im Besitz der schon erwähnten Kaufmannsfamilie der

Menz; sie enthält als besonderen Schatz Deckengemälde von *Paul Troger*. Gegen Nordwesten, hinter einem großen Parkplatz, steht dann das mächtige SCHLOSS MARETSCH mitten in den Weinbergen. Von nicht weiter bekannten *Herren von Maretsch* Anfang des 13. Jahrhunderts erbaut, wurde das Schloß später von der *Familie Römer* in seine heutige Form gebracht, mit den vier runden Ecktürmen und mit reichem Freskenschmuck aus der Spätrenaissance in vielen seiner Räume. Später wurde auch dieses Schloß von den *Menz* erworben und ging dann an die *Grafen Sarnthein* und ihre Erben über. Heute ist es im Besitz der *Bozner Kurverwaltung*. Der von einem eleganten Loggiengang auf einer Seite gerahmte Innenhof wird immer wieder für Konzerte benutzt, während die übrigen Räume für Ausstellungen und Tagungen dienen. Das Schloß war zu Anfangszeiten oft von den Wassern der hochgehenden Talfer bedroht und wohl auch überschwemmt worden; dem hat dann der Bau einer sogenannten WASSERMAUER schon im 13. Jahrhundert ein Ende gesetzt. Diese Mauer wurde später verstärkt und ist heute ein beliebter Spazierweg für Mütter mit Kinderwagen, für Verliebte und für Rentner, durch Blumenbeete und seltene Bäume, mit einem immer von neuem bezaubernden Blick auf Schloß Maretsch und den Rosengarten. Man kann die Wassermauer bis zum Ortsteil **Sankt Anton** am Ausgang des Sarntals durchwandern.

Nach diesem kleinen Abstecher kehren wir zurück in die Wangergasse, benannt nach den *Herren von Wangen,* deren bedeutendster Vertreter der Bischof Friedrich von Wangen war, der von 1207 bis 1218 Bischof von Trient war und den Ausbau jener Stadtteile von Bozen förderte, wo sich heute die Wanger- und Vintlergasse, die Bindergasse und der Rathausplatz befinden; die Gegend des heutigen Obstmarktes, der Museumstraße, des Dominikaner-, Pfarr- und Waltherplatzes war schon nach 1170 mit Häusern bebaut worden *(Hoeniger)*. Hier stoßen wir bald auf den großen Gebäudekomplex des FRANZISKANERKLOSTERS mit der Kirche, den Kloster- und Schulgebäuden und dem großen, versteckt liegenden Garten. Diese Niederlassung der FRANZISKANER ist, nach *Rampold*, bald nach 1221 anzusetzen und somit die älteste auf deutschem Boden! Das schöne, gotische Kirchenschiff mußte nach den schweren Bombenschäden des Zweiten Weltkriegs fast völlig neu errichtet werden, und der bekannte Bozner Architekt *Erich Pattis* hat dabei spätere, neugotische Zutaten radikal entfernt und der Kirche wieder ihr ursprüngliches, franziskanisch nüchternes Gesicht wiedergeben können. Als Hauptanziehungspunkt ist der seit dem Jahr 1990 hinter dem Hochaltar aufgestellte Flügelaltar des *Hans Klocker* zu erwähnen; dieses im Jahr 1500 für die Kirche geschaffene Schnitzwerk ist neben dem GRIESER ALTAR des *Michael Pacher* Bozens schönster spätgotischer Altar. Das Mittelstück wird von einer Darstellung des Stalles von Bethlehem eingenommen, wo in andächtig bewundernder Haltung Maria und Josef vor der mit dem Mantel Marias ausgelegten Krippe knien, Ochs und Esel ihren Kopf durch einen vergoldeten Verschlag zwängen und dahinter, unter reichstem gotischen Zierrat, die Menge der Hirten staunend nach vorne blickt. In den Seitenflügeln sehen wir die Verkündigung, die Beschneidung Jesu, die Darstellung im Tempel und Maria zu Pfingsten im Kreise der Apostel. Aus derselben Zeit stammen die Fresken an der linken Seitenwand, die eine Reihe von franziskanischen Kirchenlehrern darstellt. Eine besondere Sehenswürdigkeit ist der Kreuzgang, der vom Innsbrucker Kunsthistoriker *Erich Egg* als der »schönste Tirols« bezeichnet wird. Das seit über hundert Jahren um die Erziehung und Bildung junger Bozner bemühte FRANZISKANERGYMNASIUM ist die bekannteste und älteste Bildungsstätte dieser Art in der Stadt.

Durch die Vintlergasse kommt man dann zum Ausgang der Bindergasse, die durch die Vielzahl der dort noch bestehenden Gasthäuser auffällt: Hier mündete früher die von Rentsch kommende Brennerstraße und auch die Straße vom Sarntal, und da wartete auf die durstigen Fuhrleute der erste gute Tropfen! Wenn auch der Sargant nicht mehr besteht, so gibt es doch noch das Weiße Rößl, den Pfau, den mehrere Jahrhunderte alten Eisenhut oder den traditionsreichen Mondschein mit seinem verwinkelten Innenhof und seinen alten Stuben. An der Ecke zur

Andreas-Hofer-Straße steht behäbig in seinen noch gotischen Formen das alte landesfürstliche Amtshaus, aus dem durch einen radikalen Umbau jetzt das neue NATURMUSEUM SÜDTIROL geworden ist. Das Amtshaus war Ende des 15. Jahrhunderts unter Kaiser Maximilian errichtet worden. Im März 1997 eröffnet, zeigt das Museum den Werdegang der Südtiroler Landschaft von der Entstehung der Bozner Porphyrplatte über jene der Dolomiten und der infolge der Eiszeiten gewordenen Moränenlandschaften bis zur heutigen Kulturlandschaft. Eine reiche Mineraliensammlung sowie eine Käfersammlung von 42.500 Exemplaren sind andere Anziehungspunkte der Dauerausstellung; daneben bleibt Platz für ständig wechselnde Sonderschauen.

Nicht weit davon gegen Norden blickt der schmale Turm der ST.-GEORGS-KIRCHE aus den Häuserzeilen der Weggensteinstraße (benannt nach dem alten Edelsitz der Vintler). Diese schöne gotische Kirche aus dem Jahr 1400 wird für gewöhnlich als die DEUTSCHHAUS-KIRCHE bezeichnet, da sie vom *Deutschen Orden* gegründet wurde und heute noch von ihm geführt wird.

Die Bozner KOMMENDE DES DEUTSCHEN ORDENS wurde im Jahr 1202, nur sieben Jahre nach der Gründung des Ordens in Akkon bei Jerusalem, als dritte in ganz Deutschland eingerichtet und trug den Namen »Ballei an der Etsch«. Wenig später erfolgten Schenkungen an Lana, Sterzing, Lengmoos und an kleinere Kirchen im Vinschgau und im Passeier. Bekannt wurde der Orden besonders durch die Christianisierung des Baltikums von Preußen aus, wo ein eigener »Ordensstaat« entstand, wovon heute noch die große Marienburg zeugt, die nach ihrer Zerstörung im Zweiten Weltkrieg wieder aufgebaut wurde (dazu: *F. H. von Hye*: »Die Geschichte des Deutschen Ordens in Tirol«).

An der Südseite der Kirche ist unter einem schützenden Dach ein leider verblaßtes Fresko der Kreuzigung angebracht, nach *Weingartner »die vorzügliche Arbeit eines Veroneser Meisters«*. Daneben versucht ein Ölbaum an der wärmenden Kirchenwand die südliche Sonne einzufangen – wir wünschen ihm langes Leben! Eine Reihe von bis ins 14. Jahrhundert zurückreichenden Grabsteinen schmückt die Wände der Kirche und der Vorhalle. Im Inneren, einem sauberen Raum mit einfachem Netzgewölbe, sind an der Nordwand die Wappenschilder der verschiedenen Landkomturen, im ganzen 31, angebracht, die meist aus den Adelsgeschlechtern des Landes, aber auch aus Deutschland stammten. Das große Altarbild des heiligen Georg hat *Martin Knoller* gemalt. Das reiche Silberrelief am Tabernakel ist Augsburger Arbeit aus dem 17. Jahrhundert.

Am Anfang der Andreas-Hofer-Straße, zu der das Naturmuseum das Eckhaus bildet, steht das berühmte alte Gasthaus BATZENHÄUSL. Wohl schon seit 1404 im Besitz des Deutschen Ritterordens (dessen Angehörige es ja vom nahen Weggenstein nicht weit hatten, wurde es erst im Lauf des 19. Jahrhunderts zum beliebten Stammlokal vieler Bozner, aber gegen Ende des 19. Jahrhunderts besonders zum Treffpunkt für viele Künstler aus allen deutschen Landen. Die einmal über 250 Stücke zählende Sammlung von dort hinterlassenen Zeichnungen, Skulpturen, Skizzen und Gemälden ist seit dem Zweiten Weltkrieg nicht mehr vollständig und als Leihgabe des Landes heute im Schloß Prösels bei Völs untergebracht (dazu: *Frei*: »Die Bildersammlung aus dem Bozner Batzenhäusl«, Kuratorium Schloß Prösls, 1999). Das Gasthaus aber erfreut sich immer noch lebhaften Zuspruches in seinen über eine enge, gewundene Treppe erreichbaren gemütlichen Stuben.

Durch ein enges Gäßchen hinter dem Batzenhäusl kommt man dann gegen Norden in das noch schmalere St.-Johann-Gäßchen, wo, ganz eng von alten Häusern umschlossen, eine der ältesten und eindrucksvollsten Kirchen von Bozen steht. Die Rundapsis und der schöne Turm verraten ihren romanischen Ursprung – die Kirche wurde um 1300 in die heutige Form gebracht, bestand aber schon 1180. Das ganze Innere der von außen unscheinbaren Kirche ist über und über mit Bildern aus dem Leben sowohl Johannes des Täufers als auch des Evangelisten bedeckt, daneben Christus in der Mandorla, Bilder der Apostel, Szenen aus dem Leben Marias und aus der Passion. Die Malereien stammen aus verschiedenen Epochen des 14. Jahrhunderts. Bei dem unbekannten Meister (*Weingartner* nennt ihn den *»Meister von Sankt Johann«*), der die Apsis und das Gewölbe ausgemalt hat, denkt *Rasmo* an *sicher einen deutschen Meister, der mit einem Gemisch aus romanischen und gotischen Zierleisten seinen Leuten die bis Bozen gelangten Neuheiten aus Italien zu illustrieren versucht.* In der zweiten Hälfte des 14. Jahrhunderts wurden die ursprünglichen Fresken teilweise übermalt.

In der Nähe steht der alte ANSITZ HÖRTENBERG, ein schöner Bau mit Erkern, Erkertürmchen und dreiteiligen Rundbogenfenstern aus dem Ende des 16. Jahrhunderts, ehemals Besitz der reichen Kaufmannsfamilie der *Giovanelli* (die aus Gandino bei Bergamo eingewandert waren) und heute im Besitz ihrer Nachkommen. Die Andreas-Hofer-Straße mündet am Zwölfmalgreiner Platz, dem Ort der ehemaligen Zollstange, wo auch noch das alte Gasthaus zur Löwengrube steht.

Zu diesen **zwölf Malgreien,** die den ganzen Stadtteil östlich der Achse Bindergasse–Weintraubengasse umfaßte, gehört auch der einfach als **Dorf** bezeichnete Teil, der sich an den Rittner Berg anlehnt. Hier hatten die Patrizierfamilien ihre Behausungen, von Gärten und Rebgelände umgeben. Heute noch stehen da und dort neben den moderneren Gebäuden in lockerer Anordnung alte Herrenhäuser, zum Teil noch mit einem Kern aus dem 15. Jahrhundert, wie z. B. OBERPAYRSBERG, das noch eine gotische Kapelle aus dem Bombenhagel gerettet hat. Die Heinrichstraße führt in nördliche Richtung, vorbei am alten Ansitz Campil, der im vorigen Jahrhundert einem Umbau im Tudor-Stil zum Opfer gefallen ist, zur Häusergruppe des ehemaligen SCHLOSSES KLEBENSTEIN mit seiner Kapelle zum heiligen Antonius (daher auch meist nur Sankt Anton genannt); hier endet auch die lange Promenade auf der Wassermauer längs der Talfer. Gleich dahinter erinnern nur die in ein Gasthaus eingebauten Reste eines alten Turmes an das alte SCHLOSS RENDELSTEIN. Von hier ist es nicht mehr weit zur Burg Runkelstein, der wir bald einen Besuch abstatten wollen.

Von hier aus kehren wir zurück und verlassen den alten Stadtteil von Zwölfmalgreien durch das Tor, das bei der Eingliederung dieser früher selbständigen Gemeinde in die Stadt Bozen durch das schöne AMONN-HAUS gebrochen wurde und uns auf den Rathausplatz vor den Lauben bringt. Dieser Durchbruch wurde im Jahr 1914 geschaffen und das Haus später von *Rudolf Stolz* mit Fresken versehen. Das alte Rathaus stammt aus dem Jahr 1905; ein modernerer Neubau in der dahinterliegenden Gumergasse beherbergt die meisten Gemeindeämter.

Die Hauptstraße, schon in der ersten Anlage auf die Hitze des Sommers berechnet, ist etwas eng und finster ausgefallen, hat aber geräumige Bogengänge, Lauben genannt, unter denen auch in der wärmsten Jahreszeit eine kellerliche Kühle duftet. Fast an allen Häusern sind Erker angebracht, zur lustigen Aussicht straßauf, straßab. Im Innern dieser Gebäude überraschen die großen Räume; die weite Hausflur, die mächtigen Stuben und insbesondre die eigenthümliche Lichthaube, ein mitten im Hause stehender Hof, oben mit schwebendem Dach überlegt, unten durch sprudelnde Brunnen belebt, von wo aus Kühlung und frischer Luftzug in alle Gänge und Gemächer sich ergießt …

Dieser Bericht von *Ludwig Steub* aus seinem Werk »Drei Sommer in Tirol«, vor 130 Jahren verfaßt, beschreibt die LAUBEN, oder wie sie früher hießen, die »Gewölbe«, beinahe, wie sie heute noch sind. Natürlich bemühen sich die Geschäftsinhaber immer wieder, ihren Räumen ein modernes, anziehendes Gesicht zu geben, und so wird ein Gang durch diesen schönsten aller Tiroler Laubenzüge zu einem Genuß für das Auge und zu einer ständigen Verlockung. Das ursprüngliche Einheitsmaß für ein Laubenhaus betrug sieben Meter in der Breite, mit bis zur heutigen Streitergasse (früher einmal »Kotgasse«, wohl wegen der von den Pferden hinterlassenen Äpfel) reichenden Geschäfts- und Lagerräumen. Später wurde, bei notwendigen Umbauten, dieses ursprüngliche Maß häufig durchbrochen; auch geht der Ausbau der Innenhöfe mit ihren schönen, schmiedeeisernen Treppengeländern meist auf das 17./18. Jahrhundert zurück. Manch abgrundtiefer Keller reicht aber noch in die Ursprungsjahre zurück. Wer nur unter den eigentlichen Laubenbögen wandelt, hat in den belebten Monaten ein langsames Fortkommen, und ihm entgehen die vielen, kunstvoll ausgeführten Hausfassaden, die er besser von der Mitte der Straße aus bewundern kann. Allerdings ist sowohl für die Lauben als auch für die angrenzende Museumstraße ein gemütliches Durchwandern vor 10 Uhr vormittags nicht zu empfehlen, da sich dann die vielen Zulieferer mit ihren Lastwägen um die Eingänge drängen; sonst herrscht hier das Gesetz der Fußgängerzone.

In der parallel zu den Lauben im Süden verlaufenden Silbergasse sticht vor allem das prächtige Barockgebäude des MERKANTILMAGISTRATS aus der Häuserreihe; davon wurde schon berichtet und auch von dem dort untergebrachten Museum der Bozner Handelsgeschichte sowie dem seit kurzen geschaffenen Verbindungsgang zu den Lauben. Der Prunksaal mit seinen wertvollen Porträts habsburgischer Herrscher gehört zu den prächtigsten Innenräumen der Stadt. Einen Hauch von Gotik verspüren wir noch bei dem daneben liegenden Treppenaufgang mit dem steinernen Maßwerk. Längs der Silbergasse gegen Norden scheint früher die alte Stadtmauer verlaufen zu sein, die Meinhard II. zusammen mit der bischöflichen Burg im Jahr 1277 schleifen ließ; der Turm dieser Burg stand dort, wo heute durch eine verschiedene Pflasterung ein Viereck hervorgehoben ist. Am Kornplatz – der Name erinnert an seine ehemalige Bestimmung als Kornmarkt – steht das alte WAAGHAUS mit seiner nach oben verjüngten Fassade, auf der noch der Tiroler Adler und das Bindenschild zu erkennen sind, Abzeichen seiner offiziellen Bestimmung als früheres Amt für das Abwägen der Warenballen. Am breiteren Zugang zu den Lauben stehen einige Gasthäuser alter Tradition in nächster Nähe zueinander; eines davon, mit dem wenig einladenden Namen Schlutziger Luis, hat leider nicht überlebt! In dem mit reichen Ornamenten geschmückten Haus, dessen Eingang in die Lauben schaut, befindet sich die alte Apotheke Zur Madonna, in der kunstvoll geschnitzte Wandkästen zu bewundern sind.

Gegen Süden öffnet sich der weiträumige Waltherplatz, heute ein Zentrum und Treffpunkt der Stadt. Das DENKMAL WALTHERS VON DER VOGELWEIDE wurde 1874 von dem aus dem Vinschgau stammenden Bildhauer *Heinrich Natter* geschaffen. 1935 war es *»wegen Behinderung des öffentlichen Verkehrs«* von den faschistischen Stadtvätern in einen kleinen Park verbannt worden, kehrte aber 1981 wieder an seinen angestammten Platz zurück. Heute ist der Waltherplatz vom Verkehr befreit, die Zugänge zur großen Tiefgarage sind unauffällig angebracht, die warme Luft, die im Winter aus den Gittern strömt, ist willkommener Wärmespender für manchen Sandler! Kaffeehaustischchen säumen die Ränder, Anfang Mai breitet sich die Pracht des alljährlichen Blumenmarktes aus, und im Dezember drängt sich hier um die Buden des Christkindlmarktes eine dichte Menge neugierigen Volkes aus nah und fern. Das inzwischen umgebaute, traditionsreiche Hotel Greif hat seine alte Fassade bewahrt. Ihm gegenüber steht der weitläufige Bau des PALAIS CAMPOFRANCO, das *Erzherzog Rainer*, damals Vizekönig in Mailand, um die Mitte des vorigen Jahrhunderts erbauen ließ und das mit seinem Dachgarten von der Mustergasse bis zur Pfarrkirche reicht. In ihm befindet sich, von der Mustergasse aus zugänglich, die GOETHEGALERIE, die bekannteste Kunstgalerie in der Stadt. Dem modern, aber unaufdringlich gestalteten Sitz der Sparkasse sieht man an, daß er an Stelle eines von den Bomben zerstörten Gebäudes errichtet wurde. Von hier aus zieht die Mustergasse (nach dem italienischen »mostra« Ausstellung) gegen die Goethestraße. In ihrer zu einem kleinen Platz erweiterten Mitte steht das prächtige Gebäude, in dem sich auch das alte Restaurant zur Kaiserkrone befindet, und das sich der reiche Handelsherr *Franz Anton Pock* um die Mitte des 18. Jahrhunderts erbauen ließ, nachdem er sich seinen Geldbeutel durch Handel mit schlesischem Leinen tüchtig aufgefüllt hatte *(Hoeniger)*. Im gegenüber gelegenen Gebäude der Banca Commerciale sind wertvolle Fresken des aus Schlesien stammenden Malers *Carl Henrici* zu bewundern, der im Lauf des 18. Jahrhunderts in ganz Tirol und besonders in Bozen Deckengemälde in Kirchen und Privathäusern und eine Reihe von Ölbildern hinterlassen hat. In östliche Richtung zieht vom Waltherplatz aus die Raingasse gegen die Weintraubengasse; hier stoßen wir gleich auf das große und modernst renovierte Hotel Laurin, das Renommierhotel der Stadt mit schönem Park und bekanntem Restaurant. Nahe daran steht das HAUS DER KULTUR WALTHER VON DER

VOGELWEIDE, das bis zum Neubau des ZANUSO-THEATERS am Verdiplatz auch das deutsche Stadttheater beherbergte.

Zurück zum Waltherplatz, in dessen Süden sich das zarte Maßwerk des gotischen Pfarrturms vom Himmel abhebt, mit seiner Kirche, dessen neue Bezeichnung BOZNER DOM im Volk noch nicht so richtig Fuß gefaßt hat, obwohl sie ihr als dem neuen Bischofssitz zusteht. Ursprünglich stand hier ein großer, romanischer Dom, der laut *Hoeniger* der ehrwürdigen, romanischen Basilika von Altenstadt bei Schongau im bayrischen Schwaben sehr ähnlich gesehen haben muß. Ja, in neuerer Zeit vorgenommene Ausgrabungen lassen an dieser Stelle eine Kirche bereits aus dem 5. oder 6. Jahrhundert vermuten. Nach mehreren Bränden wurde dann eine schwäbische Bauhütte unter *Hans Lutz von Schussenried* mit dem Bau dieses schönsten gotischen Bauwerks in Südtirol beauftragt. An romanischen Bauteilen bleibt noch das Löwentor im Westen, das wohl nach dem Vorbild am Trienter Dom nachgebildet ist, die große Fensterrose darüber, die erst durch die Bomben freigelegt wurde, und das Untergeschoß des Nordturms. Im Inneren der Kirche erkennt man nämlich den Ansatz zu einem Südturm, der aber nie ausgeführt wurde. Das schön verzierte, romanische Taufbecken von 1300 befindet sich heute im Stadtmuseum. Die neue Bronzetür (1988) ist ein gelungenes Werk des Innsbrucker Künstlers *Michael Defner.* (Die Reste des schönen alten, holzgeschnitzten Portals aus dem Jahr 1521 befinden sich heute im Stadtmuseum.) Neben dem Löwentor ist an der Westfassade unter einem kleinen Dach das leider ziemlich beschädigte Bild der »Plappermutter« zu sehen, das vielleicht von Michael Pacher, aber jedenfalls aus seiner Schule stammt. Der seltsame Name stammt vom Volksbrauch, nach dem die Großmütter hier ihre sprechfaulen Enkel dem als förderlich betrachteten Einfluß der Gottesmutter aussetzten, damit der Redefluß endlich in Gang käme.

Der Dom war unter den Bomben des Zweiten Weltkrieges zu großen Teilen in Schutt gefallen und wurde dann vorbildlich wieder in seine ursprünglichen Formen gebracht. Zwischen 1978 und 1984 wurden auch die Figuren und Ranken des Turmes in mühsamer Arbeit restauriert, nachdem der giftschwangere Zahn der Zeit und auch ein Erdbeben immer wieder Teile des wenig widerstandsfähigen Sandsteins abbröckeln ließen.

Umschreitet man den Dom, vom Löwentor ausgehend, längs seiner Nordseite, so kommt man, am Nordeingang vorbei, zum Vorbau der Sakristei und zum Turmsockel, wo das Fresko einer großen Kreuzigungsgruppe die Wand füllt. Weingartner bezeichnet es als *sehr gute und ausdrucksvolle Arbeit eines veronesischen Meisters aus dem Ende des 14. Jahrhunderts.* Neben dem Bild mit den Figuren von Maria, Johannes und Barbara und dem Stifterehepaar fällt links das Bild eines kleinen Mannes auf, der von einer großen Glocke erschlagen wird. Es ist nicht von der Hand zu weisen, daß hier die Geschichte des Mesners Proculus vom kleinen Kirchlein Sankt Proculus in Bologna Pate gestanden hat, der von einer Glocke erschlagen wurde und im folgenden, köstlichen Spruch dort verewigt wurde:

»SI PROCULUS PROCUL A PROCULI CAMPANA FUISSET / NUNC PROCULUS PROCUL A PROCULO IPSE FORET«, was soviel bedeutet, daß wenn Prokulus (der Mesner) genügend entfernt von der Glocke des heiligen Prokulus geblieben wäre, dann wäre Prokulus (der Mesner) jetzt auch weit vom heiligen Prokulus (im Himmel). Dem Veroneser Maler könnte diese Geschichte näher bekannt gewesen sein.

Nahe dabei steht das berühmte LEITACHER TÖRL, ein kleines gotisches Portal mit reichem Figurenschmuck, zwischen 1380 und 1390 entstanden; außer den Hauptfiguren von Maria mit Christkind, Verkündigung und Schmerzensmann fallen in der Bogenleibung besonders die Gestalt eines Weinbauern mit Rebmesser und Spaten auf sowie einer Winzerin mit einem Fäßchen, umgeben von Trauben und Weinranken, wohl ein Hinweis auf die von Herzog Albrecht von Österreich 1387 erteilte »Lizenz« an die Pfarre von Bozen, hier Wein auszuschenken, wobei der Wein wohl von Leitach gekommen ist *(Weingartner)*. Die Einnahmen dieses Privilegs dienten zur Finanzierung des neuen Chorbaues, der zwischen 1420 und 1440 fertiggestellt wurde *(Otto von Lutterotti)*. An die Ostseite ist eine barocke Kapelle angebaut, für manche ein störendes Element inmitten der herrlichen Gotik, aber heute eben in den Gesamtkomplex eingefügt als Zeichen der sich stetig verändernden Stilrichtungen. Kunstvoll gestaltet ist auch das kleine Portal an der Südseite, das »Pfaffentörl«, weil es der Eingang für die Priester war.

Das Innere macht durchaus den Eindruck einer Hallenkirche, da die ungleich breiten Seitenschiffe nur wenig niedriger als das Mittelschiff sind, während das bei der romanischen Vorgängerin mit ihrer Basilika-Form nicht der Fall war. Während im Langhaus noch ein romanisch-gotischer Übergangsstil vorherrscht, steht man im hellen, polygonalen Chor schon in der Hochgotik. Im engen Chorumgang kann man die kunstvollen Kapitelle der Säulen bewundern; vom Ostteil der Apsis betritt man auch die kleine Gnadenkapelle, von einem Barockbaumeister 1745 errichtet und von *Carl Henrici* mit Deckengemälden geschmückt.

Das Gnadenbild, die Steinskulptur einer sitzenden Madonna mit Kind, aus einer veronesischen Werkstatt um 1200, soll der Legende nach von einem Fuhrmann in sumpfigem Gelände südlich der Kirche aufgefunden und auf das Geheiß der Muttergottes hieher gebracht worden sein; daher auch der alte Name für die Kirche UNSERE LIEBE FRAU IM MOOS.

Der nach den Geboten des zweiten Vatikanischen Konzils errichtete neue Volksaltar aus weißen Marmorwürfeln hat manche erregte Polemik hervorgerufen; inzwischen haben sich die Bozner wohl oder übel an ihn gewöhnt. Wen der Blick darauf auf allzu nüchterne Gedanken bringt, der wende ihn auf die von *Hans Lutz von Schussenried,* dem Erbauer des Turms, angefertigte Kanzel, ein erlesenes Beispiel für spätgotische Steinarbeit.

Freskenreste aus dem 14. und 15. Jahrhundert haben sich im Inneren der Westwand und an der südlichen Wand aus dem Bombenhagel gerettet. Besonders bemerkenswert ist die PIETÀ von der Hand des *Hans von Judenburg* über dem Eingang zur Sakristei (ausführliche Angaben zum Dom im kleinen Laurin-Kunstführer »Der Dom zu Bozen« von *E. Theil*, Bozen 1988).

Der Turm bekam nach einem Brand im Jahr 1499 einen neuen Helm, der 1519 fertiggestellt wurde, und dieses Meisterwerk ist seitdem zum Wahrzeichen von Bozen geworden. *Man muß vor dem Bauwerk stehen – jede Beschreibung ist dürftig – man muß den Turm wachsen sehen, um die dekorative Leidenschaft der letzten Gotik, ihre spielerische Art und die Kühnheit der Steinmetzen so recht bewundern zu können (Otto von Lutterotti)*

Wenige hundert Meter weiter im Süden, hinter dem Postgebäude, gelangt man auf den DOMINIKANERPLATZ und zur gleichnamigen Kirche, die trotz der verheerenden Schäden, die sie im letzten Krieg erleiden mußte, immer noch zu den wichtigsten Kunstdenkmälern Südtirols gehört. Schon im Jahr 1272 gründete der aus Frankreich kommende Dominikanerorden eine Niederlassung in Bozen. Bald darauf entstand eine zuerst kleine, dann bedeutend größere Kirche mit weitläufigen Klostergebäuden und Kreuzgängen. In einem Trakt des alten Klosters ist heute das Musikkonservatorium der Stadt untergebracht. Mäzene für den Bau der Kirche und vor allem für die malerische Ausstattung waren die Florentiner Kaufleute *de'Rossi*; einer der Söhne, *Boccione*, hatte inzwischen das Bozner Bürgerrecht erworben und wurde bald darauf unter dem Namen *Botsch* geadelt. Diese *Botschen* sollten dann in der Stadtgeschichte immer wieder eine bedeutende Rolle spielen als Förderer der Künste, als gewichtige Kaufherren und Schloßbesitzer (z. B. von Maretsch).

Über einige Stufen steigt man in den dreischiffigen, hohen Innenraum hinunter. An der ganzen rechten Kirchenwand haben sich die ursprünglichen Gemälde erhalten, an der linken hängt eine fotografische Dokumentation der Kriegsschäden und der Rekonstruktion. Ein aus wiedergefundenen Trümmern rekonstruierter Lettner trennt das Hauptschiff vom hellen Chor; von hier aus kommt man durch die Sakristei in die an allen Wänden dicht bemalte JOHANNESKAPELLE, die erstmals gegen 1330 bis 1335 im Auftrag der *Botschen* von Malern aus Verona und Padua im Stil von Giotto reich mit Fresken versehen worden war. Wenige Jahrzehnte später kamen dann der KAPITELSAAL, die KATHARINENKAPELLE und die Westwand des Hauptschiffes an die Reihe. Gegen Ende des Jahrhunderts und bis zum Beginn des nächsten werden die Maler aus Verona und Padua von einheimischen Künstlern abgelöst, die immer mehr dem Stil der süddeutschen Vorbilder anhängen, ohne aber auf italienische Einflüsse zu verzichten. Es ist hier nicht der Platz, auf Einzelheiten dieser überaus reichen Bilderzyklen einzugehen, darüber gibt unter anderen der kleine Führer von *Spada Pintarelli* (»Dominikanerkirche und Kloster in Bozen«, Stadtmuseum Bozen o. J.) ausführlich Auskunft. Jedenfalls kann man an diesen Gemälden sehr deutlich den Stilwandel nachvollziehen, den die Malerei in unserem Land mitgemacht hat. *Weingartner* (in »Stifte und Klöster«, Jahrbuch des Südtiroler Kulturinstituts 1962) sagt dazu: *Während bis zur Mitte des XIV. Jahrhunderts die frühgotische Malerei in Brixen, Meran und auch in Bozen selber noch immer den französisch-deutschen Konturenstil zeigt, sind die im dritten Viertel des Jahrhunderts entstandenen Bozner Bilder ausgesprochen italienisch, und bei dem stilistischen Vorsprung der nachgiottesken Malerei Italiens konnte es nicht ausbleiben, daß auch die einheimischen Maler von ihr starke Anregungen empfingen. Doch schon um 1400 sind die südlichen Stilelemente in Bozen nicht mehr stärker vertreten ...* Der Zugang zum gotischen Kreuzgang erfolgt vom Eingang zum Konservatorium aus. Von den wenigen, zum Teil jüngst restaurierten Fresken in den Gewölben stammen einige von *Friedrich Pacher.* Der stimmungsvolle, aber noch schmucklose Kreuzgang verdiente eine Aufwertung durch eine bessere Bepflanzung seiner Grünflächen in der Mitte.

Vom Dominikanerplatz zieht die KAPUZINERKIRCHE, in deren Fundamenten sich noch Teile des alten Schlosses WENDELSTEIN befinden; bei 1996 ausgeführten Grabungen kamen römische und frühmittelalterliche Funde zutage, darunter eine Bronzefibel in Gestalt einer Taube aus dem 5./6. Jahrhundert (»Denkmalpflege in Südtirol«, Athesia 1996).

Von hier aus können wir den weiten Rundgang um die Altstadt abschließen und über die Talferbrücke, in Fortsetzung zur Museumstraße, das Stadtviertel **Gries** betreten, das bis zum Jahr 1924 eine eigene Gemeinde bildete und als vielbesuchter Kurort in der ganzen Monarchie bekannt war. Ausruhend für das Auge sind die ausgedehnten Grünflächen, die das breite Schwemmland der Talfer einnehmen; die Brücke wurde erst in den achtziger Jahren unter Belassung des ursprünglichen Geländers aus dem Ende des vorigen Jahrhunderts verbreitert, um dem steigenden Verkehr gerecht zu werden. Über das im Jahr 1928 von den Faschisten erbaute Siegesdenkmal wurde schon gesprochen; der umliegende Platz und die Häuserzeilen der Freiheitsstraße zeigen das Gesicht jener Zeit – hier breiteten sich früher fruchtbare Weingärten aus, und nur vereinzelte, behäbige Weinhöfe unterbrachen das Grün, wie man auf Bildern aus der Jahrhundertwende gut feststellen kann. Nahe der Talfer, aber tief in ihr altes Bett gegraben und von außen nicht mehr zu erkennen, liegt die uralte Rundkirche von SANKT QUIRINUS, dessen Name noch im Stadtviertel **Quirein** überlebt hat. Die Reste dieses interessanten Baues aus dem 8. Jahrhundert liegen versteckt im Haus Nr. 13 der Venediger Straße. Früher gehörte die Kirche noch zum Stadtgebiet von Bozen, da das Talferbett westlich davon lag. Es handelt sich um einen Rundbau von etwa zehn Metern im Durchmesser, mit einer zentralen Säule und einer ringsum verlaufenden, steinernen Bank; der Raum hat keine Fenster und war wohl ursprünglich schon vertieft angelegt worden, nach *Innerebner* vielleicht schon als vorchristlicher Kultbau. Jedenfalls ist es der nachweislich älteste Kirchenbau Bozens.

Die gänzlich neu angelegte, mit hohen »italienischen« Lauben versehene Freiheitsstraße bringt uns auf den GRIESER PLATZ, heute noch Zentrum der früher eigenständigen Gemeinde Gries. An das schöne, langgestreckte Gebäude der alten MÜNZBANK reiht sich an der Westseite manch alter Gasthof und das eine oder andere Café, und etwas zurückversetzt steht die empfehlenswerte Grieser Kellerei. Gegenüber aber stehen beherrschend die langen Klostergebäude von MURI-GRIES mit dem noch aus Meinhards Zeiten stammenden, gedrungenen und mauerstarken Bergfried, in jüngere Zeiten gerückt durch die elegante, schwungvolle Barockfassade der STIFTSKIRCHE. Sie wurde von *Giuseppe Sartori* aus Rovereto in den Jahren 1769–1771 in spätbarockem Stil erbaut und in ihrem Inneren in seltener Einheit vom Tiroler Maler *Martin Knoller,* einem Schüler des großen *Paul Troger,* mit Deckenfresken und Altarbildern geschmückt. Frei schreibt darüber (»Kunstreise durch Südtirol«): *Die Fresken im Chor und über der Orgelempore schildern Bekehrung und Verklärung des heiligen Augustinus, während im Lang-*

haus in hellem Kolorit und unter glanzvoll-virtuosen Architekturen, die schon das Nahen der Neoklassik ahnen lassen, der Heilige als schriftgewaltiger Kirchenlehrer aufscheint, aus dessen Feder Blitze zucken, welche die Feinde der Kirche in den Abgrund stürzen ... ihm (Christus) huldigen die damals bekannten vier Erdteile (Europa, Asien, Afrika, Amerika), welche in Grisailletechnik als Allegorien über dem Gesims abgebildet sind. Beim Seitenaltar mit dem Bild der Himmelfahrt Christi steht ein wohl noch aus der alten Kirche stammender, romanischer Grabstein der Stifterin *Mathilde von Greifenstein.*

An der Stelle des heutigen Klosters von Muri-Gries stand einst die feste Burg, die Meinhard II. als Gegengewicht zu der befestigten Bischofsstadt errichtet hatte. Damals stand schon ein Kloster der Augustiner-Chorherren in den später überschwemmten Eisackauen, das dann Anfang 1400 von den Habsburgern hieher versetzt worden war. Nach der Aufhebung des Klosters unter der bayrischen Regierung im Jahr 1807 kamen im Jahr 1845 die aus dem Kloster Muri in der Schweiz vertriebenen Benediktiner hier zu neuer Tätigkeit. Heute beherbergen die ausgedehnten Klosteranlagen neben einem schönen Kreuzgang und einer Hauskapelle, einer Bibliothek und einem Schülerheim auch eine beachtliche Weinkellerei, deren Produkte sich auch außerhalb unseres Landes größter Wertschätzung erfreuen. Noch ist der große Klosterkomplex von ausgedehnten Weinbergen umgeben, den letzten Überresten der Weingärten, die einst bis zur Talfer reichten. Nicht umsonst lautet der alte Name für Gries »Chellare«, also Keller, wohl nach einem Weingut mit Keller, das das Bistum Freising schon 1148 von den bayrischen Herzögen erhalten hatte *(Huter)*. Dieses Gut stand im Bereich der heutigen GRIESER PFARRKIRCHE.

Diese sogenannte ALTE PFARRKIRCHE steht leicht erhöht über dem ursprünglichen Kern der Grieser Siedlung. Grabungen im Langhaus haben profane Siedlungsreste aus spätrömischer Zeit ans Licht gebracht sowie eine Reihe von frühmittelalterlichen Gräbern. Der heutige, gotische Bau stammt aus der ersten Hälfte des 15. Jahrhunderts. Größter Schatz dieses schönen Gotteshauses ist der SCHNITZALTAR von *Michael Pacher,* ursprünglich als Hauptaltar gedacht und später in die ERASMUSKAPELLE gestellt. Es ist dies der einzige Flügelaltar von Michael Pacher, der sich heute noch in Südtirol befindet. Leider sind im Lauf der Zeiten viele seiner Bestandteile abhanden gekommen, es fehlen Predella und Aufsatz, zwei Flügelreliefs und andere Szenen; aber die Meisterschaft in Komposition und Ausführung ist noch zur Genüge erkennbar. Sein Hauptthema ist die Krönung Mariens, umgeben von einem Kranz musizierender Engel, dem heiligen Erasmus und dem Erzengel Michael. Der Altar ist nicht signiert, wir besitzen aber einen in Abschrift erhaltenen Vertrag, wo eine Reihe von Grieser Bürgern im Beisein des Bozner Bürgermeisters am 27. Mai 1471 dem »erberen und weisen Maister Michln Pacher Maler von Brawneck für unser liebn frawen pharrkirchen ze Gries« um 450 Mark Berner den Auftrag für eine »Tafel« gegeben haben (*Stampfer*, in: »Michael Pacher«, Ausstellungskatalog 1998). Da nach Stampfer *den in den Raum ausgreifenden Monumentalfiguren mit tief unterschnittenen Gewändern und idealisierten Köpfen in der zeitgenössischen Kunst Tirols nichts an die Seite gestellt werden kann,* nimmt man zu Recht eine Reise Pachers an den Oberrhein oder gar in die Niederlande an. Für Pacher selbst stellt das Werk die unverzichtbare Vorstufe der großartigen Komposition von Sankt Wolfgang dar *(Stampfer).* Rings um die Kirche und innerhalb einer Umfassungsmauer scharen sich Grabsteine von Grieser Bürgern, aber mancher Name weist auf eine fernere Herkunft hin und somit auf den einen oder anderen Kurgast, der in dem damals so berühmten Kurort Heilung suchte und trotzdem den Tod fand.

Oberhalb der Kirche steht der alte ANSITZ VON HEPPERGER, dessen früherer Besitzer liebevoll in seinem Garten eine Auswahl mediterraner Gewächse pflegte und hegte, daß man sich an den Gardasee oder an die Riviera versetzt sah. Heute können wir einen Teil dieser südlichen Pflanzenwelt längs der sogenannten GUNTSCHNA-PROMENADE genießen, die von diesem verträumten Altgrieser Winkel ausgeht und in bequemen Windungen bis zum alten Weg nach **Glaning** hinaufzieht; zu diesem Dörfchen mit einer alten Martinskirche und einem guten Gasthaus führt auch eine asphaltierte Straße, die von der »Sonnenstraße« nach Jenesien abzweigt. Die Kreuzwegstationen, die den Weg säumten und mit schönen Figuren der Künstlerin *Maria Delago* geschmückt waren, sind leider vandalischen Räubern zum Opfer gefallen. Die Straße führt dann von Glaning weiter zum Gasthaus Noafer, von wo zu Fuß in kurzer Wanderung durch Kastanienwälder die RUINE VON GREIFENSTEIN zu erreichen ist, und weiter auf die Höhen des SALTEN.

Auf einer anderen Kuppe dieses Abhangs über dem GSCHEIBTEN TURM steht weithin grüßend das Kirchlein von **Sankt Georgen**; hier liegen die Höfe dichter gedrängt, ein Schulhaus sorgt dafür, daß die Kinder nicht den äußerst steilen Weg bis in die Stadt gehen müssen, und mancher ländliche Gasthof lockt die müden Wanderer mit einem guten Tropfen aus den sonnenbeschienenen Hängen. Auf einer kleinen Ebene steht der alte und große Hof zum Kofler auf Ceslàr, beinahe schon ein Herrenhaus, das sehr gut zeigt, wie ein alteingesessenes Bauerngeschlecht die Freiheit eines ländlichen Adels besitzen kann.

Die nähere Umgebung Bozens

Die Lage in der fruchtbaren Ebene am Rande von steil abfallenden Berghängen hat es mit sich gebracht, daß sich die Stadt nie mit größeren Siedlungen in ihre Umgebung ausgebreitet hat; die künstlich geschaffene Industriezone hat viele Hektar wertvolle Gründe gekostet – auch ohne diese hätte die Stadt wahrscheinlich nur in dieser Richtung weiterwachsen können; auf den besonnten Hängen des Rittner Berges allerdings, wo verschiedene Sorten der Vernatschrebe eine Vielzahl köstlicher Gewächse hervorbringt, dort stehen seit eh und je die alten Weinhöfe, die sich nur in Sankt Magdalena oder in Sankt Georgen zu geschlosseneren Gruppen zusammenfügen, ohne daß aber von einem eigentlichen Dorfbild gesprochen werden kann.

Der lange Zeit zu den »zwölf Malgreien« gehörige Ortsteil **Rentsch** geht heute in seinen tieferen Lagen ohne Unterbrechung der Häuserzeilen in die östlichen Stadtteile über. Am Hang jedoch liegen verstreut zu beiden Seiten des Rivelaun- oder Katzenbaches die alten Weinhöfe, und ihre Rebgüter überziehen den runden Hügel, hinter den etwas versteckt das KIRCHLEIN VON SANKT MAGDALENA sich duckt. In der alten LAURENTIUSKIRCHE an der Straße wurden vor wenigen Jahren Reste von romanischen Fresken aufgedeckt. Der überdachte Ziehbrunnen an der zu einem kleinen Platz erweiterten Straße hat seine spannende Geschichte.

Im Jahr 1978 entschloß sich eine Bürgerinitiative im Verein mit begeisterten Heimatforschern, zum Grund dieses sicher tiefen Brunnens vorzudringen. Nach mühsamster Schwerarbeit und unter Einsatz ausgeklügelter technischer Hilfsmittel konnte dann nach fast fünfmonatiger Arbeit in 50 Metern Tiefe der Grund erreicht werden; hier fand sich in einem großen, behauenen Porphyrstein eine Aussparung und darin eine Münze des Erzherzogs Ferdinand von 1527 sowie ein Wachsmedaillon, ein sog. »Agnus Dei« vom Jahr 1606, wie es vom Papst Rompilgern manchmal zum Andenken mitgegeben wurde. In die Steinumrahmung eingemeißelt die Jahreszahl 1608 (siehe dazu: *G. Niederwanger*: »Der Ziehbrunnen von Rentsch«, Schlern 1979, 339).

Wir werden nach einem kurzen Abstecher auf die »Schattenseite« bald wieder zu diesen gesegneten Lagen zurückkehren. Am Zusammenfluß von Eisack und Eggenbach liegt dann **Kardaun**, eingepfercht am Boden in ein Netz von Bahn, Eisenbahn und Staatsstraße und in ein Netz von Drähten in der Luft, die vom nahen Kraftwerk ausgehen. (Man versuche einmal, die BURG KARNEID von hier aus ohne Stahlmasten ins Bild zu bekommen!) Immerhin mündet hier das Eggental, und der Ort war früher ein wichtiger Umschlagplatz für das viele Holz aus den Bergen. Ganz umklammert von den Straßen steht isoliert die alte KIRCHE ZUM HEILIGEN MARTIN in **Kampill**, wo das winzige Kirchlein neben dem mächtigen Turm zum Blickfang für jeden Vorüberfahrenden wird. Außenwand und Innenraum sind reichlich mit Fresken aus dem Anfang des 15. Jahrhunderts bemalt. Hier muß, wie schon eingangs erwähnt, der Ort für die Römerbrücke »Pons Drusi« gestanden haben.

Gegen Westen fällt der KOHLERER BERG steil ins flache Tal; seine Hänge sind bewaldet, die späte Sonne erlaubt keine größeren Rebpflanzungen. Dort steht gegenüber vom stolzen Schloß Karneid am südlichen Ausgang der Eggentaler Schlucht die kleine BURG KAMPENN. Erbaut im 12. Jahrhundert von den *Herren von Kampenn,* deren Geschlecht auch die Burg Kampan in Sarns bei Brixen und die gleichnamige in Kaltern innehatte, ging sie nach häufigem Besitzerwechsel an die *Römer von Maretsch,* die bedeutende Umbauten vornahmen. Einer ihrer letzten Besitzer, *Dr. F. Gasbarra* (damals ein bekannter Journalist aus Hamburg), beschreibt liebevoll in einem ausführlichen Artikel (Schlern 1946, 226) die Geschicke und die oft recht entstellenden Veränderungen, die sich die Burg hatte gefallen lassen müssen; erst um 1900 hat dann ein gewisser *Hans Neuhaas* aus Nürnberg den Mut besessen, alle Zutaten radikal zu entfernen und der Burg wieder ein Aussehen zu geben, *wie es um 1400 hätte sein können.* Der wenig hohe, aber mauermächtige Bergfried spricht für eine gewisse Bedeutung der Burg zur Zeit ihrer Erbauung.

Der alte Fußweg nach **Kohlern**, den heute viele in Anbetracht der schnellen Seilbahn und der zwar schmalen, aber bequemen Autostraße scheuen, führt noch vorbei an wenigen, verstreuten Höfen und an dem alten BAD SANKT ISIDOR, heute als Gastbetrieb geführt. Haus und anliegendes Kirchlein sind gut von Bozen aus zu sehen.

Kohlern liegt schon auf 1135 Metern Höhe und blickt beinahe in Augenhöhe hinüber auf die viel weiteren und ebeneren Hochflächen des Rittens. Auf beiden Höhen haben sich Bozner Bürger und Kleinadel ihre Sommerfrischbehausungen eingerichtet, deren Anzahl aber hier in Kohlern des Geländes wegen und wegen der schlechteren Zufahrt sehr beschränkt blieb. Die Gruppe von Herrenhäusern inmitten von kleinen Wiesen und Gärten heißt deshalb auch heute noch **Herrenkohlern**. Auch nahe der tiefer gelegenen Seilbahnstation, in **Bauernkohlern**, stehen neben ein paar großen Bauernhöfen ein paar »Sommerfrischhäuser« aus dem vorigen Jahrhundert und ein gerne besuchtes Gasthaus. Heute ist es im Sommer problemlos, in wenigen Minuten der Hitze des Tales mit der Seilbahn zu entfliehen und mühelos die 850 Meter Höhendifferenz zu durchschweben. Diese Bahn kann sich rühmen, die älteste Schwebeseilbahn der Welt zu sein. Sie nahm ihren Betrieb zum ersten Mal im Jahr 1908 auf, dann wurden bald die Holzstützen durch Eisenträger ersetzt und die Kabinen vergrößert. Im Zweiten Weltkrieg durch Bomben zerstört, wurde die Bahn 1965 auf modernere Weise wiederhergestellt. Oberhalb der Bergstation steht noch eine der ersten Kabinen aus der Pionierzeit. Kohlern gehört übrigens noch zur Gemeinde Bozen.

Auch auf den VIRGL, einen südlichen Felsvorsprung des Kohlerer Berges, führte früher eine Standseilbahn; heute kommt man auf einer schmalen Straße auf diesen schönen Aussichtsberg über der Stadt, wo Tennisplätze und ein paar Gasthäuser Erholung versprechen; hier stand einst die BURG WEINEGG, von der keine Spuren mehr erhalten sind; etwas oberhalb ihres alten Standortes duckt sich die von den *Brüdern Delai* im 18. Jahrhundert erbaute, barocke KALVARIENKIRCHE in den Berghang; die einst zu ihr vom Tal hinaufführenden Kreuzwegstationen wurden, so wie die Kirche selbst, von den Bomben des letzten Krieges hart mitgenommen; die Kirche wurde im Jahr 1975 vorbildlich wiederhergestellt – wie so oft war auch hier der Krieg der ungewollte und sehr grausame Ausgangspunkt zu einem Neuanfang, ein wahrer eiserner Besen, ohne den viele gelungene und lange fällige Restaurierungen oder Neubauten lange hätten auf sich warten lassen! Oberhalb der Kalvarienkirche steht unscheinbar das VIGILIUSKIRCHLEIN, ein schmuckloser Bau, dessen Struktur aber auf seine Erbauung im 13. Jahrhundert hinweist und das im 15. Jahrhundert dann mit reichen Fresken versehen wurde.

Der Name »Virgl« hat allerdings nichts mit dem heiligen Vigilius zu tun, sondern stammt, den Sprachforschern zufolge, vom lateinischen Ausdruck »verruca«, was soviel wie Warze oder warzenähnlicher Vorsprung bedeutet: Wir begegnen diesem Ausdruck auch in Trient, wo der Doss Trento, der rundliche Felskopf jenseits der Etsch, im frühen Mittelalter schon denselben Namen trug und wahrscheinlich auch im Namen der »Fragsburg« oberhalb von Meran.

Auf gleicher Höhe mit dem Virgl steht am Rande einer fast ebenen Fläche hart am felsigen Abgrund die HASELBURG, heute eine beliebte Jausenstation und einmal eine wehrhafte Burg, die wegen ihrer Lage auf einen Bergfried verzichten konnte; daher wirkt sie vom Tal aus nur wie ein einfaches, hohes Gebäude, während erst bei näherer Betrachtung die noch teilweise erhaltene Ringmauer und einige Bauteile ihr wahres Gesicht verraten. Man erreicht den Ort auf einer guten Straße, die von Haslach ausgeht, oder auf schattigem Steig durch den durch viele Robinien aufgelockerten Wald. Das heutige Aussehen verdankt die Burg hauptsächlich dem *Leonhard von Völs-Colonna,* dessen Wappen noch über dem Tor prangt und der die oberen Räume im 16. Jahrhundert mit Wandmalereien aus der Hand des *Bartholomäus Dill-Riemenschneider* ausschmücken ließ. Im 20. Jahrhundert wurde die Burg zu einem Treffpunkt heimatliebender Künstler, und eine gediegene Hausmannskost, benetzt vom hauseigenen »Zweigelt«, zieht heute noch Liebhaber eines guten Tropfens und eines gemütlichen Beisammensitzens an; an Sommerabenden sitzt man dann im Garten unter dem schattenspendenden Laub alter Kastanienbäume und sieht am

Ritten und am Tschögglberg die ersten Lichter aufgehen. Der Blick aber von der alten Mauerbrüstung in die jähe Tiefe reißt einen aus der Burgenromantik in nüchternste Gegenwart: Da breitet sich über die Etschtalsohle die Industriezone mit ihren immer noch nicht ganz getilgten Giftschwaden aus, während hart am senkrechten Felsen der STÄDTISCHE FRIEDHOF liegt, daß einer, der sich von hier hinunterstürzen wollte, vielleicht ins offene Grab fiele.

Im Ortsteil **Haslach,** der hauptsächlich aus wabenartigen, an die Felsen geklebten Neubauten besteht, wurden vor wenigen Jahrzehnten im alten Ansitz NIEDERHAUS (heute Privatbesitz) Fresken aus dem 14. Jahrhundert entdeckt, die in ihren profanen Darstellungen neben jene berühmteren von Runkelstein gestellt werden können.

Gegen Süden geht die ausgedehnte Industriezone in der ehemaligen Flur **Grutzen** in den alten Ortsteil **Oberau** über, wo zu Beginn der große Städtische Friedhof und etwas weiter im Süden der MILITÄRFRIEDHOF liegen. Hier beginnt schon der Vorort **Sankt Jakob;** auf einer Anhöhe steht die ursprünglich romanische KIRCHE ZUM HEILIGEN JAKOB IN DER AU. Zur Zeit der Gotik grundlegend verändert, bekam die Kirche in der Folge immer wieder Zubauten, und erst 1970 wurde die Fassade wieder in ihre ursprüngliche Form gebracht. Im Inneren einige gotische Freskenreste.

Wandervorschlag: Von Bauernkohlern aus kommt man auf guter Straße (Markierung Nr. 3B) zum beliebten Berggasthaus Schneiderwiesen, stößt weiter bergwärts auf den Weg Nr. 4, der von Deutschnofen kommt, und kann den Rundgang um den 1815 Meter hohen Titschen bequem in 2 bis 3 Stunden schaffen; so kommt man an den drei größeren Anwesen von Herrenkohlern vorbei. Auf dem Weg Nr. 3 hingegen kommt man, leicht absteigend, zu den Höfen von Seit, von wo sich der weite Blick aufs Etschtal auftut. Von Seit kann man dann steil gegen die Haselburg absteigen. Für Einkehrfreudige sei auch der Röllhof erwähnt, zu dem man in 20 Minuten von Sankt Isidor aus in leichter Steigung gelangt.

Kehren wir zur Sonnenseite zurück, dorthin, wo sich nach der engen Porphyrschlucht des Eisacks bei der Nordausfahrt der Autobahn das weite Bozner Becken auftut und die ersten Rebenhänge beginnen. **Unterplatten** heißen da die ersten Fluren, dann **Leitach** mit dem kleinen GEORGSKIRCHLEIN; in **Sankt Justina** läßt der Name schon mehr an den Wein als an die Kirche denken, die im letzten Krieg samt ihrem Freskenschmuck völlig zerstört worden war und in ihren alten Formen wieder aufgebaut wurde. Der tief eingeschnittene RIVELAUNBACH trennt das wellige, steile Rebgelände von den Höfen von **Sankt Magdalena**, die dem vielleicht bekanntesten Bozner Tropfen den Namen gegeben haben. Hier aber wird der Besuch der Kirche zu einem künstlerischen Erlebnis, nicht nur wegen seiner Lage in einer flachen Mulde, aber mit freiem Blick auf den Rosengarten, sondern wegen seines Freskenschmucks. Nach *Weingartner* stammen die Bilder im Altarraum von einem deutschen Meister vom Ende des 13. Jahrhunderts: Christus in der Mandorla, die zwölf Apostel und die heilige Magdalena in ihrer Mitte. Ungefähr hundert Jahre später können die Fresken im Kirchenschiff angesetzt werden; sie kommen aus der Bozner Schule jener Zeit.

Von hier aus kann man auf altem Plattenweg auf die Höhen des Rittens aufsteigen oder eben in westlicher Richtung zum Eberle, einem vielbesuchten Gasthof, und von hier aus die berühmte OSWALD-PROMENADE betreten, wo auch im tiefen Winter der eine oder andere gelbe Jasminstrauch »unverfroren« seine Blütensterne zeigt. Dieser in die roten Porphyrfelsen gehauene Wanderweg hoch über dem Dunst der Stadt führt durch manche botanische Besonderheit, die an südlichere Gegenden denken läßt, bis zu den Häusern von Sankt Peter auf Karnol am Eingang zum Sarntal; man spaziert hier wie auf einem Balkon und genießt auch in der kalten Jahreszeit die von den roten Felsen widergestrahlte Sonnenwärme.

Gleich nach **Sankt Peter** beginnt die enge Sarner Schlucht, deren Zugang von den BURGEN RUNKELSTEIN und RIED bewacht wird. Dahinter haben sich in der als DIE SILL, früher auch als BURGFRIEDEN bekannten Erweiterung der tiefen Porphyrschlucht ein Tierheim, ein Eisplatz und ein Restaurant angesiedelt; man gelangt dorthin über die Brücke kurz hinter Runkelstein, vorbei am alten Hof zum FUCHS IM LOCH.

Schloss Runkelstein hebt sich mit seinen rötlichen Mauern kaum von dem steilen Felsklotz ab, auf dem es steht. Seine bewegte Geschichte spiegelt die Geschicke vieler anderer Burgen unseres Landes wider, die von Machtkämpfen, Brandschatzungen und Verwüstungen, aber auch von langen Zeiten der Vernachlässigung und des Verfalls zu berichten wissen.

Am 10. Februar 1237 gab Bischof Aldrich von Trient den Brüdern Friedrich und Beral von Wangen die Erlaubnis, auf dem ihnen gehörigen Hügel »Runchenstayn« eine Burg zu erbauen. Aber schon 1274 wurde sie von Meinhard II., der in Fehde mit dem Trienter Bischof stand, erstürmt und zerstört. Die Wangener setzten sich dann in der nahen Burg Ried fest, und dann kam die Burg Runkelstein aus der Hand des Bischofs an immer neue Besitzer. Im Jahr 1385 wurde Nikolaus Vintler mit der wiederhergestellten Burg belehnt. Ihm und seiner Familie verdanken wir die reiche Ausstattung mit Fresken aus dem höfischen Leben, aus der Heldensage, Dichtung und Geschichte. Es handelt sich dabei um den »umfangreichsten und vielseitigsten Zyklus mittelalterlicher Profanmalerei« in deutschem Raum *(Otto von Lutterotti)*. Kaiser Maximilian ließ dann in den Jahren zwischen 1503 und 1511 die stark beschädigten Fresken durch seine Hofmaler Jörg Kölderer und Marx Reichlich »restaurieren«, wobei sie zum Teil auch übermalt und ergänzt wurden. Aber die Explosion eines Pulvermagazins im Jahr 1520, die den Südtrakt zerstörte, Mangel an Bewohnern und, im Jahr 1836, der Absturz eines Teiles des Nordtraktes beschleunigten den Verfall. Erst der Romantik war es vorbehalten, dieses alte Gemäuer mit seinen unschätzbaren Wandgemälden wiederzuentdecken. Es kam dann an das österreichische Kaiserhaus, und Kaiser Franz Joseph schenkte im Jahr 1893 das Schloß der Stadt Bozen.

Im Westpalas ist besonders der südliche Raum des ersten Stockes erwähnenswert, das sogenannte »Badezimmer«, wo sechs unbekleidete Gestalten über ein Geländer steigen – es sind wahrscheinlich Gaukler und nicht Badende! Aus der Arkadengalerie schauen elegante Damen und Herren, an der anderen Wand sieht man allerhand heimisches und weniger heimisches Getier. Im darüberliegenden »Rittersaal« wird uns sowohl ein ritterliches Turnier als auch ein Reigentanz und ein Ballspiel dargeboten.

Der Nordtrakt wurde von den Brüdern Vintler als »Sommerhaus« benutzt. An der Außenwand, unter dem Loggiendach, sind die damals so beliebten »Triaden«, das sind Dreiergruppen berühmter Gestalten aus Geschichte und Sage, dargestellt. Im Inneren begegnen wir der Sage von Tristan und Isolde, in Grün und Schwarz in vielen Szenen geschildert. Im nächsten Zimmer ist dann die Reihe am Helden Garel aus König Arthus' Tafelrunde; alles in allem also eine künstlerische Illustration aus dem reichen Sagengut der höfischen Zeit des ausgehenden Mittelalters, deshalb auch von unschätzbarem dokumentarischen

Wert. Die Künstler, die hier zwischen 1388 bis 1395 gearbeitet haben, stammen aus der Bozner Schule, während die frühere Fassung der Gemälde im Sommerhaus dem schwäbischen Meister Hans Stocinger zuzuordnen sind *(Frei)*.

Wenig weiter oben steht im Talferbett das kleine SCHLOSS RIED, das auch aus dem 12. Jahrhundert stammt, aber nach vielen Umbauten heute nichts Sehenswertes mehr birgt.

Jenseits der Talfer steigen steile, mit Reben bewachsene Hänge zur Hochfläche des Tschögglberges empor. Hier wachsen der Sandbichler und der Kreuzbichler, aus ähnlichen Mischungen der verschiedenen Vernatschsorten vergoren wie der Magdalener, aber der Lage nach doch von besonderem Charakter. Hier steht das romanisch-gotische Kirchlein zu **Sankt Jakob im Sand**, und ein auch für Autos ungemein steiler Weg führt vorbei an behäbigen Weinhöfen, an rund abgeschliffenen Porphyrfelsen, an denen frei die Opuntie gedeiht, hinauf zur weit ins Land schauenden Ruine von RAFENSTEIN, die wie ein hoher Wächter zum Eingang ins Sarntal thront. Hier zog denn auch ursprünglich der Zugang ins Tal vorbei, dessen tiefe Schlucht die Anlage eines sicheren Weges lange Zeit unmöglich machte.

Die Burg ist so wie Runkelstein eine Gründung des Friedrich von Wangen, der von 1207 bis 1218 mächtiger Bischof von Trient war und dort auch den romanischen Dombau in Angriff genommen hatte. Meinhard II. zerstörte im Jahr 1277 die Burg zusammen mit anderen Bozner Burgen und nahm ihr vor allem ihren wehrhaften Charakter. In den folgenden Jahrhunderten wechselten sich die Besitzer in unaufhörlicher Folge, bis dann im Jahr 1599 Marx Sittich von Wolkenstein die Burg in ein dreistöckiges Renaissanceschloß verwandelte. Lange Zeit nicht bewohnt, verfiel der Baubestand nach und nach – die Franzosen taten dann 1797 ein übriges, um es zur Ruine zu machen. 1805 verkaufte Franz Graf Wolkenstein den ganzen Besitz um das Schloß an Anna von Menz, und durch ihre Heirat mit einem Grafen Sarnthein kam es schließlich an deren Erben, die Grafen Toggenburg, die die Ruine 1931 den Bauleuten des nahen Hofes verkauften.

Zu Füßen der weitläufigen Schloßruine aus der Renaissancezeit steht – wie sollte es anders sein? – ein vielbesuchtes Gasthaus, Einkehr für viele Wanderer aus der tief unten liegenden Stadt oder auf dem Rückweg von den nahen Höhen von Jenesien. (Dieser einmalig schönen Hochfläche, die bis Meran reicht, wird ein eigenes Kapitel gewidmet.)

Am Beginn dieses steilen Weges lädt ein anderes Gasthaus, der »Kellermann«, zu einer Einkehr; hier kann man auch zu winterlicher Zeit auf der Terrasse sitzen, und an manchen dieser frühen Sonnentage ist es schwer, hier einen Platz zu finden. Im Frühling aber blüht am Hoftor eine uralte Glyzinie mit mächtigem Stamm, die sich mit überlangen Armen weit um die Mauern schlingt. Sie hat mich an einem Vorfrühlingstag zu folgenden Zeilen angeregt:

Beim Erwachen
frischer Schnee auf den Bergen,
aber Schwalben am Himmel –
und dunkle Schlangenarme
schütten Glyzinienschaum
über das Hoftor.

Manch anderes Gasthaus oder der eine oder andere »Buschenschank«, der eigenen Wein und nur Produkte des eigenen Hofes anbieten darf, laden an diesen Sonnenhängen rings um die Stadt zu einem Besuch; ja, ich wüßte keine andere Stadt, deren Umgebung so reich gesegnet ist mit diesen Stätten der Geselligkeit und des stillen Genießens.

Von diesem Eingang zur engeren Talferschlucht geht auch die Seilbahn nach Jenesien aus, und weiter gegen Südwesten sieht man von weitem schon den hohen GSCHEIBTEN TURM, der zum Wahrzeichen dieser Siedlung am Berghang geworden ist. Dieser mächtige Rundturm ist bestimmt kein Römerturm, wie es die Volksmeinung haben will, sondern, laut *Weingartner,* der Bergfried der in den Jahren 1278–1280 erbauten, heute verschwundenen Burganlage von SCHLOSS TREUENSTEIN. Diesen Namen trägt heute noch das anliegende, im Tudorstil verunstaltete Herrenhaus; hier steht auch noch inmitten eines ehrwürdigen Parkes eine romanische KAPELLE ZUR HEILIGEN KUMMERNUS. Wir begegnen dieser seltsamen, ans Kreuz geschlagenen bärtigen Heiligen immer wieder an alten Tiroler Kirchenwänden. Es handelt sich dabei um das falsch interpretierte Bild des »Sacro Volto« aus Lucca, wo Christus am Kreuz mit einem langen Gewand bekleidet dargestellt wird.

Der frommen Legende nach soll diese Tochter eines heidnischen Königs sich den Nachstellungen ihrer Verehrer dadurch entzogen haben, daß Gott ihr einen langen Bart wachsen ließ; sie wurde vom bösen Vater ans Kreuz geschlagen. Einem des Weges ziehenden, armen Musikanten warf die Gekreuzigte einen ihrer goldenen Schuhe hin; als dieser, des Diebstahls verdächtigt, vor seiner Hinrichtung noch einmal vor ihr seine Geige spielen durfte, ließ die Heilige auch den zweiten Schuh fallen und bewies damit die Unschuld des armen Geigerleins.

Hinter dem Turm stürzt mit einem weißen Wasserfall der FAGENBACH durch die zu einer Schlucht verengte Bergflanke. Die neu angelegte Straße nach Jenesien mit ihren runden Viadukten hat diesem idyllischen Eck nicht allzuviel von seinem Zauber nehmen können, ja, Wasserfall und Schlucht werden dem Fahrer von den hochgespannten Brücken aus noch näher gebracht als früher.

Der nun folgende steile Berghang zu Füßen des 1227 Meter hohen ALTEN, einem Vorwerk der weiten Hochflächen des Tschögglberges, ist übersät mit Weinhöfen, alten Kirchlein, sonnigen Einkehrstätten und ausgedehnten Wanderwegen. Wir haben darüber schon im Kapitel über Bozen berichtet, da es schwerfällt, Stadt und Umgebung immer deutlich voneinander zu trennen, so natürlich und unbemerkt geschehen manchmal die Übergänge!

Wandervorschläge: Bei der Reichhaltigkeit der Spazier- und Wanderwege in der Umgebung von Bozen fällt es schwer, etwas Neues zu bieten. Aber vielleicht ist es unterhaltsam, die verschiedenen Anstiegsmöglichkeiten auf den Ritten, vom Ausgang des Sarntals bis ins untere Eisacktal vorzuschlagen. Beginnen wir in der »Sill«, genauer gesagt im »Burgfrieden« gleich nördlich des steilen Bachbettes, das rechts vom Berg herunterkommt. Steil windet sich da ein Steig durch dichtes Gebüsch hinauf zu kleinen Wiesenflächen, vorbei am Nockhof, und kommt dann auf einen beinahe ebenen Fleck, wo zwischen den Gebäuden des Plattnerhofes, meist auch »Rieder« genannt, Tische und Bänke zu einer kurzen Rast und zu einem Gläschen Wein auffordern. Von hier führt ein luftiger Steig durch Felsen auf die Höhen des Rittner Berges und bringt den Wanderer durch dunklen Fichten- und Föhrenwald zu den Häusern von Himmelfahrt bei Oberbozen. Ein zweiter Weg nimmt seinen Anfang bei den Höfen Diem und Stachel oberhalb der Kirche von Sankt Peter und erreicht dann dasselbe Ziel über die Flächen von Nesselbrunn. Wer es sonniger haben will, kann vom westlichen Ende der Oswald-Promenade zum Peter Ploner aufsteigen (der Name kommt übrigens nicht von einem Peter mit Schreibnamen Ploner, sondern vom romanischen »petra plana«, also flacher Stein) und von dort steiler weiter auf das Krummeck, wo ein überdimensionales Kreuz steht, dem es kaum gelingen wird, alle Bozner zum wahren Glauben zu bekehren. Vom östlichen Ende der Promenade geht beim Eberle der alte Rittner Weg an der rechten Seite des Rivelaunbaches hinauf zu den Füßen der Erdpyramiden und weiter nach Wolfsgruben oder nach Oberbozen. Jenseits des Baches kann man dann zu den Höfen von Signat, wo wieder eine Reihe von altbewährten Buschenschänken des Wanderers Schritte hemmen, und weiter hinauf nach Wolfsgruben. Als letzter Vorschlag sei noch der Weg genannt, der von Steg, schon tief im Eisacktal – bis dahin besser mit dem Auto – vorbei an der Ruine Stein zum Weiler Siffian und von dort nach Klobenstein führt.

Die Terrasse um die verstreuten Höfe von **Glaning** ist schon bei der Beschreibung von Bozen behandelt worden. Darunter liegt in der Ebene, von Gries kaum mehr getrennt, der Weiler **Moritzing** mit seinem heute barocken, aber ehemals romanischen Kirchlein, dessen Kirchturm so wie jener von Barbian etwas an aufrechter Haltung verloren hat. Vor der Kirche fällt der einst dem Bischof gehörige ANREITERHOF durch seine riesige Dachkonstruktion auf, der ins 16. Jahrhundert zurückreicht. In der einst versumpften Talfläche breitet sich der große Komplex des Regionalkrankenhauses aus, dessen Bau bis zum Jahr 1980 bereits zwanzig Jahre gedauert hatte und das fortwährend neue Zubauten und Umbauten erfährt.

An der langen Geraden, die nach Meran führt, steht jetzt das Hotel Schwefelbad, das in letzter Zeit zu einem Seniorenheim umgestaltet worden ist. Der Name weist auf eine bis ins Altertum zurückreichende schwefelhaltige Heilquelle hin; in dieser Gegend kamen bei Grabungen schon in der Mitte des 19. Jahrhunderts und dann zu Beginn des 20. immer wieder Waffen und Bronzegegenstände, vor allem aber ein Gefäß mit über dreitausend Bronzeringen zutage, die wohl als Weihegaben für das Quellheiligtum zu deuten sind und von der La-Tène-Zeit bis in die Römerzeit reichen, also in einen Zeitraum, der mehrere Jahrhunderte vor und nach unserer Zeitrechnung umfaßt. Hier in Moritzing zog sicher am sonnigen Berghang und etwas über der Talsohle ein uralter Verbindungsweg in Richtung Maia-Meran und in den Vinschgau.

Der Ritten

Wir müssen den Ritten, diese auf über tausend Meter Höhe liegende Hochebene, zur näheren Umgebung von Bozen rechnen, denn in den Sommermonaten wird er geradezu zum Ableger der Stadt; diese Flucht der bessergestellten Bozner Bürger auf die angenehm kühlen Höhen findet seit weit über dreihundert Jahren statt, und der selbst in den Duden (dort allerdings als »veraltend« angemerkte) aufgenommene Ausdruck »Sommerfrische« soll tatsächlich aus Bozen stammen!

Aber der Ritten ist weit mehr als bloß Sommerfrische. Erdgeschichtlich gesehen ist er ein Teil der großen Bozner Porphyrplatte, im Osten durch das Eisacktal, im Westen durch das Sarntal begrenzt, beide tief und schluchtartig eingeschnitten; seine nördliche Begrenzung kann mit der Höhe des Rittner Hornes (2260 m) angegeben werden, das sich dann über Sarner Scharte (2402 m) und Villanderer Berg (2509 m) in die lange Kette der Sarntaler Berge bis Sterzing fortsetzt. Da sein Porphyrgefüge im Inneren große Spalten aufweist, die oft nicht mit wasserundurchlässigem Lehm gefüllt sind, verläuft sich das Regenwasser in die Tiefe, und der Ritten gehört daher zu den wasserarmen Gebieten Südtirols. Nur an einigen Stellen, wo sich kompakter Moränenschutt erhalten hat, ist es zur Ausbildung der so berühmten ERDPYRAMIDEN gekommen. Über die Entstehung dieser seltsamen, mit einem großen Stein als Hut bedeckten Riesensäulen gibt *Bruno Mahlknecht* im Gebietsführer »Ritten« (Athesia 1977) ausführliche Auskunft. An den Stellen hingegen, wo lehmige Schichten dem Porphyruntergrund aufliegen, haben sich Tümpel und kleine Seen bilden können, die hier als kleine Moorseen, Moos genannt, die Landschaft verschönern. So haben wir den WEBER IM MOOS bei der Abzweigung der Straße nach Oberbozen oder das RIGGERMOOS. Dieser in seinen Höhen abgeflachte, mit weiten Wiesen und Wäldern bestandene Rücken war immer schon locker besiedelt, hauptsächlich mit großen Bauernhöfen; eine größere, geschlossenere Siedlung war das auf einer tieferen Terrasse liegende Unterinn, während die kleineren Orte Wangen und Gissmann schon dem Sarntal zugewandt sind. Man darf nicht vergessen, daß im Mittelalter, und sicher auch schon zur Römerzeit, der Verbindungsweg von Bozen zum Brenner über den Ritten geführt werden mußte, da die Eisackschlucht unpassierbar war. Erst der 1314 von *Heinrich Kunter* begonnene und 1480 richtig befahrbare neue Weg durch die Schlucht setzte diesem sicher mühsameren Höhenweg ein Ende. Dieser nach den römischen Truppen später auch von den vielen Italienzügen der deutschen Kaiser benutzte Weg begünstigte sicher eine Ansiedlung längs seines Verlaufes; Zeugen davon sind die Kirchen von Unterinn, von Lengmoos und Lengstein, von wo der Weg dann über Barbian ins Eisacktal abstieg. Und über die urzeitliche Besiedlung dieses klimatisch so begünstigten Berges erzählen uns unter anderem die Ausgrabungen am PIPERBÜHEL nahe bei Klobenstein: Hier fanden sich die Spuren einer Pfahlbausiedlung aus der La-Tène-Zeit, mit einem Grabstein und einer Birkenrute in rätischer Inschrift.

Aber der Ritten ist auch eine Traumlandschaft, eine über die Tiefen der Täler emporgehobene Aussichtswarte auf alle Berge des Landes. Überwältigend wird dieser Rundblick vom RITTNER HORN aus: Im Osten stehen, zum Greifen nahe, die Dolomiten mit dem alles beherrschenden Schlern im Vordergrund, gegen Süden die allgegenwärtigen Geschwister Weiß- und Schwarzhorn; weit hinten lugt der Monte Baldo hervor, es folgen Bondone, Paganella, Brenta, dann kommen die Gletscher von Cevedale und Ortler, die Ötztaler, die Stubaier und die Zillertaler im Norden, bis wieder die Dolomiten mit dem Peitler- und dem Langkofel den Kreis schließen. (Im Besitz des Museumsvereins im Bozner Museum liegt eine kolorierte Lithografie in fünf Blättern von *Gustav Seelos* [1855], die diesen gesamten Rundblick darstellen.) Aber auch für den, der nicht so hoch hinauf will, bietet das Wandern über die sehr bewegte Hochfläche des Rittens, durch Lärchenwiesen, Föhrenwälder bis hinauf zum Gürtel der dunklen Zirben am Fuß des Rittner Hornes, eine Quelle reinsten Naturgenusses.

Wer nicht einen der vorgeschlagenen Wanderwege auf den Berg vorzieht oder als schnellste Variante die Seilbahn wählt, benützt die 1965 fertiggestellte Autostraße, die in Rentsch gleich hinter der Brücke über den Rivelaunbach abgeht. Sie arbeitet sich in vielen Kehren über die alten Rebhänge, auf landschaftsverachtenden, riesigen Stützmauern in die Höhe; nach dem Kirchlein von Sankt Justina, das nach den Bombenschäden des letzten Krieges neu aufgebaut wurde, zweigt links eine schmale Straße zu den Höfen und den vielbesuchten Gaststätten von **Signat** ab. Man kann sie kaum alle aufzählen, etwa den Loosmann und den Baumann (der, unterhalb der Straße liegend, noch zur Gemeinde Bozen gehört), den Hochkofler, Pieracher und Patscheider – überall findet man in alten Bauernstuben gastliche Aufnahme beim Verkosten des »Nuien«, begleitet von »Schlutzkrapfen«, kräftigem Geselchten oder köstlichen Hauswürsten und zum Schluß von den mit Mohn oder »Kloazn« (getrocknete Birnen) gefüllten Krapfen, die niemand mehr des Hungers wegen ißt, sondern weil sie einen eben so anlachen. Wer von hier aus direkt nach Wolfsgruben will, sollte sich dazu schon zu Fuß bequemen, denn die Autos werden auf diesen Höhen dem Wanderer recht lästig! Allerdings wird dessen Sicherheit mehr und mehr durch die Bergradler gefährdet.

Die Hauptstraße führt hoch über dem Eisacktal ostwärts, den Rosengarten immer im Blickfeld. Bald nach den Häusern von Eschenbach und der Kirche von Sankt Sebastian, wo ein »Römerweg« auf eine alte Spur hinweist und auf einem Hügel die Reste der Burg Zwingenstein stehen, gelangt sie zum Dorf **Unterinn,** das auf einer weiten Wiesensenke steht. Die Kirche zur heiligen Luzia hat seit 1211 viele Stilwandlungen durchmachen müssen, bis sie bei der Neuromanik gelandet ist. Hier gibt es gute Hotels und Gasthäuser, und von hier aus lassen sich schöne Spaziergänge unternehmen, sowohl hinauf gegen Klobenstein oder Wolfsgruben, eben hinüber zur Ruine von Schloss Stein und nach **Siffian** oder hinunter nach **Blumau** im Eisacktal.

Die Straße gewinnt langsam an Höhe, und bald stehen unterhalb davon zwei große Industriebetriebe, die »Finstral« zur Herstellung von Fenstern und Türen, mit Ablegern in manchen anderen europäischen Ländern, und der »Loacker«, der seine Waffeln und andere süße Produkte nicht nur in Europa vertreibt. Kurz darauf zweigt eine Straße in Richtung Oberbozen ab – wir werden später dorthin zurückkehren. Nun ist es nicht mehr weit bis zum Hauptsitz der großen Rittner Gemeinde, nämlich **Klobenstein**, das schon auf 1156 Metern Höhe liegt. Am Eingang des Ortes liegt unter der Straße die große Eisbahn, auf der seit Jahren internationale Eisschnellauf-Wettbewerbe ausgetragen werden. Das Dorf selbst ist anmutig über Hügel und Tälchen verstreut, und sein Bild wird geprägt durch die vielen »Sommerfrischhäuser« und Villen, meist umgeben von schönen Gärten und Parkanlagen. *Georg Eyrl* schreibt darüber im »Schlern« 24 / 52 und Fortsetzung: *Die Entstehung der Ansiedlungen von Talbewohnern, besonders von Bozner Familien, zum Zwecke eines Sommeraufenthaltes in gesunder Höhenluft fällt in die zweite Hälfte des 16., vorzüglich aber in das 17. Jahrhundert. Der Sommerhitze im Bozner Talkessel zu entrinnen und auf einige Wochen im Gebirge, dem wirtschaftlichen Getriebe entrückt, rein der Ruhe zu pflegen, bei herrlicher Rundsicht auf die großartige Dolomitenwelt durch Wald und Wiese zu streifen, der Familie und besonders der Jugend Erholung und Gedeihen zu sichern, waren wohl die hauptsächlichen Gründe für das Entstehen der Sommer-Ansiedlungen, wesentlich gefördert durch den bei langjähriger, friedlicher kommerzieller und landwirtschaftlicher Betätigung vielfach erreichten Wohlstand.* Auch in unserem und im vergangenen Jahrhundert sind neue Sommerhäuser und Villen dazugekommen, und sie werden nach wie vor in den Sommermonaten ganz im Sinn der obigen Erklärung in Anspruch genommen; der Beginn des Rittner Aufenthalts fällt meist mit dem Ende der Schulzeit zusammen, also mit der zweiten Junihälfte, und das Ende kann sich bis weit in den September hinziehen. Früher fiel es mit dem großen Fest des Almabtriebs zu »Bartlmä« zusammen, also mit dem 24. August, wo sich auf der SCHIAN, einer großen Almwiese zu Füßen des Rittner Horns, alt und jung zu fröhlichem Treiben versammeln.

Unterhalb von Klobenstein liegt auf 936 Metern Höhe das Dörfchen **Siffian**, das bedeutend älter ist als der Hauptort; vermutlich schon im 9. Jahrhundert erwähnt, reicht einer seiner alten Höfe, der Stafflerhof, bestimmt auf das Jahr 1353 zurück; von ihm stammt die gleichnamige Familie der späteren, bedeutenden Hoteliersfamilie in Bozen. In Siffian steht auch noch der Köhlhof, wo eine Gedenktafel an den Tiroler Freiheitshelden *Peter Mayr* erinnert, der als Mitstreiter Andreas Hofers sein Leben nicht durch eine Lüge retten wollte (daß er nämlich vom Waffenstillstand nicht gewußt habe, als er mit einigen Gleichgesinnten den hoffnungslosen Kampf wieder aufnehmen wollte). Auch die KIRCHE ZU SANKT PETER ist schon 1389 erwähnt *(Rampold)*, wurde allerdings, wie viele andere, zur Barockzeit umgebaut. Von Siffian aus gelangt man bequem talwärts und bleibt vielleicht schon beim Rielinger hängen, wo man, in der Sonne sitzend, den köstlichen Weißen genießen kann, der hier bis auf diese Höhen herauf gedeiht. Tiefer unten steht, in einem steilen Graben versteckt, auf spitzem Felskegel die Ruine von SCHLOSS STEIN, schon seit vielen Jahrhunderten verfallen. Einst saß hier das Gericht über den ganzen Rittner Berg, und es ist anzunehmen, daß früher eine gute Straßenverbindung von Unterinn her bestand, die später durch Erosion und Erdrutsche verlorengegangen ist. Heute führt hier nur mehr ein ausgesetzter Steig über den steilen Hang.

Von Klobenstein aus führt eine gute Straße zum Weiler **Kematen** mit einer kleinen, neugotischen Kapelle, einem alten Gutshof und einem angesehenen Hotel, das in seiner ursprünglichen Holzkonstruktion gut in die Landschaft paßt. Dieses Anwesen ist seit Jahrhunderten im Besitz der Familie *von Zallinger-Stillendorf.* Weiter führt die Straße durch Wiesen und immer dichter werdende Wälder zum Weiler **Oberinn**, dessen Hänge schon über das Sarntal hinweg auf den gegenüberliegenden Tschögglberg schauen. Die klimatisch besonders günstige Lage – Oberinn soll die längste Sonnenbestrahlung des ganzen Rittens genießen – hat schon in vorgeschichtlicher Zeit hier auf 1300 Metern Höhe eine Siedlung ermöglicht, wie Bodenfunde beweisen.

Auf vorgeschobenem Posten über dem Sarntal liegt in einer Wiesensenke, hoch über den steilen Flanken des Tals, der alte Ort **Wangen**, den wir aber, allen Gemeindegrenzen zum Trotz, im Kapitel Sarntal besprechen wollen, da das Dorf mit den Herren von der alten Burg Wangen-Bellermont, dem Stammsitz der mächtigen Familie der Wangener oder Vanga (wie sich der Trienter Bischof nannte), eng verknüpft ist.

Schließlich wäre noch die Straße zu erwähnen, die von Klobenstein aus, gleich nördlich der Abzweigung nach Kematen-Oberinn, in Richtung Norden zieht. Durch dunkle Wälder und vorbei an kleineren Gehöften erreicht die Straße das Gasthaus Tann, jedem Fußwanderer auf das Horn ein willkommener Rastplatz bei der Rückkehr! Bald darauf kommt man zu den Häusern und dem Gasthof von PEMMERN, wo die Talstation der Seilbahn zur Schwarzseespitze, einem Vorberg des Rittner Horns, steht. Für anspruchslose Skifahrer, aber auch für viele Bergwanderer im Sommer eine bequeme Gelegenheit, rasch an Höhe zu gewinnen. Ihnen aber entgeht die einmalige Pracht der ausgedehnten Zirbenwälder, die allmählich in die baumlose Latschenzone übergehen, und das Erleben der langsamen, ständigen Erweiterung der Welt in der Ferne. Aber auch vom Horn aus lassen sich über die unermeßlichen Almböden weite und genußvolle Wanderungen unternehmen.

Mit Klobenstein beinahe zusammengewachsen ist der nächste Ort **Lengmoos**, aber man kann ihn auch auf einem schönen Spaziergang über den FENNBÜHEL erreichen (dieser Weg wird fälschlich oft als »Föhnpromenade« bezeichnet) und genießt so den herrlichen Blick auf die Bergwelt jenseits des Eisacktals. Hier in Lengmoos wurde schon 1220 eine Kommende des Deutschen Ritterordens mit anliegendem Hospiz gegründet. Heute versehen die *»Deutsch-Ordens-Herren«* viele Nachbargemeinden mit ihrer Seelsorge. Im Hof dieses alten Gebäudes finden seit Jahren die viel besuchten »Rittner Sommerspiele« statt, qualitätsvolle Theateraufführungen, aufgeführt durch einheimische Laienspieler, die oft ihren professionellen Berufskollegen um nichts nachstehen. Im gegenüberliegenden alten Gasthaus Amtmann, auch im Besitz der Kommende, bespricht man dann die Leistungen der Schauspieler bei einem guten Glas Wein.

Nun beginnt sich die Straße gegen den Graben des Finsterbaches zu senken, und zur Rechten erscheint der nackte Wald der ERDPYRAMIDEN, eines der seltsamsten und ungewöhnlichsten Naturschauspiele, die der Ritten zu bieten hat; die Lage der vielen verschieden hohen, mit einer Porphyrplatte bedeckten Riesensäulen am steilen Abhang erweckt schon genug der Bewunderung; diese wird aber gesteigert durch die gewaltigen Felsen des Schlern und der Langkofelgruppe im Hintergrund, während sich der weithin sichtbare Zwiebelturm der Mittelberger Kirche als besänftigendes Element dazwischen legt. Diese Gruppe von Erdpyramiden ist die größte, aber nicht die einzige, die der Ritten zu bieten hat; eine andere befindet sich im Rivelauntal unterhalb Oberbozen.

Nachdem die Straße den Bach überquert hat, grüßt links von der Höhe das Wallfahrtskirchlein MARIA SAAL herunter, das 1719 in die heutige Form gebracht wurde, aber schon im 16. Jahrhundert da gestanden hat.

Die Kirche von **Mittelberg**, um die sich ein paar schöne Bauernhöfe scharen, fällt jedem Benutzer der Brennerstraße auf, der von Atzwang nordwärts fährt und seinen Blick nach links oben wendet; der Turm mit der roten Zwiebel scheint ganz allein und verlassen dazustehen, und niemand ahnt die Schönheit der Landschaft, die ihn umgibt. Sein Sockel reicht nach Rampold bis ins 12. Jahrhundert zurück. Bald nach der Kirche zweigt rechts eine Straße zum Wieserhof ab, der vor Jahren als Hotel umgebaut worden war und jetzt ein Rehabilitationszentrum für Herzkranke beherbergt, das von der Kardiologischen Abteilung des Bozner Regionalkrankenhauses betreut wird. Unzählige Infarktkranke, die das bedrohliche Ereignis gut überstanden haben, verdanken der sachkundigen Betreuung durch Fachkräfte eine bessere Lebensqualität.

Immer noch auf 970 Metern und weit gegen Norden vorgeschoben liegt die enge Häusergruppe von **Lengstein**, eine uralte Rast an der ehemaligen »Kaiserstraße«. Die KIRCHE ZUR HEILIGEN OTTILIE wird in einer Urkunde Barbarossas schon 1177 erwähnt. Einige gotische Bauteile erinnern noch an frühe Zeiten, während die Inneneinrichtung aus dem Ende des 19. Jahrhunderts stammt. Der Ort hat sich mit Hotels und Pensionen den neuen Zeiten angepaßt und ist im Sommer ein beliebter Aufenthalt für Gäste von auswärts.

Rund hundert Meter tiefer breitet sich gegen Norden eine mit Äckern bestandene Terrasse aus, auf der in lockerer Folge einige alte Höfe stehen; der bekannteste davon ist der Penzl, der zur Flur von **Rotwand** gehört. Hier sind wir schon im Bereich der sagenumwobenen Hügel von Sankt Verena und, etwas tiefer, von Sankt Andreas in Antlas; die ganze Gegend strahlt Ruhe und Feierlichkeit aus, mit Bedauern muß man zur Kenntnis nehmen, daß der Autoverkehr über die von Barbian her neu verbreiterte Straße diesen Frieden immer mehr gefährdet. Wir haben aus geographischen Gründen die beiden einsamen Kirchlein auf ihren Felsenkuppen hoch über der Eisackschlucht schon im Kapitel über das Eisacktal besprochen.

Zuletzt besuchen wir den südlichen Anteil des Rittner Hochplateaus; gleich bei der Abzweigung der Straße nach Oberbozen liegt der kleine Weiher beim Weber im Moos; dann erreicht die Straße den See und die Häuser von **Wolfsgruben**. Früher ein beliebter Badesee, ist dort seit einigen Jahren das Baden untersagt, weil die Wasserqualität nicht den hygienischen Vorschriften entspricht. Aber für den Beschauer von außen hat dieser idyllische Weiher zu Füßen des bewaldeten Hügels nichts von seinem Zauber verloren. Am rechten, steilen Wiesenhang bald nach dem See steht ein auffallendes, kleines Gebäude mit steilem Dach, das ehemalige Plattner-Höfl, in dem seit einigen Jahren ein sehenswertes Bienenmuseum eingerichtet ist, das jedem Freund der Bienen und des Honigs einen Besuch wert sein sollte.

Vorbei an Höfen und im Wald halbversteckten Villen überquert die Straße die unbewehrten Geleise der Rittner Bahn, die aber durch lautes Gebimmel auf ihre bedrohliche Annäherung aufmerksam macht; dann sind wir auf der porphyrgepflasterten Einfahrt zum Dorf **Oberbozen**, dem moderne Bauten, Geschäfte und ein Gehsteig ein städtisches Gepräge zu geben versuchen. Man sieht dem Ort an, daß seine heutige Form hauptsächlich dem letzten Jahrhundert entstammt; die alten Bauernhöfe sind selten geworden, befinden sich auch in weiterem Umkreis oder sind zu modernen Villen umgebaut worden. Aber Hotels und Cafés und auch ein Schwimmbad locken im

Sommer viel Publikum an, das mehrheitlich aus Italienern besteht, die besonders gern in den Wäldern auf Pilzjagd gehen. Neben dem traditionsreichen Hotel Holzner steht die Endstation der Seilbahn, die für viele Bewohner des Berges wegen der raschen Beförderung in die und von der Stadt zum Segen geworden ist. Von hier aus gehen viele Spazierwege ab, in Richtung Klobenstein durch lichte Wälder von Lärchen und Föhren, auch weiter in Richtung zum Rittner Horn oder zu manchen beliebten Einkehrstätten wie dem Lobishof oder früher dem Berger.

Zum Juwel der Rittner Sommerfrischtradition aber, nach **Mariä Himmelfahrt**, sollte man gemütlich zu Fuß wandern. Da mischt sich im Herbst das flammende Gold der Lärchen mit dem noch grünen Wiesenboden, dem blassen Blau des Himmels und dem von ferne glänzenden Weiß der Dolomitentürme zu einer »Alpensymphonie«. Der Dichter und Schriftsteller *Hans von Hoffensthal* (eigentlich von Hepperger), am Anglerhof beheimatet, hat, wie kein anderer dieser Gegend, in vielen, zu seiner Zeit sehr erfolgreichen Romanen ein bleibendes Denkmal gesetzt. Für den Leser von heute in einem etwas zu üppig-sentimentalen Stil geschrieben, geben sie trotzdem die Atmosphäre dieser unvergleichlichen Landschaft und das sorglose Leben in dieser klassischen »Sommerfrische« in eindrucksvoller Stimmung wieder. Himmelfahrt ist noch eine Enklave geblieben für die alten Bozner Familien, die sich ihre »splendid isolation« bis heute zu bewahren wußten. Die alten Häuser stehen in großen, parkähnlichen Wiesen, sind zum Teil im 18. Jahrhundert von den damals renommierten Malern wie *Henrici* oder *Glantschnig* mit Wandmalereien geschmückt worden (wie z. B. im Ansitz Toggenburg), und das sommerliche Treiben der Jugend, die nie ausstirbt, und der Älteren, die hier ihre Ruhe genießen, spielt sich weiter ab wie eh und je.

Auf der Anhöhe steht die zur Barockzeit für die Sommerfrischler gebaute Kirche mit einem Bild von *Christoph Unterberger,* einem aus der Familie der bekannten Fleimstaler Maler, am Hauptaltar und von *Joseph Schöpf* am rechten Seitenaltar. Hier findet manche Taufe und manche Hochzeit statt unter Beteiligung aller Umwohnenden, die nicht nur hier eine große Familie bilden, sondern mehr oder weniger alle durch Blutsbande miteinander verbunden sind; man spricht etwas despektierlich von der Bozner »Blutwurst«. Hier, wo sich alte Bozner Tradition am reinsten erhalten hat, ist es auch angebracht, die acht »Bozner Seligkeiten« zu erwähnen, einer schon im vorigen Jahrhundert aufgekommenen, trefflichen Charakterisierung des wohlhabenden und recht selbstbewußten Bürgerstandes seiner Zeit, die *Theodor Hoeniger* in seinem »Altbozner Bilderbuch« in Gedichtform aufzählt. Diese Seligkeiten, *durch die ein jeder, noch eh' er stirbt, bei uns hier den Himmel auf Erden erwirbt,* sind, kurz gefaßt, folgende: Ein Haus in der Stadt, ein Weingut in Gries oder Zwölfmalgreien, ein Sommerfrischhaus am Ritten, ein eigener Stuhl in der Kirche, eine Loge im Theater, eine Arkade am Friedhof, die große Wäsche nur zweimal im Jahr und verwandt sein mit der Frau von Zallinger!

Ein Zentrum kultureller Geselligkeit ist der SCHIESS-STAND; er ist aber auch durch seine kunstvollen Schützenscheiben ein fortlaufendes Dokument vom künstlerischen Wandel der Zeiten. Im Jahre 1668 von der heute noch bestehenden Schützengesellschaft eingeweiht, beherbergt dieser barocke Rundbau unter einer uralten, schon etwas baufälligen Linde eine große Anzahl von Scheiben, von den besten Malern ihrer Zeit gefertigt und mit sinnvollen Sprüchen geziert. Darüber gibt beste Auskunft der schöne Bildband »Die Schützenscheiben von Oberbozen«, herausgegeben von *Franz von Walther* (Raetia, Bozen, 1993). Der Bau wurde kürzlich neu instand gesetzt, die schönen fünf Murano-Lüster aus der Mitte des 18. Jahrhunderts fachgerecht renoviert, und immer wieder finden dort Konzerte oder Lesungen zur Unterhaltung des Rittner Sommerpublikums statt. Und nach solchen Veranstaltungen oder einfach nur am Abend zu einem Schwatz begibt man sich zum Schluff, wo die Kathi bestens für das leibliche Wohl sorgt.

Im Tal unterhalb von Himmelfahrt steht die KIRCHE ZUM HEILIGEN JAKOB mit spätromanischen Fresken in der Apsis und darübergemalten Bildern aus der frühen Gotik. Von hier ist es nicht mehr weit zu der anderen großen Gruppe von Erdpyramiden am oberen Rand des Katzenbachtales.

Klobenstein ist zwar älter als Sommeraufenthalt, und zwischen den beiden Orten besteht eine nur unterschwellig ausgesprochene Rivalität, die sich sogar an der Farbe der Krägen der großen, weißen, wollenen Radmäntel äußert, die man an kühlen Abenden gerne um die Schultern legt: schwarz für Klobenstein, rot für Oberbozen-Himmelfahrt! Aber beide zusammen machen das aus, was man in Bozen schlechthin unter »Ritten« und unter »Sommerfrische« versteht.

Eggental und Reggelberg

Dort, wo sich der Eisack aus der engen Felsenklamm befreit und in das Bozner Becken eintritt, nimmt er von links den Eggenbach auf. Der beängstigend enge, gewundene und abgrundtiefe Spalt, durch den sich hier der Wildbach zwängt, ist der Weg, den sich der Bach durch die Felsen der Bozner Porphyrplatte gegraben hat. Die Straße folgt dieser Schlucht und kommt an ihrem Ende in das Gebiet der darüber abgelagerten Korallenriffe des einstigen Urmeeres, in das Herz der Dolomiten. Die Talfer und der Eisack haben sich ebenfalls mühsam den Weg durch diese größte Eruptivmasse Europas bahnen müssen und treten durch enge Schluchten in die weite Ebene um Bozen ein; aber keine von ihnen kann sich an Enge, an Wildheit und scheinbarer Ausweglosigkeit mit dem unteren Abschnitt des Eggentales messen. Man muß die Kunst der Erbauer bewundern, die im Jahr 1860 hier zum ersten Mal eine fahrbare Straße anlegten, die nur vom wild schäumenden Bach und den senkrechten, wie mit einer Riesenaxt behauenen, rötlichen Felsen gesäumt wird. Vorher konnte man die höher im Tal liegenden Gemeinden nur auf dem Umweg über Karneid oder Steinegg erreichen; bequemer war der Zugang über Aldein und Deutschnofen oder für Welschnofen der Paß, der von Fassa heraufführt.

Südlich vom Einzugsgebiet des Eggenbaches, der am Karerpaß, von den Ladinern Costalunga-Paß genannt, entspringt, liegt die weite Hochfläche des Reggelbergs, auf der sich die Gemeinden Deutschnofen und Aldein ausbreiten. Die beiden Gebiete sind heute durch Straßennetze so miteinander verbunden, daß sie aus Gründen einer besseren Übersicht gemeinsam behandelt werden; sie unterscheiden sich aber einmal durch die verschiedene Besiedlungsart: im Eggental in der Talniederung, am Reggelberg nur auf den Hochflächen; zum anderen bilden die Reggelberger in sprachlicher Hinsicht eine Art von Insel mit deutlichen, nur dort vorkommenden Besonderheiten.

Kurz etwas über die Namen: Eggental kommt von »ega«, auf ladinisch Wasser, und davon wurde auch die italienische Bezeichnung übernommen. »Reggl« hingegen hat nichts mit dem kurzen Sarner Pfeifl mit schön ziseliertem Silberdeckel zu tun, sondern kommt vom spätlateinischen Ausdruck »regola«, woraus dann die deutsche Bezeichnung »Riegel« wurde, das ist den einzelnen Höfen zugeteiltes Land. Der als Übername für die Bewohner von Deutschnofen und Aldein manchmal noch gebrauchte Ausdruck »Hessen« stammt laut Kühebacher nicht von etwaigen Einwanderern aus Hessen, sondern kann als Spitzname für die Bauern gedeutet werden, die ihren Ochsen- und Pferdegespannen »Heß zrugg!« zurufen.

Das Eggental

In Kardaun tritt die Straße in die enge Schlucht ein, die so manchem Autofahrer wie ein bedrückendes Felsengefängnis vorkommt und die an Wildheit und Enge in Europa ihresgleichen sucht. Einige Steinbrüche am Rande des Weges zeigen die Platten und Würfel, die hier aus dem leicht spaltbaren Porphyr gewonnen werden; aber eben diese Spaltbarkeit läßt die steilen Wände manchmal vom eindringenden Wasser oder Eis zu Leben erwachen und zu Tal stürzen – dann ist die Straße wieder einmal für Tage verlegt, und es muß der alte Umweg über den Berg von Gummer genommen werden. Eine Reihe von Tunnels versucht diese Gefahren zu umgehen, denn unter der Erde ist es hier am sichersten. Wie eine Verheißung aus einer anderen Welt erscheint für den, der sich vom Talinneren Bozen nähert, die auf hohem Felsen thronende stolze BURGANLAGE VON KARNEID; die enge und kurvenreiche Straße ohne Ausweichmöglichkeit verbietet aber ein längeres Bewundern oder gar Fotografieren.

Endlich, kurz vor den beiden Gasthöfen Wasserfall und Sonne, weitet sich das Tal, es erscheinen die ersten grünen Wiesen am Hang neben dem EGGENBACH. Bevor eine Brücke über diesen Bach setzt, zweigt links eine Straße nach **Gummer** ab, das schon auf 1117 Metern Höhe liegt und dessen Kirchturmspitze immer wieder aus dem Wald hervorlugt. Die Fundamente einer romanischen Rundapsis weisen auf das hohe Alter der Kirche hin, die später gotisch und in jüngster Zeit modern erweitert wurde. Von hier zieht die Straße über weite Wiesen und Wälder weiter hinunter nach **Steinegg**.

In **Birchabruck**, einer jungen Siedlung, erinnern die großen Holzlager an die früher große Bedeutung des Eggentales und der Höhen des Reggelberges als wichtige Lieferanten für den Holzexport nach dem Süden, der ja bis in die Mitte des 19. Jahrhunderts die Zunft der Etschflößer leben ließ. Ein paar Hotels und Pensionen weisen den Ort auch als touristisch von Interesse aus. Hier zeigt sich zum ersten Mal wieder der Rosengarten, den wir bei der Ausfahrt von Bozen verloren hatten; hier teilt sich auch die Talstraße in zwei Äste, und wir folgen zunächst jenem, der östlich nach Welschnofen und zum Karerpaß führt.

Nach einer felsigen Enge, durch die der Betaller Bach rauscht und die durch einen Tunnel durchbrochen wird, erreicht die Straße auf 1182 Metern Höhe die ausgedehnte Gemeinde von **Welschnofen**. Das ist kein welscher bzw. deutscher »Ofen«, kein »Welschen-Ofen«, wie manche Fremde es aussprechen, sondern die Silbe »-nofen« kommt vom spätlateinischen »nova«, das ist ein gerodetes Stück Land, ein »Raut«, wie das in Tirol heißt. Bis zur Eröffnung der DOLOMITENSTRASSE standen hier nur wenige Bauernhöfe, dann allerdings, nach 1860, hat die ganze Gegend bis zum Karerpaß einen ungeahnten Aufschwung erlebt: Die Dolomiten wurden als herrliches Wandergebiet und Kletterparadies, aber auch als einmalige Kulisse für den Wintersport entdeckt, es entstand ein Hotel und eine Fremdenpension nach der anderen, am KARERPASS wuchs ein gigantisches Hotel für internationale Nobelgäste in die Höhe, und die Hänge überzogen sich mit Liften und Seilbahnen. Persönlichkeiten wie *Kaiserin Elisabeth von Österreich* oder *Winston Churchill* verbrachten hier ihre Ferien und verschafften diesen von der Natur so begünstigten Westhängen von Rosengarten und Latemar zusätzlichen Ruhm. Zu dieser für die Bevölkerung der Gegend sicher segensreichen »Erschließung« trugen zum nicht geringsten Teil die Alpenvereinssektionen von Bozen und Meran bei; einer der führenden Persönlichkeiten war der in Meran ansässige, griechisch-stämmige *Theodor Christomannos*. Auf sein Betreiben wurde die Straße von Welschnofen bis auf den Paß und weiter ins Fassatal verlängert und schon im Jahr 1895 dem Verkehr übergeben. Heute breitet sich auf den weiten Wiesenflächen unterhalb des Passes ein großes Feriendorf aus, das besonders im Winter, aber auch in den warmen Sommermonaten für einheimische Besitzer als Zweithaus, aber auch für Gäste aus nah und fern – zum Großteil Italiener – jede Bequemlichkeit bietet.

Der auf diese Weise gewachsene Hauptort von Welschnofen liegt am Hang über dem tiefen Betaller Bach und ist von dunklen Wäldern umgeben. Eine Kirche wird hier schon aus dem Jahr 1142 erwähnt, ein Zeichen, daß der Übergang ins Fassatal viel begangen wurde. Die heutige Kirche wurde erst 1965 völlig neu errichtet. Ein Straßenstück führt bergwärts in das Locherertal bis zur Huenzensäge, wo die Talstation des Laurin-Liftes steht. Dieser führt bis zur FROMMER ALM an der großen Straße zum NIGERPASS und nach Tiers. Von dort führt ein weiterer Lift bis zur KÖLNER HÜTTE (jetzt Rosengartenhütte) auf 2338 Metern.

Die Hauptstraße erreicht nach einigen Kehren im Wald den einst als den schönsten Dolomitensee gepriesenen KARERSEE. Wer seinen Zauber ungestört genießen will, sollte das in den frühen Morgenstunden oder zu einer sogenannten »toten« Jahreszeit tun, denn was sich da besonders an Sonntagen im Sommer tummelt, kommt oft einem Jahrmarkt gleich, und auf dem Andenkenfoto sind dann bestimmt Scharen von anderen Fotografen ungewollt mitabgebildet. Im Spätsommer kann es auch geschehen, daß der Wasserspiegel so tief gesunken ist, daß man eher von einer Lacke als von einem See sprechen muß. Aber in beschaulicher Stille genossen, bleibt der Eindruck der wildgezackten Latemarspitzen, die sich im tiefen Wasser inmitten des dunklen Forstes spiegeln, einer der Höhepunkte des Dolomiten-Erlebnisses.

Über die vielen Wander- und Klettermöglichkeiten in der Rosengartengruppe links vom Karerpaß und im Latemar rechts davon kann man sich in vielen einschlägigen Veröffentlichungen bestens informieren, und das Verkehrsamt steht gerne beratend zur Seite. Der ROSENGARTEN bietet einige schöne Übergänge, von denen das Tschagerjoch jedem gut ausgerüsteten Wanderer keine Schwierigkeiten bereitet, während der Santnerpaß schon Bergerfahrung und -ausrüstung verlangt. Viel begangen sind die Übergänge zum Schlern, zur Seiser Alm oder gegen die Langkofelgruppe. Die höchste Spitze dieser Gruppe ist der weiter im Norden gelegene KESSELKOGEL mit 3002 Metern Höhe; die schwieriger zu besteigende ROSENGARTENSPITZE ist mit 2981 Metern nur wenig niedriger. Die drei kühnen VAJOLETTÜRME und das GARTL unter der Spitze sind ja die Wahrzeichen dieser langgezogenen Felskette, die dem Beschauer von Bozen oder vom Ritten aus das abendliche, rosarote Glühen schenkt, von dem der Berg seinen Namen bekommen hat, und aus dem auch die schöne Sage vom Zwergenkönig *Laurin* mit der Tarnkappe und seinem Besieger Dietrich von Bern entstanden ist.

Der LATEMAR hingegen, so nahe er steht, hat ein viel brüchigeres Gestein, wird daher von Kletterern wenig besucht, bietet aber für gute Geher wunderbare, weite Wanderungen und eine ebenso schöne Aussicht auf die östlichen Dolomiten mit Marmolada, Civetta und die Gruppe der Pale von San Martino. Die höchste Erhebung der Gruppe ist der DIAMANTIDITURM (2842 m), auch Latemarspitze genannt; mit der CIMA DI VALBONA (nicht zu verwechseln mit der großen Valbona-Spitze im nördlichen Rosengarten) bricht die Gruppe im Süden gegen das Reiterjoch (oder Passo di Pampeago) ab. Zu Füßen des Latemar liegt das Skigebiet von LAVAZÈ und von OBEREGGEN, das wir über die Eggentaler Straße erreichen. Was den Latemar vom Rosengarten auch unterscheidet, sind seine gegen Osten viel flacher abfallenden Schrofen, die bald in grüne Wiesen übergehen.

Wenige hundert Meter hinter Birchabruck teilt sich die Straße erneut. Der linke Ast führt zu dem ungefähr zweihundert Meter höher gelegenen Dorf **Eggen** und von dort an vielen Höfen vorbei nach Obereggen. Die noch romanischen Rundbogenfenster am Turm und der gotische Chor weisen auf das Alter und die verschiedenen Bauperioden der Kirche hin, die im vorigen Jahrhundert noch einmal gänzlich umgebaut wurde. Der Ort macht einen sauberen Eindruck, da die meisten Häuser in ansprechenden Formen neu gebaut oder umgebaut worden sind. Nur in den höher gelegenen Ortsteilen, im sogenannten Städtl, stehen noch viele ursprüngliche Bauernhäuser. Einige Gasthäuser und Pensionen bieten Feriengästen Unterkunft; ein beliebtes Ausflugsziel ist der große Bewallerhof ober dem Ortsteil **Hennewinkel** (Abzweigung links nach der ersten Kehre).

In steter Steigung führt die Straße weiter nach **Obereggen**, das man besser von der Talstraße aus erreicht. Der Ort hat sich zu einem der meistbesuchten Skigebiete der Bozner Umgebung herausgemausert; die vielen und schönen Abfahrtsmöglichkeiten unter den Hängen des Latemar, dessen Kare bis tief in den Frühling noch Schnee tragen, haben dort große Hotels und ein gut organisiertes Sportzentrum entstehen lassen. Im Weiler **Rauth**, wenig unter Obereggen, geht die Straße auf das LAVAZÈ-JOCH weiter, dessen weite Flächen ideale Langlaufloipen bieten, die sich bis zum JOCHGRIMM zwischen WEISS- UND SCHWARZHORN hinziehen. Von hier sind es nur mehr acht Kilometer bis Cavalese.

Der Reggelberg

Nach diesen mehr sportlichen Abstechern wollen wir endlich den Weg in südliche Richtung nehmen und uns gleich nach Birchabruck bei **Stenk** nach rechts wenden. Nach Überquerung des Eggenbaches erreicht die Straße in einer großen Schleife die Hochebene, auf der das Dorfzentrum und die weit herum verstreuten Höfe von **Deutschnofen** liegen. Diese seit alters besiedelten Hochflächen auf über tausend Metern Seehöhe gehören zu den zauberhaftesten Landschaften des südlichen Abhanges der Zentralalpen; neben dem Reggelberg, auf dem wir uns jetzt befinden, haben wir bei uns noch den Ritten und den Tschögglberg zwischen Meran und Bozen. Im Trentino haben die Hochflächen von Pinè, von Lavarone und Folgaria ähnliche Struktur und Geschichte, die sich im Veronesischen in den Lessinischen Bergen wiederholt. Allen gemeinsam ist ihre Besiedlung durch die damaligen Landesherren, die Bischöfe von Trient und Brixen, mit deutschen Bauern und Bergleuten aus Tirol, Bayern und auch Schwaben. Das geschah, grob gerechnet, zwischen dem 13. und 15. Jahrhundert. Nicht nur kräftige Männer für die schwere Rodungsarbeit waren gefragt, die aus den waldbedeckten Flächen saftige Wiesen schufen und damit Platz für ihre Familien und ihr Vieh, sondern auch Leute, die sich als Knappen verdingten, zur Arbeit in den zahlreichen Erzgruben. Mit dem Fehlen des deutschsprachigen Hinterlandes gingen Sprache und Kultur der Einwanderer nach und nach verloren, wenn sich auch mit Hilfe kultureller Unterstützung einige Inseln im Fersental und in Lusern noch mühsam behauptet haben. Gewisse Eigenarten des Reggelberger Dialektes (sie sagen anstatt Katzl »Kätzl«, statt Glasl »Gläsl« oder statt Stoan »Stan«) rühren nach Meinung der Sprachforscher nicht von schwäbischen oder gar hessischen Erinnerungen her, sondern die Einwanderer aus dem bayrisch-tirolischen Raum hielten in ihrer Abgeschiedenheit noch an althochdeutschen Formen fest und machten manche spätere Lautverschiebung nicht mit.

Die in viele Rücken und Tälchen gegliederte Hochfläche wird durch die tief eingeschnittene Furche des BRANTENTALS in zwei Teile geteilt; auf dem nördlichen dehnt sich Deutschnofen aus, auf dem südlichen liegen **Petersberg, Aldein** und **Radein**. Das Dorfzentrum von Deutschnofen liegt auf dem nach Süden geneigten Hang des Rückens, der als BREITENBERG steil gegen Leifers abfällt. Wie solide und zahlreich diese erste Besiedlung war, ergibt sich aus der Tatsache, daß Deutschnofen schon im 13. Jahrhundert ein eigenens Gericht bildete.

Wie *Stocker-Bassi* im Gebietsführer »Reggelberg« beschreibt, war die Richtstätte beim sogenannten »kugeleten Pill«, das ist der Bildstock rechts an der Straße unter dem Pföslhof, jetzt Hotel. *Noch vor 25 Jahren sah man am Fuße des Hügels, auf dem der Bildstock steht, ein kleines Steintröglein, in welchem angeblich bei der Hinrichtung das Blut der Geköpften aufgefangen wurde.*

Im Mittelpunkt des Dorfes, sofern man bei dieser Ausbreitung der Siedlungen von Mittelpunkt sprechen kann, steht die große PFARRKIRCHE ZU DEN HEILIGEN ULRICH UND WOLFGANG. Der Chor wurde 1458 und die gesamte Kirche 1498 geweiht, es war kein eigentlicher Neubau, sondern ein radikaler Umbau einer schon vorher bestehenden romanischen Kirche. Netzgewölbe im Chor und im Hauptschiff und besonders die Kanzel mit ihren kunstvollen Maßwerkformen erinnern noch an diese Zeit; die hölzerne Orgelempore wurde um 1700 eingebaut. Als besonderen Schatz hütet die Kirche am neugotischen Hauptaltar vier Relieftafeln, die *Hans von Judenburg* 1422–1424 für die Pfarrkirche von Bozen geschaffen hatte. Denn 1724 verschenkte (!) der Bozner Stadtrat den nicht mehr »zeitgemäßen« Hochaltar an die Pfarrkirche von Deutschnofen *(Frei)*. Vom großen Altarwerk sind Teile inzwischen in ganz Europa verstreut: Die Marienkrönung steht im Germanischen Nationalmuseum in Nürnberg, die seitlichen Heiligenfiguren im Schnütgen-Museum in Köln, andere Teile sind ganz verschwunden. Die anderen Figuren, die den Altar schmücken, sind zum Teil recht gute Arbeiten von Grödner und Tiroler Bildschnitzern vom Ende des vorigen Jahrhunderts. Beachtung verdient auch der barocke Rosenkranzaltar mit seinen 15 geschnitzten Medaillons mit Szenen aus dem Leben Christi und Marias aus der Werkstatt der bekannten Grödner Bildhauer *Vinatzer*. Das schöne Altarblatt stammt vom Fleimser Meister *Franz Sebald Unterberger*. Die Kreuzwegstationen in heller Terrakotta sind vom Vinschger Künstler *Karl Grasser* entworfen, und das Kriegerdenkmal an der Friedhofsmauer von seinem Landsmann *Martin Rainer*. Wir treffen also hier auf diesen Höhen auf eine unvermutete Ansammlung von erlesenen Kunstwerken, die von der Gotik über den Barock bis zur Moderne reichen.

Deutschnofen und den ganzen Reggelberg sollte man sich erwandern, auch wenn befahrbare Wege überall hinführen; nur in der langsamen Annäherung erschließen sich dem Besucher in der sich stetig verwandelnden Landschaft manche Höhepunkte in ihrem tieferen Gehalt. So zum Beispiel die HÜGELKIRCHE SANKT HELENA, für die die lange Kette des Rosengartens im Hintergrund einen würdigen Rahmen bildet. Es ist nicht so sehr ihre äußere Gestalt inmitten des alten Gehöfts oder der etwas plumpe Turm, zu dem das gotische Maßwerk der Fenster nicht so recht passen will. Aber schon die an der westlichen und südlichen Außenwand angebrachten Fresken wecken das Interesse, und das primitive Sandsteinrelief am rechten Eckpfeiler führt uns in tiefe Vergangenheit. Beim Betreten des Innenraumes wird man dann fast erschlagen durch die Fülle der Bilder, die die Wände decken. Dem Kunsthistoriker *Matthias Frei* zufolge *gilt das Denkmal als die insgesamt noch am besten erhaltene Ensembleschöpfung der sogenannten Bozner Schule im Umkreis des aus Ulm zugezogenen Malers Hans Stocinger*. Ich kann hier nicht eine genaue Beschreibung der Bildinhalte folgen lassen, dazu gibt es gute Führer (z. B. »Deutschnofen, Kirchen und Kapellen, von *Frei/Stocker Bassi*). Es ist schön, sich einfach dem Eindruck der Bilder nach und nach hinzugeben und ihre einfache Frömmigkeit nachzuvollziehen: Da ist etwa die Eva, die mit schon zum Gebet gefalteten Händen dem Leib des schlafenden Adam entsteigt, oder da sind die farbenfrohen Medaillons an der Decke, wo besonders innig der Stall von Bethlehem dargestellt ist, oder der Evangelist Markus an einem perspektivisch arg verzogenen Schreibtisch und der friedliche Löwe, der ihm aus einer Wolke die Zunge herausstreckt: Wie bei vielen ähnlichen Stätten ist es auch hier so, daß bei jedem neuen Besuch sich auch immer wieder neue Einzelheiten auftun, die einem früher entgangen waren. Den Schlüssel zum meist verschlossenen Kirchlein bekommt man von der freundlich-betulichen Wirtin am Hof, wo auch eine sonnige Veranda mit Blick auf den Rosengarten zu einer Stärkung einlädt. Die Zufahrtsstraße nach Sankt Helena geht gegenüber dem Hotel Pfösl rechts ab. Zu Fuß ist es eine knappe halbe Stunde.

Ähnlich isoliert auf einem einsamen Hügel steht die KIRCHE ZUR HEILIGEN AGATHA. Man erreicht sie in ungefähr einer Stunde zu Fuß, indem man den steilen Weg rechts von der Pfarrkirche gegen Norden geht und bei einem Bildstock die rechte Abzweigung nimmt. Auch dieses Kirchlein hat wie Sankt Helena seine jetzigen Formen aus der Gotik um 1400. Leider ist vom ursprünglichen Freskenschmuck sowohl außen als auch innen nur mehr wenig erhalten, läßt aber auf gute Qualität schließen. Auch hier wirkt die weit überdachte Vorhalle wie eine Einstimmung zur Sammlung vor dem Betreten des Kirchenraumes.

Deutschnofen und auch seine Nachbargemeinden haben sich den Ruf einer großen Musikliebe erworben. Die Musikkapelle und ganz besonders der Kirchenchor werden nicht nur im ganzen Land geschätzt, sondern haben auch zahlreiche Auslandsreisen unternommen. Der Chor wurde mehrmals zu Aufführungen großer Orchesterwerke, wie Messen und Oratorien mit dem Haydn-Orchester, in Bozen eingeladen.

Um nach **Petersberg** zu gelangen, muß die Straße den weiten Bogen um den Ursprung des tiefen Brantentales machen; aus dem Etschtal, rund tausend Meter tiefer, sehen die Häuser von Leifers herauf. Nach der Umrundung der tiefen Schlucht liegt Petersberg wieder ganz nahe an Deutschnofen, aber eben nur in der Luftlinie! Der Ort liegt auf 1380 Metern Seehöhe in freier Weite, seine Bauernhöfe sind zwischen Weideflächen, Tälchen und Waldstücken verstreut; ein kleiner Dorfkern schart sich um die Kirche, die wie so viele dieser Gegend aus dem 14. Jahrhundert stammt, aber in der Folgezeit immer wieder vergrößert und umgebaut wurde und im vorigen Jahrhundert der phantasielosen Neugotik auch nicht entgehen konnte. Das Altarblatt stammt von *Carl Henrici.*

Der größte Anziehungspunkt der ganzen Gegend ist bestimmt der alte Wallfahrtsort von **Maria Weißenstein**, von Petersberg auf breiter Zufahrtsstraße oder zu Fuß in zwanzig Minuten zu erreichen. Er liegt rund hundert Meter höher als Petersberg, und seine großen Gebäude mit der Kirche in der Mitte blicken weit ins Land hinaus.

Die Legende erzählt die Ereignisse um den historisch bezeugten Bauern Leonhard Weißensteiner, den die Madonna von seiner Krankheit – er litt an Anfällen und geistigen Störungen (Epilepsie?) – zu heilen versprach, wenn er ihr eine Kapelle erbaue. Als er dies nach mehreren Aufforderungen noch nicht getan hatte, fiel er während eines Anfalls in eine tiefe Schlucht und wurde wunderbar errettet. Beim Aushub für den endlich in Angriff genommenen Bau fand er dann das Gnadenbild, das seitdem die Kirche ziert. Leonhard, von seinem Leiden genesen, widmete sich der Förderung der Wallfahrt und zog sich später als Einsiedler in die Einsamkeit zurück. Sein Grab steht links vom Haupteingang zur Kirche.

Siebzig Jahre nach dem Tod Leonhards, der im Jahr 1571 gestorben war, und nachdem die Wallfahrt schon im ganzen Land bekannt worden war, stimmte der Bischof von Trient, der Fürsterzbischof Kardinal *Karl Madruzzo* dem offiziellen Kult zu. Seit dieser Zeit ist Weißenstein auch Ziel vieler frommer Pilger aus dem Trentino und den Nachbarprovinzen geworden (dort heißt der Ort dann »Bassiston«). Von 1638 bis 1673 dauerte der Bau der heutigen Kirche; die Decke wurde vom bekannten Barockmaler *Adam Mölk* mit Fresken versehen (die Königin Ester, Vorbild Mariens im Alten Testament, begegnet dem Perserkönig Ahasver). Im Jahr 1719 errichteten die Serviten das Kloster, dessen breite Front jetzt die Kirche in ihre Mitte schließt. Im Jahr 1925 mußten die Tiroler Serviten Kloster und Hospiz an die italienische Ordensprovinz aus Vicenza abgeben. Einen Höhepunkt hat Weißenstein im Juli 1988 erlebt, als Papst Johannes Paul II. hier zum Pilger wurde.

Der ursprüngliche Wallfahrtsweg von Leifers durch das Brantental wird immer weniger benutzt; wir sind fauler und unfrommer geworden und geben auch keinen Kieselstein mehr in den Schuh oder einen größeren Stein in den Rucksack, damit das Aufwärtspilgern ja nicht zu schmerzlos vor sich gehe. Nur mehr der große Steinhaufen am Ende des Wallfahrtsweges zeugt von diesen Auswüchsen früherer Volksfrömmigkeit.

In stetiger, mäßiger Neigung geht jetzt die Straße durch Waldstücke und Wiesen zu dem hundert Meter tiefer gelegenen großen Dorf **Aldein**. Hier sind wir schon am südlichen Abhang des Reggelberges, und der Horizont wird im Osten wieder beherrscht durch das ungleiche Zwillingspaar vom Weißhorn aus hellen Triaskalken und vom Schwarzhorn aus dunklem Quarzporphyr. »Wieder« sage ich, weil von Deutschnofen aus das Schwarzhorn überhaupt nicht sichtbar ist, wo doch diese beiden Berge von allen Südtiroler Bergen und von vielen Tälern aus geradezu als Fixpunkte allgegenwärtig sind. Auch hier bilden Vieh- und Holzwirtschaft neben dem immer zunehmenden Fremdenverkehr die Haupteinnahmequellen der Bevölkerung.

Ein Beweis für die urzeitliche Besiedlung dieser Hochfläche ist die ausgedehnte Anlage vom BURGSTALLEGG am Rande des Steilabfalls zum Etschtal. Man gelangt dorthin von dem Weg aus, der gegenüber vom Aldeinerhof nördlich leicht abfällt. Diese klassische »Wallburg« ist auf jeden Fall einen Besuch wert. Auf zwei durch einen tiefen Felsspalt getrennten Kuppen häufen sich Berge von Steintrümmern bis zu fünf Metern hoch, aber bei näherem Hinsehen erkennt man auch Mauerzüge und Andeutungen von Baustrukturen, alle ohne jede Mörtelspur. Überraschend ist das Ausmaß: 60 Meter Länge bei der nördlichen Anlage, 80 Meter bei der südlichen; man kann sich also eine recht ausgedehnte Siedlung vorstellen, und der bekannte Wallburgenforscher *Georg Innerebner* geht so weit zu vermuten, der vier Meter breite Spalt sei einmal überbaut worden und der darunter liegende Hohlraum habe vielleicht kultischen Zwecken gedient, zum Beispiel als Grottenheiligtum. Eine zeitliche Einordnung fällt schwer, da keinerlei Scherben oder Geräte gefunden wurden (Schlern 1954 / 303). Für Innerebner steht diese Wallburganlage in unserem Land einzigartig da.

Der Name Aldein könnte, laut einigen Sprachforschern, vom langobardischen Namen »Aldo« herrühren; jedenfalls kommt er als »Aldinum« schon in einer Urkunde des Kaisers Barbarossa aus dem Jahr 1175 vor. Von der ursprünglichen Kirche ist nur mehr der gotische Chor vorhanden, der Rest wurde im 19. Jahrhundert neugotisch umgestaltet. Zwei Gedenksteine erinnern an zwei berühmte Söhne von Aldein: an den Jesuiten und späteren Kardinal *Johann Baptist Franzelin* (1816–1886), der sich große Verdienste um die Vorbereitung des I. Vatikanischen Konzils erworben hat, und an den Bauernsohn *Andreas Dipauli* (1761–1839): Noch als kleines Kind zum Vollwaisen geworden, wurde ihm wegen seiner Intelligenz zum Studium verholfen; er wurde Jurist und stieg zu den höchsten Richterämtern der Monarchie in Wien auf; er wurde in den Freiherrenstand mit dem Prädikat »von Treuheim« erhoben, und seine Nachkommen, unter denen sich sein Sohn *Anton* als Historiker und Politiker einen Namen gemacht hat, leben heute noch in Kaltern. Seine große Tirolensiensammlung bildet den Grundstock der Bibliothek des Museums Ferdinandeum in Innsbruck.

Im Osten hoch über Aldein liegt auf 1550 Metern Seehöhe der kleine Weiler **Oberradein**, den man von der Fleimstaler

Straße nach **Kaltenbrunn** über die wenigen Häuser von **Unterradein** erreicht. Seine einfache, gotische Kirche steht, von einer niederen Mauer umgeben, frei und weithin sichtbar auf einem Hügel. Hier ist es nicht so sehr die Kunst der Menschen, als vielmehr die Komposition der Kirche in die Landschaft, die dieses bescheidene Bergkirchlein in die Reihe der besonders liebenswerten Gotteshäuser unseres Landes stellt, wo die größere örtliche Nähe zum Himmel auch zu einer Himmelsnähe in übertragenem Sinne einlädt.

Radein hat bei Kennern auch außerhalb unseres Landes einen guten Namen, denn hier steht in aussichtsreicher Lage der große Zirmerhof, der seit gut hundert Jahren von der Familie Perwanger zu einem behaglichen und kultivierten Sommeraufenthalt gestaltet wurde; hier trafen sich und treffen sich noch heute Personen aus den Kreisen der Wissenschaft, Kunst und Kultur aus allen deutschen Ländern, um in der ungestörten Einsamkeit dieser weltentrückten Höhe zu sich selbst zu kommen. Wer sich aber besonders für gediegene Tiroler Hausmannskost aus der Zeit unserer Großmütter interessiert, der besorge sich das Kochbuch der Frau *Hanna Perwanger*: »Südtiroler Leibgerichte«, das 1967 bei Athesia erschienen ist und bereits die zwölfte Auflage erreicht hat!

Radein ist der ideale Ausgangspunkt für Spaziergänge und auch für weitere Touren, allen voran die Wanderung auf das WEISSHORN, das sich auf verschiedenen Wegen angehen läßt; alle durchqueren einen lockeren Wald aus Föhren und Zirben, um dann nach Überwindung der Latschen- oder Legföhrenstufe in den weißen Felsen des Gipfelaufbaues zu enden. Die Aussicht von dort oben gehört zu den weitesten und schönsten der ganzen Zentralalpen! Zum Weißhorn kommt man mit geringerem Höhenunterschied, aber auf steilerem Anstieg vom weiten Sattel des Jochgrimm aus, auf dessen östlicher Seite sich das SCHWARZHORN erhebt. Vom Lavazè-Paß führt eine breite Straße auf das Joch. Auf dem Schwarzhorn wurde im Jahr 1950 von *Georg* und *Hertha Innerebner* eine vorzeitliche Siedlung aus der Eisenzeit in 2439 Metern Seehöhe entdeckt, über die P. Leonardi im »Schlern« 1952 / 375, ausführlich berichtet hat. Und auf dem Jochgrimm haben *Lunz* und *Niederwanger* Silex-Werkzeuge steinzeitlicher Hirten oder Jäger gefunden.

Der senkrechte Felsenkessel, der das Weißhorn im Westen wie eine gewaltige Wunde aufreißt, ist der Beginn eines der interessantesten Täler für das Studium der Erdgeschichte, die cañon-artige Schlucht des BLETTERBACHES.

Hier hat in unvorstellbaren Zeiträumen die stetig grabende und schwemmende Kraft des Wassers einen Querschnitt durch alle Erdzeitalter geschaffen, der uns wie in einem Bilderbuch Schicht um Schicht die Entstehungsgeschichte unserer Gebirge offenlegt, über deren Oberfläche wir achtlos dahingehen. Die Bestimmung der zahlreichen Versteinerungen von Meerestieren und -pflanzen, die die verschiedenen Schichten enthalten, erlaubt eine gute Einordnung ihrer Lebensperioden im Urmeer, das einst unsere Dolomiten deckte; die in bunten Farben gestreiften Wände der Schlucht erzählen von Vulkanausbrüchen und vom Erstarren der glühenden Laven, von ihrem Zerreiben zu Körnern, aus denen dann Sandsteine entstanden, von der Ablagerung mikroskopischer Kalk- und Kieselschalen der Meerestierchen, von Verschiebungen, von Hebungen und Abbrüchen. Auch für den, der ohne geologische Vorbelastung die Schlucht betritt, wird die Wanderung durch diese Unterwelt zum Erlebnis, und es kann gar nicht ausbleiben, daß sein Interesse für die Entstehung unserer Gesteine sozusagen im Anschauungsunterricht geweckt wird. Als Leitfaden dazu kann das Büchlein von *H. Moser* »Bletterbach in Aldein«, Athesia 1996, bestens empfohlen werden. Die besten Zugänge sind, von Aldein aus, vom Parkplatz unter der Lahneralm der sog. Gorzsteig (Markierung G) oder vom Zirmerhof aus die Steige Nr. 3, 4 und W, die an verschiedenen Stellen in die Schlucht stoßen. Im Grund der Schlucht selber kommt man vom als TAUBENLECK bekannten Ort, zum Teil über kleine, ungefährliche Leitern über das BUTTERLOCH bis in die GORZ, dem Kessel unter dem Weißhorn.

Nach Aldein fallen die Wiesen- und Waldhänge des Reggelberges steiler gegen Süden ab, und die Straße verläßt dieses sonnige Hochland bei der tiefen Schlucht des SCHWARZENBACHES, über die sich die mit Recht als KLEINE EUROPABRÜCKE bezeichnete Brücke schwingt, um auf der Fleimstaler Straße zu münden. In der Tiefe, bachaufwärts, liegen die Häuser des Weilers **Holen**, wo sich der Bletterbach und der Schwarzenbach vereinigen. Der Ort wird wohl als günstige Lage für Mühlen entstanden sein, denn sonst läßt es sich schwer vorstellen, weshalb man sich in dieser Schlucht niederlassen sollte.

Wandervorschläge: Einiges ist schon genannt worden, wie die Wege auf das Weißhorn, zum Burgstallegg oder in den Bletterbach. Ein besonders schöner Halbtagsspaziergang, auch mit Kindern zu machen, ist der Weg zum GÖLLERSEE und zur ROTWAND. Von Auer konmmend und noch vor dem Dorf Aldein zweigt nach dem Hinweis zum Aldeiner Hof links ein kurzer (der zweite) Weg zum Bigleiderhof, einem sympathischen Gasthaus, ab, wo man den Wagen abstellen kann. Von dort zu Fuß weiter nach Norden auf Weg O; ein Schild zeigt, nach dem ersten Tümpel, nach rechts zum HEXENSTEIN, einem geheimnisvollen, haushohen, würfelförmigen Findlingsblock aus Kalk inmitten der abgeschliffenen Porphyrböden; nach diesem kurzen Abstecher zurück auf den Weg Nr. R, der bald zum idyllisch in einer Waldsenke liegenden Göllersee bringt. Der immer gut markierte Steig R führt dann bald zum natürlichen Porphyrwall an der Rotwand, der die Aldeiner Hochfläche hart an den senkrechten Felsen zum Etschtal begrenzt. Der Blick in das achthundert Meter tiefer liegende Etschtal ist atemberaubend! Und der Ort mit seinen massigen, abgerundeten Blöcken, die ein natürliches Geländer gegen den Absturz bilden, strahlt einen besonderen Zauber aus.

Für Freunde des Langlaufs sei eine Route erwähnt, die auch im Sommer ihre Reize hat: Bis zur Schmiederalm im Osten von Aldein auf 1680 Metern Seehöhe führt ein auch im Winter freigehaltener, asphaltierter Weg. Man folgt dann der präparierten Loipe durch das Kösertal, steigt auf die Westschulter des Weißhorns und quert hinüber zur Neuhütt, die im Winter zwar nicht bewirtschaftet ist, aber auf deren Veranda man schön in der Sonne sitzen kann. Wer weiter hinaus will, kann von dort aus noch weitere zwölf Kilometer bis Lavazè laufen.

Das Sarntal

Eingebettet in einen Kranz von hohen Bergen mündet dieses lange Tal mit enger Schlucht sozusagen mitten in die Stadt Bozen, und trotzdem könnte es kaum einen größeren Kontrast geben als zwischen dem Stadtbewohner und dem Sarner Bauern. Denn, genau betrachtet, denkt der Bozner, wenn er vom Sarntal spricht, in erster Linie nicht gleich an die Landschaft oder die Siedlungen im Tal, sondern an die Sarner. Daß sich dieser besondere Menschenschlag bis in unsere Tage so unverfälscht erhalten konnte, ist wiederum die Folge der besonderen geographischen Bedingungen.

Wir haben es schon bei den ladinischen Tälern beobachtet, daß die schluchtartigen, lange Zeit unzugänglichen Mündungen ihrer Täler der Grund waren, daß sich ihre besondere Kultur und Sprache bis heute bewahren konnten. Wenn nun im Sarntal ganz ähnliche geographische Gegebenheiten zur Entstehung des »deutschesten aller Südtiroler Täler« geführt hat, dann stellt sich gleich die Frage: Warum dort ladinisch und hier nur deutsch? Das kann nur daher rühren, daß das Einzugsgebiet, aus dem sich die Bevölkerung des Tales langsam zusammengesetzt hat, zur Zeit der Einwanderung schon rein deutsch war, mit anderen Worten, daß diese Einwanderung in verhältnismäßig späterer Zeit erfolgt ist. Als Zugänge in früheren Zeiten kommen vom Bozner Becken her Jenesien und Afing, vom Ritten her, aber schon schwieriger, Wangen und Gissmann, vom Eisacktal der Villanderer Berg und vom Norden her das Penser Joch in Frage. Diese hauptsächlich bajuwarische Neubesiedlung hat in einem Gebiet stattgefunden, in dem romanisch sprechende Ursiedler noch kaum da waren, denn im ganzen Sarntal sind die Flurnamen romanischen Ursprungs an den Fingern einer Hand abzuzählen. Die in früheren Jahren gern vertretene Hypothese, die Sarner seien versprengte Goten aus Theoderichs Zeit, läßt sich sprachkundlich nicht aufrechterhalten. Daß in viel

Deutschnofen, Sankt Helena

Sankt Valentin am Gentersberg, Sarntal

Schloß Greifenstein, auch »Sauschloß« genannt

Die Erdpyramiden der »Wieserlahn« auf dem Tschögglberg

Sankt Jakob auf Lafenn bei Mölten

Ansitz Plawenn auf der Malser Haide

Engel aus der Krypta in Marienberg

Türme in Mals

Churburg, Arkadengang

Dorfbild aus Tartsch

Romanische Kirche Sankt Johann im Münstertal

Laas, Sankt Sisinius

Sankt Martin im Kofel, Egghöfe

Kortsch, Sankt Ägidius

Weg am Vinschger Sonnenberg

Schloß Juval

Marmorbruch ober Göflan (Schlanders)

Morter, Sankt Vigil

Sankt Stephan in Obermontani

Naturns, Sankt Prokulus

Aschbach, Kapelle Maria Schnee

Der Schildhof Steinhaus in Sankt Martin in Passeier

Friedhofskapelle in Riffian

Auf der Kurpromenade in Meran

früheren Zeiten hier und besonders auf den Jöchern Jäger und Hirten lebten, beweisen Funde aus der Mittelsteinzeit am Auener Joch und am Penser Joch; die Reihe setzt sich fort durch Funde aus der Bronzezeit, wo vor allem die Entdeckung eines Schmelzplatzes oberhalb von Reinswald für berechtigtes Aufsehen sorgte *(Blasius Heiss)*. Als fleißigster Erforscher der Urgeschichte des Sarntals soll hier *Niederwanger* genannt werden, der in unermüdlicher Kleinarbeit dieses bisher beinahe unbeschriebene Blatt der Sarner Vorgeschichte neu verfassen konnte. Eines der sensationellsten Forschungsergebnisse war die Entdeckung vorgeschichtlicher Siedlungsreste auf dem JOHANNISKOFEL in der Sarner Schlucht, dort, wo heute ein altes Kirchlein die Spitze der kühnen Kuppe krönt.

Aus dem 12. und 13. Jahrhundert sind uns die ersten schriftlichen Nachrichten über Höfe und Siedlungen im Tal überliefert, bald darauf entstanden auch die ersten Kirchen, deren älteste wohl SANKT VALENTIN AM GENTERSBERG ist. Daß dann am Anfang des 15. Jahrhunderts kein Geringerer als *Aeneas Sylvius Piccolomini,* der nachmalige Papst Pius II. und große Humanist, als Pfarrer von Sarnthein aufscheint, darf nicht zu der Annahme verleiten, daß er auch tatsächlich hier sein Amt ausübte – solche Pfründen mit Einnahmen ohne Verpflichtungen waren damals gang und gäbe.

Heute ist die Gemeinde Sarntal flächenmäßig die größte Gemeinde Südtirols, und ihre Grenzen sind seit dem 13. Jahrhundert praktisch unverändert. Allerdings fallen diese politischen Grenzen nicht mit den geographischen zusammen, denn wir wollen das Tal schon mit der tiefen Schlucht beginnen lassen, die bei Runkelstein ins Bozner Becken mündet. Wenn wir also beim Durchfahren dieser tief in die Porphyrfelsen gegrabenen Schlucht erst nach geraumer Weile an der Straße dem Schild *Sarntal* begegnen, so bedeutet das nur die Gemeindegrenze – vorher sind wir, seltsamerweise, ein Stück Weges durch die Gemeinde Ritten gefahren!

Diese BOZNER PORPHYRPLATTE begegnet uns immer wieder rund um die Stadt; Talfer, Eisack und Eggenbach mußten sich in Jahrmillionen mühsam einen Weg durch die roten Felsen bahnen. Auch weiter taleinwärts bleiben wir im Urgestein, im Quarzphyllit und in alten Gneisen, aus denen der ganze Kranz der Berge zusammengesetzt ist, die das Tal wie ein Hufeisen umschließen. Das hat auch bis vor nicht langer Zeit eine volksgesundheitliche Bedeutung gehabt: Denn die Täler, in denen kein Kalk, also keine aus alten Meeresböden gelösten Stoffe, unter anderem auch Jod im Trinkwasser, vorkommen, hatten eine große Häufung an Kröpfen aufzuweisen, so wie das auch im Ultental, im Vinschgau und im Passeier zu beobachten war; heute ist durch medizinische Vorsorge und durch die jodhaltigen Nahrungsmittel (Teigwaren aus Italien, Fische und andere Konserven) dieses Problem nicht mehr aktuell.

Über die Sarner als ganz besonderen Menschenschlag ist viel geschrieben worden; sie sind als witzig und schlagfertig bekannt, sind geschäftstüchtig, aber ehrlich, und vor allem treten sie mit der Selbstverständlichkeit eines selbstbewußten Bauern auf, die ihnen überall Achtung verschafft, wenn auch der Sarner in der Stadt gerne als originelle Witzfigur herhalten muß. Aber die Geschichten, die man sich über sie erzählt, haben meist ihre Schlagfertigkeit zum Inhalt, und ein Spott über sie ist nie beißend, sondern liebevoll. Der Dialekt ist unverwechselbar und urtümlich, eine Fundgrube für Sprachforscher wegen vieler Ausdrücke, die zum Teil noch aus dem Althochdeutschen stammen, aber auch in bedeutend späteren Epochen ins Tal gekommen sind. So findet man noch den Ausdruck »Kelloretl« für die Taschenuhr, und nur beim langsamen Nachsprechen kommt man darauf, daß es eine sarnerische Nachempfindung des französischen »quel heur est il ?« (»Wie spät ist es?«) ist. Eine sehr ausführliche Abhandlung über den Sarner Dialekt finden wir aus der Hand von *Kühebacher* im »Schlern« 1977 / 228.

Beginnen wir also unsere Erkundungsfahrt am Talausgang in der **Sill**, auch »Burgfrieden« genannt, hinter Runkelstein und dem wie auf einer Insel im Bachbett stehenden Schloß Ried. Die alte Sarner Straße durch die Schlucht läßt sich an einigen Stellen noch feststellen. Die neue Straße wurde erst in den dreißiger Jahren durch viele Tunnels etwas sicherer gemacht, aber auch in den letzten Jahren mußten weitere Begradigungen und neue Tunnelbauten den steinschlaggefährdeten Strecken ausweichen. Noch in der Sill geht ein Weg steil in die Höhe, auf dem man zu ein paar ausgesetzten Weinbergen und zu einem ins schmale Tal vorgeschobenen Riegel kommt, auf dem breit das Schloß WANGEN-BELLERMONT aufsitzt.

Die *Herren von Wangen* besaßen im 12. und 13. Jahrhundert auch die Burgen Runkelstein und Ried und gehörten zu den mächtigsten Herren im Land; aus ihrem Geschlecht stammte auch der große Trienter Bischof Friedrich, an den noch die wehrhafte »Torre Vanga« südlich des Bahnhofs von Trient erinnert. Die Burg wurde mehrmals umgebaut; im vorigen Jahrhundert war sie im Besitz des Naturhistorikers *Georg Gasser,* der dort seine große Naturaliensammlung untergebracht hatte, die er später dem Bozner Museumsverein vermacht hat. Heute ist das Schloß in Privatbesitz.

Auf einem schmalen Felssporn nach dem vierten Tunnel stehen rechts die Ruinen des kleinen FINGELLER-SCHLOSSES. Diese Häufung von Burgen am Ausgang des langen Tales läßt doch auf die Wichtigkeit schließen, die der Verbindungsweg von Sterzing über das Penser Joch zu Zeiten haben mußte, als das Eisacktal umgangen werden mußte, sei es, um den Zoll zu sparen, sei es wegen der Verlegung der Straße durch Muren oder Überschwemmungen.

Vor dem Tunnel Nr. 14 sieht man einen Steig rechts in die Schlucht abzweigen und auf einer Hängebrücke den Bach überqueren. Wir sind im MAGGNER KESSEL, einer kleinen Weitung der Schlucht, benannt nach dem gleichnamigen Hof mit einer viel besuchten Einkehrstätte, der auf einer kleinen, von der Straße aus nicht sichtbaren Ebene steht und auch über Wangen zu erreichen ist. Hier führt auch der steile Plattenweg vorbei am Steinmannhof bis hinauf nach dem Dorf Wangen. Vom Sattel, der den mächtigen Felsklotz des JOHANNISKOFELS mit der Bergseite verbindet, kann man dieses alte Höhenheiligtum bequem erreichen. Das Kirchlein hat seine jetzige Form aus dem frühen 16. Jahrhundert *(Rampold)*, steht aber sicher am Platz einer früheren Kultstätte. Von den Vorzeitfunden wurde schon berichtet; Niederwanger hat dort in einer Schicht, die er dem

3. Jahrtausend v. Chr. zuordnet, eine gut erhaltene Mandel gefunden, deren Herkunft große Rätsel aufgibt. Ein Spaziergang zum Steinmann, der köstlichen Eigenbauwein ausschenkt, und weiter auf die Kuppe des Kofels gehört zu den eindrucksvollsten Ausflügen, die man in der Nähe von Bozen unternehmen kann.

Es geht noch ein gutes Stück weiter durch die Schlucht, bis am Ende eines langen, neuerbauten Tunnels das Tal etwas weiter wird und die Häuser mit dem Gasthaus Halbweg auftauchen. Vor dem Gasthaus Frieda zieht ein Weg steil in die Höhe zu den Höfen von Hinterafing. Bald darauf zweigt beim Gasthaus Zum Touristen die Straße nach **Wangen** ab, einem kleinen Ort in luftiger Höhe, der zwar zur Gemeinde Ritten gehört, aber schon Hang und Blick dem Sarntal zugewandt hat und auch von dort aus leichter zu erreichen ist. Beim Höherfahren hat man im Süden immer das Bozner Becken und Teile der Stadt vor Augen, und rechts, also im Westen, sieht man auf einer Terrassenstufe die Höfe von Hinterafing gegen das Sarntal ziehen. Und bald grüßt vom steilen Hügel die weit ins Land blickende PFARRKIRCHE ZUM HEILIGEN PETRUS; dort, wo sie steht, war schon eine urzeitliche Siedlung, und manche nehmen an, daß hier einmal das Stammschloß der Herren von Wangen gestanden hat (für andere war das auf dem Johanniskofel). Wangen war auch mindestens seit 1307 ein eigenes Gericht, das Oberinn, Wangen und den Burgfrieden in der Sarner Schlucht unter sich hatte *(Stolz)*.

Die Pfarre reicht ins 13. Jahrhundert zurück, die Kirche weist spätgotische Formen auf und hinter dem Hauptaltar sind einige ältere Freskenreste geblieben. Vom Kirchhügel aus hat man einen weiten Blick hinunter nach Bozen und auf das Überetsch und auf das in einer gegen Süden offenen Mulde liegende Dorf. Auch wenn der Ort schon über der 1000-Meter-Grenze liegt, läßt hier die Sonne noch manche Feldfrucht gedeihen. Ein Gasthaus zur Alpenrose, einige ältere Bauernhäuser und die spätgotische Kirche verschwinden immer mehr unter den ständig zunehmenden Neubauten; denn seit die Straßenverbindungen gegen den Ritten hin und hinunter ins Sarntal so gut sind, ist auch das Pendeln zu städtischen Arbeitsplätzen kein großes Problem mehr.

Auch wenn man zum letzten Rittner Dorf mit dem Auto nur von Klobenstein über Pemmern gelangt, da die Zufahrt aus dem Sarntal nur für Geländewagen und im Winter überhaupt nicht befahrbar ist, soll der kleine Weiler **Gissmann** nicht vergessen werden. Er steht in 1577 Metern Seehöhe versteckt über der tiefen Schlucht des OSTERBACHES, der in den TANZBACH mündet. Vergessen worden sein soll das Dorf allerdings bei der napoleonischen Grenzziehung zwischen dem Königreich Italien und Bayern im Jahr 1810, so daß die paar Leute niemandem steuerpflichtig waren – aber das hätte wohl auch nicht viel ausgemacht! Das kleine BAROCKKIRCHLEIN ZUR HEIMSUCHUNG MARIENS wurde 1749 gebaut.

Wieder zurück auf die Sarner Straße, die jetzt bald aus der beklemmenden Enge in grünere Gefilde kommt. Nach einer Talstufe, die durch eine Kehre genommen wird, kommt sie in das weite, grüne Becken, und hier beginnt das eigentliche Sarntal. Rechter Hand sind die Höfe der »Nachbarschaft« **Dick** und wenig weiter die kleine Häuseransammlung von **Bundschen**, wo ein paar neue Häuser, ein Kirchlein und ein Gasthaus stehen. Der seltsame Name kommt, laut Kühebacher, nicht vom romanischen »ponticino« (Brücklein), wie es die italienische Form nahelegt, sondern vom Wort »Bundschuh«, dem alten Bauernschuh, denn in alten Dokumenten liest man noch »Puntschuech« und »Puntschuh«. Hier mündete der Weg, der steil durch das Marterloch von Afing herunterkam, und von Osten her kommt der Weg von Windlahn durch das Tanzbach-Tal. Die alte Straße von Afing her ist heute bis zu den Höfen von **Untervormeswald** und **Hintervormeswald** gut ausgebaut. Das letztere verliert sich in einem melancholischen, ausweglosen Waldtal mit steilen Wiesen und endet beim Thaler in einer Höhe von über 1700 Metern. Die vorderen, tiefer gelegenen Höfe gehören zu den ältesten der ganzen Gegend, aber aus dem alten Eyrnberger ist jetzt ein etwas phantasieloser Neubau geworden, denn die moderne Haltung von etwa vierzig Stück Vieh und die kinderreiche Familie lassen sich in einem neuen Haus wohl besser verkraften. Vom letzten Hof, dem Marter, geht ein Steig durch das berüchtigte Marterloch zu den Schmalzhöfen in Hinterafing.

In **Windlahn** hingegen sind die verstreuten Höfe über die sprichwörtlich steilen, gegen Süden gerichteten Hänge gebaut. Auf einer sehr schmalen, aber guten Straße kann man heute bis fast zu jedem Anwesen fahren. Vom östlichsten Hof, dem Oberhiller, führt ein Steig auf den flachen Ostrücken der SARNER SCHARTE (2460 m) und weiter hinunter zum GASTEIGER SATTEL und zur VILLANDERER ALM. Der höchste der Windlahner Höfe ist der Jöchler auf 1500 Metern Höhe, und nach dem Joch, gleich hinter dem Hof, geht der Weg nordwärts gegen Riedelsberg und hinunter nach Sarnthein. Der Jöchler hat heute ein sauberes, neues Wohnhaus: Vor zwei Jahren, so erzählt mir die noch junge und frische Bäuerin, sei der Hof abgebrannt, und sie standen mit ihren sieben Kindern im Alter von sieben bis siebzehn Jahren sozusagen auf der Straße. Aber sie wollten die alte Heimat nicht verlassen und haben heute mit Hilfe großzügiger Spenden aus privater und öffentlicher Hand wieder ein neues Zuhause. Ein Schulbus fährt jeden Morgen von Hof zu Hof, um die Kinder zur Schule nach Sarnthein zu bringen.

Jetzt zieht die Straße eben durch weites Wiesengelände. Ein Schild weist nach links über den Bach zum Bad Schörgau, einem alten Heilbad und heute einem guten Restaurant mit schattigem Garten, das sich »Genießerwirtschaft« nennt und für anspruchsvolle Gaumen und entsprechende Geldtaschen das Beste bietet.

Und dann liegt der Hauptort **Sarnthein** vor uns, von den Einheimischen nur als »das Dorf« bezeichnet. Im Süden und Westen sind so viele Neubauten und Reihenhäuser entstanden, daß man den Dorfkern beinahe suchen muß. Groß erhebt sich aus der Mitte der romanische Kirchturm mit seinem gemauerten, achteckigen Helm; die sehr geräumige KIRCHE ZUR HIMMELFAHRT MARIENS allerdings ist erst 1856 eingeweiht und in dem damals beliebten neuromanischen Stil errichtet worden. Durch die vielen Umbauten und Neubauten ist das Dorf wenig übersichtlich geworden; eine neue Grundschule und ein großes Mittelschulgebäude stehen am Westhang. Ein paar ältere Gebäude, wie das APOTHEKERHAUS mit seinen schön bemalten Fensterumrahmungen oder der HIRSCHENWIRT zeugen noch von der Bedeutung des Ortes als Zentrum des Tales. Am Nordende der Durchzugsstraße steht die KELLERBURG, der alte Sitz der *Herren von Northeim,* der zusammen mit dem turmähnlichen KRÄNZELSTEIN nahe der Umfahrungsstraße im Jahr 1635 vom wohlhabenden Augsburger Kaufmann *David Wagner* erworben wurde; nachdem auch das Schloß Reinegg und in Bozen neben anderen Anwesen auch Rottenbuch in den Besitz der Familie gekommen war, konnten sie im Jahr 1681 den Grafentitel erwerben (denn der Kaiser war immer froh um Geld!) und nannten sich fortan *Grafen zu Sarnthein;* das alte Geschlecht der Sarntheiner Grafen, die wohl identisch mit den Herren von Northeim waren, war längst ausgestorben. Durch die Heirat mit der Alleinerbin des großen Menz-Vermögens in Bozen, *Annette von Menz* (als »Franzosenbraut« schon im Kapitel über Bozen beschrieben), wurde der Besitz dieser erfolgreichen Familie noch weiter um Schloß Maretsch, die Gerstburg und Schloß Sigmundskron vermehrt. Ihre Nachkommen in Bozen sind heute die Grafen Toggenburg; in Sarnthein gehört die KELLERBURG noch einer Gräfin Sarnthein. Dieser vierstöckige, nüchterne Bau aus der Renaissancezeit wird durch einen Erkerturm mit Freitreppe und kleiner Loggia an der Westseite etwas aufgelockert. Ein Teil der »Burg«, die im Westen von einer niederen Zinnenmauer mit Eckrondellen eingefaßt wird, wird als Restaurant und Pizzeria geführt. Das ältere Kränzelstein, schon 1295 erwähnt, war landesfürstlicher Gerichtssitz und ist heute in privater Hand.

Ein kunsthistorisches Juwel ist die kleine KIRCHE SANKT ZYPRIAN, deren spitzer Turm im Osten des Dorfes aus der Häuserreihe schaut. Auf einer kleinen, umfriedeten Wiese steht frei die ins 14. Jahrhundert zurückreichende Kirche. Über dem Portal, unter einem schützenden Vordach sind aus der Barockzeit die heiligen Zyprian und Sebastian dargestellt. Im Inneren ist die ganze Nordwand und die polygonale Apsis dicht mit farbenfrohen Fresken bedeckt: Szenen aus dem Leiden Christi, darunter Leben und Martyrium der heiligen Zyprian und Justina und in den Zwickeln des Langhausgewölbes Szenen aus dem Leben und Sterben des heiligen Sebastian. Der Freskenzyklus stammt von *Conrad Wieder* aus Bozen und wurde um das Jahr 1492 gemalt.

Ein Handwerkszweig ist für Sarnthein zu erwähnen, der hier zu großer Kunstfertigkeit angewachsen ist, nämlich das »Federkielsticken«. Es gibt noch einige Familienbetriebe, die diese Kunst beherrschen und immer noch sehr beschäftigt sind. Aus Pfauenfedern werden schmale Streifen geschnitten und damit werden die schwarzen ledernen Leibbinden und die Hosenträger der Tracht in phantasievollen Ornamenten bestickt. Die Sarner tragen, mehr als alle anderen Südtiroler Bauern, ihre Tracht; war das bis vor wenigen Jahrzehnten noch täglich, so trifft es heute noch meist für die Feiertage zu oder wenn sie auf den Markt nach Bozen fahren; leider nimmt auch diese schöne, bodenständige Gewohnheit immer mehr ab.

Über dem Dorf steht auf dem weiten Wiesenhang beherrschend die BURG REINEGG. *Weingartner* sagt darüber ... *Die Burg fällt durch ihre ausgedehnte Anlage und ihre großartige, architektonische Gestaltung auf, die eine in Südtirol zu dieser frühen Zeit einmalige Verschmelzung spätromanischer und frühgotischer Stilformen zeigt. Sie wurde im wesentlichen im zweiten Viertel des 13. Jahrhunderts erbaut, war brixnerisches Lehen der Grafen von Eppan und ist 1263 unter dem Namen Sarnthein als Besitz der Elisabeth von Eppan ... erwähnt.* Die Westfassade wird aufgelockert durch sechs dreiteilige Bogenfenster mit eleganten Säulchen; durch den Torturm, zu dem früher eine Zugbrücke führte, gelangt man in einen großen Innenhof, in dem der große Bergfried emporragt. Eine zweigeschossige Kapelle enthält Fresken aus dem Ende des 14. Jahrhunderts. Die Burg ist seit 1938 im Besitz eines Mailänder Grafen.

Von Sarnthein aus führt eine Straße gegen Westen auf die Sarner Skihütte auf 1618 Metern Höhe. Von dort geht ein Fußweg weiter auf das AUENER JOCH, einem alten Übergang, der von der Möltner Kaser und von Mölten heraufzieht. Gegen Norden, jenseits des Tales, liegen die Höfe von **Öttenbach**, und am Talende erreicht man über das Kreuzjöchl die Gegend unter dem IFINGER, die heute als MERAN 2000 als vielvernetztes Skigebiet ausgebaut ist und schon gegen das Passeier schaut. Über der Burg Reinegg hingegen breiten sich die zuerst sanften und dann immer steileren Wiesenhänge von Riedelsberg aus, wo noch viele alte Höfe stehen, die letzten davon, der Haller und der Pichler, auf über 1500 Metern Seehöhe; hier spielt sich das bäuerliche Leben noch ab wie eh und je, bedingt durch den Tagesrhythmus des Viehs und durch dessen immer gleichbleibende Bedürfnisse.

Bald nach dem »Dorf« kommen wir in die Häusergruppe von **Nordheim,** wo eine hübsche spätgotische Kirche steht, und gleich darauf nach **Astfeld**, an der Gabelung der Straßen nach Durnholz und Pens. Mehrere Gasthäuser weisen den Ort als wichtigen Rastplatz am Zusammentreffen der beiden Täler aus. Der Straße in Richtung Durnholz folgend, kommen wir bald zu einer Abzweigung gegen den Berg auf der linken Seite, mit dem Hinweis Gentersberg. Die Straße umfährt den vorgeschobenen Ausläufer des Rückens, der die beiden Haupttäler voneinander trennt. Sehr bald steht links unter dem Weg ein großer Gasthof und das KIRCHLEIN SANKT VALENTIN mit einem hölzernen Dachreiter als Turm. Die romanische Rundapsis verrät schon ihr hohes Alter, und tatsächlich handelt es sich hier um die älteste Kirche des Tales, die ins 12. Jahrhundert zurückreicht. Über dem Eingang ist eine Kreuzigungsgruppe aus der Zeit um 1350 zu sehen; beim Eintreten in den kleinen Kirchenraum steht man dann überrascht vor der Fülle der Bilder, die Triumphbogen und Apsis bedecken. Die Bildqualität gehört nicht zu den besten, aber das Volk, das es zu jener Zeit durch Bilder zu bilden galt, war in dieser Hinsicht nicht anspruchsvoll. Die schmale Straße zieht noch weiter von Hof zu Hof, hoch über der Talsohle, und endet hinter dem Trattmann in Gebracksberg.

Auf der Ostseite des Nebentals liegen weit verstreut die Höfe von **Reinswald**, dessen ursprünglich gotische Kirche zum heiligen Martin ein neuromanisches Gesicht bekommen hat. Der Ort hat sich durch den Bau von Aufstiegsanlagen einen guten Namen in Skifahrerkreisen gemacht, und seine Nähe zur Landeshauptstadt hat Reinswald zu einem beliebten Ziel gemacht für jung und alt auf doppelten und einfachen Brettern sowie Rodler. Von hier führt ein alter Übergang zur Villanderer Alm und ins Eisacktal. Erzvorkommen waren hier schon in der Vorzeit bekannt, wie die Auffindung von Kupferschmelzplätzen aus der Bronzezeit nahelegt. Auch der KNAPPENBACH trägt einen einschlägigen Namen.

Mit geringer Steigung bringt uns die Straße weiter nach **Durnholz**, wo in Wald und Wiesen gebettet der stille See liegt und vom linken Abhang der schmale Kirchturm heruntergrüßt. In dieser KIRCHE ZUM HEILIGEN NIKOLAUS begegnet uns wieder ein unerwarteter Kunstgenuß: Bei Ausbesserungsarbeiten im Jahr 1986 kamen hinter dem Altar unter zehnfacher Kalktünche die ersten Freskenreste aus dem frühen 15. Jahrhundert zum Vorschein, und im Jahr 1990 waren alle einst bemalten Wände freigelegt *(Gruber)*. So bietet heute die ganze Nordwand, die Ostwand und die Nische der Apsis ein reichhaltiges Bilderbuch über das Leiden Christi, über die Geschichte der heiligen Nikolaus und Vitus; auch die zwölf Apostel und die klugen und törichten Jungfrauen dürfen nicht fehlen. An der Südwand der Kirche hängt ein großes Ölgemälde vom Jüngsten Gericht aus dem 17. Jahrhundert, wo wahre Heerscharen von Guten und von Bösen ganz symmetrisch abgeurteilt werden, während über ihnen auf grauen Wolkenknollen die schon Geretteten sich verehrend Christus auf der Weltkugel zuwenden. So ist Durnholz neben Sankt Valentin am Gentersberg und Sankt Zyprian im Dorf zu einem Ziel für alle Freunde gotischer Wandgemälde im Land geworden.

Auch der DURNHOLZER SEE ist ein besonderes Kleinod; man sollte über die Höfe am steilen Wiesenhang über dem See auf Feldwegen bis zum Inderst aufsteigen und noch weiter vorne den Waldweg erreichen, der entlang der Südseite des dreieckigen Sees wieder den Ausgangspunkt erreicht. Der Fischerwirt sorgt dann für die nötige Erfrischung.

Wandervorschlag: Vom Seeufer aus folgt man dem Waldweg durch das Seebbachtal (mit dem Wagen noch ein Stück befahrbar) und ist in zwei bis zweieinhalb Stunden auf der Flaggerscharte (2481 m), wo man über große

Granitblöcke turnend die wieder instand gesetzte alte Marburger Hütte am Rande eines kleinen Sees erreicht. Zum Tagewaldhorn (2708 m) sind es weniger als zwei Stunden, auf die Jakobsspitze (2741 m) etwa eine. Und der weite Abstieg in östliche Richtung führt nach Mittewald im Eisacktal. Auf der Hohen Scheibe im Westen steht wie ein falscher Zahn eine große Umsetzstation für das Fernsehen. Diese Tour ist besonders im oberen Abschnitt sehr reizvoll, weil sie einen guten Einblick in die Kette der Sarntaler Alpen ermöglicht.

Nach diesem Abstecher kehren wir in das Haupttal zurück. Nach einer ruhigen Strecke durch Wald und neben dem Bach sieht man linker Hand von einer Anhöhe den spitzen, roten Turmhelm von **Aberstückl** hervorleuchten; der seltsame Name des Ortes bedeutet »ungemein steil«, was durchaus entspricht. Die Höfe der Fraktion setzen sich noch in ein kleines Seitental bis zum Windlahner fort. Die Kirche ist neugotisch.

Im nächsten Weiler **Rabenstein**, wo ein kleiner Stausee liegt, waren im Mittelalter und bis in unser Jahrhundert immer wieder die Bergknappen tätig, um Bleiglanz, Zinkblende und Flußspat aus den Stollen zu holen; ja, ein Engländer hätte vor hundert Jahren beinahe eine Eisenbahn ins Sarntal geplant, aber die Erträge des Bergwerks reichten dazu doch nicht aus. Erst in **Weißenbach** wird der Talboden wieder weiter und zu einem sumpfigen Augrund. Ein paar Gasthäuser und ein modernes Hotel geben dem Ort Bedeutung als Raststation vor dem Beginn der Steigung zum Penser Joch. Eine kurze Straße führt zu den jetzt neu- oder umgebauten Höfen von Unterwink und, nicht mehr befahrbar, ins UNTERBERGTAL. Auch der altehrwürdige Heiss-Hof ist ganz neu gebaut und wird Jahrzehnte auf das Dunklerwerden seines Gebälks warten müssen. Hier lebte das allen älteren Boznern bekannte Original *Hans Heiss,* der noch in hohem Alter in der Sarner Tracht auf seinem eleganten Honda-Motorrad durch die Stadt fuhr und deshalb den Namen »Honda-Bauer« erhielt. Sein Bruder Blasius (»der Blasi«) war jahrelang Schuldirektor in Sarnthein und hat ein schönes Buch über sein Tal herausgegeben (»Sarntal«, Tappeiner 1992).

Nun beschreiben Straße und Tal einen beinahe rechten Winkel, und bis **Pens** geht es merklich aufwärts. Gegenüber dem schönen Gasthaus Penser Hof zweigt eine Straße zur Ansammlung einiger Häuser um die spätgotische Kirche. Diese hat an der Außenwand einen schönen Christophorus mit einem recht traurigen Blick; das elegante Netzgewölbe und das Sterngewölbe im Chor tragen schöne Rankenornamente und geben dem Kirchlein ein sehr festliches Aussehen. Im ebenen Talgrund kommt man endlich bis zu den Höfen von **Asten**, wo sich der TRAMINBACH mit der jungen TALFER vereinigt, die vom PENSER JOCH herunterkommt.

Die Paßstraße auf das PENSER JOCH erfreut den Autofahrer dadurch, daß sie mit nur drei eigentlichen Kehren auskommt, um auf das 2211 Meter hohe Joch zu steigen; alles andere wird durch stetige Steigung in langen Geraden bewältigt; wenn man das Glück hat, im Frühsommer zur Blüte der Alpenrosen rechtzeitig zu kommen, dann glaubt man durch ein rosa Meer auf den baumlosen Hängen zu fahren. Von der Paßhöhe aus lassen sich sowohl die TATSCHSPITZE (2526 m) im Osten als auch das kühne SARNER WEISSHORN (2705 m) im Südwesten ohne große Schwierigkeiten erreichen; im Abstieg gegen Sterzing besteigt man dann HÜHNERSPIEL und ZINSELER beinahe »von oben«. Das Penser Joch war seit undenklichen Zeiten ein in den schneefreien Monaten viel benutzter Übergang, um der engen Eisackschlucht und wohl auch dem dort allenthalben eingezogenen Zoll auszuweichen.

Der Tschögglberg

Unter den großen, altbesiedelten Hochlandschaften von Südtirol, dem Reggelberg, dem Ritten und dem Tschögglberg, gebührt diesem letzteren ein besonderes Lob: Wo sonst kann man stundenlang über Lärchenwiesen wandern, über Urwege, eingefaßt von alten, schrägen Zäunen, in weltentrückter Abgeschiedenheit und verzaubert zu jeder Jahreszeit durch das wechselnde Farbspiel der bärtigen Lärchenriesen? Begrenzt wird dieses schöne Stück Land im Südwesten vom Lauf der Etsch, also vom Burggrafenamt, im Osten vom Sarntal und im Norden von Ifinger und Hirzer und einer Linie, die wieder südwärts gegen die »Stoanernen Manndlen« verläuft.

Der Name ist noch nicht sehr alt, hat sich aber gut eingebürgert, auch wenn er eigentlich etwas verächtlich von den »Tschöggln«, den Bauerntölpeln, herrühren soll. Aber die Einheimischen sagen lieber, sie sind »Möltner« oder »Jenesinger«.

Wir sind hier noch im Gebiet der Bozner Porphyrplatte, und immer wieder begegnen uns am Wegrand die roten Felsen oder, wie in Vöran, die abgerundeten »Wollsack-Formationen« vulkanischer Tuffe. Die Höhenlagen bewegen sich zwischen 1100 von Jenesien und 1500 Metern auf SANKT JAKOB IN LAFENN, wenn man die Almen unter dem Ifinger nicht dazurechnen will, die knapp unter 2000 Metern liegen. Eine deutliche Unterteilung erfährt das Gelände durch den ASCHLER BACH, der südlich von Vöran nach Gargazon zieht und, weniger ausgeprägt, durch das Tal, das von Mölten zur Etsch abfällt. Das Tal von Aschl war auch zu Napoleons Zeiten die Grenze zwischen dem Königreich Italien und Bayern.

Daß es sich hier um uraltes Siedlungsgebiet handelt, erkennt man an den vielen vorgeschichtlichen »Wallburg«-Anlagen und an den vielen Burgen, die in höherer oder tieferer Lage den ganzen Tschögglberg wie einen Kranz umgeben. Mölten kommt in der Form »Maletum« schon in der Langobardengeschichte des

Paulus Diaconus als eine der Burgen vor, die die Franken im Jahr 590 erobert hatten. Weniger ausgeprägt als an den Hängen des Sarntals ist auf der Hochfläche die Anzahl der Einzelgehöfte, die eher an den Abhängen zum Etschtal und im Afinger Tal zu finden sind; dafür gibt es die größeren, geschlossenen Siedlungen von **Jenesien** und **Mölten**. Über die weiten Lärchenwiesen, durch Waldstücke und vorbei an kleinen Tümpeln kann man stundenlang wandern und trifft nur da und dort auf eine kleine Heuhütte oder eine Wagenspur im Wiesenboden.

Bequeme Zugänge zu der Hochfläche gibt es erst durch die Seilbahnen, die am Anfang des 20. Jahrhunderts der Reihe nach angelegt wurden, so nach Hafling, Jenesien, Mölten und Vöran; dazu kamen dann in den letzten Jahrzehnten die guten Autostraßen von Bozen nach Jenesien, von Terlan nach Mölten und von Meran nach Hafling sowie neu geschaffene Verbindungswege auf der Höhe selbst. Aber noch gibt es die alten Plattenwege, die von Moritzing zum Noafer, von Siebeneich auf das Sauschloß und weiter nach Rumsein oder von Burgstall nach Vöran steigen. Wege, die man am schönsten im goldenen Herbst oder im ersten Frühling genießt, wenn zwischen den letzten Schneeflecken die nassen Wiesen vom lila und weißen Frühlingskrokus überzogen sind.

Die im In- und Ausland bekanntesten Bewohner des Tschögglberges sind die blonden »Haflingerpferde«, eine kurzbeinige, eher kleinwüchsige, aber ungeheuer ausdauernde Rasse. Nicht nur als kräftige Zug- und Tragpferde für die beschwerlichen Bergwege, sondern auch als Rennpferd bei den bekannten Bauern-Galopprennen am Meraner Rennplatz oder bei winterlichen Schlittenrennen begeistern diese sympathischen und gutmütigen Tiere Besitzer und Zuschauer.

Die neue Haflingerrasse ist entstanden aus der Kreuzung einer der ehemaligen Haflingerstuten mit dem arabischen Halbbluthengst »El Bedawi«; aus dieser vom Bauer Folie in Schluderns im Jahr 1874 durchgeführten Kreuzung stammen in langer Folge alle heute so begehrten, reinrassigen Haflinger ab; Zuchthengste und -stuten kamen auch nach Österreich und Deutschland, wo neue Zuchten entstanden; heute sind alle Züchter in einem »Haflingerpferde-Zuchtverband« vereinigt, und es wird strengstens auf die Reinerhaltung dieser so begehrten Rasse geachtet (*Furggler* im Gebietsführer »Tschögglberg«, Athesia

1981). Nach der Auskunft des Pechlaner-Sohnes vom Wieserhof, einem mehrfachen Sieger bei den Rennen, sind Pferde mit deutlichem Araberblut schmaler und etwas höher gebaut, machen aber nur mehr 6 % der Gesamtpopulation aus. Als Grenzwerte für die Kruppenhöhe gelten bei rassereinen Haflingern 1,40 bis 1,47 Meter, Schwanz und Mähne müssen weiß sein, und ein weißer Stern oder Fleck soll nur auf der Stirn sein.

Wir wollen die Erkundung der schönen Berglandschaft von Bozen aus beginnen und wählen zur Auffahrt die »Sonnenstraße«, die beim Gasthaus Rastbichler, auch als Scharfegg bekannt, beginnt. Die bis vor kurzem sehr steile Abzweigung nach Glaning wird durch den Bau eines Tunnels entschärft. Noch bevor wir nach Jenesien kommen, wählen wir die schmale Straße, die bald nach der nördlichsten Kehre eben gegen Norden führt; von alten Kastanienbäumen gesäumt zieht die Straße unter dem Sattelkopf hin und kommt an den GOLDEGG-HÖFEN vorbei, die auf steiler Geländerippe gegen die Sarner Schlucht aufgereiht liegen.

Es sind die vier Höfe Weifner, Feigl, Schaller und Moar auf Goldegg. Als Besitzer scheinen 1202 die *Herren von Goldegg* auf: Diese Trienter Lehensherren übergaben die Höfe wahrscheinlich schon sehr bald Bauern, die dann zur Verteidigung des Besitzes besondere Vorrechte bekamen: So besaßen sie im ausgehenden Mittelalter Jagd-, Fischerei-, Waffen- und Wappenrecht, unterstanden nicht dem gewöhnlichen Gericht zu Bozen, wurden unter den Rittern der Tiroler Adelsmatrikel geführt und mit dem Adel auch zu den Landtagen einberufen (*Weingartner*, Schlern 1920/289). Alle diese Rechte hafteten nicht an den Personen, sondern am Besitz des Hofes. Diese Vorrechte erloschen nach 1790. Heute ist vom alten Adel dieser »Freisassen« nicht mehr viel zu sehen; beim Feigl stecken noch Reste eines Wohnturmes im Hauptgebäude. Einer ähnlich privilegierten Stellung werden wir noch bei den Schildhöfen im Passeier begegnen (siehe dazu: *Forni* in »Tiroler Burgenbuch« Bd. 5).

Die Straße senkt sich in die Schlucht des AFINGER BACHES, die sich bis Kampidell hinaufzieht. Das Gasthaus POCKSCHIN und ein paar andere Häuser stehen am Bachrand, und auch taleinwärts sind noch vereinzelt Höfe zu finden. Dann steigt die Straße zum eigentlichen Dorf von **Afing**; die NIKOLAUSKIRCHE steht weit vorne auf einem Absatz steil über der Sarner Schlucht, und auf sehr steilem Weg käme man auch hinunter zum Moarhäusl an der Sarner Straße. Afing erstreckt sich weit auf den Berg unter dem SCHWARZEGG, wo noch sehr urtümliche

Höfe wie der Nocker, der Duregger oder der Perkmann stehen; manchmal genügte früher ein kleines Bächlein, um auf diesen Höhen noch eine kleine Mühle zu betreiben, von denen die eine oder andere noch ganz unvermutet in einem Tälchen versteckt liegt und mit bemoostem Rad von der alten Arbeit träumt. Gegen Norden liegen auf schmaler Terrasse die Höfe von **Hinterafing**, deren letzter, der Schmalzlhof, kurz vor dem besonders im Winter gefährlichen Abstieg ins Marterloch steht; es ist kaum zu glauben, daß hier einmal der Saumverkehr zu den Höfen von Vormeswald und ins Sarntal durchziehen mußte.

Jenesien liegt in einer der Sonne schön ausgesetzten Mulde, und die vielen neuen Bauten zeigen an, daß hier auf fast 1100 Metern Seehöhe nicht nur viele Sommerfrischler aus der Stadt heraufziehen, sondern daß so mancher Einheimische durch die guten Verkehrsmittel – die Seilbahn und die Straße – es vorzieht, hier heroben zu bleiben, anstatt abzuwandern, was in früheren Zeiten eine echte Gefahr für den Fortbestand der Siedlung war. Zur Gemeinde, die über 2000 Einwohner zählt, gehören auch die Weiler **Flaas** mit **Kampidell, Afing, Glaning** und **Nobls**. Die Pfarrkirche wird schon im 12. Jahrhundert erwähnt; in der heutigen Form ist sie wenig älter als hundert Jahre und in satten Farben sehr einheitlich im Nazarenerstil ausgemalt. Am westlichen Ortsrand steht das herrschaftlich wirkende »Schreiberhaus«, in dem einmal das eigene Gericht von Jenesien seinen Sitz hatte.

Im Westen umfährt eine Straße ein tiefes Tal zur Gegend von **Nobls**; vom vielbesuchten Gasthof »Locher« führt die Straße entweder hinunter nach Glaning, wo noch ein altes Kirchlein und der Mesnerhof, der zugleich Gasthaus ist, stehen; weiter vorgelagert findet man dann den »Noafer«, einen bekannten »Buschenschank« mit ausgezeichnetem Eigenbauwein; von hier aus ist die BURG GREIFENSTEIN, das Sauschloß, in einer Viertelstunde zu erreichen. Vom Locher gegen Norden hingegen erreicht man bald den großen Wieserhof, wo an Sonntagen kaum ein Platz zu finden ist, weil die freundliche Bäuerin Annemarie eine so köstliche Tiroler Küche führt. Unter dem Hof gafft eine große, rötliche Wunde im grünen Wiesenhang, die sogenannte »Wieserlahn«: Das ist eine große Erosionsmulde, an deren Wänden sich durch die Rinnsale tiefe Schluchten und dazwischen hohe Rippen bilden, die schon da und dort recht ansehnliche Erdpyramiden mit großer Deckplatte ausgebildet haben. Dieser rötliche Fleck ist von den Höhen um Bozen und vom Überetsch aus gut zu sehen. Vom Wieser führt eine Straße hinunter zu den Höfen und zum reizenden VALENTINSKIRCHLEIN von Nobls, dessen Rundapsis mit Schlitzfenster den romanischen Ursprung verrät; im Inneren sind die Freskenreste aus dem Beginn des 15. Jahrhunderts leider sehr verblaßt: Von den zwölf Aposteln in der Apsisrundung sind gerade noch die Heiligenscheine übrig, während die Verkündigung am Chorbogen eine gute Hand verrät. Die Straße, die am Berg weiter gegen Norden zieht, ist bis zum Guggu asphaltiert, dann hört, zum Glück, die Möglichkeit für Autofahrer auf, und in besonders reizvoller und aussichtsreicher Wanderung auf den sonnigen Höhen kommt man zu einem der schönsten Aussichtspunkte des ganzen Berges, zum TSCHAUFEN. An dem alten Gasthof ist im oberen Türrahmen ein in Stein gehauener Kopf eingelassen, der als Fratze Abwehrwirkung haben soll und in einem ausführlichen Aufsatz von *Oswald Sailer* (Schlern 1980/581) als »Neidkopf« bezeichnet wird. Zum Tschaufen führt auch ein schöner Spaziergang über Verschneid an der Möltner Straße aus, oder vom tiefer liegenden Legàr über die Kohlstatt. Es gibt wenige Orte in Südtirol, wo es so beglückend ist, auf einer Bank vor dem Haus zu sitzen und weit ins Land hinauszuschauen! Leider soll der Gastbetrieb ab dem Jahr 2000 aufgelassen werden.

Von Jenesien aus führt eine Straße dem Höhenrücken entlang durch Wald und Wiesen zum Gasthof Tomanegger und weiter bis zur kleinen Siedlung von **Flaas**. Um die spätgotische Kirche stehen ein paar Häuser und ein Gasthaus; die übrigen Bewohner verteilen sich auf viele, zum Teil noch sehr alte Höfe. Heute hat der Ort durch die neue Verbindungsstraße nach Mölten mehr Besucher aufzuweisen als früher, denn wir sind hier an einem Ausgangspunkt für viele Wanderungen, unter anderem über das JENESIER JÖCHL hinunter ins Sarntal. Noch höher liegen auf 1480 Metern Höhe das kleine Kirchlein, der Gasthof und ein paar Bauernhöfe von **Kampidell**, wo die Benediktiner von Muri-Gries ein altes Sommerhaus haben.

Dort, wo die Straße von Flaas nach Mölten den Scheitelpunkt erreicht, kommt man von einem Parkplatz aus in einer guten Viertelstunde zum »Höhepunkt« des Tschögglberges – und dies sowohl geographisch als auch vom Erlebniswert her. Von weitem sichtbar steht am höchsten Punkt des nur gegen Westen steil abfallenden Hügels die KIRCHE VON SANKT JAKOB AUF LAFENN. Wenn der Tschaufen schon eine berühmte Weitsicht bietet, so kann man von hier aus den Kranz der Berge in allen Himmelsrichtungen bewundern: vom Ifinger und Hirzer im Norden über die westlichen Dolomiten bis zum Pasubio und zur Vigolana über Trient, zur Brenta, den Ultner Bergen und der ganzen Texelgruppe über Meran und weit ins Passeier hinein. Die LAFENN oder auch LANGFENN, wie es vielleicht richtiger heißt, nämlich »langes Moor«, ist das Paradies für lange Wanderungen – auch mit den Langlauf-Skiern – über locker mit Lärchen bestandene Matten, ohne große Höhenunterschiede, in einer beglückenden Weltabgeschiedenheit und Stille, die in unserem Land immer seltener geworden ist. Einschränkend muß allerdings gesagt werden, daß dieser Genuß erst dann vollkommen ist, wenn man sich dafür den Vorfrühling und den späten Herbst aussucht und in den belebteren Monaten die Sonn- und Feiertage meidet; aber leider ist das nicht jedem gegönnt!

Mölten liegt im trichterförmigen Ende einer immer tiefer werdenden Schlucht, die im Etschtal endet. Zu ihren beiden Seiten liegen weit draußen die kleinen Ortsteile von **Verschneid** links und **Schlaneid** rechts der Schlucht; dort steht auch die Endstation der Seilbahn, die von Vilpian ausgeht; über Verschneid hingegen kommt die schön angelegte Autostraße von Terlan aus. Der Ort hat durch den ständig anwachsenden Bau von Reihenhäusern aus der Wohnbauförderung viel von seiner Ursprünglichkeit verloren. Bis in die Romanik zurückreichende Teile der Pfarrkirche zeugen von der Bedeutung des Ortes schon im Mittelalter; aus der Gotik sind uns der Chor und zwei Joche des Langhauses erhalten sowie einige Freskenfragmente an der Außen- und Innenwand. Von Verschneid aus, wo noch ein paar sehr alte Höfe wie der Burkhard stehen, geht ein Weg abwärts auf den vorgelagerten Hügel von Sankt Georg mit einem alten Kirchlein auf einem sicher vorgeschichtlichen Kultplatz.

Auf einer anderen uralten Kultstätte, deren Existenz auch durch den Flurnamen **Gschleier** bestätigt wird, steht das alte Kirchlein zum heiligen Ulrich. Nur mehr die Rundapsis weist auf das hohe Alter hin, noch hängen zwei Glocken im (erst später aufgesetzten) Dachreiter; sonst aber hat der heute schmucklose Raum seinen Zauber verloren, die Statuen sind gestohlen, die Tür steht offen; auch der alte Hof, wo es so schön war, vor dem Haus in der Sonne zu sitzen, hat sich in einen phantasielosen Neubau verwandelt, größer, eleganter vielleicht, aber die weihevolle Atmosphäre von Sankt Ulrich hat den neuen Zeiten weichen müssen.

Die Straße senkt sich nun bis zur Brücke über den Bach, um den herum die Höfe von **Aschl** liegen; der Bach war, wie schon erwähnt, nach 1810 Staatsgrenze zwischen dem napoleonischen Königreich Italien und Bayern; aber schon 591 verlief hier die Grenze zwischen dem Langobarden- und dem Frankenreich. Die kleine Kirche wurde erst 1902 von einem aus Mölten stammenden Bozner Kaufmann gestiftet. Den Bach entlang stand früher eine Reihe von Mühlen.

Bald sind wir in **Vöran**, das auf weiten, wenig geneigten und von Wald umrahmten Wiesenflächen liegt. Der spätgotische Chor (1591) der Kirche ist noch erhalten, das Langhaus hat zur Barockzeit ein Tonnengewölbe bekommen. Um die Kirche scharen sich einige saubere, neu herausgeputzte Häuser, und in weiterer Umgebung stehen die alten Höfe wie eh und je; auf dem Weg gegen Hafling ist noch links von der Straße eines der im Aussterben begriffenen, riesigen Strohdächer auf einem Futterhaus zu sehen; typisch ist hier, wie auch im Sarntal, der abgesetzte Walm. Über die Anfertigung eines solchen Daches schreibt *Richard Furggler*:

»Das Stroh, meist Roggen-, aber auch Weizenstroh, wird in nicht zu kalten Wintertagen zu armdicken Bündeln (»Schauben, Dachschab«) gebunden. Vor dem Binden wird jede Schaube durch sorgfältiges Hecheln am »Hachlbam«, einem dünnen Baumstamm mit eingelassenen Holznägeln, vom Unkraut gesäubert.

Meist im frühen Sommer kommt dann der Dachdecker und bindet in gekonnter Weise die Schauben mit Weidenruten an den Lattenrost. Gleichmäßiges Abscheren der Halme mit dem »Schermesser« bewirkt einen beschleunigten Abfluß des Wassers auf dem 50 Grad geneigten Dach und erhöht die Haltbarkeit des Strohs. Jahr für Jahr muß ein Stück Dach ausgebessert werden, so daß in etwa zwanzig Jahren die ganze Strohschicht erneuert wird.«

Vöran liegt besonders schön gegen Süden ausgerichtet, man sieht seine verstreuten Höfe gut vom Tal und vom Überetsch aus noch am Abend in der Sonne liegen. Charakteristisch für die Gegend sind die mächtigen, nackten Porphyrkuppen, die sich rot über die grünen Wiesen erheben. Eine Seilbahn verbindet Vöran mit Burgstall.

Dann umfährt die Straße das Tal des SALZBACHES, der sich in dem tief eingeschnittenen Graben des SINICHBACHES verliert, und nach einer recht waldigen Strecke sind wir auf den weiten Wiesenhängen von **Hafling** angelangt. Die Suche nach einem eigentlichen Dorfzentrum – das ein Gast vielleicht beim Klang des bekannten Touristenortes erwartet – würde ergebnislos verlaufen: Es gibt keines! Auf einem zentralen Hügel steht nur die Kirche und die große, neugebaute Volksschule und darunter der Mesnerhof, ein Hotel neben ein paar älteren Höfen. Alle anderen Gebäude, und das sind alte Bauernhöfe und viele Ferienhäuser, liegen weit verstreut auf den grünen Hängen. Eine kleine Siedlung neuer Bauten hat sich im sogenannten **Oberdorf** entwickelt. Die JOHANNESKIRCHE, schon 1251 erwähnt, hat aus gotischer Zeit den Chor und den Turm behalten, die übrigen Bauteile kamen später dazu. Bedeutend sehenswerter ist die zweite Haflinger Kirche, SANKT KATHARINA IN DER SCHARTE. Sie steht ganz allein im Sattel, der »Scharte«, zwischen zwei waldigen Erhebungen des westlichen Tschögglberges und schaut tief hinunter ins Tal nach Meran, in den Vinschgau und weit hinein ins Ultental und die Ultner Berge. Es sind nicht so sehr die Kunstwerke oder die spärlichen Freskenreste, die diesen Bau aus der Gotik so anziehend machen, sondern seine beherrschende Lage, die ihn würdig in die Reihe der würdevollen Südtiroler Bergkirchen stellt. Der Schlüssel kann im nahen Gasthof Sulfner erbeten werden.

Kurz vor dem Tunnel der Straße, die nach Meran führt, zweigt rechts die Verbindung nach **Falzeben** ab, der Talstation der Kabinenbahn auf das große Skigebiet von MERAN 2000 auf der KIRCHSTEIGER ALM und dem PIFFINGER KÖPFL zu Füßen des felsigen IFINGERS. Das bis in den Frühling schneesichere Gebiet erfreut sich durch die Nähe zur Stadt großen Zuspruchs; und in den Sommermonaten ist dieses ausgedehnte Wandergebiet ein beliebtes Ausflugsziel nicht nur für die Meraner. Eine andere Seilbahn führt von Saltaus im Passeier auf das Piffinger Köpfl.

Der Europäische Fernwanderweg Nr. 5 (Augsburg–Venedig) kommt als »Gebirgsjägersteig« über den Hirzer auf die Kirchsteiger Alm, betritt den Tschögglberg bei den STOANERNEN MANNDLN, und über das Möltner Joch (1734 m) erreicht er den »Höhepunkt« auf Sankt Jakob in Lafenn. Die Benutzer dieses Fernweges erleben diese Hochflächen bestimmt viel intensiver als jeder eilige Autofahrer, und der Tschögglberg wird ihnen auf dem langen Weg als einer der Höhepunkte in Erinnerung bleiben.

Wandervorschläge: Ich möchte am liebsten sagen: Alles! Denn auf der ganzen Hochfläche sind die Möglichkeiten für weitere oder kürzere Wanderungen ungezählt und können je nach Lust und Zeit beliebig abgewandelt werden. Von den Zugängen aus dem Tal seien nur die Wege von Moritzing (beim Schießstand) zum Noafer und zum Sauschloß erwähnt und von Siebeneich aus über das Silbergütl in den steilen Felsen zum Pentsch und weiter nach Rumsein; der Rückweg kann über die RUINE DER HELFENBURG hinunter zum schönen Datumhof nahe der Hauptstraße erfolgen.
Ein einsamer und besinnlicher Weg führt von Kampidell über die alten Höfe unter Schwarzegg nach Afing (Markierung P) und durch das Afinger Tal wieder zurück nach Flaas (Nr. 3). Die Übergänge ins Sarntal von der Möltner Kaser (1763 m) zum Putzenkreuz, über das Auenjoch (1924 m) zur Sarner Skihütte und über das Kreuzjöchl (1980 m) unter dem Ifinger in die Öttenbacher Gegend sind weitere genußvolle Möglichkeiten, den Tag nicht zu Hause zu verbringen.

Der Vinschgau

Wie sind doch die Südtiroler Landschaften untereinander verschieden! Kein anderes Tal lebt mit so scharfen Gegensätzen wie gerade der Vinschgau: Von den höchsten, eisigen Gipfeln der Zentralalpen eingerahmt, aus denen die Bäche der jungen Etsch zufließen, zieht das Tal bis in die beinahe mediterrane Vegatation vor den Toren Merans; der von dauernden Winden geplagte, riesige Schuttkegel der Malser Haide taugt gerade noch als Viehweide, während weiter unten die fruchtbaren Obstgärten die Talsohle bis zum Rand füllen; und den dunklen, feuchten Wäldern des Nörderberges gegenüber liegt die lange Flanke des Sonnenberges, steil und karg und trocken wie eine griechische Insel. Während anderswo die Kunst im Kirchenbau und im Profanbau fließende Übergänge von den primitiven Stilrichtungen zur Gotik, zur Renaissance und über den fröhlichen Barock bis in das Jahrhundert der Nachahmungen und in die Unsicherheit der heutigen Zeiten erlebt hat, scheint hier die Zeit stillgestanden zu sein: Nirgends sonst finden wir eine so ergreifende, echte Romanik wie in den vielen ehrwürdigen Kirchen, angefangen von der Krypta in Marienberg bis zum ältesten Zeugnis christlicher Kunst in Sankt Prokulus. Wenn wir das auch der Not verdanken mögen, die das Tal durch Jahrhunderte heimgesucht hat und keine aufwendigen Neubauten gestattete, so hat dieselbe Not auch einen besonderen Menschenschlag hervorgebracht, der sich durch Widerstandskraft, Intelligenz und hervorragende künstlerische Anlagen auszeichnet.

Was die Lage des Tales betrifft, so herrscht hier, abgesehen vom obersten Teil, die West-Ost-Richtung vor; in den ersten, breiten, nord-südlich gerichteten Anteil, dem Vinschger Oberland, münden das kleine Rojental von rechts und das Langtauferer Tal von links, das bis zu den höchsten Ötztaler Gipfeln reicht. Die Etsch entspringt ein wenig oberhalb der Paßhöhe und durchfließt bald die drei Reschenseen, von denen die zwei oberen, der OBERSEE und der GRAUNER SEE, durch eine Staumauer zu einem einzigen, großen Becken vereint wurden; nach dem kleinen HAIDER SEE bei Sankt Valentin beginnt dann der gewaltige Schuttkegel der MALSER HAIDE, der als größter seiner Art in ganz Europa gilt. Linker Hand münden noch im Bereich des Kegels die Täler von Planeil und von Matsch, während das Münstertal von Westen her schon auf den ebenen Talboden stößt. Von der Malser Haide bis Laas reicht der OBERVINSCHGAU, von hier bis Latsch spricht man vom MITTELVINSCHGAU und talabwärts vom UNTERVINSCHGAU.

Dort, wo das Tal sich entschieden gegen Osten wendet, kommt vom Süden aus den Ortlerbergen das Tal von Trafoi, in das vorher das Suldental gemündet ist; weitere Zuflüsse aus dem Süden bringen das kurze Laaser Tal und das weit nach Süden reichende Martelltal. Von Norden sind das Schlandrauntal bei Schlanders und vor allem das lange und gut besiedelte Schnalstal zu nennen, das in den Ötztalern endet. So wird die Hauptstrecke des Vinschgaus im Norden wie im Süden von den beiden höchsten Ketten der Zentralalpen eingefaßt und erhält so sein besonderes Klima, das das Tal einerseits vor den kalten Nordwinden schützt, andererseits aber auch die warmen Südwinde nicht zum Zug kommen läßt, so wird der Vinschgau zum regenärmsten Gebiet der ganzen Zentralalpen.

Diese Armut an Niederschlägen zwang den Menschen schon früh, das Wasser auf künstlichen Wegen den Feldern zuzuführen, und so entstand das ausgeklügelte System der »Wasser-Waale«. Der Name kommt vom lateinischen »aquale«, was auf eine sehr frühe, spätestens mittelalterliche Entstehungszeit dieser Bewässerungskanäle hinweist. Die Quellen liegen hoch in den Seitentälern besonders des Sonnenberges und werden über hölzerne, aus Baumstämmen gewonnenen Rinnen, den sogenannten »Kandln« (heute auch in Zementrohren), in gleichmäßigem und sanftem Gefälle den Äckern und Wiesen der Talsohle zugeführt. *Lois Köll* zählte im Jahr 1956 im ganzen Vinschgau 235 Waale mit 589 Kilometern Länge auf! Am Bestimmungsort wird das Wasser in Zweigkanälen, den sogenannten »Ilzen«, in die Wiesen geleitet. Manche davon sind heute noch in Gebrauch; da jeder Wasserwaal von einem kleinen Steig begleitet wird, gehören die Spaziergänge längs dem ausgedehnten Netz dieser mit großer Mühe von Menschenhand geschaffenen Lebensadern zu besonders genußreichen Erlebnissen.

Eine urgeschichtliche Besiedlung ist durch zahlreiche Funde belegt: Man denke nur an die Höhenkuppen vom Tartscher Bühel, vom Ganglegg bei Schluderns oder von der Roßladum ober Kortsch. Die Liste der von Kaiser Augustus unterworfenen Völker auf dem »Tropaeum alpium« in La Turbie oberhalb von Nizza nennt unter anderen die »Venostes«, in welchem Namen ohne Schwierigkeit die heutigen Vinschger zu erkennen sind. Bis um die erste Jahrtausendwende war der obere Vinschgau mit Romanen bevölkert; erst die Gründung des Klosters Marienberg begann hier neue Verhältnisse zu schaffen. Das um 1150 von Tarasp im Engadin aus gegründete Kloster wurde mit Mönchen aus dem schwäbischen Ottobeuren besetzt, und die kulturelle Durchdringung durch Schule, Predigt und Seelsorge, aber auch die Ansiedlung von schwäbischen Landsleuten hatte Anteil an der Verdrängung der rätoromanischen Sprache zugunsten des Deutschen, das aber seither noch eine deutliche alemannische Färbung behalten hat.

Die Grafschaften Bozen und Vinschgau waren im Jahr 1027 von *Kaiser Konrad II.* den zu Reichsfürsten ernannten Bischöfen von Trient zum Lehen gegeben worden; kirchlich aber unterstand der obere und mittlere Vinschgau dem *Bischof von Chur.* Die Untertanen der Churer Besitzungen im Tal wurden »Gotteshausleute« genannt, zum Unterschied von den »Herrschaftsleuten« aus den Gemeinden, die dem Tiroler Landesfürsten unterstanden. Zwischen den von den Churern zu Vögten ernannten *Herren von Matsch* und ihren Herren kam es bald zu blutigen Fehden, die bis zum Mord eines Abtes reichten. Die Matscher saßen auf den Burgen Ober- und Untermatsch auf einer hohen Felseninsel im tiefen Matscher Tal oberhalb von Schluderns; der Churer Bischof baute sich darauf am Ausgang des Tales die Churburg, die aber schon nach einer Generation von den Matschern erobert wurde. Als Antwort wurde von den Churer Fürstbischöfen in Burgeis die Fürstenburg errichtet. Das folgenschwerste geschichtliche Ereignis des ausgehenden Mittelalters ist die verheerende Niederlage, die die Tiroler am 22. Mai 1499 in dem als »Calvenschlacht« in die Geschichte eingegangenen Gemetzel erlitten haben.

Das Engadin war damals zum großen Teil unter habsburgischer Herrschaft und noch nicht der Eidgenossenschaft beigetreten. Die Selbständigkeitsbestrebungen der Bündner führten zu immer ernsteren Konflikten, die dann im sogenannten »Engadiner Krieg« mündeten. Zur Zeit der Calvenschlacht war der Bischof von Chur als Gefangener Maximilians in Innsbruck, konnte aber von dort fliehen. Diese Schlacht, bei der die Bündner durch ein Umgehungsmanöver den Tirolern bei Laatsch in den Rücken fallen konnten und die dort stehende Kavallerie, die aus Adeligen bestand, Reißaus nahm, bedeutete für Tirol und besonders für den Vinschgau einen wirtschaftlichen und militärischen Rückschlag, an dem sie viele Jahrzehnte zu tragen hatten. Schuld an diesem Debakel trug die ausgesprochen schlechte strategische Führung durch den schwäbischen Heerführer *Habsburg* und der zu späte Entsatz durch Maximilians Truppen. Die Engadiner hatten mehrere Anführer, unter ihnen den Hauptmann *Capol,* der aber an der Schlacht gar nicht teilnahm, da er sich als Sekretär des Bischofs in einer zwiespältigen Lage befand; sein Feldhauptmann *Fontana* überbot sich dafür in Grausamkeiten gegenüber dem Haufen der Tiroler Truppen, aber auch gegen die Bevölkerung des Vinschgaus; allerdings verlor er selbst dabei sein Leben und wird seitdem in der Schweiz beinahe wie ein Andreas Hofer gefeiert *(M. Blaas);* es wurde gemordet, vergewaltigt und gebrandschatzt bis hinunter nach Schlanders. (Von einem Schweizer wurde ich anläßlich der 500-Jahr-»Feier« der Schlacht im Jahr 1999 auf die Parallelen mit Jugoslawien hingewiesen und auf die Geschmacklosigkeit, so einen Anlaß festlich zu begehen!)

Pestepidemien, Heuschreckenschwärme und durchziehende Söldnertruppen im Dreißigjährigen Krieg und die Franzosen im Jahr 1797 taten ein übriges, damit die Bevölkerung des Tales noch jahrhundertelang zu keinem rechten Wohlstand gelangen konnte. Das hat sich erst geändert, seit in unserem Jahrhundert der Obstbau – zuerst in großem Maße die Marillen, später Äpfel und Wein – zur Lebensgrundlage eines großen Teiles der Bevölkerung geworden ist; daneben sorgt die Ansiedlung vieler kleinerer Handwerks- und Industriebetriebe dafür, daß die Arbeitskräfte ihr Heimattal nicht zu verlassen brauchen.

Bahnbrechend und bald vielerorts nachgeahmt war die im Jahr 1962 erfolgte Gründung der »Talgemeinschaft Vinschgau« durch den damaligen Bürgermeister *Dr. Erich Müller.* In dieser

Organisation wurden die Belange der Wirtschaft, des Tourismus, des Sozial- und Schulwesens (unter anderem durch den Bau eines Krankenhauses) und der sportlichen Tätigkeiten einheitlich geplant und gefördert. Dieser Dachorganisation verdankt das Tal nicht wenig von seinem wirtschaftlichen Aufschwung. Das im Jahr 1958 in Betrieb genommene Krankenhaus, bei dessen Planung *Professor Hans von Elzenbaum,* der dann vierzig Jahre lang die chirurgische Abteilung geleitet hat, wesentlich beteiligt war, mußte im Lauf der Jahre immer wieder erweitert und den modernen Erfordernissen angepaßt werden.

Den Richtlinien dieser Landesbeschreibung getreu, beginnen wir die Beschreibung der Haupttäler von den Quellen ihrer Flüsse an, während die Nebentäler, die davon ausgehen, von ihrer Mündung aufwärts behandelt werden. Die Fülle des vorhandenen Stoffes wäre gerade im Vinschgau besonders groß, aber leider muß dem beschränkten Umfang des Buches so manches geopfert werden. Dafür bleibt dem Leser die Genugtuung, immer wieder Neuland entdecken zu können!

Der RESCHENPASS, oder wie man früher oft sagte, das »Reschenscheideck«, ist ein flacher Sattel auf 1525 Metern Höhe. Im Zusammenhang mit dem alten Grenzübergang und später auch durch die Nähe mit vielbesuchten Skigebieten hat sich hier ein kleines Dorf mit Geschäften und Gastbetrieben entwickelt. Seit aber die Grenzbalken gefallen sind, hat sich der ganze behördliche Apparat zurückgezogen, und der Reschen kann immerhin noch auf seine touristische Bedeutung bauen (was beim Brenner hingegen wegfällt).

Von **Reschen** am Nordende des großen Sees (aber auch von Sankt Valentin aus) führt eine Straße in das Rojental und ein Sessellift in das nahe Skigebiet von SCHÖNEBEN. Die Häusergruppe von **Rojen** ist mit 1968 Metern Seehöhe die höchste Siedlung der Alpen. Das wäre immerhin erwähnenswert, wenn nicht die NIKOLAUSKIRCHE eine außergewöhnliche Überraschung böte: Der ganze Chorteil des Kirchleins ist mit bunten Fresken aus dem Anfang des 15. Jahrhunderts bemalt: Da ist Christus als Auferstandener in der Mandorla, da sind die obligaten Evangelisten, aber auch eine Reihe von volkstümlichen Heiligen und vor allem auch der heilige Nikolaus, der den drei Jungfräulein, die aus Geldnot »auf die Straße« gehen wollten, drei goldene Kugeln hinwirft, damit sie ein ehrbareres Leben führen könnten. So haben sich auf diesen Höhen in den SESVENNA-BERGEN Natur und Kultur ein unvermutetes Stelldichein gegeben!

An der Ostseite des Sees taucht bald der unverwüstliche Turm der alten Kirche von **Graun** aus der blauen Wasserfläche, in der sich der Ortler spiegelt; das viel fotografierte Bild ist beinahe schon zum Symbol des oberen Vinschgaus geworden – Wahrzeichen für den Sieg der Technik über menschliche Werte, aber auch Zeichen der Zuversicht und Beständigkeit! Die Errichtung des Staudammes wurde 1950 beendet, und 163 Häuser des Dorfes Graun tauchten für immer unter das Wasser; es entstand ein neuer See mit 6,5 Kilometer Länge, sein Wasser fließt durch einen Stollen in das Kraftwerk von Schluderns. Die von der Kraftwerks-Gesellschaft den Familien am Uferhang neu erbauten Häuser boten zwar neue Unterkunft, konnten aber nicht Ersatz für das Verlorene sein.

Hier mündet auch das Tal von **Langtaufers**, das anfangs flach und später immer steiler, an kleinen Höfegruppen vorbei bis zum letzten Weiler **Melag** auf 1920 Metern zieht. Der KARLINBACH, der von den Gletschern der WEISSKUGEL (3739 m) gespeist wird, hätte eigentlich wegen seiner größeren Länge Anrecht darauf, als Ursprung der Etsch zu gelten, aber die Geographen haben nun einmal anders beschlossen. Das früher recht einsame Hochtal hat heute Bedeutung als Ausgangspunkt für Touren in den Ötztalern, vor allem auf die Weißkugel, die nach dem Großglockner Österreichs höchster Gipfel ist.

Die Straße führt, immer mit dem Ortler im Hintergrund, den See entlang und erreicht **Sankt Valentin auf der Haide** auf der Landbrücke zwischen den beiden Seen. Schon im 12. Jahrhundert stand hier ein Hospiz für die Reisenden, die über die unwirtliche Malser Haide ins Tal wollten; die dazugehörige Kirche wurde Anfang des 19. Jahrhunderts vergrößert und dem damaligen Stil angepaßt; bemerkenswert ist der schöne gotische Taufstein aus weißem Marmor.

Über die noch sehr urtümliche Höfegruppe von MONTEPLAIR oder »Dörfl«, wie es jetzt heißt, kommt man in südlicher Richtung zum Weiler **Alsack** und von hier wieder den Berg hinauf zu den Häusern und dem schönen Ansitz von **Plawenn**. Es liegt auf über 1700 Metern Höhe am Ausgang des kurzen, gleichnamigen Tales, das im Verein mit dem südlich davon gelegenen PLANEILTAL geholfen hat, den riesigen Schuttkegel der Haide aufzubauen. Seit dem 12. Jahrhundert sitzt die uralte Adelsfamilie der Freisassen von Plawenn in diesem Herrenhaus, von dessen ursprünglicher Struktur die dicken Mauern eines Wehrturmes im schönen, spätbarocken Gebäude stecken. Der Titel »Freisassen« bedeutet eine alte Adelsfreiheit und wurde von den Vorfahren der heute noch lebenden Familie beibehalten, an Stelle des ihnen von einem österreichischen Kaiser angebotenen Freiherren-Titels.

Im kleinen, südlich davon gelegenen Tal liegt der Ort **Planeil**, der nach einigen verheerenden Bränden vor wenigen Jahrzehnten völlig neu aufgebaut wurde und als Beispiel dafür dienen kann, wie man trotz moderner Bauweise den urprünglichen Charakter dieses alten Vinschger Haufendorfes stilgerecht bewahren kann; die Häuser liegen, fast ineinandergeschachtelt, über den steilen Hang angeordnet. Über die Ursache der drei Brandkatastrophen hat mir eine alte Bäuerin heimlich etwas ins Ohr geflüstert, was ich nicht weitersagen darf.

In der Senke, die sich zwischen dem Schuttkegel der Haide und dem Berghang im Osten hinunterzieht, liegen drei Ortschaften, die zu den unberührtesten und urtümlichsten des ganzen Vinschgaus gehören und wo die Anzahl von Kirchen und Kapellen ein erstaunliches Ausmaß annimmt. Die Straße windet sich in weiten Kehren über den oberen Abschnitt der Haide, und bald zeigt rechts eine Tafel die Abzweigung nach **Burgeis** an. *Huter* sagt darüber: *Der Name des Dorfes geht wahrscheinlich auf die gleichnamige Burg zurück, nach der sich die Edelfreien von Wanga nannten, bevor sie den neuen Namen nach der Burg Wangen (bei Bozen) annahmen (1177).* Schon am oberen Ende des Dorfes steht einsam am Hang die SANKT-NIKOLAUS-KIRCHE, ein frühgotischer Bau mit Freskenresten aus dem 12. Jahrhundert, die aus der Schule des Meisters der Marienberger Krypta stammen *(Weingartner)*. Durch die winkligen Gassen des Ortes geht es zuweilen recht steil abwärts, vorbei an niederen Häusern mit ihrer gemauerten Freitreppe und dem weit vorkragenden Dach, immer wieder geschmückt mit Wandfresken, die der Muttergottes oder einem Heiligen zur Pestzeit gewidmet worden waren. Am kleinen, von alten Häusern gesäumten Platz steht das traditionsreiche und sehr empfehlenswerte Gasthaus zum Mohren. Die PFARRKIRCHE ZU MARIÄ EMPFÄNGNIS hat aus ihrer Erbauungszeit noch romanisch-gotische Elemente und einige Fresken aus dem 16. Jahrhundert.

Burgeis war immer eine Siedlung von Bauern und Handwerkern, aber die besonders im oberen Vinschgau so häufig zu findende künstlerische Ader hat hier in einem der größten Maler des süddeutschen Barocks ihren beredten Ausdruck gefunden: Als Sohn des Klostermüllers wurde hier 1709 *Johann Evangelist Holzer* geboren, der, von den Marienberger Mönchen gefördert, in Augsburg seine weitere Ausbildung erhalten durfte, wo er zahlreiche Deckenfresken und Tafelbilder hinterließ; später brachte ihm sein wachsender Ruhm Aufträge aus vielen Orten Deutschlands (Eichstätt, Köln, Partenkirchen u. v. a. m.); schon im Jahr 1740 erliegt er einer tückischen Krankheit. Holzer, der erst in den letzten Jahrzehnten in der Kunstgeschichte zu neuen Ehren kam, wird mit *Tiepolo* verglichen (bei *Rampold*) und beeinflußt durch seine Malart Zeitgenossen wie *Matthias Günther* oder *Franz Anton Maulbertsch.*

Auffallend durch ihren Turm, aber in niedriger, wenig geschützter Lage steht die FÜRSTENBURG über den Häusern des Dorfes. Am Anfang des 13. Jahrhunderts von den *Churer Fürstbischöfen* als Antwort auf die Besetzung ihrer Churburg durch die *Matscher* erbaut, wurde die Burg von Verwaltern oder den Fürstbischöfen selbst bewohnt. Im Jahr 1995 ist plötzlich eine Hälfte des Turmes eingestürzt, aber inzwischen wiederhergestellt worden. Im Besitz des Klosters Marienberg dient die Fürstenburg heute der Landesregierung als Treffpunkt für Tagungen, Seminare und Sommerkurse.

Beherrscht aber wird das Bild von Burgeis von dem hoch darüber thronenden, weiß aus dem dunklen Hang hervorleuchtenden Riesenbau des KLOSTERS MARIENBERG. Durch den Chronisten *Goswin*, der 1374 Hofkaplan *Herzog Leopolds III.* und vor 1390 Prior des Klosters war, sind wir bestens über die Vorkommnisse jener Zeit unterrichtet.

Um 1146 zogen Mönche aus Tarasp im Engadin in den Vinschgau, um bei SANKT STEPHAN ein neues Kloster zu gründen. Aber schon wenige Jahre später behagte ihnen der Platz nicht, und so wurde nur wenige hundert Meter tiefer die heute noch stehende Anlage von Marienberg gebaut. Die Klostergründer und eine Reihe der nachfolgenden Äbte kamen aus dem schwäbischen Stift Ottobeuren; ihre kulturelle Ausstrahlung und die vielen Gefolgsleute aus ihrer Heimat haben wesentlich zur Ausbreitung der deutschen (und alemannisch gefärbten) Sprache im romanisch besiedelten oberen Vinschgau beigetragen. Als vorläufiger Kultraum diente den Mönchen die zuerst erbaute Krypta, die um 1260 ihre so wertvolle Ausschmückung mit Fresken erhielt. Mit Fertigstellung der Hauptgebäude wurden die Gottesdienste dann in der darüberliegenden Kirche abgehalten, und die Krypta wurde später als Grabstätte für die Mönche umfunktioniert, wobei auch bauliche Veränderungen stattfanden. Erst die ab 1980 unternommenen Restaurierungsarbeiten haben, so gut es möglich war, den Urzustand wiederhergestellt und die Fresken teilweise restauriert. Dabei wurden unter dem Boden der heute barocken Klosterkirche Freskenreste einer romanischen Wandbemalung hoher Qualität aus dem Anfang des 13. Jahrhunderts gefunden *(Stampfer)*.

Man betritt den großen Gebäudekomplex durch ein Tor, das in einen großen Hof führt; links zieht sich eine Reihe niedriger Wirtschaftsgebäude am Berghang entlang, rechts stehen Kloster und Klosterkirche. Diese zeigt hinter der Vorhalle noch ein romanisches Portal; im Inneren ist die Basilika-Struktur noch erkenntlich, aber die mit reichen Stuckornamenten aus der Mitte des 17. Jahrhunderts verzierten Deckenfelder und Wände versetzen den Betrachter in neuere Zeiten. Der Zugang zur KRYPTA erfolgt von außen am Ende des Hofes. Die längliche Form des Raumes ohne tragende Säulen ist ungewohnt und wohl der Anpassung an das Gelände zu verdanken. Über den Meister der Fresken ist uns nichts bekannt, aber seine Bilder haben in der Folgezeit im ganzen oberen Vinschgau Schule gemacht. Die Köpfe von Christus in der Mandorla und vor allem der vielen

Engel mit ihren großen Augen unter hochgewölbten Brauen, die in kunstvolle Falten gelegten Gewänder und die fein gegliederten Hände machen es jedem aufmerksamen Betrachter klar, hier vor einem der wichtigsten Kunstwerke des gesamten Alpenraumes zu stehen. Die heutige Forschung glaubt an Einflüsse aus Ottobeuren und Reichenau, aber auch lombardische und byzantinische Anklänge werden nicht ausgeschlossen (siehe dazu: *Helmut Stampfer und Hubert Waldner*: »Die Krypta von Marienberg«, Athesia 1982).

Die Straße führt nahe am großen Klostergebäude weiter in die Höhe und kommt bald an der STEPHANSKIRCHE vorbei; Grabungen aus dem letzten Jahrzehnt haben eindeutig einen primitiven Kirchenraum freilegen können, der ins 7. Jahrhundert zurückreicht und so die Tradition belegt, daß die ersten Mönche sich zuerst hier ansiedelten und erst wenig später nach Marienberg übersiedelten. Die Kirche hat innen einen Umgang, der sie zweigeschossig erscheinen läßt; ein kleiner, gemauerter Dachreiter trägt die Glocke. Weiter gegen das SCHLINIGTAL liegen rechts der Straße die Höfe von **Pramajur** und taleinwärts das Dörfchen **Schlinig**, das durch die Erschließung des Skigebietes auf dem WATLES einen dem Tourismus zu verdankenden Aufschwung genommen hat.

Um in das mit Burgeis und Marienberg kulturell eng verknüpfte MÜNSTERTAL und nach **Taufers** zu gelangen, müssen wir kurz auf die Hauptstraße zurück und kommen nach der Abzweigung (»Schweiz«) zuerst zum kleinen Dörfchen **Laatsch** (das zum Unterschied zum ähnlich geschriebenen Latsch wie »Lootsch« ausgesprochen wird). Auch hier überrascht die Anzahl der alten Kirchen: Von der alten Pfarrkirche steht nur mehr der romanische Turm; SANKT LEONHARD scheint wie ein Bollwerk der Fortsetzung der Straße im Wege zu stehen, bietet dafür aber einen mit gotischen Bögen überdachten Durchlaß unter ihrem nach Osten blickenden Chor an! An der Außenwand in Nischen hinter der Durchfahrt einige Freskenreste. Auch das Innere der frühgotischen Kirche birgt künstlerisch hochwertige Fresken (Schlüssel im Haus Nr. 130). Am Dorfausgang im Ortsteil **Flutsch** steht links an der Straße das kleine KIRCHLEIN SANKT

CÄSARIUS, dessen wertvoller gotischer Flügelaltar dem *Jörg Lederer* zugeschrieben wird. Im Kirchacker wurden Gräber von in der Calvenschlacht Gefallenen gefunden.

Nun überquert die Straße den RAMBACH, und wir kommen in den Lärchenwald, wo im Jahr 1499 die berühmt-berüchtigte Calvenschlacht geschlagen wurde. Nach einer stetigen Steigung öffnet sich das Münstertal, rings von hohen Bergen umgeben. Rechts schauen vom steilen Berghang die zwei Rundtürme von REICHENBERG und hoch darüber der von ROTUND herunter. An der Straße aber steht der kleine, ehrwürdige Bau der JOHANNESKIRCHE; die schmale, unverputzte Fassade mit dem weitbogigen Portal, zu dem ein paar abgetretene Stufen führen und der aus rohen Steinen aufgeführte Helm des Turmes lassen schon ein hohes Alter vermuten. Von der Nordseite blickt ein strenger Christophorus auf den Wanderer, der in alten Zeiten auf dieser jetzt erhöhten Straße an der Kirche vorbeizog. Dieser »Christusträger«, der das Kind nicht auf der Schulter, sondern in den Armen trägt, ist wahrscheinlich die älteste Darstellung des Heiligen in ganz Südtirol (von ungefähr 1220). Man betritt die Kirche durch eine rechteckige Vorhalle mit flacher Decke, über der sich ein weiterer Raum, wohl der ehemalige Schlafraum für die Pilger, befindet, der an den Wänden noch Reste einer romanischen Bemalung zeigt. Dann steigt man über ein paar Stufen in den eigentlichen Kirchenraum hinunter, der die Form eines griechischen Kreuzes hat. Über die Ausstattung mit Fresken und über die Baugeschichte gibt der kleine Laurinführer von *Theil* bestens Auskunft, ich zitiere daraus folgende Stelle: *Das Auffinden und Wiederherstellen dieses romanischen Freskenzyklus … hat für die Erkenntnis der mittelalterlichen Malerei im Vinschgau und in ganz Südtirol eine besondere Bedeutung. Es wird klar, daß im 13. Jahrhundert in diesem Teil des oberen Etschtales einheimische Künstler von beachtenswertem Können tätig waren. Es scheint sicher, … daß sich nach dem langsamen Zuendegehen der romanischen Zeit der Schwerpunkt der Monumentalmalerei vom Vinschgau und unterem Etschtal in den Raum Bozen und Brixen verschob, wo dann die großen Werke der Übergangszeit und der Go-*

tik entstanden. Die romanischen Fresken sind, dem Autor nach, inspiriert von den Mosaiken in San Marco aus Venedig.

Eine andere, sehenswerte Kirche ist die kleine NIKOLAUSKIRCHE am westlichen Dorfende; sie enthält eine Reihe schöner, gotischer Fresken. Der ganze Ort hat trotz der vielen Neubauten noch ein urtümliches Alt-Vinschger Gesicht, und manch altes Gasthaus und Herrenhaus zeugt noch von der Wichtigkeit dieses Durchzugstales im Mittelalter. Es ist heute erwiesen, daß Karl der Große hier ein Kloster gegründet hat, als das für gewöhnlich jenes in Müstair-Münster hinter der Grenze gilt, aber nach einigen Forschern auch das eben besuchte SANKT JOHANN gewesen sein könnte. Der Übergang nach Italien erfolgte über das WORMSER JOCH, auch Umbrail-Paß genannt, von Santa Maria aus. Wir können diesen geographisch dem Vinschgau zuzusprechenden, aber politisch zur Schweiz gehörigen hinteren Anteil des Tauferer Tales nicht verlassen, ohne die Klosteranlage und die KIRCHE VON MÜSTAIR zu erwähnen. Diese Anlage aus karolingischer Zeit enthält, nach *Rampold, den größten erhaltenen frühmittelalterlichen Bilderzyklus, den es überhaupt gibt.* Laut *Rasmo* besteht die herausragende Bedeutung darin, daß wir hier die älteste uns bekannte Version vieler Szenen vor uns haben, die in späteren Wandmalereien in Südtirol abgewandelt wiederkehren. Es besteht ein deutlicher Zusammenhang mit den leider viel schlechter erhaltenen Fresken in Sankt Benedikt in Mals, deren Schöpfer aber künstlerisch höher einzuschätzen ist.

Nun wieder zurück auf die Hauptstraße auf der Haide, die uns bald nach **Mals** bringt. Kein anderer Ort in Südtirol zeigt schon von weitem sein hohes Alter an wie Mals mit seinen vielen altehrwürdigen Türmen; aus frühromanischer Zeit stammen die Türme von Sankt Benedikt, von Sankt Martin und Sankt Johann; der mächtige runde Fröhlichsturm ist mittelalterlich, während der spitze, gotische Turm der Pfarrkirche schon beinahe wie ein Fremdkörper unter so vielen älteren Brüdern steht. Nichts weist bisher auf vorgeschichtliche oder römische Besiedlung hin, auch wenn in der Umgebung prähistorische Funde nicht fehlen. Seit dem Mittelalter hat Mals seine Stellung als gerichtlicher und wirtschaftlicher Hauptsitz des oberen Vinschgaus behaupten können; die im Jahr 1906 erbaute Schmalspurbahn von Meran bis Mals hat die wirtschaftliche und vor allem touristische Bedeutung des Ortes weiter belebt. Heute sind starke Bestrebungen im Gang, die seit vielen Jahren aufgelassene Bahnverbindung wieder aufzunehmen und sie, wenn möglich, sogar über die Grenze nach Österreich weiterzuführen.

Wer von den Hängen der Malser Haide aus in den Ort eintritt, stößt bald auf eine kleine, unscheinbare Kirche, die mit ihrem einfachen, uralten Turm noch frei oberhalb der Häuserzeilen liegt; das äußere Bild läßt nicht ahnen, daß diese KIRCHE ZUM HEILIGEN BENEDIKT zu den ältesten des Landes und zu den wichtigsten Kunstdenkmälern Tirols zählt. Lange Jahrhunderte lang vernachlässigt, entweiht und als Abstellkammer entwürdigt, wurde die Bedeutung des Baues und seiner Fresken erst am Anfang des 20. Jahrhunderts wieder entdeckt.

Der Bau und die Ausmalung stammen aus der Zeit Karls des Großen; die ursprüngliche Marmorverkleidung und die Chorschranken mit den typischen Flechtbandornamenten wurden zerschlagen und nach Einzug einer Trennmauer als Füllmaterial verwendet; nach der Restaurierung befinden sich Teile davon im Bozner Museum. Einmalig in der Kunstgeschichte ist die Gestaltung der Apsiswand mit ihren drei Nischen, die durch Säulen getrennt sind. Beeindruckend sind die Gestalten, die rechts und links von den Säulen stehen und vielleicht den Stifter und den Abt des nahen Klosters Müstair darstellen (der viereckige Heiligenschein zeigt an, daß es sich um eine zur Zeit der Abbildung noch lebende Person gehandelt hat). Von der Nordwand sehen, leider nur mehr in Bruchstücken, Heilige mit großen, erstaunten Augen auf den späten Betrachter. Im neuen Archäologiemuseum zu Bozen wurde die ganze Apsiswand von Sankt Benedikt maßstabgetreu und nach den neuesten Erkenntnissen der Kirchen-Archäologie wiedergegeben: Die grellen Farben und die Kontraste mit den hellen Wänden mögen anfangs erschrecken, aber nach Auskunft unseres besten Kenners frühmittelalterlicher Kirchen, *Hans Nothdurfter,* müssen wir uns den Urzustand tatsächlich so ähnlich vorstellen. (Wir sind zu Unrecht gewöhnt, alles Alte nur mit einer tüchtigen Patina schön zu finden.)

Mitten in einem mauerumfriedeten Obstgarten liegt die KIRCHE ZUM HEILIGEN MARTIN, deren Turm mit seinen vier übereinanderstehenden Nischen, die in vier Rundbögen ausgehen, und den schmalen, hohen Rundbogenfenstern unter der flachen Pyramidenspitze eines der schönsten Beispiele der frühen Romanik in unserem Land darstellt. Die Kirche wurde in der späten Gotik verlängert und mit einem Chor versehen.

Der dritte und höchste in der Reihe der ehrwürdigen, romanischen Türme ist jener von SANKT JOHANN, der heute verwaist dasteht, da die Franzosen im Jahr 1797 die Kirche in Schutt und Asche legten. Auch die Pfarrkirche steht nicht weit von hier: In Mals liegt alles nahe beieinander, aber durch die verwinkelten und zum Teil abschüssigen Gassen ist es oft nicht leicht, direkt auf ein vorgefaßtes Ziel zuzusteuern. Nach zwei Bränden zur Zeit des Bündner Krieges 1499 und wieder zur Franzosenzeit nach dreihundert Jahren wurde die Kirche Anfang des 19. Jahrhunderts völlig neu gebaut. Als besonderes Schmuckstück sei am rechten Seitenaltar das Bild des heiligen Josef von *Martin Knoller* erwähnt.

Durch seine runde, behäbige Form fällt nahe der Pfarrkirche der FRÖHLICHSTURM auf, der ins 12./13. Jahrhundert zurückreicht; früher im Besitz der *Lichtenberger* und *Matscher*, behielt er dann den Namen späterer Besitzer namens *Fröhlich* (denn den schweren, bedrohlichen Mauern stünde das Attribut der Fröhlichkeit schwer an!). Reste von anderen Türmen, kleine Kapellen und andere Kirchen wären noch zu erwähnen; Mals stellt sich im großen und ganzen noch als ein alter Vinschger Marktflecken dar, wo mitten im Ort noch ummauerte kleine Gärten den ländlichen Charakter unterstreichen und wo nur in den höheren Lagen am Berghang neue Häuser Platz gefunden haben.

Bevor die Straße das Ende des Schuttkegels und damit die tiefe Talsohle erreicht, durchfährt sie die Zeile alter, niederer Häuser in typischer Alt-Vinschger Bauweise von **Tartsch**, wo etwas versteckt die spätgotische KIRCHE ZUM HEILIGEN ANDREAS steht. Die Fresken an der Südseite sind fromme Volkskunst ohne besonderen künstlerischen Wert. Das Dorf lehnt sich an den mächtigen Klotz des TARTSCHER BÜHELS an, der wie ein Wächter vor dem obersten Teil des Tales steht und mit seinem Fuß schon bis zum Städtchen Glurns reicht. Der Zauber, den diese Urstätte ausstrahlt, läßt sich nicht mit Worten beschreiben, er muß erlebt werden! *Rampold* sagt darüber: *Von welcher Seite man auch immer kommen mag ... immer beherrscht das Urweltriff des Tartscher Bühels den Raum des oberen und mittleren Vinschgaues; er ist das geheimnisvolle Zentrum dieser Landschaft und die Drehscheibe, an der sich dereinst so gut wie alle Vinschgauer Fernwege getroffen haben mögen.* Auf seiner flach abgerundeten Kuppe steht, im Norden und Westen von Föhren und Lärchen eingefaßt, die uralte KIRCHE SANKT VEIT. Es ist nicht so sehr die wertvolle Ausstattung der gotischen Kirche – der berühmte Flügelaltar des *Ivo Striegl* aus Memmingen wurde vor vierzig Jahren von Dieben ausgeplündert –, sondern ihre einmalige Lage allein über dem weiten Tal und mit dem Blick auf die Eisriesen des Ortlers, an einem Ort, der durch zahlreiche Funde aus der Urzeit und der Zeit der Römerherrschaft davon Zeugnis ablegt, daß der Mensch immer schon, und in alten Zeiten sicher mehr als heute, um die geheimnisvolle Atmosphäre einer Stätte wußte, die eine göttliche Nähe atmete und dazu einlud, ihr Verehrung zu erweisen. Der berühmte Fund eines Hirschhorns auf dieser Höhe mit einer rätselhaften rätischen Weiheinschrift ist dafür ein guter Beleg.

Von Tartsch aus geht auch die neue, breite Straße ins MATSCHER TAL, das bei Schluderns mündet. Der Ort **Matsch** selbst liegt dicht gedrängt am Südosthang, und ein Weg führt noch weit hinein ins grüne, enge Tal bis zu den Höfen von **Thanai** und **Gliers**; der SALDURBACH, der das immer tiefer werdende Tal durchfließt, kommt von den Gletschern der WEISSKUGEL. Matsch ist uns aus der Vinschger Geschichte genügend bekannt durch das Geschlecht gleichen Namens, das sich durch Machtkämpfe mit seinen Lehensherren, den Churer Bischöfen und den Äbten von Marienberg, zu einer der mächtigsten Familien im ganzen Land emporgearbeitet hat. Auch wenn einmal ein Matscher Graf dem Abt von Marienberg eigenhändig den Kopf abgeschlagen hatte, so dauerte der fällige Kirchenbann nicht lange genug, um weitere Eroberungen zu verhindern.

Die *Matscher* stammten aus dem Engadiner Geschlecht der *Herren von Tarasp.* Im 11. Jahrhundert errichteten sie auf dem langgestreckten Burghügel in der Talschlucht von Matsch eine obere und eine untere Burg, die bald auf zwei Linien der Familien übergingen, die sich ebenso bald auch bekämpften. Auf der höchsten Erhebung des Hügels (1435 m) wurde eine Kapelle gebaut, die heute noch, nach verschiedenen Umbauten, als einziges Gebäude erhalten ist, während von den Burganlagen nur mehr spärliche Reste stehen. Als der letzte Graf von Matsch, *Gaudenz,* im Jahr 1505 starb, ging sein ganzer Besitz an den Sohn seiner Schwester über, die einen *Trapp* aus der Steiermark geheiratet hatte. Die Nachkommen der Familie Trapp, von denen ein Zweig auch die Burg Beseno oder Pisein im Trentino und das Herrenhaus in Caldonazzo besaß, leben heute noch auf der CHURBURG.

Es gehört zu den besonderen Erlebnissen dieser von der Vergangenheit so eindringlich geprägten Landschaft im oberen Vinschgau, auf dem schmalen Riff des unteren Burghügels von Matsch zu sitzen, hoch über dem tief unten dahinbrausenden Saldurbach und durch das von Gestrüpp umwucherte Tor in der sauber geschichteten Mauer den Ortler leuchten zu sehen!

Wandervorschlag: (Dieser Übergang erfordert, will man nicht auf demselben Weg zurück, einen Fahrer, der einen in Planail abholt!) Von Matsch geht vor den ersten Häusern ein Weg steil nach links in die Höhe. Nach einem ersten, steileren Stück wandert man dann recht gemütlich und immer mit herrlicher Aussicht auf die Malser Haide und die Sesvenna-Gruppe im Westen gegen den »Hausberg« der Malser, die SPITZIGE LUN (2324 m). Besonders eindrucksvoll ist auf dem beinahe ebenen Wegstück vor dem Gipfel eine vom Wind derart niedergebogene, alte Lärche, wie ich das sonst nur in Apulien bei den Ölbäumen an der Küste von Rodi Garganico gesehen habe! Der Abstieg nach Planail geschieht durch einen Lärchenwald, der von den Flechten des Isländischen Mooses derart überwuchert ist, daß die Bäume wie Greise aussehen.

Wie schon weiter oben erwähnt, wurde die CHURBURG bald nach 1256 im Auftrag des Churer Bischofs *Heinrich von Montfort* erbaut und den Marienbergern zum Pfand gegeben. Als Vögte wurden die *Herren von Matsch* eingesetzt (die sich nach einer Heirat mit einer Gräfin von Kirchberg in Schwaben – 1366 – *Grafen von Matsch* nannten); im Lauf des nächsten Jahrhunderts wurde nach langen Fehden in der Familie und mit den Landesherren ein Zweig der Matscher vom Tiroler Landesfürsten mit der Churburg belehnt.

Die Churburg ist heute eine der ansehnlichsten und am besten erhaltenen Schlösser von ganz Tirol, weil die Besitzer seit Generationen mit besonderem Sinn für Tradition und Kunst ihr Erbe zu festigen und zu bewahren wußten. Vom ursprünglichen Baubestand zeugen noch der wenig hohe, aber sehr mauerstarke Bergfried, die alte Kapelle und einige angrenzende Mauerteile; zur Renaissancezeit wurde, wie in so vielen anderen Burgen des Landes, der elegante Arkadenhof und die reiche Zierbemalung der Loggiengänge geschaffen, und dadurch wurde die einst wehrhafte Burg zum eleganten Schloß. Hauptanziehungspunkt der Churburg, in der in den Sommermonaten regelmäßig Führungen stattfinden, ist die Rüstkammer: Sie ist die in der Welt wohl einzig dastehende Sammlung von Rüstungen und ihrem Zubehör vom 14. bis zum 17. Jahrhundert, zum Teil hohe Kunstwerke der Plattnerzunft, die alle von Mitgliedern der eigenen Familie oder von ihren Dienstmannen getragen worden waren – sozusagen eine Familien-Garderobe in Eisen! Es kann hier nicht auf Einzelheiten eingegangen werden, aber niemandem wird unter den an den Wänden aufgereihten Harnischen die gotische Rüstung des *Ulrich IX.* von Matsch entgehen, der weit über zwei Meter gemessen haben muß! Dieser Hang zum körperlichen Übermaß ist heute noch bei manchen Nachkommen zu beobachten. Eine sehr fundierte Auskunft über die Geschichte und den heutigen Baubestand der Burg gibt der dort erhältliche Führer von *Leo Andergassen* (1991 bei Schnell und Steiner, München). Unter den Raritäten, die beim Gang durch die vielen Räume zu bewundern sind, möchte ich besonders die kleine Orgel aus dem 15. Jahrhundert erwähnen, die heute noch spielbar ist.

Zu Füßen der Churburg breitet sich der große Ort **Schluderns** aus, dessen Häuser dicht gedrängt zu beiden Seiten des Saldurbaches stehen. Auch hier, wie in Mals, wird das Dorfbild durch viele Hausgärten angenehm unterbrochen; einige sehr alte Häuser haben die wiederholten Brände im Lauf der Jahrhunderte überstanden, und im großen und ganzen atmet der Ort eine gemütliche, behäbige Atmosphäre. Die schöne Sonnenlage trotz der Seehöhe von 921 Metern hat schon zur Vorzeit auf dem Ganglegg, einem Hügelzug über dem Dorf am Ausgang des Matscher Tales, eine große Siedlung entstehen lassen, die in die Bronzezeit zurückreicht und in der die Grabungen noch nicht abgeschlossen sind. Schluderns hat sich auch ein kleines Museum eingerichtet, in dem ein Teil dieser Funde zu sehen ist. Die Pfarrkirche hat noch einen romanischen Turm, und ihre Mauern sind gotisch. Grabmäler und Totenschilde der *Trapp* zeugen von der immer bestehenden Verbundenheit der Schloßherren mit der Kirche. Im Friedhof steht die gotische, zweigeschossige KAPELLE SANKT MICHAEL. Schluderns hat eine Reihe von guten Gasthöfen und Restaurants (ich darf auch hinzufügen, daß ich mich hier ober der Kirche immer mit besonders guten »Paarln«, dem bekannten Vinschger Roggenbrot, versorge). Das große E-WERK (das weder zur Kultur noch zur Gastronomie gehört) bezieht sein Wasser aus dem großen RESCHENSEE.

Von Schluderns führt eine Straße in Richtung Schweiz und berührt die alte und eine der kleinsten Städte, die sich so nennen dürfen, nämlich **Glurns**. Im Stadtgebiet gibt es nicht viel mehr als 700 Einwohner, aber der geschlossene Mauerring mit seinen Toren und Rundtürmen gibt dem Ort ein Gepräge, als sei er dem Märchenbuch entsprungen. Die Mauer wurde schon 1304 aufgeführt, Glurns wird bald darauf wichtiger Stapelplatz für den Salzhandel und für die in nahen Bergwerken gewonnenen Erze in die Lombardei – heute wundert es uns, wie wenig der über 2500 Meter hohe UMBRAILPASS für die schweren Fuhren ein Hindernis bedeutete. Im Engadiner Krieg in Schutt und Asche gelegt, konnte sich das Städtchen bald wieder erholen; die niedergebrochene Stadtmauer wird unter anderen von Kaiser Maximilians Hofbaumeister *Jörg Kölderer* wiederhergestellt *(Rampold)* und umgibt heute mit acht Metern Höhe die ganze Stadt. Aber seine Stellung als wirtschaftlicher Mittelpunkt der oberen Vinschger Region muß Glurns nach und nach dem aufstrebenden Mals überlassen. So erweckt heute ein Spaziergang durch die verwinkelten Gäßchen, durch die Lauben mit ihren niederen, ungleichen Bögen oder über den sauberen, kleinen Stadtplatz das wehmütige Gefühl der Unwiederbringlichkeit, ja beinahe der Unwirklichkeit einer dem Märchenbuch entsprungenen Stadt, in der aber trotzdem eine lebhafte Gegenwart zu fühlen ist. Als Pfarrkirche dient heute die noch auf Stadtebene stehende Frauenkirche, die 1870 in neuromanischem Stil erbaut wurde. Die alte PFARRKIRCHE SANKT PANKRATIUS steht erhöht gegen Süden inmitten des Friedhofs; ihr schöner romanischer Turm hat zur Barockzeit eine Zwiebel aufgesetzt bekommen und ragt weit über den Mauerkranz und die Tortürme ins ebene Land hinaus; am Turm ist ein Fresko aus dem Jahr 1496 zu sehen, das recht eindringlich die Schrecken des Jüngsten Gerichtes darstellt. Im spätgotischen Kirchenschiff steht noch mancher Grabstein aus dem 16. Jahrhundert, die Ausstattung aber ist neugotisch. Auf dem Weg, der rechts der Etsch gegen Lichtenberg zieht, erwartet uns eine erst jüngst aufgedeckte Überraschung: Am oberen Wiesenrand rechts der Straße steht die vor kurzem renovierte, kleine KIRCHE SANKT JAKOB IN SÖLES. Glückliche Zufälle und die ungemein fleißige und fachkundige Arbeit von Archäologen konnten hier aus dem Bodenschutt einer Urkirche Freskenbruchstücke sammeln und zu Bildfragmenten fügen, die laut *Stampfer* wahrscheinlich vom selben Meister stammen, der um 1210 die Klosterkirche (nicht die Krypta) von Marienberg ausgemalt hat; er sagt dazu (»Schlern« 1997 / 488): *Die Bodenfunde von Sankt Jakob in Söles stellen die bedeutendsten byzantinisch geprägten Wandmalereien der Romanik im westlichen Südtirol dar.* Laut H. Nothdurfter (»Schlern« 1997 / 417) könnte der erste Kirchenbau sogar in das 7. Jahrhundert angesetzt werden.

Lichtenberg ist ein kleines Dorf zu Füßen der großen Burgruine, die am Anfang des 13. Jahrhunderts von den Tiroler Grafen erbaut wurde, um den auch im oberen Vinschgau mächtigen Fürstbischöfen von Chur ein Gegengewicht zu setzen. Heute stehen noch weitläufige Mauerreste auf dem Hügel am Berghang, und die helle Ruine blickt weit hinaus bis in den mittleren Vinschgau; auf dem Rundturm sind noch verschiedene Wappen in gut erhaltenen Farben zu sehen; die anderen Fresken aus dem Palas wurden schon 1912 abgenommen und werden heute im Innsbrucker Museum Ferdinandeum aufbewahrt. Später ging die Burg an die *Grafen Khuen-Belasi* über. Über den Hang verteilt liegen die zahlreichen und noch recht urtümlichen Lichtenberger Höfe, zu denen auch eine Fahrstraße angelegt wurde. Sowohl Lichtenberg als auch der nahe Weiler **Agums** besitzen sehenswerte, gotische Kirchen mit altem Freskenschmuck, und die KIRCHE VON AGUMS, ehemalige Pfarre von Prad, steht besonders schön in der Höhe über dem Dorf.

Am Ausgang des Suldentales und am Beginn der Stilfser-Joch-Straße liegen die Häuser des großen Ortes **Prad** ausgebreitet; von hier aus schlägt die Etsch eine rein west-östliche Richtung ein, und ihr leider oft allzu begradigter Lauf muß immer wieder den mächtigen Schuttkegeln ausweichen, die sich von rechts und links bis auf die andere Talseite schieben. Prad gibt sich mit seinen vielen Gaststätten und Pensionen schon sehr touristenfreundlich, es bietet allerhand Sportanlagen und ein Schwimmbad. Beim Gang durch den Ort trifft man nur selten unter den vielen neuen oder neuverputzten Häusern alte, ursprüngliche Gebäude. Neubauten und kleinere Industrieanlagen dringen bis in die Ebene der Etsch-Auen vor. Als Hauptsehenswürdigkeit ist – wieder einmal – die romanische KIRCHE SANKT JOHANN zu erwähnen. Sie liegt oberhalb der letzten Häuser gegen Westen inmitten von grünen Wiesen. Wir haben inzwischen ein besonderes Auge für die frühe Romanik der Türme im Vinschgau bekommen, und auch hier besticht die Einfachheit und Würde des im Vergleich zum Kirchenbau hohen Turmes. Die abgesetzte und mit einem eigenen Dach versehene Rundapsis weist eindeutig in die Romanik; aus jener Zeit sind auch noch Freskenreste am Triumphbogen erhalten, die übrige Ausmalung stammt aus dem Anfang und aus der Mitte des 15. Jahrhunderts. Die geteerte Straße, die an der Kirche vorbeizieht, führt zu den weiten Wiesen von **Valnair** hoch über dem Ausgang des Suldentales, wo einige Höfegruppen stehen. Leider muß man vielen Berghöfen im oberen Vinschgau bescheinigen, daß sie nicht den Sinn für Ordnung und Sauberkeit der bajuwarischen Siedler, sondern eher den Mangel daran mitbekommen haben, der mehr romanisches Erbteil ist.

Wandervorschläge: Man folgt in Lichtenberg dem Bach bis unter die Burg und wählt bei den Pfeilen 9 und 14 den Steig zur Burg, die in fünf Minuten erreicht ist und zur näheren Besichtigung lockt. Hinter der Burgruine steigt der Weg Nr. 9 kurz an und führt dann über Wiesenlichtungen und Waldstücke bequem über den Hügel und weiter mit schöner Fernsicht wieder hinunter ins Tal, das man kurz vor Glurns und nahe am Kirchlein von Sankt Jakob in Söles erreicht. Der Weg Nr. 14 erreicht eine Fahrstraße bei den untersten Lichtenberger Höfen, die sich hoch hinauf über den Wiesenhang ausbreiten; von dort kann man auf der Straße (Nr. 25) ebenfalls direkt nach Glurns absteigen. In einem längeren, aber sehr aussichtsreichen Anstieg kann man weiter auf Markierung 14 in ungefähr drei Stunden die TSCHAGAINHÜTTE (2105 m) erreichen. Der Rückweg über die DORFERALM und die SCHARTALPE ist weniger zu empfehlen, da er meist durch tiefen Wald und ohne Fernsicht verläuft. Aber ein Rückweg über die Anstiegsroute bietet wieder ganz neue Ausblicke.

Bevor wir durch die zwei hohen, alten Pappeln den kerzengeraden Weg nach Spondinig und auf die Hauptstraße einschlagen, wenden wir uns noch dem Tal zu, das nach Sulden, Stilfs und Trafoi führt.

Durch eine enge Schlucht aus dunklem Schiefergestein am Rande des wasserreichen Suldenbaches gewinnt die Straße zunehmend an Höhe und überquert bei den Häusern von Stilfser Brücke den Bach. Hoch darüber stehen die Häuser von Stilfs, zu dem die Zufahrt erst vom Dörfchen Gomagoi möglich ist. Als Abzweigung nach Sulden und am Anfang des Jochüberganges mag **Gomagoi** früher eine gewisse Bedeutung gehabt haben; heute fährt der Autofahrer – denn die düstere Gegend verleitet nicht zum Wandern – eilig und unbekümmert an den wenigen Gasthäusern vorbei zu seinem Ziel in das Skigebiet von Sulden oder auf das Stilfser Joch. Aber ein Abstecher nach **Stilfs** lohnt sich: Hier scheinen die dicht gedrängten Häuser nicht an den steilen Hang gestellt, sondern geklebt, ein ebenes Stück Weg ist eine Seltenheit, und man sollte nicht versuchen, hier mit dem Auto eindringen zu wollen, da das Abstellen zum Problem werden kann. Trotzdem ist Stilfs in seiner sonnigen Lage auf über

1300 Metern Höhe mit großer Fernsicht ein fröhlicher Ort, und seinen Leuten wird ein besonderer Humor nachgesagt (*Staffler*, »Schlern« 1937, S. 152). Früher führte der alte Jochweg von Prad aus über die weiten, sonnigen Hänge über Stilfs; daraus und aus dem früher in der Nähe getätigten Bergbau erklärt sich auch die relative Größe der Siedlung.

In Gomagoi mündet auch der SULDENBACH in den vom Stilfser Joch kommenden TRAFOIER BACH. Die Straße nimmt in einigen Kehren die erste Steilstufe und steigt dann beständig südwärts, zuerst vorbei an den Höfen von **Außersulden**, bis sie auf 1800 Metern Höhe das Dorfzentrum von **Sulden**, nach der PFARRKIRCHE auch SANKT GERTRAUD genannt, und die Hotelstadt **Innersulden** erreicht, das noch einmal hundert Meter höher liegt. Sulden verdankt seine Entwicklung in erster Linie der im 19. Jahrhundert aufgekommenen Begeisterung für die Berge, die sich dann von den immer noch nicht zahlreichen Gletschertouristen in den letzten Jahrzehnten auf die Masse der Skibegeisterten verlagert hat. Hauptanziehungspunkt war zu Beginn natürlich der ORTLER, mit seinen 3905 Metern die höchste Erhebung der Ostalpen.

Der Gipfel wurde zum ersten Mal schon im Jahr 1804 von *Josef Pichler*, vulgo »Pseyrer Josele«, einem mutigen Gemsjäger, bestiegen. Ausführliche Beschreibungen von Besteigungen des Ortlers und vieler Gipfel der Umgebung verdanken wir den Tagebüchern von *Julius Payer* aus den Jahren 1865–1868. Payer, aus Teplitz-Schönau in Mähren gebürtig, war schon im Alter von 24 Jahren nach Südtirol gekommen, und sein Hauptziel war nicht so sehr die technische Eroberung eines neuen Gipfels, sondern seine genaue geographische und topographische Vermessung. Begleitet wurde er von den Bergführern *Pinggera* und *Reinstadler;* als Proviant für die oft zwölf bis 16 Stunden dauernden Neubegehungen fehlte neben Fleisch und Brot nie eine beträchtliche Anzahl von Weinflaschen, während Kleidung und Ausrüstung äußerst primitiv waren! (Näheres dazu im italienischen Buch von *Luciano Viazzi:* »Caro Ortles«, Persico Edizioni 1998). Payer wurde später bekannt als Erforscher und Kartograph des Nordpolar-Gebietes.

Die neuromanische Pfarrkirche wurde um 1900 vom damaligen Pfarrer *Josef Eller* gebaut; und man kann nicht von Sulden sprechen, ohne den heutigen Pfarrer *Josef Hurton* zu erwähnen, der wie Payer ebenfalls aus Böhmen stammt und sich als erfahrener

Leiter des Bergrettungsdienstes große Verdienste um das Tal und seine Besucher erworben hat. Die grandiose Szenerie des Talschlusses mit den drei Riesen ORTLER, ZEBRÙ und KÖNIGSSPITZE ist noch viel besser zu genießen, wenn man die Kabinenbahn zur SCHAUBACHHÜTTE nimmt und weiter mit dem Sessellift bis zur MADRITSCHHÜTTE fährt – für Skifahrer ein Paradies, aber auch für Tourengeher im Sommer! Die Anzahl der Gipfel längs des Horizontes ist überwältigend! Es ist vielleicht ein typisch deutscher Charakterzug, jedem Berg seinen Namen abzuverlangen – wenn man aber dort oben steht, spielen Namen, von Menschen gegeben, keine Rolle mehr, die Wunder der Schöpfung kommen auch ohne diese aus!

Von Gomagoi steigt die Straße, immer noch in der Schlucht, bis **Trafoi**, der letzten Siedlung vor dem Stilfser Joch. Der Ort wurde bekannt durch den Olympiasieger und erfolgreichen Slalomfahrer *Gustav Thöni,* in dessen Hotel man auch seine gläsernen Weltcuppokale bewundern kann. Oberhalb Trafoi, auf dem Kleinboden, breitet sich ein vom Tal aus nicht eingesehenes, schönes Skigebiet aus. Von der Station des Gondelliftes ist es nicht mehr weit zur FURKELHÜTTE (2153 m), einem guten Ausgangspunkt für Wanderungen auf dem FALLASCH-KAMM mit seiner höchsten Erhebung, dem CHAVALATSCH (2754 m). Tief im Talgrund liegt der alte WALLFAHRTSORT ZU DEN HEILIG DREI BRUNNEN, das wohl schon ein vorchristliches Quellheiligtum war. Die heutige Gnadenkapelle stammt aus der Barockzeit. Eine Zeitlang hausten hier Einsiedler, heute ist der Ort noch Ziel frommer oder auch nur sich nach einem stillen Ort sehnender Besucher.

Dann beginnt die Straße sich in ungezählten Windungen über die Ostflanke des steilen Hanges zu quälen, bis sie nach einer Höhendifferenz von 1880 Metern vom Tal aus auf 2757 Metern das STILFSER JOCH erreicht. Die Straße war schon zur Zeit ihrer Erbauung in den Jahren 1820–1825 eine technische Höchstleistung; ursprünglich mit fünf Metern Breite angelegt, wurde sie in unserem Jahrhundert verbreitert und besonders die Kehren erweitert (ich erinnere mich, im Jahr 1927 als Bub mit einem Onkel dort gefahren zu sein, dessen Auto bei jeder Kehre reversieren mußte). Auf der Paßhöhe stehen einige Hotels, und im Sommer herrscht auf den nahen Hängen des MONTE LIVRIO lebhafter Skibetrieb. Bald nach der Paßhöhe, schon auf dem lombardischen Gebiet der Provinz Sondrio, mündet auf 2500 Metern Höhe die Straße vom Umbrailpaß ein, die von Santa Maria im Münstertal ausgeht. Früher hieß der Paß das »Wormser Joch«, wobei »Worms« der deutsche Name für Bormio war.

Wir kehren wieder ins Tal zurück. Wenig westlich von Prad liegt auf einem kleinen Schuttkegel das Dörfchen **Tschengls**, von dem *Rampold* bemerkt, daß hier als einmalige Besonderheit die größte relative Höhenabstufung der ganzen Ostalpen zu beobachten ist, da es von der Talsohle auf 950 Metern bis zum Kamm der TSCHENGLSER HOCHWAND mit 3378 Metern ganze 2500 Meter auf einer Distanz von nur sechs Kilometern sind. Hoch am Waldrand im Westen stehen die Ruinen der alten TSCHENGLSBURG, während das ebenfalls Tschenglsburg oder FUCHSBURG genannte, burgähnliche Gebäude am östlichen Dorfrand noch zwei Türme und eine zinnenbewehrte Mauer aufweist und noch bewohnt ist. Der Ort selbst atmet noch zum Teil Armut und Elend vergangener Zeiten.

Bald nach der Straßenkreuzung bei **Spondinig** mit seinem großen Posthotel im Stil der Gründerjahre kommen wir zum Dörfchen **Eyrs**, durch dessen lange Häuserzeile mit modernen Gebäuden und dem viel besuchten Restaurant zum »Edelweiß« die Landesstraße führt, während der alte Dorfkern mit noch recht urtümlichen Häusern sich gegen den Berghang ausbreitet. Dort oben steht, am östlichen Ortsausgang, die MOOSBURG, ein Renaissancebau mit Erker und Freitreppe, ein für diese Gegend ungewohnter Ansitz; wahrscheinlich war er früher das Amtshaus des Propstes oder bischöflichen Verwalters. Das Dorf wurde in vergangenen Zeiten immer wieder durch die wild gewordenen Wasser des TANASER BACHES arg in Mitleidenschaft gezogen. Zu beiden Seiten dieser Schlucht stehen auf einer Terrasse, 450 Meter über dem Tal, die Höfe und Kirchen von **Tanas** (Akzent auf dem zweiten à). Eine schön angelegte Straße führt von Laas aus auf diese schöne Landschaft am Sonnenberg. Daß in dieser bis vor kurzem recht unzugänglichen Gegend gleich drei Kirchen stehen, ist verwunderlich und entspringt vielleicht mehr der Baubegeisterung eines Pfarrers als der übertriebenen Volksfrömmigkeit. Nahe am Dorf steht die ältere SANKT-ANNA-KIRCHE aus dem Jahr 1700, und etwas weiter gegen die Schlucht hin die 1896 erbaute HERZ-JESU-KIRCHE. Zu den besonderen Schmuckstücken des mittleren Vinschgaus aber zählt die PETERSKIRCHE, die hell von einem ausgesetzten Fels jenseits der Schlucht ins Tal schaut. Die heutige Kirche ist ein Barockbau, sie steht aber auf einem urgeschichtlich besiedelten Fleck, wie Funde in den Ruinen der viel älteren und etwas tiefer gelegenen Vorgängerkirche bezeugen. Man kann dieses sicher uralte Heiligtum zu Fuß von Tannas aus, oder, noch schöner, auf dem GSALER WAAL von der neuen Straße westlich davon erreichen. Diese neue Straßenverbindung beginnt kurz vor dem Dorf und führt in einsamer Höhe am alten Vernatschhof vorbei bis hinunter nach Schluderns; bei klarem Wetter, wenn die lange Kette der Ortlerberge in hellem Weiß glitzern oder wenn im Herbst die goldenen Lärchen den Weg säumen, gehört diese Fahrt zu den schönsten Landschaftserlebnissen im Vinschgau.

Zu Füßen des riesigen Schuttkegels, den der GADRIABACH wie eine Talsperre aufgehäuft und die Etsch hart an den Nörderberg gedrängt hat, liegt der alte Ort **Laas**. Sein Name ist, man kann sagen, in ganz Europa durch den dort gewonnenen, reinweißen Marmor bekannt geworden. Ginge einer gesenkten Hauptes über die Gehsteige der Hauptstraße, er wüßte gleich, wo er sich befindet: Denn wo sonst in der Welt bestehen die Pflastersteine aus weißem Marmor? Der Abbau dieses besonders von Bildhauern geschätzten Steines ist seit dem 15. Jahrhundert urkundlich belegt, wird aber sicher auch vereinzelt früher schon bekannt gewesen sein. Das Verbreitungsgebiet erstreckt sich von beiden Seiten des engen Laaser Tales bis gegen Göflan südlich von Schlanders. Eine steile Zugseilbahn für den Transport der schweren Blöcke führt von Laas aus steil auf den Berg und weiter ins Tal hinein. Welche unvorstellbare Mühen die Beförderung solcher Blöcke in früheren Zeiten gekostet haben, kann man einem Bericht von *Lois Köll* (»Schlern« 1959 / 197) entnehmen:

Um den ungefähr 75 Tonnen schweren Block für das Andreas-Hofer-Denkmal im Jahr 1831 auf Befehl des Kaisers nach Wien schaffen zu lassen, wurde ein eigenes Fahrzeug aus Lärchenholz gebaut, und die Last wurde mit 15 Pferden bis ins Unterinntal gebracht; dazu mußten Straßen erweitert und Brücken besonders gestützt werden. Auf dem Inn gelangte dann der Block auf einem Schiff bis Wien. Ein ähnlich großer Block ging später nach Berlin für ein Moltke-Denkmal; der größte, doppelt so schwere, wurde nach Stuttgart gebracht zu einem Denkmal für Eberhard mit dem Bart!

Heute liegen die Hauptabbaugebiete oberhalb von Göflan auf 2150 Metern Höhe, wo der Marmor im Tagbau gewonnen wird, und im WEISSWASSERBRUCH, auf 1550 Metern an der Ostflanke der Jennwand gelegen, die bis in die Höhe hinauf mit breiten, weißen Adern durchzogen ist. Während früher der schöne, reinweiße Stein hauptsächlich zur Verarbeitung in Kunstwerken verwendet wurde, ist heute die meiste Produktion auf die Zubereitung von Fliesen, Wandverkleidungen, Stufen und anderen Bauteilen ausgerichtet. Dazu stehen modernste, elektronisch gesteuerte Steinsägen und Polierapparate zur Verfügung. Je nach Reinheit oder Maserung in goldgelben, bläulichen oder dunkleren Schlieren hat der Stein auch verschiedene Preise und Verwendungen.

In Laas finden heute Sommerkurse für Steinbildhauer statt, und der Abbau des wertvollen Steines, der noch leichter zu bearbeiten sein soll als der Marmor von Carrara, geht unvermindert weiter. Davon zeugen die riesigen Lagerstätten und Werkhallen links von der Etsch.

Bei der Durchfahrt durch den Ort fällt die romanische Apsis der im übrigen neu gebauten PFARRKIRCHE besonders auf: Aus den alten, originalen Bauteilen wurde dieses Schmuckstück, das wie der Turm aus dem 12. Jahrhundert stammt, vor ungefähr 25 Jahren dem Neubau im Osten wieder angefügt. Über einer überdachten, runden Apsis zieht sich ein Rundbogenfries hin, und darüber unterbrechen einfache, leicht vorstehende Bögen unter einem dreieckigen Tympanon die aus rohen Porphyrsteinen gefügte Fläche; Skulpturen von löwenähnlichen Tieren und Vögeln zieren die Ränder. Hinter der Altarwand im neuromanischen Innenraum ist noch die sehr primitive Skulptur der drei Nonsberger Märtyrer *Sisinius, Martirius* und *Alexander* aus dem

12. Jahrhundert zu sehen. Unterhalb der Pfarrkirche steht eine andere romanische Kirche mit Rundapsis: SANKT MARX ist aber schon seit 1880 profaniert, und die sehr unpassenden viereckigen Fenster wurden herausgebrochen, als darin eine *»k.k. Fachschule für Steinbearbeitung«* untergebracht wurde *(Rampold)*. Am Dorfausgang gegen Osten steht an der Straße die ebenfalls profanierte, spätgotische NIKOLAUSKIRCHE.

Dem HEILIGEN SISINIUS, der im Jahr 397 in Sanzeno im Nonsberg mit seinen zwei kappadozischen Gefährten von den nicht bekehrungswilligen Einwohnern erschlagen wurde, ist das in seiner Einfachheit bezaubernde Kirchlein geweiht, das auf einem Hügel, von Föhren umgeben, unterhalb der neuen Umfahrungsstraße liegt. Sie ist nach Weingartner eine der ältesten Kirchen im Vinschgau; eine niedere Mauer, im Osten von einem Spitzbogentor durchbrochen, umgibt das schlichte Gebäude, das im Inneren keine Schätze mehr birgt, aber in seinem Gesamteindruck zu den Höhepunkten der Romanik im Vinschgau zählt.

Von Laas aus führt eine Straße über den Weiler **Allitz** auf die Höhenterrasse von Tanas, das wir schon besucht haben. Die Hauptstraße aber überwindet mit einigen Kehren den steilen Abhang des GADRIAKEGELS und gelangt in den Untervinschgau, wo schon von weitem der spitze Helm des Schlanderser Kirchturms herausragt. **Schlanders** hat sich in den vergangenen Jahrzehnten ein durchaus modernes Gesicht gegeben, es ist zum wirtschaftlichen, verwaltungsmäßigen und kulturellen Mittelpunkt des ganzen Tales geworden; ganz im Gegensatz zu Mals, dem Hauptort des oberen Vinschgaus, ist hier das ländlich-bäuerliche Element aus dem Dorfkern ganz verschwunden. Ein Gang durch die lange, gewundene Hauptstraße, in die kein Auto Zufahrt hat, führt an städtisch anmutenden, eleganten Geschäften, an gediegenen Gasthäusern und an Kaffeehaus-Tischchen vorbei; da und dort künden ein barockes Relief über einem Tor, ein herrschaftliches Gebäude oder ein eleganter Innenhof von der Wohlhabenheit vergangener Generationen. In die Geschichte tritt der Ort erst nach dem Jahr 1000; damals hatten einige Ministerialen der Churer Bischöfe hier Besitzungen. Immer wieder stoßen wir auf Hausfronten oder in der Kirche auf das Wappen der *Hendl*, ein Mühlrad mit vier Speichen, und auf jenes der *Schlandersberger* mit den drei nach links zugespitzten Keilen. Beide früher einmal mächtige Familien sind heute ausgestorben. Besonders beachtenswert ist der rote Rokokobau von FREIENTURM, heute Rathaus, gegenüber der Pfarrkirche; erst vor kurzem völlig saniert und den modernen Bedürfnissen angepaßt ist der ANSITZ SCHLANDERSBURG am westlichen Berghang. Hier überrascht der Innenhof, der schloßähnlich an drei Seiten mit doppelgeschossigen Arkaden umgeben ist. Im Inneren des heute als Bibliothek dienenden Gebäudes sind schöne Kassettendecken erhalten. In diesem ganzen westlichen Bezirk herrschen moderne Neubauten vor, man glaubt sich in den Außenbezirken einer großen Stadt zu befinden.

Die alte Pfarrei von Schlanders wurde 1235 dem *Deutschen Orden* geschenkt, bei dem sie bis 1819 blieb. Die heutige Kirche wurde 1505 neu geweiht *(Weingartner)*. An die spätgotische Bauzeit erinnert noch manches Portal und die dreischiffige Halle, die aber in ihrer Ausschmückung dem Barock verhaftet ist. Die Fresken an den Decken stammen von der Hand des bekannten Barockmalers *Joseph Mölkh* (1759). Der besonders spitze Helm des Kirchturms reicht bis 90 Meter in die Höhe und ist nach Tramin der höchste von Südtirol. Zwei weitere, spätgotische Kirchen sind SANKT MICHAEL AM FRIEDHOF und die SPITALSKIRCHE ZUM HEILIGEN GEIST; zu dieser in den neuen Spitalskomplex eingefügten kleinen Kirche mit alter Freskenbemalung geht der Zutritt durch den Eingang des Verwaltungsgebäudes gleich links hinter der Schranke.

Hoch über dem Eingang ins SCHLANDRAUNTAL steht der kastenartige Bau der alten Feste SCHLANDERSBERG. Mitten aus dem schmucklosen Gebäude ragt, wenig höher, der alte Turm mit hohen Schwalbenschwanz-Zinnen. Wie so viele der Burgen des Tales, hat auch diese ein wechselvolles Geschick und häufigen Besitzerwechsel mitmachen müssen. Heute ist die jüngst renovierte Burg in Privatbesitz.

Beinahe mit dem Hauptort verwachsen ist der alte Ort **Kortsch**, dessen Dorfbild noch ganz den ursprünglichen Vinschgau atmet. Der Ort ist älter als Schlanders, und in der näheren Umgebung auf dem Sonnenberg lag eine Reihe von Urzeitstätten. Dem günstigen Klima dieser warmen Ecke verdanken wir auch die letzten großen Bestände von Edelkastanien, deren Blüte im Juni wie Elfenbein aus dem dunklen Laub hervorleuchten und die im Herbst die Hänge vergolden. Vom darüber aufragenden, felsigen Hang leuchtet hell das KIRCHLEIN ZUM HEILIGEN ÄGIDIUS herunter, wo romanische Freskenreste auf das hohe Alter der später gotisch umgeformten Kirche schließen lassen; heute wurde das Kirchlein als Gedächtnisstätte für die Gefallenen der vergangenen Kriege eingerichtet. Noch hundert Meter höher kann das aufmerksame Auge auf einem kleinen Felsvorsprung Mauerreste entdecken, die zu dem noch älteren GEORGSKIRCHLEIN gehören. Hier wurden bei allerjüngsten Grabungen *(Nothdurfter)* die Grundmauern einer Kapelle aus dem 7. Jahrhundert entdeckt, über die dann im 12. Jahrhundert eine weitere Kirche erbaut wurde. Nahe dabei fanden sich auch Grabstätten, die zum Teil in aus dem Fels geschlagenen Wannen liegen. Die Fahrstraße, die am Ägidikirchlein vorbeizieht, führt zu den hoch- und höchstgelegenen Höfen am SCHLANDERSER SONNENBERG, die weit über 1700 Meter hinaufreichen.

Gegenüber vom Hauptort, jenseits der Etsch, liegt der Weiler **Göflan**, der noch älter als Schlanders ist. Sehenswert sind hier beide gotischen Kirchen: SANKT MARTIN mit schönen Flügelaltären und SANKT WALBURGIS mit seinem in fröhlichen Farben ausgemalten Kreuzrippen-Gewölbe. Weit drinnen, unter dem Kamm der JENNWAND und der ORGELSPITZ (3305 m), befinden sich die GÖFLANER MARMORBRÜCHE, aus denselben tiefen Lagern gespeist wie jene der nahen LAASER BRÜCHE, mit denen sie auch durch eine nicht öffentliche Straße verbunden sind und die die besten Blöcke für große Denkmäler geliefert haben. Die verstreuten Höfe am NÖRDERBERG sind durch ein Netz von meist asphaltierten Zufahrtsstraßen zu erreichen.

In **Vezzan**, das kaum tiefer als Schlanders liegt, beginnen die ersten Weinberge dem Hang ein südliches Gesicht zu geben, ihr Produkt wird allerdings im Volksmund eher mißtrauisch behandelt – obwohl gegen eine gewisse Säure bei einem sonst würzigaromatischen Tropfen nichts einzuwenden ist! Blickt man von der Hauptstraße aus gegen Norden, so wird das Bild beherrscht von dem großen Viereckbau von SCHLOSS GOLDRAIN mit seinen vier runden Ecktürmen in der Umfassungsmauer. Hier ist wenig vom Wehrcharakter mehr zu sehen, das Schloß, um 1475 erbaut, hat im Nordtrakt noch ein spätgotisches Gesicht, während der Südtrakt am Ende des 16. Jahrhunderts ganz im Stil der Renaissance gestaltet wurde, mit einem über drei Fronten laufenden Loggiengang und einer Freitreppe im Innenhof. Das Wappen der *Grafen Hendl,* das Mühlrad, weist auf die Erbauer und langjährigen Besitzer, die in Tirol immer wieder hohe Ämter bekleideten. Heute ist das Schloß in Landesbesitz, wurde vor wenigen Jahren grundlegend renoviert und dient als Kulturzentrum und für Sommerkurse und Tagungen. Einsam in den Obstwiesen liegt die alte PFARRKIRCHE ZUM HEILIGEN LUZIUS, deren Patrozinium auf den Patron von Chur weist, also auf ein hohes Alter. Die Häuser des Ortes **Goldrain** liegen zum Teil an der rechten Etschseite und jenseits der neuen Umfahrungsstraße. Zu beiden Seiten der Straße nach Martell stehen die mittelalterlichen Gebäude von **Schanzen:** links die einst als MOOSBURG bekannte Häusergruppe mit Zinnengiebel und Wandgemälden, rechts die gotische KIRCHE ZU ST. ANNA IN DER SCHANZEN und daneben das alte AMTSHAUS DER GOTTESHAUSRICHTER aus Chur. (Wie erinnerlich, wurden die dem Churer Bischof zugeeigneten Bewohner des Vinschgaus »Gotteshausleute« genannt, während die auf den Besitzungen der Tiroler Grafen Ansässigen die »Herrschaftsleute« waren.)

Beim Blick zurück auf den Sonnenberg sieht man hoch über dem eleganten Schloß Goldrain die feste Burganlage von ANNENBERG stehen. Eine Mauer mit vier Eckrondellen umgibt im Viereck den zentralen Baukörper, bei dem Wohnturm und Palas eng aneinander liegen und die beide erst um 1910 um einen Stock erhöht wurden.

Die Burg war im 13. Jahrhundert von den *Herren von Burgeis-Wangen* erbaut worden und kam kurz in die Hände der *Matscher.* Die *Herren von Annenberg* nahmen die Burg Anfang des 14. Jahrhunderts in Besitz und bauten sie weiter aus. Berühmt wurde *Anton von Annenberg* (1420–1480) durch seine reichhaltige Bibliothek; ein Teil davon ging nach TARANTSBERG und von dort nach OBERMONTANI; dort konnte der Benediktinerpater *Beda Weber* um 1830 um ganze zehn Gulden eine Reihe von alten Handschriften erwerben, unter denen sich eine Pergamenthandschrift des »Nibelungenliedes« aus dem Jahr 1323 befand. Dieses wertvolle Stück befindet sich heute in der Berliner Staatsbibliothek und wird als »Berliner Handschrift« geführt.

Nach Annenberg kommt man nur zu Fuß, da die Güterwege für den öffentlichen Verkehr gesperrt sind; aber ein Spaziergang auf den felsigen Hügel am Rand des tiefen Taleinschnittes des TISSERBACHES ist besonders im Herbst ein Erlebnis, bei dem die karge Natur des Sonnenberges vom Herbstlaub der Kastanienriesen aufgehellt und der Blick von den vielen Schlössern der näheren Umgebung gefangen wird.

Von Goldrain führt in südliche Richtung der Weg nach **Morter**. Von der Straße aus nicht sichtbar, liegt gegen Westen mitten in einer Obstwiese das uralte KIRCHLEIN ZUM HEILIGEN VIGILIUS. Einmalig für unser Land sind ihre drei Rundapsiden, die wie ein Kleeblatt die Ostseite abschließen. Wahrscheinlich wurde das kleine Bauwerk um 1180 von Bischof *Heinrich von Trient* mit Erlaubnis des Churer Bischofs geweiht, ist aber in seinen Ursprüngen älter.

Es steht fest, daß der Vinschgau bestimmt bis 788 zur Diözese Trient gehörte; am 1. Juni 1027 schenkte *Konrad II.* die Grafschaften Vinschgau und Bozen dem Bischof von Trient; davon zeugen Trienter Kirchenpatrone wie *Sisinius* in Laas oder *Vigilius* in Morter. Roschmann (1803) nimmt allerdings an, daß diese Herrschaft sich nur auf kirchliche Belange bezog und »wegen der waffengewaltigen« *Herren von Tirol* nie praktisch ausgeübt worden sei (*Kögl,* in: »La sovranità dei vescovi di Trento«, Trient 1964).

Der kleine Dachreiter für den Glockenstuhl und die urtümliche Bauform stellen das Kirchlein würdig in die Reihe der Vinschger Romanik. Im Inneren sind einige Freskenfragmente aufgedeckt worden.

Der schluchtartige Eingang ins MARTELLTAL wird beherrscht von den beiden Burgruinen UNTER- UND OBERMONTANI. Von der ersteren sind nur mehr einige einsturzgefährdete Mauerreste übrig. Auf dem höheren Felshügel steht noch recht ansehnlich der Bau von OBERMONTANI. Die Burg wurde um 1300 von den *Herren von Montani* erbaut und ging später an die *Grafen Mohr* über, deren Familie erst 1833 ausgestorben ist. Danach verfiel die Burg zusehends und zeigt innerhalb der hohen Mauern noch Bauteile aus der Gotik und Renaissance; die Anlage eines doppelten Palas spricht für geteilte Besitzverhältnisse unter den damaligen Bewohnern. Seit 1937 ist die Ruine im Besitz des italienischen Staates (weshalb auch für das Stephanskirchlein das Denkmalamt von Verona und nicht jenes von Bozen zuständig ist). Ein wahres Juwel unter den Südtiroler Kunstdenkmälern ist diese kleine STEPHANSKIRCHE auf einer Terrasse hart über der Schlucht der PLIMA. Sie wurde wahrscheinlich zugleich mit der Burg Anfang des 13. Jahrhunderts erbaut. Beim Eintreten durch das gotische Portal muß man achtgeben, nicht mit einem unbedachten Schritt nach hinten hundert Meter rückwärts in die Schlucht zu stürzen! Der Innenraum ist annähernd quadratisch mit einem angebauten, rechteckigen Chor. Überwältigt wird der Besucher durch die Fülle der Bilder, die in kräftigen Farben alle Wände bedecken.

Es würde zu weit führen, auf die Einzelheiten und Bildinhalte der überreichen Bemalung näher einzugehen; dazu sei der kleine »Laurinführer« von *Theil* wärmstens empfohlen. Auch ein ungeübtes Auge erkennt die Verschiedenheit der Malstile, die der Verfasser des Büchleins folgendermaßen beschreibt: *Die Bilder an der Süd- und Westwand stammen nicht nur aus einer anderen Zeit als der Zyklus des Stephanmartyriums, sondern gehören auch einem anderen Kulturkreis an. Während die Fresken der Nordwand auf einen etwas verspätet angewandten, höfischen Idealstil der Gotik aus dem oberlombardischen Gebiet zurückgehen, in dem sogar noch Einflüsse der Giottoschule nachwirken, verraten die Gemälde vom Leiden Christi und vom Jüngsten Gericht ihre süddeutsche Herkunft.* Besonders dieses letztere Bild, das fast die ganze Südwand einnimmt, hebt sich durch seine lockere Komposition und die großflächigen Grüntöne aus den benachbarten Bildern hervor. Geteilter Auffassung kann man über die Kritzeleien sein, die zwar zum großen Teil durch ihr Alter (15./16. Jahrhundert) antiquarischen und kulturgeschichtlichen Wert bekommen haben, aber auch zu ganz modernen Nachahmungen, etwa einer »Gerda« jüngsten Datums, verleitet haben, die von der Kultur noch weit entfernt ist.

Auf dem Weg zum Kirchlein steht eine Bank an einen riesigen, mausgrauen Felsblock gelehnt; nur bei näherem Betrachten einiger abgeschlagenen »Wunden« erkennt man darin den reinen Marmor: So verändert sich die Oberfläche aber erst bei jahrhundertelangem Aufenthalt in Wind und Wetter, denn der LAASER MARMOR ist ja gerade durch seine Wetterbeständigkeit bekannt.

Von hier reicht der Blick weit ins MARTELLTAL hinein. Der Felsriegel, auf dem heute Burg und Kirche von Obermontani liegen, muß in vorgeschichtlicher Zeit von den Ausläufern des Hasenöhrls gestürzt sein und den Lauf der Plima, die früher östlich dieses Hügels floß, gegen den anderen Felsen gedrängt haben. Das 3257 Meter hohe HASENÖHRL, das die Bergkette gegen Osten anführt, hat seinen Namen übrigens sicher nicht von dem langohrigen Tier, denn jeder Hase würde dagegen protestieren, seine langen Löffel mit »Öhrl« bezeichnet zu hören! Das Tal hat – nach einem Artikel aus den »Dolomiten« vom 3./4./5. April 1999 – 878 Einwohner und erstreckt sich von einer Seehöhe von 957 Metern bis in die Gletscherregion des CEVEDALE mit 3757 Metern. Seine erste Besiedlung ist aus dem Hochmittelalter bezeugt, und im Jahr 1228 werden bereits 15 Höfe im Tal erwähnt. Es spricht für den Unternehmergeist der Bewohner, daß sie in den letzten Jahren mit dem Anbau von Beerenobst und von »Radicchio«-Salat großen wirtschaftlichen Erfolg erzielen konnten; während dieser rötliche Salat aus der Gegend von Treviso als typisches Wintergemüse gezogen wird, kann das Bergklima von Martell sowohl Salate als auch Erdbeeren zu einem Zeitpunkt auf den Markt werfen, an dem die alten Anbaugebiete längst nicht mehr liefern können. Heute sind immerhin 50 Hektar bis weit hinein in das Tal mit diesen Feldprodukten bepflanzt. Von dem Augenblick an, als der Cevedale und die umliegenden Gletscherriesen das Ziel von immer mehr begeisterten Alpinisten wurden, hat auch der Fremdenverkehr einen starken Aufschwung genommen; so gibt es zur Zeit 25 Betriebe mit

614 Betten. Dabei spielt natürlich die leichte Erreichbarkeit des hintersten Talgrundes bis zu den Schutzhütten eine große Rolle, und dazu hat vor allem die Errichtung eines großen Staubeckens für eine Elektrozentrale beigetragen.

Die Straße muß in ein paar Kehren die steile Stufe bis zum Weiler **Salt** überwinden. Bald darauf wird das Tal weiter, und bei den Häusern des Dorfteiles Gand zweigt eine Straße auf dem westlichen Abhang, wo Kirche und Häuser des Hauptortes **Martell** liegen. Auf den steilen, beinahe schon gegen Süden offenen Wiesenhängen reihen sich alte Höfe bis hinauf zum Steinwandhof auf über 1400 Metern Höhe und Stallwies, der mit 1950 Metern Höhe zu den höchsten Höfen der Alpen überhaupt gehört. Die KIRCHE ZU SANKT WALBURG hat noch eine alte Rundapsis aus romanischer Zeit, ist aber heute ganz neuromanisch umgestaltet.

Viele Häuser von **Gand** sind neu gebaut, weil hier im Jahr 1987 bei einer verheerenden Überschwemmung ein Dutzend Häuser ganz weggeschwemmt und andere schwer beschädigt worden waren. Die Katastrophe hat auch ein gerichtliches Nachspiel gehabt, weil Angestellte des Stausees aus Angst vor einem Dammbruch die Schleusen öffneten und dadurch erst die Wassermassen ungehindert in das Dorf fließen konnten.

Nach einer Engstelle beim Gasthof Hölderle wird es wieder ein wenig weiter und die Straße führt an der WALLFAHRTSKAPELLE MARIA IN DER SCHMELZ vorbei, deren Name an eine frühere Bergwerkstätigkeit erinnert. Dann erreicht man nach einer Reihe von steilen Kehren den großen See. Der im Jahr 1956 neu geschaffene ZUFRITTSEE befindet sich auf 1850 Metern Höhe, und die Straße führt von hier aus noch weiter bis auf über 2000 Meter, wo einst das große Hotel Paradiso viele Gäste angezogen hat, das aber seit den fünfziger Jahren immer mehr zur Ruine wird; ein paar andere Gasthäuser und Schutzhütten bieten aber noch gute Unterkunft. Von hier geht der Weg weiter bis zur FURKELSCHARTE, dem Übergang ins Rabbital. Auf 2498 Metern Höhe stehen noch die Reste des sogenannten »Klösterles«, eines Hospizes für die Benützer dieses hohen Überganges, der aber in alten Zeiten sicher häufig benutzt wurde, als den

Leuten trotz ihrer für unsere Begriffe recht mangelhaften Ausrüstung die steilen Bergwege von vielen Stunden Dauer selbstverständlich schienen.

Der Talschluß von Zufritt mit den weiten Gletscherflächen des CEVEDALE und der vorgelagerten ZUFRITTSPITZE gehört zu den schönsten der ausgedehnten Ortlergruppe; vor allem ist es die leichte Zugänglichkeit dieses herrlichen Tourengebietes auch im Winter, die jedes Jahr viele Bergbegeisterte anlockt. Besonders im Sommer bieten sich auch Übergänge zur Schaubachhütte in Sulden oder zur CASATIHÜTTE am Cevedalepaß, der ins Valfurva und nach Bormio führt.

Nach diesem Abstecher in das interessante Martelltal kommen wir zum großen Marktflecken **Latsch**. Er preist sich heute mit großen Tafeln als »Luftkurort« an, und man sieht dem Dorfbild und seiner Umgebung den Aufschwung an, den er in der letzten Zeit genommen hat. Aber die Bedeutung des Ortes reicht weit zurück in die Vergangenheit, als noch der Weg über Tarsch ins Ultental und weiter auf den Nonsberg viel begangen war und auch das Schnalstal Verbindungen mit dem Ötztal aufrecht hielt. Auch als gewerblicher Mittelpunkt des mittleren Vinschgaus hat sich Latsch lange Zeit behauptet. Aus dieser alten Zeit sieht man noch den Turm der alten BURG LATSCH aus der Häuserzeile nördlich der Hauptstraße ragen: Lange Zeit im Besitz der *Annenberger,* wurde der Bau nach einem Brand völlig umgebaut und läßt im Inneren kaum mehr seine Burgenvergangenheit erkennen. Aus romanischer Zeit stammt auch die PFARRKIRCHE ZU DEN HEILIGEN PETRUS UND PAULUS, aber heute zeigt besonders das prächtige Portal mit den vielen Steinplastiken die Arbeit der Gotik; im Inneren wurde die Kirche dann neugotisch ausgestattet. Das wichtigste Kunstdenkmal in Latsch ist aber ohne Zweifel der große Flügelaltar von *Jörg Lederer* in der Spitalskirche. *Weingartner* bezeichnet ihn als *eines der bedeutendsten Kunstdenkmäler Tirols,* und man braucht nur länger davor zu verweilen, um sich vorbehaltlos diesem Urteil anzuschließen. Lederer stammte aus Kaufbeuren im Allgäu und war von den kunstsinnigen Annenbergern für dieses Werk beauftragt worden. Auch die Malereien am Altar sind süddeutsche Arbeit. Die ganz kleine Kirche, von der Friedhofsmauer umgeben und vom heutigen Altersheim zugänglich, hat noch ihre spätgotischen Steinarbeiten rein bewahrt. (Den Schlüssel kann man sich im Altersheim erbitten, und es kann passieren, daß man von einem geistig und körperlich behinderten, taubstummen »Weibele« zur Kirche geleitet wird.)

Eine dritte gotische Kirche steht am östlichen Ortseingang erhöht über der Straße, die von Papst Johannes XXIII., der im Konzil von Konstanz abgesetzt worden war, im Jahr 1414 geweiht worden sein soll (bei *Rampold*). In dieser UNSERER LIEBEN FRAU AUF DEM BÜHEL gewidmeten KIRCHE kam jüngst eine in den Altar eingebaute, mit Ornamenten versehene Steinstele zum Vorschein, die von einem Menhir aus der Jungsteinzeit stammt! Am entgegengesetzten Teil der langen Durchzugsstraße steht der prächtige ANSITZ MÜHLRAIN, der durch seine rote Farbe, die schön umrahmten Barockfenster und die Erker sofort ins Auge sticht. Dazu gehört die kleine barocke KAPELLE SANKT ANNA, über deren Portal eines der schon in Schlanders bewunderten Medaillons mit einem Marienbild aus weißem Marmor angebracht ist. Der Schöpfer dieser kleinen Kunstwerke ist der aus Martell gebürtige *Gregor Schwenzengast* (1646–1722), dem wir immer wieder im Vinschgau, aber auch im Meraner Raum begegnen.

Am oberen Rand des riesigen Schuttkegels über Latsch liegt **Tarsch**. Hier wirkt der Kontrast zwischen alter und neuer Zeit besonders stark, denn zwischen der Mehrzahl der in jüngster Zeit erbauten und oft der Landschaft wenig angepaßten Wohnhäuser versteckt sich da und dort ein behäbiges, uraltes Bauernhaus; an einem ragt sogar noch der auf behauenen Konsolen ruhende runde Backofen aus der Hauswand. Drei romanische Türme erinnern an die alte Bedeutung des Ortes: jener von SANKT MICHAEL, wo auch in der sonst barock ausgestatteten Kirche noch romanische Fresken aufgedeckt wurden; dann SANKT KARPOPHORUS, 1214 von Friedrich II. dem Deutschen Orden geschenkt, und schließlich SANKT MEDARDUS, das einsam auf der Spitze des Murkegels neben dem alten Bauernhof steht und mit seinem hellen Turm weit über das Tal schaut. Die abgesetzte Rundapsis und der einfache Turm mit den Blendbögen zeigen frühe Romanik. Im Inneren ist kürzlich eine flache Holzdecke eingezogen worden, und Drainage-Arbeiten an der Westwand lassen auf weitere Erhaltung hoffen.

Bei meinem letzten Besuch waren alte und neue Zeit in beeindruckender Weise vereint: Mitten in der offenen Kirche stand der blumengeschmückte Sarg des Bauern auf dem Sammedarn-Hof, dessen Bewohner wohl als einzige das Privileg haben, hier auf die Bestattung zu warten. Leute aus dem Dorf und auch von weit her erwiesen ihm die letzte Ehre. In dem sonst an allen Wänden kahlen Raum mit seinen recht unebenen steinernen Bodenplatten blickte von der linken Bogenwand ein strenger romanischer Christus auf diese Szene von Tod und Leben (über der linken Schulter sieht man eine lineare Vorzeichnung des Kopfes – um 1220).

Wie schon erwähnt, stand hier über einem alten Quellheiligtum ein Hospiz für die Wanderer, die den Weg über die Berge nahmen. Am alten, großen Gebäude nebenan, das deutliche Zeichen des Verfalls zeigt, ist über dem Spitzbogenportal das Malteserkreuz in Stein gehauen; in dem früheren Hospiz wohnt jetzt die Bauernfamilie.

Man sollte schon zu Fuß auf diesem langen, geraden Weg ins Dorf zurückwandern, um einen anschaulichen Eindruck von der einmaligen Struktur des Tales zu bekommen: Von diesem jetzt in regelmäßigen Reihen mit Obst bepflanzten Schuttkegel riesigen Ausmaßes blickt man auf den nächsten dieser Kegel, den der Gadriabach zwischen Allitz und Laas aufgebaut hat und damit das Tal ober Schlanders ein weiteres Mal absperrt; haben diese gewaltigen, im Laufe von Jahrtausenden aus den Seitentälern herbeigeschafften Erdmassen vielleicht auch manche Verheerung angerichtet, so sind sie heute die Grundlage für die Fruchtbarkeit großer Teile des Talbodens.

Nicht nur diese fächerförmigen Schuttkegel prägen das Tal: Auf den meist steilen Hängen zu beiden Seiten des Tals breiten sich immer wieder weite, grüne Wiesenflächen bis nahe unter die Kammlinie aus, darin liegen verstreut alte Bauernhöfe, die Nachkommen der ersten Siedler, die diese Almböden der rauhen Natur abgerungen haben. Vom Talboden aus kaum sichtbar, muß man sie schon von höher oben aus entdecken. So etwa, wenn man mit der Seilbahn von Latsch aus die 1100 Meter Höhenunterschied überwindet und in **Sankt Martin im Kofel** landet. An diesem uralten Wallfahrtsort wird eine Figur des heiligen Martin in einer Felsennische verehrt (daher die Bezeichnung »im Kofel«), über die dann zur Barockzeit eine kleine Kirche gebaut wurde. Ein Vinschger Unternehmer hat sich daneben eine recht eigenwillige Aussichtswarte mit viel Glas gebaut, von der aus er diesen vielleicht schönsten Blick über Berge und Tal genießen kann. Einfacher geben es die Bauern von **Egg** und von **Vorra**, zu denen man jetzt auch auf fahrbaren Wegen in weniger als einer Stunde gelangt; diese Höfe liegen zusammengebacken wie Schwalbennester auf den steilen Hängen über den letzten Lärchen. In Egg kann man auch im Spätherbst an der Sonne sitzen und bekommt von der jungen Wirtin köstliche Tiroler Gerichte und einen guten Roten, der ja bekanntlich in der Höhe viel besser sein Aroma entfaltet. Und auch den Kindern sieht man an, daß sie in dieser Höhenluft gut gedeihen.

Von der Höhenstraße nach Sankt Martin aus kommt man in östlicher Richtung zum Weiler **Platz** mit einer geheimnisvollen SEBASTIANSKAPELLE, der zwar das Dach fehlt, aber deren Lage und Untergrund weit in die Vorzeit schauen. Höher oben liegt noch das Dutzend alter Höfe von **Trumsberg**. Auf der gegenüberliegenden Talseite kann man die Einzelsiedlungen von **Freiberg** und, weiter im Osten, von **Tomberg** sehen, die auf der gleichen Höhe von 1200 bis 1500 Metern liegen, deren steile und ausgedehnte Wiesen an der Nörderseite mehr Regen abbekommen – aber trotzdem werden auch auf dieser Höhe die Wiesen künstlich bewässert, denn die Wasserzufuhr durch Waale ist auch hier vielfach abgekommen.

Wieder einmal wird die Etsch durch einen Schuttkegel gezwungen, auszuweichen, und fließt ungezähmt durch die LATSCHANDER-SCHLUCHT in einer tiefen Felsrinne dem Dorf **Kastelbell** zu, wo der Felsen, auf dem die Burg steht, sich so über Straße und Fluß beugt, daß man das Gefühl hat, man müsse den Kopf einziehen, um nicht anzustoßen. Wie bei kaum einer anderen Südtiroler Burg, scheint hier der Bau aus dem rötlichen Fels herauszuwachsen, dessen bewegtem Profil die Mauern folgen, ohne Lot und Wasserwaage.

Erbaut zu Beginn des 13. Jahrhunderts, kam die Burg um 1531 in den Besitz der *Grafen Hendl,* die damals in Tirol eine bedeutende Rolle spielten und deren Mühlrad-Wappen nicht nur verbreitet im Vinschgau, sondern selbst auf Schloß Maretsch in Bozen zu finden ist. Durch einen Brand Anfang des 19. Jahrhunderts stark mitgenommen, wurde es notdürftig zu Wohnzwecken wieder hergerichtet. Das Schloß ist 1960 in Staatsbesitz übergegangen, die letzte Gräfin Hendl, eine bescheidene alte Dame, starb erst im Jahr 1999. Im März 1999 bildete sich das einheimische »Kuratorium Schloß Kastelbell«, das das inzwischen vorbildlich restaurierte Gebäude für vorläufig neun Jahre vom Staat in Konzession bekommen hat und es zu kulturellen Zwecken nutzen will.

Im Dorf selbst, das sich mit vielen, auch modernen Bauten über dem Abhang ausbreitet, ist als alter Ansitz das KOFELGUT zu erwähnen, das sich an die Felsen des Sonnenbergs anlehnt und wo die *Familie Pohl* eine kleine Weinkellerei betreibt, deren Produkte alle jene Lästerer Lügen strafen, die den Vinschger Weinen Schlechtes nachsagen. Im anschließenden Weiler **Galsaun** steht ganz oben das sogenannte SCHLOSS KASTEN, ehemals ein Kornkasten der darüberliegenden, jetzt gänzlich verfallenen BURG HOCHGALSAUN. Neben dem hohen, strengen Gebäude steht eine lustige kleine Kapelle mit einem engen Zinnengiebel, aus dessen Mitte ein Türmchen schaut.

Jenseits der Etsch liegt der Weiler **Marein** mit seiner alten und neuen Kirche mit ihrem pfeilspitzen Turm und weiter oben **Latschinig** mit einigen schönen, alten Bauten. Von hier führt die Straße mit vielen Kehren auf die verstreut liegenden Höfe von Freiberg mit ihren ausgedehnten, steilen Wiesenflächen. Östlich davon und in ähnlicher Lage die Höfe von Tomberg.

Die schöne Kirche von **Tschars** schaut mit ihrem Zwiebelturm weit von der Höhe ins Tal. Hier haben sich vor dem gotischen Neubau aus dem 16. Jahrhundert romanische Baureste und ein paar Fresken erhalten, und der Barock hat dann nicht nur dem Turm, sondern auch dem Inneren sein unverwechselbares Gesicht verliehen. Ein paar beachtliche Bauten aus vergangenen Jahrhunderten verschönern das Dorfbild, das heute meist aus Neubauten besteht. Von **Staben**, wo die Straße mit einer gefährlichen Engstelle das romanische Kirchlein bedroht, geht eine Abzweigung nach dem Dörfchen **Tabland** am oberen Rand eines der kleineren Schwemmkegel inmitten fruchtbarer Obstwiesen und ein beliebter Erholungsort.

Wandervorschlag: Es gäbe am Nörderberg zwischen den Höfen von Tomberg und Freiberg eine Reihe von geruhsamen Wanderungen, aber auch schöne Aufstiege auf die Tablander oder Latschiniger Alm. Ich will hier aber nur einen Spaziergang vorschlagen, der von den obersten Höfen von Tschars einen noch betriebenen Waal entlang bis nach Juval führt; eine Stunde lang geht man beinahe eben durch lockeren Föhrenwald und über die freien Flanken des trockenen Sonnenbergs, neben dem leise murmelnden Wasser, und genießt die Weitsicht von den gletschergekrönten Bergen bis zu den fruchtbaren Obstgärten der Talsohle. Beim Sonnenhof verläßt dann der Steig die Wasserrinne und zieht durch eine Landschaft aus dunklen Felsen zum Schloß hinauf; selten habe ich noch eine solche Menge von Osterglocken (für die Deutschen: »Küchenschellen«) gesehen, wie auf einer der kleinen Wiesen zwischen den Felsmauern! Der Waalweg könnte dann weiter begangen werden bis nach Rateis im Schnalstal.

Auf einem weit vorgelagerten Felssporn liegt 400 Meter über dem Tal der langgestreckte Bau von SCHLOSS JUVAL. Wie so viele andere alte Burgen des Landes hat auch diese in fast unübersehbarer Folge die Besitzer gewechselt, war dem Verfall preisgegeben, seiner Einrichtung entkleidet, bis es 1984 vom Extrembergsteiger *Reinhold Messner* erworben und grundlegend saniert wurde. Ein gewagtes, aber nicht störendes Glasdach überdeckt einen Hof gegen Norden. Tibetische Buddhas und bronzene Tierfiguren säumen den Weg zum Schloß und scheinen sich auch in der Bergwelt Südtirols wohl zu fühlen; dasselbe kann man von den durchaus lebendigen Lamas sagen, die die Wiesen zu Füßen des Schloßhügels abweiden. Beim Schloßwirt, der weiter unten am Waalweg liegt, veranstaltet der rührige Wirt regelmäßig musikalische oder literarische Abende, damit neben der Verköstigung des Leibes auch der Geist nicht zu kurz komme.

Mit einer engen und tiefen Felsklamm mündet direkt unter dem Schloß das lange SCHNALSTAL in den flachen Talboden. Überhängende Felsen begleiten anfangs die Straße, neben der nur noch der in der Tiefe rauschende Bach Platz hat. Die Felswände zu beiden Seiten scheinen wie mit einem Riesenmeißel kantig aus dem Hang geschlagen, trotzdem siedelt sich auf kleinsten Flächen immer wieder Grün an. Es ist verständlich, daß in früheren Jahrhunderten der Zugang ins Tal über Juval im Westen und über die Höfe von Fuchsberg im Osten erfolgte. Erst nach **Rateis** beginnt sich das Tal etwas aufzutun und dann säumen den Weg Wälder und Wiesen, auf denen in Gruppen die dunkelbraunen, alten Bauernhöfe stehen. Man könnte erwarten, daß sich in einem so lange abgeschlossenen Seitental die Bevölkerung in Inzucht langsam verbraucht habe; aber das Gegenteil ist der Fall: Aus kaum einem anderen unserer Alpentäler sind im Vergleich mit der geringen Einwohnerzahl so viele Talente hervorgegangen, begnadete Bildhauer, Schriftsteller, Gelehrte. Viele der uns bekannten Namen tragen noch den Namen des Hofes ihrer Herkunft, so die Tappeiner, die Ladurner, die Gurschler und die Rainer, die Tumler oder die Raffeiner, und viele aus den meist sehr kinderreichen Familien sind ausgezogen und haben ihr Geschlecht über das ganze Land und auch noch darüber hinaus weiterleben lassen. Das Schnalstal hat im großen und ganzen sein altes, gediegenes Gesicht bewahrt. Hier gibt es noch die meisten Erbhöfe vom ganzen Land; neben dem Haupterwerb aus Wald, Weide und Stall gewinnt der Fremdenverkehr immer mehr an Bedeutung, dessen unschöne Auswüchse sich bisher nur im hintersten Talabschnitt bei Kurzras breitgemacht haben. Viele der von unten aus unerreichbar scheinenden Höfe in höchster Höhe sind jetzt durch Zufahrtsstraßen erschlossen, und in den Hauptorten überwiegen die neu gebauten Häuser bei weitem die alten.

Bald nach den ersten Häusern von Altrateis hebt sich auf einer weit ins Tal vorgeschobenen Terrasse die Kirche von **Katharinaberg** hoch droben gegen den Himmel ab; auf guter Straße erreicht man den Ort, wo die Kirche den höchsten und am weitesten gegen den Abgrund vorgeschobenen Platz einnimmt. Ein paar alte Häuser erinnern noch an frühere Zeiten, denn seit kurzem ist hier eine Siedlung aus neuen Bauten in einheitlichem, nicht ungefälligem Stil entstanden, laut Aussagen eines Dorfbewohners wohnen hier nur Einheimische, und vor zehn Jahren sei noch keines der neuen Häuser gestanden! Zwei stattliche Gasthäuser und eine Reihe von Fremdenzimmern sorgen für die vielen Besucher und Touristen, die von hier aus den langen, aber beeindruckenden MERANER HÖHENWEG antreten, der über die Höfe vom Fuchsberg und weiter unter dem TSCHIGAT und der RÖTELSPITZE zum Hochganghaus und zu den Muthöfen ober Dorf Tirol führt. Bis zum Kopfronhof kommt man jetzt vom Tal aus auf einer guten Fahrstraße, außerdem auch über eine kleine Seilbahn für die Gäste dieses beliebten Ausflugszieles. Auf immer abwechslungsreichem Steig hart am Abgrund über der tiefen Schlucht erreicht man dann die Höfe Inner-Unterstein und Patleid, wo beim Linthof die Zufahrtsstraße von Naturns endet. Auf dem ganzen Wegverlauf liegt der mittlere und untere Vinschgau tief zu Füßen, und die Kette vom Vigiljoch über Peilstein, Hasenöhrl und Laaser Spitz setzt sich fort bis zu den höchsten Ortler-Vorbergen.

Bei **Karthaus** schlägt das Tal eine beinahe ostwestliche Richtung ein. Das Dorf liegt erhöht auf der rechten Bachseite, auf 1327 Metern Seehöhe. Hier gründete *Heinrich*, der Sohn *Meinhards II.*, 1326 ein KARTÄUSERKLOSTER und die SCHNALSBURG, die auf dem heutigen Kirchhügel von Katharinaberg stand. ALLERENGELBERG war der schöne Name dieser Klostergemeinschaft, die dann allerdings den radikalen Kürzungsmaßnahmen eines *Joseph II.* weichen mußte und zum Teil auch in Wohnungen für die Bauern umgestaltet wurde. Es ist aber immer noch die große Umfriedungsmauer zu sehen, und im Inneren wurden ein Teil des Kreuzganges und einige Zellen wieder der Öffentlichkeit zugänglich gemacht und für kulturelle Ereignisse, wie Ausstellungen, zur Verfügung gestellt. Das Dorf Karthaus ist zum großen Teil 1924 einem verheerenden Brand zum Opfer gefallen, so daß die Bausubstanz heute fast nur mehr neue Züge trägt.

Bald darauf mündet an der rechten Talseite das PFOSSENTAL mit einer steilen Stufe in das Haupttal. Eine gute Straße überwindet diesen Sprung mit Steigungen bis zu 20%, kommt an den Höfen von Tuml und von Nassereith bis zur Häusergruppe von Vorderkaser auf fast 1700 Metern, und dort endet die Fahrstraße. Das Tal ist V-förmig tief eingeschnitten, die Flanken sind durchwegs mit Lärchen bestanden, unterbrochen durch große Block- und Schutthalden dunklen Gesteins, düster und wenig einladend. Erst von Vorderkaser an wird es grüner, nimmt bald eine westöstliche Richtung ein und führt in geringerer Steigung bis zum letzten bewirtschafteten Hof am EISJÖCHL. Das Tal ist bekannt wegen seines Wildreichtums, besonders an Gemsen. Vom Eisjöchl führt der Übergang ins Tal von Pfelders.

Nach einer Fahrt durch weite Wiesenflächen sieht man dann links Kirche und Häuser vom Hauptort des Tales liegen. **Unser Frau in Schnals** ist ein uralter Wallfahrtsort; die kleine, dunkle Madonnenstatue aus Olivenholz steht in einem Glasschrein am linken Seitenaltar. Sie kam um 1300 wahrscheinlich durch einen Jerusalempilger auf weiß Gott welchen Umwegen hierher; Legenden umwoben das Ereignis, und bald begann der Strom der Pilger das einsame Tal zu bevölkern. Die Kirche aus gotischer Zeit ist barock umgestaltet worden und hat einen schönen Hauptaltar in diesem Stil. An der Friedhofsmauer kann man ein kraftvolles Bronzerelief eines Letzten Gerichts aus der Hand von *Friedrich Gurschler* bewundern, der, wie sein Altersgenosse *Martin Rainer,* hier seine Heimat hat. Am Waldrand fällt der originelle Bau des Schießstandes auf, der wie eine herrschaftliche Jägervilla anmutet.

Nun sperrt ein großer, grüner Wall das Tal ab, und an seinem gerade abgeschnittenen oberen Rand erkennt man, daß es sich um den Staudamm des VERNAGTSEES handelt. Die Gruppe von zum Teil noch alten Häusern und zwei Gaststätten bildet den Weiler **Vernagt**, dessen restliche Behausungen am Grund des großen Sees liegen. Das Wasser fließt durch eine Druckleitung (man sieht sie im Pfossental kurz an die Oberfläche kommen) bis zum E-Werk von Naturns. In Vernagt mündet das TISENTAL, das jetzt durch den Fund der Gletscherleiche auf dem TISENJOCH zu großer Bekanntheit gekommen ist. Ein interessanter und – wenn der See voll ist – auch landschaftlich schöner

Spaziergang führt über den Tisenhof (mit Gastwirtschaft) zur Gruppe der Rafeinhöfe auf 1880 Metern und weiter zum höchstgelegenen Hof nicht nur des ganzen Tales, sondern wohl der ganzen Ostalpen, zum Finailhof auf 1982 Metern Höhe. Hier soll sich *Herzog Friedl mit der leeren Tasche* im Jahr 1416 auf seiner Flucht vor dem *Kaiser Sigmund* eine Zeitlang versteckt haben – er ist sicher durch das Ötztal über das NIEDERJOCH oder das FINAILJOCH gekommen. Über das Niederjoch (oder HAUSLABJOCH) ziehen alljährlich noch die langen Schafherden durch Schnee und Eis auf die Almgebiete ins Ötztal.

Kurzras im Talschluß unter den steil aufragenden Gletscherbergen ist mit seinen Hotels, den Seilbahn- und Liftstationen zu einem Fremdkörper in dieser einmaligen Berglandschaft geworden; nur der beinahe schwarze Holzbau des alten Kurz-Hofes erinnert an die hier früher einsam hausenden Bergbauern. Vom wirtschaftlichen Standpunkt allerdings hat dieses Skiparadies mit ganzjährigem Pistenbetrieb auf den Gletschern dem Tal zu einem nicht zu unterschätzenden Aufschwung verholfen, weil viele Arbeitskräfte hier eine Anstellung gefunden haben und die Skitouristen auch das übrige Tal kennenlernen.

Wandervorschlag: Aus den zahllosen Möglichkeiten für Wanderungen und Gletschertouren (vor allem der Besteigung des SIMILAUN) möchte ich nur eine nennen, die auf den KORTSCHER SCHAFBERG (3103 m) führt. Man steigt von Kurzras in südlicher Richtung auf dem Weg Nr. 4 durch den Wald und kommt bald in das weite LAGAUNTAL, das der Bach weitum mit Geröll aufgeschüttet hat; der Bach kann von Stein zu Stein übersprungen oder auf einer etwas tiefer liegenden Brücke überquert werden (dort trifft der Weg Nr. 5 auf unsere Spur). Steiler geht es dann über Schieferhalden zum Taschljöchl (2772 m), wo nur mehr die Grundmauern der abgebrannten HEILBRONNER HÜTTE stehen. Leicht abwärts kommt man zu zwei kleinen Seen und von dort steil auf den Gipfel, der über dem Schlandrauntal schon auf dem Kamm zum Vinschgau liegt.

Kurz nach der Einmündung des Schnalstales sind wir in **Naturns** angekommen, dem vielleicht am meisten durch den Fremdenverkehr gezeichneten Ort des ganzen Vinschgaus. Seit ungefähr zwanzig Jahren hat die Gemeinde durch eine Reihe von Neubauten ein modernes Gesicht bekommen; im Jahr 1996 hat sie dafür den »Europäischen Dorferneuerungspreis« bekommen. Es sind hier wohl das deutlich wärmere Klima, schon jenes von Meran nahe, und es sind die vielen Wandermöglichkeiten über die Waalwege und Höhenwege des Sonnenbergs – und allen voran das Juwel des PROKULUS-KIRCHLEINS – die Gründe, weshalb jährlich so viele Gäste hauptsächlich aus deutschen Landen herfinden. In der Ebene zwischen Straße und Etsch liegen neue Siedlungen und kleinere Industriebetriebe; am Hang und an der Durchzugsstraße steht noch manches alte Haus. Darüber thront das Schloß HOCHNATURNS, im 13. Jahrhundert erbaut und heute das Resultat nicht immer glücklicher Umbauten der vergangenen Jahrhunderte. Größter Anziehungspunkt der ganzen Gegend aber ist das von außen so unscheinbare Kirchlein zum heiligen Prokulus, das inmitten von Obstwiesen am östlichen Dorfrand liegt. Seine Fresken aus dem 7. Jahrhundert (zwischen 620 und 640, also aus der Zeit des Kirchenbaues) sind die ältesten Wandmalereien im gesamten deutschen Sprachraum. Gegen Ende der achtziger Jahre wurden archäologische Grabungen vorgenommen, die Kirche aller späteren Zutaten entkleidet und die Fresken restauriert bzw. gefestigt. Vom Frühling ab steht der Kirchenraum meist offen, und gegen eine geringe Bezahlung kann er besichtigt werden. Der so oft abgebildete Heilige (wahrscheinlich St. Prokulus selbst) auf seiner »Schaukel«, auf der er über die Stadtmauer hinabgelassen wird, die Herde von Ochsen an der Westwand, die vergeistigten Engel, die den Triumphbogen säumen, tauchen den Betrachter in die Geheimnisse einer längst vergangenen Welt, die zu entziffern wohl nie ganz gelingen wird. Beste Auskunft (neben kleineren Heftchen) gibt der Band »Sankt Prokulus/Naturns, Archäologie – Wandmalerei«, herausgegeben vom Denkmalamt Bozen im Jahr 1990.

Vom Dorf **Plaus** mit einer gotischen Kirche mit besonders hübschem Netzgewölbe im Chor kommt man, wieder in westlicher Richtung, zur großen Burg TARANTSBERG am untersten Abhang des Nörderberges. *Franz Adam zu Brandis* sagt in seinem »Ehrenkränzel« aus dem Jahr 1678: *Schloß Dornsperg oder Tarantsperg in Vintschgey von dennen Taranten / an. 1217 erbaut / und Dornsperg genannt / kaufft an. 1295 Hertzog Otto von*

Meran / von wellichen es an. 1357 H. Heinrich von Annenberg erlangt. Im tiefen Wald auf einem nicht besonders geschützten Felsvorsprung gelegen, ist die Burg nach langer Verwahrlosung von seinem jetzigen Besitzer in vorbildlicher Weise restauriert worden. Wir sehen hier einen Torturm, eine Vorburg, einen kleinen Zwinger und den niederen Bergfried neben dem Palas. Der Loggienumgang im Hof ist wohl eine in den meisten Südtiroler Burgen nachgeahmte Modeerscheinung aus der Renaissance.

Das nächste Dorf **Rabland** hat ein eng geschlossenes Ortsbild und beherbergt heute mehr Gäste als Einheimische! Dem schönen, behäbigen Bau des »Hanswirtes« und der daneben stehenden gotischen Kirche steht am anderen Dorfende ein »spätest-romantisches« Hotel gegenüber, dessen äußere Gestalt aber nichts über die innere Güte aussagt. Gleich darauf sieht man auf dem Schwemmkegel des ZIELBACHES den Kirchturm und die Häuser von **Partschins** liegen. Das große Dorf, zu dessen Gemeindebezirk auch **Rabland, Tabland** im Zieltal, **Vertigen, Töll** und **Quadrat** gehören, ist bei den Historikern bekannt durch den Fund eines gut erhaltenen römischen Grabsteins, der hart an der vorbeiziehenden VIA CLAUDIA AUGUSTA dem jungen *Eutropius* gesetzt worden war. Das Mittelalter ist vertreten durch drei schloßähnliche Herrensitze: die STACHELBURG im Dorfzentrum, mit einer hohen Mauer umgeben, aus der der wuchtige Viereckturm ragt. Das Marmormedaillon über dem Tor ist wieder ein Werk des schon genannten *Gregor Schwenzengast* aus Schlanders. Wenig weiter östlich liegt unter der Straße SPAUREGG, an dem ein runder und ein viereckiger Turm noch an die erste Bauperiode erinnern, während das Haus später des öfteren umgebaut wurde. Der Park mit seinen uralten Bäumen bildet eine edle, grüne Insel in der Dorfmitte. Als drittes Bauwerk aus der Zeit des 13. Jahrhunderts ist der GAUDENTENTURM zu nennen, der ebenfalls ursprünglich im Besitz der schon längst ausgestorbenen *Herren von Partschins* war. Der Name, ähnlich dem Fröhlichsturm in Mals, könnte daran denken lassen, daß sich im Vinschgau viele lebenslustige Herren aufgehalten hätten; aber die »Gaudenten« waren nicht »Genießer«, sondern waren nach einem *Gaudenz von Partschins* benannt, und der Turm in Mals gehörte einer Familie namens Fröhlich. Auch in der neueren Zeit hat Partschins einen großen, wenn auch lange verkannten Sohn aufzuweisen, nämlich *Peter Mitterhofer,* den Erfinder der ersten Schreibmaschine.

Der 1822 geborene Sohn eines Tischlermeisters war seit früher Jugend ein begabter Bastler. Nach drei Lehrjahren, die ihn durch ganz Europa führten, kehrte er nach Hause zurück, wurde dort aber wegen seines eigenbrötlerischen Wesens als »Spinner« gemieden. So baute er für seine lange bettlägerige Frau eine mechanische Waschmaschine. Nebenher verdiente er sich ein paar Groschen mit Singen und Spielen in Wirtshäusern. Von den immer weiter verbesserten Modellen für die Schreibmaschine – zuerst fast gänzlich aus Holz, später mit immer mehr Metallteilen – brachte er das dritte auf dem Rücken zu Fuß nach Wien, wo ihm der Kaiser gnädigst 200 Gulden als Anerkennung gab, während das Modell im Technischen Museum verschwand. Vier Jahre später, im Jahr 1867, ließ der Waffenfabrikant Remington in Amerika die »erste« Schreibmaschine patentieren, nachdem einer seiner Angestellten im Polytechnikum in Wien das Vinschger Modell studiert hatte! Mitterhofer starb 1893 arm und verkannt. Der Bildhauer *Friedrich Gurschler* hat ihm eine Bronzebüste verfertigt, die am Platz westlich der Kirche an den berühmtesten Sohn von Partschins erinnert (aus dem Südtiroler Gebietsführer »Untervinschgau« von *Giovanna Koch,* Athesia 1982).

Ein empfehlenswerter Ausflug von Partschins führt in das enge ZIELTAL, das unter dem ersten Dreitausender, der ZIELSPITZE (3006 m), herauskommt. Bis zum mächtigen Wasserfall kann man auch mit dem Auto fahren. Von hier aus gelangt man auch sehr steil auf den schon genannten MERANER HÖHENWEG, einfacher mit Hilfe einer der kleinen Seilbahnen, die auf manchen hochgelegenen Hof führen, wo auch immer wieder Speis und Trank angeboten werden. Von der Zielspitze zieht der scharfe, rötliche Kamm jenseits des Zieltales über den Tschigat (2999 m) zur Rötelspitze, unter der das vielbesuchte Hochganghaus liegt, bis zur Mutspitze über Dorf Tirol.

Gegenüber der Abzweigung nach Partschins führt eine Straße zu den Höfen von Quadrat, über denen heute noch Marmor abgebaut wird. Hoch darüber, schon auf 1354 Metern, liegt der Weiler **Aschbach**, der auch durch eine Seilbahn zu erreichen ist. Eine kleine KIRCHE ZU MARIA SCHNEE, ein paar

Gasthäuser und vor allem der beherrschende Fernblick weit in den Vinschgau hinauf lassen diesen Ort zu einem beliebten Ausflugsziel werden. Aschbach gehört, seltsamerweise, zur Gemeinde Algund.

Die **Töll** – der Name kommt vom lateinischen »teloneum« = Zoll – besteht aus ein paar Gasthäusern, einer kleinen, gotischen Kirche, einem großen, musterhaften Keramikbetrieb für Kunstkeramik und Fliesen und einem weitum staubenden Kalkwerk. Ein kleines Staubecken sammelt das Wasser für ein E-Werk im Tal. Wie der Name sagt, lag hier an diesem obligaten Durchlaß schon zu Römerzeiten eine Zollstation. Hier endet der Vinschgau, und das Tal fällt rund 200 Meter in das warme Meraner Becken. Was nicht zu Ende ist, das ist die Wechselwirkung der vom Süden kommenden römischen Durchwanderung mit den einige Jahrhunderte später aus Sankt Gallen und Irland stammenden so bemerkenswerten künstlerischen Zeugnissen, die von den Karolingern fortgesetzt wurde. Die frühe Romanik von Dorf Tirol, von Gratsch oder von der Zenoburg hat den Weg über den Vinschgau genommen; hier ist auch die ursprüngliche romanische Bevölkerung mit den späteren alemannischen und bajuwarischen Einwanderern zusammengetroffen und hat daraus einen besonders begabten und tüchtigen Volksstamm geschaffen.

Das Passeier

Das Tal der Passer, oder, wie es im Land gewöhnlich genannt wird, das Passeier, gehört geschichtlich eigentlich zum Burggrafenamt, soll aber hier gesondert behandelt werden, und zwar, dem allgemeinen Plan des Buches folgend, vom Ursprung am Ötztaler Hauptkamm bis in das Becken von Meran. Frühere Landesbeschreibungen lassen das Tal für gewöhnlich bei Riffian beginnen (oder enden), so daß Kuens und Schenna schon zum engeren Burggrafenamt zählen, obwohl sie noch am Unterlauf der Passer liegen. Das Tal gliedert sich in zwei voneinander völlig verschiedene Abschnitte: Das Unterpasseier mit den hauptsächlichen Siedlungen, wo der warme Lufthauch der Meraner Talsohle noch bis Sankt Leonhard die letzten Kastanien reifen läßt, und das Hinterpasseier, ein Hochtal von alpinem Charakter, eingezwängt zwischen steilen Felswänden zu Beginn, dann sich öffnend zu lieblichen Wiesenmulden und aufsteigend am Ende über graue Schieferhalden zur Staatsgrenze und Wasserscheide am Timmelsjoch. Dort wollen wir unseren Streifzug auch beginnen.

Das Timmelsjoch ist mit seiner Höhe von 2491 Metern der dritthöchste Paß der Ostalpen und ist den Winter über geschlossen. Seit 1968 führt, nach lange hinausgezögerter Bauzeit, eine gute Straße herauf, die gegen das Ötztal hin noch breiter wird. An einem klaren Tag ist diese Fahrt nach Nordtirol über eine wenig befahrene Grenze ein herrliches Bergerlebnis, zwar länger als die üblichen Wege, aber in reinerer Höhenluft und ohne luftverpestenden Stau! Die vielen Kehren sind in den glänzenden Glimmerschiefer geschlagen, schönste Alpenflora säumt die Straße, und der Blick auf die nahen Gletscher der Texelgruppe und der Ötztaler Berge schafft immer neue Perspektiven. Schon im Mittelalter und bestimmt auch früher wurde dieses Joch gerne als Übergang für Saumlasten benutzt, und heute noch werden alten Weiderechten gemäß Schafe auf Gründe jenseits der Grenze geführt.

Kurz nach dem Gasthof Saltnuss auf ungefähr 1700 Metern Höhe zweigt in einer Kehre und den Bach entlang der Weg auf den Schneeberg ab, zum ausgedehnten Bergbaugebiet, das schon im Kapitel des oberen Eisacktales besprochen wurde; für das Passeier hat dieser wichtige Abbau von Silber und Blei nie eine große Bedeutung gehabt, weil das Erz immer gegen das Ridnauntal befördert wurde. Der Zugang zu Fuß ist aber von hier aus viel bequemer, da man in weniger als zwei Stunden bei den Häusern von **Sankt Martin** ist.

Tief im Talboden liegen die Höfe von **Rabenstein,** und dort führt auch, den Bach entlang, der Europäische Fernwanderweg Nr. 5 vorbei, der dann ebenfalls das Timmelsjoch erreicht.

Im Jahr 1401 brach hier ein großer Teil des Gspellerberges herunter und schloß das ganze Tal dermaßen ab, daß ein großer See entstand. Dieses aufgestaute Wasser entleerte sich zum ersten Mal im Jahr 1419 und richtete in Meran riesige Verwüstungen an; ähnliche Ausbrüche des Sees wiederholten sich in den folgenden Jahrhunderten, zerstörten auch in Meran immer wieder die Stadtmauer, das Spital und viele Häuser. Der letzte und verheerendste dieser Ausbrüche geschah im Oktober 1744. Seitdem ist der See leer, und die Gefahr scheint gebannt (*Beda Weber:* »Das Thal Passeier«, Innsbruck 1852). Übriggeblieben sind Namen wie »Hintersee« für Rabenstein oder das »Seewirtshaus«.

Nach einigen steilen Kehren sind wir in **Moos**, das nur mehr auf 1000 Metern Höhe liegt und sich auf beiden Seiten des Baches unter den Felswänden ausbreitet. Die ursprünglich gotische, zweischiffige Kirche trägt heute barocke Züge. Von hier führt auch eine Straße zu den Höfen von **Stuls** am steilen Sonnenhang, und ein alter Saumweg geht weiter über die Höfe von **Gleiten** bis nach **Walten** an der Jaufenstraße. Diese alten Querverbindungen vom Jaufen einerseits und von Pfelders andererseits trafen sich hier in Moos, am gemeinsamen Ausgangspunkt für die Weiterfahrt ins Ötztal. Hier mündet mit einer Steilstufe und einem mächtigen Wasserfall auch das Hochtal von Pfelders, an dessen Ausgang auf einer Terrasse Kirche und Höfe von **Platt** heruntergrüßen. Diese Kirche auf dem von Gletschern abgeschliffenen Felshügel wurde im vorigen Jahrhundert vom Blitz zerstört und in neuromanischen Formen wieder aufgebaut. Nach **Pfelders** kommt man durch ein von

Wald und steilen Wiesen gesäumtes Tal, vorbei an alten Höfegruppen, und hat zur Rechten die abweisend steile, von Felsen durchsetzte Wand, aus der immer wieder kleine Wasserfälle stürzen. Der Ort im hintersten Talgrund ist jetzt durch den Bau einiger Skilifts und mit einer Reihe von Hotels und Gaststätten zu einem Geheimtip für Skifahrer und Sommerfrischler geworden, die eine noch unverdorbene Landschaft in der Abgeschiedenheit einer grandiosen Bergwelt suchen. HOHE WILDE und HOHE WEISSE, beide weit über 3000 Meter, bilden den Hintergrund, und Übergänge führen sowohl in das SPRONSER TAL gegen Süden als auch über die STETTINER HÜTTE am Eisjöchl in das Pfossental und nach Schnals.

Beim Hauptort des Tales, in **Sankt Leonhard**, nimmt der Fluß und mit ihm das Tal in einem rechtwinkligen Knick den Weg nach Süden. Und aus dieser Richtung kommen auch schon die ersten wärmeren Winde. Sankt Leonhard liegt nur mehr kaum 700 Meter hoch, hier erreicht die Straße vom Jaufenpaß zusammen mit dem WALTENBACH den Talboden. Hier am Beginn der Steigung über die Pässe lag früher eine bedeutende Post- und Verladestation, wohl auch Raststation für Mensch und Tier. Die meist aus jüngster Zeit stammenden Gebäude scharen sich eng um die beiden Bäche; einige ältere Gebäude stehen noch auf der Ostseite. Auf einem waldigen Hügel im Norden der Siedlung stehen noch die spärlichen Reste der alten JAUFENBURG, die einst über diese Weggabelung wachte. Nur mehr der vor kurzem neu gedeckte Bergfried erinnert an frühere Macht. Im 13. Jahrhundert Besitz der *Herren von Passeier,* ging die Burg später an das immer mächtiger werdende Geschlecht der *Herren und späteren Grafen von Fuchs,* bis sie dann nach dem Tod des letzten Namenträgers zu Beginn des 19. Jahrhunderts in bäuerliche Hände fiel.

Auf dem Weg zum Jaufenpaß liegt der kleine Weiler **Walten**, der hauptsächlich aus verstreuten Höfen besteht; nahe der Straße liegen ein barockes Kirchlein und ein paar Gaststätten. Der JAUFENPASS ist mit seinen 2091 Metern Höhe ein bequemer und vor allem kurzer Übergang von Meran nach Sterzing, die Fahrt bietet schöne Ausblicke und bildet besonders an Sommer-

Wochenenden mit heillos überfüllten Talstraßen eine angenehme Alternative zur Route über das Eisacktal.

Noch im Gemeindegebiet von Sankt Leonhard liegt der SANDHOF, wo im Jahr 1767 Andreas Hofer geboren wurde und nach dem frühen Tod seiner Eltern das Gasthaus übernahm. Er betätigte sich bald auch als Roßhändler und Branntweineinkäufer und kam so im ganzen Land herum, wo er bald eine beliebte und angesehene Persönlichkeit wurde. Schon in den Jahren 1796 und 1805 nahm er an den Kämpfen gegen die Franzosen teil. Nach den als bekannt vorausgesetzten Ereignissen im Jahr 1809 mußte er sich auf der PFANDLERALM oberhalb von Sankt Martin verstecken und wurde dann durch Verrat den Franzosen ausgeliefert. Der Sandhof wurde nach dem Wiener Kongreß vom österreichischen Kaiser erworben und dem Sohn Andreas Hofers zum Lehen gegeben. Heute ist er im Besitz der Tiroler Adelsmatrikel, und es wurde ein kleines Museum eingerichtet mit allerhand persönlichen Erinnerungsstücken an den großen Tiroler Freiheitshelden.

Zur rechten Seite der Passer liegt wenig flußabwärts der Ort **Sankt Martin** an einem flachen Wiesenhang. Auch hier herrschen heute moderne Neubauten vor, aber im Dorfinneren, oberhalb der Umfahrungsstraße, steht noch manches schöne Gebäude aus alten Zeiten. Der Kirchenpatron Sankt Martin läßt auf ein hohes Alter schließen, denn der Kult dieses Heiligen wurde durch die Franken, also die Karolinger, eingeführt. Eine Pfarrei wird aber erst um 1226 erwähnt. Die Kirche mit ihrem unsymmetrisch abgesetzten Seitenschiff steht etwas isoliert im Friedhof; im Inneren fällt besonders die reiche Stuckverzierung im Chorgewölbe auf. Bald nach Sankt Martin mündet das KALMTAL (auch Falser Tal); an der sonnenseitigen, linken Talseite liegen auf steilen Hängen einige alte Höfe. Beda Weber schreibt darüber:

... Das Obst dieser Anhöhen ist besonders süß, und das Gebüsch der liebste Aufenthalt brütender Vögel. Aber allenthalben hangen die Gründe recht steil. Die Eyer verlegender Hennen rollen oft unmittelbar von der Mutterwärme in die Tiefe des Kalmbaches, und die Kinder, welche an der Hausschwelle krabbeln, sind in Lebensgefahr.

In der Umgebung von Sankt Martin befinden sich die meisten SCHILDHÖFE des Passeier, das sind acht von zwölf. Der sehr ausführlichen Beschreibung des Historikers *Beda Weber,* einem Benediktinermönch aus Marienberg, der später an der Nationalversammlung in der Paulskirche von Frankfurt teilgenommen hat, entnehme ich folgende Notizen, die er 1852 veröffentlicht hat:

Die bedeutendsten ursprünglichen Großhöfe des Tales, gemeinhin Schildhöfe benannt, standen mit den *Grafen von Tirol* in allernächster Verbindung, teils als gräfliches Küchengut, teils als stets bereite Wache des Fürsten, im Frieden als Festzier, im Kriege als Schutz der fürstlichen Heerfahrt. Als solche besaßen sie gewisse Vorrechte (geringere Abgaben, freie Jagd und Fischerei u. a. m.), die sie in die Nähe des niederen Adels setzten. Ja, wahrscheinlich waren die ursprünglichen Inhaber keine gewöhnlichen Bauern, sondern dieses Erblehen wurde an kleinere Adelige verliehen. Sie dienten dem Landesfürsten zu Rosse, wenn er in den Krieg zog, führten aber auch die landesfürstliche Kammer und Küche, das Bettgerät und alle nächsten Leib- und Lagerbedürfnisse des Hofes. Ihre Vorrechte begannen wahrscheinlich schon mit *Albrecht* zu Barbarossas Zeiten und wurden von *Margarethe Maultasch* wieder bestätigt. Das Recht blieb nicht an den Namen, sondern an den Hof gebunden. Ihre Privilegien erloschen erst nach den Napoleonischen Kriegen, als auch ganz Tirol viele seiner uralten Vorrechte in der neuen Monarchie aufgehen sah.

Manche von diesen traditionsreichen Schildhöfen, wie jene vier bei Sankt Leonhard (Happerg, Gomion, Ebion und Buchenegg), sind heute kaum mehr als Herrensitze zu erkennen. Von den acht im Gemeindegebiet von Sankt Martin liegenden, nämlich Kalm (jetzt Lanthaler), Turm, Ober- und Untergereuth (heute Baumkirch), Steinhaus, Saltaus, Haupold und Weingarten (heute Granstein) enthalten einige noch den alten Turm in ihren Mauern. Besonders schön ist noch STEINHAUS, auf einer Anhöhe über Sankt Martin, das im 17. Jahrhundert in die heutige Form gebracht wurde, mit Eckerkern und Resten gotischer Bauteile, sowie SALTAUS, dem der Umbau zu einem Hotel trotz

Zinnengiebel wenig von seiner Ursprünglichkeit gelassen hat. Unter dem Hotel befindet sich die Talstation der Seilbahn auf den Hirzer.

Dem Wasser entlang und neben flachen Wiesenböden zieht die Straße talauswärts. Kurz nach Sankt Martin steht der Turm des Schildhofes Kalm auf einem Hügel rechts von der Straße; der Bach kann sich frei in seinem Bett bewegen. Eine Abzweigung führt über eine Brücke zu den Höfen von **Mörre**, und etwas weiter unten nach **Schweinsteg**, das mit einem Kirchlein und vielen, weit verstreuten Höfen bis auf 1200 Meter reicht und in das Gebiet von **Prenn** und **Tall** übergeht, das weitere 200 Meter höher oben liegt.

In **Saltaus** wird das Tal ganz eng. Ein paar alte Höfe liegen am Westhang; neben dem schön herausgeputzten Schildhof liegt die Talstation der Seilbahn auf den Hirzer, den man von der Endstation KLAMMEBEN (1976 m) in etwas über zwei Stunden erreichen kann. An der anderen, westlichen Talseite liegen in schönster Sonnenlage und auch auf über 1000 Metern die Höfe von **Vernuer**.

Am Ausgang des Passeier liegt auf einem Hang der rechten Talseite der alte Ort **Riffian**, wo schon um 1310 eine Kirche erwähnt wurde. Die heutige Pfarr- und Wallfahrtskirche mit ihrem klobigen Zwiebelturm stammt vom Jahr 1673; ihr Hauptanziehungspunkt ist das Gnadenbild einer Pietà aus dem Jahr 1420, zu dem noch heute von weit her fromme Pilger den Weg finden. Der reich mit Apostelfiguren und Engeln versehene Hochaltar aus Stuckmarmor, in dessen Mitte das Gnadenbild in einer verglasten Nische steht, ist 1773 entstanden. Bemerkenswert der Taufstein aus weißem Marmor vom Jahr 1400, umgeben von noch romanischen, primitiv wirkenden Skulpturen von Menschen und Tieren. Die Wölbung des Chores ist reichlich, ja allzureichlich mit Stuckornamenten versehen; ja, man hat den Eindruck, dem Stuckmeister sei soviel Lust an seiner Arbeit und auch soviel Gips übriggeblieben, daß er auch die gotische Friedhofskapelle damit, wenigstens an der Außenwand, schmücken mußte. Dafür ist das Innere dieser KAPELLE ZU UNSERER LIEBEN FRAU eine wahre Überraschung für den, der nicht eigens wegen dieser Bilder hier heraufgestiegen ist. Die reiche Bemalung der Gewölbe und der Wände, in lebhaften Farben und von sehr guter Qualität, stammt nach manchen Kunsthistorikern von niemand Geringerem als dem *Meister Wenzl,* dem Schöpfer der berühmten Fresken im Adlerturm von Schloß Buon Consiglio in Trient.

Während *Weingartner* von »hervorragender Arbeit mit reicher Komposition, lebhaften Farben und schönen Köpfen« spricht, »im Stil der heimischen Kunsttradition mit böhmischen und oberitalienischen Einflüssen«, kommt *E. Haniel* in ihrer ausführlichen Dissertationsarbeit (München 1940) zum Schluß, daß sich die Zugehörigkeit der Riffianer Fresken zur Südtiroler Malerei klar erweist, während Anzeichen einer Berührung mit den miniaturartigen, höfischen Fresken vom Trienter Adlerturm fehlen. Es ist nicht mit Sicherheit festzustellen, ob der *Wenceslaus von Riffian* und der *Wencl von Trient* identisch sind.

Die Besichtigung der FRIEDHOFSKAPELLE ist einen Abstecher von der kurvenreichen Passeierstraße auf jeden Fall wert! Mit dem Blick auf das gegenüberliegende Schenna und in den tieferliegenden, flachen Talboden beginnt die weite Öffnung des Meraner Beckens, in das sich von Westen her das Plateau von Dorf Tirol weit vorschiebt. Dieses sowie das nahe Kuens sollen nach dem Abschnitt über Meran besprochen werden. Und nach der letzten Engstelle unter dem Felsen der Zenoburg sind wir schon mitten in Obermais.

Meran und das Burggrafenamt

Die Täler der Etsch und der Passer, Vinschgau und Passeier, münden im Herzstück Südtirols, im weiten Becken von Meran, dort, wo seit alters das Schloß Tirol über das Land wacht, das die Tiroler Grafen in weitem Umkreis mit Burgen und Schlössern besetzt haben. Als Vertreter des Landesherrn wurde nach der Verlegung der Landeshauptstadt nach Innsbruck im Jahr 1420 ein *Burggraf* eingesetzt, der auf Schloß Tirol hauste und verwaltende und richterliche Funktionen ausübte. Die Hauptgerichtsbarkeit blieb aber dem Grafen von Tirol vorbehalten. Sein Einflußgebiet umfaßte den unteren Vinschgau, das Ultental, das Etschtal bis Gargazon mit dem Mittelgebirge von Tisens und das Passeier bis zum Timmelsjoch. Schon 1163 wird ein *Bertholdus purgravius de Tyrol* erwähnt. Im Jahr 1460 wurde die Würde des Landeshauptmannes von Tirol mit der des *Burggrafen auf Tirol* verbunden. Aber nachdem auch die Münzstätte im Jahr 1477 von Meran nach Hall verlegt worden war, verlor das Amt und die Macht des Burggrafen allmählich an Bedeutung; übriggebliebеn ist bis auf den heutigen Tag der Name für das Gebiet dieser ehemaligen Einflußsphäre.

Die Stadt Meran

Die ehemalige römische Militärstation CASTRUM MAIENSE, die heutige Zenoburg und ihre nähere Umgebung waren im frühen Mittelalter zuerst von den Goten *Theoderichs*, dann von den Langobarden und schließlich von den Bajuwaren besetzt worden; ihr letzter Herrscher, *Tassilo III.*, mußte das Gebiet dann 788 seinem Schwager *Karl dem Großen* überlassen. 1027 gab *Kaiser Konrad II.* diesen Landstrich und die Grafschaft Vinschgau dem Bischof von Trient zum Lehen, der wiederum die weltliche Herrschaft seinen Vögten, den nachmaligen *Grafen von Tirol,* überließ. Wie groß ihre Bedeutung war, ersieht man aus der Tatsache, daß die Stadt Meran bis 1665 zur Pfarre Tirol gehört hat! Die Tiroler Grafen errichteten um das Jahr 1237 in dieser Siedlung am Fuß des Küchelberges eine Laubengasse, die in gewolltem Gegensatz zu Bozen um hundert Meter länger sein sollte als ihr Bozner Vorbild *(Hoeniger)*. Schon bald nach 1253, dem Todesjahr *Alberts III.*, begann die Prägung der *ersten Meraner Silbermünzen,* und sein Schwiegersohn, der Görzer *Meinhard III.* und spätere *Meinhard I. von Tirol und Görz,* setzte diese Prägungen fort, und nach 1277 schuf *Meinhard II.* mit den bekannten »Etschkreuzern« eine der beständigsten Währungen des oberitalienischen und österreichischen Raumes *(Rizzolli)*. Die weitere Geschichte der Tiroler Grafen bis zur Übergabe des Landes an die Habsburger durch *Margarethe Maultasch* im Jahr 1363 wurde schon im einleitenden Kapitel über die Geschichte behandelt.

Durch den Bau des Kuntersweges durch die Eisackschlucht verlor Meran allmählich seine wirtschaftliche Bedeutung; die größeren Märkte wurden nach Bozen verlegt, und durch die Übersiedlung der Regierung nach Innsbruck verfiel die Stadt nach und nach in einen Dornröschenschlaf. Aus diesem erwachte sie zwar mehrmals durch die verheerenden Überschwemmungen, die der im Kapitel über das Passeier erwähnte Ausbruch des Sees bei Rabenstein immer wieder verursachte; zum ersten Mal geschah das 1419 und wiederholte sich bis 1774 im ganzen siebenmal, und es fielen den Wassern neben zahlreichen Häusern einmal die Stadtmauer, das andere Mal die Spitalskirche zum Heiligen Geist zum Opfer.

Aber das eigentliche »Erwachen« der Stadt Meran und mit ihr der ganzen Umgebung wird von *Riedl* (Schlern 1966 / 59) mit dem Jahr 1836 angesetzt. Damals erschien eine wissenschaftliche Publikation aus der Feder des Stadtphysikus *Dr. Josef Waibl* über das besonders günstige Klima des Meraner Beckens, und weitere Ärzte lobten dieses Heilklima und die Kuren mit »Molke, Milch, Mineralwässern und Trauben«. *Ludwig Steub* schreibt in seinem dreibändigen Werk »Drei Sommer inTirol« von seinem ersten Besuch in Meran im Jahr 1844: *die so viele Fremde bringen, welche einer schwachen Lunge sind und mit dem süßen Traubenfleisch Schlund und Brustkasten auskalfatern und die Lücken zupichen wollen, die der deutsche Winter hineingerissen hat.* Der spätere Bürgermeister *Josef Valentin Haller* und besonders *Dr. Franz Tappeiner* schufen dann im Lauf der folgenden Jahrzehnte die Voraussetzungen dafür, daß Meran bis zum Ersten Weltkrieg zu einem der beliebtesten Kurorte im Süden der Alpen aufstieg. Nicht nur aus allen Ländern der Monarchie und des Deutschen Reiches strömten die Kurgäste herbei, auch für Russen und Engländer wurde Meran zu einem beliebten Kuraufenthalt; Hotels und Pensionen schossen wie Pilze empor, Parkanlagen und, besonders von Dr. Tappeiner gefördert, Bepflanzungen mit mediterranen Gewächsen verliehen der Stadt und ihrer näheren Umgebung den Ruf einer paradiesischen Oase inmitten der Gletscherriesen, wo nicht so sehr Milch und Honig, als vielmehr Trauben, Wein und eine Vielfalt von Obst dem Gast das Leben versüßten. Dabei darf nicht vergessen werden, daß es sich nicht um Bus-Publikum, sondern um wohlbetuchte Gäste aus den obersten Gesellschaftsschichten und besonders der internationalen Aristokratie handelte.

Mit dem Sturz der Monarchie und der Loslösung vom österreichischen Vaterland nach dem Ersten Weltkrieg drohte dann Meran wieder in eine Lethargie zu verfallen: Eine Zeitlang überlebten noch der eine oder andere exilierte russische Großfürst und verarmte deutsche Baronessen; aber ein Hotel nach dem anderen mußte schließen, manches Schloß und manche schöne Villa wechselte Besitzer oder dämmerte dem Verfall entgegen. Erst nach dem Zweiten Weltkrieg, der hier zum Glück keine Bombenschäden hinterlassen hatte, begann ein neuer Aufstieg. Das THERMALZENTRUM wurde großzügig ausgebaut (auch wenn es mit der Werbung mit den radioaktiven Quellen heute sehr vorsichtig und leise umgehen muß); der Pferderennplatz in Untermais zieht jährlich Tausende von Schau- und Wettlustigen an, und für viele Bewohner Italiens ist der Name »Merano« mehr mit den erhofften Gewinnen eines Loses der großen Lotterie verbunden als mit einer kleinen Stadt irgendwo im Norden. Vielen der ehemaligen Hotels und Pensionen sieht man nicht an, daß sie jetzt eine Hotelfachschule oder ein Seniorenheim beherbergen – denn sie leben wieder! Auch als beliebter

Sitz großer Kongresse hat sich Meran einen Namen gemacht. Die Stadt hat ein eigenes Orchester, die Konzertsaison bietet ein reiches Programm mit internationalen Spitzenkräften, das Stadttheater und einige kleinere Theater erfreuen sich regen Zuspruchs, das Kurhaus dient für Kongresse und Ausstellungen. Das Städtische Museum zeigt Sammlungen von der Urgeschichte bis in die Neuzeit und ein erst vor wenigen Jahren gegründetes FRAUENMUSEUM bietet einen originellen Einblick in das Leben, die Kleidung und die Moden der Frau durch die vergangenen Jahrhunderte bis in unsere Zeit.

Die eigentliche **Altstadt** hat den Pfarrplatz zum Zentrum, wo abwärts gegen Osten das BOZNER TOR noch zwischen altem Gemäuer einen Durchlaß bietet. In **Steinach**, dem ältesten, oberhalb der Pfarrkirche gelegenen Viertel, verengt sich der Platz bis zum PASSEIRER TOR; von hier aus steigt die Straße dann steil bis zum ZENOBERG, wo auf felsiger Anhöhe die uralte ZENOBURG steht. Ihre kühne Lage auf dem Fels, der gegen das tiefe Bett der Passer vorspringt, ist aber viel besser von der Straße aus zu sehen, die von Obermais ins Passeier führt. Auf dem schon in der Vorzeit besiedelten Hügel errichteten die Römer ihr »castrum Maiense«, und die ersten christlichen Bewohner der Gegend bauten die erste Kapelle auf dem äußersten, südöstlichen Rand des Felsens. Hier wurden die sterblichen Reste des *Bischofs Valentin* beigesetzt und später auch jene des *heiligen Korbinian,* der dann in sein Herkunftskloster Freising überführt wurde. *Meinhard II.* erwarb 1288 die Burg, in der er auch immer wieder Wohnung nahm. Unter ihm wurde die Burgkapelle ausgebaut, wovon die Rundapsis und der in den Bogen des Portals eingemeißelte Adler zeugen, der wohl die *älteste in Stein gehauene Darstellung des Tiroler Adlers* ist. Auch seine Enkelin *Margarethe Maultasch* residierte noch hier, bis im Jahr 1347 ihr Schwager *Karl von Luxemburg,* der spätere Kaiser *Karl IV.,* aus Rache für die Vertreibung seines Bruders *Johann Heinrich* die Burg schleifen ließ – nur die Kapelle und der Bergfried blieben stehen. Erst im vorigen Jahrhundert wurde die Burg wieder bewohnbar gemacht und ist heute in Privatbesitz.

Arbeo (oder Aribo, was »Erbe« bedeutet) *von Freising*, der vierte Bischof dieses Sitzes, wurde wahrscheinlich hier geboren. Ihm verdanken wir in der »Vita Corbiniani Episcopi« eine genaue Beschreibung jener bewegten Zeiten. Arbeo hat auch das erste lateinisch-deutsche »Lexikon« verfaßt, das nach seinem Anfangswort unter dem Namen »abrogans« in der Fachwelt bekannt ist.

Die PFARRKIRCHE ZUM HEILIGEN NIKOLAUS steht auf einem kleinen Platz und ist mit ihrer Nordflanke beinahe an die Felsen angelehnt; ja, der Chor mußte sich eine Knickung gegenüber dem Längsschiff gefallen lassen, um Platz zu finden. Schon im Jahr 1302 wurde mit dem Bau begonnen, aber erst 1465 konnte die Kirche endgültig bezogen werden. Der untere Teil des Turmes stammt aus der ersten Bauperiode. Im Turmdurchgang sind die Wände mit Fresken aus den Jahren 1400–1420 bemalt; darunter die hübsche Wald- und Wiesenszene eines aus türkischer Gefangenschaft erretteten Meraners, vielleicht aus der Hand des Meisters *Wenclaus*, dem Schöpfer der schönen Fresken in der Friedhofskapelle von Riffian *(Frei)*. Das Westportal ist weniger kunstvoll ausgeführt als die beiden Eingänge an der Südseite, wovon besonders das westliche reich mit Figuren geschmückt ist. Links darüber steht in einer Nische in Stein gehauen der heilige Nikolaus, eine hervorragende süddeutsche Arbeit um 1350. Das dreischiffige Innere ist ein feierlicher spätgotischer Raum mit Rundpilastern und einem leicht nach rechts abgewinkelten, einschiffigen Chor, dem man die frühere Bauperiode anmerkt. Man sollte sich die Zeit nehmen, die steinernen Konsolen unter den Fenstern näher zu betrachten, denn da lenken zwei Purzelbaum schlagende Gaukler, ein paar nackte Putten, Vögel und allerhand Blumenranken von der vielleicht langweiligen Predigt ab. Der Flügelaltar an der Nordseite, um 1500 gefertigt, stammt aus der Medardus-Kirche in Tarsch und ist erst Ende des 19. Jahrhunderts aus dem Kunsthandel hierher gelangt. Zwei der schönen bemalten Fenster stammen noch aus der Zeit von *Herzog Sigmund* (1474 von ihm gestiftet), während die übrigen von Meraner Bürgern gegen Ende des 19. Jahrhunderts gestiftet wurden. Hinter der Kirche steht die BARBARA-KA-

PELLE, ein zierlicher, achteckiger, gotischer Bau mit spitzem Dach und einem kleinen Dachreiter. Der sich verjüngende Treppenaufgang bildet mit dem Spitzbogenportal und dem hohen gotischen Fenster darüber ein sehr harmonisches Ganzes. Im Untergeschoß befand sich früher das Beinhaus.

Vom darüberliegenden Zenoberg beginnt der berühmte TAPPEINERWEG, eine Höhenpromenade über der Stadt, unter den Hängen des Küchelbergs, vorbei an in Gärten versteckten Villen und durch ganz südlich anmutende Vegetation, die der Arzt und Botaniker *Dr. Franz Tappeiner* mit eigenen Mitteln im Jahr 1883 anlegen ließ. Am Beginn dieses herrlichen, ebenen Spazierweges steht der mächtige PULVERTURM, einst Bergfried der zerstörten BURG ORTENSTEIN und in die alte Stadtmauer einbezogen; von ihm aus genießt man eine der besten Aussichten über Meran und das weite Burggrafenamt. Die Promenade führt dann vier Kilometer lang weiter bis **Gratsch** unter die BURG THURNSTEIN; mediterrane Gewächse säumen ihren Weg, und selbst in den Wintermonaten lassen die gelben Sterne des Winterjasmins und die duftenden Blüten des Kalikanthus das Jahr nie ohne Blumen sein.

Franz Tappeiner wurde 1816 auf dem Loretzhof über Laas geboren und widmete sich neben intensivem botanischen Studium der Medizin, die er zuerst in Laas und später in Meran ausübte. Mit einigen anderen Ärzten und mit Unterstützung des verdienstvollen Bürgermeisters *Josef Haller* gelang es ihm, im Lauf der nächsten Jahre Meran zur international bekannten Kurstadt zu machen. Tappeiner hatte auch bedeutende wissenschaftliche Forschungen betrieben – so gelang es ihm noch vor der Entdeckung des Tuberkulose-Bazillus durch *Robert Koch,* die Übertragung der Krankheit durch das Sputum infizierter Kranker auf Tiere zu beweisen. Ihm wurde auf der Promenade ein Denkmal gesetzt. (*Hoeniger*, Schlern 1966/59).

Vom Pfarrplatz führt die abschüssige Poststraße durch die tiefen Torbögen des Bozner Tores auf den Sandplatz. In der Postgasse befand sich dort, wo jetzt die Buchhandlung Pötzelberger ihr Geschäft hat, die alte Münzstätte, die 1477 nach Hall verlegt wurde. Oben ziehen die langen Lauben in leichter Neigung westwärts; sie sind niedriger und wirken behäbiger als jene ungefähr gleichaltrigen von Bozen. Helle Geschäftsauslagen, dann wieder ein Blick in dunkle Hinterhöfe, einladende Gaststätten, viel Volk aus aller Länder Ecken – das Schlendern durch die Meraner Lauben mangelt nicht an Abwechslung! Durch die Mitte der neu mit Porphyrwürfeln gepflasterten Straße fließt ein schmales und seichtes Rinnsal abwärts, symbolische Erinnerung an die alte »Ritsch«, die in früheren Zeiten bequem zur Beseitigung der Abfälle diente.

Auf halber Höhe der nördlichen Laubenzeile führt ein Weg auf einen kleinen, baumbestandenen Platz, in dessen Mitte ganz bescheiden die LANDESFÜRSTLICHE BURG mit ihrem spitzen Kegeldach und der üppig mit Laub überwucherten Mauer steht. *Herzog Sigismund der Münzreiche* hatte sie um 1470 erworben, völlig umgebaut und neu eingerichtet. Keine eigentliche Burg und ohne wehrhafte Ambitionen war das Gebäude eher eine vornehme Behausung für den Herzog, der oft hier weilte, und ein standesgemäßes Absteigequartier für seine noblen Gäste, zu denen später österreichische Erzherzöge und auch Kaiser zählten. Seit dem 17. Jahrhundert verfallen, wurde das Gebäude 1875 von der Stadt angekauft, von Grund auf renoviert, oder eher in die ursprünglichen Formen zurückgeführt und mit originalen Möbeln und Bildern aus der Erbauungszeit eingerichtet. Im kleinen Innenhof liegt die alte Wachstube mit alten, eisernen Geldtruhen und allerlei Kriegsgerät. Eine Freitreppe führt zum Wehrgang, dessen Decke mit schöner Rankenmalerei verziert ist. Besondere Schaustücke in den warm getäfelten Räumen (darunter das sogenannte »Kaiserzimmer«) sind spätgotische Skulpturen, Tafelbilder bekannter Meister der damaligen Zeit, besonders aber der berühmte Kachelofen, der um die Mitte des 15. Jahrhunderts für Herzog Sigmund verfertigt worden war und wohl der älteste seiner Art im Lande ist. In der kleinen Kapelle kann man die Schnitzfigur des heiligen Georg von der Hand des *Leonhard von Brixen* bewundern.

Wenig weiter steht bergwärts (Galileistraße 43) das STÄDTISCHE MUSEUM, das Anfang unseres ausgehenden Jahrhunderts gegründet wurde. Neben wichtigen, urgeschichtlichen Funden, darunter vier großen Menhiren, einer Mineraliensammlung und vielen volkskundlichen Objekten besitzt das Museum eine Reihe von wertvollen Tafelbildern von bekannten Künstlern, die entweder Meraner waren oder sich – meist Erholung suchend – hier länger aufgehalten hatten. Genannt seien nur der Hamburger *Friedrich Wasmann* oder der später in München ansässige *Leo Putz.* Ein besonderes Schaustück ist eines der vier Modelle, aus denen *Peter Mitterhofer* aus Partschins seine erste »Hölzerne Schreibmaschine« entwickelte. Mit einem dieser Produkte einer genialen Handwerkskunst im Rucksack, war der glücklose Erfinder zu Fuß bis nach Wien gegangen, wo er vom Kaiser »allergnädigst« 200 Gulden zugewiesen bekam. Das Modell blieb in Wien, ein Amerikaner sah es und erkannte die Erfolgsaussichten dieser Maschine und seitdem läuft der Erfinder der Schreibmaschine meist unter dem Namen Remington. Für Franzosen eine Wallfahrt wert, für uns ein Kuriosum, ist die Totenmaske Napoleons, die nach vielen Irrwegen von Sankt Helena bis Meran gefunden hat, zu welcher Stadt sie allerdings wenig Beziehung hat, sieht man einmal von Andreas Hofer ab, der sie, hätte er noch gelebt, wohl in die Passer geworfen hätte!

Die Lauben münden auf den Rennweg, der nach einer leichten Krümmung beim VINSCHGER TOR endet; dahinter liegt das große, neue Krankenhaus, ein Vorzeigestück moderner Spitalsarchitektur. In südlicher Richtung führt der Rennweg auf den Theaterplatz und zur breiten Freiheitsstraße; hier sind wir schon im Bereich der Kurstadt.

Das Theater ist ein ansprechender Jugendstilbau; aus derselben Zeit stammt das große KURHAUS, dessen geschwungene Fassade mit der großen Terrasse auf die grüne Promenade blickt, unter der die Passer vorbeirauscht; in den Wintermonaten zu einem unscheinbaren Rinnsal reduziert, wird sie in den späteren Frühlingsmonaten zum lebhaften Wildbach, der die Wildwasserfahrer zu den jährlichen, internationalen Wettbewerben lockt. Die breite, von hohen Bäumen umschattete und von Blumenanlagen begleitete Promenade verläuft flußaufwärts an den Liegehallen vorbei, die Dr. Tappeiner für die Lungenkranken einrichten ließ und damit schon die später in der Schweiz so verbreitete Behandlung der Tuberkulose mit Liegekuren in frischer Luft (siehe *Thomas Manns* »Zauberberg«!) vorwegnahm.

Von dieser »Winteranlage« rechts der Passer gelangt man schließlich über den STEINERNEN STEG, der schon am Beginn der GILFSCHLUCHT unter der Zenoburg liegt, auf das linke Ufer und zur »Sommeranlage«. Der Spaziergänger durch diese üppige, südliche Parklandschaft wird begleitet vom Rauschen des über die Steine springenden Wassers und sieht in der Ferne die noch bis in den späten Frühling schneebedeckten Berge – ein Eindruck, wie er seinesgleichen sucht. Mehrere Stege erlauben das Überwechseln auf die andere Seite.

Obermais

Als Meran vor ungefähr hundertfünfzig Jahren begann, sich langsam zur Kurstadt zu entwickeln, standen am sonnigen Hang von **Obermais** einige alte Schlösser und wenige Bauernhöfe inmitten ausgedehnter Weinberge. Nach und nach wuchs die Lust, sich in Meran dauerhaft anzusiedeln, und so entstand Villa neben Villa, es wuchsen Pensionen, und es wurden weitläufige Parks angelegt, die unter dem Einfluß des begeisterten Botanikers und Arztes *Dr. Tappeiner* immer mehr südliche Gewächse einbezogen. Heute ist Obermais eine schwer zu überschauende Siedlung, ein nobles Villenviertel in überall wucherndem Grün, so daß von weitem gesehen aus einem Wald von Zedern und Sequoien nur einige Dächer und helle Hausmauern herausblicken; wären da nicht die beiden Hauptachsen der Dantestraße und des Winkelweges, es wäre auch für den Einheimischen nicht leicht, einem Fremden präzise Ortsangaben zu vermitteln.

Bei der SPITALSKIRCHE zweigt die lange Cavourstraße in leichter Steigung nach Obermais. Diese noch in reiner Gotik erhaltene Kirche ist unbedingt einen Besuch wert, zu dem schon das für Südtirol so seltene, reich mit Figuren geschmückte Portal einlädt. Das helle Innere wird beherrscht von den zwei Reihen hoher, schmaler Rundsäulen, die wie Palmenschäfte elegant in die Blattkrone des Netzgewölbes übergehen. Besonders schön ist das ausdrucksvolle Kruzifix aus dem Jahr 1270, mit den geschnitzten Evangelistensymbolen an den Balkenenden und dem schon ganz in der beginnenden Gotik stehenden Gekreuzigten.

Es erinnert an die etwas ältere Kreuzigungsgruppe in Schloß Tirol.

Vorbei am großen Palace-Hotel, das internationalen Ansprüchen genügt, steigt die Straße in leichten Windungen zum Brunnenplatz, in dessen Nähe mehrere der Burgen liegen, die eigentlich mehr Herrensitzen in altem Gemäuer als wehrhaften Burgen gleichen. Darunter sind zu nennen RUNDEGG, bekannt durch den ehemaligen Besitzer *Baron Paravicini,* der mit 82 Jahren seine vierte Ehe mit einer 18jährigen Braut schloß und mit ihr in der noch 22 Jahre währenden Ehe sieben Kinder zeugte, deren letztes einen Monat nach dem Tod des 104jährigen Vaters geboren wurde *(Langes)*! Heute ist Rundegg ein vornehmes Hotel. KNILLENBERG besitzt noch einen mittelalterlichen Viereckturm und war Stammsitz der *Herren von Mais,* die schon im 12. Jahrhundert Ministerialen der Grafen von Tirol waren. In REICHENBACH wohnte der schon oft genannte Dr. Franz Tappeiner. Am oberen Ende der Siedlung steht das immer wieder erweiterte SCHLOSS PLANTA, das seinen Namen von einer Schweizer Adelsfamilie trägt, die es einst besaß. Tiefer unten und gegen Osten liegt in einem großen, sorgfältig gepflegten Park das sehr alte SCHLOSS RUBEIN; um den kleinen, gemütlichen Innenhof stehen Bergfried und Palas neben späteren Zubauten. Die gotische Kapelle enthält noch Wandgemälde aus jener Zeit. Im Arkadengang im ersten Stock wurden vor nicht langer Zeit köstliche Verzierungen mit Pflanzenmotiven und allerhand Vögeln von der Hand des *Bartholomäus Dill-Riemenschneider* aufgedeckt, dem Sohn des berühmten fränkischen Bildschnitzers. Ganz am gegen Süden geneigten Ostrand und jenseits der großen Umfahrungsstraße steht an höchster Stelle SCHLOSS LABERS, heute eine Fremdenpension; tiefer unten das am Ende des vorigen Jahrhunderts umgebaute SCHLOSS RAMETZ, heute eine große Weinkellerei, und schließlich TRAUTMANNSDORF, das mehrmals auch *Kaiserin Elisabeth,* die so geliebte *Sissi,* beherbergte. Rund um das Schloß, das heute dem Land gehört, entsteht die ausgedehnte Anlage eines botanischen Gartens, sicher bald ein Hauptanziehungspunkt dieser vom Klima so begünstigten Gegend. An das Gelände anschließend liegt in einem Tälchen inmitten von

Weinbergen das Kirchlein zum heiligen Valentin, der Überlieferung nach an dem Ort, wo um das Jahr 470 der Apostel der Räter und Bischof von Augsburg gestorben ist, nachdem er vor den Hunnen Attilas in südliche Gefilde geflohen war.

Am Eingang zum Naiftal steht in beherrschender Lage Schloss Gojen, heute im Besitz einer holländischen Familie; im Süden hingegen und um ein gutes Stück höher als der Talgrund der nüchterne Viereckbau von Schloss Katzenstein; nicht sichtbar vom Tal und auf einer noch höheren Terrasse, schon über 700 Meter hoch gelegen ist die Fragsburg, zu der man auf einer landschaftlich ungemein reizvollen Straße gelangt, die von der Straße nach Schenna nach der Naifbrücke abzweigt. Heute kann man sich in dem zum Hotel umfunktionierten Gemäuer gut erholen.

Untermais

Das neuere und sich immer weiter ausbreitende Stadtviertel von Untermais liegt südlich der Passer und schon ganz in der Ebene. Allerdings bestand hier schon die alte Pfarre zum heiligen Vigilius, an deren Turm man noch romanische Reste erkennt, während die jetzige Kirche ein Werk des bekannten Tiroler Architekten *Clemens Holzmeister* aus dem Jahr 1929 ist. Ein Juwel unter allen Südtiroler Kirchen aber ist Maria Trost, die hart an der Einfallsstraße (Romstraße) auf einem kleinen Sockel steht. Vor wenig mehr als zwanzig Jahren wurden hier Fresken aus dem 12. und 13. Jahrhundert aufgedeckt, die sich heute, nach erfolgten Restaurierungsarbeiten, in ihrer ganzen Pracht zeigen. Schon die südliche Außenwand zeigt zwar schlecht erhaltene, aber künstlerisch sehr hochwertige Bilder einer Kreuzigung und einen großen Christophorus. Die romanischen Fresken im Inneren weisen so starke Ähnlichkeiten mit Arbeiten aus Rom und Anagni auf, daß an einem näheren Zusammenhang kaum gezweifelt werden kann *(Theil)*; jedenfalls sind diese Bilder nicht in die zeitgenössischen Südtiroler Motive einzuordnen. Untermais dehnt sich immer weiter in die Ebene aus, geht im Osten in das Industrieviertel von Sinich über, gegen Süden breiten sich große Wohnbezirke des Volkswohnbaues aus.

Noch beinahe im Stadtzentrum gelegen sind die großen Anlagen des Thermalbezirks mit einem Kongreßzentrum, einem Hallen- und einem Freibad inmitten schöner Parkanlagen. Die alte PFARRKIRCHE VON UNTERMAIS reicht noch in romanische Zeit zurück und hat um 1400 einen gotischen Chor bekommen, der nach einem modernen Umbau (durch *Clemens Holzmeister*) als Seitenkapelle erhalten blieb. Hier sind noch einige Wandgemälde erhalten. Im großen Oval des Pferderennplatzes im Westen, schon gegenüber von Marling, finden jährlich bedeutende Wettbewerbe statt, darunter auch das so beliebte Bauern-Galoppreiten mit den blonden Haflingern.

Nach Überquerung des NAIFBACHES, der aus tiefer Schlucht von den Höhen des Ifingers herunterkommt, beginnen die ersten Häuser von **Schenna** (früher las man auch »Schönna«). Von weitem wird der Blick angezogen durch die mächtige Burg und das darunterliegende, neogotische Gebäude des Mausoleums von *Erzherzog Johann.*

Die ursprüngliche Burg der *Herren von Schenna* stand vor der kleinen RUNDKIRCHE VON SANKT GEORGEN im Oberdorf; man sieht davon nur noch ein unscheinbares viereckiges Gebäude am Rande des Abhangs. Diese Herren von Schenna sind schon 1149 als Ministerialen der Tiroler Grafen erwähnt. Die große Burg in der Dorfmitte wurde von *Petermann von Schenna,* damals Burggraf von Tirol, um die Mitte des 14. Jahrhunderts erbaut. Er war eng mit Margarethe Maultasch befreundet. Das Schloß kam dann an die *Starkenberger* und später an die *Liechtensteiner,* die dann dreihundert Jahre lang hier hausten und sich durch Verschwendungssucht und allerlei Untaten nicht gerade beliebt machten. Im Jahr 1752 wurden die *Grafen Bettoni* aus Brescia von *Maria Theresia* mit dem Schloß belehnt (jeder Gardasee-Fahrer kennt die prächtige Villa der Bettoni in Bogliaco südlich von Gargnano). Nach mehrmaligem Besitzerwechsel übernahm schließlich *Erzherzog Johann,* der Bruder von *Kaiser Franz I.*, das Schloß; seine Nachkommen, die sich wegen seiner Heirat mit der Postmeisterstochter *Anna Plöchl* aus Alt-Aussee nur mehr *Grafen von Meran* nennen durften, besitzen es heute noch.

Das Schloß steht wenig geschützt auf einer leichten Erhöhung mitten im Dorf; es ist bestens erhalten und mit Möbeln, Bildern, Kachelöfen reichlich ausgestattet und kann mit Führung besichtigt werden.

Die alte PFARRKIRCHE stammt auch hier, wie so viele Kirchen der Umgebung, aus romanischer Zeit und erlitt einen spätgotischen Umbau. Sowohl an der Außenwand als auch im Inneren, besonders in der JOHANNESKAPELLE, sind Fresken aus dem frühen 15. Jahrhundert erhalten. Im Jahr 1931 wurde die neue Kirche in neugotischem Stil fertiggestellt. Ein besonderes Schmuckstück der Gegend ist das schon erwähnte Kirchlein SANKT GEORG, das etwa hundert Meter über dem Dorf liegt. Die Kuppel der Rundkirche wird durch einen mächtigen Pfeiler gestützt, die Wände sind ringsum mit zum Teil recht drastischen Szenen aus dem Leben des heiligen Georg und mit einer Reihe von Heiligengestalten geschmückt; die Qualität der Bilder ist zwar nicht sehr bemerkenswert, doch vermitteln die Bilder auch in ihrer Primitivität einen guten Eindruck über Leben und Kleidung zu Beginn des 14. Jahrhunderts, und der Besuch wird auf jeden Fall zu einem Erlebnis.

Von Schenna aus führt die Straße weiter bis zu den Häusern von **Verdins,** wo sie vor einer Seilbahnstation endet. Die Kabinenbahn führt bis zu den Höfen und dem Gasthaus von **Oberkirn;** von dort bringen zwei Sessellifte die Skifahrer bis auf 2208 Meter fast bis unter den HIRZER. Eine andere Kabinenbahn führt vom Pichler oberhalb von Schenna zum Gasthaus Obertaser auf 1445 Meter – es ist hier also für jede Bequemlichkeit gesorgt!

Direkt gegenüber von Schenna liegt auf der anderen Talseite das Dorf **Kuens**, das wir bei der Beschreibung des Passeier ausgeklammert haben. Auch hier stehen wir auf altem Boden, denn der *heilige Korbinian, Bischof von Freising,* errichtete hier schon im 8. Jahrhundert eine Kirche. Die heutige Kirche steht hoch oben auf dem Steilhang, auf dem sich auch Höfe und modernere Gebäude angesiedelt haben. Der polygonale Chor weist noch in die Gotik, die zweigeschossige Friedhofskapelle ist innen reich bemalt, und zwar von demselben *Meister Wenzlaus,* dem wir in Riffian schon begegnet sind und der sich auch hier in einem Schriftband mit der Jahreszahl 1415 verewigt hat.

Die tiefe Schlucht des *Finelebaches* trennt das in Luftlinie ganz nahe **Dorf Tirol** von Kuens, aber um dorthin zu gelangen, muß man schon ins Tal zurück! Beherrschend auf der ausgedehnten Ebene steht das Riesengebäude des JOHANNEUMS, eines Priesterseminars, das man in der heutigen Zeit der spärlichen Neupriester sicher hätte kleiner ausfallen lassen. Die vom Talboden aus unvermutet große Terrasse zieht sich in mäßiger Steigung bis zum waldigen Steilhang der MUTSPITZE. Die Hauptsiedlung liegt am vorderen und westlichen Rand der Ebene, während sich bergwärts Wein- und Obstgüter und alte Höfe bewahrt haben, immer mehr durchsetzt von Hotelneubauten und Villen. Denn Dorf Tirol ist heute neben Schenna das am reichsten mit Hotels aller Kategorien, mit Pensionen und Restaurants gesegnete Dorf in der Umgebung Merans, und wenn ich einmal gelesen habe, in Schenna allein gäbe es 30 Hallenbäder, so wird auch Dorf Tirol daran keinen Mangel haben. Ganz hinten an den Berg angelehnt und über der tiefen Schlucht steht das alte SCHLOSS AUER. Es hat keinen Bergfried, aber mehrere palasartige, hohe Gebäude, die um einen kleinen Innenhof stehen. Von Süden und Osten aus sind die Hauptgebäude durch mehrere Vorwerke und einen zwingerartigen Vorhof zu erreichen. Besonders bemerkenswert ist eine prächtige gotische Stube aus Zirbenholz mit einem der ältesten Kachelöfen des Landes. Die Burg ist im Besitz der *Grafen Khuen* und kann nur mit Erlaubnis besichtigt werden.

Die Pfarrkirche hat noch einen gotischen Chor, an dessen Hinterwand schlecht erhaltene Fresken angebracht sind; das Hauptschiff wurde 1856 von einem *Grafen Brandis* in neugotischen Formen entworfen *(Weingartner)*. Im Osten steht etwas tiefer die KIRCHE ZUM HEILIGEN RUPERT aus dem 14. Jahrhundert mit wenigen Freskenresten aus jener Zeit.

Schloß Tirol

Weit öffnet sich von hier oben aus das Etschtal gegen Osten, und diese beherrschende Lage über einem Kreuzungspunkt von wichtigen Verkehrswegen war es wohl, die das Stammschloß der Tiroler hier entstehen ließ. Heute weiß man, daß das Schloß nicht den Anfang gemacht hat: Am Fuß der Gebäude gegen Süden wurden vor kurzem Grundmauern von mehreren frühchristlichen Kirchen aus dem fünften und sechsten Jahrhundert freigelegt. Wahrscheinlich stand damals auf dem Hügel schon eine Fluchtburg, vielleicht auch früher schon eine römerzeitliche Befestigung. Der Legende nach soll hier ein Nonnenkloster gestanden haben, das dann in der ersten Hälfte des 12. Jahrhunderts aufgelöst worden war *(Rasmo)*.

In ihrer wesentlichen noch bestehenden Anlage entstand die Burg unter *Graf Albert I.* von Tirol, der 1166 starb, und seinem Bruder *Berthold* gegen Beginn des 12. Jahrhunderts; Albert hatte Kaiser Friedrich auf seinem Romzug begleitet und war auf der Rückreise in Pavia vorbeigekommen, wo er sicher von der damaligen Kirchenarchitektur beeindruckt war und vielleicht auch lombardische Bauleute für seine Heimat verpflichtete. Später hat die Burg eine Unzahl von baulichen Veränderungen erfahren müssen; der Bergfried scheint niemals fertig geworden zu sein, jedenfalls scheint er auf keiner der alten Abbildungen auf. Teile des Nordpalas stürzten mit einer Hangrutschung in die Schlucht, andere Gebäudeteile wurden neu errichtet, dann wieder umfunktioniert, und seit die Grafen von Tirol hier nicht mehr wohnen wollten, was nach dem 16. Jahrhundert immer seltener geschah, verfiel die Burg zusehends.

Somit steht SCHLOSS TIROL heute in einer Gestalt da, die es früher nie gehabt hat. So ist der Bergfried erst 1904 zu seiner heutigen Höhe angewachsen, die Dreibogenfenster sind nur zu geringem Teil original, die unteren Räume der Vorburg wurden von Grund auf überholt und neuen Bestimmungen zugeführt – es würde zu weit führen, alle baulichen Veränderungen der vergangenen Jahrhunderte einzeln aufzuführen. Schloß Tirol ist ein vornehmer Herr, der immer wieder seine Gewänder gewechselt hat, manchmal der Mode folgend, andere Male der Not – aber das Herzstück, die Kapelle und die unvergleichlichen Steinplastiken der Eingänge, hat es bewahrt und ist dadurch neben einem Brennpunkt der Landesgeschichte auch der Hort der vielleicht wertvollsten romanischen Skulpturen des Landes geblieben.

Schon das Eingangsportal zum Saal ist voller Rätsel: Aus dem Bogenfeld blickt streng ein Engel auf uns herab, die Rechte zum Schwur erhoben und in der Linken das Schwert. Allerhand große Tiergestalten beleben den Bogen und die Seitenpilaster. *Rasmo* macht es sich wohl zu leicht, wenn er schreibt: *Man hat sich immer wieder erfolglos bemüht, in diese Bilderfolge einen zusammenhängenden Sinn hineinzudeuten. In Wirklichkeit ging der*

Künstler von rein dekorativen Vorstellungen aus und wählte deshalb für jeden Stein ein anderes geläufiges Motiv, für das er in seinen Muster- und Skizzenbüchern bereits fertige Vorstellungen fand (aus: »Schloß Tirol«, Bozen 1970). Für uns Menschen aus dem nüchternen Jahrhundert (und dazu gehörte Rasmo ganz besonders) ist die Gedankenwelt des Mittelalters schwer nachzuvollziehen, denn die Verbindung des Weltlichen mit dem Religiösen und Numinösen war ungleich stärker als heute, die Bedeutung der meisten Symbolik ist uns verlorengegangen. Im großen Saal hält uns für eine Weile der Blick durch die kunstvollen Bogenfenster ins weite Land gefangen, aber dann wird er angezogen von dem gewaltigen Portal zur Kapelle: Trockene Beschreibungen versagen hier, die drohenden Fabelwesen zu beiden Seiten und die besänftigende Kreuzabnahme im Giebelfeld wecken widerstreitende Gefühle – man kann lange davorstehen und nachsinnen, aber das Geheimnis bleibt. Vielleicht kommt die Erklärung dem Sinn nahe, daß *über Sünde, Tod, Gericht und Höllendrohungen der Mensch die Erlösung kraft des Kreuzestodes Christi erreicht (Frei)*.

Die gestufte Laibung des Portals zieht schließlich den Blick auf das Innere der KAPELLE. Aus dem Hintergrund leuchten die Farben der bemalten Rundapsis hervor, aus der Höhe herrscht die überlebensgroße Kreuzigungsgruppe über dem vorderen Kapellenraum. Über eine Holztreppe gelangt man (von außen) in das Obergeschoß, wo ebenfalls eine Reihe von Heiligen dargestellt ist, darunter der heilige Pankratius, der Patron der Kapelle. Die Gestalten des Johannes und der Maria aus der Kreuzigungsgruppe sind von hier aus genauer zu bewundern, es sind ausdrucksvolle Plastiken im romanisch-gotischen Übergangsstil (um 1330); die Christusfigur wurde erst im 19. Jahrhundert neu angefertigt. Besondere Beachtung verdient der etwas lädierte rote Adler an der Hinterwand neben dem Christophorus: Es ist die erste gemalte Darstellung des Tiroler Adlers in unserem Land; die erste entsprechende Steinplastik ist am Portal der Kapelle auf der Zenoburg zu finden.

Diese aus Raumgründen recht kurz ausgefallene Beschreibung der Kunstschätze von Schloß Tirol kann natürlich durch eine große Anzahl von Schriften und Werken vervollständigt werden, die alle im Kassaraum des Schlosses erhältlich sind.

Heute, nach sehr aufwendigen und noch lange nicht zu Ende geführten Restaurierungsmaßnahmen ist Schloß Tirol zu einem kulturellen Zentrum ersten Ranges geworden; es gehört jetzt statutenmäßig zu den Südtiroler Landesmuseen und wird dabei nicht so sehr von auswärts herbeigeholte Objekte zeigen, sondern mit seinen Räumen und Kunstschätzen selbst Gegenstand musealer Betrachtung werden. Dazu tragen immer wieder Ausstellungen bei, die mit der Geschichte des Landes und besonders des Schlosses in naher Verbindung stehen (wie z. B. die im Sommer 1999 laufende Ausstellung über den Maler und Grafiker *Ferdinand Runk*). Eine ungefähre Vorstellung von den künftigen Vorhaben gibt die Zahl von 12,8 Milliarden Lire, die für erforderliche Umbau- und Einrichtungsmaßnahmen bis zum Jahr 2001 vom Land bewilligt worden sind. Die koordinierenden und planenden Maßnahmen liegen in der Hand des Direktors, des bewährten Volkskundlers *Dr. Siegfried de Rachewiltz.*

Dieser Name führt uns kurz zurück auf die BRUNNENBURG, die jedem Besucher von Schloß Tirol auf einem spitzen Felskegel unterhalb des Weges auffällt. Diese im Jahr 1904 in neugotischen Formen wieder aufgebaute alte Burg (im selben Stil etwa wie Welfenstein bei Mauls oder Garnstein bei Klausen) war 1948 vom Vater des oben genannten Museumsdirektors erworben worden und beherbergte dort lange seinen Schwiegervater, den berühmten amerikanischen Dichter *Ezra Pound*, der 1972 in Venedig gestorben ist (dazu das sehr lesenswerte Buch »Diskretionen« von dessen Tochter *Mary de Rachewiltz.* Haymon Verlag, Innsbruck 1993). Heute ist in der Brunnenburg ein sehenswertes volkskundliches Museum untergebracht, und es finden auch immer wieder literarische Begegnungen statt.

Von Schloß Tirol aus sieht man etwas tiefer eine auffallende, kleine und dichtgedrängte Häusergruppe stehen, deren Mittelpunkt eine Kirche und der damit verwachsene Turm bildet: SANKT PETER IN GRATSCH. Ein kurzer Verbindungssteig führt auf die Fahrstraße, die dort vom Tal heraufführt. Seit den vor wenigen Jahren dort ausgeführten Grabungsarbeiten unter dem Kirchenboden ist das Interesse an diesen Gebäuden in Fachkreisen sehr angewachsen, denn an Alter kann sich die erste Kirchenanlage durchaus mit jener im nahen Tirol messen, da sie wie diese ins 5. Jahrhundert zurückreicht. Später, vielleicht im 11. Jahrhundert, war sie eine »Eigenkirche« der Herren von Wangen, das heißt eine auf eigenem Grund erbaute Kirche; dann nahmen sie die *Tiroler Grafen* in Besitz, und *Meinhard II.* schenkte das Patronatsrecht über Sankt Peter dem Kloster Stams. Seltsam ist die Ausdehnung ihres Pfarrbezirks, denn dieser reicht bis Pfelders, wohin man damals über das Spronser Tal und ein hohes Joch nicht weniger als sieben Stunden brauchte; aber auch Höfe in Riffian, in Algund und in Tirol gehörten dazu.

Der Grundriß der Kirche besteht aus einem lateinischen Kreuz, an das im Norden ein weiterer Raum mit einer noch weiter vorspringenden Rundapsis angebaut wurde. Von besonderer Bedeutung sind die romanischen und gotischen Fresken an der Außenwand und im Inneren. Dort gehört der ausdrucksvolle Kopf des heiligen Paulus in der halbrunden Nische des südlichen Querarmes noch zur frühen Romanik und erinnert in seinen byzantinischen Anklängen an Hocheppan oder Marienberg. Über Freskeninhalte und Baugeschichte dieser Kirche, die zu den interessantesten des Etschtals gehört, gibt der »Laurin-Kunstführer« von *Ursula* und *Edmund Theil* ausführliche Auskunft (Athesia 1985). Aber ganz abgesehen von geschichtlichen und kunsthistorischen Erwägungen wird jeder Besucher hier von der zauberhaften Ausstrahlung dieses Reliktes aus der frühesten Vergangenheit Tirols gefangengenommen.

Noch etwas weiter im Westen steht in prächtiger Lage SCHLOSS THURNSTEIN, hervorgegangen aus einem Wohnturm zu Meinhards Zeiten (um 1276), heute beliebtes Ausflugsziel und Gaststätte, zugleich auch Endpunkt des Tappeinerweges.

Bevor wir die Höhenlagen von Dorf Tirol verlassen, werfen wir noch einen kurzen Blick auf die Berge, an die es sich anlehnt. Eine Seilbahn führt vom Dorf auf die MUTHÖFE, die jedem Fahrer durch das Burggrafenamt hoch oben auf ihren kleinen Wiesenflächen ins Auge fallen. Auf einem etwas ausgesetzten, aber gesicherten Steig durch die beinahe senkrecht abfallende Wand der Mutspitze zieht gegen Westen ein herrlicher Steig, der dann wieder auf sicherem Boden bei der LEITERALM endet. Dieser sehr beliebte »Friedensweg« wird auch im Winter gerne begangen, weil die Sonne die Felsen so schön erwärmt; aber manchem Unvorsichtigen ist der schmale und manchmal vereiste Steig schon zum Verhängnis geworden. Von der Leiteralm können Wandermüde auch mit einem Sessellift bis Vellau und weiter bis Algund abfahren.

Wandervorschlag: Dieser für ausdauernde Bergwanderer empfohlene Weg führt in das SPRONSER TAL, das mit dem Finelebach zwischen Dorf Tirol und Kuens in die Passer mündet. Ein Fahrweg führt von Tirol aus hoch am Hang über der Schlucht bis tief hinein zum Longfallhof. Dorthin gelangt man auch in aussichtsreicherer Lage auf einem oberen oder einem unteren Waalweg von Kuens aus (Abzweigung beim Mutlechner am Ende der Fahrstraße). Von Longfall braucht man zwei Stunden bis zur Bockerhütte (1717 m) und eine weitere Stunde bis zum ersten der im ganzen sieben Seen auf 2131 Metern Höhe. Die inmitten einer wilden Felslandschaft übereinander gestaffelt liegenden Seen wirken streng und geheimnisvoll. Der größte von ihnen, der LANGSEE, ist über einen Kilometer lang, der höchste, der SCHWARZSEE, liegt bereits auf 2600 Metern, so daß es schon eine gute Kondition braucht, alle der Reihe nach zu besuchen! In seiner Nähe führt ein Übergang ins Tal von Pfelders.
Nimmt man als Ausgangspunkt die Bergstation der Seilbahn bei den Muthöfen, so kann man nach dem Höhenweg von der Leiteralm zum Hochganghaus (1839 m) und über die Hochgangscharte (2450) zum wenig tiefer gelegenen Langsee absteigen.

Tief unter dem Peterskirchlein liegt am Hang ausgebreitet das Dorf **Gratsch** in einer klimatisch besonders begünstigten Lage; alte, behäbige Weinhöfe setzen sich zum lockeren Dorfbild zusammen, in weitem Bogen wird es eingerahmt von Thurnstein, von Schloß Tirol und von der Brunnenburg. Dahinter steigt steil und immer steiler der Hang der Mutspitze auf, an dem nur die Muthöfe sich einen kleinen Wiesenabsatz aussparen konnten.

Die KIRCHE SANKT MAGDALENA reicht noch in die Zeit der ersten *Tiroler Grafen* zurück, wurde aber im 17. Jahrhundert umgebaut. Diese ursprüngliche Pfarre zog dann seltsamerweise zum 200 Meter höher gelegenen Peterskirchlein. An diesem Hang führte zu Römerzeiten ein Zweig der Straße in den Vinschgau vorbei und erreichte über Algund und Plars die Höhe der Töll, wo sich eine Zollstation befand. Im Ortsteil **Steinach** von Algund stoßen wir dann auf die Reste des Pfeilers der römischen Brücke, die sich hier mit der rechtsseitigen Straßenführung verband.

Schloß Tirol, aus dem romanischen Kapellenportal

Innenhof im Schloß Lebenberg

Gotische Glasmalerei, Pfarrkirche Tisens

Sankt Hippolyt von Völlan aus

Sankt Apollonia in Sirmian ober Nals

Sankt Jakob in Grissian, Tisens, aus dem Freskenzyklus

Sankt Jakob in Grissian, Tisens, mit Blick in Richtung Meran

Schloß Eschenloch in Ulten

Bauernhof bei Sankt Moritz in Ulten

Proveis am Deutsch-Nonsberg

Sankt Felix am Deutsch-Nonsberg

Hocheppan, Kreidenturm

Hocheppan, Schloßkapelle

Sankt Pauls im Überetsch, der »Dom auf dem Lande«

Hochfrangart (Überetsch): »Die Kugel«

Kaltern, Frühlingstal

Herbst am Kalterer See

Söll bei Tramin, Mauritiuskirche

Sankt Jakob in Kastellaz, Tramin

Aus dem Danielskirchlein am Kiechelberg ober Auer

Truden, Pfarrkirche: Der Glöckner ruft zum Gottesdienst!

Neumarkt, Laubenmotiv

Sankt Florian bei Neumarkt

Salurn, Haderburg

Das Burggrafenamt

In die schüsselförmige Mulde, in die das Meraner Becken vom Steilabfall zur Töll und zum Ausgang des Vinschgaus gebettet ist, liegt die alte Gemeinde **Algund** mit ihren Ortsteilen **Gratsch** (das jetzt zu Meran gehört), **Plars** und **Forst**. Dazu gehört auch das noch hoch über dem Vinschger Talende liegende **Aschbach**. In die Urgeschichte reicht die Gegend durch den Fund von vier Menhiren, die in **Mitterplars** am Anfang unseres Jahrhunderts gefunden wurden und heute im Meraner Museum stehen.

In die greifbare Geschichte rückt Algund durch einen römischen Brückenpfeiler am linksseitigen Etschufer unterhalb von Forst, auf dessen Resten jetzt die KAPELLE ZUM HEILIGEN NEPOMUK steht. (N. Wackernell hat darüber im »Schlern«, 1996/594, einen ausführlichen Aufsatz verfaßt.) Danach führte auch die Via Claudia Augusta an den Hängen links der Etsch von Moritzing über Burgstall nach Obermais, auf den Zenoberg und über den Pulverturm, ungefähr den Tappeinerweg entlang, bis Gratsch und Algund, überquerte dort die Etsch und gelangte auf die Zollstation der Töll; in Rabland wurde ja dann 1552 der Meilenstein gefunden, der uns den Namen der Via Claudia Augusta überliefert hat. (Er steht heute im Stadtmuseum von Bozen.) Sicher gab es auch einen rechtsseitigen Weg über das Tisner Mittelgebirge, der dann oberhalb von Marling ebenfalls bei Forst auf die Hauptstraße mündete.

Algund ist heute mit seinen gegen die Etsch hin liegenden Häusern ein ganz auf den Tourismus eingestellter Ort mit einer Reihe von schönen Hotels, Pensionen und Gaststätten; erst gegen den Berghang und gegen Gratsch hin stehen noch alte Bauernhöfe, auch sie meist neu herausgeputzt. Die alte Pfarrkirche geht auf romanische Zeit zurück, bekam einen gotischen Chor und eine neugotische Innenausstattung; an ihre Frühzeit erinnern noch zwei Marmorreliefs an der südlichen Kirchenwand, die einen Greif und ein gehörntes Fabeltier darstellen. Im Jahr 1936 wurde dann vom bekannten Meraner *Architekten Gutweniger* ein neues Gotteshaus errichtet.

Zur Gemeinde gehören auch die drei über den Hang gebreiteten Ortsteile von **Plars**, wo besonders die idyllisch mitten in den Weinbergen liegende Kirche von **Oberplars** einen Besuch wert ist. Sie hat aus der Gotik den polygonalen Chor und die Portale herübergerettet sowie schöne Wandmalereien; der Christophorus erinnert eher an einen etwas blöde blickenden Weinbauern als an einen Heiligen, er stammt aus der Mitte des 14. Jahrhunderts. Von **Mitterplars** geht ein Sessellift nach Vellau und von dort der zweite Ast bis zur Leiteralm.

Zur Gemeinde Algund zählt, obwohl am rechten Etschufer, das noch in der Talsohle liegende SCHLOSS VORST, das sich neben dem mächtigen »Bierschloß« nunmehr ganz bescheiden ausmacht. Das bekannte Bier und seine große Brauerei im grünweißen Schachbrettmuster werden bekanntlich mit »F« geschrieben und erwecken bei den Besuchern mehr Interesse als das alte Burggemäuer. Die im späten 13. Jahrhundert erbaute Burg liegt nahe der Etsch und blickt mit dem gotischen Chor ihrer Kapelle gegen Osten. Der Bergfried ist wenig höher als der Palas; das Gebäude wurde im vorigen Jahrhundert weitgehend erneuert.

Ganz entlegen, aber um so schöner in seiner luftigen Lage ist der Weiler von **Aschbach**, zu dem von Rabland eine Seilbahn, von der Töll eine gute Straße führt. Der Wanderweg ist wegen seiner Steilheit etwas beschwerlich, aber lohnend wegen der sich immer weiter öffnenden Aussicht auf den ganzen Vinschgau. Noch bevor man auf dem alten Plattenweg das Dorf erreicht, steht auf einem vorgeschobenen Wiesenhügel die kleine KIRCHE ZU MARIA SCHNEE, die nicht so sehr wegen ihres einfachen, barocken Inneren, als vielmehr wegen ihrer beherrschenden Lage zu den Kleinodien des Nörderberges gehört, der hier allerdings durch seine nach Westen offene Lage fast ebensoviel Sonne abbekommt wie der gegenüberliegende Sonnenberg. Gegen den Waldrand stehen noch alte Bauernhäuser und ein paar Gaststätten.

Gegenüber von Forst-Vorst geht eine Straße nach **Marling** ab, das den Kranz der Hangsiedlungen beschließt, die sich von Obermais über Schenna, Tirol und Algund um die alte Landeshauptstadt legen. Für Wanderer besonders reizvoll ist der Waalweg, der sich von der Töll aus durch die Reb- und Obsthänge oberhalb von Marling hinzieht. Von dort oben bietet sich das ganze fruchtbare Land um Meran und der schützende Kranz der Berge wie in einem Bilderbuch dem Beschauer. Die große Kirche steht beherrschend mitten im dichtgedrängten Ortskern, sie ist ein Neubau aus dem vorigen Jahrhundert, und ihre gotischen Reste dienen heute als Seitenschiff und Sakristei. Dem romanischen Turm hat 1591 ein Blitz den Kopf abgeschlagen und daraufhin hat er das für unsere Gegend etwas fremd anmutende Satteldach aufgesetzt bekommen. Schön herausgeputzte Häuser, viele Hotels und Gastbetriebe (darunter der bekannte Oberwirt in einem ansehnlichen, alten Gebäude) prägen das Bild des Ortes; eine Reihe von Edelsitzen, oft eine wohlgelungene Mischung aus Herrensitz und bäuerlichem Anwesen, ist locker über die Hänge verteilt; doch zu Marling gehören ebenso die vielen Weinhöfe, die sauber gepflegten Obstanlagen, die bis hoch hinauf den steilen Hang bedecken. Der Name des Dorfes klingt nach Wohlhabenheit, nach alter Burggräfler Tradition und nach einem guten Tropfen Wein. Von der Dorfmitte steigt eine schmale Straße bergwärts und windet sich dann in vielen Kehren den Steilhang hinauf. Beim Berggasthof Tschigg auf fast 1000 Metern Höhe kann man dann einkehren oder auf Fußwegen weiter auf das VIGILJOCH wandern. Denn für Autos ist hier Schluß!

Die locker besiedelten Weinhänge gehen beinahe nahtlos in die Nachbargemeinde **Tscherms** über. An der Straße steht, etwas hinter Parkbäumen verborgen, der Herrensitz KRÄNZL; durch das steinerne Eingangstor blickt man in den Hof und den Ansitz mit dem Zinnengiebel und den schönen, schmiedeeisernen Fensterkörben. Ein Schild zeigt auch an, daß hier ein köstlicher Eigenbauwein erworben werden kann, worunter der »Sagittarius« besonderen Ruhm verdient; hier kann man aber auch im Schatten der hohen Bäume gemütlich sitzen und die Freuden eines typischen Buschenschanks genießen.

Der eher steile Hang zu Füßen des Vigiljochs wird von dem hoch oben thronenden SCHLOSS LEBENBERG überragt. Hinweisschilder von Marling oder von Tscherms aus bringen auf gewundener Straße durch üppige Wein- und Obstgärten auf die

Höhe von 519 Metern, wo die Burg auf einem wenig befestigten Hügel steht, der nur gegen das Tal hin steiler abfällt.

Schon am Ende des 12. Jahrhunderts von den *Herren von Marling* erbaut, ging die Burg nach mehreren Besitzerwechseln im Jahr 1462 durch Heirat an die späteren *Grafen Fuchs* über; diese stammten von Fuchsberg über Missian, von dem heute nur mehr spärliche Mauerreste zeugen. Lange in der Jaufenburg im Passeier wohnhaft, wählten sie später Lebenberg zu ihrem Hauptsitz. Ein *Christoph Fuchs* war unter Ferdinand I. bis 1536 sogar Statthalter von Tirol; nach dem Tod seiner Frau wurde er Priester und brachte es bis zum Bischof von Brixen! *Beda Weber* (in: »Das Tal Passeier«) erzählt lange über Aufstieg und Niedergang dieser Familie, die einst eine der reichsten und mächtigsten in Tirol war; 1828 starb der Letzte ihres Stammes. Die neuen Besitzer, die *Herren van Rossem,* die die Burg 1924 erworben haben, sorgen nun schon in der dritten Generation mit großem Verständnis und Kunstsinn für die Erhaltung dieses schönen Besitzes.

Trotz seiner von außen gesehen großen Ausmaße mit den Wirtschaftsgebäuden, dem Torturm und mehreren Innenhöfen gewinnt man beim Besuch den Eindruck einer fast gemütlichen Behausung; im ersten, malerischen Innenhof führt eine Treppe an der gotischen Kapelle vorbei, die sich mit ihrem eingebauten Türmchen an den Palas anlehnt. Im Inneren, das besichtigt werden kann, sind seltene Möbelstücke, ein prächtiger Renaissance-Ofen und ein besonders bemerkenswerter, mit über 200 Porträt-Gestalten bemalter Stammbaum der Fuchs zu bewundern. An der sonnigen Südmauer gedeihen ein mächtiger Opuntienstamm, Zypressen und sogar ein Ölbaum! Kurzum, das Schloß atmet eine besonders gute Atmosphäre, das, was man bei den Chinesen als »Feng-Shui« bezeichnet, nämlich eine innere Ausgewogenheit mit harmonisierender Wirkung.

Weit vorgeschoben zwischen dem Vinschgau und dem Ultental liegt die hohe Kuppe, die seltsamerweise nicht als Berg, sondern als »Joch« bezeichnet wird, das VIGILJOCH. Es ist mit 1837 Metern der östlichste Ausläufer der Kette, die taleinwärts über PEILSTEIN und HOCHWART erst beim HASENÖHRL den ewigen Schnee erreicht. Durch den Bau einer Seilbahn, die in ihrem Erbauungsjahr 1913 zu den ERSTEN SCHWEBEBAHNEN DER WELT gehörte, wurde das Gebiet den Meranern erst richtig erschlossen. Ihr Erbauer, *Dr. Luis Zuegg* aus Lana, wurde zum international bekannten Pionier des Seilbahnbaues – auch die Bahn auf den Ätna ist sein Werk! Auf dem »Joch«, bei der Endstation der Seilbahn auf 1500 Metern Höhe, hat sich eine kleine Siedlung aus Sommerfrischhäusern und Gaststätten gebildet, für die Meraner ein Gegenstück zum Ritten der Bozner. Von hier aus geht man (oder fährt mit dem Sessellift) auf den LARCHBÜHEL (1837 m), die höchste Erhebung der Kette, von wo man auch die weiteste Aussicht über diese gesegnete Ecke von Südtirol genießt. Etwas tiefer steht die alte VIGILIUSKIRCHE, ein schlichter, gotischer Bau mit einfachem Turm. Nach *Weingartner* hat die Kirche romanische Ursprünge; auch der Kirchenpatron spricht für ein hohes Alter.

Gegen das Ultental hin liegen die weit verstreuten Höfe von **Pawigl**, das zur Gemeinde Lana gehört und wo wegen der Steilheit der Wiesen die Hennen angeblich Steigeisen tragen müssen und ein Säckchen, damit die Eier nicht ins Tal kollern. Auch hier hinauf führt jetzt eine gute Straße und eine Kabinenbahn.

Das Ultental

Bevor wir uns dem großen Ort Lana zuwenden, nehmen wir die Straße, die kurz vor der Brücke über die FALSCHAUER rechts in die Höhe führt. Der Talbach muß sich nämlich durch die enge Gaulschlucht zwängen, um die Steilstufe zu umgehen, die die Straße zu überwinden hat. Dort, wo der Hang an Steilheit zu verlieren beginnt, steht hart am senkrechten Absturz zur GAULSCHLUCHT die kleine BURG BRAUNSBERG. Seit der Mitte des 15. Jahrhunderts ist sie im Besitz der TRAPP, deren Nachkommen noch zeitweise dort hausen. Die tragische Geschichte der Schloßherrin JUTTA VON BRAUNSBERG, die hier im Mittelalter in die tiefe Schlucht gestürzt ist, wurde in einem von *Jul Bruno Laner* verfaßten Volksschauspiel vor wenigen Jahren in der Gaulschlucht aufgeführt. Etwas höher oben, im Weiler **Gagers**, fällt das hübsche Barockgebäude der kleinen KREUZKUPPELKIRCHE VON SANKT MAGNUS auf.

Dann verläuft die von Wald gesäumte Straße in stetiger, leichter Steigung hoch über dem schluchtartigen Talgrund, bis sie in das Gemeindegebiet von **Sankt Pankraz** tritt. Mehrere spitze Hügel schieben sich weit gegen das Tal vor, und auf dem letzten davon steht der hohe Bergfried der alten BURG ESCHENLOCH. Von den Resten der Umfassungsmauer und vom hohen Palas ist von der Straße aus nichts zu sehen, da hohe Lärchen den Hügel bedecken.

Die Burg wurde von einem Nebenzweig der *Eppaner Grafen* erbaut, die sich später nach der Heirat mit einer aus Eschenloh bei Garmisch stammenden Frau nach diesem neuen Besitz nannten (daher auch die Schreibweise »Eschenlohe«). Für viele Jahrhunderte blieb die Burg dann im Besitz der *Trapp,* und seit einigen Jahrzehnten ist sie in privater Hand. Sie kann nicht besichtigt werden.

Sankt Pankraz besitzt einen hübschen Dorfkern um die Kirche, die als Pfarre für das ganze Tal schon 1140 erwähnt ist. Sie hat ihre 1492 zu Ende geführten gotischen Formen bewahrt. Reizvoll ist die kleine Friedhofskapelle mit dem aufgesetzten Fassadentürmchen und dem schützenden Vordach über einem Bild des heiligen Fabian. Das schöne Haus gegenüber der Kirche mit dem Wappen der Trapp war das frühere »Pfleghaus«, also der Gerichtssitz.

Kurz nach Sankt Pankraz weist ein Schild rechts nach **Sankt Helena.** Dieses einsame Bergkirchlein auf einem waldigen Hügel auf 1542 Metern Höhe liegt an einem alten Übergang in den Vinschgau, der über das »Jöchl« zur Tablander Alm führte. Von der Höhenstraße aus, die dann bei Sankt Walburg wieder den Talboden erreicht, geht von ihrer höchsten Stelle aus bei einigen alten Schuppen der Weg nach Helena ab; auf guter Forststraße erreicht man durch dichte Wälder in einer guten halben Stunde die Kirche. Der auf einer Waldwiese stehende Barockbau bietet keine besonderen Schätze; aber diese Kirchen wurden ja nicht für die Kunsthistoriker gebaut, sondern für ein Volk, dem es um geistige Erbauung und natürliche Frömmigkeit ging, die wir auch heute noch nötig hätten, aber immer mehr vermissen!

Von der Talstraße aus zweigt ein paar Kilometer nach Sankt Pankraz ein Weg rechts ab zum alten Bergbad von **Mitterbad**. Fährt man in dieses weltabgeschiedene Tälchen, wo nur das Rauschen des Baches und der hohen Baumwipfel zu hören ist, so wundert man sich, daß hier bis zum Ersten Weltkrieg ein internationaler Badebetrieb herrschte, der nicht nur Gliedersüchtige und Brustschwache anzog, sondern auch viel Volk, das hier Gesellschaft suchte und auch fand. Mitterbad genoß damals den Ruf eines der nobelsten Bergbäder Tirols. Auf einer kleinen Lichtung im Waldboden stehen noch die großen, heute dem Verfall preisgegebenen Gebäude der Badeanstalt und der Hotels. Eine riesige, jahrhundertealte Buche beschattet das kleine Kirchlein. Auf Marmortafeln kann man lesen, daß hier die Kaiserin Elisabeth von Österreich, aber auch die Brüder THOMAS und HEINRICH MANN Erholung suchten; und die Tradition weiß zu berichten, daß der junge FÜRST BISMARCK hier an die Tochter des Besitzers sein Herz verloren hatte und eigentlich nur die Verschiedenheit der Konfession den Vater der Braut dazu bewogen hätte, dem Töchterlein die Verbindung mit einem »Lutherischen« auszureden. Trotz dieser deutlichen Zeichen einer längst verlorenen Pracht fühlt der Besucher noch etwas vom alten Fluidum des Ortes: Ist es die Abgeschiedenheit, ist es ein besonderer »genius loci« oder der Zauber der Erinnerung an größere Tage? Hier ist es einfach gut sein!

Durch das MARAUNTAL, das bald nach dem Tälchen von Mitterbad von Süden herabzieht, führt seit kurzem eine neue Straße nach Proveis im Deutschnonsberg; damit ist diese Verbindung zu diesen abgelegenen Gemeinden jenseits der Ultner Berge bedeutend kürzer geworden. Die Jochhöhe wird durch einige Tunnels unterfahren; die Straße bietet nur in ihrem unteren Abschnitt schöne Ausblicke auf das Ultental.

Dann treffen wir taleinwärts auf die ersten der fünf Stauseen, die von der Trentiner Elektro-Gesellschaft STE in den Jahren nach 1952 errichtet wurden und denen besonders in der Senke des ZOGGLERSEES eine Reihe von uralten Bauernhöfen zum Opfer gefallen sind. Der erste See liegt, solange er voll ist, wie ein blaues Auge in den grünen Wiesen, und bald kommen wir nach **Sankt Walburg**. Die Gebäude um den kleinen Platz hinter dem behäbigen Eggwirt haben schon ein ganz modernes Gepräge; über den steilen Hang verteilen sich die vielen Bauernhöfe; die Kirche liegt idyllisch auf einem Hügel hoch über der Straße; ihre gotischen Formen hat sie zum Teil noch bewahrt. Interessant ist im Inneren an der linken Wand des Langhauses das große Fresko des bekannten Malers *Peter Fellin* († 1999) aus dem Jahr 1947, das noch nicht viel von seiner späteren Kunst zeigt und noch ganz den Vorbildern der damaligen Zeit verhaftet ist. Die Straße, die gleich nach der Brücke (von Pankraz kommend) rechts in die Höhe zieht, führt an alten Höfen vorbei, unter denen der gut dreihundert Meter höher liegende Breitenberghof zu erwähnen ist, der aus dem 13. Jahrhundert stammt und herrschaftliche Züge zeigt. Die leider sehr baufälligen Mauern müssen durch schwere Balkenverstrebungen geschützt werden, unter denen die Doppelbogenfenster und Reste einer Bemalung kaum zu erkennen sind. Mächtige, kunstvolle Holzkonstruktionen sind an den anliegenden Scheunen zu bewundern.

Hier in der Höhe wird man sich bewußt, daß die eigentliche Seele des Tales nicht so sehr in den Siedlungen in der Talsohle liegt, sondern in den uralten Höfen längs der Terrassen, besonders an der Sonnenseite. In keinem anderen Tal Südtirols ist die alte Bauweise noch so durchgehend bewahrt; fast alle Höfe haben noch das Dach mit den matt schimmernden Lärchenschindeln und den beschwerenden Steinen gedeckt; die Balken von Futterhaus und Wohnhaus sind vom Alter dunkelbraun gebeizt, rote Geranien stehen vereinzelt und nie im Übermaß auf dem Söller und bilden einen malerischen Kontrast zum dunklen Holz.

Auf der Höhe des großen Zoggler-Stausees geht im Weiler **Kuppelwies** eine Straße rechts in ein Tal bis zur KUPPELWIESER ALM und weiter bis zum Staudamm des ARZKAR-SEES. Dort, wo das Tal flacher wird, steht links die Talstation zum beliebten Skigebiet der SCHWEMMALM auf Breiteben. Vom Ende der Straße unter dem Staudamm beginnt der Anstieg zum HASENÖHRL (3257 m), dem östlichsten Dreitausender der Ortlergruppe, den noch ein immer kleiner werdender Gletscher deckt.

Das nächste Dorf im Tal heißt **Sankt Nikolaus**; es hat eine hübsch gelegene, gotische Kirche mit einem neugotischen Inneren. Die kunstvoll geschnitzten Kirchenportale stammen vom Grödner *Josef Senoner* (1899). Ein Schild weist von hier nach **Sankt Moritz**; hoch über dem Tal führt die Straße wieder weit gegen Nordosten und kommt auf 1635 Metern Höhe, direkt über dem Zogglersee, zu einem der Bergkirchlein, die wie kostbare Juwelen über die Südtiroler Berge verteilt sind. Die Lage ist beherrschender und aussichtsreicher als jene von Sankt Helena; die Kirche ist der Tradition nach »die älteste des Tales« (*Weingartner*). Sie liegt an einem der früher viel begangenen Übergangswege ins Martell oder nach Latsch. Die spätgotische, auf einem Hügel errichtete Kirche hat noch ein paar Fresken aus dem Jahr 1492 bewahrt. Auf der Terrasse des nahen Gasthofes zu sitzen, das grüne Tal unter sich und die Kette der Berge gegenüber, vom Laugen über die Hochwart zur Ilmenspitze und weit hinein zu den schneebedeckten Gipfeln des Talendes, bringt einem das Ultental viel näher als eine schnelle Fahrt über die Talstraße. Eine nicht asphaltierte Straße führt hinter dem Kirchhügel in kurzer Zeit zur Talstation der Schwemmalm und weiter hinunter nach Kuppelwies.

Der letzte Ort im Tal ist **Sankt Gertraud**; hier gabelt sich das Tal: Die Falschauer kommt aus dem geographisch linken Ast vom WEISSBRUNNSEE herunter, während das weniger steile KIRCHBERGTAL zu den HASELRIEDER SEEN auf dem RABBI-JOCH (2467 m) zieht. Bis zum WEISSBRUNNSEE führt eine gute Straße, die bis vor wenigen Jahren viele Feinschmecker aus nah und fern wegen der weitgerühmten Kochkunst des *Herrn Godio* angelockt hat. Seit ein Unfall seinem Leben ein Ende gesetzt hat, ist das Interesse an diesem 1900 Meter hoch gelegenen Ort verflogen, wenn auch das Hotel Enzian im Sommer noch Gäste bewirtet. An diesem Beispiel sieht man, wie oft die Unternehmungslust und Tüchtigkeit eines einzelnen eine bessere Propagandawirkung entfaltet als viele Prospekte!

Die KIRCHE ZUR HEILIGEN GERTRAUD steht auf einem Hügel und war ursprünglich gotisch. Urkundlich ist sie schon 1380 genannt (*Weingartner*). Zur Barockzeit wurde sie umgebaut und mit Altären aus dieser Zeit versehen. Am gegenüberliegenden Hang sehen wir die Höfe von Flatsch, von Gschöra von Pilsen und von Kaserfeld, alle noch in der alten Form, die uns durch ihre Patina so romantisch erscheint, aber den Bewohnern harte Arbeit und viele Entbehrungen abverlangt. Aber sie haben siebenhundert Jahre dort ausgehalten, und wir wünschen ihnen noch eine recht lange Zukunft!

Talauswärts kommen von der Bergkette, die Ulten vom Nonsberg trennt und die bei den Nonsbergern »Le Maddalene« heißt, neben dem KIRCHBERGTAL noch das KLAPFBERGTAL herunter, von dessen Joch man den nahe gelegenen ALPLAHNER SEE (Lago Trenta) erreicht; ferner das AUERBERGTAL, das SCHWARZBACHTAL und das schon erwähnte Marauntal, durch das die neue Straße nach Proveis führt. So ist das Ultental zwar durch hohe Berge auf drei Seiten schützend eingerahmt, hat aber durch die vielen, wenn auch hohen Übergänge die Verbindung mit den Nachbartälern in der Vergangenheit immer aufrechterhalten können; und durch die offene Pforte nach Lana und nach Meran ist immer neues Leben ins Tal gezogen.

Lana ist mit über 9000 Einwohnern eines der volkreichsten Dörfer Südtirols; die Siedlung legt sich in die Mulde zwischen dem Ausgang des Ultentals und dem Mittelgebirge von Völlan-Tisens; von diesem auch als Oberlana bekannten Ortsteil breiten sich die Häuser dann dem Berghang entlang bis nach Niederlana und in den letzten Jahren auch immer weiter gegen die Etsch hinaus, bis sie sich im Süden in den üppigen Obstwiesen verlieren. Ein sehr langes Dorf also, und nach Meran das bedeutendste Zentrum des Burggrafenamtes.

Der Name rührt, nach *Kühebacher*, von dem römischen Namen »Leo« her, dessen Landgut oder Praedium dann eben »Leonianum« hieß, wie das »Cornelianum« eines Cornelius oder »Prissianum« eines Priscus. Außer wenigen Bodenfunden haben wir aber keine eigentlichen Zeugnisse einer römischen Siedlung. Im Jahr 1990 feierte Lana die tausend Jahre seiner ersten Erwähnung in einem Dokument aus dem Kloster Weingarten in Schwaben, zu dessen Besitz damals viele Güter und Höfe in Südtirol gehörten; inzwischen haben wir aber Beweise einer früheren Besiedlung durch die karolingischen KIRCHEN von SANKT MARGARETH und SANKT GEORG bei Völlan. Im Grunde nimmt es nicht wunder, daß sich an der wichtigen Verbindungsstraße über die Hügelterrassen rechts der Etsch vom Unterland in den Vinschgau Siedlungskerne bildeten.

Bis in unsere Tage reicht der Einfluß, der mit der Gründung in Lana einer der ersten Niederlassungen des Deutschen Ordens im Jahr 1215 begonnen hatte; in diesem Jahr hatte Kaiser

Friedrich II. die MARGARETHENKIRCHE in Lana dem Orden geschenkt. Nach und nach erweiterte sich der Besitz, 1430 kam die Pfarre Lana (die heutige PFARRKIRCHE VON NIEDERLANA) dazu und bald darauf der Gebäudekomplex, der heute als SANKT ANNA bekannt ist und neben einer kleinen Kirche ein Altenheim beherbergt (*Christoph Gufler* im »Schlern« 1985 / 331). Sein Wachstum verdankt der Ort hauptsächlich seiner bedeutenden Produktion von Obst, vor allem von Äpfeln, die zehn Prozent der gesamten Südtiroler Ernte ausmacht. Lana hat diesem seinem wichtigsten Erwerbszweig ein eigenes, sehr aufschlußreiches Obstbaumuseum gewidmet, und *Christoph Gufler,* großer Heimatforscher und zur Zeit Bürgermeister von Lana, hat dazu das »Südtiroler Apfelbuch« verfaßt. Eine Ansiedlung von 500 Handwerks- und Handelsbetrieben füllt ein großes Areal in der Ebene gegen die Etsch hin; einer der ersten und wichtigsten davon, die obstverarbeitende Firma Zuegg, hat allerdings ihre Produktion von Obstsäften aus wirtschaftlichen Gründen nach Verona verlegt; die Abwanderung aus unserem wohlhabenden Land in Gebiete mit billigeren Arbeitskräften geschieht immer häufiger und ist wohl kaum aufzuhalten. Neben den vielen Kunstdenkmälern bietet der Ort auch ein reges kulturelles Leben; Musikkapellen, zahlreiche Vereine, darunter der sehr tätige literarische Verein der »Bücherwürmer«, Theatergruppen, Sport- und Freizeitanlagen und eine Reihe von Beherbergungsstätten rücken Lana durchaus auf die Höhe einer kleinen Stadt.

Die Einteilung des langen Straßendorfes in Ober-, Mitter- und Niederlana geht noch auf das 13. Jahrhundert zurück. **Oberlana** beginnt schon nördlich der Brücke über die Falschauer, und seine letzten Höfe und Häuser gehen fast nahtlos in die Nachbargemeinde Tscherms über. In diesem Ortsteil steht die Talstation der VIGILJOCH-BAHN. Links und rechts der Brücke führen romantische Spazierwege in die enge Gaulschlucht unterhalb des Burgfelsens von Braunsberg. Und bald südlich der Brücke zweigt die Gampenstraße auf das Mittelgebirge von Völlan, Tisens und auf den Paß ab. Man hat hier nicht den Eindruck eines richtigen Dorfzentrums, ältere und neue Gebäude reihen sich zu seiten der Straße, aufgelockert durch kleine Gärten oder Baumgruppen. Das heutige, große Rathaus war früher ein Hotel.

Die neue PFARRKIRCHE ZUM HEILIGEN KREUZ gehört schon zu **Mitterlana** und wurde von Stuttgarter Architekten entworfen und 1950 fertiggestellt. Sie ist im Besitz des Deutschen Ordens. Bedeutend höheren kunsthistorischen Wert besitzt aber die alte PFARRKIRCHE ZU MARIÄ HIMMELFAHRT in **Niederlana**, vor allem wegen ihres berühmten SCHNITZALTARS. Schon vor 1170 waren hier die *Herren von Brandis* vom nahen Schloß Kirchenvögte, ein Amt, das sie bis auf den heutigen Tag innehaben. Den heutigen, 1492 geweihten Bau nennt *Weingartner* »eine der schönsten spätgotischen Kirchen des Landes«, besonders wegen seines reich geschmückten Innenraumes. Das Prunkstück der Kirche ist der Schnitzaltar, der den ganzen Altarraum ausfüllt und mit 14,5 Metern Höhe der größte Flügelaltar Tirols und einer der größten von Europa ist (der größte mit 18 Metern Höhe befindet sich im slowakischen Städtchen Lévoca, zu deutsch Leutschau). Verfertigt hat ihn der aus Schwaben eingewanderte Meraner Bürger *Hans Schnatterpeck,* der sich im Jahr 1508 um 1600 Gulden verpflichtet hatte, den Altar in acht Jahren fertigzustellen. So ist ein Werk mit einer verwirrenden Anzahl von Einzelfiguren entstanden, die sich trotzdem zu einem harmonischen Ganzen fügen; im oberen Teil sehen wir die Krönung Mariens und ihr zur Seite die heilige Anna Selbdritt und die heilige Katharina mit dem Schwert und dem »Radl« zu ihren Füßen. Der Mittelteil wird beherrscht durch die Figur Gott Vaters, der den toten Sohn im Schoß hält – eine Darstellung, die in der Kunstgeschichte auch mit der Bezeichnung »Gnadenstuhl« bekannt ist. Besonders fein ausgeführt sind die fünf klugen und die fünf törichten Jungfrauen in der Umrahmung des Schreins. Neben diesen Schnitzarbeiten dürfen die gemalten Flügel nicht vernachlässigt werden, die Szenen aus dem Leben und Leiden Christi darstellen. Es ist empfehlenswert, sich einer der häufigen Führungen anzuschließen, um mit den Einzelheiten dieses großen Werkes besser vertraut zu werden. (Daß der Vorgänger des heutigen Kustos den Namen Holzwurm trug, hat dem Altar anscheinend nicht geschadet!)

Als älteste KIRCHE von Lana gilt SANKT MARGARETH, bergwärts über den Obsthängen und nicht weit von der Hauptkirche gelegen. Mit ihren drei Rundapsiden stellt sie neben dem Georgskirchlein in Völlan einen Kirchentypus dar, der ins achte, neunte Jahrhundert zurückreichen könnte, wie *Hans Nothdurfter* (im Band »1000 Jahre Lana«, 1990) anhand von Vergleichen mit ähnlichen Bauten in Oberitalien und im Engadin festgestellt hat. Trotz späterer Veränderungen am Bauschema und an den Wandmalereien bleiben noch die reichlich bemalten Apsiden mit zum Teil ins 12. Jahrhundert zurückreichenden Figuren, die stark an Hocheppan oder an Müstair erinnern. Leider hat am Ende des vorigen Jahrhunderts ein Restaurator namens *Siber* auf eigene Faust und nach eigenem Geschmack einen Teil der Bilder ergänzt und andere hinzugefügt, so daß ein bedauernswertes Stilgemisch entstanden ist. Trotzdem hat das Kirchlein noch viel von seiner Ursprünglichkeit bewahrt.

Etwas höher oben und von der Straße nach Völlan zugänglich steht eine andere Kirche ungefähr desselben Alters und sehr ähnlicher Bauart, jedenfalls in ihren Grundmauern, weil sie später immer wieder verändert wurde. In diesem GEORGSKIRCHLEIN haben Grabungen durch Hans Nothdurfter, unseren Fachmann für Kirchenarchäologie, ebenfalls drei Apsiden feststellen können; allerdings sind aus dieser Bauzeit außer geringen Freskenresten keine weiteren Elemente auf uns gekommen.

Wo der tief eingeschnittene Brandisbach von Völlan herunterkommt, steht am südlichen Ende von Niederlana der halbzerfallene Bergfried mit einigen Mauerresten der alten BURG BRANDIS. Im Jahr 1807 stürzte die Hälfte des Turmes ein, die Familie baute sich danach auf einem erhöhten Absatz über dem Tal den herrschaftlichen Ansitz NEU-BRANDIS, und die Burg verfiel in kurzer Zeit. Im 13. Jahrhundert hatten die *Brandis*, die vielleicht aus der Schweiz kamen, schon die LEONBURG erworben, auf der ihre Nachkommen heute noch leben; diese ununterbrochene Kontinuität des Besitzes ist angesichts der sonst meist sehr wechselnden Besitzverhältnisse unserer Südtiroler Burgen besonders erwähnenswert.

Kehrt man von Niederlana aus auf dem bergwärts gelegenen Weg in den Hauptort zurück, dann kommt man immer wieder an auffallenden Gebäuden vorbei; da ist zuerst der große Komplex von SANKT ANNA zu erwähnen, ein alter Deutsch-Ordens-Besitz, der heute ein Altersheim beherbergt. Ein schmaler, trapezförmiger Innenhof ist auf allen vier Seiten von Gebäudeteilen umgeben; drinnen sind noch eine gotische Kapelle zu Sankt Anna und die Reste von zwei romanischen Türmen enthalten. Weiter vorne, von der Straße etwas abgerückt, fällt der Ansitz GOLDEGG durch seine zinnengeschmückte Ringmauer und den alten Viereckturm in der Mitte der Gebäude auf. Die aus verschiedenen Jahrhunderten zusammengesetzte Gebäudegruppe bietet ein gutes Beispiel für die Lust, durch immer wieder den Zeiten angepaßte Veränderungen einem Gebäude jeweils das passende Gesicht zu geben; manchmal war das Ergebnis wenig erfreulich, hier hingegen fügt sich alles zu einer angenehmen Harmonie. Eine Reihe von weiteren, alten Ansitzen liegt verstreut in der langgestreckten Siedlung; in manchen steckt noch ein mittelalterlicher Turm, andere sind zu Bauernhöfen geworden, wobei oft der Übergang von einem kleinen Herrn zu einem Herrnbauern fließend und bestimmt keinem von beiden abträglich ist.

Das Mittelgebirge von Tisens

Gleichsam ein Stockwerk höher über dem fruchtbaren Etschtal und seinen blühenden Siedlungen liegt zwischen Lana und Nals eine Mittelgebirgslandschaft, die an Schönheit in Südtirol ihresgleichen sucht. Der bekannte Germanist und Heimatforscher *Ignaz Vinzenz Zingerle,* der auf Schloß Summersberg in Gufidaun hauste, schrieb im Jahr 1877: *Eine Wanderung durch das Tisner Mittelgebirge gehört zu den Feiertagen des Lebens.*

Eine Reihe von Wallburgen, so besonders die Hügel von Sankt Hippolyt und von Sirmian, sowie zahlreiche Funde aus der Römerzeit deuten darauf hin, daß hier nicht nur seit alters eine Besiedlung bestand, sondern erinnern auch an die Wichtigkeit der Wegstrecke, die hier heroben vom Überetsch kommend in den Vinschgau weiterzog, weil die sumpfigen Etschniederungen nicht gangbar waren. Diese Nähe an einem wichtigen Verkehrsweg erklärt auch die Anwesenheit so vieler Burgen und Schlösser. Dabei ist diese Terrasse in Höhenlagen zwischen 400 und 600 Metern klimatisch günstiger als das Tal, und ihre Böden lassen Wein und Kastanie bestens gedeihen. Der Abfall der Terrassen gegen das Etschtal geschieht meist in ausgeprägter Steilstufe.

In **Völlan** liegen auf einer bewegten Oberfläche viele Einzelgehöfte und auch mehrere Herrensitze verstreut um den erhöhten Kirchhügel; diese Siedlungsart ohne festen Ortskern, wie man ihn in den Nachbardörfern findet, weist auf eine rein germanische, in diesem Fall bajuwarische Landnahme um das Jahr 1000 hin. Am KOBALTBÜHEL fanden sich jedoch ausgedehnte Reste einer Siedlung aus der Bronze- und Eisenzeit. Beherrscht wird das Dorfbild von der langgestreckten MAYENBURG, auf einem wallförmigen Hügel gegen das Etschtal hin gelegen. Hier hausten im 11. und 12. Jahrhundert die *Grafen von Eppan;* 1253 übernahmen die *Tiroler Grafen* die Burg, und im Lauf der Jahrhunderte ging sie dann an die *Hael,* die *Römer von Maretsch* und an die *Grafen Brandis* über, die hier noch bis 1825 wohnen konnten. Dann verfiel die Anlage, und heute versucht ein Burgenliebhaber, der sie seit vielen Jahrzehnten besitzt, durch aufwendige Arbeiten das Gemäuer vor weiterem Verfall zu bewahren. Andere Herrensitze, wie der MAIR AM TURMHOF, AICHHOLZ oder die burgähnlichen Gebäude von HELMSTORF im Weiler **Rateis** über dem Ultental, zeugen von der Beliebtheit der Gegend seit alters.

Die KIRCHE ZUM HEILIGEN SEVERIN steht, vom Friedhof umgeben, auf einem steilen Hügel, und man steigt zu ihr über eine lange Treppe. Noch ist, allerdings in Form einer Seitenkapelle, der alte, gotische Chor mit schönem Netzgewölbe und wertvollen Fresken erhalten; auf einem der Bilder in den Gewölbezwickeln ist eine naturgetreue Darstellung der Mayenburg zu sehen, nach *Weingartner* ist das *ein seltener Fall einer frühen, wahrheitsgetreuen Burgendarstellung.*

Zwei Anziehungspunkte von Völlan sind noch zu erwähnen: Da ist einmal das vorzüglich eingerichtete BAUERNMUSEUM, rechts am Ende der breiten Mayenburgstraße in einem Zubau zum Pfarrhaus; hier bekommt man einen guten Einblick in die bäuerliche Tätigkeit eines Landstrichs, in dem Weinbau, Obstbau und Bergwirtschaft gemeinsam bestehen. Das zweite ist das alte VÖLLANER BADL, ein altes Heilbad, das in jüngerer Zeit wiederbelebt wurde und wo auch ein Gasthaus steht; wir sind hier schon auf über 800 Metern Höhe, und ein Fußweg (Nr. 10) würde uns in einer Stunde zu den ersten Höfen des Weilers **Platzers** führen, zu dem auch eine Verbindung von der Gampenstraße aus besteht.

Um auf die breitere Terrasse zu gelangen, auf der die Dörfer Tisens und Prissian liegen, wählen wir von Lana aus die prachtvoll in die Felsen gehauene Gampenstraße; denn von Völlan ziehen zwar Wege nach Naraun und auf den Hügel von Sankt Hippolyt, die sind aber den Wanderern oder den landwirtschaftlichen Gefährten vorbehalten.

Bald nach Lana sieht man beim Blick über die steinerne Straßenbrüstung in der Tiefe den zerborstenen Bergfried der alten BURG BRANDIS, und etwas tiefer das 1807 neu errichtete Herrenhaus der Familie, die seit dem 12. Jahrhundert wie keine andere die Geschichte und die Geschicke nicht nur der näheren Umgebung, sondern zeitweise von ganz Tirol geprägt hat.

Franz Adam von Brandis schreibt darüber im berühmten »Des tirolischen Adlers immergrünendes Ehren-Kränzl« aus dem Jahr 1678, daß sie das Schloß *schon anvor An. 1036 innehatten, davon er (Brandhoch) sich als dann Ritter von Brandis getitelt.* Ein Zweig nannte sich dann »Ritter von Leonburg« oder »*Lanaburg*«, die sie 1179 erbaut haben sollen. Das Geschlecht hat im Lauf der Jahrhunderte eine Reihe der Burgen im Land besessen, hat dem Land Tirol manchen Kriegs- und Verwaltungsmann, darunter acht Landeshauptleute, zwei Statthalter und auch bedeutende Historiker geschenkt, und kann sich rühmen, nach über 800 Jahren noch auf dem ursprünglichen Besitz zu wohnen.

Bald darauf stehen dann auf einem hügeligen Absatz über dem Tal, und von der Straße durch eine Schlucht getrennt, die zwei Türme der LEONBURG vor dem Hintergrund der zwei Meraner Berge Ifinger und Hirzer. Nach aufwendigen Restaurierungen war die Burg jahrelang als Burgschenke ein beliebtes Ausflugsziel; jetzt hat sie nach weiteren baulichen Anpassungen *Jakob*

Graf zu Brandis zu einer behaglichen Wohnstätte für seine Familie eingerichtet; die Burg kann nicht mehr besichtigt werden, steht aber manchmal für öffentliche Veranstaltungen oder kleinere Treffen zur Verfügung.

Nach einem Tunnel durch den dunklen Porphyrfelsen kommt die Straße zu den Häusern des kleinen Weilers **Naraun**, der sich auch gegen die Auen in Richtung Völlan ausbreitet, Bevor wir links nach Tisens abzweigen, ist ein Abstecher zum altehrwürdigen HÜGEL VON SANKT HIPPOLYT beinahe eine Pflicht. Gleich nach dem Tunnel kann das Auto abgestellt werden. Durch kleine Wiesenflecke zwischen abgeschliffenen, rötlichen Porphyrkuppen zieht der Weg in die Höhe, beschattet von Hopfenbuche, Flaumeiche und Mannaesche; dann beginnt das Buschwerk zu verschwinden, die Sicht weitet sich und von der Höhe grüßen Hof und KIRCHLEIN VON SANKT HIPPOLYT. Von kaum einem Punkt des Burggrafenamtes hat man einen weiteren Blick; man kann von hier aus zwanzig Ortschaften und vierzig Schlösser und Burgruinen bewundern (*Langes*, Gebietsführer Burggrafenamt–Meran). Hier vor der Kirche auf dem warmen Stein zu sitzen und ins weite Land zu schauen, gehört zu den Sternstunden des Südtirol-Erlebnisses!

Die kleine Kirche ist wohl erst im 13. Jahrhundert errichtet worden, aber Romanik und Gotik haben plötzlich kein Alter mehr, denn schon unsere Urväter, von denen wir weder Zeit noch Namen kennen, haben die Heiligkeit dieses Ortes verspürt. Von der Jungsteinzeit über Bronze- und Eisenzeit haben sie hier ihre Spuren hinterlassen, und immer noch strahlt der Hügel Geheimnis und Weihe aus.

Steigt man über Felsstufen in westliche Richtung ab, so gelangt man bald in eine schattige Senke, in der verträumt ein schilfbestandener Weiher steht; von dort kommt man dann, hält man sich links, bald auf einen Fahrweg, der in Völlan mündet; vom PÖLTNER BICHL ist es weniger als eine Stunde (die Stadt Sankt Pölten hat ja auch den Hippolyt als Patron).

Die Ebene von **Tisens** liegt breit und gleichmäßig vor uns, ein üppiger Obstgarten, im Westen an die mit alten Kastanienbäumen bestandenen Hänge angelehnt und im Osten gegen den Steilabfall ins Etschtal vom wallartigen Vorberg getrennt. Hier haben wir, im Gegensatz zu Völlan, einen dicht gedrängten Ortskern, dessen Häuser in ihrer heutigen Form aus dem 16. und 17. Jahrhundert stammen, lassen wir die neueren Hotels und Pensionen beiseite. Der Name Tisens in der Form »Tesana« begegnet uns zum ersten Mal in der Langobarden-Geschichte des Paulus Diaconus aus dem 8. Jahrhundert als eine der Burgen, die von den Franken im Jahr 590 zerstört worden waren, zusammen mit dem nahen »Sermiana« - **Sirmian** und »Maletum« - Mölten. Man nimmt an, daß diese Burg entweder auf dem Hügel der Mayenburg oder auf Sankt Hippolyt gestanden hat. Überragt wird der Ort vom mächtigen Turm und von der Pfarrkirche, deren gotischer Chor weit nach Osten vorgelagert ist. Hier lag auch die schon 1194 erwähnte Urpfarre für die ganze Gegend des Mittelgebirges. Seltsam mutet der ins Kirchenschiff hineinragende Unterbau des Turmes, wohl eine Notlösung bei einer der Umbauten. Auf die Wände dieses »Eindringlings« hat der bekannte Barockmaler *Carl Henrici* vier Heiligengestalten gemalt; von *Ulrich Glantschnigg* stammt das 1719 verfertigte Bild des heiligen Sebastian. Ein besonderes und wenig bekanntes Schmuckstück dieser Kirche sind die neun bemalten Fenster im Chor, eine Augsburger Arbeit von 1520, die nach *Egg* zu den schönsten Glasgemälden in Tirol zählen. Sie bilden nur jeweils einen 60 Zentimeter hohen Streifen in den verglasten Rundbogenfenstern. Vor der Kirche steht die zweigeschossige FRIEDHOFSKAPELLE ZUM HEILIGEN MICHAEL, ein rein gotischer Bau, der mit Fresken vom Ende des 15. Jahrhunderts geschmückt ist.

An der engen Dorfstraße liegen einige alte Gasthäuser, Zeichen eines regen Verkehrs auf dieser einst wichtigen Durchzugsstraße; darunter hat der Schwarze Adler noch viel alte Bausubstanz, während das Gasthaus Zum Löwen zu einem im ganzen Land bekannten »Haubenlokal« aufgerückt ist.

Fährt man von Naraun aus die Gampenstraße weiter in Richtung auf den Paß, so kommt man zum Weiler **Gfrill**, dessen Höfe unterhalb der Straße liegen. Vom vielbesuchten Gasthaus an der Straße steigt man zum NIKOLAUS-KIRCHLEIN ab, das sowohl an der Außenwand als auch im Inneren wertvolle Fresken aus dem 14. und 15. Jahrhundert aufweist. In einer großen Kehre der Straße liegt dann das alte BAD GFRILL, eines der vielen »Bergbadln« der Gegend, wo heute zwar nicht mehr gebadet, aber immer noch gerne gegessen und getrunken wird. Nach einer weiteren großen Kehre zweigt dann eine Fahrstraße zu den Höfen von **Platzers** ab, die auf westwärts gerichteten, grünen Hängen unter dem LAUGEN und über dem Einschnitt liegen, der sich gegen Völlan senkt. Platzers ist ein beliebtes Ausflugsziel, hat ein gutes Gasthaus und kann auch als schöner Ausgangspunkt für die Besteigung des 2434 Meter hohen Laugens gewählt werden, den man über die schön gelegene GFRILLER LAUGENALM erreicht.

Der Deutsch-Nonsberg

Jetzt, wo wir schon beinahe auf dem GAMPENPASS angelangt sind, müssen wir einen Abstecher zu den vier Gemeinden des **Deutsch-Nonsberges** machen, die zwar geographisch im sonst italienischen Nonsberg liegen, aber stammesmäßig und seit 1972 auch politisch zum deutschen Südtirol gehören, als über die Berge reichende Fortsetzung deutschen Siedlungsgebietes. Dabei sind je zwei der vier Gemeinden auch untereinander durch den hohen Bergkamm getrennt, der beim Laugen am Gampenpaß beginnt und mit dem Ozol über Cagnò im Nonsberg endet. Dadurch hat sich auch eine Verschiedenheit in der ursprünglichen Besiedlung ergeben: Unsere Liebe Frau im Walde und Sankt Felix sind von Lana und von Tisens aus über den leichten Übergang des Gampens besiedelt worden, Proveis und Laurein hingegen vom Ultental aus über das Marauntal und das Hofmahdjoch. Dies drückt sich auch in der Verschiedenheit der Sprache und der Gewohnheiten aus. Die Hof- und Familiennamen aller vier Gemeinden sind fast durchwegs deutsch, während manche Flurnamen romanischen Ursprungs sind; das bedeutet, daß die benachbarten, italienischen Nonsberger hier zwar Weiden hatten, aber nie eine durchgehende Siedlung. Die Urbarmachung dieser hochgelegenen Gründe wird um das Jahr 1000 begonnen haben, die deutschen Bergbauern waren darin wohl ausdauernder und erfahrener als ihre südlichen Nachbarn, die ja schon viel früher geschlossene Dorfgemeinschaften gegründet hatten. Verworren und oft wechselnd waren die kirchlichen und weltlichen Herrschaftsverhältnisse. Auf der einen Seite gehörten die verstreut liegenden Höfe zu den Nonsberger Pfarreien von Sarnonico oder von Cloz, aber der alte Wallfahrtsort mit Hospiz von Unserer Frau war seit dem 13. Jahrhundert den Augustinermönchen vom Kloster in der Au in Bozen und später ihren Nachfolgern, den Benediktinern von Muri-Gries, als Seelsorgebezirk zugeteilt. In den abgelegeneren Orten von Proveis und Laurein, die keinen so leichten Zugang zu deutschen Pfarreien hatten, war die Gefahr eines Verlustes von Sprache und Brauchtum viel größer. Es war vor allem das Verdienst des Proveiser Kuraten *Franz Xaver Mitterer* (1824 in Laurein geboren), der sich unermüdlich für die Erhaltung der Sprache, für die richtige Besetzung der Schule und für neue Erwerbsmöglichkeiten an Ort und Stelle eingesetzt hat. Er hat wesentlich zur Gründung des »Deutschen Vereins« zum Schutz des Deutschtums in den Grenzgebieten beigetragen. (Über diesen Pionier ist 1999 eine Schrift von *P. Walter Marzari,* ebenfalls aus Proveis stammend, erschienen.) Erst durch den Ausbau der Gampenstraße in den Jahren 1935–1939 bekamen die zwei östlichen Gemeinden eine bedeutend bessere Verbindung nach Bozen und Meran; die erst 1999 fertiggestellte Straße von Ulten nach Proveis verspricht schließlich, auch diese beiden Orte besser an die deutsche Ursprungsgegend zu binden.

Bald hinter dem 1518 Meter hohen Gampenpaß sieht man in einer Senke Kirche und Häuser von **Unserer Lieben Frau im Wald** liegen. Das in alten Dokumenten und von den Italienern heute noch Senale genannte Dorf (von »casinale« = Gehöft) hatte schon vor 1184 eine eigene, kleine Kirche (*Trafoier* in der Schlern-Schrift »Die Deutschgegend am Nonsberg«, 1959). 1432 wurde die heutige Wallfahrtskirche erbaut. Über die Herkunft des Gnadenbildes, einer aus Ton gebrannten Figur der gekrönten Muttergottes mit dem Kind, gibt es mehrere Sagen, die von der Auffindung in einem Sumpf durch einen Bauern berichten, vom Bild, das immer wieder zu seinem Fundort zurückkehrte, bis ihm dort endlich eine Kirche errichtet wurde.

Jedenfalls wurde die Kirche dann das Ziel zahlreicher Pilger aus allen Gegenden des Landes und ist es bis heute geblieben. Ursprünglich war der Ort ein Hospiz für die vielen Wanderer, die den beschwerlichen Weg über den Gampen hinter sich hatten, und das Hospiz stand an der Stelle des heutigen Gasthauses zum Hirschen. Prächtige Barockaltäre schmücken die kleine Kirche, die ihre gotischen Formen bewahrt hat. Unser Liebe Frau im Walde ist heute ein beliebtes Ausflugsziel von deutscher und italienischer Seite; seit einigen Jahren werden im Rahmen eines europäischen »Leader-Projektes« sogenannte »Löwenzahnwochen« abgehalten, wo die Gasthäuser der Umgebung aus Blättern und Blüten der Heilpflanze Löwenzahn, die ja wie ein goldener Teppich im Mai und Juni die Wiesen bedecken, köstliche Gerichte zaubern und damit großen Erfolg ernten.

Wenig weiter abwärts weitet sich das Tal bald zu einer ausgedehnten, nach Süden geneigten Hochfläche, und der Blick reicht weit hinunter bis zu den Bergen der Brenta. Nach dem Kirchlein von Sankt Christoph liegen die verstreuten Höfe von **Malgasott** unterhalb der Straße, und bald taucht der Kirchturm von **Sankt Felix** auf. Bis ins vorige Jahrhundert hieß der Ort *»Caseid«* und gehörte zur Gemeinde von Unsere Liebe Frau im Walde. Die Leute nennen es im Gegensatz zu »Unserer Lieben Frau im Walde« auch »Sankt Felix im Berg«. Neben dem um die Kirche gescharten kleinen Dorfkern mit Schule, Gemeindehaus und Pfarrhaus liegen die Höfe weit verstreut oberhalb und unterhalb der Straße, bis hinunter, hart an den Rand der tiefen Schlucht der Novella, die die steilen Wiesen vom Waldgebiet ober Castelfondo trennt. Oberhalb der Straße breiten sich lockere Lärchenwiesen aus, und auf dem wenig steilen Hang kommt man, heute auch auf einer Fahrstraße, zum idyllisch gelegenen Felixer Weiher oder auch Tret-See genannt. Von dort ziehen Almwege durch eine von tiefen Tälern zerklüftete Landschaft bis auf den Kamm des Mendelzuges, der im Gantkofel mit 1866 Metern seine höchste Erhebung erreicht. Betrachtete man diese Gegend aus der Luft, so würde auch von oben die Grenze zu den italienisch besiedelten Gebieten ins Auge stechen: Der nächste, schon zur Provinz Trient gehörige Ort Tret ist ein geschlossenes Haufendorf, während sich die deutsche Siedlungsart seit der bajuwarischen Landnahme durch weit auseinanderliegende Gehöfte auszeichnet.

Zu den zwei im Westen gelegenen deutschen Gemeinden Laurein und Proveis kommt man nur von Brez über das Joch oder von Revò aus durch das tiefe Tal des Pescara; seit neuestem aber auch vom Ultental aus.

Die Bewohner der beiden Gemeinden unterscheiden sich stark sowohl in Sprache als auch in der Lebensart; mehr von den italienischen Nachbarn beeinflußt die Laureiner, ganz den Ultnern ähnelnd die von Proveis, durch ihre freie Höhenlage vielleicht auch freier im Wesen. Über **Laurein** hat uns *Hubert Ungerer*, ein einfacher Dorfschuster ohne weitere Schulbildung, aber ein begeisterter Heimatforscher, ein ausführliches Buch hinterlassen, das der Südtiroler Heimatpflegeverband dankenswerterweise herausgegeben hat. Hier erfahren wir alles, von der Urgeschichte an über die genaue Geschichte der einzelnen Höfe bis zum Pflanzenkleid und den Naturschönheiten der Umgebung. Natürlich wurde der Hubert im Dorf als »Spinner« nicht ernst genommen, aber von solchen »Spinnern« könnte es ruhig mehr geben! Die Kirche stammt aus dem Jahr 1500 und wurde mehrmals vergrößert, innen barock und dann neugotisch eingerichtet. Sie steht am südwärts gerichteten Abhang, in ihrer Nähe befinden sich Grundschule und Mittelschule, das Gasthaus und die Gemeinde; alle anderen Siedlungen bestehen aus weit verstreuten Höfegruppen, die von 1500 Metern auf **Tonna** (oder Sinablana) bis ins tiefe Tal bei **Schmieden** auf 900 Metern reichen. Über das Brezner Joch besteht eine gute Straßenverbindung nach Brez oder nach Castelfondo, über Schmieden nach den Dörfern von Rumo oder hinunter nach Revò. Es kann nur wunder nehmen, daß bei diesen seit Jahrhunderten nur nach Süden bestehenden kirchlichen und verwaltungsmäßigen Verbindungen sich Sprache und deutsche Eigenart doch so gut erhalten konnten!

Proveis liegt mit seinen vielen Höfegruppen auf durchschnittlich 1400 Metern unter dem Kamm der »Maddalene« oder Ultner Berge, die von der ILMENSPITZE über HOCHWART und KORNIGL bis zum Porphyrstock des Laugen jenseits des Hofmahdjoches reichen. Die 1434 erbaute Kirche wurde 1876 durch einen völligen Neubau ersetzt; die reiche Bemalung im Inneren stammt von *Albert von Felsburg*. Um die Kirche stehen sehr harmonisch Schule, Pfarrhaus und Gemeinde und bilden so ein neues, aber nachahmenswertes Dorfzentrum. Ein beinahe herrschaftliches Gesicht hat der Unterwegerhof, ein Torbogen führt durch eine Mauer in einen kleinen Hof, daneben steht eine Kapelle und gegen das Tal hin Wohnhaus und Scheune. Der alte, inzwischen verstorbene *Josef Perger*, dessen Familie hier seit dem 14. Jahrhundert wohnt, hat mir ein ganzes Bündel von alten Pergamenten gezeigt, die sich auf seinen Besitz beziehen und bis ins 14. Jahrhundert zurückreichen!

In Proveis vermeint man eine besonders freie Luft zu atmen, hier ist die Gegend ideal für einen Sommeraufenthalt, und es ist zu hoffen, daß die neue Straßenverbindung zum Ultental auch mehr Gäste bringt; es gibt zwar ein empfehlenswertes Gasthaus, aber es fehlen noch großenteils die Strukturen für einen »Urlaub am Bauernhof«.

Nun kehren wir zurück nach Tisens und kommen nach ein paar Kilometern über die flache Mulde nach **Prissian**, dem Ort der Schlösser und alten Ansitze. Auch hier beherrscht der Obstbau die Landschaft, gegen den Berg hin stehen uralte Kastanienbäume, die sich langsam durch radikale Beschneidung vom gefährlichen Rindenkrebs erholen. Wie viele davon in der ganzen Gegend stehen, sieht man erst, wenn sie sich im Juni zur Blütezeit in hellgelbe Blumensträuße verwandeln. Der Name des Ortes geht, wie so viele ähnlich klingende, auf einen römischen Prädiennamen zurück, in diesem Fall auf ein Landgut eines *Priscus*. Um den dichten Dorfkern längs der Durchgangsstraße scharen sich alte Höfe, die zum Teil durch Erker, Doppelbogenfenster, steingerahmte Tore und Türmchen herrschaftlich wirken; so zum Beispiel der Lidlhof gleich hinter der alten, holzgedeckten Steinbrücke über dem tiefen Bachgraben. Vier, ja eigentlich fünf Burgen gehören zum Dorfbild; eine davon, ZWINGENBURG, gehört allerdings zu Gfrill, ihr Turm steht aber hoch im Waldtal über Prissian. Von CASATSCH, auf dem vorgelagerten Hügelzug, der gegen Nals abfällt, ragen nur mehr Ruinenreste aus dem Gebüsch. Die anderen drei Burgen sind aber noch – oder wieder – mit Leben gefüllt. Mitten im Dorf steht der elegante Renaissancebau der FAHLBURG; der Turm »in der Fall«, der noch im Norden des schönen Gebäudes steckt, war 1421 Schauplatz der Gefangennahme des Minnesängers und Streiters *Oswald von Wolkenstein* durch seine ehemalige Geliebte *Anna Hausmann* (manchmal *Sabine Jäger* genannt). Nach wiederholtem Besitzerwechsel erwarb im Jahr 1597 der Landeshauptmann *Jakob Andrä zu Brandis* das heruntergekommene Gebäude und verwandelte es bis 1640 zu einem prächtigen Renaissanceschloß mit zwei mächtigen Ecktürmen mit hölzernem Loggienaufsatz und einem großen Saal mit kunstvollen Kaminen in jedem Stock; die Decke des oberen Saales wurde auf Leinwand vom Barockmaler *Stephan Kessler* mit mythologischen Szenen und der Geschichte des verlorenen Sohnes bemalt. Besonders erwähnenswert sind die prächtigen Kachelöfen in einigen Zimmern. Das Schloß wird heute von dem Besitzerehepaar *Brandis* als Kaffeehaus geführt und steht für Hochzeiten und andere festliche Veranstaltungen für Gesellschaften bis zu 150 Gästen zur Verfügung.

Nicht weit von der Fahlburg steht in der Senke am Rand der tiefen Schlucht der würfelförmige Bau von Schloß KATZENZUNGEN, an dem besonders die vielen unter dem Dachrand angebrachten Gußerker oder Pechnasen auffallen. Nach den ursprünglichen, schon im 13. Jahrhundert genannten *Herren von Katzenzungen* geriet der Bau an zahlreiche, verschiedene Adelsfamilien und zuletzt an Bauern; dann erwarb ihn 1978 in recht verwahrlostem Zustand die *Familie Pobitzer* aus Meran. Mustergültig erneuert, dient die alte Burg jetzt für Ausstellungen, aber auch für Hochzeiten und Konzerte. Unterhalb des Schlosses gedeiht immer noch die wohl GRÖSSTE REBE EUROPAS, die 500 bis 600 Jahre alt sein mag und in guten Jahren bis zu 700 Kilogramm Trauben liefert!

Ganz vorne gegen das Etschtal gewandt und von dort aus von weitem sichtbar steht die schöne BURG WERBERG mit ihrem langgestreckten Palas und den zwei kräftigen Türmen. Nachdem die ursprünglichen *Herren von Werberg* (zum ersten Mal 1217 erwähnt) 200 Jahre später ausgestorben waren, übernahmen ihre Verwandten, die *Herren von Andrian,* das Schloß, und konnten es 400 Jahre lang behalten; nach deren Aussterben im Jahr 1789 verfiel die Burg, wurde aber am Anfang des 20. Jahrhunderts von Grund aus erneuert und wird heute als Pension geführt.

Der bewaldete Vorberg trennt wie ein leicht aufgeworfener Wulst das flache Becken von Tisens-Prissian vom Steilabfall gegen das Tal. An seinem nördlichen Ende steht einsam das kleine KIRCHLEIN VON SANKT CHRISTOPH; seine Turmspitze ist auch vom Tal aus zu sehen. Die heutige Form der viel älteren Kirche stammt vom Anfang des 17. Jahrhunderts. Über einen Sattel nahe Prissian führt eine fahrbare Straße auf der Rückseite des Hügels zum Hof und Gasthaus CASATSCH, wo etwas unterhalb die Ruinen der alten Burg im Gebüsch versteckt liegen.

Gleich nach der gedeckten Brücke über den PRISSIANER BACH geht rechts die Straße nach dem 200 Meter höher gelegenen Weiler von **Grissian**. Seine Höfe liegen auf einer weiten, nach Süden und Osten offenen Wiesenfläche; an ihrem oberen Ende, schon am Waldrand, steht auf einem steilen Hügel über einem alten Bauernhof die kleine KIRCHE ZU SANKT JAKOB, berühmt wegen ihrer Fresken aus der Frühzeit unserer Malerei. An der Treppe, die zum felsigen Hügel führt, steht ein Bildstock mit einer gotischen Kreuzigungsgruppe.

Einer Weiheinschrift nach wurde die Kirche 1172 geweiht, und die abgesetzte Rundapsis bestätigt dieses Alter. Die ältesten Fresken sind jene in der Apsis und an der Vorderseite des Triumphbogens, sie datieren vom ersten Jahrzehnt des 13. Jahrhunderts und gehören zu den Hauptwerken der romanischen Malerei in Südtirol. *Rasmo* schreibt darüber unter anderem: *Die beherrschende Szene des Isaakopfers zeigt in den verschneiten Berggipfeln des Hintergrundes und im blumenübersäten Boden erstmals eine freie Naturschilderung und damit ein bewußtes Abrücken von byzantinischer Stiltradition* ... Christus in der Mandorla und zu seinen Seiten die Evangelistensymbole – ein besonders gut ausgeführter Löwe – Maria und Johannes sowie das Opfer Abels mit der Ährengarbe und Kain mit dem abgewandten Gesicht sind weitere Höhepunkte in diesem abgelegenen Heiligtum.

Von hier zieht ein schattiger Waldweg gegen Süden und umgeht die tiefe Schlucht, um dann bei den oberen Höfen von Sirmian zu landen, das wir in Kürze besuchen werden.

Wandervorschläge: Das ganze Mittelgebirge bietet eine große Auswahl an Spaziergängen, wovon ich den von Hippolyt nach Völlan schon erwähnt habe. Weniger bekannt ist die Überquerung des Tals, das vom Gampenpaß herunterzieht: Kurz unter dem Paß geht der alte Weg (Nr. 13) zum Bad Gfrill (man kann aber die Wanderung erst dort beginnen); in der Kehre geht ein Pfad rechts ab und stößt bald auf einen Waldweg (Nr. 7), der kurz rückläufig zum Bach hinunterzieht und auf der anderen Seite durch Wald und kleine Wiesenflecke leicht abwärts führt. Bei einer Kreuzung hält man sich bergwärts und kommt wieder auf einen Waldweg, der auf das Hochplateau von Grissian führt, wo sowohl das alte GASTHAUS SCHMIEDL als auch der Kunstgenuß des Jakobskirchleins auf den müden Wanderer warten. Von hier kommt man in einer halben Stunde nach Prissian.

Steil senkt sich die Straße von Prissian nach dem großen Weindorf **Nals**. Am Ausgang des HÖLLENTALS drängt sich zwischen die nahe aneinandergerückten Bergflanken der alte ANSITZ STACHELBURG, auch »Schönhaus« genannt, ein aus dem 16. Jahrhundert stammender Bau mit Freitreppe, Erkertürmchen und einem gemütlichen Innenhof; heute wird er als Gaststätte geführt. Nals hat überhaupt ein herrschaftliches Gesicht: Von Blumengärten und Parkbäumen umgeben, stehen alte Häuser, Hotels und Pensionen in lockerem Gefüge an der Straße, das Dorf atmet Fruchtbarkeit und Wohlstand. Neben einigen alten Ansitzen ist besonders die SCHWANBURG zu nennen, die beinahe versteckt am Berghang und am Ausgang einer kleinen Schlucht auf dem Weg nach Sirmian liegt. 1268 zum ersten Mal als »Haus an der Gaul« erwähnt (»Gaul« stammt, wie auch in Lana, vom lateinischen »gola« = Schlucht), gelangte die Burg in den Besitz der *Boymont-Payrsberg,* später der *Trapp* und ist seither über hundert Jahre von der *Familie Carli-Rudolph* bewohnt, die eine bekannte Weinkellerei betreibt. Der malerische Hof ist umgeben von verschiedenen Bauteilen mit Loggien, Freitreppen und Doppelbogenfenstern und einem alten Rundturm, ganz im Stil des nahen Überetsch. Im Hof sind zwei römische Grabsteine eingelassen. Etwas nördlich davon und ebenfalls erhöht steht die Kirche, deren heutige Form aus dem vergangenen Jahrhundert stammt.

Nun steigt die Straße in vielen Kehren zu den Höhen unter den Steilwänden des GANTKOFELS, dessen markante Felsnase zum Landschaftsbild des Meraner Beckens gehört. Über steile Rebhänge und Obstanlagen kommt man zum Gebäudekomplex der BURG PAYERSBERG. Der vor kurzem restaurierte, hohe Bergfried steht isoliert hinter einem später hinzugekommenen Vorbau mit Rundturm und hoher Mauer. Ein Teil der Burg ist schon lange in den tiefen Graben abgestürzt, andere Gebäudeteile wurden nicht immer sachgemäß restauriert.

Von den verstreuten Häusern des kleinen Weilers **Sirmian** – übrigens wieder ein von *Paulus Diaconus* erwähntes Kastell, das die Franken 590 eroberten – steigt die Straße weiter an und kommt in eine Gegend, die zu den zauberhaftesten dieses an Schönheiten so reichen Landstriches zählt. Hier atmet man würzige Bergluft inmitten von Lärchen und Fichten, die große Wiesenflächen einrahmen, und trotzdem reicht der Blick in die fruchtbaren Gefilde von Wein und Obst, weit hinunter nach Meran und hinüber zum Tschögglberg. Zauberhaft auch, weil die Straße – wenigstens für Autos – hier endet, weil nur wenige hier herauffinden und die ganze Gegend noch Spuren uralter Besiedlung trägt. Hier steht auch auf spitzem Hügel das KIRCHLEIN ZUR HEILIGEN APOLLONIA, nur durch die tiefe Schlucht vom nahen Sankt Jakob getrennt, ein Heiligtum am alten Weg, der von Hocheppan herüberführte und auf den Gampen oder nach Lana und in den Vinschgau weiterzog.

Die kleine Kirche hat in der romanischen Rundapsis ein gotisches Kreuzgewölbe eingepaßt; ein großes, auf steinerne Pfeiler gestütztes Vordach und ein eingebauter Turm, das Ganze auf nackten Fels aufgesetzt, ergeben sehr bewegte Umrisse. Das Innere bietet keine Besonderheiten, es sind wieder einmal die Lage und die Weihe des Ortes, vielleicht uralter Verehrung, die den Besuch so besinnlich werden lassen.

Wir sind an die Grenzen des alten Burggrafenamtes gelangt, zu denen in der Etschtalsohle noch die Dörfer **Burgstall** und **Gargazon** gehören. Vom ersteren sind auf der felsigen Anhöhe über der Kirche eben noch ein paar Mauerreste der alten Burg zu erkennen; aber *Volkmar von Burgstall* war Anfang des 14. Jahrhunderts ein großer Herr nicht nur in der näheren Umgebung; denn im unteren Nonstal kam er durch Heirat in den Besitz der alten *Herrschaft von Spor* mit seinen Burgen in der Gegend von Sporminore und Spormaggiore und dazu noch mit Schloß Valer. Mit dem Aussterben des Geschlechtes nannte sich der Burgstaller dann ebenfalls *Herr von Spor,* woraus dann die *Grafen Spaur* wurden, die heute noch viele von diesen Besitzungen bewahren konnten.

Am mit Buschwald bewachsenen Berghang über Gargazon steht noch einsam der KRÖLLTURM, ein Bergfried, der zur heute verschwundenen Burg gehörte; das Wappen der *Trautson* über dem Tor weist auf die ehemaligen Besitzer hin, ein heute nicht mehr lebendes Geschlecht, das aber bis ins 17. Jahrhundert in Tirol eine gewisse Rolle spielte; sie hatten unter anderem die Burg Reifenstein bei Sterzing inne, ebenso die auf steilem Felsen in der Sillschlucht über Matrei stehende Burg und konnten sogar eigene Münzen prägen.

Beide Orte sind heute beinahe zusammengewachsen; sie werden von der alten Meraner Straße durchfahren und wegen des drängenden Verkehrs blieb selten jemand stehen, um sich hier näher umzusehen; heute fährt alle Welt auf der schnellen »MeBo« nach Meran oder Bozen, und da locken die zwei plötzlich verlassenen Orte noch weniger zu einem Besuch. Aber sie genügen sich selbst, denn das Obst und seine Pflege sind der wichtigste Erwerbszweig dieser Siedlungen links der Etsch, und ihr kulturelles Leben mit Musikkapelle und anderen Vereinen ist dem vieler anderer Gemeinden in Südtirol ebenbürtig. Die Kirchen beider Orte sind relativ jung, aber an der Stelle von viel älteren erbaut worden.

Schon beinahe mit Untermais verwachsen ist der Industrieort **Sinich**, ein erst durch die Ansiedlung einer großen siliziumverarbeitenden Industrie in den zwanziger Jahren dieses Jahrhunderts entstandenen Siedlung; anonyme Volkswohnbauten prägen diesen hauptsächlich von Italienern bewohnten Ort, der aber auch vielen Pendlern aus Meran zur Wohnung dient. Vor wenigen Jahren mußten hier Tausende Kubikmeter durch die

Industrie verseuchter Erde »entsorgt« und der Grund mit neuer Erde zugeschüttet werden. Heute befinden sich in Sinich auch einige andere wichtige Industriebetriebe, die viele Arbeitskräfte binden.

Heute schert sich niemand mehr um die alten Grenzen des Burggrafenamtes; Terlan mit Vilpian und Andrian haben nie dazugehört, auch nicht zu Bozen, sie schweben aber trotzdem geschichtlich nicht in der Luft. Der Ursprung aller drei Namen geht auf römische Prädiennamen zurück, auf das Gut eines *Taurilus,* eines *Vulpius* und eines *Andreas (Kühebacher)*. Von Meran kommend, liegt **Vilpian** vor einem felsigen Vorsprung des nahen Berges. In dem Winkel hart am Berg steht noch das Gebäude der alten Malzfabrik, die am Anfang unseres Jahrhunderts Malz für eine Reihe von Brauereien bis nach Oberitalien lieferte; im Jahr 1986 wurde sie geschlossen. Etwas nördlich davon steht die Talstation der Seilbahn nach Mölten, die in Schlaneid endet. In früheren Zeiten hatte Vilpian oft unter den Überschwemmungen durch die Etsch zu leiden, vor denen aber trotz Regulierung die Gegend nie ganz sicher ist. Die neue Kirche wurde 1956 eingeweiht. Heute gibt es in Vilpian einige kleinere Industriebetriebe, und für den Fremdenverkehr ist gut gesorgt, wenn man erfährt, daß es hier heute zwei Hotels, vier Gasthöfe, vier Pensionen, vier Garnis, fünf Restaurants, 18 Privatzimmervermieter und fünf Vermieter von Ferienwohnungen gibt (aus: »700 Jahre Vilpian«, Raiffeisenkasse Terlan 1989)!

Terlan hat eine besonders günstige Lage gegen Süden und Westen auf dem flachen Schuttkegel, den der PETERSBACH im Lauf der Jahrtausende gegen die Etsch geschoben hat. Deshalb geraten auch seit alters seine Weine besonders köstlich und haben im In- und Ausland einen Ruf, der mit jenen aus Kaltern und Tramin Schritt hält. Denken wir uns bis vor wenig mehr als hundert Jahren die Talsohle mit Sümpfen und Schilf bedeckt, so war die »Klause« am Fuß des Felsvorsprunges, auf dem Neuhaus steht, tatsächlich ein Engpaß auf dem Weg von Bozen nach Meran, eine Zollstelle und Poststation, und das hat sicher zur Entwicklung des großen Ortes beigetragen. Auch als Endstation der Etschschiffahrt war Terlan wirtschaftlich begünstigt. Außer der blühenden Landwirtschaft und dem Handel kamen dann noch die Erträgnisse des Bergbaues dazu, der hier und in Nals Bleiglanz und Silber lieferte und noch bis nach dem Zweiten Weltkrieg betrieben wurde.

Die Eröffnung des Bergwerkes geht auf die Jahre zwischen 1310 und 1335 zurück. Im 18. Jahrhundert gab es in Terlan und Nals über tausend Bergknappen, was natürlich die Wirtschaft der ganzen Gegend förderte. Das Erz wurde zur Verhüttung bis nach Rattenberg und Schwaz, später auch nach Schlanders gebracht, was finanziell natürlich sehr belastend war. Erst im Jahre 1958 schloß das Bergwerk für immer. Der Flurname Silberleiten erinnert noch an jene »silberne« Zeit.

Zwei Gebäude beherrschen das nähere und weitere Dorfbild: Die hohe Kirche mit ihrem spitzen Turm und die Burg Neuhaus, die weithin sichtbar über der Klause steht, von Sonnenaufgang bis zum späten Abend in der Sonne leuchtet und über das weite Tal herrscht, so wie ihr gegenüber Hocheppan mit seinem Kreideturm.

Die Terlaner PFARRKIRCHE gehört sicher zu den schönsten des Landes. Der kleinere Turm an der Nordseite der Kirche ist alles, was von der romanischen Vorgängerin übriggeblieben ist; der Hauptbau ist ein Werk des ausgehenden 14. Jahrhunderts, etwa gleichzeitig mit der Erbauung des Bozner Domes – ja, übereinstimmende Steinmetzzeichen an den Sandsteinquadern lassen an dieselben Steinmetze denken! Von außen zeigt sich der Bau als hohes Längsschiff mit einem leicht unregelmäßigen Chor, einem schmalen, tiefer bedachten Seitenschiff im Norden mit eingebautem, romanischem Turm, der wie das Kirchendach mit bunt glasierten Ziegeln gedeckt ist. Der hohe Turm mußte im Jahr 1884 wegen seiner immer drohenderen Neigung abgetragen und durch einen neuen ersetzt werden, der aber Bausteine und Gestalt des alten nicht verändert hat, ihn aber mit 76 Metern Höhe um einen Meter übertraf.

Fast alle Wände und selbst die Decke sind mit einer Fülle von Gemälden überzogen, wie sie kaum eine Kirche Südtirols aufweist. Eben diese Fülle verbietet es, näher auf Einzelheiten einzugehen; dazu sei auf den kleinen Farb-Kunstführer von *Mathias Frei* hingewiesen. Die gesamten Gemälde im Chor sind ein Hauptwerk der sogenannten »Bozner Schule« vom ausgehenden 14. Jahrhundert; kennzeichnend dafür sind Stileinflüsse aus dem Veneto und der Romagna. *Frei* sagt dazu: *Zur typischen Architekturszenerie mit den rahmenden Cosmatenmustern, der plastischen Körperformung und den Landschaftsmotiven kommen weiche Konturen und eine tiefe Farbstimmung mit Interferenz der höfischen Gotik* … Die Szenen an der Südwand stammen aus der Hand des *Meisters Stocinger* und seiner begabten Gehilfen; in den Gewölbezwickeln sind Einflüsse des *Leonhard von Brixen* zu erkennen.

Auch die kleine, gotische FRIEDHOFSKAPELLE hat uns Fresken aus dieser Schule hinterlassen.

Die BURG NEUHAUS, auch MAULTASCH genannt, steht 200 Meter über der Klause, wo früher auch eine Befestigung und eine vielleicht bis zur Burg reichende Mauer stand – heute sind kaum noch spärliche Reste davon übrig. Durch aufwendige Erhaltungsarbeiten ist das ausgedehnte Gemäuer heute vor weiterem Verfall bewahrt. Ein äußerer Mauerring im Osten schließt einen kleinen Vorhof ab, in dem die Porphyrfelsen zutage treten, auf denen der Bergfried steht. Denn der Hauptbestandteil der Burg scheint aus diesem mächtigen, rechteckigen Turm zu bestehen, da vom vermutlichen Palas nur noch gegen Süden einige Reste zu sehen sind.

Meinhard II. hatte die 1220 errichtete Burg im Jahr 1276 zerstört, und bald darauf wurde sie von einem *Herrn von Serentein* wieder aufgebaut, der Bergfried wahrscheinlich erst um 1320. Längere Zeit wohnten hier die reichen *Niederthor von Bozen,* die auch als Stifter der Pfarrkirche von Terlan aufscheinen. Später kam die Burg über die *Gewerken Tannauer,* die späteren *Grafen Tannenberg*, im Erbwege an die Grafen Enzenberg, die sie heute noch besitzen. Seit ihren Anfängen wird die Burg unter dem Namen »Domus Nova«, Neuhaus, erwähnt; der Name *Maultasch* galt vielleicht dem Festungsbau an der Straße.

Auf einem spitzen Felskegel etwas weiter südlich liegen die spärlichen Reste der HELFENBURG, die immer zum selben Gericht wie Neuhaus gehörte und dieser vielleicht als kleine Fluchtburg diente.

Wandervorschlag: Die Wanderung zur Helfenburg beginnt in Siebeneich und führt über die Felsstufe zum alten Pentschhof, der gleich unter Helfenburg liegt. Im Abstieg kann man dann durch das Margarethental auf die Hochfläche von Montigl wandern oder ganz ins Tal absteigen und beim Datumhof wieder die Hauptstraße erreichen.

Wir kehren nach Terlan zurück, wo noch einige alte Ansitze unsere Aufmerksamkeit fesseln. Hinter der Pfarrkirche zieht eine Straße gegen den Berg, die frühere Verbindung nach Mölten, wohin jetzt die neue, viel weniger steile Straße am südlichen Dorfende abzweigt. Viele der Häuser, die die Straße säumen, stammen aus dem 16. und 17. Jahrhundert; ihre behäbigen, ländlichen Formen zeigen immer wieder Elemente der eleganten Renaissance-Architektur. Besonders zu erwähnen ist am oberen Ende der bebauten Gegend der ANSITZ LIEBENEICH, der seit 1290 im Besitz mehrerer Adelsgeschlechter war und durch Zubauten (Kapelle, Ringmauer, Nebengebäude) in seine heutige Form gebracht wurde; er ist im Besitz der *Grafen Enzenberg,* der Erben der *Tannenberg*, die ja hier, wie in Tratzberg bei Schwaz und in Steinhaus im Ahrntal, als Gewerken der verschiedenen Bergbaugebiete großes Ansehen genossen. Weiter südlich und etwas tiefer liegen die Gebäude des ANSITZES KÖSTENHOLZ, die einst von den *Hafner* (die vom Burkharthof in Verschneid stammen) und auf dem Erbweg auf die *Eyrl* gekommen sind. Das Herrenhaus wurde um 1600 in nüchternem Renaissancestil erbaut.

Zur Gemeinde Terlan gehört auch das stadtnähere **Siebeneich**; die Herkunft des Namens geht nach *Kühebacher* eindeutig auf »sieben Eichen« zurück; da aber sieben als heilige Zahl auf die indogermanische Wurzel »seb« zurückreicht, ist ein Zusammenhang mit einem alten Heiligtum durchaus anzunehmen (vgl. dazu »Säben« oder das kroatische »Sebenice«). Etwas von der Straße abgerückt liegt der hübsche Kuppelbau mit dem großen Gehöft von DEUTSCHHAUS, ein alter Besitz des Deutschen Ordens. An dieser schönen Barockkirche vom Jahr 1699 sowie an den Torbögen des Hofes weisen Wappensteine auf verschiedene Komturen des Ordens hin. Im Inneren des Gebäudes sind schöne Stuckdecken und Ziermalereien zu sehen. Der Name des hübschen und sehr alten Datumhofes mit seinem geschwungenen Giebel geht auf einen früheren Besitzer namens »Totum« zurück. Heute ist er im Besitz der *Enzenberg.*

Vom schönen Herrensitz GROSSKORNELL, der östlich der Straße im weiten Rebgelände steht, führt eine (private) Straße zum alten WALLFAHRTSORT KOSMAS UND DAMIAN auf einer kleinen Terrasse über dem Tal; seine gotische, gänzlich verfallene Kirche wurde kürzlich wieder instand gesetzt; dabei wurden Reste einer Kirche aus dem 6. Jahrhundert aufgedeckt. Der nebenstehende Hof ist zu einem schönen Wohnhaus umgebaut worden und ist im Besitz des Europaparlamentariers *Dr. Michl Ebner.* Ein Fußsteig führt südlich davon vorbei und steigt dann weiter auf das Felsennest der kühnen BURG GREIFENSTEIN, im Volksmund »Sauschloß« genannt. Man erreicht sie weniger anstrengend über Glaning und den »Noafer«.

Die ungemein ausgesetzt auf einer allseitig senkrecht abfallenden Felsnadel erbaute Burg war im 12. Jahrhundert von den *Grafen von Morit* erbaut worden und ging auf deren Erben, die *Grafen von Eppan,* über, die sie dem *Bischof von Trient* überließen. Die Burg spielte immer wieder bei Belagerungen eine Rolle, so bei den Kämpfen zwischen *Meinhard* und dem *Bischof von Trient* und besonders bei der Belagerung durch *Herzog Friedl mit der leeren Tasche,* bei der *Oswald von Wolkenstein* unter den Verteidigern war und uns darüber in einem seiner bekannten Lieder berichtet.

Man gelangt auf einem schmalen Pfad vom Sattel aus ins Innere der sehr zerstörten Gemäuer; der Blick von dort oben ins Etschtal und weit hinunter nach Süden ist überwältigend, die einstigen Bewohner werden auch in diesem Gefühl der Unangreifbarkeit geschwelgt haben, aber die Geschichte hat uns das Gegenteil gelehrt. Die Legende vom letzten Schwein, das die Bewohner den Belagerern zu Füßen warfen, um zu zeigen, daß sie genug zu essen hätten, wird in Varianten auch von anderen Schlössern des Mittelalters erzählt, aber vielleicht hat sie sich wirklich einmal so ereignet, und, wer weiß, vielleicht sogar hier?

Die Gegend um Siebeneich und Greifenstein bis hinein nach Moritzing ist reich an vorgeschichtlichen Funden; besonders die Äcker um Großkornell geben seit vielen Jahren große Mengen an vorrömischen und römerzeitlichen Siedlungsresten frei; auf dem Weg nach Greifenstein wurde sogar einmal eine griechische Münze gefunden, und in **Moritzing** sind auch zur Zeit neue Ausgrabungen im Gang. Nicht nur der rege Verkehr, sondern sicher auch alte, heilige Stätten oder Heilbäder (das heutige Schwefelbad?) werden dafür Ursache gewesen sein.

Am rechten Ufer der Etsch liegt auf einem Schuttkegel das Dorf **Andrian**; nach ihm hatte ein altes Geschlecht seinen Namen, das auch auf Werberg in Prissian saß. Von der alten BURG ANDRIAN sind nur mehr Reste auf einem Hügel über der Burg Wolfsthurn zu sehen. Im Mittelalter haben Stifte aus Bayern und Tirol hier ihre Weingüter gehalten, und das heutige Hotel Stamser Hof erinnert noch an diesen alten Besitz. Von der alten, gotischen Kirche ist noch ein Teil des Chors übrig, der Rest wurde 1852 neu errichtet. Einige alte Höfe, darunter das heutige Gasthaus zum Schwarzen Adler, verschönern das Dorfbild. Neben dem Bach, der durch eine Schlucht steil vom Gantkofel herunterkommt, steht leicht erhöht mitten im Wald die vor wenigen Jahrzehnten restaurierte BURG WOLFSTHURN; ihren Namen hat die aus dem 13. Jahrhundert stammende Burg von den *Wölfen von Mareit* bei Sterzing, wo ja das schöne Barockschloß denselben Namen trägt. Die Burg diente nach der Restaurierung als Ferienheim für die Innsbrucker MK-Jugend und ist heute Privatwohnung der alten Besitzer aus der Familie der *Freiherren von Kripp*. Hoch darüber steht auf ausgesetztem Felsen am Rand der Schlucht die Ruine der kleinen BURG FESTENSTEIN, die wegen des ihr aufgesetzten Daches beinahe bewohnt aussieht, aber wegen des gefährlichen Zuganges nur Waghalsigen empfohlen werden kann, zumal dort wenig zu sehen ist.

Von Andrian führt eine Straße den Berg entlang zu den Häusern und dem in den letzten Jahren entstandenen Industriegebiet von **Unterrain** und damit zum nördlichen Tor ins Überetsch.

Überetsch und Unterland

Die breite Etschtalfurche, die von Bozen gegen Süden zieht, wird in ihrem Anfangsteil durch einen niederen Hügelzug in zwei voneinander völlig verschiedene Abschnitte geteilt; dieser waldige Rücken, eine Zunge der Bozner Porphyrplatte, endet unvermittelt südlich des Kalterer Sees bei Auer. Gegen Osten fällt er fast senkrecht, manchmal in schöne Basaltpfeiler gegliedert, gegen das flache Etschtal ab, während sich im Westen, rund zweihundert Meter höher, eine wellig gegliederte Mulde gegen den Mendelzug hin ausbreitet. Hier verlief einmal, vor der letzten Eiszeit, das Bett der Etsch und hinterließ einen fruchtbaren Schwemmboden, auf dem sich heute von Frangart über Eppan bis Kaltern blühende Siedlungen in die alles umschließende Reblandschaft betten. Damit ist die Abgrenzung des als Überetsch bekannten Landstriches eindeutig vorgezeichnet.

Das Bozner Unterland hingegen kann man südlich von Bozen gleich nach **Sankt Jakob** beginnen lassen, auch wenn die stürmische Besiedlung der letzten Jahrzehnte den inzwischen zur Stadt erhobenen Ort Leifers langsam mit Bozen zusammenwachsen läßt, womit das Unterland erst bei Branzoll beginnen dürfte. Steht man aber auf den Höhen des Mendelkammes oder auch nur des Mitterberges und blickt gegen Osten, so liegen die auf den flachen Schuttkegeln der Seitenbäche ausgebreiteten Siedlungen von Leifers, Branzoll und Auer so schön aufgereiht nacheinander, daß mir erlaubt sei, sie alle zusammen zum Unterland zu schlagen, auch wenn frühere Beschreiber dieser Gegend, wie *Gunther Langes,* Leifers noch zu Bozen rechnen.

Erdgeschichtlich muß das Gebiet aber einheitlich behandelt werden. Während auf der linken Seite der Etschtalfurche die Porphyrunterlage von Leifers bis Aldein noch bis zur Kammhöhe reicht – denken wir nur an die riesigen Halden über Branzoll – senkt sie sich später steil unter die alten Meeresböden, und es treten steile Dolomit-Abbrüche, wie die weithin leuchtende MADRUTWAND zutage. Der Hügel von Castelfeder zeigt noch die rundlich von den Gletschern abgeschliffenen Buckel und jenseits des Mitterberges reicht die Porphyrzone bis auf den Gandberg oberhalb von Eppan; darauf sitzen dann kalkhaltige Sedimente, Grödner Sandstein und reiner Dolomit, der beide Talseiten bis zur Salurner Klause in meist steil abfallenden Wänden begleitet. Die Talsohle selbst war bis vor wenig mehr als hundert Jahren ein unbebaubares Sumpfgebiet, und erst eine radikal durchgeführte Entwässerung hat aus diesen Böden fruchtbare Kulturgründe werden lassen. Da aber das Bett der Etsch sich durch das stetig anwachsende Geschiebe immer höher über den Talboden erhebt, war einerseits der früher blühende Warenverkehr auf Flößen nicht mehr durchführbar, und der Abzugsgraben des Kalterer Sees mußte bis kurz vor Trient geführt werden, um niveaugleich in die Etsch fließen zu können.

Die nach Süden offene Pforte beschert aber dem Unterland ein so günstiges Klima, daß die Berghänge zu beiden Talseiten bis über Bozen und Meran hinaus eine »submediterrane Flora« aufweisen können, deren größere Vertreter wie die Flaumeiche, die Hopfenbuche oder die Mannaesche große Waldbestände bilden, während im Unterholz der Perückenstrauch, der Mäusedorn, der Geißklee und eine große Anzahl von Orchideen und anderen wärmeliebenden Blütenpflanzen und Gräsern gedeihen. In vielen Gärten des Überetsch und der rechten Talseite bis Margreid stehen Fächerpalmen, überwintert der eine oder andere Ölbaum und Oleander im Freien, und die Feige ist mancherorts schon verwildert.

Hier in dieser Übergangszone streiten sich nicht nur warme und kühlere Lüfte um die Vorherrschaft; hier prallten seit dem Vordringen der bajuwarischen Stämme im 6. Jahrhundert zwei gegensätzliche Kulturen und Sprachen aufeinander, und es konnte nicht ausbleiben, daß die Bevölkerung und ihre Kultur auf beiden Seiten nachhaltig davon geprägt wurden. Die Salurner Klause war trotz ihrer so ausgeprägten, strategischen Talenge nie eine politische Grenze; zur klaren Sprachgrenze wurde sie erst im 18./19. Jahrhundert. Hier spielten im ausgehenden

Mittelalter die Besitzverhältnisse der Trienter Bischöfe und der Tiroler Grafen eine wichtige Rolle, ebenso die weit bis Bozen und Meran reichende kirchliche Jurisdiktion der Trienter Bischöfe. Im Habsburgerreich waren Deutsch- und Welschtirol vereint, trotzdem war die Stellung der Bauern in beiden Landesteilen grundverschieden: ein freier, selbstbewußter Bauernstand auf der einen Seite und Dienstleute des Bischofs auf der anderen. Laut *Fontana* rührt die starke Vermischung mit Zuwanderern aus dem Nonsberg in die Gemeinden Eppan, Kaltern und Tramin eben von diesen in Tirol günstigeren sozialen Bedingungen her; eine Reihe von Erntearbeitern und Dienstboten vom Nonsberg machten sich früher oder später hier seßhaft, die vielen italienischen und häufig eingedeutschten Namen geben Zeugnis davon: Aus *Zini* wurde *Sinn,* aus *Giuliani Schullian,* aus *Gasperetti Kaspareth* oder aus *Rosati Roschatt,* um nur wenige Beispiele zu nennen. Zur Zeit des Konzils (1545–1563) machten die Deutschen in Trient noch ein Viertel der Bevölkerung aus; die linke Etschseite, also von Sankt Michael a. d. Etsch bis Lavis, war noch weitere zweihundert Jahre lang stark deutsch durchsetzt, und Reiseberichte aus jener Zeit geben einstimmig die Sprachgrenze bei Lavis an. Nationalistische Bestrebungen der Bischöfe, die seit dem Konzil nicht mehr aus deutschen, sondern aus einheimischen Adelsfamilien gewählt wurden, besonders aber politischer Kreise am Ende des 19. Jahrhunderts, aber auch der einfache Mangel an landwirtschaftlichen Arbeitskräften wirkten sich aber später in entgegengerichtetem Sinn aus, und viele italienische Siedler faßten bis hinauf nach Leifers besonders in den landwirtschaftlichen Betrieben Fuß. Nach *Kühebacher* (in: »Das Südtiroler Unterland«, Jahrbuch IX, 1980) gehört der Talabschnitt zwischen Bozen und Salurn zum festen Teil des bayerischen Mundartraumes, und der »Unterlandler«-Dialekt hat seine unverwechselbare Eigenheit durch italienische Einfärbungen erhalten.

Das Überetsch

Er ist nicht groß, dieser gesegnete Landstrich zwischen den Steilhängen des Mendelzuges und dem Rücken des Mitterberges, der ihn vom tieferen Etschtal trennt; und doch ist er ein besonderes Schmuckstück des Südtiroler Landes, mit dem Rebland, das ihn wie ein Teppich überzieht, mit seinen ausgedehnten Wäldern und den Seen, vor allem aber mit seinen vielen Burgen, Schlössern und Edelsitzen. Bis in den späten Herbst hinein ist dieses Land »über der Etsch« Ziel zahlreicher Gäste aus dem Norden, die hier noch bäuerliche Gastfreundschaft, südliche Sonne und vor allem den köstlichen Wein suchen und Gelegenheit haben, in ausgedehnten Spaziergängen diese an Naturschönheit und an Kultur so reiche Gegend zu erkunden. Es ist ein ganz besonderes Stück Südtirol, und wenn wir im so reichen Mosaik unseres Landes die Eckpunkte aussuchten, nämlich den oberen Vinschgau, das Oberpustertal und das Überetsch, wir könnten uns kaum größere Gegensätze vorstellen, angefangen von der Sprache und den Lebensgewohnheiten der Bewohner bis zur Architektur und zum Klima. Von diesen Gegensätzen wird auch der Tourismus beeinflußt, denn vom Frühling bis zum späten Herbst zieht dieses Gebiet überwiegend Gäste aus dem Norden an, während die Italiener weit mehr die alpinen Gegenden des Pustertals oder des oberen Eisacktals bevorzugen.

Als beherrschende Eckpunkte, die den Zugang zum Überetsch bewachen, stehen nahe der Einmündung vom Eisack in die Etsch die mächtigen Ruinen von Sigmundskron, hoch am Berghang unter dem Gantkofel aber die weit ins Etschtal schauende Anlage von Hocheppan. Dazwischen liegt die flach in die Ebene auslaufende Mulde von Frangart, das in den Moränenschutt tief eingeschnittene Warttal und das noch steiler mündende Tälchen, das von Sankt Pauls bis Unterrain zieht.

SIGMUNDSKRON, auf mehreren Felskuppen über dem Zusammenfluß von Etsch und Eisack weitum das Land beherrschend, nimmt von allen Tiroler Burgen die ausgedehnteste Fläche ein. Heute durchbohrt ein langer Tunnel der MeBo (Schnellstraße Meran–Bozen) die Porphyrfelsen der Burghügel; durch ein Spitzbogentor aus der Zeit *Sigmunds* (1474) tritt man in den unteren Burghof, wo hart am nordwestlichen Rand ein hoher, eher schmaler Bergfried steht und wo in den renovierten Gebäuden ein Restaurant Platz gefunden hat. Gute fünfzig Meter höher, auf einem Pfad durch den Buschwald zu erreichen, gelangt man zur Oberburg: Eine mächtige, hohe Mauer, von zwei starken Rundtürmen flankiert, von beinahe pharaonischen Ausmaßen, schließt den Bezirk gegen Süden ab. Auf der höchsten Erhebung wächst die alte Burgkapelle aus den gelblichen Felsen, angebaut an einen niederen Viereckturm mit großen Rundbogenfenstern; in ihrer Rundapsis sieht man noch Spuren von Fresken aus dem 14. Jahrhundert. Die Zufahrt zum Schloß zweigt von der Straße ab, die nach Girlan führt.

Die Burg gehört zu den ältesten im ganzen Land. *Berengar von Ivrea* hat dieses »Formicaria«, das im Besitz der Trienter Bischöfe stand, im Jahr 956 erobert, es fiel aber bald wieder an die Bischöfe zurück; Bodenfunde weisen auf eine Besiedlung schon in der mittleren Steinzeit hin. Von diesem ursprünglichen Namen leitet sich über »Formigar« und auch »Formian« der Name der frühen Lehensherren »Firmian« ab, die damit zu den ältesten Adelsgeschlechtern Südtirols wurden und heute noch in Südtirol und auf ihrem Schloß in Mezzocorona weiterbestehen. *Sigismund der Münzreiche* hat dann die Burg radikal umgebaut, wobei viele romanische Bauteile verlorengingen. Auf ihn geht auch der heutige Name »Sigmundskron« zurück (Näheres bei *Weingartner,* in: »Bozner Burgen«, Innsbruck 1922, sowie *Frei,* in: »Kunstdenkmäler Südtirols«, Athesia, Bozen 1991.)

Gegen Westen breiten sich in einer flachen Mulde die Häuser von **Frangart** aus. (Der Name leitet sich vom mittelhochdeutschen »vrôn« = Garten, also Garten eines Herrn, ab.) Die neugotische Kirche ist mit Fresken von *Albert Stolz* geschmückt; in der Kapelle des Friedhofs, der sich an den östlichen Rand der Mulde schmiegt, hat *Heiner Gschwendt* aus Klausen schöne Wandgemälde angebracht. Von der Höhe, schon gegen den Himmel abgehoben, strahlt seit einigen Jahren die Sonne und nachts auch der Vollmond wider von einer acht Meter hohen Kugel aus Edelstahl, als Symbol der Vollkommenheit vom Kunstfreund *Karl Nicolussi* hier zur Freude und zur Bewunderung aller Vorüberfahrenden auf einem bewaldeten Vorsprung errichtet. Sein darunterliegender Wohnsitz HOCHFRANGART birgt eine große Anzahl von Skulpturen in Bronze und Stein von zeitgenössischen Südtiroler Künstlern. Der Hausherr ist Präsident des Museums für Moderne Kunst in Bozen und auch Präsident des Südtiroler Bildungszentrums, und viele Freunde aus Kunst und Wissenschaft erleben immer wieder geistvolle Zusammenkünfte in seinem gastlichen Haus.

Die von Bozen kommende Straße dringt nun, nach der Abzweigung zu den Höfen und den kleinen Industrien von Unterrain in das tief eingeschnittene WARTTAL, dessen Hänge mit Reben und Obstbäumen bestanden sind. In seiner Mitte erhebt sich auf spitzem Hügel die gegen Norden wie mit einem Schiffskiel zulaufende, kleine BURG WART, heute in Privatbesitz und ehemals Sitz der *Herren von Altenburg,* deren älterer Sitz als spärliche Ruinenreste noch auf dem südlich davon gelegenen Hügel zu erkennen sind. Gegen Ende des 11. Jahrhunderts erbaut, war diese einstmals wichtige Burg die Wiege der *Eppaner Grafen* aus dem bayerischen *Geschlecht der Welfen,* die sich dann in dem später erbauten Hocheppan niederließen. Zu den Füßen des Hügels, wo sich die Glashäuser der großen Gärtnerei Gamberoni ausbreiten, wurden in jüngerer Zeit bedeutsame Funde einer bronzezeitlichen Siedlung gemacht.

Wir sind hier schon im Gebiet der Großgemeinde Eppan, die sich aus dem Ortsteilen Frangart, Unterrain, Sankt Pauls, Girlan und Sankt Michael zusammensetzt und über 11.000 Einwohner zählt. Beim Namen des Ortes handelt es sich sicher um ein »Gut des Appius«, also um einen sogenannten »Prädiennamen«, so wie das bei Girlan aus »Cornelianum« = Gut des Cornelius der Fall ist. Dies ist wahrlich eine gesegnete Landschaft, die sich bis Kaltern hinzieht, ein Land der Reben, der Burgen und Schlösser und der Edelsitze im typischen »Überetscher Stil«, die der Gegend die Bezeichnung »Südtiroler Adelsparadies« eingetragen haben.

Am weitesten gegen Norden vorgeschoben und am Rande des steil abfallenden Moränenkegels steht das Dorf **Sankt Pauls**, dessen hohe, langgezogene Turmzwiebel weit ins Land hinaus grüßt. Bevor wir dem Dorf einen näheren Besuch abstatten, steigen wir über den Weiler **Missian** zur mächtigen Ruine von HOCHEPPAN. Unter dem Steilabhang des Gantkofels steht diese einst so bedeutende Burg auf einem nach drei Seiten senkrecht abfallenden, zerklüfteten Porphyrfels, weit sichtbar vom Etschtal hinauf bis Meran, hinunter bis Bozen und bis zum darunterliegenden Überetsch. Einen noch umfassenderen Rundblick bietet der einsam eine Stufe tiefer stehende, hohe KREIDETURM, einst als Wach- und Wehrturm und wohl nie zu Wohnzwecken errichteter Bau aus dem 12. Jahrhundert. Mit dem Auto kann man bis zu einem Bauernhof über Missian fahren, wo auch ein Buschenschank zur Rast einlädt; von dort erreicht man den Turm in zehn Minuten über einen steilen, aber aussichtsreichen Weg. Von hier aus geht es dann, immer eher steil, in weiteren zwanzig Minuten durch Buschwald zur Höhe der Burg. Der Ort atmet unergründliche Geschichte, Macht und Verfall. Auf abgeschliffenen Felskuppen, durchsetzt mit kurzem Trockenrasen, stehen noch Reste alter Vorwerke. Ein hölzerner Steg führt über einen Graben durch ein erstes Tor in den Zwinger, das ist der freie Raum zwischen der hohen Mauereinfassung und dem eigentlichen Burggebäude. Aber noch bevor man dort eintritt, muß man an der Brüstung des Zuganges stehen bleiben und ins Land hinausschauen – im Frühling, wenn ein Blütenmeer Tal und Hänge mit einem weißen Schimmer überzieht, im Sommer, wenn der Dunst der Hitze aus den Niederungen steigt, im Herbst, der alles ringsum vergoldet, aber auch an klaren Wintertagen, an denen hier die Sonne trotz der weißbeschneiten Berge noch warm von den roten Felsen widerstrahlt – Hocheppan gehört zu den Höhepunkten des Südtirol-Erlebens!

Von der alten, zu Ruinen zerfallenen Anlage ist der fünfeckige Bergfried noch gut erhalten; die anderen Gemäuer sind zwar gefestigt und zum Teil restauriert worden, immerhin so weit, daß eine gemütliche Burgschenke Platz gefunden hat. Das wertvollste Kleinod aber, die Burgkapelle, steht etwas tiefer, hart am südlichen Absturz. Der romanische Bau, um 1180 errichtet, ist an der nördlichen Außenwand und im Inneren mit einem reichen Freskenschmuck versehen. Der Christophorus rechts vom Eingang dürfte noch in die Mitte des 12. Jahrhunderts fallen, ebenso die ursprüngliche Bemalung der Außenwand, während die Bilder im Innenraum um die Wende von 1200 anzusetzen sind. Es ist hier nicht der Raum, näher auf diese romanischen Wandmalereien einzugehen, die zu den bedeutendsten des deutschen Sprachraums zählen; aber schon ein Blick auf die in der zentralen Apsis thronende Maria mit dem Kind, auf die Verkündigungsszene oder auf die strengen Gesichter der Apostel läßt die Meisterschaft dieses Malers erkennen, der seine Einflüsse von der byzantinischen Malerei, aber auch aus dem süddeutschen Raum nicht verleugnen kann. Näheres zu diesem kunstgeschichtlich so wichtigen Zyklus ist in dem 1998 erschienenen Band von *Helmut Stampfer* »Die Fresken der Burgkapelle von Hocheppan« sowie in dem älteren Werk von *Nicolò Rasmo* »Hocheppan«, Bozen 1973, zu erfahren.

Auf einem südlich davon gelegenen Hügel und durch eine tiefe Schlucht getrennt, steht mit breiter Front die rote Ruine von SCHLOSS BOYMONT. Ungefähr hundert Jahre später als Hocheppan gebaut, wurde die Burg schon im Jahr 1425 durch einen Brand zur Ruine und nie wieder aufgebaut; daher hat sie sich auch in der ursprünglichen Form erhalten. Eindrucksvoll sind die über mehrere Stockwerke angebrachten Dreibogen-Fenster, mit zierlichen romanischen Säulchen unterteilt. In der Nordostecke der viereckigen Anlage steht der mächtige Bergfried, der die hohe Umfassungsmauer nur wenig überragt; am anderen Eck im Westen steht ein zweiter, etwas niedrigerer Turm. Im Jahr 1976 wurde die Ruine vom jetzigen Besitzer *Dallago* (ehemaliger Bürgermeister von Eppan) unter großem Aufwand saniert, und jetzt befindet sich im romantischen Innenhof eine gern besuchte Burgschenke.

Als dritte Burg aus derselben Zeit wie Boymont steht zu dessen Füßen die BURG KORB, ursprünglich nur ein Wohnturm und im vorigen Jahrhundert mit Zubauten im damals herrschenden, romantisierenden Stil versehen. Beide Burgen waren von den *Eppaner Grafen* an Ministerialenfamilien zum Lehen gegeben worden. Heute ist Schloß Korb ein bekanntes Hotel und Restaurant. Einer der früheren Besitzer, *Dr. Friedrich Teßmann,* der bis 1918 dort wohnte, soll hier ehrenvoll genannt werden: als Liebhaber von Tirolensien, also Werken von Tirolern und über Tirol, hatte er eine riesige Bibliothek sammeln können, die den Grundstock der heute größten Bibliothek der Stadt Bozen bildet und daher den Namen »Teßmann-Bibliothek« führt.

Jetzt können wir ins eigentliche Überetsch eintreten und wir beginnen mit dem so charakteristischen Weindorf **Sankt Pauls**. Von Unterrain kommend, treten wir in die lange Dorfstraße ein, die in seltener Einheit von typischen Häusern im Überetscher Stil gesäumt ist: Die Häuserzeile ist bewegt durch vortretende Erker, durch die Schrägen von Stützpfeilern und durch die verschiedenartig geformten Rundbogentore aus Sandstein, die den Blick freigeben in kleine Innenhöfe, wo manche Freitreppe mit einer Loggia überdacht ist. Immer wieder beleben Doppelbogenfenster mit zierlicher Mittelsäule die Hauswand. Wo sich die Straße etwas weitet, steht mächtig die spätgotische Pfarrkirche, nicht zu Unrecht der DOM AUF DEM LANDE genannt. Unter dem späteren Turmaufsatz liest man die Jahreszahl 1586, und wenig darüber erzählt uns die Zahl 1636, daß der Turm damals seine barocke Haube aufgesetzt bekam. Der Bau der dreischiffigen Kirche zog sich von 1461 bis 1552 hin, wir haben also hier das Beispiel einer recht verspäteten Gotik, zu einer Zeit, wo in Italien schon längst die Renaissance Einzug gehalten hatte. Einige wertvolle gotische Plastiken, wie eine Figur des heiligen Jakobus auf dem Kanzeldach von *Jörg Lederer* (1524) oder ein Kruzifix vom Bozner *Georg Arzt* um 1515 sind besondere Anziehungspunkte des weihevollen Inneren.

Gegen den Berghang hin liegen inmitten der Weinberge immer wieder schöne Ansitze und Weinhöfe, in lockerem Übergang zur Gegend von **Eppan-Berg**, wo sich diese Edelsitze häufen. Bedenkt man, daß in dem für jeden Liebhaber dieses Landstrichs unentbehrlichen Buch von *Bruno Mahlknecht* »Burgen, Schlösser und Ansitze in Eppan« (Verkehrsamt Eppan, 1978) insgesamt 137 Schlösser, Burgen und Ansitze nur auf diesem Gemeindegebiet aufgezählt sind, so wird man verstehen, daß wir hier nur auf wenige dieser schönen Renaissance-Bauten näher eingehen können. Einer der schönsten davon ist REINSBERG, das schon zu Beginn des 13. Jahrhunderts als Wohnturm einer Ministerialenfamilie diente. In der heutigen Form ist Reinsberg ein typischer Bau mit den Stilelementen des 17. Jahrhunderts. Ein mit Wappen geschmücktes Rundbogentor aus Buckelquadern in einer zinnengekrönten Mauer führt in einen kleinen Innenhof. Eine Freitreppe endet in einer kleinen Loggia. Am südlichen Eck steht ein Erkerturm, die Fenster sind alle mit Steinquadern verschiedener Länge eingefaßt. Etwas abgesetzt vom Hauptgebäude steht eine barocke Rundkapelle. Reich verzierte Stuckdecken im Inneren, schöne Kachelöfen und barocke Wandverkleidungen vervollständigen das Bild dieses Musterbeispiels des Überetscher Stils, der seine Blütezeit zwischen 1550 und 1650 hatte.

Manchmal fällt die Unterscheidung schwer, ein Gebäude als Burg oder als Ansitz einzuordnen. So etwa bei SANKT VALENTIN, schon nahe am waldigen Berghang. Der von weitem streng und einfach wirkende, hohe Bau, rötlich in seinen unverputzten Mauern, zeigt beim Eintritt in die Vorhalle auf Säulen ruhende Rundbögen und an den Decken Kreuzgratgewölbe; diese späteren Zutaten aus dem 16./17. Jahrhundert erweiterten einen ursprünglich als Wohnturm angelegten Bau aus dem 13. Jahrhundert, ähnlich den damals allenthalben entstehenden kleinen Ministerialenburgen. Im Osten des strengen Baues steht ein gotisches Kirchlein.

Etwas tiefer und südlicher liegt hart an der Straße das heute noch vornehm wirkende und bestens erhaltene SCHLOSS FREUDENSTEIN. Im 13. Jahrhundert gebaut, war die Burg über fünfhundert Jahre lang im Besitz der damals mächtigen Familie der *Fuchs von Fuchsberg,* die in ganz Südtirol Schlösser und Land besaß. Im Lauf der Jahrhunderte erhielt die ursprünglich aus zwei Türmen bestehende Burg der Mode entsprechende Zubauten, Loggiengänge und Freitreppen, so daß heute die Bezeichnung »Schloß« dem Gebäudekomplex besser ansteht. Nach Aussterben dieses einst weitverzweigten Geschlechtes ging die ehemalige Burg im Jahr 1760 an die *Grafen Lodron,* die sie bis 1895 bewohnten. Heute ist sie in Privatbesitz und kann nicht besichtigt werden. Sie wird aber gelegentlich für kulturelle Zwecke oder für Fernsehsendungen des Bozner Senders zur Verfügung gestellt. Der Straße folgend, die von Freudenstein abwärts und dann eben rechts hinüberführt, kommt man am alten Turm von TURMBACH vorbei, heute eine Schenke, und abwärts in Richtung auf Sankt Michael an den beiden manchmal auch als »Schloß« bezeichneten Ansitzen PASCHBACH und AICHBERG, wo Türme und Erker, schöne schmiedeeiserne Fensterkörbe, Tore und Loggien und zinnenbewehrte Mauern um die Wette eifern.

Von Freudenstein aus können wir als kleinen Abstecher der Straße folgen, die unmittelbar an Freudenstein vorbei gegen den Berg zieht. Auf ebener Terrasse liegen schöne Obstgärten, und ein großes Staubecken sorgt für die nötige Bewässerung. Dann tritt die Straße in den Wald und erreicht auf 800 Metern Höhe den kleinen Weiler **Perdonig**, mit seinen über steile Wiesen verstreuten Höfen. Auf einem gegen das Tal vorgelagerten Hügel stehen die Reste des uralten VIGILIUSKIRCHLEINS, das laut *Weingartner* auf das sechste Jahrhundert zurückreicht. Der Hügel diente zu jener Zeit sicher als Fluchtburg, wie spätantike und frühmittelalterliche Bodenfunde bezeugen. Überhaupt hat diese gesegnete Eppaner Gegend schon zu Urzeiten Siedler angelockt, daher sind archäologische Fundstätten in diesem Raum besonders häufig und aufschlußreich. Einer der wichtigsten davon ist der sogenannte PUTZER GSCHLEIER, ein kegelförmiger, mit Reben bestandener Hügel bei Sankt Pauls, so wie die schon genannte Gärtnerei Gamberoni. Von Perdonig geht die Straße noch ein Stück weiter bis zu den Häusern von **Gaid**. Neben einigen altehrwürdigen Bauernhöfen ist hier die kleine barocke Kirche zu erwähnen, die 1638 erbaut wurde, deren ursprünglicher Bau aber auf das frühe Mittelalter zurückreicht. In der Predella des Hauptaltarbildes sollte man sich die beachtliche Stifterfamilie des *Eustachius Franzin von Zinnenberg* näher anschauen, der hier nicht weniger als drei Gemahlinnen und sechzehn Kinder abbilden ließ!

Der Rückweg von Eppan-Berg – zu Fuß viel erlebnisreicher als mit dem Auto – auf dem bergwärts verlaufenden Weg gegen Süden, führt vorbei an einer langen, muldenförmigen Terrasse, auf deren gegen das Tal leicht erhöhtem Rand die weithin sichtbare GLEIFKIRCHE steht, ein gefälliger Barockbau mit zwei Fassadentürmen. Am Weg steht dann bald die Häusergruppe von SCHLOSS MOOS, auch SCHULTHAUS genannt. Hier gab es laut *Mahlknecht* schon zu Anfang des 13. Jahrhunderts ein herrschaftliches Gebäude, das im Lauf der nächsten Jahrhunderte mehrfach vergrößert wurde. Das Haupthaus wurde im Jahr 1958 vom Bozner Großkaufmann und Kunstmäzen *Walther Amonn* restauriert; dabei wurden bedeutende Fresken aus dem 14. Jahrhundert aufgedeckt, die unter anderem die köstliche Szene des »Frosch-Mäuse-Krieges« darstellen. Das Schloß bildet Teil der »Walther-Amonn-Stiftung« und dient immer wieder für kulturelle Veranstaltungen und Ausstellungen.

Bald senkt sich der bisher eben verlaufende Weg gegen Osten; vorbei am bekannten Restaurant und Ausflugsziel Stroblhof, in dessen Nähe noch die TURMRUINE VON ALTFIRMIAN steht, kommt man zu dem mächtigen gotischen Bau von SCHLOSS ENGLAR, dessen steiles, riesiges Walmdach sein auffälligstes Merkmal ist. (Der Name kommt von der Ortsbezeichnung »in glara«, das ist »im Schotter«, nämlich des vorbeifließenden Baches.) Es besteht aus drei eng aneinander gebauten Wohntrakten aus der Zeit zwischen 1450 und 1550. Dazu gehört auch die kleine gotische SEBASTIANSKIRCHE auf einem nahen Hügel. Ein steinernes Tor führt durch eine Mauer in den großen Schloßhof, wo der Eingang in das Haupthaus liegt. Das Innere hat mit seinen engen Treppenaufgängen, den zum Teil gewölbten Räumen und schönen Sälen noch den ursprünglichen Charakter bewahrt. Seit über dreihundert Jahren in Besitz des alten Adelsgeschlechtes der *Khuen-Belasi* (nach dem Schloß Belasi am Nonsberg), wird heute dort eine Fremdenpension geführt, und immer wieder haben auch musikliebende Gäste die Gelegenheit, in einem der schönen Säle öffentliche Konzerte zu erleben.

Wenige hundert Meter abwärts steht das andere, bis vor kurzem den Khuen gehörende SCHLOSS GANDEGG. Die vier runden Ecktürme und die hohe Umfassungsmauer geben dem Schloß sein unverwechselbares Gesicht; dabei war es nie eine eigentliche Burg, hatte also nie einen Festungscharakter. Es wurde 1550 von *Blasius Khuen* errichtet; die **Gand,** nach der das

Schloß heißt, ist die mit großen Porphyrblöcken übersäte Gegend am Fuß des GANDBERGES, wo sich seit dem Zweiten Weltkrieg auch eine große Wohnsiedlung mit einem großen Seniorenheim ausgebreitet hat. Das Schloß hat eine hübsche Barockkapelle im Innenhof, einen loggienartig überdachten Treppenaufgang und schön getäfelte Räume. Es ist heute in Privatbesitz und kann nicht besichtigt werden.

In diesem Gewirr von riesigen Blöcken, die vor Urzeiten vom Berg gestürzt sind und heute von einem Wald aus Edelkastanien bedeckt sind, soll ein Naturphänomen nicht unerwähnt bleiben, das zu einem beliebten Anziehungspunkt der Eppaner Umgebung geworden ist, nämlich die sogenannten EISLÖCHER. In einer Mulde von wenigen hundert Metern Durchmesser hat sich im großen Schutthang eine ganz alpine Klimainsel gebildet: In den tiefen Höhlungen zwischen den Felsblöcken herrscht am tiefsten Grund des Kessels eine Temperatur, die noch bis in die Monate Mai und Juni die Bildung von Eis erlaubt – ja, ich erinnere mich, als Kind dort nach Eiszapfen gefischt zu haben, um sie im Laufschritt dann am nahen Stroblhof in den Himbeersaft zu stecken! Die Flora entspricht den Temperaturen; je tiefer man in die Mulde steigt, desto kälter wird es, und man sieht Alpenrosen, Heidelbeeren und alpine Moose neben zahlreichen anderen zur typischen Alpenflora gehörenden Gewächsen. Die Entstehung dieser so sonderbaren Klimainsel ist noch nicht ganz geklärt. Der Geologe *Raimund von Klebelsberg* denkt z. B. an tief begrabene Überreste des eiszeitlichen Etschtalgletschers.

Fährt man durch Sankt Pauls in südlicher Richtung weiter, so begegnet man immer wieder den typischen Überetscher Ansitzen; der schönste davon ist wohl das HAUS THALEGG, kurz vor der Einmündung in die Landesstraße Bozen–Eppan. Ein zentraler Erkerturm mit Loggienvorbau und doppelter Freitreppe, zwei zu Türmchen ausgebaute Eckerker und eine streng symmetrische Fassade zeichnen das hinter einer Zinnenmauer halb versteckte Gebäude als eines der Hauptbeispiele des Überetscher Stils aus; hier feiert traditionelle, noch behäbige und bodenständige Architektur eine geglückte Verbindung mit Stilelementen der italienischen Renaissance und wird zu einer besonders für diese Gegend typischen Bauweise. In anderen Landesteilen Südtirols ist sie nur vereinzelt anzutreffen. Als häufige Zutat zu solchen Behausungen des Landadels finden wir, wie auch hier, eine kleine, barocke Kapelle. An dem Wappenstein über dem großen Mauertor finden wir die seltsamen Initialen ATVVZT, was bedeutet: *»Abraham Thalhammer von und zu Thalegg«*. Obwohl der Ansitz dem langsamen Verfall entgegenträumt, steht auf dem Haustor ausdrücklich, daß es nicht zu verkaufen ist!

Bald verengt sich die Straße, und wir finden hier in **Sankt Michael** ähnliche Merkmale der Bauweise wie in Sankt Pauls. Trotz vieler, auch geschmackvoll ausgeführter moderner Neubauten hat der Ort noch viel von seinem ursprünglichen Charakter bewahrt. Erwähnenswert ist hier besonders das Haus Wohlgemuth, links am südlichen Ausgang der Dorfstraße; die Schönheit des Baues kommt am besten von der Rückseite zur Geltung, zu der man durch das kleine Gäßchen zu seiner Seite gelangt. Zwei gleich große Gebäudeteile werden durch einen langen Loggiengang verbunden. Ein mehreckiger Erkerturm und die schmiedeeisernen Fensterkörbe geben dem Bau sein herrschaftliches Gepräge.

Wandervorschläge: Schon ein gemütlicher Spaziergang über die vielen Verbindungswege von Ansitz zu Ansitz und von Schloß zu Schloß kann mehr als einen Nachmittag füllen. Wer eine längere Wanderung bevorzugt, könnte den Burgenweg wählen: Hinter dem großen Teich auf der Straße nach Perdonig zweigt ein Weg (Markierung 9A) rechts in den Wald und in eine enge Felsschlucht ab, der jenseits derselben etwas ausgesetzt eine weitere Schlucht umgeht und zur Ruine Boymont aufsteigt. Von dort führt der gut markierte Steig wieder, zum Teil über Leitern, in eine noch tiefere Schlucht und landet nach erneutem Anstieg bei der Ruine von Hocheppan. Im Westen des Wiesensattels geht dann ein bedeutend breiterer Weg die Schlucht entlang bis Perdonig; von hier aus folgt man der asphaltierten Straße bis zum Ausgangspunkt.
Wer es gern sehr steil hat, kann mit dem Auto bis zu den Höfen und zum Gasthaus Buchwald fahren (Abzweigung beim Gasthof Kreuzstein kurz vor dem Stausee); von hier aus hat er die Wahl: Der Steig Nr. 545 führt in langweilig gleichmäßiger Steigung über den »neuen Weg« auf die Höhen der NIEDERFRINIGER WIESEN, ein welliges, mit Lärchen bestandenes Teilstück

des Mendelkammes; Nr. 546 beginnt wenig weiter oben und bringt einen in die schmale, sehr steile, aber eindrucksvolle Kemater Scharte; vom Höhenrücken aus kann man bis zum Gantkofel (1868 m) vorstoßen und durch die etwas weniger steile Große Scharte wieder Buchwald erreichen.
Als längerer Familienspaziergang ohne große Höhenunterschiede eignet sich schließlich die Forststraße von Gaid zum urgeschichtlichen Standort Burgstalleck und auch weiter bis Sirmian mit dem schönen Kirchlein zur heiligen Apollonia, oder gar noch weiter bis Grissian mit dem romanischen Jakobskirchlein. Hier könnte ein freundlicher Autofahrer die Müden abholen.

Gegen Osten hin breitet sich die Gemeinde Eppan zum Ortsteil **Girlan** aus, das in einer noch weiter ausgedehnten Reblandschaft liegt. Nicht umsonst sind seit alters seine Weine, wie vor allem der »Schreckbichler«, weitum bekannt, und mehrere Großkellereien sorgen für Einkellerung und Vermarktung. In einem alten Bericht aus dem Jahr 1836 heißt es: *Dieses Dorf hat auffallenden Mangel an Wasser, keine Brunnquellen und muß sich nur der Ziehbrunnen bedienen, die manchmal auch vertrocknen, so daß die Einwohner genötigt sind, sich öfter das Wasser für sich und das Vieh von dem mehr als eine halbe Stunde entfernten Dorfe Eppan in Fässern herzuführen (A. von Lutterotti,* »Schlern« 1994 / 35). Man kann also sicher annehmen, daß der Wein damals nicht verwässert wurde!

Im Dorfkern stehen die Häuser dicht gedrängt in engen Gassen hügelauf, hügelab. Unter die typische, bäuerliche Überetscher Bauweise mischt sich immer wieder ein vornehmerer Bau. Eine alte, segensreiche Institution ist das auf einer Anhöhe gelegene JESUHEIM, ein schon am Anfang dieses Jahrhunderts erbautes Heim für Schwerbehinderte (früher hießen sie »Unheilbare Kranke«), ein lobenswerter Vorläufer also auf diesem Gebiet. Die Pfarrkirche stammt in ihrer heutigen Form aus dem Jahr 1838.

Von der großen Doppelkreuzung am Rande von Eppan zweigt auch die Straße nach **Montiggl** ab, dessen wenige Bauernhöfe schon in die Wälder des Mitterberges eingebettet liegen. Der Ort gehört noch zur Gemeinde Eppan und ist im Sommer wegen seiner zwei kleinen Waldseen ein beliebtes Ausflugsziel. Aber zu jeder Jahreszeit bieten die ausgedehnten Waldungen und die vielen Forstwege dem Wanderer, dem Radfahrer und dem Reiter reiche Möglichkeiten der Erholung. Für die Reiter sorgt ein großer Reitstall rechts bald nach der Abzweigung der Straße von der Kreuzung. Auf den runden Erhebungen des Mitterberges, der im Osten jäh ins Etschtal abfällt, haben sich Spuren urzeitlicher Besiedlung gefunden, Ringwälle und Hausanlagen, so auf dem WILDE-MANNS-BÜHEL, auf dem JOBENBÜHEL, dem großen und kleinen PRIOL und besonders auf dem schon auf Kalterer Gebiet liegenden HOHENBÜHEL gegenüber der Leuchtenburg. Die gesamte pilzreiche Gegend der Montiggler Wälder steht unter Naturschutz, die Pilze dürfen also nur fotografiert werden!

Nur zwei Kilometer von Eppan entfernt gegen Süden steht an der Straße die festgefügte Häusergruppe von **Unterplanitzing**, das schon zur Gemeinde Kaltern gehört. Hier zeigt sich besonders schön die mehr bäuerliche Variante des Überetscher Stils, wenn auch manche elegantere Elemente, wie Zinnenmauern oder Doppelbogenfenster, nicht fehlen. Die mit einer Eisenkette umgürtete Kirche ist dem heiligen Leonhard geweiht. Die im Rundbau spätromanische und im Langhaus gotische kleine Kirche ist reich mit Fresken aus dem 15./16. Jahrhundert bemalt.

Der Ortsteil **Oberplanitzing** hat seine Häuser zu beiden Seiten eines mit Obst bepflanzten Tälchens gereiht; hier stehen schöne, alte Bauten, zum Teil von herrschaftlichem Gepräge, mit Erkern, Doppelbogenfenstern und steinbehauenen Hoftoren; an einem und dem anderen Haus auch Fresken. Die KIRCHE ZUM HEILIGEN JOHANNES DEM TÄUFER wurde 1594 geweiht, aber vor ihr stand hier eine bedeutend ältere. Von der alten GEORGSKIRCHE steht nur mehr ein halbzerfallener Turm am Wegrand gegen Norden.

Neben diesen zwei entfernteren Dorfteilen breiten sich die übrigen Fraktionen des großen Weindorfes **Kaltern** fächerförmig über den Abhang der Mendel aus. Offiziell heißt der Ort heute »Kaltern an der Weinstraße«. Über die Etymologie schreibt *Kühebacher*:

Man kann ein latein. CALD + Suffix -ARA, »Kessel, warmer Geländekessel, sonnige Geländesenke« als Ausgangsbasis festlegen. In den deutschen Mund muß der Name schon vor der Jahrtausendwende gekommen sein, da er auf der ersten Silbe betont wird und die Auswirkungen der ahd. Lautverschiebung erkennen läßt.

Der auch als »Markt« oder »Dorf« bezeichnete Hauptort mit Pfarrkirche, Schule und Gemeindehaus sowie mit einer Reihe schöner Bauten im uns nun schon bekannten Stil der Gegend wird von einer eng mit Häusern bestandenen, langen Straße durchlaufen. Am Maria-von-Buol-Platz fallen rechts besonders die Häuser Drescher (früher »Reich am Platz«) und Hansenheim durch die elegante Gliederung ihrer Fronten auf. Die seltsame Kehlung im Hauseck des Gebäudes jenseits des Gäßchens hat sich ein pfiffiger Bewohner des schönen Hansenheim, *Ignaz von Pach,* um 1760 als Servitut anbringen lassen, damit er von seinem Schreibtisch aus einen freien Blick auf die Kirchturmuhr habe! Wenig weiter steht links an der Straße der große ANSITZ TONVIN, heute BATTISTI-MATSCHER, mit Ecktürmen, einer Freitreppe und schönen Innenräumen, nebst einer barocken Hauskapelle.

Die PFARRKIRCHE MARIÄ HIMMELFAHRT wurde an Stelle einer bedeutend älteren (12. Jahrhundert?) in den Jahren 1791/92 errichtet. Das Innere ist von feierlicher Raumwirkung, mit marmorierten Pfeilern und einem schönen Hochaltar in buntem Marmor. Das große Deckengemälde stammt vom begabten Tiroler Maler *Josef Schöpf* und stellt die Krönung Mariens und das Martyrium des heiligen Vigilius dar, der ja als Gründer der Pfarre von Kaltern gilt (wie das im berühmt-berüchtigten, bald als Fälschung erkannten sogenannten »Vigiliusbrief« zu lesen steht, der im Pfarrarchiv aufbewahrt wird). Die erst 1978 grundlegend renovierte Pirchner-Orgel bietet Gelegenheit zu einer alljährlich stattfindenden internationalen Orgelwoche. Der hohe Kirchturm hat ein besonders schönes Geläute aus sieben Glocken mit seltsam klingenden Namen: »Ziegenglöckl« für die, die in den letzten Zügen liegen; »Meß«, die zur Werktagsmesse läutet; die »Wein« wird um 11 Uhr zur Brotzeit (mit Wein!) angeschlagen, die »Fuier« bei Brand, die

»Mittog« um 12 Uhr, die »Schreier« wegen ihrer durchdringenden Stimme und endlich die »Groaße«, die mit mächtigem Dröhnen zu hohen Feiertagen weit über das Land schallt. Der hohe Turm mit seinem gotischen Helm steht getrennt vor der Kirche; seine Grundmauern gehen auf das 14. Jahrhundert zurück. Der Besucher sollte es sich nicht entgehen lassen, einen Gang rund um die Kirche zu machen, wo an der Ostseite der Hang steil ins Tal abfällt und sich ein weiter Blick auf den See und die nahen und fernen Berge auftut; schöne alte Grabsteine zieren die Wände; einer davon, an der Rückseite der Sakristei, zeigt das seltsame Wappen eines geflügelten Markuslöwen, der an einem Ast voller Trauben nagt (vielleicht hat der Kalterer Wein den venezianischen Löwen zu seinen Taten beflügelt?). Mit der Front noch zum Marktplatz gerichtet, zeigt das alte Amtshaus in der anschließenden Goldgasse die Wappen Österreichs und Tirols als Zeichen seiner offiziellen Bestimmung. Hier, in der ehemaligen KELLEREI DIPAULI, ist das sehenswerte WEINMUSEUM untergebracht, das früher im ANSITZ RINGBERG nahe am See seinen Sitz hatte. Vom ehemaligen Kellermeister und später bedeutenden Hobby-Archäologen und Heimatforscher *Luis Oberrauch-Gries* mit viel Liebe eingerichtet, untersteht es jetzt, zusammen mit dem Volkskundemuseum in Dietenheim und dem Jagdmuseum in Mareit, *Dr. Hans Grießmair,* der auch seit Jahren die Schriftleitung der Kulturzeitschrift »Der Schlern« betreut.

Als weitere Kirche wäre jene der Franziskaner zu nennen, von der Pfarrkirche über den schönen, auf einer Seite mit Lauben gesäumten Platz und über den steilen PATERBICHL zu erreichen. Die einfache Kirche bietet keine besonderen Schätze; sie steht aber an der Stelle der ehemaligen Burg der mächtigen *Rottenburger,* die auch die LEUCHTENBURG und manch andere Burg im Land besaßen; Erzherzogin *Claudia von Medici,* Witwe des Erzherzogs *Leopold V.* von Tirol, hatte noch mit ihren Söhnen in der Burg gewohnt und sie dann, nach dem frühen Tod ihres Sohnes *Ferdinand Karl,* den er bei einer Jagd in Kaltern erlitten hatte, im Jahr 1662 den Franziskanern zum Geschenk gemacht.

Über dem riesigen, mit Reben und Obstbäumen bestandenen Viereck breitet sich der Ortsteil **Mitterdorf** aus. Hier steht neben manchem bescheideneren Herrenhaus die große Anlage von SCHLOSS SALEGG. *Heinrich,* der Sohn des Habsburger *Erzherzogs Rainer,* Vizekönig in Mailand, hatte dieses schloßähnliche Gebäude um die Mitte des 19. Jahrhunderts von den *Herren von Unterrichter* erworben und um die Jahrhundertwende in einem Neu-Renaissance-Stil umgebaut. Im großen Schloßhof ist eine Verkaufsstelle für die von den Nachkommen, die *Grafen Khuenburg,* gezogenen Weine, von denen besonders der »Rosenmuskateller« einen hervorragenden Platz einnimmt. Gleich oberhalb von Salegg steht die gotische Kirche von Mitterdorf mit schönen Fresken, vom Anfang des 15. Jahrhunderts jene im Chor und am linken Seitenaltar und vom Anfang des 16. Jahrhunderts jene am rechten Seitenaltar. Hinter Salegg ansteigend, gelangt man auf den kleinen Platz von Mitterdorf, und etwas oberhalb seiner rechten Ecke steht ein anderes altes Schloß, nämlich KAMPAN. Aus dem späten 14. Jahrhundert stammend, einst von den *Herren von Kampan,* später von den *Thun* bewohnt, ging es dann an seine heutigen Besitzer, die *Grafen Enzenberg,* über, denen wir schon in Sterzing als den *Herren von Jöchlsturm* begegnet sind. Gotische Elemente sind noch da und dort zu erkennen; besonders reizvoll ist der von einer zweistöckigen Loggia gerahmte Innenhof. Das Schloß kann nicht besichtigt werden.

Am ansteigenden Mendelhang breiten sich die obersten Orte der Gemeinde Kaltern aus. Am südlichsten liegt **Sankt Anton**, dessen schöne Kirche noch Bauteile aus dem 13. Jahrhundert aufweist. Der gesamte Chor ist mit Fresken überzogen, die zum Teil noch von 1380, in der Mehrzahl aber von 1470 stammen und Bozner Meistern zugeschrieben werden. Wenig weit von der Kirche entfernt liegt ein schloßähnliches Gebäude, das noch Teile eines alten Turms enthält, aber zu Beginn des 20. Jahrhunderts von den Besitzern, den *Freiherren von Giovanelli,* in historisierenden Formen, mit einem Loggienvorbau im Überetscher Stil völlig umgebaut worden war. In Sankt Anton steht auch die Talstation der Standseilbahn auf die Mendel, die im Jahr 1901 erbaut wurde und somit die älteste Bergbahn des Landes ist. Sie schafft die unglaubliche Neigung von 64 Prozent, beschreibt sogar einige Kurven und erreicht den MENDELPASS in nur zwölf Minuten bei einem Höhenunterschied von 856 Metern. Auf der kühn in die Felsen angelegten und kurvenreichen Mendelstraße dauert die Fahrt bedeutend länger.

J. Peter von Unterrichter, damals Bezirksrichter in Kaltern, schrieb darüber 1836 in seinem Beitrag zu *Stafflers* »Landesgeschichte« Folgendes: … *der Weg in den Nonsberg läßt vieles zu wünschen übrig, kann nur mit Pferden und Saumrappen, und zweyrädrigen Wägen in sogenannten Schlaifen ausgehend passiert werden. Nur wenige Jahre lebte man der frohen Hoffnung, daß von Seite der Regierung eine Kommerzstraße über die Mendl und von da durch den Nonsberg in die Lombardei errichtet würde. Es unterblieb – wie man sagte, war der k. k. Hofkriegsrath aus militärischen Rücksichten mit diesem zu errichtenden Straßenzug nicht einverstanden (Anton von Lutterotti,* »Schlern« 1992 / 744).

Nun, aus ebendenselben militärischen Gründen wurde die Straße dann in den Jahren zwischen 1880 und 1886 als »Heeresstraße« tatsächlich gebaut! Sie ist für Autofahrer und auch für die immer mehr zunehmende Zahl von Radfahrern zu jeder Jahreszeit ein Erlebnis, besonders aber im Herbst, wenn sich der Mischwald an den steilen Hängen in eine Symphonie von Farben verwandelt. Der Mendelpaß auf 1363 Metern Höhe (Gedächtnisstütze: 1363 Tirol zu Österreich!) war bis zum Ersten Weltkrieg ein beliebter Erholungsort, auch für das habsburgische Kaiserhaus; es entstanden große Hotels, ein Golfplatz und zahlreiche kleine Berghütten für die Kalterer, die dort ihre Wiesen hatten. Der bequeme Spaziergang auf den 1750 Meter hohen PENEGAL, wo ein Hotel und ein hoher Aussichtsturm stehen und wohin auch eine gute Autostraße führt, lohnt sich wegen der überwältigenden Rundsicht, die in ganz Südtirol ihresgleichen sucht.

Mit Sankt Anton zusammengewachsen ist der kleine Ortsteil **Pfuss**, wo ein altes ROCHUSKIRCHLEIN steht. Am oberen Ortsrand findet sich der Gebäudekomplex der alten MÜHLBURG, die in ihren ursprünglichen Formen noch zu den Schlössern zählte, heute aber durch mehrere Umbauten viel von ihrem ursprünglichen Charme verloren hat; immerhin sind an dem jetzt bäuerlichen Anwesen noch mehrere typische Merkmale des Überetscher Stils zu erkennen.

Der am höchsten gelegene Ortsteil ist **Sankt Nikolaus**, weithin kenntlich an seinen zwei Türmen. Die schöne Kirche wurde Anfang des 15. Jahrhunderts erbaut und später noch erhöht. Das Gnadenbild am Hochaltar, eine Kopie der Madonna von Sassoferrato in den Marken, hat seit der Mitte des 18. Jahrhunderts viele Pilger angezogen. Der frei stehende Glockenturm wurde erst 1880 errichtet. Auch in Sankt Nikolaus findet sich noch viel alter Baubestand in den engen, zum Teil recht steilen Gäßchen. Die Straße führt in ein paar Kilometern bis zur KALTERER HÖHE, wo ein Gasthaus steht und wo sich die Straße mit der von Eppan kommenden Mendelstraße vereinigt.

Wandervorschläge: Von Sankt Nikolaus geht der »alte Mendelweg«, und kurz oberhalb des Dorfes der »Telefonsteig« auf die Höhe der Mendel, beides gut angelegte, nie zu steile Wege durch lichte Wälder und mit schönen Ausblicken aufs Etschtal und die dahinter aufragenden Dolomiten. Auf halber Höhe ziehen sich beinahe ebene Forstwege den ganzen Hang entlang, von Altenburg bis Eppan, die sich als »Kalterer Höhenweg« großer Beliebtheit besonders bei den deutschen Gästen erfreuen. Wer höher hinauf will, kann bei den Sportplätzen südlich von Sankt Anton den Weg Nr. 538 (»Prazöllsteig«) einschlagen, der auf 1600 Metern Höhe den Kamm etwas oberhalb der Halbweghütte erreicht und weiter gegen den Roèn (2116 m) führt.

Gleich südlich vom schönen, klassizistischen ANSITZ WINDEGG, ehemals von den *Mohrenberg* aus Sarnonico am Nonsberg und später von den Baronen *Dipauli* (jetzt *Brigl*) bewohnt, senkt sich das Gelände zur weiten Mulde, die über und über mit Reben bedeckt ist und im Kalterer See ihren tiefsten Punkt erreicht. Die Straße führt noch an verschiedenen Ansitzen vorbei, deren schönster, Ringberg, etwas erhöht inmitten der Weinberge steht. Früher Sitz des Weinmuseums, ist heute dort ein gutes Restaurant untergebracht. Kurz danach steht links der alte ANSITZ MANINCOR, früher ebenfalls von einer Nonsberger Adelsfamilie gleichen Namens, heute als Musterbetrieb vom *Grafen Enzenberg-Goess* geführt. Hier werden auch Eigenbauweine zum

Verkauf angeboten. Das etwas tiefer rechts an der Straße liegende KALTENHAUSEN ist heute in bäuerlicher Hand.

Der KALTERER SEE hat in den letzten Jahrzehnten als einziger größerer Badesee Südtirols immer mehr Zulauf bekommen, und die bunten Segel der Surfer beleben an warmen Sommertagen die vom Wind gekräuselte Oberfläche. Der See ist nur wenige Meter tief und friert in den meisten Wintern zu, was wiederum die Eisläufer anzieht, auch wenn ab 1998 ein offizielles Verbot erlassen wurde. Die Ruine der LEUCHTENBURG, einst Besitz der mächtigen *Rottenburger*, spiegelt sich samt ihrem waldigen Hügel im Wasser. Der früher berühmte Fischreichtum des Gewässers hat durch die allzusehr gestörten Laichbedingungen bedeutend nachgelassen; aber in den Herbstmonaten versammeln sich am See unzählige Wasservögel auf ihrem Zug nach Süden. An den wenigen Wasserlöchern, die der Eisüberzug offengelassen hat, sieht man dann große Scharen von Wildenten und Bläßhühnern sich versammeln. Ein breiter Schilfgürtel am nördlichen und besonders am südlichen Ende sorgt für geeignete Nistmöglichkeiten.

Hoch über dem See unter dem Mendelhang blickt der Kirchturm von **Altenburg** über den waldigen Rand der breiten Terrasse, die sich jenseits der KALTENBACHSCHLUCHT bis gegen Söll über Tramin hinzieht. Diese VIGILIUSKIRCHE ist 1491 an Stelle einer älteren in spätgotischen Formen neu gebaut worden. An der Außenwand des Turmes ist das Fresko einer heiligen Kummernus zu sehen, der wir in Südtirol immer wieder begegnen und die, wie schon einmal erwähnt, das falsch interpretierte Bild des »Volto Santo« von Lucca darstellt. Hinter der Kirche führt ein felsiger Steig in die tiefe Schlucht, die den Kirchhügel von einem vorgelagerten Felsenriff trennt. Hier stoßen wir auf die spärlichen Reste einer uralten, wahrscheinlich frühchristlichen SANKT-PETERS-KIRCHE, die der Legende nach vom heiligen Vigilius selbst (gestorben im Jahr 400) erbaut worden sein soll. Es steht nur mehr die offene Rundapsis mit kaum erkennbaren Freskenresten. Anschließend an die ehemalige Südwand fällt eine in den Fels gehauene Wanne auf, die wohl ein altes Grab enthalten hat.

Die auf ungefähr 600 Metern Höhe liegende flache Mulde der Altenburger Terrasse senkt sich langsam gegen Süden, und die steile Straße führt nach Überwindung einer schluchtartigen Rinne zum Weiler **Söll**, der schon zu Tramin gehört. Hier haben wir das Überetsch schon verlassen, und es beginnt die rechte Talseite des Unterlandes. (Um im übrigen unvermeidliche geographische Sprünge in der Landesbeschreibung möglichst gering zu halten, bleiben wir weiter auf dieser Seite bis Margreid und fahren dann in der Beschreibung des Bozner Unterlandes auf der linken Etschseite von Leifers an bis Salurn fort.) Ein paar Stufen führen zur kleinen ST.-MAURITIUS-KIRCHE; schon bei einem Rundgang um Gebäude und Turm fällt das Fresko einer Kreuzigung an der Turmwand ins Auge: Das ausdrucksvolle Bild stammt von einem italienischen Meister um 1370 *(Schweiggl)*. Aus derselben Zeit stammt das Bild an der linken Wand des Chores, wo eine Reiterschlacht in mittelalterlichen Rüstungen zu sehen ist. Die Fresken an der Rückwand sind um etwa hundert Jahre jünger und entstammen der Bozner Schule.

Durch sauber angelegte Weinberge geht es nun weiter nach **Tramin**, und die Verbindung Reben mit Tramin ist durchaus nicht zufällig, denn hier wie auch in Kaltern ist der Wein der eigentliche Herr der Lage. Während sich Kaltern in früheren Zeiten den heute längst nicht mehr zutreffenden ironischen Vorwurf gefallen lassen mußte, seine große Weinproduktion käme nur mit Hilfe des Kalterer Sees zustande, genoß Tramin seit ältesten Zeiten den Ruf, den besten Wein des Landes zu erzeugen. Ob der rätische Wein, den Augustus schon vorzog, von hier stammte, sei dahingestellt; aber mittelalterliche und viele spätere Berichte nennen den Traminer Wein immer an erster Stelle unter den Gewächsen des Landes. Die wohl berühmteste Erwähnung stammt vom weitgereisten Dichter *Oswald von Wolkenstein:*

Vast süesser Wein als slehentrank
Der reuhet mir die kel so krank
Das sich verirt mein hels gesank
Dick gen Tramin stet min gedank

Der »schlehensaure« Wein vom Bodensee hat ihm also die Kehle so rauh gemacht, daß sein heller Gesang sich »verirrt« hat, und er träumt nur mehr vom Traminer Wein! Es ist nicht bekannt, ob damals ein Roter oder gar schon das Produkt der *Gewürztraminer-Rebe* Objekt der Lobreden waren. Diese letztere wurde schon ab der Mitte des 16. Jahrhunderts nach Deutschland verpflanzt und kam später in alle Kontinente, so daß alljährlich eine internationale Gruppe von Experten sich in Tramin versammelt, um eine Vergleichsverkostung der weltweit angepflanzten Qualitätsrebe vorzunehmen. Laut Familientradition der *Herren von Elzenbaum,* die seit über zweihundert Jahren ein besonders edles Wachstum dieses Spitzenweines produzieren, soll die Rebe Anfang des 19. Jahrhunderts in Tramin ausgestorben sein, und einer ihrer Vorfahren habe sie dann aus dem Elsaß wieder in Tramin eingeführt.

Die PFARRKIRCHE mit ihrem schönen mit gotischem Maßwerk gezierten Turm, der sich rühmt, mit seinen 87 Metern der höchste gemauerte Kirchturm in ganz Tirol zu sein, steht nördlich des weiten Hauptplatzes. *Hans Feur* aus Sterzing hat ihn zusammen mit Traminer Gehilfen in den Jahren von 1466 bis 1492 errichtet. Von der gotischen Kirche, die ihrerseits einer romanischen gefolgt war, steht nur mehr der Chor, in dem auch ein reicher Freskenschmuck zu bewundern ist. Das dreischiffige Langhaus wurde in neugotischen Formen erst in den Jahren 1910/11 aufgeführt, nach Plänen des Baumeisters *Franz Mayr* aus Innsbruck. Als besonderes Juwel wegen seiner außergewöhnlichen Fresken ist die kleine KIRCHE SANKT JAKOB IN KASTELLAZ zu erwähnen, die auf einem kleinen Hügel im Norden oberhalb des Ortes thront; dieser Hügel weist, wie schon der Name sagt, eine vorgeschichtliche Besiedlung auf, und später stand dort (oder etwas höher) eine heute verschwundene Burg. Die Kirche zeigt noch eine Rundapsis und ein Rundfenster aus dem frühen 13. Jahrhundert, und um 1440 wurde im Süden noch ein gotisches, zweites Schiff angefügt. In der Apsis thront oben Christus in der Mandorla; in der mittleren Reihe stehen die zwölf Apostel in Zweiergruppen. Von besonderer kunstgeschichtlicher Bedeutung sind dann aber die sogenannten Bestiarien in der untersten Reihe, Darstellungen von abscheulichen Fabelwesen, halb Tier, halb Mensch, Kentauren und Sirenen, Vögel mit Menschenkopf und Löwenbeinen, bei deren Betrachtung man sich wundert, was denn solche ausgefallene Phantasiegebilde nach der Art von *Hieronymus Bosch* in einer Kirche zu suchen haben. Dazu kommen noch, rechts und links vom Bogen, zwei plumpe, nackte Gestalten von Mann und Frau, dem Volksmund nach Adam und Eva, die sich kraftvoll gegen das ansonsten frei dahinlaufende, gemalte Sims zu stemmen scheinen. Einen ausführlichen Deutungsversuch haben *Wolfgang Metzger* im »Schlern« 1970 / 5 und *Franz Dietheuer* im »Schlern« 1991 / 305, unternommen; letzterer glaubt in den Fabelgestalten die acht Laster zu sehen, die den Sündern als »Beichtspiegel« vorgehalten wurden. Andere sehen darin Gestalten der Hölle. Aber jede Deutung wird eben nur ein Versuch bleiben, denn wir können uns nur schwer in die Mentalität des Künstlers versetzen, der mit diesen sicher symbolträchtigen Abbildungen völlig aus den gewohnten Schemen fällt. An der nördlichen Seitenwand, von den Kirchenstühlen halb verdeckt, liegt ein wahrhaft riesiger Goliath, dem David gerade den Kopf abschlägt. Das ganze südliche Kirchenschiff ist mit schönen Fresken eines Mitarbeiters von *Hans von Bruneck* um 1441 ausgemalt: Wir sehen eine Kreuzigungsgruppe, die Hühnerlegende des heiligen Jakobus, die klugen und die törichten Jungfrauen und andere Darstellungen mehr, die den damaligen Kirchenbesuchern die Lesung der Bibel ersetzen sollten.

Die dritte der größeren Kirchen Tramins steht am südlichen Ausgang des Dorfes im Friedhof; sie ist dem heiligen Valentin geweiht und stammt ebenfalls aus romanischer Zeit und wurde in der Gotik einigen Veränderungen unterzogen. Die Innenwände sind reichlich mit Fresken bedeckt. Leider ist die Kirche meistens geschlossen; der ehemals am Hauptaltar befindliche Flügelaltar von *Hans Klocker* befindet sich heute im Münchner Nationalmuseum.

Das Dorfbild von Tramin hat trotz der vielen neueren Bauten, besonders von Pensionen und Fremdenheimen, durchaus den Charakter eines behäbigen Weinbauernortes bewahrt – enge, oft miteinander verwachsene Häusergruppen mit tiefen Kellern und schönen, runden Torbögen, die in einen kleinen Hof führen, aber auch stattlichere Gebäude, denen man noch früheren Glanz ansieht. Der für das Überetsch typische Stil ist aber weniger vertreten, und viele der ehemals als adelige Ansitze erbauten Häuser sind der Nachlässigkeit späterer Besitzer zum Opfer gefallen. Ein Beispiel dafür sind die sogenannten GRAFENHÄUSER, auch ANSITZ LANGENMANTEL genannt. Hinter einem ersten Torbogen steht eine elegante Säule neben dem Treppenaufgang, und im oberen Hof weisen mehrere gotische Steinbögen und ein kunstvoller Eckerker auf die ehemalige Eleganz des Hauses hin. Ein tiefer Keller stammt noch aus dem 12. Jahrhundert und im Haupthaus, dessen ehemals große Räume durch eingebaute Zwischenwände und andere Strukturveränderungen leider der Einheitlichkeit der Konstruktion sehr geschadet haben, sind noch ein paar barocke Gestalten zur Seite einer Türe zu sehen; unter dem später angebrachten Putz sind noch viele Malereien verborgen. Am besten erhalten, aber zur Zeit nicht zugänglich ist der Turm am hinteren Ende des Hofes, durch Anbauten kaum als solcher zu erkennen. In seiner oberen Stube sind eine Reihe von guten Wandgemälden aus der Hand des *Bartholomäus Dill-Riemenschneider*, einem Sohn des berühmten fränkischen Künstlers; sie stellen Szenen aus der Mythologie dar, die mit dem fröhlichen Zechen zu tun haben. Der neue Besitzer, Herr *Anton Betta,* hat die Absicht, das ganze Haus mit Hilfe des Denkmalamtes radikal in seine ursprünglichen Formen zurückzuführen und daraus dann einen Treffpunkt der Kultur, eine Bücherei und auch vielleicht den geeigneten Ort für die jährliche internationale Verkostung der Gewürztraminer zu machen.

Manch anderes herrschaftliche Haus steht in der gegen **Rungg** hinaufziehenden Andreas-Hofer-Straße, so zum Beispiel das beinahe schloßähnliche Haus Nr. 21 zur linken Seite am oberen Ende der Straße. Von den ehemaligen »Spaur-Häusern«, OBER- UND NIEDERSPAUR (Julius-von-Payr-Straße 5–7) erinnert nur mehr wenig an die Tage verflossenen Wohlstandes.

Wir können uns aber von Tramin nicht verabschieden, ohne den *Egetmann-Umzug* zu erwähnen, der als alter Faschingsbrauch seit urdenklichen Zeiten jedes zweite Jahr am Faschingsdienstag veranstaltet wird und unter großer Publikumsbeteiligung durch die Dorfstraßen zieht. Ungetüme mit Krokodilskopf, die berühmten »Schnappviecher«, klappen drohend ihren weiten Kinnladen auf und zu, der »Wilde Mann« führt seine Tänze auf, und ein altes Weib trägt ihre ganze Familie im Rückenkorb mit sich. Es fehlt auch nicht die »Altweibermühle«, und heitere Blasmusik untermalt das frohe Treiben der verschiedenartigsten Masken. Die Besucher des Volksfestes, die von weit her aus dem ganzen Land erschienen sind, können dann bei einem Glas Wein in einer der vielen Gaststätten ihre Eindrücke wieder aufleben lassen. Dem »Schnappviech« wurde übrigens ein bronzenes Denkmal am Hauptplatz gewidmet!

Wir setzen unseren Erkundungsstreifzug gegen Süden fort und kommen nach **Kurtatsch**, dessen Häuser weit über den steilen Hang verteilt sind, der immer wieder durch kleine Felsabstürze unterbrochen wird. Von den ungefähr 2000 Einwohnern dieser großen Gemeinde wohnt nur etwa die Hälfte im Dorfkern, während der Rest sich auf die Fraktionen von Penon, Graun und Fennberg verteilt, aber auch auf die vielen Einzelhöfe längs des Berghanges. Auch hier herrscht die Rebe vor, wenn auch in den letzten Jahren die Obstkultur besonders in der Ebene beträchtlich zugenommen hat. Als Nebenerwerb gewinnt die Beherbergung von Feriengästen immer mehr an Bedeutung, die von Ostern bis in den späten Herbst das milde Klima und die vielen Möglichkeiten zu weiten Spaziergängen genießen können. Dem Studium der Vorgeschichte seiner Heimat hat sich mit großer Begeisterung und gutem Fachwissen der Hobby-Archäologe und Kunstschmied *Luis Hauser* († 1998) gewidmet; neben vielen Bodenfunden aus der Römerzeit ist ihm die Entdeckung einer Reihe von Schmelzöfen aus der Kupferzeit zu verdanken, die in einem Tälchen im Wald oberhalb von **Fennhals** gefunden wurden und die heute im neuen Archäologiemuseum von Bozen einer der Hauptanziehungspunkte darstellen.

Von ferne schon sieht man auf dem Felsabsatz den romanischen Turm der PFARRKIRCHE ZUM HEILIGEN VIGILIUS ins Tal schauen. Während der Turm noch ins 13. Jahrhundert zurückreicht, sind das Kirchenschiff und der Chor mit seinem schönen Netzgewölbe reine und gefällige Gotik. Noch bevor man den Dorfkern erreicht, fällt links eine herrschaftliche Höfegruppe auf, die sich aus den beiden Ansitzen STREHLBURG und ORTENBURG zusammensetzt. Die mit Zinnen gekrönte Mauer der Hofeinfahrt der Strehlburg, das Rustika-Tor, die Freitreppe und der Eckturm sind die Attribute eines eleganten Herrenhauses. Trotz dieser herrschaftlichen Merkmale stört dabei nicht die bäuerliche Atmosphäre, die den beiden Anwesen anhaftet – ein typischer Ausdruck der Verbundenheit dieses Kleinadels vom Unterland mit dem Boden, aus dem er lebt. Vor kurzem wurden im Inneren Fresken aus dem Jahr 1569 aufgedeckt, die der damalige Besitzer *Indermauer* anbringen ließ und die sehr an ähnliche Arbeiten des Renaissancemalers *Fogolino* erinnern, der für den Kardinal Cles im Castel del Buon Consiglio in Trient tätig war. Die Straße steigt steil durch die Häuserzeile des Dorfes an, vorbei an manchem Herrensitz: so FREIENFELD, früher Gemeindehaus, in dessen Hof im Sommer Konzerte der bekannten Kurtatscher Musikkapelle stattfinden; STAFFELFELS in den klassischen Formen des 17. Jahrhunderts mit hoher Umfassungsmauer, einer Loggia und schönen Doppelbogen-Fenstern. Hoch oben, schon außerhalb des Dorfes, steht das sogenannte »Schloß« ALTLEHEN, heute zu einem bäuerlichen Anwesen »zurückgestuft«. Immer wieder unterbrechen das Dorfbild die dunklen Säulen der Zypressen und die wirren Schöpfe der Fächerpalmen; die Dächer mit ihren Mönch- und Nonnenziegeln geben, von oben aus betrachtet, dem Dorfkern noch seine unverwechselbare Patina.

Die Straße zieht nun in steilen Kehren gegen den Berg; bei den verstreuten Häusern von **Hofstatt** zweigt ein Weg nach **Penon** ab, zu dem man schneller auch von Kurtatsch selbst gelangt. Der schöne Turm und die Rundapsis der Kirche haben noch den ursprünglichen romanischen Charakter bewahrt, während die Fassade neuromanisch gestaltet wurde. Besondere Beachtung verdient das kunstvolle gotische Sakramentshäuschen aus Sandstein links vom Hauptaltar.

Etwas weiter oben, wo der Hang immer steiler wird, geht rechts die Abzweigung nach Graun ab, während man links auf die Hochfläche von Fennberg kommt, die schon mehr als tausend Meter über dem Talboden der Salurner Klause liegt.

Graun liegt auf einer grünen, unvermutet weiten, muldenförmigen Ebene, die gegen Kurtatsch mit einer senkrechten Felswand abfällt. Der Dorfkern besteht aus einer Gruppe von einfachen Bauernhäusern; die Kirche steht abseits auf der tieferen Ebene inmitten des Friedhofes. Ein mächtiger Christophorus schaut von der Westwand und schützt den Wanderer, der sich an ihn wendet, nach dem Volksglauben vor einem jähen Tod. Der romanische Turm wurde um 1200 errichtet, die Kirche in ihrer heutigen Form im Jahr 1390. In Graun sind wir schon mehr als 600 Meter über dem Meeresspiegel, und der Ort wird gerne als Sommerfrische gewählt von Leuten, die keine hohen Ansprüche stellen, aber gerne spazierengehen.

Fennberg ist, mehr als ein Ortsnamen, die Bezeichnung für das ganze Hochplateau, auf dem sich die Weiler **Ober-** und **Unterfennberg** befinden; nur dieser letztere hat eine kleine Ansammlung von alten Häusern, der Rest besteht aus Einzelhöfen. Dort, wo die Straße auf die Ebene tritt, liegt links inmitten eines Parks mit ein paar mächtigen Mammutbäumen der ANSITZ FENNHALS, ein Renaissancebau mit Freskenbemalung in den Innenräumen und einer kleinen Barockkapelle. Er ist im Besitz der *Barone Dipauli*. Weiter südlich steht oberhalb der Straße die ULMBURG, ein im vorigen Jahrhundert von den *Baronen Widmann* aus Kurtatsch erbauter Ansitz. Die große, sumpfige Wiese zu seinen Füßen, aber auch die Gegend um den tieferliegenden, kleinen See bieten dem Liebhaber der Pflanzenwelt interessante Seltenheiten.

Nach Unterfennberg senkt sich die Straße ein wenig; nach dem kleinen See sieht man auf einer Anhöhe die gotische KIRCHE ZUM HEILIGEN LEONHARD stehen; so wie manche andere Kirche, die diesem Patron geweiht ist, wird sie von einer Eisenkette umschlungen; nach einer alten Legende wird die Kette alle sieben Jahre um ein Glied länger, und wenn sie dann dreimal um die Kirche langt, geht die Welt unter! Das Gasthaus und ein paar andere Höfe reichen noch ins Mittelalter zurück. Auf dieser über tausend Meter hohen Fläche stehen die höchsten Weinberge von Südtirol!

Wandervorschläge: Der ganze steile Mendelhang, angefangen von Altenburg über Tramin, Graun und Kurtatsch bis Fennberg bietet zahlreiche Möglichkeiten, seinen Kamm zu erreichen; davon sei nur der Weg mit Markierung Nr. 1 erwähnt, der nach den letzten Häusern von Graun zuerst einem Forstweg folgt und dann in einen Steig übergeht, der immer wieder den Forstweg kreuzt. Auf der Höhe von 1500 Metern zweigt links, bald nach einer Kehre der Forststraße, der Schönleitensteig ab (Nr. 1A). In manchmal etwas ausgesetzter, aber nie gefährlicher Lage quert er unter senkrechten Felsen die steilen Wiesenmatten und mündet beim BARBARA-KREUZ auf dem Kamm. Von hier weiter ansteigend gelangt man zum GRAUNER JOCH und kann dort wieder auf gutem Weg ins Tal zurückkehren; oder aber weiter bis auf den Gipfel des Roèn steigen.
In Fennhals geht links der Steig Nr. 7 in den Wald, kommt vorbei am Tälchen im tiefen Buchwald, wo die Schmelzöfen aus der Bronzezeit entdeckt wurden, und erreicht die Kammhöhe nördlich des Corno di Tres, von dessen Höhe (1812 m) man eine herrliche Aussicht auf das ganze Etschtal und auf die Brentagruppe genießt.
Die Liebhaber von Klettersteigen kennen bestimmt den FENNBERGER KLETTERSTEIG, der vom Talgrund auf 212 Metern auf 1100 Meter in Unterfennberg kommt und dabei sämtliche Vegetationsstufen von der Rebe zur Alpenrose, von der submediterranen Flora zu den alpinen Biotopen berührt. Alle anderen Wanderwege, die horizontal den Mendelhang durchqueren, sind bestens markiert und von Wanderern gerne besucht.

Von Kurtatsch aus geht ein gefährlich steiles Sträßchen zum Weiler **Entiklar**, der etwa hundert Meter tiefer in einem Tälchen liegt, vorbei an alten, versteckten Weinhöfen. In Entiklar stand einmal ein Schloß, dessen Turm noch in den Mauern des großen ANSITZES TURMHOF steckt, wo jetzt die bekannte KELLEREI TIEFENBRUNNER untergebracht ist. Park und Bauweise des Hauses verraten die Liebe zur Pseudo-Romantik, die gegen Ende des 19. Jahrhunderts so manche Seele begeistern konnte; die Phantasiefiguren aus Kunststein um den Teich verraten den »Eigenbau«. Man kommt zu diesem Ansitz und zur Kellerei bequemer von der Weinstraße aus.

Wenig weiter südlich liegt **Margreid**, und jeder Besucher des Unterlandes ist herzlich aufgefordert, durch die Gassen dieses bezaubernden Ortes zu bummeln: Wenig andere Dörfer haben so viele Bauten aufzuweisen, in denen sich bodenständige, spätgotische Elemente mit jenen der italienischen Renaissance glücklich verbinden. Am Hauptplatz sticht der ANSITZ HIRSCHPRUNN ins Auge mit seinem eleganten Balkönchen, den Fresken an der Außenwand und den schmiedeeisernen Fensterkörben. Jenseits des Baches scheint durch das Laub der Bäume eine Freitreppe, die in einer kleinen Loggia endet. Im Süden steht der Kirchturm durch die Straße getrennt vom viel jüngeren Gotteshaus. Dieses wurde im Lauf der Jahrhunderte mehrmals umgebaut und der wachsenden Besucherzahl durch Vergrößerung angepaßt und stammt in seiner heutigen Form aus dem Ende des 17. Jahrhunderts. Ein anderer, bemerkenswerter Ansitz steht am nördlichen Dorfausgang, nämlich das große ANWESEN LÖWENGANG, in dem heute die bekannte WEINKELLEREI LAGEDER ihren Sitz hat, die sich immer wieder Goldmedaillen bei nationalen Weinverkostungen erwirbt. Andere Häuser erinnern an bessere Zeiten und an Adelige, heute zum Teil ausgestorbene Familien, wie die *Grafen Thun*, die *Herren von Stetten* oder *von Hausmann*. Immer wieder kann man im Inneren dieser Häuser, die heute meist in bäuerlicher Hand sind, schöne Stuckdecken, barocke Fresken und kunstvolle Kachelöfen finden.

Mitten in der Ebene liegt auf einer kaum merklichen Bodenerhebung das Dörflein **Kurtinig**, das jahrhundertelang den umliegenden Sümpfen und seinen verderblichen Ausdünstungen getrotzt hat. Man nimmt an, daß früher eine Verbindung in Form eines Steindammes oder eines Knüppeldammes mit den Dörfern am Talrand bestanden hat, bevor das Land um die Etsch radikal entwässert und saniert wurde. Die Einwohner sind aber sozusagen stolz auf gewisse »Rekorde«: So ist Kurtinig mit 209 bis 212 Metern Seehöhe die tiefste Gemeinde Südtirols; sie ist die zweitkleinste Gemeinde des Landes und die einzige, die weder Wald noch Wiesen besitzt! Erst vor wenigen Jahren wurden Platz und Dorfstraßen mit einer schönen Porphyrpflasterung versehen, und viele Häuser bekamen einen neuen Anstrich. Um den großen Dorfplatz mit dem schönen, alten Gasthof Teutschhaus scharen sich die alten Häuser, und weitere verlieren sich gegen die Felder in der Ebene. Wein und Obst sind auch hier die hauptsächlichen Einnahmequellen, aber auch der Fremdenverkehr hat das Dorf nicht vergessen. Um den Verkehr zu erleichtern, wurden übrigens im ganzen unteren Etschtal alle straßengleichen Bahnübergänge durch Unterführungen ersetzt; so auch die Straße, die von Margreid über Kurtinig nach Salurn führt.

Wir kehren nun auf die linke Seite der Etsch zurück bis zu den Orten südlich von Bozen, wo das eigentliche »Bozner Unterland« beginnt, das die Gemeinden Leifers, Branzoll und Pfatten, Auer, Neumarkt und Salurn umfaßt.

Das Unterland links der Etsch

Die Lage hart am linken Talrand unter dem steilen Berghang, die späte Morgensonne und die immer wiederkehrende Überschwemmungsgefahr in den vergangenen Jahrhunderten hat den Siedlungen, die hier entstanden sind, ein völlig anderes Gepräge gegeben als den Gemeinden an der Sonnenseite. Hier hat der Handel, früher genährt durch die lebhafte Flößerei auf der Etsch, und die Nähe der Stadt eine viel größere Bedeutung erfahren als in den hauptsächlich landwirtschaftlich ausgerichteten und dadurch geprägten Orten im Überetsch und am Abhang des Mendelkammes. Erst seit der Trockenlegung der Etschtalsohle im vorigen Jahrhundert hat auch hier der Wein- und Obstbau immer mehr an Bedeutung gewonnen. Diese innerhalb kurzer Zeit gewonnene neue Verfügbarkeit von Ackergründen hat die Zuwanderung von italienischen Bauern und Arbeitern vor allem aus dem Trentino begünstigt, so daß heute noch in der Gemeinde Pfatten oder in der Fraktion Laag der Gemeinde Neumarkt die italienischsprachigen Einwohner überwiegen.

Von den Ausläufern der Bozner Industriezone und dem Vorort Sankt Jakob ist es nicht mehr weit bis zu den ersten Häusern von **Leifers**. Die erste, schon zu Leifers gehörige und erst in den Jahrzehnten nach dem Zweiten Weltkrieg entstandene Siedlung ist **Steinmannwald**, das auf einem Schuttkegel des SÜSSENBACHS unter der steilen Wand des BREITENBERGS liegt. Die Siedlung ist erst während der Jahrzehnte nach dem Ersten Weltkrieg entstanden und meist von Italienern bewohnt. Von hier aus kann man auch zu den verstreuten Höfen von **Seit** hinauffahren, die den ganzen Tag die Sonne genießen können. Nach dem maria-theresianischen Steuerkataster von 1777 gab es nach *Mahlknecht* (»Gebietsführer Leifers, Branzoll, Pfatten«) 31 Höfe und Häuser, alle von deutschen Bauern bewohnt. Damals noch Bozen zugehörig, wurde es erst 1856 zu einer eigenen Gemeinde zusammen mit Sankt Jakob, Breitenberg und Seit. Schon während der kurzen Jahre des »Königreichs Italien« unter Napoleon geschah ein starker Zuzug von italienischen Bauern, meist als Landarbeiter für größere Grundbesitzer aus dem Trentino; gegen Ende des Jahrhunderts hatte Leifers – als einzige Gemeinde Südtirols – eine italienische Mehrheit. Dieses Verhältnis verschob sich noch weiter zugunsten der Italiener nach dem Ersten Weltkrieg und besonders anläßlich des Aufbaues der neu geschaffenen Industriezone von Bozen. Heute ist Leifers in den Rang einer Stadt aufgerückt und mit über 14.000 Einwohnern nach Bozen und Meran die drittgrößte Stadt Südtirols!

Der Ort liegt auf dem Schwemmkegel des BRANTENBACHES, der durch das enge Tal von Deutschnofen herunterkommt; an seinem Ausgang steht auf einem Felsvorsprung, dem »PETERKÖFELE«, ein KIRCHLEIN ZUM HEILIGEN PETRUS. Der kleine Bau mit einer Fassadenglockenmauer und einer Rundapsis war die Kapelle der Burg der Herren von Liechtenstein. Sie hatten als Ministerialen der Bischöfe von Trient seit dem 12. Jahrhundert im Lauf der Jahre in Tirol eine mächtige Stellung eingenommen, besaßen zum Beispiel Schloß Karneid und Schloß Schenna und waren Pfleger von Kaltern und Kurtatsch. Von der Burg der damaligen Herren ist nur mehr die ehemalige Kapelle übriggeblieben. Hier zieht der beschwerliche Fußweg nach Weißenstein vorbei, dem sich heute wie im übrigen Leben vielleicht auch fromme Pilger lieber durch eine Autofahrt entziehen. Über den Brantenbach und den südlicheren ALDEINER BACH wurden früher die Holzstämme befördert, die dann mit Flößen über die Etsch ihren Weg nach Italien nahmen.

Südlich von Leifers breitet sich in der Ebene eine größere Industriezone aus, und dann sind wir bald in **Branzoll**, das mehr als der Nachbarort den Charakter eines alten Weindorfes bewahrt hat und wo auch das eine oder andere alte Herrenhaus steht. Der Ort ist auch älter und hat nachweislich seit dem

13. Jahrhundert, aber wahrscheinlich schon viel früher, eine große Bedeutung als nördlichster Etschhafen gehabt.

Denn seit dem Aufschwung der Bozner Märkte – die zum ersten Mal 1202 erwähnt werden – begann man, die Flöße, die ja hauptsächlich dem Holztranport gedient hatten, auch als Beförderungsfahrzeuge für Kaufmannsgüter aller Art zu benutzen: *Man baute sie entsprechend stabiler und belud sie mit Waren aller Art, die für den Süden bestimmt waren: Mit Kupfer, Salz, Tierhäuten und Leder, Pech, Wolle, Tuch und anderem. Das gab für die Etschflößer doppelten Gewinn: Zum einen kassierten sie Frächterlohn von den Kaufleuten, zum anderen konnten sie immer noch, am Bestimmungsort angekommen, ihre Flöße auseinandernehmen und das Holz für gutes Geld verkaufen*« (*Bassi,* »Schlern« 1981 / 171).

Diese »Flößerei« wurde von einigen Familien aus Sacco bei Rovereto mit der Zeit praktisch als Monopol gehandhabt. Zu diesen Familien, die sich später zu einem Konsortium vereinigt hatten, gehörten z. B. die *Abram, Fedrigotti, Baroni, Costanzi* und andere mehr. Einige davon brachten es zu großer Wohlhabenheit und wurden auch, wie die Fedrigotti, in den Adelsstand erhoben. Mit der Eröffnung der Brenner-Eisenbahn im Jahr 1859 fand diese einträgliche Tätigkeit ein schlagartiges Ende.

Während die neue Pfarrkirche in neuromanischem Stil erst 1887 geweiht wurde, steht die KIRCHE ZUM HEILIGEN LEONHARD schon auf römischen Fundamenten und bewahrt heute noch im Chor ein schönes gotisches Kreuzgewölbe. In der Nähe dieser Kirche wurde in den Jahren 1974/75 ein ausgedehntes römerzeitliches Gräberfeld ausgegraben. Behäbige alte Häuser aus dem Anfang des 17. Jahrhunderts säumen die alte Hauptstraße, wo immer wieder Eckerker, Fassadenfresken und Steintore aus der Renaissance auffallen. Von einem großen Park umgeben steht der ehemalige Wohnsitz der *Grafen Bossi-Fedrigotti* (die heute noch in Sacco eine herrschaftliche Villa besitzen). Eine große Bedeutung für die Wirtschaft des Ortes haben die riesigen Steinbrüche an der Ostflanke gebracht, in denen Porphyr besonders für Straßenpflasterung gebrochen wird, aber auch Platten und größere Bausteine. Die immer wieder auftretende Behauptung, der Rote Platz in Moskau sei mit Porphyr aus Branzoll gepflastert, läßt sich nicht belegen – jedenfalls steht nichts darüber in den Büchern der zu jener Zeit bedeutendsten Betreiber der Steinbrüche, der *Familie Lentsch,* die im Ort auch ein schönes Renaissancehaus bewohnen. Den Platz der früher so ertragreichen Erwerbsquellen hat heute in Branzoll der Anbau von Obst und Wein übernommen.

Jenseits der Etsch liegen am Fuß des Kaiserbergs die Gehöfte der Gemeinde **Pfatten**, deren Gebiet über den Berg bis zum Kalterer See reicht. Schon im 19. Jahrhundert, aber besonders dann in den Jahren 1962 und 1978 wurden am Hang unter der Laimburg, in der Nähe der heutigen landwirtschaftlichen Anstalt, eine Reihe von Gräbern entdeckt, die von der Bronzezeit, also ungefähr 900 v. Chr., bis in die spätere Kaiserzeit reichen. Die zahlreichen Grabbeigaben in Keramik und Bronze lassen eine gute zeitliche Einordnung zu. Heute sind die Funde im neuen Archäologie-Museum in Bozen zu sehen (dazu: *Cavada, Dal Ri,* »Schlern« 1981 / 59.) Die lange Zeitspanne der Benützung dieses Gräberfeldes und seine etwas erhöhte Lage über dem Tal bekräftigen die Vermutung, daß hier eine wichtige Straße vorbeizog, nämlich die schon erwähnte Via Claudia Augusta; wahrscheinlich setzte sie bei Auer über die Sümpfe und das Bett der Etsch und zog über den KREITHER SATTEL an den See und im TAL VON LAVASON weiter nach Eppan.

Auf einer Erhebung bei der Kirche stand einmal eine Burg der *Herren von Liechtenstein,* errichtet um 1270; heute ist nach vielen baulichen Änderungen und häufigem Besitzerwechsel *(Rottenburger, Gerstl von Gerstburg, Menz* und schließlich *von Ferrari)* von der ursprünglichen Anlage kaum mehr etwas zu erkennen. Von der alten JAKOBSKIRCHE steht inmitten einer Häusergruppe nur mehr der romanische Turm. In der Einbuchtung des Kreither Sattels, der den MITTERBERG vom KAISERBERG trennt, liegen die GEBÄUDE DER LANDWIRTSCHAFTLICHEN SCHULE UND VERSUCHSANSTALT LAIMBURG und wenig weiter im Inneren dieser Bucht der Stadlhof, früher eine geschlossene, zur Bozner Sanitätseinheit gehörende Nervenheilanstalt für Patienten, die dort auch einfacheren Arbeiten nachgehen konnten.

Darüber steht auf einem Felsvorsprung der Rest der alten LAIMBURG, die nur mehr aus einer Wand des Bergfrieds und ein paar im Wald versteckten Mauertrümmern besteht. Die Burg ist seit mehr als dreihundert Jahren verfallen. Zwischen diesen kleinen Hangsiedlungen von Pfatten und den gegenüberliegenden Dörfern von Branzoll und Auer breiten sich weite Obstpflanzungen über den flachen Talboden aus; aber bei den auch in den letzten Jahren nicht seltenen Hochwassern der Etsch können sich diese Güter für kurze Zeit in einen See verwandeln.

Wandervorschläge: Hinter dem Gemeindehaus von Pfatten führt, anfangs über einige Treppenstufen, ein Steig in den Buschwald, der in weniger als einer Stunde zum Montiggler See führt; auf der Kammhöhe dringt er in schattige Mischwälder aus Kiefern, Fichten, Buchen und Edelkastanien ein, zieht das Ostufer des Sees entlang und erreicht im Norden einen Wegweiser, der wieder nach Pfatten zeigt. Dieser Rundgang von etwa zwei Stunden kann natürlich auch von Montiggl aus unternommen werden und ist besonders in den Frühlings- und Herbstmonaten zu empfehlen.
Folgt man in Branzoll einem Stück der Straße nach Aldein, zweigt bald rechts ein gepflasterter, aber recht steiler Weg auf den Göllerberg ab. Nach einigen Kehren im felsigen Hang kommt man auf den unteren Göllerhof (mit Zufahrt zu den Steinbrüchen), und der Blick öffnet sich immer weiter gegen das Etschtal, bis man ganz unvermutet auf eine mit weiten Wiesen und Waldstücken besetzte Ebene stößt, eine idyllische grüne Insel über den roten Steinhalden. Hier, beim oberen Göllerhof, hat sich der Besitzer einer der Steinbrüche eine etwas überproportionierte Villa gebaut. Am oberen Rand der Wiese zeigt ein Schild nach Aldein: Der Weg führt durch einen Steinbruch, steigt aber dann kaum mehr kenntlich nach links auf den steilen Kamm und in engen Windungen bis hinauf unter den Göllerberg (1101 m), wo er bei der Flur »Setz« auf einen breiten Forstweg mündet. Von dort ist es nicht mehr weit zum herrlichen Aussichtspunkt von Rotwand oder zum idyllischen Göllersee. Der Rückweg kann durch das enge Tal des Aldeiner Baches erfolgen.

Wir sind wieder auf der linken Etschseite und kommen nach **Auer**, einem größeren Ort mit dichtgedrängtem Kern, der von der Landesstraße durchschnitten wird. Hier mündete einst die Römerstraße über den Sattel von Castelfeder ins Etschtal, hier, vielleicht sogar auf dem Hügel selbst, lag die im »Itinerarium Antonini« erwähnte »Station Endidae« und das spätere »Ennemase« = Endidae mansio, aus der sich das spätere Enn und wohl auch Egna entwickelt haben. Bei Auer teilten sich dann die Äste dieser Via Claudia Augusta: Der eine zog über die Etsch und Kaltern gegen Meran, der andere in Richtung Bozen und Brenner (*Zwanowetz*, »Das Südtiroler Unterland«, Athesia 1980). Seit dem 12. Jahrhundert herrschte über das Gebiet von Auer, Montan und Neumarkt das Geschlecht der *Edlen von Enn,* und die damalige Pfarre Enn ist mit der PETERSKIRCHE von Auer gleichzusetzen.

Diese ehemalige Pfarrkirche steht heute etwas vertieft unter der neuen Straße und unter den Rändern des Schuttkegels aus dem immer wieder aus seinen Ufern tretenden SCHWARZENBACH. Alte Grundmauern und eine Rundapsis unter dem Kirchenboden weisen auf eine sehr frühe Erbauung hin; 1516 ließ dann die Gemeinde von Hand *Lutz von Schussenrieds,* des Erbauers des Bozner Domturmes, und seinen Gehilfen ein neues, größeres Hauptschiff errichten, das seine Formen bis heute bewahrt hat. Altar und Innenausstattung stammen zum Teil aus der Barockzeit. Das Altarbild stammt von *Theophilus Pollak,* einem der bekanntesten Barockmaler der Zeit, der auch in Welschtirol viele schöne Werke hinterlassen hat. Die heutige PFARRKIRCHE, früher ZUM HEILIGEN JODOK und jetzt ZU UNSERER LIEBEN FRAU VOM ROSENKRANZ, wurde 1671 vollendet.

Die letzte erwähnenswerte KIRCHE ist jene zum HEILIGEN DANIEL AM KIECHELBERG auf steilem Felshügel über Auer. Ein schöner Spaziergang überwindet von Auer aus (Weg Nr. 4) die 160 Meter Höhendifferenz; kürzer gelangt man dorthin von der Fleimstaler Straße auf kleinem Asphaltweg, der in einer Rechtskehre abzweigt; schöner aber steigt man von der Fleimstaler Straße (nach der Montaner Kreuzung bei km 4, Weg Nr. 4B) auf diese aussichtsreiche Terrasse über Auer hinunter, wo viele Funde auf eine vorgeschichtliche Besiedlung deuten. Die schon 1296 genannte, doch in der heutigen Gestalt um 1400 errichtete Kirche ist *ein interessantes Denkmal der tirolischen Hochgotik (Weingartner).* Rührend sind im Inneren die Fresken, auf denen Habakuk, von einem Engel am Schopf gehalten, dem Daniel eine Pfanne mit Knödeln bringt und wo eine Meute eleganter Löwen dessen bluttriefende Feinde zerfleischen. Die Heilige mit dem Rad an der linken Seitenwand ist natürlich Katharina, leicht zu merken an dem Tiroler Merkspruch: *Barbara mit dem Turm, Margareth mit dem Wurm (Drachen) und Katharina mit dem Radl, dös sein die drei heiligen Madl.* Der Flügelaltar mit beidseitig bemalten Flügeln und ausdrucksvollen Figuren von Maria mit dem Kind, von Heiligen umgeben, ist nach *Weingartner* süddeutsche Arbeit von 1525. Vom Kirchhügel aus genießt man einen herrlichen Blick auf das ganze obere Etschtal. (Den Schlüssel zur Kirche gibt einem die freundliche Bäuerin im darunterstehenden Hof.)

Auer breitet sich längs der Straße und gegen den Berg hin aus. An der Straße steht das bekannte Gasthaus zum Elefanten, demselben, den *Erzherzog Maximilian von Österreich* im Jahr 1551 als Geschenk des Königs von Portugal bis nach Wien bringen sollte und dem auch eine Herberge in Brixen denselben Namen verdankt. Im Inneren des Ortes stehen zwei alte Edelsitze: Der ANSITZ BAUMGARTEN mit Zinnengiebeln und einem Türmchen an der Ecke. Sein Baubestand reicht noch, nach *Stampfer,* ins ausgehende 13. Jahrhundert zurück. *Die geschlossene Anlage um einen schmalen, ansteigenden Innenhof mit Torturm im Norden und herrschaftlichem Wohntrakt im Süden ist dem Burgenbau verpflichtet …, das quadergerahmte, nach oben leicht zugespitzte Rundbogentor ermöglicht eine genaue Datierung gegen Ende des 13. Jahrhunderts.* Der ANSITZ VON FIORESCHY, irrtümlich auch SCHLOSS AUER genannt, war ein landesfürstliches Gefällsamt, meist als »Gesäß« bezeichnet, wo der jeweilige Pfleger die Zehenten und Zinsen für den Landesfürsten einhob. Da es für längere Zeit im Besitz der *Grafen Khuen* von Schloß Auer bei Dorf Tirol war, sorgte der Name »Auer« für diese Verwechslung (Malfèr, Schlern 1974 / 160). Auch dieser Bau wurde kurz nach 1300 errichtet und im 16. Jahrhundert in seine heutige Form gebracht. Ein spitzbogiges Tor in der Hofmauer zwischen Wohn- und Wirtschaftstrakt und ein Viereckfenster gehören noch der ersten Bauphase an.

Zwischen Auer und Neumarkt breitet sich der niedrige Hügelzug von CASTELFEDER aus; die Porphyrkuppen zeigen noch die Spuren der Gletscherschliffe, dazwischen breiten sich kleine mit fast mediterranem Trockenrasen bestandene Wiesenflächen aus, da und dort sammelt sich das Regenwasser in kleinen Tümpeln, und die knorrigen Flaumeichen und Hopfenbuchen werden von Ziegen abgeweidet. Über dieser Insel, die fremd anmutet zwischen unseren Wein- und Obstgärten, schwebt eine geheimnisvoll archaische Atmosphäre, und jeder Besucher findet den Namen »Arkadien Tirols« zu Recht verliehen. In seinem Gedicht »Heiliger Hügel« hat *Erich Kofler* diese Stimmung meisterhaft eingefangen:

Ein Felsenhügel, über Wun und Weide,
einsam im Licht, verzaubert in der Stille,
trägt eines Kirchleins halbzerfallne Mauer
auf seinem höchsten Platz. Ein Wall von Schweigen,
dünn wie ein Seidenfaden, säumt den Ort …

Dieses Kirchlein war der heiligen Barbara geweiht und reicht in das 7. Jahrhundert zurück. Bis in das 17. Jahrhundert war diese Kirche noch intakt, und ihr Altar von *Hans Klocker* steht heute im Bozner Museum. *Weingartner* sagt nach dieser Beschreibung weiter: *Die ungewöhnliche Ausdehnung und die Form der Ringmauern (die es umgeben) … machen es wahrscheinlich, daß Castelfeder (castellum vetus – vetere) in der späteren Römerzeit an der Stelle einer älteren Wallburg als Befestigung zum Schutz der nahe gelegenen Straßenstation Endidae (vermutlich in der Vill bei Neumarkt) entstand und im frühen Mittelalter als Fluchtburg weiterbenützt wurde …* Außer diesen Spuren aus der Römerzeit wurden an mehreren Stellen des Hügels wiederholt Spuren einer früheren Besiedlung gefunden, die bis in die Bronzezeit zurückreicht. Über diese bewegte Urlandschaft zu wandern, mit ihrer so fremd anmutenden, kargen Vegetation zwischen Tälchen und Felskuppen und hoch über der Talsohle, schenkt jedem, der sich hier einstimmen kann, das Erleben einer anderen Welt, losgelöst von Zeit und Raum.

Von Auer geht eine große Straße über den Paß von San Lugano ins Fleimstal. Von einer ihrer in die Felsen gehauenen Kehren hat man einen einzigartigen Blick über das Etschtal und die

Berge im Westen und Norden, und die Straßenbauer haben dankenswerterweise genügend Platz gelassen, um hier auch mit dem Auto ein paar Minuten verweilen zu können. Von einem kleinen, ebenen Sattel geht bald darauf eine Straße nach dem höher gelegenen Dorf **Montan**, über dem die Türme und Zinnen des großen Schlosses Enn aus dem Wald schauen. Der Ort liegt steil über den Abhang gebaut, selbst der Dorfplatz hat kaum eine ebene Stelle gefunden. Einige alte Häuser im lokalen Stil des 16./17. Jahrhunderts verleihen dem kleinen Dorf eine urtümliche Atmosphäre. Die schon im 13. Jahrhundert erwähnte Kirche ist im Stil unserer früheren Kinderbaukästen neuromanisch vergrößert worden; im Inneren aber zeigt sie einige gute Arbeiten aus der Barockzeit. Besonders behäbige, alte Häuser mit herrschaftlichem Charakter säumen den steilen Weg, der nach Pinzon führt.

Das SCHLOSS ENN war die Stammburg der seit dem 12. Jahrhundert hier ansässigen *Herren von Enn,* die im Land hohes Ansehen genossen; das ungewöhnlich schöne und regelmäßige Mauerwerk an den Grundmauern von Turm und Ringmauer ließ immer wieder an einen römischen Ursprung denken, aber dafür gibt es keine Beweise. Die Lage des Schlosses bietet keine besondere Verteidigungsmöglichkeit.

Die Brüder *Jakob, Rupert* und *Ottolin von Enn* hatten bei einem Streit mit zwei Brüdern der *Eppaner Grafen* beide ermordet – das war am Anfang des 13. Jahrhunderts – und mußten zur Sühne das Schloß dem Landesfürsten Bischof *Friedrich von Wangen* abtreten, der es ihnen dann zum Lehen zurückgab. Im Jahr 1266 belagerte *Meinhard II.* das Schloß, das dann 1280 auf dem Verkaufswege an Meinhard ging, ohne daß ein Kampf stattgefunden hätte. Die Tiroler Grafen gaben es später in raschem Wechsel an verschiedene Adelsgeschlechter in Pflegschaft. Maximilian I. ließ es unter dem *Pfleger Christoph Anich* von 1497 bis 1515 gründlich renovieren. 1648 verkaufte *Erzherzog Ferdinand Karl,* der Sohn der *Claudia von Medici,* Schloß Enn an den venezianischen *Patrizier Pietro Zenobio,* zusammen mit Königsberg und der Grafschaft Salurn. 1817 kam es auf dem Erbweg an die *Grafen Zenobio-Albrizzi,* deren Nachkommen es heute noch besitzen.

Gegen Ende des 19. Jahrhunderts hat das Schloß dann die zum Teil romantisierenden Umbauten erfahren, mit Ecktürmchen am Bergfried und Zinnen auf den aufgehöhten Umfassungsmauern; es wurde aber dabei von Grund auf renoviert, was für die Bausubstanz sicher einen rettenden Eingriff bedeutete.

Von der oben erwähnten Kreuzung an der Fleimstaler Straße führt ein Weg in Richtung Neumarkt, und davon zweigt bald die Straße nach **Pinzon** ab. Dieses kleine Weindorf ist weitum berühmt wegen seiner schönen, gotischen Kirche mit dem Schnitzaltar, einem Meisterwerk des *Hans Klocker*. Diese KIRCHE ZUM HEILIGEN STEPHAN steht, vom Friedhof umgeben, malerisch auf einem ebenen Absatz inmitten steiler Rebhänge. Der Turm und das polygonale Presbyterium sind in eleganter Hochgotik erbaut. Vor dem Eingang gibt eine mächtige Eibe kühlen Schatten. Links vom Westportal sind um die Nische des Opferstockes Heiligenfiguren angebracht, der große Christophorus rechts davon hat leider sein Gesicht verloren, nur der lange, spitze Bart wurde ihm belassen. Zu seinen Füßen tummelt sich allerhand Getier. An der Nordseite des Turmes ist das Fresko einer Kreuzigungsgruppe leider sehr verblaßt. Der 1490 gefertigte Hauptaltar ist laut *Weingartner* einer der schönsten Flügelaltäre Tirols und eine hervorragende Arbeit des *Hans Klocker* aus Brixen, dem wir auch den Altar in der Franziskanerkirche zu Bozen verdanken. Die Figuren sind zum Teil vor ungefähr zwanzig Jahren einem Diebstahl zum Opfer gefallen, und die fehlenden wurden nachgeschnitzt. (An der meist versperrten Kirchentür steht ein Hinweis zu gewünschten Führungen.) Auch in diesem kleinen Ort steht manches jener typischen Häuser des Unterlandes aus der Renaissancezeit, groß in der Anlage, mit ausladenden Grundmauern, eleganten Portalen aus Sandstein, Erkern und Doppelbogenfenstern.

Von hier führt eine schmale Straße nach den wenigen Häusern von **Glen**, als ehemaliger Wohnsitz des fanatischen Nationalisten Ettore Tolomei zu wenig rühmlicher Bekanntheit aufgestiegen. Durch ein schmales Waldtal steigt die Straße dann immer höher, die Berge treten auseinander, und in einer weiten, nach Südwesten offenen Wiesenmulde liegt auf 1127 Metern Höhe das liebliche Dorf **Truden**. Viele Neubauten und meist renovierte ältere Häuser verleihen dem Dorf heute mehr das Gesicht eines Ferienortes als das einer ursprünglichen alten Bergbauernsiedlung. Das Gemeindegebiet von Truden gehörte damals so wie auch heute noch zur Generalgemeinde von Fleims, der »Magnifica Comunità«, die schon im ausgehenden Mittelalter feste Statuten für die Pflichten und Privilegien ihrer Mitglieder ausgearbeitet hatte. Es gab auch einen Streit, als die *Herren von Enn* in Truden und später in Altrei einigen deutschen Bauern Land zur Urbarmachung zugeteilt hatten *(Nössing)*, aber seit damals haben sich diese zwei Enklaven deutscher Siedler im Fleimstal rein deutsch bewahrt. Die im Inneren neugotisch ausgestattete Kirche hat ihr besonders schönes, gotisches Rippengewölbe bewahrt; an den äußeren Kanten des polygonalen Presbyteriums sind in der Höhe gotische Sandsteinfiguren angebracht, so ein Mann, vielleicht der Mesner, der mit einer großen Glocke das Volk zum Kirchenbesuch aufzufordern scheint. Der Turm trägt noch seine zwei Reihen von romanischen Bogenfenstern.

Bei den Häusern von Mühlen, unterhalb des Dorfes, zweigt eine Straße nach den einsam gelegenen Höfen von **Gschnon** ab, wo die Kapuziner von Neumarkt ihre »Sommerfrisch« verbringen. Das ganze Gebiet, das auch die höchste Erhebung, das TRUDNER HORN (1781 m), umfaßt, ist zum NATURSCHUTZGEBIET TRUDNER HORN erklärt worden und genießt daher besonderen Schutz seiner Wiesen und Wälder.

In den Hängen von Montan und weiter hinein gegen den Paß von San Lugano auf 1100 Metern sieht man noch da und dort den Damm oder die Viadukte der alten Eisenbahn, die in den Jahren 1917/18 aus militärischen Gründen erbaut worden war und leider schon 1962 wieder aufgelassen wurde; heute wäre sie vielen der Skifahrer willkommen, die an Wintersonntagen abends in kilometerlanger Schlange wie in einer nächtlichen Lichterprozession die Kehren der Fleimstaler Straße im Schneckentempo herunterrollen.

Das Dörflein **Altrei**, äußerster Vorposten deutscher Siedler im Osten des Unterlandes und geographisch schon ganz dem Cembratal zugewandt, liegt in luftiger Höhe (1206 m) auf einem welligen Wiesenabhang, umgeben von dunklen Fichten- und hellen Lärchenwäldern. Die *Herren von Enn* hatten hier im

14. Jahrhundert vom Tiroler *Grafen Herzog Heinrich* die Erlaubnis erhalten, zehn Grundstücke roden zu lassen und den Neusiedlern dort Höfe zuzuweisen. Seitdem hat sich die Bevölkerung fast rein deutsch erhalten, trotz der langen politischen Zugehörigkeit zu Cavalese und der kirchlichen zu Trient. Der Ort bietet bescheidene, aber geruhsame Erholung für Gäste, die in guter Luft und fernab vom Getriebe der Welt in unverdorbener Landschaft wandern und sich entspannen wollen. Die Zufahrtsstraße zweigt bald nach dem Paß von San Lugano rechts ab; eine steile und schmalere Verbindung führt nach dem Ort Capriana an der rechten Talseite des tief eingeschnittenen Cembratales.

Am weiten, sattelförmigen PASS VON SAN LUGANO auf 1100 Metern steht die gotische Kirche, deren Turm noch romanische Fenster aufweist. Der Paß war seit Urzeiten ein leichter Übergang in das holzreiche Fleimstal, dessen Großgemeindeverband, die »Magnifica Comunità«, sich seit dem 14. Jahrhundert einer ursprünglich von den Trienter Bischöfen verliehenen, aber immer wieder streitig gemachten weitgehenden Eigenverwaltung erfreut. An der nach Auer führenden Straße liegen, von tiefem Wald umgeben, die Häusergruppe von **Kaltenbrunn** und weiter unten die verstreuten Höfe von **Kalditsch**, diese schon auf einem weiten Wiesenplateau, das durch die tiefe Schlucht des Schwarzenbaches vom Aldeiner Berg getrennt wird; diese Schlucht nimmt bei dem im tiefen Talgrund liegenden Weiler **Holen** den BLETTERBACH auf, der uns bei der Besprechung des Reggelberges näher beschäftigt hat.

Nach diesem Abstecher auf die Berggemeinden, die alle zum Unterland gezählt werden, kommen wir auf der alten Fleimstaler Straße bei der **Vill** wieder ins Tal. Vielleicht lag hier die römische Poststation, bevor Neumarkt gegründet wurde. Jedenfalls zeugt die sehr alte und große Kirche von einer in früheren Zeiten wichtigeren Stellung der Siedlung in der Gegend. Etwas oberhalb des schönen KLOSTERHOFS, eines hervorragenden Beispiels der Renaissance-Architektur aus dem Unterland, steht die heute gotische Kirche. Die im Jahr 1988 ausgeführten Grabungen haben antike und hochmittelalterliche Siedlungsstrukturen aufgedeckt; die heutige Anlage wurde 1412 begonnen, und dann wurde über ein Jahrhundert daran weitergebaut. Von Joseph II. dem Kult entzogen, war der Bau bis zur Mitte unseres Jahrhunderts völlig verwahrlost und wurde zum baufälligen Abstellraum für landwirtschaftliche Zwecke. Erst nach 1950 begann die vollständige Renovierung der Kirche, die heute für Hochzeiten und gelegentliche Meßfeiern zur Verfügung steht und jetzt durch ihren hellen und wieder rein gotischen Innenraum einen feierlich empfängt. Auffallend durch die kreisförmig um den Hügel angelegten Rebzeilen steht hinter der Kirche das sogenannte »Schlößl« auf einem spitzen Kegel, besonders gut sichtbar von der Fleimstaler Straße aus.

Nun kommen wir zum Hauptort des Gebietes links der Etsch, nach **Neumarkt**. Der Name des Ortes weist auf seinen Ursprung als Neugründung eines Marktes nahe einer schon vorher bestehenden Siedlung hin. Diese alte Siedlung ist gleichzusetzen mit dem schon erwähnten *Ennemase – Endidae,* vielleicht auf Castelfeder oder in der Vill; die Römer hatten hier zwischen den Stationen Tridentum und Pons Drusi (bei Bozen) eine Rast- und Poststation errichtet, wahrscheinlich auch ein kleines Lager. Daraus entstand später die Herrschaft Enn – Egna. Nach der Besitznahme durch die Bajuwaren im 6. Jahrhundert kam das ganze Gebiet unter die Herrschaft der Karolinger und schließlich zum deutschen Reich. Die Notwendigkeit eines gesicherten Alpenüberganges veranlaßte die deutschen Kaiser, die Bistümer von Brixen und Trient mit treuen Gefolgsleuten, meist aus deutschen Adelsgeschlechtern, zu besetzen. In einer Urkunde des Bischofs *Konrad II.* von Beseno, der laut *Ambrosi* (Sommario della storia Trentina, 1881) ein Ghibelline, also dem Stauferkönig *Heinrich VI.* treu, und geneigt war, seine Macht auf Kosten der Gemeinden zu erweitern, belehnte dieser 1189 Leute von Egna mit Bauplätzen nahe der Etsch, und zum ersten Mal wird der Name »in burgo novo de Egna« erwähnt, was dann bald zum deutschen »Neumarkt« wurde (*Polay*, »Neumarkt an der Etsch«, Neumarkt 1973).

Die Anlage des Ortes spiegelt den ursprünglichen Verlauf der Durchzugsstraße wider: Ähnlich wie in älteren Südtiroler

Städten reihen sich die Häuser dichtgedrängt zu beiden Seiten der im Bogen verlaufenden Straße, und durchgehende Laubengänge schaffen Kühlung im Sommer und bieten Schutz für die ausgestellten Waren des Marktes. Die heutige Form der Gebäude stammt meist aus der Mitte des 16. Jahrhunderts, da der Ort wegen der häufigen Überschwemmungen etwas weiter bergwärts verlegt werden mußte, wovon auch der Knick in der Laubenstraße stammt, wobei der östliche Teil der später gebauten Häuserzeile entspricht. Charakteristisch sind gegen die Straßenseite hin die verschieden gestalteten Erker und schöne, oft mit Jahreszahl oder Wappenstein gezierte, steinerne Haustore; sie führen durch einen gewölbten Gang in einen Innenhof, und der Gang mußte die Durchfahrt hochbeladener Wagen erlauben. Als mit dem »Rod-Recht« ausgestattete Gemeinde, das ist des Recht der Warenlieferung auf Straße und Fluß in die benachbarten Städte Bozen und Trient, besaß Neumarkt auch ein sogenanntes »Ballhaus«, wo die Warenballen gestapelt und ausgeliefert wurden. Dieses Ballhaus steht heute noch an der linken Straßenseite am Anfang der südlichen Lauben. Ein Beispiel für eine gut gelungene Restaurierung bietet das Pfarrzentrum, der ehemalige Widum, an der südlichen Seite der oberen Lauben. Im eleganten Lichthof führt eine Freitreppe zu einer kleinen Loggia, die auf kräftigen Säulen ruht; im großen Saal sind die an der Decke angebrachten, mit Wappen, Porträts und Allegorien bemalten Holztafeln, die nach *Elisabeth von Lutterotti* in den Jahren zwischen 1522 und 1535 entstanden sind.

An Herrensitzen ist vor allem das Haus der *Freiherren von Longo* am Beginn der ansteigenden Fleimstaler Straße zu erwähnen. Um 1730 aus einem älteren Bau entstanden, zeigt das Haus von außen mit seiner doppelten Freitreppe und den regelmäßigen Fensteranlagen ein noch an die Renaissance gemahnendes Gleichmaß. Durch einen gewölbten Hausgang kommt man zum Stiegenhaus, das mit Skulpturen und einem auf Säulen ruhenden, steinernen Geländer geschmückt ist und in einen prunkvollen Saal mündet. Barocke Deckenfresken, wappentragende Putten über den Türen und eine reiche Stuckverzierung schmücken den Saal, der die ganze Breite des Hauses einnimmt.

Auch die davon nach beiden Seiten ausgehenden Zimmer haben kunstvolle Stuckornamente an den Decken. Einige hundert Meter weiter oben an der Fleimstaler Straße steht der von den *Herren von Cazzan* im Jahr 1647 erbaute ANSITZ GRIESFELD: auch er ein regelmäßiger Bau mit einer Reihe von ovalen Fenstern, auch Ochsenaugen genannt, unter dem Dach, einem zentralen Doppelbogenfenster und kunstvollen schmiedeeisernen Fensterkörben. Innen ist eine barocke Kapelle.

Am Ende der unteren Lauben steht die KIRCHE ZUM HEILIGEN NIKOLAUS. Sie hat eine lange Baugeschichte, die vom 14. bis ins 17. Jahrhundert reicht, aber im großen und ganzen ihren gotischen Charakter bewahrt hat. Die beiden Seitenschiffe stammen aus der letzten Bauperiode. Die Gemälde am südlichen Seitenschiff aus dem Anfang des 15. Jahrhunderts wurden erst vor wenigen Jahrzehnten aufgedeckt.

Auf einer langen, ebenen Terrasse über dem Tal liegen die Häuser und Weinberge von **Mazzon** (auch Mazon mit einem Z geschrieben), wo ein weit gerühmter Blauburgunder wächst. An der einfachen Kirche mit ihrem gedrungenen, romanischen Turm wurden erst 1986 Fresken aus dem 14. Jahrhundert entdeckt. Einige herrschaftliche Häuser stehen inmitten ausgedehnter Rebanlagen. Im Norden der Ebene, hart am Rand des tiefen TRUDNER BACHES, steht die große RUINE VON KALDIFF, die auch nachts von Scheinwerfern angestrahlt wird. Die in ihren ältesten Bauteilen ins 12. Jahrhundert zurückreichende Burg war im Besitz der *Herren von Enn,* dann der *Rottenburger,* und schließlich gehörte sie, bis ins ausgehende 18. Jahrhundert, den *Edlen von Payr.* Nach einem Brand verfielen Bergfried und Burg, und heute sind die Reste so baufällig, daß von einem Betreten abgeraten wird.

Nach einer kurzen Fahrt durch üppige Obstgüter zur Rechten und einem mit Buschwald bewachsenen Hang zur Linken stehen an den Berg gelehnt die Anlagen des E-Werkes, in dem die Turbinen vom Wasser des Stausees von Stramentizzo im Cembratal getrieben werden. Hier in der Nähe sollte man das Auto stehenlassen und ein paar Schritte zum sogenannten KLÖSTERLE hinaufgehen, das seine ausgedehnten Gebäude von der

Straße aus versteckt hält. Hier stand ein mittelalterliches Hospiz für vorüberziehende, mittellose Pilger und Wandergesellen. Vielleicht schon zur Zeit des KIRCHLEINS ZUM HEILIGEN FLORIAN, also im 12. Jahrhundert erbaut, wurde es im Lauf der folgenden Jahrhunderte immer wieder vergrößert und auch mit Fresken versehen. An der Nordseite ist noch der zweigeschossige Kapellenbau zu erkennen, der unten den Kirchenraum und oben den Schlafsaal enthielt. Knapp am Klösterle vorbei durchschneidet eine riesige Schuttrinne den Berg: Hier brach im Jahr 1952 beim Bau des Kraftwerkes von Stramentizzo überraschend ein gewaltiger Wasserstrahl aus den Felsen und floß über eine Woche lang ins Tal. Die Bohrungen hatten tief in den Falten des Berges einen wassergefüllten Spalt angestochen. Die Kirche zu Sankt Florian ist schon 1189 erwähnt und war die ursprüngliche Pfarrkirche von Margreid. Die schöne romanische Rundapsis mit ihrem Bogenfries blickt westlich und etwas tiefer als die Landesstraße halb versteckt aus den Obstbäumen. Im Inneren der meist verschlossenen Kirche sind noch Reste von Fresken aus dem 13. Jahrhundert zu sehen. Die Kirche, eine der ältesten des unteren Etschtals, erfreut jeden, der offenen Auges daran vorbeifährt, wie ein Gruß aus alten Zeiten.

Der nächste, größere Ort **Laag** gehört noch zur Gemeinde Neumarkt und besteht heute meist aus neueren, gesichts- und geschichtslosen Häusern. Nur hart an der Straße liegen einige alte Bauten, die anzeigen, daß hier auch schon in vergangenen Jahrhunderten ein reger Durchgangsverkehr herrschte. Das kleine, spätgotische Kirchlein aus dem 16. Jahrhundert steht isoliert im Süden des Dorfes.

Bald nach der Kirche zweigt bei einem Bildstock ein asphaltierter Weg links in die Felder und kommt zum ummauerten ANSITZ VON KARNEID, inmitten eines schönen Parks. Dieses Herrenhaus wurde schon im 14. Jahrhundert erwähnt *(Langes)* und in der Renaissancezeit umgebaut; es gehört schon zur Gemeinde Salurn, die man auf diesem beschaulichen Umweg durch Weingüter und vorbei an alten Höfen bequem erreichen kann.

Das letzte der Dörfer an der linken Etschseite vor der Klause ist **Salurn**. Man findet den Namen zum ersten Mal in der

Langobardengeschichte des *Paulus Diaconus* im 8. Jahrhundert erwähnt, und zwar als »Salurnis«, wo im Jahr 580 eine Schlacht zwischen Langobarden und Franken stattgefunden hat. Die Stelle bei *Paul Warnefrid Diaconus* lautet:

... es verging nur kurze Zeit und der Frankenherzog Chramnichis kam und verwüstete Trient, aber der Herzog von Trient, Ewin, nahm seine Verfolgung auf und tötete ihn samt seinem Gefolge in einem Ort namens Salurnis und nahm ihm die ganze vorher gemachte Beute wieder ab ...

Der Name des Ortes ist nach *Kühebacher* eine Ableitung vom vorrömischen »sala« = Graben, Bach. Diese Seite der Etsch wurde dann bald von den Bajuwaren besetzt, während die Langobarden an der rechten Seite fast bis Meran Besitzungen hatten. Die Sprachgrenze hat sich erst im 17./18. Jahrhundert auf dieser Seite der Etsch bei Salurn festgelegt, früher reichte sie bis Lavis.

Es nimmt eigentlich wunder, daß sich in diesem schattigen Winkel unter den steilen Bergen, wo im Winter die Sonne in den östllichen Ortsteilen drei Monate auf sich warten läßt, eine so bedeutende Siedlung entwickeln konnte. Und noch seltsamer scheint es, wenn man erfährt, was der Geschichtsforscher *Hans Hueber* (im »Schlern« 1929, 10) darüber berichtet: *Es dürfte im Land im Gebirge kaum eine zweite Landgemeinde geben, in welcher so viele adelige Familien gewohnt haben, als in Salurn.* Er führt dann die Namen von 18 Familien an, die hier auch ein herrschaftliches Haus besessen haben. Adelige Familien aus dem Nonsberg, wie die *Thun* und die *Coreth*, hatten hier und auf den Leiten von Buchholz ihre Besitzungen; die Thun hatten auch lange Jahre die Herrschaft Königsberg zum Lehen, die sich ja bis über Salurn erstreckte. Der Flößereibetrieb auf der Etsch brachte Handel, und ein früher viel begangener Übergang ins Cembratal zog über das Steinhausertal zum Lago Santo und nach Cembra – ein Weg übrigens, den *Albrecht Dürer* schon beschritten hatte, da das versumpfte Etschtal schwer gangbar war. Im Jahr 1648 verkaufte der Tiroler Landesherr *Erzherzog Ferdinand Karl* die Herrschaften Enn und Kaldiff, Königsberg und Salurn dem venezianischen *Patrizier Pietro Zenobio* und verlieh der Familie den Grafenstand. Die Lehensfolge ging 1817 an die *Gräfin Alba Zenobio,* verwitwete *Gräfin Albrizzi,* über, und ihre Nachkommen besitzen heute noch das SCHLOSS ENN und die HADERBURG.

Ein Streifzug durch das Dorf bestätigt diese noble Vergangenheit, wenn auch die meisten der alten Adelssitze heute verwaist sind. Längs der Hauptstraße, die zur Kirche führt, steht manches dieser städtisch wirkenden Herrenhäuser, nicht mehr so sehr dem typischen Überetscher Stil verhaftet, aber doch an Doppelbogenfenstern, Erkern und eleganten Balkonen und steinernen Torbögen kenntlich.

Die PFARRKIRCHE ZUM HEILIGEN ANDREAS nennt Weingartner *das erste einheimische Beispiel frühbarocker Sakralarchitektur.* Die reich gegliederte Fassade und der feierliche, einschiffige Innenraum mit den prächtigen Altären bilden eine stilvolle Einheit. Der Zinnengiebel des Turmes ist eine neugotische Schöpfung vom Ende des vorigen Jahrhunderts. Im Friedhof steht die ebenfalls barocke JOSEPHSKIRCHE mit einer zentralen Kuppel und einer ebenfalls reich bewegten Fassade. Längs der Mauer im Friedhof kann man eine Reihe der Grabstätten der erwähnten Adelsfamilien finden. (Unter anderen ist die *Familie von Webern* zu erwähnen, aus der der bekannte österreichische Komponist *Anton von Webern* stammt.)

Über allen Gebäuden aber thront in unerreichbar scheinender Höhe die HADERBURG, letztes Bollwerk vor der engen Klause. Neben Greifenstein, dem »Sauschloß«, ist diese Burgruine wohl die kühnste Anlage, die kaum auf dem engen Felszahn Platz zu finden scheint. Ursprünglich nur ein Bergfried mit kleinem Palas, schon 1222 erwähnt, wurde später etwas tiefer ein größerer Bau errichtet und im 15. Jahrhundert eine Befestigungsmauer mit Eckrondellen und eine Zugbrücke hinzugefügt. Nach häufigem Wechsel der Pfandinhaber, unter denen auch PHILIPPINE WELSER zu erwähnen wäre, begann die Burg schon im 17. Jahrhundert langsam zu zerfallen. Auch *Philipp Melanchton,* der Freund *Martin Luthers,* hat hier auf seiner Romreise haltgemacht. Heute ist der Zugang nur über einen versteckten Steig im Buschwald zu finden; einmal oben angelangt, kann man nicht genug über das Ausmaß der Befestigungswerke staunen, vor allem aber über die unvergleichliche Aussicht auf die ganzen weiten Niederungen des Etschtals und die Berge, von der Kette des Mendelzuges bis zu den Meranern Ifinger und Hirzer, zu den Sarner Bergen und dem Rittner Horn.

Der wenig steile Hang im Osten von Salurn wurde schon vor undenklichen Zeiten gerodet und besiedelt. Die verstreuten Höfe von **Buchholz** ziehen sich von einer Terrasse im Süden allmählich in die Höhe, verdichten sich zu einem kleinen Kern um die auf einem talseitigen Hügel stehende Kirche, und erst im 20. Jahrhundert kam die Feriensiedlung **Grünwald** dazu. Dann drängt sich die Straße an den waldigen Berghang und durchquert einen Engpaß, wo linker Hand eine tiefe Schlucht ins Tal zieht; erst bei den Höfen von **Gfrill** (1328 m) zu Füßen der Königswiese wird die Gegend wieder grün und weit. Ein gotisches Kirchlein steht inmitten alter Höfe, ein Gasthaus bietet willkommene Rast. Von hier aus zieht über weite Wiesenhänge ein Feldweg gegen Norden auf den GFRILLER SATTEL (1430 m) oder auf den flachen Gipfel der KÖNIGSWIESE, wo auf 1622 Metern Höhe der Wald die Wiesen immer mehr in Besitz nimmt und so auch die Aussicht beschränkt. In Gfrill führt auch der EUROPAWEG NR. 5 vorbei, der vom Trudner Horn herunterkommt, weiter auf der Kammhöhe verläuft und bei Putzmauer den Übergang in das Cembratal erreicht.

Wandervorschläge: Von Mazzon aus geht in südlicher Richtung ein Weg in den Wald und steigt bald beträchtlich an. Diese als BANKLSTEIG bekannte, klassische Wanderung beginnt mit steilen und engen Kehren im dunklen Wald; die Belohnung für die Mühe beginnt bei der Querung unter den weißen Kalkfelsen und beim Eintritt in ein kühles Tälchen, wo noch alte Mühlen am Bach stehen und wo im Frühling die feuchten Hänge mit der rosablühenden Zahnwurz übersät sind. In Gfrill tritt der Weg dann ins Freie und führt weiter über den Sattel in Richtung Norden. Nach steilem Abstieg durch den Wald gelangt man auf die »Märchenwiese«, die ihrem Namen alle Ehre macht, wie sie sich unter einer steilen Felswand blumenübersät ausbreitet. Weiter unten kommt der Steig auf Forstwege, und beim Gstoager gibt es dann eine verdiente Labung. Auf ausgesetztem Steig über die »Kanzel« erreicht man dann wieder Mazzon.

Von Salurn, oder besser von Buchholz aus, zweigt in einer Kehre eine noch asphaltierte Straße in Richtung Süden ab; sie überquert in der Tiefe den Titschenbach und steigt auf der anderen Seite zu den Höfen vom Nothdurfter und Salomon; hier endet die fahrbare Straße, und ein schöner Wanderweg führt auf den Sauksattel, wo an einer großen Wiese ein Gasthaus steht. Von hier kann man weiter zum Lago Santo oberhalb von Cembra wandern. Ein empfehlenswerter und wenig bekannter Rundgang zweigt von diesem Weg 409 bei seiner ersten Begegnung mit der Forststraße ab: Man folgt dieser in Richtung Westen, findet auch einige Abkürzungssteige durch den Wald und umrundet so den ganzen Geierberg. Die Forststraße endet schon auf der Westseite des Berges über dem Etschtal, und ein Steig zieht in die Höhe und erreicht im Süden einen Sattel, von dem aus man noch ein Stück südlich weiterwandert, bis man wieder den Weg 409 über dem Sauksattel erreicht. Die Orientierung ist dort oben wegen der vielen Waldwege nicht immer leicht, man muß darauf achten, nicht zu früh wieder nach Norden zu gehen. Dieser Rundgang zeichnet sich aus durch eine einmalige Aussicht auf das Etschtal nach Norden und später nach Süden und auf die nahe und ferne Bergwelt.

Literaturverzeichnis

Außerhofer, Maria, Die römischen Meilensteine in Südtirol, Schlern 1976 / 3

Blaas, Mercedes, Vortrag zum 500. Jahrestag der Calvenschlacht, Schlanders, April 1999

Brzoska, Franz, Margarete, Gräfin von Tirol, Schlern 1982/5

Büch, Ernst, Über den Kult der heiligen Drei Jungfrauen von Meransen, Schlern 1971 / 200

Der Schlern, alle Jahrgänge

Dietheuer, Franz, Das Programm der Apsisfresken in St. Jakob in Kastellaz, Schlern 1991 / 305

Dondio, Willi, Stand und Problematik der Römerstraßenforschung, Schlern 1973 / 98

Egg, Erich, Der Tiroler Taler, Innsbruck 1972

Eichler, Fritz, Das Mithras-Relief von Mauls, Schlern 1924 / 329

Finsterwalder, Karl, Romanische Vulgärsprache, in: Festschrift Karl Pivec, Innsbruck 1966

Fleckinger, Angelika, Ein frühgeschichtliches Gräberfeld, Denkmalpflege Südtirol 1996

Frei, Mathias, Die Bildersammlung aus dem Bozner Batzenhäusl, Kuratorium Schloß Prösels 1999

Frei, Mathias, Kunstreise durch Südtirol, Südtirol-Bild-Verlag, Bozen 1989

Gasbarra, Felix, Schloß Kampenn, Schlern 1946 /226

Gritsch, Johanna, Tiroler Burgenbuch, Bd. 4

Gruber, Karl, Die Wallfahrtskirche zum Heiliggeist, Schlern 1978 / 457

Gruber, Karl, Zum 500. Geburtstag von Michael Pacher, Dolomiten-Magazin 5. Juni 1998

Gruber, Karl, Grießmair, Hans, Südtiroler Wallfahrten, Athesia 1994

Gufler, Christoph, Ulten - Versunkene Heimat, 100 Jahre Raiffeisenkasse Ulten, Lana 1994

Haider, Peter W., Geschichte des Landes Tirol, Bd. 1

Haniel, Ellen, Meister Wenzlaus von Riffian, Dissertation, München 1940

Hauser, Luis, Die bronzezeitlichen Schmelzöfen, Schlern 1986 / 75

Heiss, Blasius, Sarntal, Tappeiner 1992

Hoeniger, Karl Theodor, Altbozner Bilderbuch, Ferrari-Auer, Bozen 1968

Hoeniger, Karl Theodor, Castellum Bauzanum - die Moosburg am Eisack, Schlern 1956 / 24

Hoeniger, Karl Theodor, Meran, Schlern 1965 / 127
Hofer, Friedrich, in: Bozen, Stadt im Umbruch, Jahrbuch Südtiroler Kulturinstitut 1973
Huber, Alfons, Tirols Vereinigung mit Österreich, Innsbruck 1864
Huter, Franz, Historische Städtebilder aus Tirol, Tyrolia 1963
Huter, Franz, Handbuch der historischen Stätten Österreichs, Kröner 1978
Innerebner, Georg, Die Wallburgen Südtirols, Bde. I, II, III, Athesia 1976
Kögl, Joseph, La Sovranità dei Vescovi di Trento, Artigianelli, Trient 1964
Köll, Lois, Gott schuf den Wald, der Mensch die Wüste, Schlern 1956 / 313
Kühebacher, Egon, Die Ortsnamen Südtirols und ihre Geschichte, Athesia 1995
Langes, Gunther, Südtiroler Landeskunde in Einzelbänden: Ladinien, Burggrafenamt und Meran, Überetsch und Unterland
Lechner, Oswald, Die Wirtschaft Südtirols, WIFO, Handelskammer Bozen 1997
Lechthaler, Alois, Geschichte Tirols, Tyrolia 1970
Lunz, Reimo, Ur- und Frühgeschichte Südtirols, Athesia 1973
Lunz, Reimo, Steinzeitfunde von der Seiser Alm, Bozen 1982
Lunz, Reimo, Urgeschichte des Oberpustertals, Bozen 1977
Lutterotti, Anton von, Allgemeine Beschreibung des Landgerichtes Kaltern, Schlern 1992 / 744
Lutterotti, Anton von, Die Gemeinden des Landgerichtes Kaltern, Schlern 1994 / 35
Lutterotti-Welser, Elisabeth von, Die bemalte Holzdecke im Pfarrzentrum in Neumarkt, Neumarkt an der Etsch 1997
Lutterotti, Otto von, Große Kunstwerke Tirols, Innsbruck 1951
Lutterotti, Otto von, Angebliche Porträts der Margarete Maultasch, Innsbruck 1951
Mahlknecht, Bruno, Burgen, Schlösser und Ansitze in Eppan, Eppan 1978
Mahlknecht, Bruno, Ein urkundlicher Beleg für einen mittelalterlichen Aberglauben, Schlern 1973 / 132
Menara, Hanspaul, Handbuch der Südtiroler Wanderwege, Bd. 1 und 2, Athesia 1993 und 1999
Mersi, Isolde von, Scantamburlo, Norbert, Gadertal und Gröden, Athesia 1998
Mersi, Isolde von, Scantamburlo, Norbert, Pustertal, Athesia 1994
Metzger, Wolfgang, Die Apsisfresken von Sankt Jakob in Kastellaz, Schlern 1970 / 200
Moser, Helmut, Bletterbach in Aldein, Athesia 1996
Mumelter, Norbert, Die Kohlernbahn und ihre Begründer, Schlern 1971 / 25
Nössing, Josef, in: Das Südtiroler Unterland, Jahrbuch Südtiroler Kulturinstitut, Athesia 1980

Nothdurfter, Hans, Der Burgberg von Säben, Schlern 1971 / 25
Oberrauch-Gries, Luis, Vorgeschichtlicher Weinbau, Schlern 1976 / 54
Palme, Rudolf, Geschichte des Landes Tirol, Bd. 2
Parteli, Othmar, Geschichte des Landes Tirol, Bd. 4/II
Polley, Trude, in: Neumarkt an der Etsch, Neumarkt 1973
Prast, Firmin S., Zum Brixner Elefanten-Jubiläum, Schlern 1952 / 16
Rabeder, Gernot, Die Höhlenbären der Conturines, Athesia 1991
Rampold, Josef, Der Ansitz Wildenburg in Sterzing, Schlern 1986 / 12
Rampold, Josef, Südtiroler Landeskunde in Einzelbänden: Pustertal, Vinschgau, Eisacktal, Bozen-Salten-Schlern-Ritten-Eggental
Rasmo, Nicolò, Karolingische Kunst in Südtirol, Bozen 1981
Rasmo, Nicolò, Affreschi del Trentino e dell'Alto Adige, ITAS, Trento 1971
Riedl, Franz Hieronymus, Der Tappeinerweg in Meran, Schlern 1966 / 59
Riedmann, Josef, Geschichte des Landes Tirol, Bde. 1 + 4/II
Rizzolli, Helmut, Münzgeschichte des Alttiroler Raumes, Athesia 1991
Rizzolli, Helmut, Die Tiroler Münzprägungen in Meran, Bozen 1979
Schumacher, Stefan, Sprachliche Gemeinsamkeiten zwischen Rätisch und Etruskisch, Schlern 1998 / 90
Schweiggl, Martin, An der südlichen Weinstraße, Gebietsführer, Athesia 1978
Sitzmann, Anton: »Die Geiselbefreiung von Niederdorf-Prags 1945«, Schlern 1995 / 259
Spada-Pintarelli, Silvia, Bassetti, S.: Dominikanerkirche und Kloster in Bozen«, Städtisches Museum o. J.
Sparber, Anselm: Aus der Geschichte der Pfarre Olang, Schlern 1965 / 258
Staindl, Alois: Kurze Geologie von Südtirol, Weger, Brixen 1991
Stampfer, Helmut, Steppan, Thomas: Die Burgkapelle von Hocheppan, Athesia 1998
Stampfer, Helmut: St. Prokulus, Naturns, Landesdenkmalamt 1990
Stolz, Otto: Zur Geschichte des Weinhauses in Tirol, Schlern 1948 / 330
Stolz, Otto: Geschichte des Landes Tirol, Tyrolia-Innsbruck 1958
Tabarelli, G. M.: Le strade romane nel Trentino e nell'Alto Adige, TEMI, Trento 1994
Trapp, Oswald, Tiroler Burgenbuch, 1, 2, 3, 4, 5, 8, Athesia
Tumler, Franz: Das Land Südtirol, Piper, München 1984
Volgger, Friedl: Mit Südtirol am Scheideweg, Bozen 1982
Vonficht, F.: Die frühen Namen von Etsch, Eisack und Isar, Schlern 1979 / 88
Weingartner, Josef, Die Kunstdenkmäler Südtirols, Bde. I und II, Athesia-Tyrolia 1985
Zallinger, Adelheid: Tiroler Burgenbuch, Bd. 3

Register

Inhalt

Ridnauntal
Ratschingstal
Timmelsjoch
Moos
Pfelderer Tal
Pfelders
St. Leonhard
Passeiertal
Reschen
Schlinigtal
Mals
Matscher Tal
GLURNS
Münstertal
Taufers i. M.
Naturns
MERAN
Sarnthein
Schlanders
Vinschgau
Prad
Lana
Etschtal
Trafoi
St. Walburg
Ultental
Sulden
Stilfser Joch
St. Gertraud
Gampenpaß
BOZEN
Sarntal
Mendelpaß
Kaltern
Tramin
Auer
Salurn